LESSING – OBRAS

CRÍTICA E CRIAÇÃO

Coleção Textos

Dirigida por:

João Alexandre Barbosa (1937-2006)
Roberto Romano
Trajano Vieira
João Roberto Faria
J. Guinsburg

Equipe de realização – Preparação de texto: Aristóteles Angheben Predebon; Revisão: Marcio Honorio de Godoy; Projeto de capa: Adriana Garcia; Ilustração de capa: Sergio Kon; Produção: Ricardo W. Neves, Sergio Kon, Lia N. Marques, Luiz Henrique Soares e Elen Durando.

LESSING: OBRAS

CRÍTICA E CRIAÇÃO

J. GUINSBURG E INGRID D. KOUDELA

ORGANIZAÇÃO

J. GUINSBURG, INGRID D. KOUDELA,
SAMIR SIGNEU E GITA K. GUINSBURG

TRADUÇÃO

PERSPECTIVA

CIP-Brasil. Catalogação na Publicação
Sindicato Nacional dos Editores de Livros, RJ

L634
    Lessing : obras, crítica e criação / organização e tradução J.
Guinsburg , Ingrid D. Koudela ; tradução Gita K. Guinsburg. –
1. ed. - São Paulo : Perspectiva, 2016.
    688 p. : il. ; 21 cm. (Textos ; 34)

    Apêndice
    Inclui bibliografia
    ISBN 978-85-273-1065-9

    1. Lessing, Gotthold Ephraim, 1729-1781 - Crítica e interpre-
tação. 2. Teatro alemão. I. Guinsburg, J. II. Koudela, Ingrid D. III.
Guinsburg, Gita K. IV. Série.

16-34511
                             CDD: 832
                             CDU: 821.112.2

08/07/2016   11/07/2016

Direitos reservados em língua portuguesa a

EDITORA PERSPECTIVA S.A.

Av. Brigadeiro Luís Antônio, 3025
01401-000 São Paulo SP Brasil
Telefax: (11) 3885-8388
www.editoraperspectiva.com.br
2016

SUMÁRIO

Nota de Edição..9
Cronologia...11
Notícia Biográfica...15
Lessing: Crítica e Criação – *J. Guinsburg e Ingrid
D. Koudela* 21

I. TEATRO
Minna von Barnhelm ou a Sorte do Soldado..................37
Emília Galotti...133
Natã, o Sábio...211

II. TEORIA DA ARTE E CRÍTICA
Laocoonte
Introdução – *Anatol Rosenfeld* 331
Laocoonte ou Sobre os Limites da Pintura e da Poesia ..335
Notas... 489
Glossário 533

Dramaturgia de Hamburgo
   A Aventura de Hamburgo – *Anatol Rosenfeld* 571
   Dramaturgia de Hamburgo 581

III. APÊNDICE
   Cartas 663
   O Teatro do Senhor Diderot 673

POSFÁCIO:
   Iluminismo e Spinozismo: Lessing, Um Burguês
   Clássico – *Newton Cunha* 677

Bibliografia Usada Nesta Edição 685

NOTA DE EDIÇÃO

A Editora Perspectiva reúne neste único volume, e pela primeira vez em língua portuguesa, as obras mais importantes de Gotthold Ephraim Lessing na qualidade de autor (*Minna von Barnhelm, Emília Galotti, Natã, o Sábio*), de crítico de dramaturgia (*Dramaturgia de Hamburgo* e "O Teatro do Senhor Diderot") e de filósofo da arte (*Laocoonte*), além de alguns exemplares de sua extensa correspondência (no Apêndice). Daí a possibilidade de se perceber e entender a inegável importância desse artista e pensador situado no momento histórico da transição entre a morte da tragédia clássica e o desenvolvimento do drama burguês, entre o desaparecimento da poética e o florescimento da estética, entre a decadência dos regimes monárquicos e o nascimento das repúblicas modernas.

Os textos, vertidos diretamente do alemão, tiveram o intuito de preservar o estilo literário característico do autor. Por tal razão, e sempre que possível, evitaram-se adaptações modernizantes que pudessem descolorir as formas originais, de notável sobriedade.

CRONOLOGIA

1723   Na França, tem início o reino de Luís xv e o chamado "Século das Luzes", ou, em alemão, Zeitalter der Aufklärung. É também o século do tráfico negreiro para as Américas. Calcula-se que para a América do Norte tenham ido 348 mil; para a América Espanhola, cerca de 580 mil; para o Brasil, 1 milhão e novecentos mil.

1729   Nascimento de Lessing em 29 de janeiro.

1740-1748   Guerra pela dinastia austríaca, que termina com o predomínio do casal Marie Theresia e Franz Joseph von Lothringen, unindo as famílias Habsburg e Lothringen. Frederico ii assume o trono da Prússia, governando-a até sua morte, em 1786.

1748   A primeira peça de Lessing, a comédia (Lustspiele) *O Jovem Erudito*, é encenada pela companhia de Catarine Neuber. Sai publicado *O Espírito das Leis*, de Montesquieu.

1750   Lessing edita com Mylius a revista *Contribuições Para a História e a Recepção do Teatro*, que dura apenas três números.

1750-1772	Anos de redação e publicação da *Enciclopédia Francesa*, dirigida por Diderot e D'Alembert.
1753-1756	Aparece a primeira edição das obras de Lessing, em seis volumes, denominada *Escritos*.
1755	Estreia de *Miss Sara Sampson*, a primeira tragédia de Lessing, em Frankfurt, em 10 de julho. Em coautoria com Mendelssohn, Lessing escreve o ensaio *Pope, um Metafísico*.
1757	O Papa Bento XIV suspende o índex sobre obras relativas ao heliocentrismo.
1760-1765	Lessing trabalha como secretário do general Tauenzien, acompanhando-o em campanhas militares.
1762-1766	Mozart, menino prodígio, percorre a Europa em exibições com seu pai e sua irmã.
1766	Primeira edição de *Laocoonte, ou Sobre os Limites da Pintura e da Poesia*.
1767	Lessing é contratado pelo recém-criado Teatro Nacional de Hamburgo como dramaturgo e conselheiro.
1756-1763	Guerra dos Sete Anos, cujo resultado demarca a supremacia inglesa no mundo econômico. Os impostos cobrados pela coroa inglesa na América do Norte, para cobrir gastos na guerra, despertam a revolta dos colonos.
1760	Sob o título de *Teatro do Senhor Diderot*, em dois volumes, Lessing publica suas traduções dos escritos sobre a teoria do drama e das peças *O Filho Natural* e *O Pai de Família*.
1762	Início do reinado de Catarina II da Rússia.
1770	O duque Karl Fedinand de Braunschweig contrata Lessing como bibliotecário e conselheiro do reino.
1771	Lessing se torna noivo de Eva König, viúva, tendo ela, na época, 35 anos.
1772	A peça *Emília Galotti* é impressa e estreia no mesmo ano em Braunschweig.

CRONOLOGIA

1774   Saem *Os Sofrimentos do Jovem Werther*, de Goethe.
1776   Início da Guerra de Independência Americana, que vai perdurar até 1783. Lessing se casa com Eva, após cinco anos de relações amorosas.
1779   Publicação de *Natã, o Sábio*, que só viria à cena em Berlim, em 1783.
1780   Vem a lume o tratado *A Educação da Humanidade (ou Educação do Gênero Humano)*.
1781   Morte de Lessing em 15 de fevereiro. Kant publica a *Crítica da Razão Pura*. Schiller publica *Os Bandoleiros*.

NOTÍCIA BIOGRÁFICA

Gotthold Ephraim Lessing nasceu em Kamenz, Saxônia, em 22 de janeiro de 1729 e faleceu em Braunschweig, em fevereiro de 1781. Poeta, dramaturgo, teólogo e crítico de cultura, suas peças de teatro e escritos teóricos exerceram, desde então, uma influência decisiva na literatura alemã. Reconhecido como um dos maiores representantes do Iluminismo europeu, defendeu, assim como Voltaire e Diderot na França, a tolerância religiosa, opondo-se ao antissemitismo da época.

Lessing foi o terceiro filho do arquidiácono e teólogo Johann Gottfried Lessing, da Igreja Ortodoxa Luterana, e de Justina Salome. A ele se seguiram mais nove filhos, mas, como os antecessores morreram, veio a ser ele o mais velho entre os irmãos. Por isso a família esperava que ele desse continuidade ao ministério do pai. Tanto assim que, já aos cinco anos, e instruído pela família, era capaz de ler a *Bíblia* e os textos de catecismo da Igreja.

Após frequentar a escola de latim de Kamenz, entre 1737 e 1741, foi enviado ao Fürstenschule ou colégio Santa Afra, em Meissen, reputado por seu ensino de línguas, entre elas o latim, o grego e o hebreu, tendo passado com louvor nos exames de ingresso.

A manutenção na escola foi possível graças a uma contribuição especial da aristocrática família Carlowitz. Ali permaneceu até 1746, ano em que ingressou na Universidade de Leipzig (matriculando-se em 20 de setembro), e onde inicialmente cursou teologia e medicina e, mais tarde, literatura e filosofia, dedicando-se ainda ao universo teatral, por influência de seu primo e também estudante de medicina e comediógrafo Christlob Mylius (1722-1754). Muitos anos depois, Lessing viria a publicar as obras completas de Mylius. Também as preleções de Johann Friedrich Christ (1700-1756) e de Johan August Ernesti (1707-1781) sobre filologia atraíram a atenção do jovem, fazendo com que os estudos esperados de teologia permanecessem em segundo plano.

Foi também em Leipzig que conheceu pessoalmente Goethe e estabeleceu os primeiros contatos com a cena teatral, tendo traduzido as peças *Aníbal*, de Marivaux, e *O Distraído*, de Jean-François Regnard, para a companhia de Friederike Caroline Neuber (conhecida como Neuberin, 1697-1760), figura proeminente do teatro alemão da época.

Desaprovando os interesses para os quais o filho despertara em Leipzig, Johann Lessing obrigou-o a retornar a Kamenz, embora o tenha liberado, pouco tempo depois, sob a condição de que se dedicasse à medicina. No entanto, mesmo tendo cursado as disciplinas requeridas, nem por isso deixou de lado seu entusiasmo pela vida teatral. Tanto assim que, em 1748, a companhia de Frau Neuber encenou sua primeira peça *Der junge Gelehrte* (O Jovem Douto), escrita um ano antes.

Ainda no mesmo ano, e após ter servido como fiador para alguns atores da companhia teatral, Lessing mudou-se para Berlim, fugindo dos credores. Ali se dedicou a escrever outras peças, entre elas *Der Mysogin* (O Misógino), *Der Freigeist* (O Livre Pensador), *Der Schatz* (O Tesouro) e *Die Juden* (Os Judeus). Traduziu a *Histoire Ancienne* (História Antiga), de Charles Rollin, e, em 1750, lançou, com Mylius, o periódico *Beiträge zur Histoire und Aufnahme des Theaters* (Contribuições para a História e a Recepção do Teatro).

Nos textos das *Contribuições*, Lessing estabelece certos critérios de encenação, relacionando-os com a história da dramaturgia. Daí que o interesse despertado entre os leitores se tenha traduzido em uma nutrida correspondência a ele dirigida na qualidade de editor da publicação. Algumas cartas eram de autores iniciantes que procuravam conselhos e críticas para as suas próprias obras. Logo a influência de Lessing tornou-se grande o suficiente para que o sucesso ou o fracasso de uma obra dependesse de seu parecer. "Quando ele diz que um texto é bom, todos o imprimem", registrou um contemporâneo, em 1755.

No início de 1751, Lessing tornou-se resenhista crítico e redator do *Berlinischen Priviligierten Zeitung* (Jornal Berlinense Privilegiado, ou seja, sob privilégio real), mais tarde transformado no *Vossische Zeitung* (Jornal de Voss). Lançou uma coletânea de poemas, *Kleinigkeiten* (Miudezas) e continuou seus estudos de medicina em Wittenberg, assistindo, na mesma universidade, a conferências especiais sobre filosofia. Trabalhou para o jornal de Berlim até 1753, tempo em que consolidou sua reputação de crítico. Em 1752, recebeu finalmente o título de Doutor em Medicina (com um trabalho sobre o médico renascentista espanhol Juan Huarte) e, em 1754, conheceu pessoalmente e travou uma profícua amizade com o filósofo Moses Mendelssohn (1729-1786). Em companhia do filósofo e de Friedrich Nicolai, viriam a editar posteriormente, entre 1759 e 1764, as *Briefe die neueste Literatur betreffend* (Cartas Concernentes à Nova Literatura).

Em 1756, viajou para a Inglaterra, onde ficou até 1758. No ano seguinte, publicou em Berlim *Fabeln, drei Bücher* (Fábulas, Três Livros). Trata-se de uma coletânea de pequenas narrativas em prosa, tendo Esopo por modelo de maior simplicidade, além de um ensaio teórico sobre o gênero.

Sempre dependente de seus trabalhos como escritor, aceitou o cargo de secretário do general prussiano Tauenzien, na cidade de Breslau, no ano de 1760, ali permanecendo até 1765, quando então retornou a Berlim. Nessa nova estada, dedicou-se a escrever o *Laokoon oder Über die Grenze der Malerei und Poesie* (Laocoonte), texto considerado fundamental no âmbito da filosofia da arte. Dois anos depois, foi para Hamburgo, contratado pelo poeta Johann Friedrich Löwen (1727-1771) que, à frente de um consórcio de doze financistas locais (a *Hamburgische Entreprise*), fundou o Teatro Nacional, o que lhe deu a oportunidade de escrever o que viria a ser uma de suas obras principais, o conjunto de cinquenta e duas críticas teatrais denominadas *Hamburgische Dramaturgie* (Dramaturgia de Hamburgo), além da peça *Minna von Barnhelm*. Tanto o Teatro Nacional quanto a livraria que havia pessoalmente criado na cidade não deram, porém, os resultados financeiros esperados.

Diferentemente do insucesso comercial, sua crescente reputação intelectual fez com que fosse recebido na Academia Real das Ciências e das Letras, em Berlim, em 1769. No ano seguinte, o duque Karl Ferdinand I, que já havia transferido sua corte de Wolfenbüttel para Braunschweig, convidou-o para dirigir a Biblioteca Augusta do reino e servir-lhe de conselheiro. Ao contratá-lo, teria o príncipe declarado que não punha Lessing a serviço da biblioteca, mas a biblioteca a serviço do crítico, poeta e dramaturgo.

Na última década de sua vida, envolveu-se numa disputa teológica, após ter escrito *Berengarius turonensis, oder Ankündigung* (Berengário de Tours, ou o Prenúncio, 1770), o que provocou violentas reações do clérigo protestante, especialmente a do pastor Goetze, de Hamburgo. Sua resposta veio no panfleto *Anti-Goetze*, libelo em defesa da tolerância religiosa. Foi ainda um decênio de prolífica e brilhante criatividade, já que nele escreveu, entre outras obras: *Lieder* (Cantos), *Oden* (Odes), *Ernst und Falk* (Ernst e Falk), *Erziehung des Menschgeschlechts* (Educação da Humanidade), *Emília Galotti*, *Nathan der Weise* (Natã, o Sábio) e *Fabeln und Erzählungen* (Fábulas e Narrativas).

Em 1776, Lessing casou-se com a viúva Eva König, com quem tinha relações há alguns anos. Juntos, tiveram a oportunidade de viajar pela Itália, mas sua esposa veio a falecer em 1778, ao dar à luz uma criança sua, natimorta. Seus dois últimos anos de vida foram passados em severa depressão pelo ocorrido. Veio a falecer no dia 15 de fevereiro, após duas semanas acamado, por efeito de hidropisia peitoral, conforme o diagnóstico da época.

LESSING: CRÍTICA E CRIAÇÃO

Em 1747, quando se apresentava em Leipzig, a Neuberin deu entrada franca a dois moços apaixonados pelo teatro, que, por sua vez, faziam traduções de peças francesas, entre elas as de Marivaux e Voltaire. Um ano mais tarde, o jovem Lessing, então com dezenove anos, acompanhava os ensaios de *Der Junge Gelehrte* (O Jovem Douto), cuja estreia tinha o caráter de uma contestação a Gottsched e seu círculo.

Friederike Caroline Neuber (1697-1766), a Neuberin, viera a conhecer e entusiasmara-se, nas cortes de Dresden, Braunschweig e Hanover, com o repertório e o estilo dos atores franceses. Em 1727, constituiu sua própria companhia e travou amizade com o professor universitário Johann Christoph Gottsched (1700-1760), que encontrou nela a parceira ideal para realizar seus planos de reforma do teatro alemão então vigente.

Gottsched era o que se denomina um *Aufklärer* (iluminista). A *Aufklärung* (Iluminismo ou Ilustração) acreditava na experiência e na razão. Esse movimento menosprezava a fantasia desenfreada e pregava a tolerância em relação às crenças religiosas, ou seja, todas elas deviam ser consideradas como legítimas.

Assim, a vida terrena, o indivíduo e a sociedade convertiam-se no tema central da arte dramática. Alçapões e máquinas voadoras, símbolos do inferno e do céu no palco barroco, tornavam-se supérfluos. Politicamente, o Iluminismo tem sua origem no processo social e ideológico do Século das Luzes que levou à Revolução Francesa e à declaração dos direitos do homem. Deus era equiparado à natureza e a natureza à razão. Um extraordinário otimismo presidia o espírito iluminista, que acreditava na possibilidade de o homem conhecer o universo por meio da ciência e de ser elevado pela educação por meio da razão e do exemplo.

Até o advento desse modo de ver e de sua correspondente expressão dramatúrgica, as trupes alemãs só apresentavam peças de personagens da nobreza e enredos sanguinolentos e empolados, procedentes do Barroco. Era um teatro com muitos truques de técnicas de palco, no qual se alternavam cenas do *Trauerspiel* (tragédia) com entreatos jocosos e jogos de improvisação do *Lustspiel* (comédia) marcado pela *Commedia dell' Arte*, nas quais triunfava o Arlequim, nas suas expressões mais grosseiras. Aquilo que hoje é tributado ao século XX como sua invenção – *shows* de erotismo e *striptease* – florescia nesse tempo, a seu modo, em extremos erótico-obscenos e grotescos. O generalizado desdém pela classe dos atores então reinante não resultava, pois, tão somente de um preconceito do espírito burguês e protestante.

A Neuberin lutava com o seu elenco pelo "novo gosto", embora ainda eivasse seus próprios desempenhos com os *gags* do tablado antigo, interpretando ao modo arlequinesco. Ela via no *Hanswurst* – João Linguiça, personagem típica da farsa popular equiparável ao Arlequim – o maior impedimento para atingir uma forma mais elevada de teatro. A biografia da Neuberin comprova que o seu empenho em expulsar o Arlequim e o arlequinesco não era mero capricho. Ela se julgava predestinada a "limpar o teatro de sua imundície".

A Neuberin encetou sua ação reformadora pela vida cotidiana dos integrantes de sua companhia. Ela transformava as atrizes solteiras em como que filhas adotivas, os atores solteiros em alunos internos, e canalizava, com rigor, as ligações amorosas para o casamento ou a separação. Através da educação moral pretendia realizar a educação artística. Os comediantes, acostumados à livre improvisação, eram obrigados a aprender seus papéis e o verso alexandrino francês, de difícil pronúncia em língua alemã.

Os textos para o "novo gosto" eram fornecidos pelo professor Gottsched e sua *Deutsche Gesellschaft* (Sociedade Alemã) que traduzia para a Neuberin as obras representativas do classicismo francês, com destaque para Corneille e Racine. Com esse repertório estrito, pretendia-se conquistar um público espectador que, em vez da divertida, despudorada e veloz sucessão de cenas, via-se diante de um teatro de regradas construções dramatúrgicas, com sua pretensa obediência ao suposto modelo aristotélico da unidade de lugar, tempo e ação. Isto não impediu, no entanto, que a tragédia de Gottsched, *Der Sterbende Cato* (Catão Moribundo), estreada em 1731, fosse levada com sucesso por muitas trupes itinerantes, não obstante sua versificação canhestra e sem maior valor poético. Um ano depois já havia oito peças alemãs como essa, compostas de acordo com os preceitos da *Arte Poética* de Boileau e metrificadas em alexandrinos.

A Neuberin, em sua prática, incorria em mais compromissos do que Gottsched admitia e na questão dos figurinos chegava a zombar de suas restrições. Assim como na França e como era usual durante todo o Barroco, os papéis históricos eram representados com vestimentas de seus atuais intérpretes. Gottsched exigia que o figurino fosse historicamente correspondente. Para mostrar-lhe que nada entendia do ofício teatral, a Neuberin fez com que no terceiro ato o Catão moribundo entrasse em cena com um figurino romano, de toga. O experimento foi coroado com a estrondosa gargalhada da plateia, efeito esperado por ela.

Não é de surpreender, pois, que as divergências entre o pedante teórico de teatro e a comediante redundassem em fortes desavenças, embora a colaboração entre eles estivesse se processando também com resultados aplaudidos. Após a ruptura da Neuberin com o seu mentor intelectual, outras companhias passaram a pautar-se pelos trabalhos de Gottsched e de seu círculo. Mas ainda em vida de Gottsched, o primado de sua influência foi posto em xeque por contestadores que repudiavam a rigidez e o servilismo paradigmáticos da proposta. Nessa crítica é que se inscreve como particularmente representativa a intervenção de Lessing.

Em sua décima sétima *Carta*, Lessing fulmina literalmente as afinidades eletivas do teatro de Gottsched:

Ele devia ter notado que em nossas velhas peças dramáticas, que pretendeu expulsar, nos aproximamos mais do gosto dos ingleses do que dos franceses; que em nossas tragédias queremos ver e pensar mais do que há para se ver e pensar na tragédia francesa; que o grandioso, o terrível e o melancólico agem melhor sobre nós do que o comportado, o delicado e o enamorado; que a ingenuidade demasiada cansa mais do que o entrecho grandioso.

Na mesma carta, ele conduz o seu argumento para o âmbito estrutural e aponta para um possível parentesco da construção dramática nas "obras-primas do autor de *Hamlet* e as antigas peças alemãs: *Doktor Faustus* (Doutor Fausto) tem uma série de cenas que só poderiam ser concebidas pelo gênio de um Shakespeare".

Como se lê aqui, mas também em outras referências nos escritos de Lessing, o conceito de "gênio" começa a ser imbuído de um novo peso semântico que o distingue do racionalismo ilustrado e da modelização aristotélica de Gottsched. Na verdade, embora seja também um representante icônico do iluminismo alemão, Lessing abre assim no seu campo de ideias uma brecha para o contramovimento pré-romântico. O culto do "gênio", tão característico do *Sturm und Drang* (Tempestade e Ímpeto), e do qual participaram igualmente Goethe e Schiller em seus inícios, já se prenunciava, pois, com Lessing.

Aos vinte e seis anos, Lessing escreveu *Miss Sara Sampson*. Neste primeiro *Trauerspiel* de sentimentos pessoais, em vivências do cotidiano, e não de paixões públicas, o drama burguês começa a tecer seus conflitos na literatura teatral alemã (1755) com material temático de fonte inglesa. E já por si enfeixa um desafio à exigência de

Gottsched, segundo a qual apenas reis e potentados, nobres e figuras de alta categoria podiam ser protagonistas de tragédias.

Na dramaturgia alemã que se segue, os tipos femininos configurados em Sara e Marwood aparecem de forma recorrente na Emília (*Emília Galotti*) de Lessing, na Luise (*Kabale und Liebe*) de Schiller e em Maria e Adelaide (*Götz*) de Goethe. Também persiste nas técnicas do teatro de divertimento até hoje, nas suas formas mais populares, que vão do melodrama à Broadway, a figura do homem dividido entre uma mulher ingênua e outra intrigante, entre a virtude abalada e a sensualidade. A esse respeito e da recepção de sua peça, Lessing escreveu a seu amigo Gleim que "os espectadores permaneciam sentados durante quatro horas como estátuas e se desfaziam em lágrimas". Era a primeira vez que o público assistia a uma peça alemã de época, na qual podia reconhecer a si próprio, seus problemas e sua linguagem. Hoje, *Miss Sara Sampson* é em geral considerada como um espécime teatral ultrapassado e, na verdade, ela parece, ao olhar desencantado da atualidade, sucumbir à sua grandeza de alma que, de tão sobre-humana, chega até a se afigurar desumana. Mais do que as subsequentes, esta primeira peça de Lessing traz a marca existencial do autor. Os seres que a encarnam e a representam como *dramatis personae* assustam-se diante de si mesmos e de seu destino, que está entregue ao acaso impenetrável. Os nobres sentimentos trágicos descem de seu páramo formal e social e começam a flexibilizar-se nas medianias sentimentais da psicologia do eu burguês.

De 1760 a 1765, a serviço do general von Tauentzien, como seu secretário em Breslau, o dramaturgo conviveu no trabalho, nos cafés e nas salas de jogo com um amplo círculo de oficiais e, nessa relação, colheu o material e os modelos para a sua *Minna von Barnhelm*, composta logo após a Guerra dos Sete Anos (1763). Goethe observa que "Lessing, em oposição a Klopstock e Gleim, gostava de deixar de lado a sua dignidade pessoal, acreditando poder reassumi-la a todo o momento. Apreciava a vida mundana, dispersiva, das tavernas, já que precisava antepor à sua interioridade intensa um contraponto de equilíbrio. Por isso aliou-se ao séquito do general von Tauentzien. É fácil verificar como a peça mencionada (*Minna von Barnhelm*) foi gerada entre guerra e paz, ódio e empatia. Foi essa produção que abriu com sucesso o seu olhar para um mundo mais elevado e significativo do que aquele burguês e literário em que se movimentava a sua poesia até então".

Minna von Barnhelm ou *a Sorte do Soldado* estreou em 30 de setembro de 1767, no Hamburgisches Nationaltheater (Teatro Nacional de Hamburgo). Lessing considerava a Prússia de Frederico, o Grande, como o país mais escravocrata da Europa, por causa da rigidez militar nele reinante. Mas do seu texto não se infere nenhuma posição a favor ou contra o militarismo. O próprio Major Tellheim, personagem principal da trama, não sabe muito bem por que veio a ser soldado e sequer pensa em "transformar essa ocupação eventual em profissão". A aparente atitude crítica de Lessing reside na óptica burguesa que enfoca seus valores. Mesmo na comédia, o caráter pedagógico de sua dramaturgia é preponderante. A expectativa do autor é de que o público "risse com a razão, e Minna declara [...] sou grande amante da razão". Ela é a educadora graciosa, bem-humorada que reverte a situação (menina rica, major empobrecido) com astúcia (major reabilitado, menina deserdada), voltando o rígido princípio ético do major contra ele mesmo. Esse jogo é por ela conduzido a tal ponto que a comédia quase se converte em tragédia (Lessing anunciando Kleist). Minna vislumbra a fronteira na qual o sentimento de honra ameaça transformar-se em soberba. Ao maltratar Tellheim, leva-o a reconhecer que também ele a maltratou. Ela o liberta de sua rigidez, tornando-o um pouco mais humano e mais livre. Nesse sentido, a peça não se cinge apenas a um propósito educativo, no qual são expostas didaticamente características ridículas das personagens, mas procura revelar seres humanos imponderáveis e vivos.

Este *Lustspiel* (comédia) obteve grande êxito no Teatro Nacional de Hamburgo, um projeto concebido por um grupo de amantes da arte dramática que se dispusera a custeá-lo e para o qual contrataram em 1767 Lessing como *Dramaturg*[1]. Ele não aceitara o posto de *Theaterdichter* (poeta teatral) ou *Stückeschreiber* (dramaturgo) que também lhe havia sido oferecido, mas, além do aconselhamento artístico, da escolha e da adaptação do repertório, cabia-lhe realizar um registro e acompanhamento crítico dos espetáculos numa espécie de folhas periódicas. Daí resultou, sob o mesmo patrocínio, a *Hamburgische Dramaturgie* (Dramaturgia de Hamburgo), que se tornaria uma obra fundamental não só da crônica histórica do teatro alemão, como da reflexão teórica e crítica no processamento estético da cena.

A *Dramaturgia de Hamburgo* é um conjunto de artigos e estudos elaborados entre 1 de maio de 1767 e 19 de abril de 1768. Se, na sua apresentação, o autor propunha-se a efetuar "Uma resenha crítica de todos os trabalhos que forem representados e acompanhar passo a passo poetas e atores no seu caminho", a intenção viu-se bem cedo cerceada. Lessing desistiu logo de analisar o desempenho de interpretação, já que algumas atrizes da companhia não aceitavam ser avaliadas pelo crítico da casa. A esse respeito, ele observou na 25ª parte de seu texto: "O verdadeiro virtuose [...] zomba consigo mesmo da admiração incontida e só lhe apraz o elogio daquele de quem sabe que também possui a coragem de lhe apontar defeitos."

Aquilo que Lessing escrevia sobre as peças, as representações e os dramaturgos, ia muito além do pretexto oferecido pela noite de teatro. Produto típico da cultura setecentista, orientado para o universalismo das Luzes, envolvia literatura e dramaturgia, poesia e recitação, psicologia e história, erudição greco-latina da academia e sabedoria popular da tasca, de uma parte. De outra, porém, uma atenção concentrada numa especificidade nacional,

---

1. O termo "Dramaturg" tem, em alemão, dois sentidos. O primeiro define a função de *Theaterdichter* (poeta teatral) ou *Stückeschreiber* (escritor de peças, como Brecht gostava de se autodenominar). O segundo sentido, às vezes traduzido por *dramaturgue*, para o português, é uma função crítica, de acompanhamento teórico da encenação, exercida junto às companhias de teatro. Lessing foi o primeiro *Dramaturg*, exercendo essa função no Hamburger Nationaltheater.

de onde nascia uma teoria aforística do processo da dramaturgia alemã e uma orientação prática para a sua realização. Daí inclusive sua extrema oposição a certas formulações que eram aventadas como base doutrinária de uma parcela da tragediografia francesa. Lessing acreditava que esta, invocando a unidade de lugar, tempo e ação a partir de Aristóteles, só estava imitando os gregos de forma exterior. Assim, em sua referência a Shakespeare, na Carta 17, comenta: "O inglês alcança quase sempre a meta da tragédia por mais estranhos e peculiares que sejam os caminhos por ele escolhidos e o francês quase nunca atinge este fim, ainda que palmilhe os mais aplainados caminhos dos Antigos." Para Lessing, que traduzia os conceitos centrais de Aristóteles *terror* e *piedade* por *medo* e *compaixão* e, à diferença dos franceses, baixava psicológica e socialmente o efeito trágico dos píncaros aristocráticos e emblemáticos para o jogo dos sentimentos com os quais o homem comum, isto é, o espectador em geral pode identificar-se, o propósito da tragédia era transformar as paixões, por meio da catarse, em disposições virtuosas. Era o ideal educativo do iluminista.

Em Hamburgo, Lessing frequentava o *Ratskeller*[2] local, a cervejaria e o restaurante situados no porão do paço municipal. Como em outras cidades da Alemanha, este era um ponto de encontro popular e da boemia literária e artística. Na roda de atores, que tinha aí uma mesa fixa, o dramaturgo discutia problemas e carências do repertório teatral que o levaram ao primeiro *Trauerspiel* do drama burguês no palco alemão, *Emília Galotti*. Composta em 1772, essa tragédia, calcada na história da Virgínia romana relatada por Tito Lívio, ainda hoje é representada e se mostra capaz de atrair o interesse do espectador.

Mais do que o poder do príncipe, Emília teme a sua própria capacidade de sedução, deslocando o foco dramático para a interioridade da protagonista que prenuncia os dramas psicológicos de Hebbel. Vítima da prepotência do príncipe, ela é morta

---

2. É comum na Alemanha que os porões dos edifícios que sediam a câmara da cidade sejam transformados em restaurantes e ponto de encontro da população.

pelo próprio pai, a seu pedido. A trama se desenvolve num contexto aparentemente italiano e num período presumivelmente anterior ao do absolutismo, mas, na verdade, a remessa ao âmbito alemão, às formas absolutistas de poder aí reinantes, é imediata, de modo que o destino de Emília se faz desde logo uma denúncia da irracionalidade desse regime político. Porém, a perenidade da peça não reside somente na crítica social, nem nos seus dilemas éticos, nos quais se mesclam constantemente cristianismo e virtude romana, mas, não menos, no vigor da linguagem, apesar de algumas inflexões melodramáticas na dicção de época, e na construção bastante verossímil de personagens que, mesmo em trajes e perucas setecentistas, não perdem sua pulsação e representatividade humanas. Embora Emília não leve mais as plateias às lágrimas, a tessitura teatral de seu destino é uma obra de mestre artesão. A crítica de Lessing ao absolutismo torna-se enfática no final da peça: o príncipe, profundamente abalado ante a desgraça perpetrada por seus desejos e atos desarrazoados, questiona perante Deus a razão de ser de uma ordem de coisas arbitrária que nasce da falibilidade do homem e, mais ainda, da inspiração do diabo, isto é, do mal.

A última obra teatral de Lessing, *Nathan der Weise* (Natã, o Sábio), 1779, é um poema dramático que introduziu o verso jâmbico, o verso livre, forma poética que se tornaria clássica na dramaturgia alemã, através de Goethe e Schiller e da tradução de Shakespeare por Schlegel. Peça de ideias, parábola e discussão da tolerância ilustrada na relação entre as três grandes religiões monoteístas, ela guarda, como *Minna von Barnhelm* e *Emília Galotti,* um modo de exposição e fatura mais próximos do teatro francês, tão atacado pelo autor, do que de Shakespeare, a quem dedicava tanto apreço.

As paixões que Lessing encena nesse texto são apresentadas em linguagem fria e racional. Perguntas e exclamações, frases entrecortadas, que o interlocutor recebe e transforma através de uma pergunta ou repete intensificando o sentido, caracterizam seu estilo. Como uma razão levada ao auge, seu verso dá voz a um discurso de alta elaboração artística, com forte ímpeto, mas mantendo proporções e certa contenção clássicas.

Natã não é uma obra histórica, ainda que tenha por cenário Jerusalém após a Terceira Cruzada e seu enredo gire em torno de personagens criadas e figuras reais da História. Entretanto, os fatos efetivos e relatos registrados pela crônica do passado são tramados em um tecido de alegorias, de sabedoria oriental e de moralidade judio-cristã-islâmica, cuja essência e mensagem, que são também as da obra, se exprimem com toda a sua universalidade na parábola dos Três Anéis. Goethe ressalta esse alcance, com a exortação para que "a conhecida história aí representada lembre o público alemão por tempos eternos que não foi apenas destinado a olhar, mas também a ouvir e perceber. E que o sentimento divino da tolerância e indulgência aí expresso permaneça sagrado e caro à nação".

Não fosse essa leitura, na sua ampla acepção, a mais condizente com o objetivo do dramaturgo e o modo de concretizá-lo no dispositivo dramático, não se justificaria o surpreendente desfecho da peça. O jovem cavaleiro templário, que salva de um incêndio a filha de Natã e se apaixona por ela, procura em vão vencer seus preconceitos contra o judeu e a suposta donzela judia, mesmo quando descobre que ela é cristã. No entanto, seu arraigado antijudaísmo persiste até ser levado a reconhecer, entre os dotes que mais preza na moça, a nobreza de sua educação, que ela deve ao pai adotivo, o sábio mercador. O público espera, pois, que o desenlace seja o enlace dos dois jovens. Mas Lessing, com argúcia talmúdica, tira de sua caixa de surpresas teatrais uma revelação que desfaz o laço amoroso do enredo e remata a construção do sentido último da peça: o cavaleiro templário e a donzela judia são irmãos de sangue e, por incrível que pareça, sobrinhos do sultão Saladino. É o que o sagaz Natã lhes demonstra, à luz da genealogia, e em apoio do autor no seu argumento intrínseco, segundo o qual descendência e religião não determinam a qualidade do ser humano – judeu, cristão ou muçulmano, não importa seus artigos de fé, a excelência de sua condição humana se realiza tão somente nos valores que a razão consagra e dos quais depende o seu espírito de compreensão, bem como sua capacidade de tolerância para com o outro, seu irmão.

Efetivamente o tema da tolerância e da intolerância permeia muitos diálogos travados ao longo da peça. São como uma conversa continuada, e que aborda a questão sob diversos ângulos. Nesse nexo, o surpreendente final representaria o último elo de uma cadeia lógica de demonstrações. Todavia, do ponto de vista da economia dramática, essa voz da razão seria letra morta, no máximo um debate interessante, no contexto de uma fábula perfeita, construída como um *Lehrstück* (peça didática), se nela não aflorassem os sentimentos em jogo e não fosse possível perceber o pulsar de suas personagens. Hugo von Hofmannsthal considerava *Natã, o Sábio* "a comédia mais espirituosa que temos, digladiando-se com a razão".

A razão de Lessing não tem suas raízes em princípios abstratos do racionalismo, mas, sim, no humanismo ilustrado. É uma razão que se indaga sobre a dignidade da vida humana e sobre os meios e as formas de resgatá-la social, política e culturalmente da servidão, do preconceito e da opressão. Não é de se estranhar que a peça tenha sido proibida no período do nazismo, sendo a sua convocação substituída pelo mais terrível apelo ao irracionalismo e à discriminação que conduziram aos bárbaros crimes da história do Terceiro Reich e à derrocada de todos os valores encarecidos por Lessing na figura de seu herói espiritual. E a capacidade de revesti-lo com essa aura é o que revela a mestria de seu criador e a transcendência significativa de episódios, como a da reação de Natã ao brutal assassinato de sua mulher e filhos pelos cruzados. A sua resposta à sua própria dor, que se faz pela bondade nascida do sofrimento e pela sabedoria do entendimento e da ponderação, põe em relevo o pensamento fundamental em que se abebera essa fabulação profunda e graciosa da pregação humanista, que é a do classicismo alemão de Lessing.

J. Guinsburg e Ingrid Dormien Koudela

LESSING: OBRAS

G.E. Lessing retratado por Anna Rosina Lisiewska, quando era o dramaturgo do Abel Seyler's Hamburg National Theatre, entre 1767 e 1768.

Parte I

TEATRO

MINNA VON BARNHELM
OU A SORTE DO SOLDADO[1]

Comédia em cinco atos
Escrita em 1763

Personagens

Major von Tellheim, na reserva
Minna von Barnhelm
Conde von Bruchsall, seu tio
Francisca, sua aia
Just, criado do major
Paul Werner, antigo sargento do major
O Hospedeiro
Uma Dama de Luto
Um Mensageiro Militar[2]
Riccaut de la Marlinière

A cena se passa alternadamente na sala de uma hospedaria e em um de seus quartos contíguos.

---

1. Tradução de J. Guinsburg e Ingrid D. Koudela.
2. *Feldjäger*, soldado que faz parte da infantaria ou da cavalaria ligeira. Uma de suas funções é a entrega de mensagens.

Ato 1

Cena 1

Just.

JUST (*sentado em um canto, dorme e fala durante o sono*): Hospedeiro patife! Você quer nos...? Vamos, irmão!... Bata, irmão!... (*Ele ergue o braço e acorda com o movimento.*) Ei aí! Já, de novo? Mal fecho os olhos e já estou aos murros com ele. Pudesse ele ao menos receber metade de todos esses golpes!... Mas veja, já é dia! Preciso procurar logo o meu pobre Senhor. Por minha vontade ele nunca mais deveria pôr o pé nessa casa maldita. Onde terá passado a noite?

Cena 2

O Hospedeiro. Just.

HOSPEDEIRO: Bom-dia, Senhor Just, bom-dia! Ei, tão cedo, já acordado? Ou devo dizer: tão tarde, ainda de pé?

JUST: Diga você o que quiser.

HOSPEDEIRO: Não estou dizendo nada além de bom-dia; e isso bem merece que o Senhor Just diga muito obrigado, não é?

JUST: Muito obrigado!

HOSPEDEIRO: A gente fica de mau humor quando não pôde ter o devido descanso. Quer valer que o Senhor Major ainda não voltou para casa, e você ficou aqui esperando por ele?

JUST: O que esse homem não é capaz de adivinhar!

HOSPEDEIRO: Eu suponho, eu suponho.

JUST (*vira-se e quer sair*): Seu criado!

HOSPEDEIRO (*detendo-o*): Não, Senhor Just!

JUST: Pois bem, seja: não sou seu criado!

HOSPEDEIRO: Ei, Senhor Just! Espero que não esteja zangado por causa de ontem? Quem há de guardar rancor pela noite passada?

JUST: Eu! E por todas as noites seguintes.

MINNA VON BARNHELM OU A SORTE DO SOLDADO   39

HOSPEDEIRO: Isso é coisa de cristão?

JUST: Tão cristã quanto expulsar de casa um homem honesto que não pôde pagar de imediato e jogá-lo na rua.

HOSPEDEIRO: Irra! Quem poderia ser tão ímpio?

JUST: Um hospedeiro cristão... Meu amo! Um homem assim! Um oficial como ele!

HOSPEDEIRO: Eu, diz você, o expulsei de casa? Joguei na rua? Eu tenho muito, demasiado respeito por um oficial e muita, demasiada pena por um que está na reserva! Por necessidade, precisei arrumar-lhe outro quarto... Não pense mais nisso, Senhor Just. (*Ele grita na direção dos bastidores.*) Olá! Vou remediar isso de outra maneira! (*Aparece um rapaz.*) Traga um copinho; o Senhor Just quer um copinho, e do bom!

JUST: Não se dê ao trabalho, Senhor Hospedeiro. Cada gota se transformará em veneno. No entanto, não vou jurar; ainda estou sóbrio!

HOSPEDEIRO (*ao moço que traz uma garrafa de licor e um copo*): Dê isso aqui; e vai!... E agora, Senhor Just, algo de excelente: forte, delicioso e saudável. (*Ele enche o copo e lhe estende.*) Isto pode pôr mais uma vez em ordem um estômago tresnoitado!

JUST: Eu não deveria!... Mas por que vou deixar que a sua grosseria estrague a minha saúde? (*Ele pega o copo e bebe.*)

HOSPEDEIRO: A sua saúde, Senhor Just!

JUST (*devolvendo-lhe o copinho*): Nada mal! Mas, Senhor Hospedeiro, você é um grosseirão!

HOSPEDEIRO: Nada disso, nada disso!... Depressa, mais um; não é bom ficar em pé com uma perna só!

JUST (*depois de beber*): Isso eu devo dizer: bom; muito bom!... Feito em casa, Senhor Hospedeiro?

HOSPEDEIRO: Deus me livre! Legítimo Danziger; duplo, verdadeiro Lachs[3]!

---

3. Licor tradicional elaborado em Danzig (Gdansk), hoje vendido como Goldwasser, "água de ouro".

JUST: Veja você, Senhor Hospedeiro, se eu pudesse fingir, eu fingiria por uma coisa dessas, mas não posso; tenho de pôr pra fora... Você é um grosseirão, Senhor Hospedeiro!

HOSPEDEIRO: Em toda minha vida nunca ninguém me disse isso... Mais um, Senhor Just, todas as coisas boas no mundo são três!

JUST: Por mim! (*Ele bebe.*) Muito bom, é de fato muito bom! Mas também a verdade é muito boa!... Senhor Hospedeiro, você é de fato um grosseirão!

HOSPEDEIRO: Se eu fosse, ouviria isso assim, de bom grado?

JUST: Oh sim, pois raramente um grosseirão tem bílis.

HOSPEDEIRO: Mais um, Senhor Just? Uma corda de quatro fios segura melhor.

JUST: Não, demais é demais. E depois, do que lhe adianta isso, Senhor Hospedeiro? Manterei minhas palavras até a última gota da garrafa. Arre, Senhor Hospedeiro, ter um Danziger tão bom e maneiras tão ruins!... Desocupar o quarto na ausência de um homem como meu amo, que morou aqui tanto tempo, de quem você já tirou um bocado de belos táleres, que em sua vida nunca ficou devendo um cêntimo; só porque durante um par de meses não pagou em dia, porque não tinha de onde tirar!

HOSPEDEIRO: Mas, e se eu precisasse absolutamente do quarto? E se eu previsse que o Senhor Major, ele próprio, teria mudado de bom grado, caso pudéssemos esperar por muito tempo o seu regresso? Deveria eu deixar que da minha porta uma nobre Senhoria estranha fosse embora? Deveria eu, de propósito, jogar na goela de outro hospedeiro um ganho como esse? E não creio nem mesmo que ela sequer teria onde se hospedar. As hospedarias estão agora todas lotadas. Deveria uma dama tão jovem, bela e gentil ficar na rua? Para tanto, o seu amo é por demais galante! E afinal o que ele perde com isso? Não lhe arrumei em troca outro quarto?

JUST: Atrás do pombal, com vista entre os muros da chaminé do vizinho...

MINNA VON BARNHELM OU A SORTE DO SOLDADO   41

HOSPEDEIRO: A vista era de fato muito bonita antes que o des-graçado do vizinho a obstruísse. Mas o quarto é acolhedor e atapetado.

JUST: Era!

HOSPEDEIRO: Não, uma das paredes ainda o é... E o seu quarti-nho ao lado, Senhor Just, o que falta em seu quartinho? Tem uma lareira; é verdade, que enfumaça um pouco no inverno...

JUST: Mas no verão ele é bem bacana. Senhor, eu creio até que você está zombando de nós além da medida?

HOSPEDEIRO: Ora, ora, Senhor Just, Senhor Just...

JUST: Não esquente a cabeça do Senhor Just, pois do contrário...

HOSPEDEIRO: Esquentando sua cabeça, eu? Acho que é o Danziger!

JUST: Um oficial como o meu amo! Ou acha que um oficial reformado não é também um oficial que lhe pode quebrar o pescoço? Por que vocês eram tão maleáveis durante a guerra, Senhores Hospedeiros? Por que era então cada ofi-cial um homem digno e cada soldado um sujeito honesto, honrado? Esse pouquinho de paz já torna vocês tão petulantes?

HOSPEDEIRO: Por que está se exaltando agora, Senhor Just?...

JUST: Eu quero me exaltar...

Cena 3

Tellheim. O Hospedeiro. Just.

TELLHEIM (*entrando*): Just!

JUST (*julgando que é o hospedeiro quem o chama*): Just? Somos tão íntimos?...

TELLHEIM: Just!

JUST: Pensei que eu fosse o Senhor Just para si!

HOSPEDEIRO (*que percebe a presença do Major*): Pssst! Pssst! Senhor, Senhor, Senhor Just... Olhe para trás, seu amo...

TELLHEIM: Just, creio que você está brigando? O que foi que eu ordenei?

HOSPEDEIRO: Oh, Vossa Mercê! Brigar? Deus nos guarde! Vosso humilíssimo servo se atreveria a brigar com alguém que tem a mercê de vos atender?

JUST: Ah, se eu pudesse lhe dar uma na corcova de bajulador!...

HOSPEDEIRO: É verdade, o Senhor Just fala em favor de seu amo, e de uma forma um pouco acalorada. Mas nisso ele tem razão, eu o aprecio tanto mais por isso; eu gosto dele por isso.

JUST: Ah se eu pudesse lhe quebrar os dentes!

HOSPEDEIRO: Só é pena que ele se indigne à toa. Pois tenho absoluta certeza de que Vossa Mercê não teria lançado sobre mim nenhum desfavor porque... a necessidade... necessariamente me...

TELLHEIM: Já é demais, meu Senhor! Eu sou seu devedor. O Senhor esvaziou meu quarto na minha ausência; é preciso que lhe paguem; devo procurar algum outro lugar onde me hospedar. É muito natural!...

HOSPEDEIRO: Outro, onde? O Senhor quer se mudar, Digno Senhor? Desgraçado que sou! Sou um homem arruinado! Não, nunca! Ao contrário, a dama tem de desocupar o aposento. O Senhor Major não pode, não quer lhe deixar seu quarto; o quarto é dele; ela tem que sair; não posso fazer nada por ela. Eu vou, Digno Senhor...

TELLHEIM: Amigo, não cometa duas tolices por uma! A dama deve ficar de posse do aposento...

HOSPEDEIRO: E Vossa Mercê iria acreditar que é por desconfiança, por preocupação com o que me é devido? Como se eu não soubesse que o Senhor pode me pagar tão logo queira fazê-lo. A bolsinha selada... quinhentos táleres em luíses de ouro está escrito nela... que Vossa Mercê deixou na escrivaninha... está sob boa guarda.

TELLHEIM: É o que espero. Assim como meus outros pertences. Just irá recebê-la, quando lhe tiver pago a conta.

HOSPEDEIRO: É verdade, tomei um susto ao encontrar a bolsinha. Sempre considerei Vossa Mercê um homem ordeiro e previdente, que nunca gasta tudo o que tem. Ainda assim...

no entanto, se eu tivesse suspeitado de que havia dinheiro sonante na escrivaninha...

TELLHEIM: Teria sido mais cortês comigo. Eu o entendo. Agora vá, Senhor, deixe-me; preciso falar com o meu empregado.

HOSPEDEIRO: Mas, Digno Senhor...

TELLHEIM: Venha Just, este Senhor não quer permitir que na casa dele eu lhe diga o que você deve fazer.

HOSPEDEIRO: Já estou indo, Digno Senhor!... Minha casa inteira está às suas ordens.

Cena 4

Tellheim. Just.

JUST (*que bate o pé e cospe atrás do Hospedeiro*): Puf!

TELLHEIM: O que há?

JUST: Estou sufocando de raiva.

TELLMEIM: Como de um ataque de apoplexia.

JUST: E o Senhor... Já não o reconheço mais, meu Senhor. Morra eu diante de seus olhos, se o Senhor não é o anjo da guarda desse pérfido, desalmado escorchador! Malgrado a forca, a espada e a roda, eu teria vontade... eu teria vontade de estrangulá-lo com estas mãos, de despedaçá-lo com estes dentes.

TELLHEIM: Sua besta!

JUST: Melhor ser besta do que um homem assim!

TELLHEIM: Mas o que você quer?

JUST: Quero que o Senhor perceba o quanto o Senhor foi ofendido.

TELLHEIM: E depois?

JUST: Que o Senhor se vingue... Não, o sujeito é baixo demais para o Senhor.

TELLHEIM: Então você quer que eu o encarregue de me vingar? Esta era de início minha ideia. Que ele nunca mais me visse e recebesse a sua paga de tuas mãos. Sei que você é capaz de jogar uma mão cheia de dinheiro com uma cara de conveniente desprezo...

JUST: Assim? Uma excelente vingança!...

TELLHEIM: Mas que ainda precisamos adiar. Não tenho mais um tostão de dinheiro vivo. E também não sei como arranjar algum.

JUST: Nenhum dinheiro vivo? E aquela bolsa com quinhentos táleres em luíses de ouro que o Hospedeiro encontrou em sua escrivaninha?

TELLHEIM: É dinheiro que me deram em custódia.

JUST: Mas não são aquelas cem pistolas que vosso antigo sargento lhe trouxe há quatro ou cinco semanas?

TELLHEIM: São elas mesmas, de Paul Werner. E por que não?

JUST: O Senhor ainda não as gastou? Meu Senhor, com esse dinheiro o Senhor pode fazer o que quiser. Sob minha responsabilidade...

TELLHEIM: É verdade?

JUST: Werner soube por mim o quanto zombam do Senhor e de suas cobranças à Caixa Geral de Guerra. Ele ouviu dizer...

TELLHEIM: Que seguramente eu me tornaria um mendigo, se eu já não o fosse. Eu lhe fico muito grato, Just. E essa notícia induziu Werner a dividir comigo um pouquinho de sua pobreza... Fico contente, no entanto, por tê-lo adivinhado. Escute, Just, faça-me também a sua conta; vamos nos separar.

JUST: O quê? Como?

TELLHEIM: Nem mais uma palavra; alguém vem vindo.

Cena 5

Uma Dama de luto. Tellheim. Just.

A DAMA: Perdão, meu Senhor!

TELLHEIM: Quem está procurando, Madame?

A DAMA: Precisamente este digno Senhor com quem tenho a honra de falar. Não me conhece mais? Sou a viúva de seu antigo capitão comandante de esquadrão.

TELLHEIM: Por Deus do céu, digna Senhora! Que mudança!

A DAMA: Estou me levantando de uma doença que a dor pela perda de meu marido me provocou. Tenho de incomodá-lo um pouco hoje cedo, Senhor Major. Viajo para o campo, onde uma amiga de bom coração, mas também infeliz, me ofereceu abrigo por ora.

TELLHEIM (*para Just*): Vai, deixe-nos a sós.

Cena 6

A Dama. Tellheim.

TELLHEIM: Fale à vontade, digna Senhora! Diante de mim não precisa ficar envergonhada por seu infortúnio. No que posso servi-la?

A DAMA: Meu Senhor Major...

TELLHEIM: Lamento muito, digna Senhora! No que posso servi-la? Sabe que seu esposo era meu amigo; meu amigo, digo; sempre fui parcimonioso com esse título.

A DAMA: Ninguém mais do que eu sabe o quanto o Senhor era digno de sua amizade e o quanto ele era digno da sua. O Senhor seria seu derradeiro pensamento, seu nome seria o último som de seus lábios moribundos, não tivesse a natureza exigido esse triste privilégio para seu infeliz filho e sua infeliz esposa...

TELLHEIM: Pare, Madame! Eu gostaria muito de chorar com a Senhora, mas hoje não tenho lágrimas. Poupe-me! A Senhora me encontra em um momento em que facilmente eu seria levado a reclamar contra a Providência. Oh meu íntegro Marloff! Depressa, prezada Senhora, o que tem para me ordenar? Se eu estiver em condições de servi-la, se eu puder...

A DAMA: Não posso partir sem cumprir sua última vontade. Ele se lembrou pouco antes de seu fim que morria sendo vosso devedor e me conjurou a liquidar essa dívida com o primeiro dinheiro sonante que eu tivesse. Vendi o coche e venho resgatar o manuscrito de reconhecimento da dívida.

TELLHEIM: Como, Digna Senhora? É por isso que veio?

A DAMA: Por isso mesmo. Permita-me que eu lhe pague o dinheiro.

TELLHEIM: Não, Madame! Marloff, devendo a mim? Isso dificil-mente seria possível. Deixe-me ver. (*Ele tira sua caderneta.*) Não encontro nada.

A DAMA: O Senhor deve ter extraviado o papel, mas isso tam-bém não importa. Permita-me.

TELLHEIM: Não, Madame! Uma coisa assim não costumo extra-viar. Se não a tenho, isso é uma prova de que nunca a tive ou de que ela já foi paga e devolvida por mim.

A DAMA: Senhor Major!

TELLHEIM: Com certeza, digna Senhora. Não, Marloff não ficou me devendo nada. Também não consigo me lembrar de que alguma vez estivesse me devendo algo. Ao contrário, Madame; eu que fiquei seu devedor. Nunca pude fazer algo para pagar a um homem que dividiu comigo seis anos de sorte e infortúnio, honra e perigo. Não vou esquecer de que ele deixou um filho. Será meu filho, tão logo eu possa ser seu pai. O embaraço em que me encontro agora...

A DAMA: Nobre homem! Mas não pense também que eu esteja tão desprovida! Receba o dinheiro, Senhor Major, assim ao menos ficarei com a consciência tranquila.

TELLHEIM: O que mais precisa para tranquilizar-se do que minha afirmação de que esse dinheiro não me pertence? Ou deseja que eu roube o órfão menor de idade que meu amigo deixou? Roubar, Madame, seria isso no sentido pró-prio da palavra. A ele pertence o dinheiro, aplique-o para ele.

A DAMA: Eu o entendo. Perdoe-me se ainda não sei muito bem como se deve aceitar benefícios. Mas de onde então o Senhor sabe que uma mãe faz mais por seu filho do que faria por sua própria vida? Vou-me embora...

TELLHEIM: Vá, Madame, vá! Boa viagem! Não lhe peço para me dar notícias de si. Elas poderiam chegar a mim em um momento em que eu não estaria em condições de utilizá-las. Mais uma coisa, prezada Senhora, quase ia me esquecendo

MINNA VON BARNHELM OU A SORTE DO SOLDADO 47

do mais importante. Marloff tem ainda o que exigir da caixa de nosso antigo regimento. Suas exigências são tão legítimas quanto as minhas. Quando as minhas forem pagas as dele também serão. Eu me empenharei por isso.

A DAMA: Oh! Meu Senhor... Mas eu prefiro calar... Preparar assim futuros benefícios é tê-los já comprovados aos olhos do céu. Receba a recompensa dele e minhas lágrimas! (*Sai.*)

Cena 7

Tellheim.

TELLHEIM: Pobre e brava mulher! Não posso me esquecer de rasgar esse papelucho (*Ele retira de sua caderneta a carta, rasgando-a.*). Quem me garante que a própria necessidade não me levaria um dia a fazer uso disso?

Cena 8

Just. Tellheim.

TELLHEIM: Você está aí?

JUST (*limpando os olhos*): Sim!

TELLHEIM: Você chorou?

JUST: Estava na cozinha fazendo minha conta e a cozinha estava cheia de fumaça. Aqui está, meu Senhor!

TELLHEIM: Dê-me.

JUST: Tenha piedade de mim, meu Senhor. Sei muito bem que as pessoas não a têm como o Senhor, mas...

TELLHEIM: O que você quer?

JUST: Eu esperava antes a morte do que ser despedido.

TELLHEIM: Não posso ficar com você por mais tempo; é preciso que eu aprenda a me ajeitar sem criado (*abre a conta e lê*): "O que o Senhor Major me deve: três meses e meio de soldo, seis táleres por mês somam 21 táleres. Desembolso desde o dia primeiro deste mês com despesas miúdas, 1 táler e 7 groschen e 9 pfennigs. Suma Sumarum, 22 táleres 7 groschen e 9 pfennigs." Muito bem, e é justo que eu lhe pague o mês corrente, inteiro.

JUST: O outro lado, Senhor Major...

TELLHEIM: Há algo mais? (*Lê.*) "O que eu devo ao Senhor Major: pagou por mim ao cirurgião militar: 25 táleres. Por abrigo e cuidados durante a minha convalescença pagou por mim 39 táleres. Adiantou a meu pai, que foi roubado e sofreu incêndio, a pedido meu, sem contar os dois cavalos que lhe deu de presente, 50 táleres. Suma Sumarum: 114 táleres. Deduzidos destes os 22 taleres, 7 groschen e 9 pfennigs, fico devendo ao Senhor Major 91 táleres, 16 groschen, 3 pfennigs." Homem, você está louco!

JUST: Creio de bom grado que custo ao Senhor muito mais. Mas seria tinta perdida acrescentar isso por escrito. Não posso pagar-lhe, e se me tirar inteiramente a libré, que eu também ainda não ganhei... eu preferiria que o Senhor me tivesse deixado estrebuchar no lazareto.

TELLHEIM: O que está pensando de mim? Você não me deve nada e vou recomendá-lo a um dos meus conhecidos, com quem você estará melhor do que comigo.

JUST: Não lhe devo nada e ainda assim quer me expulsar?

TELLHEIM: É porque não quero ficar lhe devendo.

JUST: Por isso? Só por isso? Tão certo como eu estou lhe devendo, tão certo é que o Senhor não poderá tornar-se meu devedor e tão certo é que o Senhor não deve me despedir. Faça como quiser, Senhor Major; eu vou ficar com o Senhor, eu preciso ficar com o Senhor.

TELLHEIM: E com tua teimosia, tua obstinação, teu caráter brutal e impetuoso contra todos aqueles que você acha que não têm nada a te dizer, tua pérfida malícia, tua sede de vingança...

JUST: Pode me julgar tão mau quanto queira, nem por isso vou pensar a meu próprio respeito que sou pior do que meu cachorro. No inverno passado, andava eu no crepúsculo ao longo do canal, quando ouvi algo gemer. Desci e estendi a

MINNA VON BARNHELM OU A SORTE DO SOLDADO 49

mão em direção à voz, crendo que ia salvar uma criança e o que tirei da água foi um poodle. Tudo bem: pensei. O poodle me seguiu, mas não sou amante de poodles. Eu o enxotei, em vão; bati nele para afastá-lo, em vão. Não o deixei entrar de noite em meu quarto; ele ficou diante da porta, na soleira. Quando se aproximava demais, eu o chutava; ele gania, me olhava e abanava o rabo. Ele ainda não recebeu uma migalha de pão de minha mão, mas sou o único a quem ele ouve e que pode tocá-lo. Ele salta à minha frente e mostra suas artes sem que eu lhe ordene. É um cachorro muito feio, mas é bom demais. Se continuar assim, vou parar de detestar os poodles.

TELLHEIM (*à parte*): Assim como eu a ele! Não, não há inumanos perfeitos!... Just, continuaremos juntos.

JUST: Com toda certeza! O Senhor haveria de querer se arranjar sem criados? Está se esquecendo de seus ferimentos e de que só tem o domínio de um braço. O Senhor não consegue se vestir sozinho. Eu lhe sou indispensável; e sou... sem querer me vangloriar, Senhor Major... sou um criado que... quando acontece o pior do pior... é capaz de mendigar e roubar pelo seu amo.

TELLHEIM: Just, nós não vamos continuar juntos.

JUST: Tudo bem!

Cena 9

Um criado. Tellheim. Just.

O CRIADO: Pssst! Camarada!

JUST: O que há?

O CRIADO: Pode me indicar o oficial que ainda ontem morava neste quarto? (*Apontando para um aposento ao lado, do qual viera.*)

JUST: Isto eu poderia facilmente. O que está trazendo para ele?

O CRIADO: O que sempre trazemos quando nada trazemos: um cumprimento. Minha Senhoria ouviu dizer que ele foi desalojado por causa dela. Minha Senhoria é bem-educada e eu devo por isso pedir-lhe desculpas.

JUST: Pois bem, peça-lhe desculpas, aí está ele.

O CRIADO: Quem é ele? Como deve ser chamado?

TELLHEIM: Meu amigo, já ouvi a sua incumbência. É uma cortesia supérflua de parte de Sua Senhoria, que reconheço, como devo. Recomende-me a ela. Como se chama a Sua Senhoria?

O CRIADO: Como se chama? Ela gosta de ser chamada de Digna Senhorita.

TELLHEIM: E seu nome de família?

O CRIADO: Este ainda não ouvi e perguntar por ele não é comigo. Eu me organizo de modo a ter a cada seis semanas um novo senhorio. O diabo que guarde todos os seus nomes!...

JUST: Bravo, camarada!

O CRIADO: A seu serviço, só entrei em Dresden há poucos dias. Ela está procurando aqui, creio, o seu noivo.

TELLHEIM: Basta, meu amigo. Eu queria saber o nome de sua senhoria, não seus segredos. Pode ir!

O CRIADO: Camarada, este não seria um amo para mim!

Cena 10

Tellheim. Just.

TELLHEIM: Vamos, Just, vamos embora desta casa! A cortesia dessa estranha dama me incomoda mais do que a grosseria do hospedeiro. Toma aqui este anel, o único objeto precioso que me sobrou e do qual jamais teria imaginado fazer tal uso! Penhore-o! Faça com que lhe paguem oitenta dobrões de ouro por ele. A conta do hospedeiro não deve importar em mais do que trinta. Pague-lhe e arrume minhas coisas... Sim, mas para onde?... Para onde você quiser. Qualquer hospedaria, a mais barata será a melhor. Você me encontrará aqui perto, no café. Estou indo, faça direito a coisa.

JUST: Não se preocupe, Senhor Major!...

TELLHEIM (*retornando*): Antes de tudo, não se esqueça de minhas pistolas que estavam penduradas atrás da cama.

JUST: Não me esquecerei de nada.

TELLHEIM (*retornando de novo*): Mais uma coisa: traga também o seu poodle, está ouvindo, Just!...

Cena 11

Just.

JUST: O poodle não ficará para trás. Isso eu deixo por conta do poodle... Hum! O Senhor ainda possuía esse valioso anel? E o carregava no bolso, em vez de usá-lo no dedo?... Meu bom hospedeiro, ainda não estamos tão prontos como parecíamos. É com ele, com ele mesmo que irei penhorá-lo, este belo anelzinho! Sei que ele ficará zangado porque você não será consumido inteiramente em sua casa!... Ah...

Cena 12

Paul Werner. Just.

JUST: Ora vejam só, Werner! Bom-dia, Werner! Seja bem-vindo à cidade!

WERNER: Maldita aldeia! Impossível me acostumar de novo a ela. Alegria, alegria, crianças: trago dinheiro novo! Onde está o Major?

JUST: Você deve tê-lo encontrado. Acaba de descer a escada.

WERNER: Subi pela escada dos fundos. Bem, e como vai ele? Eu teria vindo já na semana passada, mas...

JUST: E então? O que o impediu?

WERNER: Just... você ouviu falar do Príncipe Heráclio?

JUST: Héraclio? Nunca ouvi falar.

WERNER: Você não conhece o grande herói do Oriente?

JUST: Os sábios do Oriente eu conheço bem, aqueles que no Ano Novo ficam correndo por aí com a estrela...

WERNER: Homem, creio que você lê tão pouco os jornais como a *Bíblia*! Você não conhece o Príncipe Heráclio? O bravo homem que conquistou a Pérsia e nos próximos dias vai arrombar a Sublime Porta otomana? Graças a Deus que em algum lugar do mundo ainda há guerra! Já esperei bastante tempo que ela estourasse de novo por aqui. Mas aqui estão todos eles sentados e curando suas feridas. Não, soldado eu fui, soldado devo ser novamente! Sendo breve (*Olha ao redor de si para ver se alguém o está ouvindo.*) em confiança, Just, eu vou para a Pérsia sob o comando de Sua Alteza Real, o Príncipe Heráclio, para realizar algumas campanhas contra os turcos.

JUST: Você?

WERNER: Eu, tal como você me vê! Nossos antepassados partiram muitas vezes em guerra contra os turcos e devemos fazer o mesmo se formos sujeitos honrados e bons cristãos. Sem dúvida compreendo muito bem que uma campanha contra os turcos não pode ser nem de perto tão divertida como uma campanha contra os franceses, mas por isso deve ser mais compensatória nesta e na outra vida. Os turcos têm os sabres guarnecidos de diamantes...

JUST: E para deixar que me rachem a cabeça com um sabre assim, não viajo nem uma milha. E você não vai ser louco a ponto de abandonar a sua bela corregedoria?...

WERNER: Oh, esta eu levo comigo! Está percebendo? A propriedadezinha foi vendida...

JUST: Vendida?

WERNER: Pssst! Aqui tem cem ducados que recebi ontem pela venda; eu os trouxe para o Major...

JUST: E o que ele deve fazer com isso?

WERNER: O que ele deve fazer com isso? Comê-los, bebê-los, jogá-los – como quiser. O homem precisa é de dinheiro, e é bastante ruim que o façam amargar assim pelo que é dele! Mas eu já saberia o que fazer se estivesse em seu lugar! Eu pensaria: que o diabo carregue todos vocês; e iria com Paul Werner para a Pérsia!... Raios!... O Príncipe Heráclio deve por certo ter ouvido falar do Major Tellheim, mesmo que ele não conheça seu antigo ajudante Paul Werner. Nosso caso do combate nos Katzenhäuser...

JUST: Quer que eu conte a você?

WERNER: Você contá-lo a mim? Vejo bem que uma bela disposição de batalha ultrapassa o teu entendimento. Não vou jogar minhas pérolas aos porcos. Olha, pegue os cem ducados, entregue-os ao Major. Diga-lhe que também os guarde para mim. Preciso agora ir ao mercado, mandei para lá dois quintais de centeio. Do que eu ganhar com isso, ele pode também dispor...

JUST: Werner, a tua intenção é boa, de coração, mas nós não queremos teu dinheiro. Fica com os teus ducados, e quanto aos teus cem dobrões de ouro, você poderá também reavê-los intactos, tão logo queiras.

WERNER: Ah é? O Major ainda tem dinheiro?

JUST: Não.

WERNER: Ele tomou de empréstimo algum?

JUST: Não.

WERNER: E do que então vocês estão vivendo?

JUST: Mandando pôr na conta, e quando não querem mais pôr na conta e nos expulsam da casa, empenhamos o que ainda temos e vamos pra outro lugar. Escute só, Paul; precisamos pregar uma peça no hospedeiro aqui.

WERNER: Ele pôs alguma coisa no caminho do Major? Então estou nisso!

JUST: O que acha se, à noite, quando ele vem da tabagia, nós o esperássemos e lhe déssemos uma boa surra?

WERNER: À noite?... Esperássemos?... Dois contra um?... Isso não.

JUST: Ou se puséssemos fogo na sua casa, com ele dentro?

WERNER: Incendiar e queimar?... Cara, vê-se bem que você foi bagageiro e não soldado. Pfui!

JUST: Ou se fizéssemos de sua filha uma prostituta? Ela é, na verdade, terrivelmente feia...

WERNER: Oh, isso ela já deve ser, há muito tempo! E de todo modo você não precisa de ajudante para isso. Mas o que é que você tem, então? O que está acontecendo?

JUST: Venha, você vai se admirar quando souber!

WERNER: Então o diabo está à solta por aqui?

JUST: Ah sim, venha!

WERNER: Tanto melhor! A caminho então! Para a Pérsia, para a Pérsia!

FIM DO ATO I

Ato II

Cena 1

Minna von Barnhelm. Francisca.
(*A cena se passa no quarto da Senhorita.*)

SENHORITA (*em négligé, olhando seu relógio*): Francisca, nós acordamos muito cedo. O tempo custará a passar.

FRANCISCA: E quem consegue dormir nessas insuportáveis cidades grandes? As carruagens, os guardas noturnos, os tambores, os gatos, os caporais... tudo isso não para de fazer barulho, gritar, miar, rufar, praguejar... como se a noite não fosse para o descanso. Uma xícara de chá, Senhorita?

SENHORITA: Não gosto do chá...

FRANCISCA: Vou mandar preparar nosso chocolate.

SENHORITA: Mande fazer para você!

FRANCISCA: Para mim? Eu gostaria tanto de tagarelar comigo mesma quanto de beber sozinha. Ah, sem dúvida, assim o tempo custará a passar. Será preciso, de tanto tédio, nos enfeitar e provar o vestido com o qual queremos dar o primeiro assalto.

SENHORITA: Por que você fala de assaltos, quando só vim para cá a fim de exigir que seja mantida a capitulação?

FRANCISCA: E aquele Senhor Oficial, a quem nós expulsamos e a quem depois enviamos nossos cumprimentos: ele tampouco deve ter as mais distintas boas maneiras. Do contrário, ele bem que poderia solicitar a honra de nos apresentar seus respeitos...

SENHORITA: Nem todos os oficiais são como Tellheim. Para dizer a verdade, eu o deixaria apresentar seus cumprimentos apenas para ter a oportunidade de me informar sobre Tellheim. Francisca, meu coração me diz que esta viagem será feliz, que o encontrarei...

FRANCISCA: O coração, Digna Senhorita? É melhor não confiar demais no coração. O coração fala de muito bom grado pela boca. Se a boca estivesse tão propensa a falar segundo o coração, de há muito já teria surgido a moda de manter as bocas trancadas.

SENHORITA: Ha! Ha! Com as bocas trancadas! Esta moda seria bem apropriada para mim!

FRANCISCA: É melhor não mostrar os mais belos dentes do que deixar em todo momento o coração saltar por cima deles!

SENHORITA: O quê? Você é assim tão contida?

FRANCISCA: Não, Digna Senhorita; ao contrário, gostaria de ser mais ainda. Fala-se raramente da virtude que se tem; porém com tanto mais frequência daquela que nos falta.

SENHORITA: Está vendo, Francisca? Nisso você fez uma excelente observação.

FRANCISCA: Fiz? Será que se faz aquilo que ocorre assim sem mais?

SENHORITA: E sabe por que acho essa observação tão boa? Ela tem muita relação com meu Tellheim.

FRANCISCA: Mas o que, para a Senhorita, não teria relação com ele?

SENHORITA: Amigos e inimigos dizem que ele é o homem mais bravo do mundo. Mas quem jamais o ouviu falar de sua bravura? Ele tem o coração mais íntegro, mas integridade e nobreza são palavras que ele nunca profere.

FRANCISCA: E de quais virtudes fala ele então?

SENHORITA: Ele não fala de nenhuma, pois nenhuma lhe falta.

FRANCISCA: É o que eu desejaria ouvir.

SENHORITA: Espere, Francisca, estou me lembrando. Fala muitas vezes de economia. Cá entre nós, Francisca, eu acho que o homem é um perdulário.

FRANCISCA: Mais uma coisa. Já ouvi várias vezes ele mencionar em relação à Senhorita as palavras fidelidade e constância. E se esse Senhor fosse também um tipo volúvel?

SENHORITA: Desgraçada, que você é! Está falando a sério, Francisca?

FRANCISCA: Há quanto tempo ele não lhe escreve?

SENHORITA: Ah! Desde que veio a paz ele me escreveu só uma vez.

FRANCISCA: Parece também um suspiro contra a paz! É espantoso! A paz deveria apenas reparar para o bem o mal que a

MINNA VON BARNHELM OU A SORTE DO SOLDADO 57

guerra causou e, no entanto, também destrói o bem que esta, sua adversária, porventura ainda ocasionou. A paz não deveria ser assim tão egoísta! E há quanto tempo temos paz? O tempo se torna terrivelmente longo quando há tão poucas novidades. Em vão os correios funcionam de maneira regular, ninguém escreve; pois ninguém tem nada para escrever.

SENHORITA: "É a paz", escreveu-me ele, "e estou me aproximando da realização de meus desejos." Mas que ele tenha me escrito isto só uma vez, uma única vez...

FRANCISCA: E que ele nos obrigue, a nós mesmos, a correr ao encontro da realização de seus desejos: se nós o encontrarmos, ele nos pagará por isso! Mas e se o homem já tiver realizado seus desejos, e nós aqui ficarmos sabendo...

SENHORITA (*ansiosa e acalorada*): Que ele teria morrido?

FRANCISCA: Para vós, Digna Senhorita, nos braços de outra...

SENHORITA: Como você é importuna! Espere, Francisca, essa eu não vou esquecer!... Mas continue tagarelando; senão, vamos dormir de novo... Seu regimento foi dissolvido depois da paz. Quem sabe em que confusões de contas e prestação de contas ele ficou por isso envolvido. Quem sabe para que outro regimento, para qual outra província longínqua ele foi transferido? Quem sabe, em que circunstâncias... Alguém está batendo.

FRANCISCA: Entre!

Cena 2

O Hospedeiro. As anteriores.

HOSPEDEIRO (*metendo a cabeça*): Com licença, minhas Digníssimas Senhorias?

FRANCISCA: O nosso Senhor Hospedeiro? Queira entrar.

HOSPEDEIRO (*com uma pena atrás da orelha, segura uma folha de papel e algo para escrever*): Venho, Digníssima Senhorita, a fim de desejar-lhe um bom-dia (*Para Francisca.*) e também para você, minha bela menina...

FRANCISCA: Eis um homem gentil!

SENHORITA: Nós lhe agradecemos.

FRANCISCA: E também lhe desejamos um bom-dia.

HOSPEDEIRO: Posso atrever-me a perguntar como Vossa Senhoria passou a primeira noite debaixo de meu péssimo telhado?...

FRANCISCA: O telhado não é tão ruim assim, Senhor Hospedeiro, mas as camas poderiam ser melhores.

HOSPEDEIRO: O que estou ouvindo? Não repousaram bem? Talvez por causa do grande cansaço da viagem...

SENHORITA: Pode ser.

HOSPEDEIRO: Com certeza! Com certeza! Pois do contrário... Mas se algo não estava de acordo com a plena comodidade de Vossa Senhoria, peço apenas que se digne ordenar.

FRANCISCA: Bem, Senhor Hospedeiro, muito bem! Não somos também bobas e o que menos se deve ser numa hospedaria é ser bobo. Queremos dizer desde logo como gostaríamos que fosse.

HOSPEDEIRO: Além disso, venho ao mesmo tempo... (*tirando a pena detrás da orelha*).

FRANCISCA: E então?...

HOSPEDEIRO: Sem dúvida Vossas Senhorias já conhecem as sábias prescrições de nossa polícia.

SENHORITA: Nem o mínimo, senhor Hospedeiro.

HOSPEDEIRO: Nós, hospedeiros, somos instruídos a não hospedar nenhum estranho, seja qual for a sua condição e sexo, por mais de vinte e quatro horas, sem apresentar por escrito a quem de direito seu nome, procedência, caráter, seus negócios aqui, provável duração de sua permanência e assim por diante.

SENHORITA: Muito bem.

HOSPEDEIRO: Vossas Senhorias farão, pois, o obséquio... (*Aproxima-se de uma mesa e prepara-se para escrever.*)

SENHORITA: Com todo prazer. Chamo-me...

HOSPEDEIRO: Um instantezinho de paciência! (*Ele escreve.*) "Data, 22 de agosto, do ano corrente, chegada aqui, ao Rei da Espanha"... Então, seu nome, Digna Senhorita?

SENHORITA: Senhorita von Barnhelm.

HOSPEDEIRO (*escreve*): "von Barnhelm"... Proveniente? De onde, Senhorita?

SENHORITA: De minhas terras, na Saxônia.

HOSPEDEIRO (*escreve*): "Terras na Saxônia"... Da Saxônia! Eh, eh, da Saxônia, Digna Senhorita? Da Saxônia?

FRANCISCA: Então? Por que não? Não é, por certo, pecado aqui, nesse país, ser da Saxônia?

HOSPEDEIRO: Pecado? Deus nos livre! Isto, sim, seria um pecado inteiramente novo!... Da Saxônia, então? Eh, eh, da Saxônia! Da querida Saxônia!... Mas, se não me engano, Digna Senhorita, a Saxônia não é pequena, e tem numerosos – como eu diria? – distritos, províncias. Nossa polícia quer a coisa exata, Digna Senhorita.

SENHORITA: Entendo, venho de minhas terras da Turíngia, então.

HOSPEDEIRO: Da Turíngia! Sim, isso já é melhor, Digna Senhorita, é mais preciso. (*Escreve e lê.*) "A Senhorita von Barnhelm, proveniente de suas terras na Turíngia, com uma criada de quarto e dois criados."

FRANCISCA: Uma criada de quarto? Isto devo ser eu?

HOSPEDEIRO: Sim, minha bela menina.

FRANCISCA: Bem, Senhor Hospedeiro, então ponha em lugar de criada de quarto, camareira. O senhor disse que a polícia quer a coisa exata; e que poderá haver um mal-entendido capaz de prejudicar os meus proclamas de casamento. Pois sou de fato ainda solteira e chamo-me Francisca; com o sobrenome, Willig; Francisca Willig. Sou também da Turíngia. Meu pai era moleiro em uma das propriedades da Senhorita. Chama-se Klein-Rammsdorf. O moinho pertence agora ao meu irmão. Entrei muito cedo no castelo e fui criada com a Digna Senhorita. Somos da mesma idade; vinte e um anos, na próxima Candelária. Estudei tudo o que a Digna Senhorita estudou. Eu gostaria muito que a polícia me conhecesse direito.

HOSPEDEIRO: Muito bem, minha bela menina; vou tomar nota disso para o caso de indagações ulteriores. Mas agora, prezadas Senhoritas, quais são seus negócios aqui?

SENHORITA: Meus negócios?

HOSPEDEIRO: Procura Vossa Senhoria algo junto a Sua Majestade, o Rei?

SENHORITA: Oh não!

HOSPEDEIRO: Ou junto ao nosso alto Tribunal de Justiça?

SENHORITA: Também não.

HOSPEDEIRO: Ou...

SENHORITA: Não, não. Estou aqui exclusivamente por questões pessoais.

HOSPEDEIRO: Muito bem, Digna Senhorita, mas como se chamam essas questões pessoais?

SENHORITA: Elas se chamam... Francisca, creio que estamos sendo interrogadas.

FRANCISCA: Senhor Hospedeiro, a polícia não vai exigir, ainda assim, saber dos segredos de uma mulher?

HOSPEDEIRO: De fato, minha bela menina: a polícia quer saber de tudo e particularmente os segredos.

FRANCISCA: Bem, Digna Senhorita, então o que fazer?... Então ouça, Senhor Hospedeiro... Mas que isso fique entre nós e a polícia!...

SENHORITA: E o que lhe dirá essa doida?

FRANCISCA: Viemos capturar um oficial do rei.

HOSPEDEIRO: O quê? Como? Minha menina! Minha menina!...

FRANCISCA: Ou nos deixar capturar por ele. Dá no mesmo.

SENHORITA: Francisca, você está louca? Senhor Hospedeiro, essa indiscreta criatura está zombando do senhor.

HOSPEDEIRO: Espero que não! Com minha modesta pessoa ela pode brincar quanto quiser, mas com a polícia...

SENHORITA: Quer saber de uma coisa, Senhor Hospedeiro?... Eu não sei como lidar com essa história. Eu penso que será melhor esperar com toda esta escrevinhação até a chegada de meu tio. Eu já lhe disse ontem por que ele não chegou junto comigo. Ele teve um acidente com seu carro a duas milhas daqui, mas não quis absolutamente que este acaso me custasse uma noite a mais. Por isso tive que vir antes.

Se ele chegar vinte a quatro horas depois de mim, será no máximo.

HOSPEDEIRO: Pois bem, Digna Senhorita, então vamos esperar por ele.

SENHORITA: Ele poderá responder melhor às suas perguntas. Saberá a quem e até onde precisa esclarecer, o que tem a informar sobre seus negócios e sobre o que deve silenciar.

HOSPEDEIRO: Tanto melhor! Está claro, claro que não se pode exigir de uma jovem mocinha (*Olhando para Francisca com uma expressão significativa.*) que trate seriamente uma coisa séria com pessoas sérias...

SENHORITA: E os quartos para ele estão preparados, Senhor Hospedeiro?

HOSPEDEIRO: Inteiramente, Digna Senhorita, inteiramente; exceto um deles...

FRANCISCA: Do qual o senhor teve talvez, ainda há pouco, que despejar um homem honrado?

HOSPEDEIRO: Não acha, Digna Senhorita, que as camareiras da Saxônia são de fato muito compassivas?...

SENHORITA: Mesmo assim, Senhor Hospedeiro, o senhor não agiu bem. Antes não nos tivesse recebido.

HOSPEDEIRO: Como assim, Digna Senhorita, como assim?

SENHORITA: Ouvi dizer que o oficial, que por nossa causa foi desalojado...

HOSPEDEIRO: Sim, é apenas um oficial reformado, Digna Senhorita.

SENHORITA: Mesmo assim!...

HOSPEDEIRO: Cujos recursos estão chegando ao fim.

SENHORITA: Tanto pior! Dizem que é um homem de muito mérito.

HOSPEDEIRO: Digo-lhe sim, que ele é reformado.

SENHORITA: O rei não pode conhecer todos os homens de mérito.

HOSPEDEIRO: Ah, com certeza ele os conhece, conhece a todos.

SENHORITA: Então, ele não pode recompensar a todos.

HOSPEDEIRO: Seriam todos recompensados se a sua conduta merecesse. Mas esses senhores viviam, durante a guerra, como se a guerra durasse para sempre, como se o que é seu e o que é meu tivessem sido abolidos para sempre. Agora, todas as hospedarias e pensões estão repletas deles, e um hospedeiro deve por certo tomar cuidado com eles. Desse ainda consegui quase escapar. Ele já não tinha mais dinheiro, no entanto ainda possuía objetos de valor; e eu poderia sem dúvida deixá-lo ficar aqui por dois ou três meses. Mas o que é melhor, é melhor... A propósito, Digna Senhorita, a senhorita entende de joias?

SENHORITA: Não, em especial.

HOSPEDEIRO: Do que Vossa Senhoria não entenderia?... Preciso lhe mostrar um anel, um anel precioso. Vejo, aliás, que a Digna Senhorita também traz no dedo um anel muito bonito, e quanto mais o observo, tanto mais me espanta que ele seja tão parecido com o meu... Oh! Veja só, veja só! (*Tirando o anel do escrínio e entregando-o à Senhorita.*) Que fogo! O brilhante do meio, ele sozinho, pesa mais do que cinco quilates.

SENHORITA (*examinando-o*): Onde estou? O que vejo? Este anel...

HOSPEDEIRO: Vale seus quinhentos táleres entre irmãos.

SENHORITA: Francisca!... Veja!...

HOSPEDEIRO: Não hesitei um instante sequer em emprestar por ele oitenta dobrões de ouro.

SENHORITA: Não o reconhece, Francisca?

FRANCISCA: É ele mesmo!... Senhor Hospedeiro, onde obteve este anel?...

HOSPEDEIRO: Ora, minha filha? Vocês não têm por certo nenhum direito sobre ele?

FRANCISCA: Nós, nenhum direito sobre este anel?... Dentro, na caixa do engaste deve encontrar-se o monograma da Senhorita. Mostre-lhe, Senhorita.

SENHORITA: É ele! É ele!... Como chegou a esse anel, Senhor Hospedeiro?

HOSPEDEIRO: Eu? Da forma mais honesta do mundo. Senhorita, Digna Senhorita, não há de querer me levar ao prejuízo e à desgraça? O que sei eu, de onde efetivamente provém este anel? Durante a guerra, muitas coisas, e não poucas vezes, trocaram de dono, com ou sem consentimento prévio. E guerra é guerra. Mais anéis devem ter passado pela fronteira da Saxônia... Devolva-me o anel, Digna Senhorita, devolva-me!

FRANCISCA: Primeiro responda: de quem o obteve?

HOSPEDEIRO: De um homem a quem não posso atribuir algo assim, de um homem muito bom...

SENHORITA: Do melhor homem sob o sol, caso o tenha obtido de seu proprietário. Depressa, traga-me esse homem! É ele mesmo, ou pelo menos ele deve conhecê-lo.

HOSPEDEIRO: Quem? Quem, Digna Senhorita?

FRANCISCA: Não está ouvindo? O nosso major.

HOSPEDEIRO: Major? Correto, ele é major, aquele que antes de vocês habitou este quarto e de quem obtive este anel.

SENHORITA: Major von Tellheim?

HOSPEDEIRO: Von Tellheim, sim! A Senhorita o conhece?

SENHORITA: Se eu o conheço? Ele está aqui? Tellheim está aqui? Ele, ele morou neste quarto? Ele, ele empenhou com o senhor este anel? Como chegou esse homem a essa situação? Onde está ele? Ele está lhe devendo?... Francisca, traga o escrínio! Abra-o! (*Francisca o coloca sobre a mesa e o abre.*) Quanto ele lhe deve? A quem mais está devendo? Traga-me todos os seus credores. Aqui está o dinheiro. Aqui estão as letras de câmbio. Tudo isso é dele!

HOSPEDEIRO: O que estou ouvindo?

SENHORITA: Onde está ele? Onde está ele?

HOSPEDEIRO: Há uma hora ele ainda estava aqui.

SENHORITA: Homem abominável, como pôde ser tão grosso, tão duro, tão cruel com ele?

HOSPEDEIRO: Vossa Senhoria, perdoe...

SENHORITA: Depressa, traga-o aqui.

HOSPEDEIRO: Seu criado talvez ainda esteja por aqui. Vossa Senhoria quer que eu vá procurá-lo?

SENHORITA: Se eu quero? Corra, se apresse; por esse serviço somente, eu vou esquecer o quanto o Senhor o maltratou.

FRANCISCA: Ligeiro, Senhor Hospedeiro, depressa, vai, vai! (*Empurra-o para fora.*)

Cena 3

Senhorita. Francisca.

SENHORITA: Agora eu o tenho de novo, Francisca! Está vendo, agora eu o tenho de novo! Estou fora de mim de alegria! Alegre-se comigo, querida Francisca. Mas, na verdade, por que você? No entanto, você deve, precisa alegrar-se comigo. Vem, querida, vou lhe dar um presente para que possa alegrar-se comigo. Diga, Francisca, com o que posso presenteá-la? Quais das minhas coisas lhe agradam? O que gostaria de ter? Pega o que você quiser e alegre-se! Vejo bem que não vai querer pegar nada. Espera! (*Ela pega o escrínio.*) Toma, querida Francisca (*Dando-lhe dinheiro.*), compra o que você gostaria de ter. Peça mais se não for suficiente. Mas alegre-se comigo. É tão triste alegrar-se sozinha. Vamos, pega...

FRANCISCA: Seria roubá-la, Senhorita; a Senhorita está embriagada, embriagada de felicidade.

SENHORITA: Menina, é uma embriaguez briguenta, pega ou... (*Obrigando-a a pegar o dinheiro.*) E se você me agradece!... Espere, é bom que eu me lembre disso. (*Pega outra vez dinheiro do escrínio.*) Isto, querida Francisca, ponha de lado, para o primeiro pobre soldado ferido que vier falar conosco.

Cena 4

Hospedeiro. Senhorita. Francisca.

SENHORITA: Então? Ele virá?

HOSPEDEIRO: Aquele sujeito nojento, grosseiro!

SENHORITA: Quem?

HOSPEDEIRO: O criado dele. Ele se recusa a procurá-lo.

FRANCISCA: Traga o patife aqui. Conheço todos os criados do Major. Qual deles era?

SENHORITA: Traga-o rapidamente aqui. Quando ele nos vir, fará o que pedimos. (*O Hospedeiro sai.*)

Cena 5

Senhorita. Francisca.

SENHORITA: Não posso mais esperar por esse momento. Mas, Francisca, você continua tão fria? Não quer alegrar-se comigo?

FRANCISCA: Gostaria de todo coração, se apenas...

SENHORITA: Se apenas?

FRANCISCA: Tivermos encontrado o homem de novo. Mas como havemos de encontrá-lo de novo? Depois de tudo o que ouvimos a seu respeito, ele deve estar passando mal. Deve estar infeliz. Isto me dá pena.

SENHORITA: Dá pena? Deixe-me abraçá-la por isso, minha querida amiga de infância! Isto, de sua parte, nunca hei de esquecer. Eu só estou apaixonada, mas você é boa...

Cena 6

O Hospedeiro. Just. As anteriores.

HOSPEDEIRO: Com muito custo consegui trazê-lo.

FRANCISCA: Um rosto estranho. Não o conheço.

SENHORITA: Meu amigo, você está com o Major von Tellheim?

JUST: Sim.

SENHORITA: Onde está seu amo?

JUST: Não aqui.

SENHORITA: Mas sabe onde encontrá-lo?

JUST: Sim.

SENHORITA: Você quer buscá-lo rapidamente?

JUST: Não.

SENHORITA: Você me faria assim um favor.

JUST: Eh!

SENHORITA: E um serviço ao seu amo.

JUST: Ou talvez não.

SENHORITA: Por que presume que não?

JUST: Vós sois, portanto, a Senhoria estrangeira que essa manhã mandou cumprimentá-lo?

SENHORITA: Sim.

JUST: Então estou certo.

SENHORITA: Seu amo sabe o meu nome?

JUST: Não; mas ele também suporta tão pouco as damas demasiado gentis quanto os hospedeiros demasiado grosseiros.

HOSPEDEIRO: Isso tem a ver comigo?

JUST: Sim.

HOSPEDEIRO: Então não faça a Digna Senhorita pagar por isso; e vá buscá-lo depressa.

SENHORITA (*para Francisca*): Francisca, dê-lhe alguma coisa...

FRANCISCA (*querendo pôr dinheiro na mão de Just*): Não queremos seus serviços de graça...

JUST: E eu não quero seu dinheiro sem serviço feito.

FRANCISCA: Um pelo outro.

JUST: Não posso. Meu amo ordenou que eu retirasse suas coisas. Vou fazer isso agora e rogo que não me impeçam de fazê-lo por mais tempo. Quando eu terminar, então irei dizer-lhe para vir até aqui. Ele está aqui ao lado, no café, e se não encontrar ali nada de melhor a fazer, ele sem dúvida virá. (*Quer sair.*)

FRANCISCA: Mas espere... A Digna Senhorita é irmã... do Senhor Major.

SENHORITA: Sim, sim, sua irmã.

JUST: Sei muito bem que o Major não tem irmãs. Ele me enviou, nos últimos seis meses, duas vezes à sua família na Curlândia... É verdade que existem muitos gêneros de irmãs...

FRANCISCA: Sem-vergonha!

JUST: Não é preciso sê-lo, para que as pessoas deixem alguém ir embora? (*Sai.*)

FRANCISCA: Que maroto!

HOSPEDEIRO: Eu lhes disse. Mas deixem-no! Agora já sei onde está seu amo. Eu mesmo vou buscá-lo nesse instante. Peço-lhe apenas humildemente, Digna Senhorita, para me desculpar junto ao Senhor Major por eu ter sido tão infeliz, contra a minha vontade, para com um homem de seu mérito...

SENHORITA: Vá depressa, Senhor Hospedeiro. Vou reparar tudo isso. (*O Hospedeiro sai.*) Francisca, corra atrás dele: diga-lhe que não mencione o meu nome! (*Francisca sai correndo atrás do Hospedeiro.*)

Cena 7

Senhorita e depois Francisca.

SENHORITA: Eu o tenho de volta!... Estou só?... Não quero estar só em vão. (*Junta as mãos.*) Também não estou sozinha! (*Olha para o alto.*) Um único e agradecido pensamento para o céu é a mais perfeita prece! Eu o tenho, eu o tenho!... (*Com os braços estendidos.*) Estou feliz! E alegre! O que pode o Criador gostar de ver mais do que uma criatura alegre?... (*Francisca chega.*) Você está aí de novo, Francisca?... Ele te dá pena? A mim, não. O infortúnio também é bom. Quem sabe se o céu não lhe tirou tudo a fim de em mim tudo lhe devolver?

FRANCISCA: Ele poderá chegar a qualquer momento. Ainda está de *négligé*, Digna Senhorita. Não quer vestir-se rapidamente?

SENHORITA: Vai! Peço-lhe. Ele me verá, daqui por diante, mais vezes assim do que arrumada.

FRANCISCA: Ah! A Senhorita se conhece muito bem.

SENHORITA (*após uma curta reflexão*): É verdade, menina, você acertou mais uma vez.

FRANCISCA: Quando somos bonitas, somos ainda mais bonitas quando não estamos arrumadas.

SENHORITA: Precisamos ser bonitas?... Que a gente se ache bonita, talvez seja necessário... Não, se eu for para ele, somente bonita para ele!... Francisca, se todas as meninas são assim como eu me sinto agora, então somos... criaturas singulares... Delicadas e orgulhosas, virtuosas e vaidosas, sensuais e piedosas... Você não vai me compreender. Eu mesma não me compreendo... A alegria faz girar minha cabeça, me dá vertigem...

FRANCISCA: Contenha-se, Senhorita, ouço que alguém se aproxima.

SENHORITA: Conter-me? Devo recebê-lo com calma?

Cena 8

Tellheim. O Hospedeiro. As anteriores.

TELLHEIM (*entra e, vendo-a, lança-se em sua direção*): Ah! Minha Minna!...

SENHORITA (*lançando-se na direção dele*): Ah! Meu Tellheim!

TELLHEIM (*detém-se de repente, e retrocede*): Perdoe-me, Digna Senhorita... encontrar a Senhorita von Barnhelm aqui...

SENHORITA: Não pode ser tão inesperado assim para o Senhor, não é? (*Aproximando-se dele, enquanto ele recua mais.*) Devo perdoá-lo por ser ainda a sua Minna? Que o céu o perdoe por eu ser ainda a Senhorita von Barnhelm!...

TELLHEIM: Digna Senhorita... (*Olha fixamente o Hospedeiro e ergue os ombros.*)

SENHORITA (*dá-se conta da presença do Hospedeiro e acena para Francisca*): Meu Senhor...

TELLHEIM: Se não nos enganamos um ao outro...

FRANCISCA: Eh, Senhor Hospedeiro, a quem o Senhor nos trouxe aí? Depressa, venha, vamos procurar o verdadeiro.

HOSPEDEIRO: E este não é o verdadeiro? Mas, é sim!

FRANCISCA: Mas, não é, não! Depressa, venha, eu ainda não disse bom-dia à jovem, sua filha.

HOSPEDEIRO: Oh! Quanta honra!... (*Mas ele não sai do lugar.*)

FRANCISCA (*agarrando-o*): Venha, vamos preparar o cardápio... Vamos ver o que teremos...

HOSPEDEIRO: Teremos, para começar...

FRANCISCA: Silêncio; sim, silêncio! Se a Senhorita souber desde já o que vai comer no almoço, seu apetite se vai. Venha, o senhor deve dizer isso só para mim. (*Puxando-o com força, saem.*)

Cena 9

Tellheim. Senhorita.

SENHORITA: Então? Ainda nos enganamos?

TELLHEIM: Se o céu assim quisesse!... Mas há somente uma Minna e é a Senhorita.

SENHORITA: Quanta cerimônia! O que temos a nos dizer, todo o mundo pode ouvir.

TELLHEIM: A Senhorita aqui? O que procura aqui, Digna Senhorita?

SENHORITA: Não procuro mais nada. (*Aproximando-se dele de braços abertos.*) Tudo o que procurava, encontrei.

TELLHEIM (*recuando*): A Senhorita procura um homem feliz, um homem digno de seu amor, e encontra... um miserável.

SENHORITA: Então, você não me ama mais?... E está amando outra?

TELLHEIM: Ah! Aquele que nunca a amou, minha Senhorita, só ele poderia amar outra depois de você.

SENHORITA: Você arranca apenas um espinho de minha alma... Se eu perdi seu coração, que importa se a indiferença ou encantos maiores o levassem a isso?... Você não me ama mais e também não ama nenhuma outra?... Homem infeliz, se não ama nada!

TELLHEIM: Por certo, Digna Senhorita, o infeliz não deve amar absolutamente nada. Ele merece seu infortúnio, se não sabe alcançar esta vitória sobre si próprio, se ele pode permitir-se que aquela a quem ama partilhe de sua infelicidade... Como é difícil essa vitória!... Desde que a razão e a necessidade me ordenaram esquecer Minna von Barnhelm, quanto esforço tenho empenhado! Mal eu havia começado a esperar que tal esforço não tivesse sido para sempre em vão... e a Senhorita aparece!

SENHORITA: Será que estou lhe entendendo bem?... Pare, meu Senhor, vejamos onde estamos antes de nos perdermos ainda mais!... Quer me responder a uma única pergunta?

TELLHEIM: A toda e qualquer, minha Senhorita...

SENHORITA: Quer também me responder sem delongas, sem rodeios? Com nada mais além de um sim ou não?

TELLHEIM: Quero... se puder.

SENHORITA: Pode, sim... Pois bem: apesar do esforço que envidou para me esquecer... ainda me ama, Tellheim?

TELLHEIM: Senhorita, esta pergunta...

SENHORITA: Você prometeu responder-me com nada mais além de um sim ou não.

TELLHEIM: E acrescentei: se puder.

SENHORITA: Você pode, sim; você deve saber o que se passa em seu coração... Ainda me ama, Tellheim?... Sim ou não?

TELLHEIM: Se meu coração...

SENHORITA: Sim ou não?

TELLHEIM: Sim!

SENHORITA: Sim?

TELLHEIM: Sim, sim!... Apenas...

SENHORITA: Paciência!... Você ainda me ama: basta para mim... Que tom você me fez tomar! Um tom adverso, melancólico, contagioso... Vou retomar de novo o meu... Bem, meu querido infeliz, você ainda me ama e tem ainda sua Minna e está infeliz? Ouça, pois, quão presumida e tola criatura sua Minna foi e... é. Ela se entregou, ela se entrega ao sonho que toda sua felicidade é você... Vamos, desabafe logo sua desventura. Assim, ela quer ver o quanto pode compensá-la. E então?

TELLHEIM: Minha Senhorita, eu não estou acostumado a me lamentar.

SENHORITA: Muito bem. Eu também não saberia dizer o que depois da bravata me agrada menos em um soldado do que o lamento. Mas há certa maneira fria e displicente de falar de sua coragem e de sua infelicidade...

TELLHEIM: Mas que no fundo é também bravata e lamento.

SENHORITA: Oh, meu caro sabichão, nesse caso você também não deveria dizer-se infeliz... Deveria calar-se de todo ou soltar de todo a língua... Uma razão, uma necessidade é que lhe ordena me esquecer?... Sou uma grande amante da razão, tenho muito respeito pela necessidade... Porém, faça-me ouvir quanto desta razão é razoável, e quanto desta necessidade é necessária.

TELLHEIM: Pois bem, ouça então, minha Senhorita. Você me chama de Tellheim; o nome está certo. No entanto, pensa que eu sou aquele Tellheim que você conheceu em sua pátria; aquele homem próspero, cheio de pretensões, ávido de glória; que era dono de todo seu corpo e de toda sua alma; diante de quem as barreiras da honra e da felicidade estavam abertas, que almejava por seu coração e por sua mão, embora ainda não fosse digno de você e a cada dia esperasse sê-lo mais... Não sou nem um pouco esse Tellheim... como não sou meu próprio pai. Ambos já se foram... Eu sou Tellheim, o reformado, o ferido em sua honra, o mutilado, o pedinte. Com aquele outro, minha Senhorita, você se comprometeu. Quer manter sua palavra?...

SENHORITA: Isto soa tão trágico!... Entretanto, meu Senhor, até que eu encontre de novo aquele outro – sou louca agora e sempre pelos Tellheims – este já há de me ajudar no caso. Sua mão, querido pedinte. (*Pegando-lhe a mão.*)

TELLHEIM (*tampando o rosto com o chapéu que segurava na outra mão, e se afastando dela*): Isto é demais!... Onde estou?... Deixe-me, Senhorita!... Sua bondade me tortura!... Deixe-me!

SENHORITA: O que há com você? Para onde pretende ir?

TELLHEIM: Para longe de você!

SENHORITA: De mim? (*Puxando a mão dele para o seu peito.*) Sonhador!

TELLHEIM: O desespero me jogará morto a seus pés.

SENHORITA: Longe de mim?

TELLHEIM: De você. Não quero tornar a vê-la nunca, nunca mais. Estou decidido, firmemente decidido... a não cometer nenhuma baixeza... a não permitir que você cometa qualquer ato impensado. Deixe-me, Minna! (*Desvencilha-se e sai.*)

SENHORITA (*correndo atrás dele*): Que Minna o deixe? Tellheim! Tellheim!

FIM DO ATO II

Ato III

Cena 1

(*A cena se passa na sala.*)
Just.

JUST (*com uma carta na mão*): Não é que devo voltar ainda uma vez a esta maldita casa!... Uma cartinha de meu amo para a Digna Senhorita que pretende ser sua irmã. Espero que aí não se esteja tramando nada! Do contrário esse trabalho de carteiro não vai acabar mais. Eu bem que gostaria de me ver livre disso, mas eu também não gostaria de entrar no quarto. Aquela mulherada pergunta tanto e eu respondo tão a contragosto!... Ah! A porta está se abrindo. Em boa hora! A gatinha de quarto!

Cena 2

Francisca. Just.

FRANCISCA (*porta adentro, de onde ela vem*): Não se preocupe, vou ficar atenta. Veja! (*Ao perceber a presença de Just.*) Quase dou de encontro com alguém. Mas com esse animal nada se pode fazer.
JUST: Seu criado.
FRANCISCA: Um criado assim, eu não gostaria...
JUST: Ora, ora, desculpe a minha maneira de falar!... Trago aqui uma cartinha de meu amo para sua Senhoria, a Digna Senhorita. Irmã. Não era assim? Irmã?
FRANCISCA: Dá cá! (*Arranca-lhe a carta da mão.*)
JUST: Então tenha a bondade, como pediu o meu amo, de entregá-la. E depois ela deve ter a bondade, conforme me pediu o meu amo... mas não pense que estou pedindo algo!...
FRANCISCA: E então?
JUST: Meu amo entende dessa coisa. Ele sabe que o caminho para as Senhoritas passa pelas jovens camareiras: é o que

imagino!... Que a moça tenha a bondade – solicitou meu amo – e mande dizer se ele não poderia ter o prazer de falar com a donzela por um quarto de hora.

FRANCISCA: Comigo?

JUST: Desculpe-me, se me dirigi a você com um titulo indevido. Sim, com você! Somente por um quarto de hora, mas sozinha, totalmente sozinha, em segredo, entre quatro olhos. Ele tem algo muito importante a lhe dizer.

FRANCISCA: Bem! Eu também tenho muito a lhe dizer. Ele pode vir, estarei às suas ordens.

JUST: Mas quando ele pode vir? Quando lhe será mais conveniente, moça? Lá pelo entardecer?...

FRANCISCA: O que quer dizer com isso? Seu amo pode vir quando quiser... e com isso você pode dar o fora!

JUST: Com muito gosto! (*Faz menção de sair.*)

FRANCISCA: Ouça! Uma palavra ainda. Onde estão os outros criados do Major?

JUST: Os outros? Por aqui, por ali, por toda parte.

FRANCISCA: Onde está Guilherme?

JUST: O criado de quarto? Este, o Major o mandou viajar.

FRANCISCA: É? E Felipe, onde está?

JUST: O caçador? Este, o amo deu em custódia.

FRANCISCA: Porque agora ele não tem caça, sem dúvida. E Martim?

JUST: O cocheiro? Partiu a cavalo.

FRANCISCA: E Fritz?

JUST: O lacaio. Esse foi promovido.

FRANCISCA: Onde estava você então quando o Major se encontrava entre nós nos quartéis de inverno na Turíngia? Você ainda não estava a serviço dele?

JUST: Ah, sim; eu era seu palafreneiro; mas eu estava no hospital de campanha.

FRANCISCA: Palafreneiro? E agora o que você é?

JUST: Tudo ao mesmo tempo: criado de quarto e caçador, lacaio e palafreneiro.

MINNA VON BARNHELM OU A SORTE DO SOLDADO

FRANCISCA: Com efeito! Mandar embora tantos bons servidores capazes e manter justamente o pior! Eu gostaria de saber o que o seu amo vê em você!

JUST: Talvez ele ache que eu seja um sujeito honesto.

FRANCISCA: Oh! É muito pouco quando se é nada mais senão honesto. Guilherme era outro tipo de pessoa!... O amo o mandou viajar?

JUST: Sim, ele o mandou... já que não podia impedi-lo.

FRANCISCA: Como?

JUST: Oh! Guilherme fará com que lhe prestem todas as honras em sua viagem. Ele levou todo o guarda-roupa do amo.

FRANCISCA: O quê? E sumiu com tudo?

JUST: Isto, de fato, não se pode dizer assim; é que quando saímos de Nuremberg ele não nos seguiu com o guarda-roupa.

FRANCISCA: Oh, o ladrão!

JUST: Ele era um homem completo! Sabia pentear e barbear e parlar e "charmar". Não é verdade?

FRANCISCA: Eu não teria mandado embora o caçador se eu fosse o Major. Embora não pudesse mais empregá-lo como caçador, ele era ainda assim um moço trabalhador. A quem ele o recomendou depois de despedi-lo?

JUST: Ao comandante Von Spandau.

FRANCISCA: Da fortaleza? A caça nos baluartes não deve também ser tão grande assim.

JUST: Oh! Felipe também não caça lá.

FRANCISCA: E o que faz?

JUST: Trabalhos forçados, ele puxa a carroça de pedras.

FRANCISCA: Ele puxa a carroça?

JUST: Mas só por três anos. Ele armou um pequeno complô na companhia da guarda, e quis fazer passar seis homens pelos postos avançados.

FRANCISCA: É espantoso, que celerado!

JUST: Oh! É um rapaz trabalhador! Um caçador que, numa área de cinquenta milhas em redor, conhece todas as veredas e atalhos dos bosques e pântanos. E como sabe atirar!

FRANCISCA: Bem que o Major ainda tem o bravo cocheiro!

JUST: Ele ainda o tem?

FRANCISCA: Pensei que você disse que Martim saiu a cavalo? Quer dizer então que ele vai retornar?

JUST: Você acredita?

FRANCISCA: Para onde então ele cavalgou?

JUST: Já vai para a décima semana que ele partiu com o único e último cavalo de sela de meu amo... para o bebedouro.

FRANCISCA: E ainda não voltou? Oh! Que patife!

JUST: O sorvedouro pode muito bem ter sorvido o bravo cocheiro!... Era de fato um cocheiro de verdade! Ele conduziu durante dez anos em Viena. Alguém como ele o amo não terá nunca mais. Quando os cavalos estavam correndo a toda, bastava ele fazer: brrr!, e de pronto eles ficavam parados, como muros. E ao mesmo tempo ele era um veterinário consumado!

FRANCISCA: Agora já estou temendo pelo *avancement,* pela promoção do estafeta.

JUST: Não, não; tudo está em ordem. Ele se tornou o tambor--mor em um regimento de guarnição.

FRANCISCA: Foi o que pensei!

JUST: Fritz se envolveu com um tipo degenerado, nunca voltava para casa à noite, fez dívidas por todo lado em nome do patrão e deu mil golpes infames. Em resumo, o Major viu que ele queria subir na vida a todo custo (*Mostrando por pantomima o enforcamento.*) e o levou pelo bom caminho.

FRANCISCA: Oh, pobre rapaz!

JUST: Mas que era um perfeito estafeta, isto é certo. Quando o amo lhe dava cinquenta passos de vantagem à frente, ele não conseguia mais alcançá-lo com o melhor cavalo de corrida. Frederico, ao contrário, pode dar à forca mil passos de vantagem e aposto por minha vida que ela o alcança. Eles eram todos seus bons amigos, moça? O Guilherme e o Felipe, o Martin e o Fritz? Pois bem, Just apresenta-lhe seus respeitos! (*Sai.*)

Cena 3

Francisca e, logo após, o Hospedeiro.

FRANCISCA (*que o segue com um olhar sério*): Eu bem que mereço essa mordida!... Eu lhe agradeço, Just. Eu desdenhei muito da honestidade. Não vou me esquecer desse ensinamento. Ah! Que homem infeliz! (*Volta-se e quer ir para o quarto da Senhorita, do qual sai o Hospedeiro.*)

HOSPEDEIRO: Espere um pouco, minha bela menina.

FRANCISCA: Não tenho tempo agora, Senhor Hospedeiro.

HOSPEDEIRO: Só um momentinho!... Ainda não tem notícias do Senhor Major? Esta não pode ser a sua despedida!...

FRANCISCA: O que então?

HOSPEDEIRO: A Digníssima Senhorita não lhe contou?... Quando deixei você lá embaixo na cozinha, minha bela menina, eu voltei por acaso para cá na sala...

FRANCISCA: Por acaso, com a intenção de espionar um pouco.

HOSPEDEIRO: Oh, minha menina, como pode pensar isso de mim? Nada é pior para um hospedeiro do que a curiosidade. Não fazia muito tempo que eu estava aqui quando de repente a porta da Digníssima Senhorita se abriu violentamente. O Major precipitou-se para fora e a Senhorita atrás dele, ambos em um só movimento, com olhares, em uma atitude... uma coisa assim só vendo. Ela o segurou, ele se desvencilhou, ela o agarrou de novo. "Tellheim!", "Senhorita, deixe-me ir!", "Para onde?" Assim ele a puxou até a escada. Eu já temia que a arrastasse até embaixo. Mas ele ainda se desvencilhou. A Senhorita ficou parada no degrau de cima, seguiu-o com o olhar, chamou por ele, torceu as mãos. De súbito ela se virou, correu até a janela, depois, da janela até a escada, da escada até a sala, indo e voltando. Eu estava aqui, ela passou por mim três vezes sem me ver. Finalmente foi como se tivesse me visto, mas, Deus esteja conosco! Eu acho que a Senhorita me tomou por você, minha menina. "Francisca", gritou ela, com os olhos voltados para mim: "Sou feliz agora?" Então olhou fixamente para o teto e exclamou mais uma vez: "Sou feliz agora?" Depois esfregou as lágrimas dos olhos, sorriu e perguntou novamente: "Francisca, sou feliz agora?" Na verdade, eu não sabia o que pensar. Até que ela correu para a sua porta e voltou-se mais uma vez para mim: "Então venha, Francisca, quem lhe dá pena agora?" E com isso entrou.

FRANCISCA: Oh! Senhor Hospedeiro, acho que esteve sonhando.

HOSPEDEIRO: Sonhando? Não, minha bela menina, não se sonha coisas tão precisas. Sim, eu daria não importa quanto – não sou curioso – mas daria não importa quanto para ter a chave disso.

FRANCISCA: A chave? Da nossa porta? Senhor Hospedeiro, ela está do outro lado, dentro; nós a levamos para dentro durante a noite: somos medrosas.

HOSPEDEIRO: Não é uma chave assim; quero dizer, minha bela menina, a chave; isto é, a explicação, a verdadeira concatenação daquilo que vi.

FRANCISCA: Ah sim!… Então, adeus Senhor Hospedeiro. Vamos comer logo, Senhor Hospedeiro?

HOSPEDEIRO: Minha bela menina, eu ia esquecendo aquilo que realmente eu queria lhe dizer.

FRANCISCA: Sim? Mas seja breve…

HOSPEDEIRO: A Digníssima Senhorita ainda está com o meu anel; eu o chamo de meu…

FRANCISCA: O Senhor não o perderá.

HOSPEDEIRO: Não tenho nenhuma preocupação com isso; queria apenas lembrar o fato. Veja, não quero sequer tê-lo de volta. Posso de fato até contar de cor e salteado de onde a Senhorita conhece esse anel e por que ele é tão parecido com o seu. Com ela, está muito guardado nas melhores mãos. Eu não o quero mais e vou pôr na conta da Senhorita as cem pistolas que dei por ele. Está bem assim, minha bela menina?

Cena 4

Paul Werner. O Hospedeiro. Francisca.

WERNER: Aí está ele!

FRANCISCA: Cem pistolas? Pensei que eram apenas oitenta?

HOSPEDEIRO: É verdade, apenas noventa, apenas noventa. Vou fazer isso, minha bela menina, vou fazer isso.

FRANCISCA: Tudo se acertará, Senhor Hospedeiro.

WERNER (*que se aproxima deles por trás e de repente toca no ombro de Francisca*): Mocinha! Mocinha!

FRANCISCA (*assustada*): Eh!

WERNER: Não se assuste!... Mocinha, mocinha, eu vejo que você é bonita e é estranha aqui. E pessoas bonitas e de fora devem ser prevenidas... Mocinha, mocinha, tome cuidado com este homem! (*Apontando para o hospedeiro.*)

HOSPEDEIRO: Opa, que alegria inesperada! Senhor Paul Werner! Seja bem-vindo entre nós, bem-vindo!... Ah! É ainda o Werner de sempre, divertido, espirituoso, franco!... Que você deva tomar cuidado comigo, minha bela menina! Ah, ah, ah!

WERNER: Saia em toda parte de seu caminho!

HOSPEDEIRO: Do meu, do meu!... Então sou tão perigoso assim?... Ah, ah! ah!... Está ouvindo, minha bela menina! Que tal lhe parece essa brincadeira?

WERNER: Gente como ele sempre toma por brincadeira quando se lhe diz a verdade.

HOSPEDEIRO: A verdade! Ah, ah, ah!... Não é verdade, minha bela menina, cada vez melhor! O homem sabe brincar! Eu, perigoso?... Eu?... Vinte anos atrás talvez ainda fizesse algum sentido. Sim, sim, minha bela menina, naquele tempo eu era perigoso; então algumas mulheres sabiam dizer algo a esse respeito; mas agora...

WERNER: Oh, que velho bobo!

HOSPEDEIRO: É assim mesmo. Quando ficamos velhos, acaba nossa periculosidade. Não há de ser diferente com você, Senhor Werner!

WERNER: Diabo da breca, e não tem remédio!... Mocinha, você me concederá por certo inteligência suficiente para saber que não é deste perigo que estou falando. Este diabo o deixou, mas em troca outros sete entraram nele...

HOSPEDEIRO: Oh! Ouçam só, ouçam só! Como ele sabe virar a coisa de novo!... Gracejo em cima de gracejo e sempre uma novidade! Oh, é um homem e tanto, o Senhor Paul Werner! (*Para Francisca, como se lhe falasse ao ouvido.*) Um homem abastado e ainda solteiro. Ele tem a três milhas daqui uma bela e hereditária corregedoria de aldeia. Ele fez botim na guerra!... E foi sargento-ajudante de nosso caro Senhor Major. Oh, é um amigo do nosso caro Senhor Major! E que amigo! É um amigo que se deixaria matar por ele!...

WERNER: Sim! E este é um amigo de meu Major! Este é um amigo!... Que o Major deveria mandar que lhe dessem uma surra de matar.

HOSPEDEIRO: Como? O quê?... Não, Senhor Werner, isto não é uma boa piada. Eu, não ser amigo do Senhor Major? Não, esta piada eu não estou entendendo.

WERNER: Just me contou belas coisas.

HOSPEDEIRO: Just? Eu bem que imaginava que era Just quem falava por sua boca. Just é uma pessoa malvada, um vilão. Mas aqui está uma bela menina; que pode falar; que diga se sou ou não amigo do Senhor Major. E se não lhe prestei nenhum serviço? E por que não seria seu amigo? Ele não é homem merecedor? É verdade; ele teve o azar de ser posto na reserva, mas o que há demais nisso? O rei não pode conhecer todos os homens de mérito, e mesmo que os conhecesse, não poderia recompensar todos eles.

WERNER: É Deus que o manda falar!... Mas Just... de fato Just também não tem nada de muito especial; no entanto, mentiroso Just não é; e se for verdade o que ele me contou...

HOSPEDEIRO: Eu não quero ouvir falar de Just! Como já disse: que a bela menina que está aqui fale! (*No ouvido dela.*) Você sabe, minha menina, o anel!... Conte! Conte, pois, ao Senhor Werner.

Assim ele poderá me conhecer melhor. E para que não pareça que você está falando só para me agradar, não quero mesmo estar presente. Por isso não quero estar aí presente. Não quero estar aí presente; vou sair; mas o senhor há de me dizer, Senhor Werner, há de me dizer se Just é ou não um vil caluniador.

Cena 5

Paul Werner. Francisca.

WERNER: Mocinha, você conhece o meu Major?

FRANCISCA: O Major von Tellheim? É claro que conheço esse bravo homem.

WERNER: Não é um bravo homem? E você quer bem a esse homem?...

FRANCISCA: Do fundo de meu coração.

WERNER: Deveras? Veja, mocinha, agora você me parece duas vezes mais bonita... Mas quais são, pois, esses serviços que o hospedeiro pretende ter prestado ao nosso Major?

FRANCISCA: Não saberia dizer, a não ser que esteja querendo atribuir a si o bem que felizmente resultou de sua vil conduta.

WERNER: Então é verdade, sim, o que Just me disse? (*Em direção ao lado pelo qual o Hospedeiro saiu.*) Sorte sua ter saído!... Ele o despejou realmente do quarto?... Aprontar um golpe desses a um homem assim só porque esse bestunto de burro imaginou que o homem não teria mais dinheiro! O Major não ter dinheiro!

FRANCISCA: É mesmo? O Major tem dinheiro?

WERNER: Como feno! Ele não sabe quanto tem. Ele não sabe quem lhe deve. Eu mesmo sou seu devedor e trago-lhe um velho restinho. Veja, mocinha, aqui nesta bolsinha (*que tira de uma algibeira*) há cem luíses de ouro, e neste rolinho (*que tira de outro bolso*) cem ducados. Tudo dinheiro dele!

FRANCISCA: Verdade? Mas então por que o Major está penhorando coisas? Ele penhorou até um anel...

WERNER: Penhorou? Não creia em algo assim. Talvez ele quisesse se livrar dessa bagatela.

FRANCISCA: Não é uma bagatela! É um anel muito valioso que, além do mais, ele recebeu de mãos queridas.

WERNER: Isso é bem possível. De mãos queridas! Sim! Sim! Uma coisa dessas que às vezes nos lembram algo de que não gostaríamos de ser lembrados. Por isso a removemos de nossa vista.

FRANCISCA: Como?

WERNER: Nos quartéis de inverno, o soldado passa às mil maravilhas. Aí, não tem nada a fazer, senão cuidar de si e, por tédio, travar novas relações que vão durar, julga ele, apenas o inverno, e que o bom coração com que as travou aceita para a vida toda. E eis que um anelzinho vai parar em seu dedo; nem ele próprio sabe como isso aconteceu. E não raro ele o daria de bom grado com o seu próprio dedo, se pudesse em troca apenas livrar-se dele.

FRANCISCA: Eh! E teria isto também acontecido com o Major?

WERNER: Com toda certeza. Especialmente na Saxônia; se ele tivesse dez dedos em cada mão, teria todos os seus vinte dedos cheios de anéis.

FRANCISCA (*à parte*): Isto já soa bem estranho e merece ser examinado. Senhor Corregedor ou Senhor Sargento...

WERNER: Mocinha, caso não se incomode: Senhor Sargento é como prefiro ser chamado.

FRANCISCA: Bem, Senhor Sargento, aqui tenho uma cartinha do Senhor Major para a minha Senhoria. Vou apenas entregá-la e volto logo. O Senhor poderia ter a bondade de esperar um pouco aqui? Gostaria muito de conversar com o Senhor.

WERNER: Gosta de conversar, mocinha? Pois bem, de minha parte: vá; eu também gosto de conversar, vou esperar.

FRANCISCA: Oh, então espere um pouco, sim. (*Sai.*)

Cena 6

Paul Werner.

WERNER: Até que não é antipática essa mocinha!… Mas eu não deveria ter prometido esperá-la. Pois o mais importante seria que eu procurasse o Major. Ele não quer o meu dinheiro e prefere penhorar?… Nisso, eu o reconheço… Me ocorreu uma ideia. Há quinze dias, quando estive na cidade, visitei a viúva do capitão Marloff. A pobre mulher estava doente e se lastimava porque seu marido ficara devendo ao Major quatrocentos táleres que ela não sabia como pagar. Hoje, eu tornaria a visitá-la e lhe diria que se eu recebesse o dinheiro em pagamento por minha propriedadezinha, poderia lhe emprestar quinhentos táleres. Pois devo, sem dúvida, deixar uma parte disso em segurança, se não der certo na Pérsia. Mas ela sumiu. E com certeza não poderá pagar ao Major. Sim, é o que vou fazer; e quanto antes melhor. A mocinha que não me leve a mal; não posso esperar. (*Sai pensativo e quase dá de encontro com o Major que chega.*)

Cena 7

Tellheim. Paul Werner.

TELLHEIM: Tão pensativo, Werner?

WERNER: Aí está o Senhor. Eu ia justamente agora visitá-lo em seu novo aposento, Senhor Major.

TELLHEIM: E me encher os ouvidos com maldições contra o hospedeiro do quarto anterior. Nem pensar nisso.

WERNER: Isto eu teria feito, também; sim. Mas, na verdade, eu queria apenas lhe agradecer por ter tido a bondade de guardar para mim os cem luíses de ouro. Just me devolveu esse dinheiro. Sem dúvida seria muito bom se o Senhor ainda pudesse guardá-lo por mais tempo. Mas o Senhor está em um novo alojamento que nem o Senhor nem eu conhecemos direito. Quem sabe como ele é. O Senhor poderia ser aí até roubado; e teria de me restituí-lo; e de nada adiantaria a ajuda. Então não posso realmente pedir-lhe isso.

TELLHEIM (*sorrindo*): Desde quando você é tão precavido, Werner?

WERNER: Vai-se aprendendo. Hoje em dia, com o dinheiro da gente, toda cautela é pouca. Além disso, tenho ainda um recado para lhe dar, Senhor Major; é da viúva do capitão Marloff; estou chegando da casa dela. Seu marido ficou lhe devendo de fato quatrocentos táleres e ela lhe envia aqui cem ducados por conta. O restante ela lhe enviará na próxima semana. Talvez seja por minha causa efetivamente que ela não tenha mandado a soma toda. É que ela estava me devendo oitenta táleres; e por pensar que eu teria vindo para cobrá-la – o que também era verdade – ela me deu estes táleres e os tirou de um rolinho que já havia aprontado para o Senhor. E, de resto, o Senhor poderá, ainda por uns oito dias, prescindir mais facilmente dos cem táleres dela, do que eu de meus parcos vinténs. Aqui está, pegue, por favor! (*Estende-lhe o rolo com os ducados.*)

TELLHEIM: Werner!

WERNER: Então? Por que me olha tão fixamente?... Pegue por favor, Senhor Major!...

TELLHEIM: Werner!

WERNER: O que há? O que o aborrece?

TELLHEIM (*amargo, batendo na testa e pisando forte*): É que... os quatrocentos táleres não completam tudo!

WERNER: Pois bem, pois bem, Senhor Major! Então o senhor não me entendeu?

TELLHEIM: Mas é precisamente porque o entendi!... Oh, por que as melhores pessoas hoje devam torturá-lo mais?

WERNER: O que está dizendo?

TELLHEIM: Só a metade é da sua conta!... Vá, Werner. (*Repelindo a mão com a qual Werner lhe estende os ducados.*)

WERNER: Assim que eu ficar livre disso!

TELLHEIM: Werner, e se você ouvir de mim que a própria viúva Marloff esteve hoje cedo aqui comigo?

WERNER: Ah, é?

TELLHEIM: E que ela não me deve mais nada?

WERNER: É verdade?

TELLHEIM: E que ela pagou até o último cêntimo: o que me dirá você então?

WERNER (*que reflete por um instante*): Eu diria que menti e que é uma safadeza o que se dá com a mentira, porque por ela se pode ser apanhado.

TELLHEIM: E você se envergonharia?

WERNER: Mas aquele que me obriga a mentir assim, o que deveria ele...? Não deveria também se envergonhar? Veja, Senhor Major, se eu dissesse que seu procedimento não me contrariou, teria mentido mais uma vez e eu não quero mais mentir.

TELLHEIM: Não fique aborrecido, Werner! Reconheço seu bom coração e seu afeto por mim. Mas não preciso de seu dinheiro.

WERNER: Não precisa? E prefere vender, prefere penhorar e prefere cair na boca do mundo?

TELLHEIM: As pessoas podem saber que eu não possuo mais nada. Não se deve querer parecer mais rico do que se é.

WERNER: Mas por que mais pobre?... Nós temos, enquanto o nosso amigo tem.

TELLHEIM: Não fica bem que eu seja seu devedor.

WERNER: Não fica bem?... Quando em um dia quente, em que o sol e o inimigo nos encaloravam, o seu palafreneiro se perdia com as cantinas, e o Senhor vinha até mim e dizia: "Werner, você não tem nada para beber?", e eu lhe estendia o meu cantil, o Senhor aceitava e bebia, não é verdade?... Isto ficava bem?... Por minha pobre alma, se um gole de água podre muitas vezes não valia mais naquele tempo do que toda essa porcaria! (*Tirando também a bolsa com os luíses de ouro e querendo entregá-los.*) Pega, querido Major! Imagine que seja água. Também isto Deus criou para todos.

TELLHEIM: Você está me martirizando; ouça então, não quero ser seu devedor.

WERNER: Antes não ficava bem; agora o Senhor não quer? Sim, isso já é outra coisa. (*Um tanto irritado.*) Não quer ser meu devedor? E se já o fosse, Senhor Major? Ou por acaso o Senhor nada mais deve a um homem que certa vez interceptou o golpe que iria rachar a sua cabeça e, de outra feita, separou do tronco o braço que pretendia apertar o gatilho e com a bala transpassar-lhe o peito?... O que mais pode dever a este homem? Ou será que o fato tem menos a ver com o meu pescoço do que com o meu dinheiro?... Se esse modo de pensar é tido como nobre, então, por minha pobre alma, é um modo de pensar também muito absurdo!

TELLHEIM: Com quem você está falando assim, Werner? Estamos a sós; agora eu posso dizê-lo; se um terceiro nos ouvisse seria uma fanfarronada. Reconheço com prazer que lhe devo a vida por duas vezes. Mas, meu amigo, o que me faltou para que eu tivesse feito, na oportunidade, exatamente o mesmo por você? Eh!

WERNER: Somente a oportunidade! Quem duvida disso, Senhor Major? Acaso não vi o Senhor arriscar sua vida cem vezes pelo mais simples soldado raso quando este se encontrava em apuros?

TELLHEIM: E então!

WERNER: Mas...

TELLHEIM: Por que você não está me entendendo direito, por quê? Eu digo, não fica bem que eu seja seu devedor; eu não quero ser seu devedor. Isto é, nas circunstâncias em que ora me encontro.

WERNER: Ah, sim, sim! O Senhor quer reservar isso para tempos melhores; quer emprestar dinheiro meu em outro momento, quando não precisar dele, quando o Senhor mesmo tiver algum e eu talvez nenhum.

TELLHEIM: Não se deve tomar emprestado quando não se sabe como devolver.

WERNER: A um homem como o Senhor ele não deve faltar sempre.

TELLHEIM: Você conhece o mundo!... E tomar emprestado de alguém que necessita, ele próprio, de seu dinheiro, deve-se menos ainda.

MINNA VON BARNHELM OU A SORTE DO SOLDADO   87

WERNER: Ah, sim, alguém assim sou eu! Pois, para que então eu precisaria dele?... Onde se tem necessidade de um sargento, também se lhe dá do que viver.

TELLHEIM: Você precisa dele, mais do que tornar-se sargento, para ser levado a seguir um caminho no qual, sem dinheiro, mesmo o mais digno pode ficar para trás.

WERNER: Tornar-se mais do que sargento? Nisso, não penso. Sou um bom sargento e poderia facilmente ser um mau capitão e seguramente um general ainda pior. Já se tem a experiência disso.

TELLHEIM: Não me obrigue a pensar algo de injusto a seu respeito, Werner! Não gostei de ouvir o que Just me disse. Você vendeu sua propriedade e quer bandear por aí. Não me faça crer que você ama tanto o metiê como o modo de vida insano e desregrado que infelizmente está ligado a ele. É preciso ser soldado por seu país ou por amor à causa pela qual se combate. Servir sem propósito hoje aqui, amanhã ali, é como viajar qual um ajudante de açougueiro, mais nada.

WERNER: Tudo bem, Senhor Major, vou obedecer-lhe. Sabe melhor o que se deve fazer. Ficarei com o Senhor. Mas, querido Major, aceite por enquanto o meu dinheiro. Hoje ou amanhã o assunto tem de ser resolvido. O Senhor precisa de muito dinheiro. Depois o Senhor me devolverá com juros. Faço isso só por causa dos juros.

TELLHEIM: Não fale disso!

WERNER: Por minha pobre alma, só o faço por causa dos juros!... Às vezes, quando eu pensava: o que será de você na velhice? Quando golpeado pela invalidez? Quando não possuir mais nada? Quando tiver de mendigar? Então eu pensava: não, você não irá mendigar, você irá até o Major Tellheim; ele dividirá com você seu último vintém; ele lhe dará de comer até estourar; com ele você poderá morrer como um sujeito honrado.

TELLHEIM (*pegando a mão de Werner*): E então, camarada, você não pensa ainda assim?

WERNER: Não, não penso mais assim. Aquele que não quer aceitar nada de mim, quando ele o necessita e eu o tenho, este também não há de querer me dar nada quando ele o tiver e eu o necessitar. Está bem! (*Quer sair.*)

TELLHEIM: Homem, não me deixe furioso! Aonde quer chegar? (*Retendo-o.*) Se eu lhe assegurar agora por minha honra que ainda tenho dinheiro; se eu prometer por minha honra que lhe direi quando não tiver mais nenhum, e que você será o primeiro e o único de quem irei tomar emprestado algo: ficará satisfeito?

WERNER: E não deveria?... Dê-me sua mão para selar isso, Senhor Major.

TELLHEIM: Aqui está, Paul!... E agora basta disso. Vim até aqui para falar com certa moça.

Cena 8

Francisca (saindo do quarto da Senhorita). Tellheim. Paul Werner.

FRANCISCA (*aparecendo*): Ainda está aqui, Senhor Sargento?... (*Ao deparar-se com Tellheim.*) E o Senhor também está aqui, Senhor Major?... Num instante estarei às suas ordens. (*Torna a entrar rapidamente no quarto.*)

Cena 9

Tellheim. Paul Werner.

TELLHEIM: Era ela!... Mas vejo que a conhece, Werner?

WERNER: Sim, eu conheço essa camareirazinha.

TELLHEIM: Seja como for, se bem me lembro, você não estava comigo quando eu me encontrava nos quartéis de inverno da Turíngia?

WERNER: Não, naquele momento eu procurava em Leipzig peças de fardamento.

MINNA VON BARNHELM OU A SORTE DO SOLDADO

TELLHEIM: De onde então você a conhece?

WERNER: Nossa relação é muito recente. Ela data de hoje. Mas jovens relações são quentes.

TELLHEIM: Então, sem dúvida, você já viu também a Senhorita que é patroa dela?

WERNER: Sua Senhoria é uma Senhorita? Ela me disse que o Senhor conhecia a Senhoria dela.

TELLHEIM: Não está ouvindo? Da Turíngia.

WERNER: A Senhorita é jovem?

TELLHEIM: Sim.

WERNER: Bonita?

TELLHEIM: Muito bonita.

WERNER: Rica?

TELLHEIM: Muito rica.

WERNER: A Senhorita o vê com tão bons olhos quanto a mocinha? Isto seria ótimo!

TELLHEIM: O que quer dizer com isso?

Cena 10

Francisca (saindo novamente, com uma carta na mão). Tellheim. Paul Werner.

FRANCISCA: Senhor Major...

TELLHEIM: Querida Francisca, ainda não pude lhe dar boas--vindas.

FRANCISCA: Em pensamento já deve tê-lo feito. Sei que o Senhor me quer bem. Eu também, ao Senhor. Mas não é nada gentil que o Senhor aflija pessoas que gostam do Senhor.

WERNER *(para si)*: Ah, agora vejo. Está certo!

TELLHEIM: É meu destino, Francisca!... Você lhe entregou a carta?

FRANCISCA: Sim, e aqui lhe devolvo... *(Estende-lhe a carta.)*

TELLHEIM: Uma resposta?

FRANCISCA: Não, a sua própria carta.

TELLHEIM: O quê? Ela não quer lê-la?

FRANCISCA: Ela bem que gostaria, mas... nós não sabemos ler bem o escrito.

TELLHEIM: Você está zombando!

FRANCISCA: E nós julgamos que o escrever cartas não foi inventado para aqueles que podem se comunicar verbalmente, tão logo queiram.

TELLHEIM: Que pretexto! É preciso que ela leia isso. A carta contém minha justificação... todas as razões e causas...

FRANCISCA: Estas, a Senhorita quer ouvir de sua boca e não lê-las.

TELLHEIM: Ouvir de mim mesmo? A fim de que cada palavra, cada expressão dela me confunda; a fim de que eu sinta em cada um de seus olhares o tamanho de minha perda?...

FRANCISCA: Vamos, sem piedade!... Pegue! (*Dá-lhe a carta.*) A Senhorita o espera às três horas. Ela quer sair de carro e conhecer a cidade. Ela quer que o Senhor a acompanhe.

TELLHEIM: Acompanhá-la?

FRANCISCA: E o que me dará se eu deixar ambos irem a sós? Eu quero ficar em casa.

TELLHEIM: A sós?

FRANCISCA: Em um belo coche fechado.

TELLHEIM: Impossível!

FRANCISCA: Sim, sim! No coche, o Senhor Major terá de aguentar a parada. Ali, não poderá nos escapar. E é justamente por isso. Enfim, venha Senhor Major; às três horas em ponto. Bem? O Senhor também queria falar comigo em particular. O que tem a me dizer?... Ah sim, não estamos a sós. (*Olhando para Werner.*)

TELLHEIM: Sim, Francisca, é como se estivéssemos, Francisca. Mas, uma vez que a Senhorita não leu a carta, não tenho nada a lhe dizer.

FRANCISCA: Ah, sim? Como se estivéssemos a sós? O Senhor não tem segredos para com o Sargento?

TELLHEIM: Não, nenhum.

MINNA VON BARNHELM OU A SORTE DO SOLDADO 91

FRANCISCA: Ainda assim, parece-me que o Senhor deveria ter alguns.

TELLHEIM: Como assim?

WERNER: Por que isto, mocinha?

FRANCISCA: Em especial segredos de certo tipo. Todos os vinte dedos, Senhor Sargento?... (*Erguendo ambas as mãos com os dedos esticados para cima.*)

WERNER: Pss! Pss! Mocinha! Mocinha!

TELLHEIM: O que significa isso?

FRANCISCA: Opa, ele está no dedo, Senhor Sargento? (*Como se enfiasse rapidamente um anel.*)

TELLHEIM: O que há com vocês?

WERNER: Mocinha, mocinha, você entende por certo o que é uma brincadeira?

TELLHEIM: Werner, você não esqueceu sem dúvida o que eu já lhe disse muitas vezes: que nunca se deve brincar com as mulheres a respeito de um deterMinnado ponto?

WERNER: Por minha pobre alma, posso ter esquecido!... Mocinha, eu peço...

FRANCISCA: Bem, se é uma brincadeira, eu lhe perdoo desta vez.

TELLHEIM: Se é preciso absolutamente que eu vá, Francisca, faça com que a Senhorita leia ainda antes a carta. Isto me poupará o tormento de pensar e dizer coisas que eu gostaria tanto de esquecer. Toma, dê-lhe a carta. (*Dobrando-a para entregá--la, dá-se conta de que foi aberta.*) Mas, estou vendo bem? A carta, Francisca, está aberta.

FRANCISCA: É bem possível. (*Examina-a.*) De fato, ela está aberta. Quem será que a abriu? Mas ler, nós realmente não a lemos, Senhor Major, realmente não a lemos. E não queremos tampouco lê-la, pois o autor virá, ele mesmo. Venha então, e quer saber de uma coisa, Senhor Major? Não venha assim como está agora, de botas e mal penteado. Cabe desculpá-lo, pois o Senhor não nos esperava. Venha de sapatos e peça para que o penteiem de novo. Assim como está, o Senhor me parece bravo demais, demasiado prussiano!

TELLHEIM: Eu lhe agradeço, Francisca.

FRANCISCA: O Senhor está com o ar de quem acampou na noite anterior.

TELLHEIM: Você pode ter adivinhado.

FRANCISCA: Nós queremos também nos arrumar logo e depois ir comer. Nós o reteríamos de bom grado para o almoço, mas a sua presença poderia perturbar o nosso repasto; e veja o Senhor, não estamos tão apaixonadas a ponto de não sentir fome.

TELLHEIM: Vou indo! Francisca, prepare-a um pouco nesse meio-tempo a fim de que eu não me torne desprezível aos olhos dela nem aos meus. Venha, Werner, você vai almoçar comigo.

WERNER: Na mesa da hospedaria, nesta casa? Aqui, nenhum bocado me apetecerá.

TELLHEIM: Em meu quarto, comigo.

WERNER: Então, sigo-o imediatamente. Só mais uma palavra ainda com a mocinha.

TELLHEIM: Isto não me parece tão mal! (*Sai.*)

Cena 11

Paul Werner. Francisca.

FRANCISCA: E então, Senhor Sargento?

WERNER: Mocinha, se eu voltar, devo também vir mais arrumado?

FRANCISCA: Venha como quiser, Senhor Sargento, meus olhos não terão nada contra o Senhor. Mas meus ouvidos precisarão estar tanto mais em guarda em relação à sua pessoa. Vinte dedos, todos cheios de anéis! Eh, eh, Senhor Sargento!

WERNER: Não, mocinha, justamente sobre isso eu queria ainda lhe dizer: a brincadeira me levou assim a sair dos limites. Nada disso é verdade. Com um anel tem-se o suficiente. E por mais de cem vezes ouvi o Major declarar: deve ser um canalha o soldado que é capaz de enganar uma menina!...

Também penso assim, mocinha. Você pode confiar!... Devo ir ter com ele. Bom apetite, mocinha! (*Ele sai.*)

FRANCISCA: Igualmente, Senhor Sargento!... Acho que esse homem me agrada! (*No momento em que faz menção de entrar, a Senhorita vem ao seu encontro.*)

Cena 12

Senhorita. Francisca.

SENHORITA: O Major já se foi de novo?... Francisca, creio que agora eu já estaria mais uma vez bastante calma para que pudesse retê-lo aqui.

FRANCISCA: E eu vou deixá-la ainda mais calma.

SENHORITA: Tanto melhor! Sua carta, oh sua carta! Cada linha revelava o homem honrado, nobre. Cada recusa de me esposar me reafirmava o seu amor. Ele deve ter percebido sem dúvida que lemos a carta. Pouco importa, contanto que venha. Ele virá, com certeza?... Apenas um pouco orgulhoso demais, Francisca, me parece seu comportamento. Pois não querer agradecer sua felicidade à sua amada é orgulho, orgulho imperdoável! Se ele me fizer sentir isso com demasiada força, Francisca...

FRANCISCA: Então quer desistir dele?

SENHORITA: Eh, veja! Você já não estará se apiedando novamente dele? Não, querida tontinha, por um só erro não se renuncia a nenhum homem. Não, porém me ocorreu a ideia de um ardil para mortificar um pouco esse orgulho com um orgulho semelhante.

FRANCISCA: Bom, então já deve estar realmente muito calma, Senhorita, se já lhe ocorrem novamente ardis.

SENHORITA: Sim, estou mesmo, venha. Você terá o seu papel a desempenhar nisso. (*Elas entram.*)

FIM DO ATO III

Ato IV

Cena 1

A cena: o quarto da Senhorita.

A Senhorita (toda e ricamente vestida, mas com bom gosto). Francisca. (Elas se levantam da mesa que um criado arruma.)

FRANCISCA: Não é possível que esteja satisfeita, Digna Senhorita.

SENHORITA: Acha mesmo, Francisca? Talvez por não ter me sentado com fome.

FRANCISCA: Havíamos combinado não mencioná-lo durante a refeição. Mas também deveríamos ter nos proposto a não pensar nele.

SENHORITA: Na verdade, não pensei em nada mais senão nele.

FRANCISCA: Eu bem que notei. Comecei a falar de cem outras coisas e a Senhorita me respondeu a cada uma erradamente. (*Outro criado traz café.*) Aí vem um alimento pelo qual se pode facilmente fazer quimeras. O querido e melancólico café!

SENHORITA: Quimeras? Eu não faço nenhuma. Estou pensando apenas na lição que quero lhe dar. Você me entendeu bem, Francisca?

FRANCISCA: Ah sim; melhor seria que ele nos poupasse disso.

SENHORITA: Você vai ver que eu o conheço a fundo. O homem que agora me recusa com todas as minhas riquezas, irá me defender contra todo o mundo, assim que souber que sou infeliz e abandonada.

FRANCISCA (*muito séria*): E algo assim deve acariciar infinitamente o mais fino amor-próprio.

SENHORITA: Que moralista! Vejam só! Há pouco me surpreendeu em minha vaidade, agora em meu amor-próprio. Ora, deixe-me, querida Francisca. Você também pode fazer com o seu sargento o que quiser.

FRANCISCA: Com o meu sargento?

SENHORITA: Sim, se você o nega completamente, então é verdade. Eu não o vi ainda, mas de cada palavra que você me diz que é dele, eu profetizo que este será seu homem.

Cena 2[4]

Riccaut de la Marlinière. Senhorita. Francisca.

RICCAUT (*ainda fora do palco*): *Est-il permis, Monsieur le Major?*

FRANCISCA: O que é isso? Será conosco? (*Indo na direção da porta.*)

RICCAUT: *Parbleu!* Tô errado. *Mais non...* Não tô errado... *C´est sa chambre...*

FRANCISCA: Com certeza, Digna Senhorita, este senhor crê ainda encontrar aqui o Major Von Tellheim.

RICCAUT: É isso!... *Le Major de Tellheim; juste, ma belle enfant, c´est lui que je cherche. Où est-il?*

FRANCISCA: Ele não mora mais aqui.

RICCAUT: *Comment?* Ainda há vinte e quatro horas se alojava aqui? E não se aloja mais? Onde se aloja então?

SENHORITA (*aproximando-se dele*): Meu Senhor...

RICCAUT: *Ah, Madame... Mademoiselle...* Queira perrdoarrrr...

SENHORITA: Meu Senhor, seu erro é bem perdoável e seu assombro muito natural. O Senhor Major teve a bondade de me ceder o seu quarto, uma estranha que não sabia onde se hospedar.

RICCAUT: *Ah, voilà de ses politesses! C´est un très-galant-homme que ce Major!*

SENHORITA: Para onde se mudou... realmente devo me envergonhar por não saber.

RICCAUT: Sua Senhoria não sabe? *C´est dommage; j´en suis fâché.*

SENHORITA: De todo modo, eu deveria ter me informado disso. Está claro que seus amigos ainda vão procurá-lo aqui.

RICCAUT: Sou muito seu amigô, Sua Senhoria.

---

4. A personagem Riccaut de la Marlinière exprime-se durante toda cena em uma mescla rudimentar de francês e alemão. A tradução respeitou a forma apresentada pelo autor, transpondo para o português apenas o que é dito em alemão no diálogo.

SENHORITA: Francisca, você também não sabe?

FRANCISCA: Não, Digna Senhorita.

RICCAUT: Eu preciso muito falar com ele. Trago-lhe uma *nouvelle* com a qual ficará muito *contante*.

SENHORITA: Sinto muito. Mas espero talvez falar em breve com ele. Tanto faz de que boca ele receba essa boa nova, de modo que eu me ofereço, meu Senhor...

RICCAUT: Entendo. *Mademoiselle parle François? Mais sans doute; telle que je la vois!... La demande était bien impolie; vous me pardonnerés, Mademoiselle...*

SENHORITA: Meu Senhor...

RICCAUT: Não? Não *parle* francês, Sua Senhoria?

SENHORITA: Meu Senhor, na França eu tentaria falar. Mas por que aqui? Vejo que me entende, meu Senhor. E eu, meu Senhor, também o entenderei, com certeza; fale como lhe apraz.

RICCAUT: Bem, bem! Eu também *possô me explicier* em alemão. *Sachés donc, Mademoiselle...* a Sua Senhoria deve saber que eu venho da mesa de almoço do Ministro... Ministro von... Ministro von... como se chama o Ministro daquilo lá... naquela rua comprida... naquela grande praça?

SENHORITA: Ainda não conheço nada aqui.

RICCAUT: Bem, o ministro do *département* de guerra. Ali almocei... almocei *à l'ordinaire* com ele... e aí se começou a falar do Major Tellheim; *et le Ministre m'a dit en confidence, car Son Excellence est de mes amis, et il n'y a point de mystère entre nous... Ihre Excellenz,* eu quero dizer, me confiou que o caso de nosso Major está *au point* de terminar e bem terminado. Ele fez um *rapport* ao rei e o rei teria resolvido, *tout-à fait en faveur du Major. Monsieur m'a dit, son Excellence, vous comprenés bien, que tout depend de la manière, dont on fait envisager les choses au Roi, et vous me connaissés. Cela fait un très joli garçon que ce Tellheim, et ne sais-je pas que vous l'aimés? Les amis de mes amis sont aussi les miens. Il coute un peu cher ao Roi ce Tellheim, mais est-ce que l'on sert les Rois pour rien? Il faut s'entreaider en ce monde; et quand il s'agit des pertes, que ce soit le Roi, qui en fasse, et non pas un honnêt homme de nous autres. Voilà le principe, dont je ne me depars jamais...* O que diz Sua Senhoria disso? Não é verdade que é um bravo homem? *Ah que Son Excellence a le coeur bien placé!* Ele também *au reste* me assegurou que, se o Major ainda não recebeu *une Lettre de la main...* uma carta real manuscrita, deverá receber hoje *infailliblement.*

SENHORITA: Com certeza, meu Senhor, esta notícia será sumamente agradável ao Major von Tellheim. Eu desejaria apenas, ao mesmo tempo, poder designar-lhe pelo nome o amigo que se empenha tanto por sua sorte...

RICCAUT: Meu nome deseja Sua Senhoria? *Vous voyés en moi...* Sua Senhoria vê em mim *le Chevalier Riccaut de la Marlinière, Seigneur de Pret-au-vol, de la Branche de Prensd'or...* Sua Senhoria está admirada em ouvir que sou de uma grande, grande família *qui est veritablement du sang Royal. Il faut le dire; je suis sans doute le Cadet le plus aventureux que la Maison a jamais eu.* Eu sirvo desde os meus onze anos de idade. Um *Affaire d'honneur* me fez sair voando. Depois disso servi a Sua Santidade o Papa, à República de São Marino, à Coroa da Polônia e aos Staaten-General, os Estados Gerais da Holanda, até que por fim fui atraído para cá. *Ah, Demoiselle, que je voudrais n'avoir jamais vû ce pays-là!* Se tivessem me deixado a serviço dos Staaten-General eu seria ao menos coronel. Mas aqui assim fiquei, sempre e eternamente *Capitaine*, até ser agora um *Capitaine* reformado.

SENHORITA: Isto é muita infelicidade.

RICCAUT: *Oui, Mademoiselle, me voilà réformé, et par là mis sur le pavé!*

SENHORITA: Lamento muito.

RICCAUT: *Vous êtes bien bonne, Mademoiselle...* Não, aqui não se reconhece o mérito. Um homem como eu ser *reformé!* Um homem que, alem disso, se *rouinir* nesse serviço! Eu perdi, ainda por cima, mais do que vinte mil *Livres.* E o que tenho agora? *Tranchons le mot; je n'ai pas le sou, et me voilà exactement vis-à-vis du rien...*

SENHORITA: Sinto muitíssimo.

RICCAUT: *Vous étes bien bonne, Mademoiselle.* Mas como se costuma dizer: toda desgraça arrasta consigo seus irmãos; *qu'un malheur ne vient jamais seul:* assim comigo *arrivir.* O que um *Honnêt-homme* de minha *Extraction* pode ter como outro *ressource,* senão o jogo? Pois bem, sempre joguei com sorte enquanto não necessitava da sorte. Agora que necessito dela, *Mademoiselle, je joue avec un guignon, qui surpasse toute croyance.* Há quinze dias não se passou um único que não tenha me estourado. Ainda ontem eu me estourei três vezes. *Je sais bien, qu'il avoit quelque chose de plus que le jeu. Car parmi mes pontes se trouvaient certaines Dames...* Não direi mais nada. É preciso ser galante com as damas. Também hoje elas me *invitir* para dar *revanche;* mas... *Vous m'entendés, Mademoiselle...* É preciso saber primeiro do que viver antes de ter com que jogar...

SENHORITA: Eu não espero, meu Senhor...

RICCAUT: *Vous êtes bien bonne, Mademoiselle...*

SENHORITA (*pega Francisca de lado*): Francisca, o homem me dá pena de verdade. Será que levará a mal se eu lhe oferecer algo?

FRANCISCA: Não me parece.

SENHORITA: Bem!... Meu Senhor, pelo que ouço... o Senhor joga; leva a banca; sem dúvida em lugares onde há algo a ganhar. Devo confessar-lhe que eu... também amo muito o jogo...

RICCAUT: *Tant mieux, Mademoiselle, tant mieux! Tous les gens d'esprit aiment le jeu à la fureur.*

SENHORITA: E que eu gosto muito de ganhar, gosto muito; que arriscaria de bom grado meu dinheiro com um homem que... saiba jogar. Estaria disposto, meu Senhor, a associar-se comigo? A conceder-me uma participação em sua banca?

RICCAUT: *Comment, Mademoiselle. Vous voulés étre de moitié avec moi? De tout mon coeur.*

SENHORITA: Para começar, apenas com um pouquinho... (*Vai e retira o dinheiro de seu cofrezinho.*)

RICCAUT: *Ah, Mademoiselle, que vous êtes charmante!*...

SENHORITA: Tenho aqui o que ganhei não faz muito tempo; apenas dez pistolas... Devo, na verdade, me envergonhar que seja tão pouco...

RICCAUT: *Donnés toûjours, Mademoiselle, donnés.* (*Pega-os.*)

SENHORITA: Sem dúvida, sua banca, meu Senhor, deve ser muito considerável...

RICCAUT: Sim, por certo, muito considerável. Dez pistolas? Sua Senhoria ficará por isso *interessé* em minha banca com um terço, *pour le tiers.* É verdade que para um terço deveria, seria... um pouco mais. No entanto, com uma bela dama não se deve ser tão exato. Eu me congratulo por ter entrado *in liaison* com Sua Senhoria, *et de ce moment je recommence à bien augurer de ma fortune.*

SENHORITA: Mas não poderei estar junto quando for jogar, meu Senhor.

RICCAUT: Para que Sua Senhoria precisaria estar junto? Nós jogadores somos gente honesta entre nós.

SENHORITA: Se formos felizes no jogo, meu Senhor, trará a minha parte. Porém, se formos infelizes...

RICCAUT: Então virei buscar recrutas. Não é verdade, Sua Senhoria?

SENHORITA: Com o tempo os recrutas devem faltar. Por isso, defenda bem o nosso dinheiro, meu Senhor.

RICCAUT: Por quem Sua Senhoria me toma? Por um pateta? Por um pobre diabo?

SENHORITA: Perdoe-me...

RICCAUT: *Je suis des Bons, Mademoiselle. Savés vous ce que cela veut dire?* Eu sou dos entendidos...

SENHORITA: Mas, entretanto, meu Senhor...

RICCAUT: *Je sais monter un coup...*

SENHORITA (*admirando-se*): Seria capaz?

RICCAUT: *Je file la carte avec une adresse...*

SENHORITA: Não, jamais!

RICCAUT: *Je fais sauter la coupe avec une dexterité...*

SENHORITA: O Senhor não vai... meu Senhor?...

RICCAUT: O que não? O que não, Sua Senhoria? *Donnés moi um pigeonneau a plumer, et...*

SENHORITA: Trapacear? Enganar?

RICCAUT: *Comment, Mademoiselle? Vous appellés cela* enganar? *Corriger la fortune, l'enchainer sous ses doits, etre sûr de son fait,* é isso que os alemães chamam de enganar? Enganar! Oh que pobre língua é a língua alemã! Que língua grosseira!

SENHORITA: Não, meu Senhor, se pensa assim...

RICCAUT: *Laissés moi faire, mademoiselle,* e fique tranquila! O que lhe importa como eu jogo?... Basta. Ou amanhã Vossa Senhoria me verá de novo com pistolas ou não me verá nunca mais... *Votre très-humble, Mademoiselle, votre très-humble...* (*Sai rapidamente.*)

SENHORITA (*que o segue com olhar, surpresa e desgostosa*): Desejo a última alternativa, meu Senhor, a última!

Cena 3

Senhorita. Francisca.

FRANCISCA (*amargurada*): Posso ainda falar? Ah que bom! Que bom!

SENHORITA: Pode caçoar, eu o mereço. (*Após uma breve reflexão e mais calma.*) Não caçoe, Francisca, eu não o mereço.

FRANCISCA: Perfeito! Aí a Senhorita fez uma coisa das mais encantadoras; ajudou um malandro a pôr-se de novo sobre seus próprios pés.

SENHORITA: Pensei que era um infeliz.

FRANCISCA: E o melhor no caso é que o sujeito a considerou como alguém igual a ele. Oh, eu preciso ir atrás dele para que devolva o dinheiro. (*Quer sair.*)

SENHORITA: Francisca, não deixe o café esfriar inteiramente; sirva-o.

FRANCISCA: Ele tem de lhe devolver o dinheiro; a Senhorita mudou de ideia, não quer jogar em sociedade com ele. Dez pistolas! A Senhorita ouviu, ele era um mendigo! (*Entrementes, Minna serve ela mesma o café.*) Quem daria tanto a um mendigo? E, além disso, procurar poupar-lhe a humilhação de tê-lo esmolado? A alma caridosa, que deseja por generosidade desconhecer o mendigo, é por sua vez não reconhecida por ele. É o que a Senhorita poderá ter, se ele levar em consideração o seu donativo, eu não sei bem para o quê... (*Minna oferece uma xícara a Francisca.*) Você quer fazer meu sangue ferver ainda mais? Não tenho vontade de beber. (*A Senhorita retira a xícara.*). "*Parbleu*, Sua Senhoria, aqui não se reconhece o mérito de ninguém." (*No tom do francês.*) Certamente não, quando se deixe os malandros correrem por aí à solta.

SENHORITA (*fria e pensativa, enquanto bebe*): Menina, você conhece com muito acerto as pessoas boas, mas quando aprenderá a tolerar os maus?... E eles também são seres humanos. E muitas vezes nem tão maus, como parecem. É preciso buscar o seu lado bom. Eu imagino que este francês nada mais é senão vaidoso. Por pura vaidade ele se faz passar por trapaceiro; não quer parecer ligado a mim por obrigação; quer poupar agradecimentos. Talvez ele vá apenas pagar suas pequenas dívidas, viver, tranquilo e parcimonioso, do restante, e não pensar mais no jogo. Se assim for, querida Francisca, deixe então que ele venha buscar recrutas, quando quiser. (*Dá-lhe a xícara.*) Aí tem, pega!... Mas diga-me, Tellheim já não deveria estar aqui?

FRANCISCA: Não, Digna Senhorita; as duas coisas, eu não consigo: encontrar em um homem mau o lado bom, nem em um homem bom, o lado mau.

SENHORITA: Ele vem com certeza?

FRANCISCA: Melhor seria que não viesse!... Só porque enxerga nele, o melhor dos homens, um pouco de orgulho, e só por isso quer apoquentá-lo de forma tão cruel?

SENHORITA: Voltando de novo ao mesmo?... Cale-se, é assim que eu quero. Não vá me estragar este prazer, se você não disser e fizer tudo como nós combinamos!... Vou deixá-la a sós com ele; e depois... Agora ele vem vindo.

Cena 4

Paul Werner (que entra com uma postura ereta e rígida, como se estivesse em serviço). A Senhorita. Francisca.

FRANCISCA: Não, é apenas seu querido sargento.

SENHORITA: Querido sargento? A quem se refere este "querido"?

FRANCISCA: Digna Senhorita, não deixe o homem confuso. Sua servidora, Senhor Sargento; o que o traz a nós?

WERNER (*vai na direção da Senhorita, sem prestar atenção a Francisca*): O Major von Tellheim manda apresentar, por meu intermédio, Sargento Werner, seu humilde respeito à Digna Senhorita von Barnhelm, e dizer que logo mais estará aqui.

SENHORITA: Onde ele está?

WERNER: A Digna Senhorita vai me desculpar; nós saímos do alojamento ainda antes que desse as três; mas o intendente-pagador o abordou no caminho; e já que com senhores como estes o falar nunca tem fim, ele me fez um sinal para que eu informasse o sucedido à Senhorita.

SENHORITA: Muito bem, Senhor Sargento. Desejo apenas que o intendente-pagador tenha algo agradável a dizer ao Major.

WERNER: Isto raras vezes estes senhores têm a dizer aos oficiais. Vossa Mercê tem algo a me ordenar? (*Dispondo-se a sair.*)

FRANCISCA: Bem, aonde quer ir agora de novo, Senhor Sargento? Não tínhamos algo a conversar?

WERNER (*baixinho para Francisca e sério*): Aqui não, mocinha. É contra o respeito, contra a subordinação... Digna Senhorita...

SENHORITA: Agradeço seu empenho, Senhor Sargento. Tive o prazer de conhecê-lo. Francisca me falou muito bem do senhor. (*Werner faz uma reverência cerimoniosa e sai.*)

Cena 5

Senhorita. Francisca.

SENHORITA: Este é o seu sargento, Francisca?

FRANCISCA: Quanto ao tom zombeteiro, não tenho tempo de rebater mais uma vez esse "seu". Sim, Digna Senhorita, este é o meu Sargento. A Senhorita acha, sem dúvida, que ele é um pouco rígido e seco. Agora há pouco quase me pareceu também assim. Mas já me dei conta de que ele julgou ter de comportar-se, diante de Sua Senhoria, como em um desfile. E quando os soldados desfilam... aí, sim, parecem mais bonecos de madeira do que homens. A Senhorita deveria vê-lo e ouvi-lo quando ele está à vontade.

SENHORITA: É o que eu deveria então de fato!

FRANCISCA: Ele deve estar ainda na sala. Posso ir e conversar um pouco com ele?

SENHORITA: É a contragosto que lhe nego esse prazer. Você precisa ficar aqui, Francisca. Você precisa estar presente ao nosso encontro. Ocorre-me uma coisa a mais. (*Ela retira o anel do dedo.*) Aí tem, pega meu anel, guarde-o e me dê o do Major em troca.

FRANCISCA: Por que isso?

SENHORITA (*enquanto Francisca vai buscar o outro anel*): Eu mesma não sei muito bem; parece-me, porém, estar prevendo algo de tal ordem que poderei precisar dele. Estão batendo. Depressa, dê cá! (*Ela o enfia no dedo.*) É ele!

Cena 6

Tellheim (no mesmo traje, mas, afora isso, tal como Francisca havia solicitado). A Senhorita. Francisca.

TELLHEIM: Digna Senhorita, queira desculpar minha demora...

SENHORITA: Oh, Senhor Major, não sejamos tão militares entre nós. O Senhor está aí! E esperar por um prazer é também um prazer. E então? (*Ela olha para o seu rosto, sorrindo.*) Querido Tellheim, não fomos crianças ainda há pouco?

TELLHEIM: Sim, crianças, Digna Senhorita, crianças que empacam quando deveriam obedecer tranquilamente.

SENHORITA: Vamos sair de carro, querido Major... para ver um pouco a cidade... e depois ir ao encontro de meu tio.

TELLHEIM: Como?

SENHORITA: Veja o Senhor, não pudemos falar um com o outro nem mesmo do mais importante. Sim, ele virá ainda hoje. É culpa de um acaso eu ter chegado sem ele, um dia antes.

TELLHEIM: O conde von Bruchsall? Ele está de volta?

SENHORITA: As perturbações da guerra afugentaram-no para a Itália; a paz o trouxe de volta. Não se preocupe, Tellheim. Já faz tempo que superamos o maior obstáculo para nossa união, de sua parte...

TELLHEIM: Para nossa união?

SENHORITA: Ele é seu amigo. Já ouviu de muitos muita coisa boa a seu respeito para não ser seu amigo. Ele arde de vontade de conhecer o homem que sua única herdeira escolheu. Ele vem como tio, como tutor e como pai para me entregar ao Senhor.

TELLHEIM: Ah, Senhorita, por que não leu a minha carta? Por que não quis lê-la?

SENHORITA: Sua carta? Ah, sim, lembro-me, o Senhor me enviou uma. O que aconteceu com esta carta, Francisca? Nós a lemos ou não a lemos? O que me escreveu nela, querido Tellheim?...

TELLHEIM: Nada mais do que a honra me ordenou.

SENHORITA: Ou seja, não deixar plantada uma honrada moça que o ama. Está claro, é o que a honra lhe ordena. É certo, eu deveria ter lido a carta. Mas o que eu não li, posso ouvi-lo?

TELLHEIM: Sim, há de ouvi-lo...

SENHORITA: Não, não preciso nem mesmo ouvi-lo. Compreende-se por si. O Senhor seria capaz de me desfechar um golpe tão feio e, agora, não me querer mais? Sabe que eu ficaria ultrajada pelo resto da minha vida? Minhas compatriotas me

MINNA VON BARNHELM OU A SORTE DO SOLDADO

apontariam com o dedo… "É ela", diriam, "esta é a Senhorita von Barnhelm que imaginou, por ser rica, que teria o valente Tellheim: como se os homens valentes pudessem ser obtidos por dinheiro!" É o que diriam, pois minhas compatriotas todas têm inveja de mim. Que eu seja rica, elas não podem negar; mas não querem admitir que sou, além disso, uma boa moça, digna de seu marido. Não é verdade, Tellheim?

TELLHEIM: Sim, sim, Digna Senhorita, reconheço aí suas conterrâneas. Elas lhe invejarão, certamente, um oficial da reserva, ferido em sua honra, um mutilado, um mendigo.

SENHORITA: E o Senhor seria tudo isso? Se não me engano, já ouvi algo assim hoje pela manhã. Há nisso uma mistura de maldade e bondade. Deixe-nos, pois, examinar cada uma mais de perto. O Senhor foi dispensado? Foi o que eu ouvi dizer. Eu acreditava que seu regimento fora apenas dividido entre outros. O que aconteceu para que não mantivessem um homem com os seus méritos?

TELLHEIM: Aconteceu como devia acontecer. Os grandes se convenceram de que um soldado faz por eles muito pouco por vocação e não muito mais por dever, mas tudo por sua própria honra. Do que podem eles julgar-se então seus devedores? A paz tornou, para eles, muitos como eu dispensáveis; e, no fim, ninguém lhes é indispensável.

SENHORITA: O Senhor fala como deve falar um homem para quem os grandes são bastante dispensáveis. E nunca o foram mais do que agora. Quero, pois, manifestar aos grandes meus grandes agradecimentos por terem renunciado a seus direitos sobre um homem que, só muito a contragosto, eu teria compartilhado com eles. Sou eu sua senhora, Tellheim; você não precisa mais de nenhum outro senhor. Encontrá-lo na reserva é uma sorte com que eu mal ousaria sonhar!… Mas o Senhor não é apenas reformado: é mais do que isso. O que é mais? Um mutilado, disse o Senhor? Bem (*examinando-o de alto a baixo*), o mutilado até que está ainda bastante inteiro e ereto; parece bastante saudável e forte. Querido Tellheim, se está pensando em ir mendigar, devido à perda de seus membros sadios, profetizo desde logo que de poucas portas receberá algo, à exceção das portas de moças bondosas, como eu.

TELLHEIM: Agora só ouço a menina petulante, querida Minna.

SENHORITA: E eu ouço em sua repreensão apenas: querida Minna. Não quero mais ser petulante. Pois me dou conta de que o Senhor é de fato um ligeiro mutilado. Um tiro paralisou um pouco o seu braço direito. Mas, pensando-se bem, isto também não é tão mau assim. Estarei mais a salvo de suas pancadas.

TELLHEIM: Senhorita!

SENHORITA: Está querendo dizer: mas você tanto menos das minhas. Bem, bem, querido Tellheim, espero que não chegue a tanto.

TELLHEIM: Você quer é rir, minha Senhorita. Lamento apenas que não possa rir com você.

SENHORITA: Por que não? O que tem contra o riso? Então não se pode ser também muito sério rindo? Querido Major, o riso nos mantêm mais razoáveis do que a aflição. A prova está diante de nós. Sua amiga risonha julga as suas circunstâncias de maneira bem mais correta do que o Senhor mesmo. Por ter sido reformado, o Senhor se considera ferido em sua honra e, por ter levado um tiro no braço, apresenta-se como mutilado. Isto é tão certo assim? Não é um exagero? E é culpa minha que todos os exageros se prestem tanto ao ridículo? Aposto que se eu pegasse agora o mendigo que o Senhor afirma ser, tampouco ele resistiria muito mais ao exame. O Senhor terá perdido uma, duas ou três vezes sua equipagem; com este ou aquele banqueiro, alguns capitais terão sumido; o Senhor não terá nenhuma esperança de reaver este ou aquele adiantamento que fez em serviço: mas por isso o Senhor é um mendigo? Se não lhe sobrou nada além daquilo que meu tio está lhe trazendo...

TELLHEIM: Seu tio, Digna Senhorita, não trará nada para mim.

SENHORITA: Nada mais do que duas mil pistolas que o Senhor antecipou de forma tão magnânima aos nossos "estados".

TELLHEIM: Ah, se tivesse lido minha carta, Digna Senhorita!

SENHORITA: Pois bem, sim, eu a li. Mas o que li nela sobre este ponto é para mim um verdadeiro enigma. É impossível que alguém queira transformar em delito sua nobre ação... Peço que me explique, querido Major...

TELLHEIM: Lembra-se, Digna Senhorita, que eu tinha ordens de arrecadar com extremo rigor a contribuição de guerra, nos bailiados de sua região. Eu quis poupar-me deste rigor e adiantei eu mesmo a soma que faltava.

SENHORITA: Sim, lembro-me. Eu o amava por esta ação ainda sem tê-lo visto.

TELLHEIM: Os "estados" me deram sua nota promissória que, ao firmar-se a paz, eu pretendia mandar registrar no rol das dívidas de guerra a serem aprovadas. A nota promissória foi reconhecida como válida, mas me contestaram o meu direito de propriedade sobre ela. Torceram ironicamente a boca quando lhes assegurei ter entregue o montante em dinheiro sonante. Consideraram-no um suborno, uma gratificação dos "estados" por eu haver concordado tão logo com eles em baixar a soma ao mínimo a que eu estava autorizado, porém apenas em caso de extrema necessidade. Assim, a nota promissória saiu de minhas mãos e, se for paga, não será certamente para mim. Por isso, minha Senhorita, considero-me ferido em minha honra; não pela reforma, que eu teria solicitado se não a tivesse recebido. Está séria, minha Senhorita? Por que não ri? Ah, ah, ah! Eu estou rindo.

SENHORITA: Oh, sufoque esta risada, Tellheim! Eu lhe imploro! É o riso atroz da misantropia! Não, você não é homem que se arrependa de uma boa ação porque ela teve más consequências para você. Não, é impossível que essas consequências lamentáveis durem! A verdade deve vir à luz do dia. O testemunho de meu tio, de todos os nossos "estados"...

TELLHEIM: De seu tio! De seus "estados"! Ah, ah, ah!

SENHORITA: Seu riso me mata, Tellheim! Se você acredita na virtude e na Providência, Tellheim, não ria assim! Nunca ouvi uma blasfêmia tão horrível quanto o seu riso... Mas vamos supor o pior! Se não se quer aqui de modo algum reconhecê-lo, entre nós não se pode deixar de reconhecê-lo. Não, não podemos, não iremos desconhecê-lo, Tellheim. E se os nossos "estados" tiverem o mínimo sentimento de honra, sei o que devem fazer. Mas não sou sabida: por que seria necessário? Imagine, Tellheim, se você tivesse perdido duas mil pistolas em uma noite desregrada. Se o rei foi uma carta desafortunada para você, a dama (*apontando para si mesma*) lhe será tanto mais favorável. A Providência, acredite-me, mantém sempre indene o homem honesto; e amiúde já por antecipação. A ação que o fez perder as duas mil pistolas, me conquistou para você. Sem esse ato, eu nunca teria desejado conhecê-lo. Você sabe que fui, sem ser convidada, à primeira recepção em que acreditava encontrá-lo. Só fui por sua causa. Fui com o firme propósito de amá-lo – eu já o amava! –, com o firme propósito de tê-lo, por mais negro e feio que o achasse, como o mouro de Veneza. E você não é tão negro e feio; e tampouco será tão ciumento. Mas Tellheim, Tellheim, você tem, ainda assim, muita coisa parecida com ele! Oh, estes homens indômitos e inflexíveis, que pregam sempre seus olhos fitos somente no fantasma da honra! que se endurecem para todo outro sentimento!... Volte para cá seus olhos! Para mim, Tellheim! (*Que, no entanto, permanece absorto e imóvel, com os olhos fixos sempre no mesmo ponto.*) Em que está pensando? Não me ouve?

TELLHEIM (*distraído*): Ah, sim! Mas diga-me, minha Senhorita, como foi que o mouro entrou no serviço veneziano? O mouro não tinha uma pátria? Por que alugou seu braço e seu sangue a um Estado estrangeiro?...

SENHORITA (*assustada*): Onde está você, Tellheim? É hora de cortar essa conversa... Venha! (*Tomando-o pelo braço.*) Francisca, mande vir o carro.

TELLHEIM (*desprendendo-se da Senhorita e indo atrás de Francisca*): Não, Francisca, eu não posso ter a honra de acompanhar a Senhorita. Minha Senhorita, deixe-me ainda por hoje ficar em meu são juízo e permita que me retire. A Senhorita está no melhor caminho para me fazer perdê-lo. Resisto o quanto posso... Mas por estar ainda em meu juízo, ouça, minha Senhorita, o que decidi firmemente e do que nada no mundo poderá me dissuadir... A não ser que ainda me ocorra um golpe feliz no jogo, a não ser que a sorte vire inteiramente a meu favor, a não ser...

SENHORITA: Devo cortar-lhe a palavra, Senhor Major. Devíamos ter-lhe dito isso logo, Francisca. Mas também você não me lembra de nada... Nossa conversa teria sido totalmente outra, Tellheim, se eu começasse com a boa notícia que o Chevalier de la Marlinière veio há pouco lhe trazer.

TELLHEIM: O Chevalier de la Marlinière? Quem é ele?

FRANCISCA: Ele parece ser um bom homem, Senhor Major, até...

SENHORITA: Cale-se, Francisca!... Ele também é um oficial reformado que estivera a serviço da Holanda...

TELLHEIM: Ha! O Lieutenant Riccaut!

SENHORITA: Ele me assegurou que é seu amigo.

TELLHEIM: E eu lhe asseguro que não sou o seu.

SENHORITA: E que o ministro, não sei qual, lhe confiou que seu caso estava próximo de uma solução feliz. E que já deve estar a caminho um autógrafo real endereçado ao Senhor...

TELLHEIM: Por que Riccaut e um ministro se reuniriam?... Algo realmente deve ter acontecido com o meu caso. Pois o intendente-pagador acaba de me declarar que o rei anulou tudo o que já havia tramitado contra mim; e que eu poderia retirar minha palavra de honra, dada por escrito, de que não iria embora daqui até que não me houvessem isentado totalmente de culpa... Mas isto também será tudo. Querem me deixar com vontade de sair correndo daqui. Só que se enganam. Não vou correr. Prefiro que a miséria mais absoluta me consuma aqui, diante dos olhos de meus caluniadores.

SENHORITA: Que homem obstinado!

TELLHEIM: Não preciso de mercê; quero justiça. Minha honra...

SENHORITA: A honra de um homem como o Senhor...

TELLHEIM (*acalorado*): Não, minha querida, a Senhorita poderá ajuizar bem acerca de todas as coisas, mas não a respeito desta. A honra não é a voz de nossa consciência, nem o testemunho de uns poucos íntegros...

SENHORITA: Não, não, sei disso muito bem... A honra é... a honra.

TELLHEIM: Sendo breve, minha querida... A Senhorita não deixou que eu terminasse de falar. Queria dizer: quando se retém o que é meu de forma tão injuriosa, se minha honra não recebe o mais completo desagravo, então não posso, minha Senhorita, ser seu. Pois, aos olhos do mundo, não sou digno de sê-lo. A Senhorita von Barnhelm merece um homem irreprochável. É um amor indigno aquele que não vacila em expor ao desprezo a pessoa amada. É um homem desprezível aquele que não se envergonha dever toda sua felicidade a uma mulher cuja cega ternura...

SENHORITA: Está falando sério, Senhor Major? (*Dando-lhe repentinamente as costas.*) Francisca!

TELLHEIM: Não fique tão irritada, minha Senhorita...

SENHORITA (*à parte, para Francisca*): Agora é a hora! O que me aconselha, Francisca?...

FRANCISCA: Eu não aconselho nada. Mas é verdade que ele lhe apresentou isso com um pouco de exagero...

TELLHEIM (*que vem para interrompê-las*): Ficou irritada, Senhorita...

SENHORITA (*com ironia*): Eu? Nem um pouquinho.

TELLHEIM: Se eu a amasse menos, minha Senhorita...

SENHORITA (*ainda no mesmo tom*): Oh por certo, seria minha infelicidade!... E veja, Senhor Major, não quero tampouco a sua infelicidade... É preciso amar de forma totalmente desinteressada... Ainda bem que não fui mais franca! Talvez sua compaixão me tivesse concedido o que seu amor me nega... (*Tirando lentamente o anel do dedo.*)

MINNA VON BARNHELM OU A SORTE DO SOLDADO   111

TELLHEIM: O que está querendo dizer com isso, Senhorita?

SENHORITA: Não, ninguém deve tornar o outro mais feliz nem mais infeliz. É o que exige o verdadeiro amor! Acredito no Senhor, Senhor Major; e o Senhor tem demasiada honra para reconhecer o amor.

TELLHEIM: Está caçoando, minha Senhorita?

SENHORITA: Aqui tem! Tome de volta o anel com o qual me prometeu fidelidade. (*Entrega-lhe o anel.*) Que seja! Como se nunca tivéssemos conhecido um ao outro!

TELLHEIM: O que estou ouvindo?

SENHORITA: Isto lhe causa estranheza?... Pegue-o, meu caro... O Senhor não estava apenas fazendo de conta?

TELLHEIM (*pegando o anel*): Meu Deus! Minna pode falar assim!

SENHORITA: Você não poderá ser meu em um caso, eu não posso ser sua em nenhum. Sua infelicidade é provável, a minha é certa... Adeus! (*Faz menção de sair.*)

TELLHEIM: Para onde vai, queridíssima Minna?

SENHORITA: Meu Senhor, agora está me ofendendo com esse tratamento familiar e íntimo.

TELLHEIM: O que há com você, minha Senhorita? Para onde vai?

SENHORITA: Deixe-me... Ocultar-lhe minhas lágrimas, traidor! (*Sai.*)

Cena 7

Tellheim. Francisca.

TELLHEIM: Suas lágrimas? E eu devo deixá-la? (*Quer segui-la.*)

FRANCISCA (*que o detém*): Não, Senhor Major! O Senhor não há de pretender segui-la até o quarto de dormir, não é verdade?

TELLHEIM: Sua infelicidade? Ela não falou de infelicidade?

FRANCISCA: Está claro; a infelicidade de perdê-lo depois que...

TELLHEIM: Depois? O que depois? Há algo mais nisso. O que é, Francisca? Fala, diga...

FRANCISCA: Depois que ela, eu queria dizer... sacrificou tanta coisa pelo Senhor.

TELLHEIM: Sacrificou por mim?

FRANCISCA: Ouça só um instante... Foi muito bom para o Senhor, Major, ter-se livrado dela dessa maneira... Por que eu não lhe diria isso? Isso não pode ficar por mais tempo em segredo... Nós fugimos! O conde von Bruchsall deserdou a Senhorita porque ela não quis aceitar nenhum marido por ele indicado. Depois disso, ela foi abandonada, desprezada por todos. O que fazer? Decidimos procurar aquele a quem nós...

TELLHEIM: Para mim basta!... Venha, devo me jogar a seus pés.

FRANCISCA: O que está pensando? Vá embora, é melhor, e agradeça à sua boa sorte...

TELLHEIM: Desgraçada! Por quem você me toma?... Não, querida Francisca, este conselho não veio de seu coração. Perdoe minha indignação!

FRANCISCA: Não me prenda por mais tempo. Devo ir ver o que ela está fazendo. Algo pode facilmente ter-lhe acontecido... Vá! É preferível que volte, quando quiser voltar de novo. (*Vai atrás da Senhorita.*)

Cena 8

Tellheim.

TELLHEIM: Mas, Francisca!... Oh, espero por vocês aqui! Não, isto é mais urgente!... Se ela considerar as coisas a sério, não poderá deixar de me dar seu perdão. Agora preciso de você, meu honrado Werner!... Não, Minna, não sou nenhum traidor. (*Sai às pressas.*)

FIM DO ATO IV

Ato V

Cena 1

(*Cena, na sala.*) *Tellheim entra por um lado, Werner por outro.*

TELLHEIM: Ah, Werner! Estou te procurando por toda parte. Onde esteve?

WERNER: Eu também o procurei, Senhor Major; assim é com a procura. Trago-lhe uma boa notícia.

TELLHEIM: Ah, não preciso agora de tuas notícias: preciso do teu dinheiro. Depressa, Werner, dá-me tanto quanto você tiver e depois tente emprestar tanto quanto puder.

WERNER: Senhor Major?... Bem, por minha pobre alma, eu disse: vai me pedir dinheiro emprestado, quando ele mesmo tem algum para emprestar?

TELLHEIM: Você não está buscando desculpas?

WERNER: Para que eu não tenha nada a lhe censurar, ele toma com a direita e devolve com a esquerda.

TELLHEIM: Não me detenha, Werner!... Tenho a boa intenção de lhe devolver tudo; mas como e quando?... Só Deus sabe!

WERNER: Então não sabe ainda que a tesouraria real tem ordem de lhe pagar o seu dinheiro? Acabo de ficar sabendo...

TELLHEIM: Que conversa é essa? Por que está deixando se levar? Você não percebe que, se fosse verdade, o primeiro a saber disso deveria ser eu?... Para ser breve, Werner, dinheiro, dinheiro!

WERNER: Está bem, com muito gosto! Aqui tem algum!... Estes são os cem *louis d'or* e estes os cem ducados. (*Entrega-lhe ambos.*)

TELLHEIM: Os cem *louis d'or*, Werner, vá entregá-los a Just. Ele que resgate agora mesmo o anel que empenhou hoje cedo. Mas de onde vai tirar mais, Werner?... Eu preciso de muito mais.

WERNER: Deixa que eu cuido disso. O homem que comprou minha propriedade mora na cidade. O prazo de pagamento vence apenas em quinze dias, mas o dinheiro já está disponível, e com um descontinho de um e meio por cento...

TELLHEIM: Pois bem, querido Werner!... Está vendo que tenho em você a minha única salvação?... Também devo lhe confiar tudo. A Senhorita aqui – você a viu – está infeliz...

WERNER: Que lástima!

TELLHEIM: Mas amanhã será ela minha esposa...

WERNER: Que alegria!

TELLHEIM: E depois de amanhã, vou embora com ela. Eu devo ir, eu quero ir embora. Melhor abandonar tudo aqui! Quem sabe onde me espera a felicidade. Se quiser, Werner, venha também. Queremos voltar de novo ao serviço.

WERNER: De verdade?... Mas onde há guerra, Senhor Major?

TELLHEIM: Onde mais?... Vai, querido Werner, falaremos disso depois.

WERNER: Oh, caro Major!... Depois de amanhã? Por que não amanhã?... Vou arrumar tudo. Na Pérsia, Senhor Major, há uma excelente guerra; o que acha?

TELLHEIM: Vamos pensar sobre isso; agora vá, Werner!

WERNER: Eta! Viva o Príncipe Héracles! (*Sai.*)

Cena 2

Tellheim.

TELLHEIM: O que há comigo?... Toda a minha alma recebeu novos estímulos. Minha própria desventura me abateu, me tornou irascível, míope, tímido, relaxado; a infelicidade dela me levanta o ânimo, vejo de novo livremente o mundo ao meu redor, e sinto-me disposto e forte, capaz de empreender tudo por ela... O que estou esperando? (*Encaminha--se para o quarto da Senhorita, do qual Francisca vem ao seu encontro.*)

Cena 3

Francisca. Tellheim.

FRANCISCA: Ah, é o Senhor?... Pareceu-me ouvir sua voz. O que deseja, Senhor Major?

TELLHEIM: O que desejo?... O que está fazendo a tua Senhorita?... Venha!

FRANCISCA: Ela quer partir agora mesmo.

TELLHEIM: Sozinha? Sem mim? Para onde?

FRANCISCA: Já esqueceu, Senhor Major?

TELLHEIM: Você não enlouqueceu, Francisca?... Eu a irritei e ela estava sensível: vou lhe pedir perdão, e ela me perdoará.

FRANCISCA: Como?... Depois que tomou de volta o anel, Senhor Major?

TELLHEIM: Ah! Estava atordoado quando fiz isso. Só agora voltei a lembrar do anel. Onde o enfiei? (*Procura-o.*) Aqui está.

FRANCISCA: É este mesmo? (*Enquanto ele o guarda novamente e ela diz, à parte.*) Se eu pudesse examiná-lo com mais cuidado!

TELLHEIM: Ela me forçou a pegá-lo com tal amargura... Eu já esqueci essa amargura. Um coração carregado não pode pesar as palavras. Mas ela não se recusará nem por um instante a aceitar de novo o anel... E não estou também ainda com o dela?

FRANCISCA: Ela espera, por isso mesmo, que seja devolvido. Onde o tem, Senhor Major? Mostre-me, pois.

TELLHEIM (*um pouco embaraçado*): Eu... esqueci de enfiá-lo no dedo... Just... Just vai me trazer logo esse anel.

FRANCISCA: Eles são muito parecidos um com o outro; deixe-me ver este; eu adoro ver essas coisas.

TELLHEIM: Outra vez, Francisca. Agora venha...

FRANCISCA (*à parte*): Ele não quer de modo algum que o tirem de seu engano.

TELLHEIM: O que está dizendo? Engano?

FRANCISCA: É um engano, digo eu, se o Senhor acredita que a Senhorita seja ainda um bom partido. Sua fortuna pessoal não é tão grande. Se seus tutores fizerem contas um pouco egoístas, ela pode ir por água abaixo. A Senhorita espera tudo de seu tio, mas esse tio cruel...

TELLHEIM: Deixe-o!... Então não sou homem bastante para suprir-lhe de vez tudo isso?...

FRANCISCA: Está ouvindo? Ela está tocando a campainha; devo entrar.

TELLHEIM: Eu vou com você.

FRANCISCA: Pelo amor de Deus, não! Ela me proibiu expressamente de falar com o Senhor. Entre ao menos depois de mim. (*Entra.*)

Cena 4

Tellheim.

TELLHEIM (*gritando-lhe*): Anuncie-me!... Fale por mim, Francisca!... Estou indo atrás de você! O que direi a ela? Lá onde deve falar o coração, não é preciso nenhum preparativo. Uma só coisa pode requerer um jeito estudado: sua reserva, seus escrúpulos, que a prendem e não a deixam atirar-se como infeliz em meus braços; seu empenho em aparentar uma felicidade que ela perdeu por mim. Essa falta de confiança em minha honra, em seu próprio valor, como desculpá-la perante si mesma?... Perante mim já está desculpada! Ah, aí vem ela...

Cena 5

Francisca. Senhorita. Tellheim.

SENHORITA (*ao sair, como se não tivesse visto o Major*): O carro já está diante da porta, Francisca?... Meu leque!...

TELLHEIM (*aproximando-se*): Para onde vai, Senhorita?

SENHORITA (*com uma frieza afetada*): Vou sair, Senhor Major. Posso adivinhar por que se deu de novo ao trabalho de voltar: para me devolver meu anel. Bem, Senhor Major, tenha a bondade de entregá-lo a Francisca. Francisca, pegue o anel que o Senhor Major vai lhe dar!... Não tenho tempo a perder. (*Quer ir embora.*)

TELLHEIM (*parando à sua frente*): Minha Senhorita!... Ah, o que acabo de saber, minha Senhorita! Eu não era digno de tanto amor!

SENHORITA: Ah é, Francisca? Você contou ao Senhor Major...

FRANCISCA: Revelei tudo.

TELLHEIM: Não fique brava comigo, minha Senhorita. Não sou traidor. A Senhorita perdeu muito por minha causa, aos olhos do mundo, mas não aos meus. Aos meus olhos ganhou infinitamente por esta perda. Mas ela ainda lhe era muito recente, a Senhorita temeu que pudesse me causar má impressão e queria me ocultar isso por ora. Não me queixo desta falta de confiança. Ela brotou do desejo de me preservar. Esse desejo é meu orgulho! Quando me encontrou, eu mesmo estava infeliz, e a Senhorita não quis amontoar infelicidade com infelicidade. Não podia supor até que ponto sua infelicidade faria com que sobrepujasse a minha.

SENHORITA: Tudo isso está certo, Senhor Major! Mas agora já aconteceu. Eu o liberei de seu compromisso; o Senhor, ao receber de volta o anel...

TELLHEIM: Não consenti em nada!... Pelo contrário, sinto-me agora mais obrigado do que nunca. Você é minha, Minna, para sempre minha. (*Tira o anel.*) Aqui o tem, receba-o pela segunda vez, este penhor de minha fidelidade...

SENHORITA: Eu aceitar de novo este anel? Este anel?

TELLHEIM: Sim, queridíssima Minna, sim!

SENHORITA: O que está me impondo? Este anel?

TELLHEIM: A Senhorita aceitou este anel pela primeira vez de minha mão quando as nossas circunstâncias, as de um e de outro, eram iguais e felizes. Elas não são mais felizes, porém são de novo iguais. A igualdade é sempre o laço mais forte do amor. Permita-me, queridíssima Minna! (*Toma-lhe a mão a fim de lhe pôr o anel.*)

SENHORITA: O quê? À força, Senhor Major?... Não, não há força no mundo que me obrigue a aceitar novamente este anel!... Julga por acaso que me falta um anel?... Oh, está vendo (*apontando para o seu anel*), aqui tenho mais um que nada fica a dever ao seu!...

FRANCISCA: Será que ele ainda não percebeu!...

TELLHEIM (*soltando a mão da Senhorita*): O que é isso?... Vejo a Senhorita von Barnhelm, mas não a ouço. Está fingindo, minha Senhorita. Perdoe-me se volto a empregar essa palavra que usou.

SENHORITA (*com seu tom de voz natural*): Essa palavra o ofendeu, Senhor Major?

TELLHEIM: Ela me magoou.

SENHORITA (*emocionada*): Não era a intenção, Tellheim. Perdoe-me, Tellheim.

TELLHEIM: Ah, esse tom íntimo me diz que está voltando a si, minha Senhorita, que ainda me ama, Minna...

FRANCISCA (*incontida*): Por pouco a brincadeira ia longe demais...

SENHORITA (*imperativa*): Não se meta em nosso jogo, Francisca, se posso pedir!

FRANCISCA (*à parte e desconcertada*): Ainda não basta?

SENHORITA: Sim, meu Senhor. Seria vaidade feminina mostrar-me fria e irônica. Acabemos com isso! O Senhor merece que eu seja, a seus olhos, tão veraz quanto o Senhor mesmo é... Eu ainda o amo, Tellheim, eu ainda o amo; mas, apesar disso...

TELLHEIM: Não continue, queridíssima Minna, não continue! (*Pega mais uma vez a mão de Minna para colocar o anel.*)

SENHORITA (*retirando a mão*): Apesar disso... e tanto mais, não deixarei que isso jamais aconteça, nunca mais!... Em que está pensando, Senhor Major?... Eu julgava que tinha o suficiente no seu próprio infortúnio. O Senhor precisa ficar aqui; precisa obter a todo custo o desagravo pleno. Não encontro outras palavras nessa pressa. A todo custo... ainda que por isso a extrema miséria o consuma diante dos olhos de seus caluniadores!

MINNA VON BARNHELM OU A SORTE DO SOLDADO   119

TELLHEIM: Assim eu pensava, assim eu falava, quando eu não sabia o que pensava e falava. A irritação e a raiva recalcadas haviam enevoado minha alma; o próprio amor, no pleno brilho da felicidade, não podia aí dentro alvorecer. Mas ele envia sua filha, a compaixão, a quem a dor mais sombria é familiar, dissipa a névoa, e abre de novo todos os acessos de minha alma às sensações da ternura. O instinto de conservação desperta, pois recebi algo mais precioso do que eu mesmo e preciso resguardá-lo. Não se ofenda, minha Senhorita, ao ouvir a palavra compaixão. Por ser inocente a causa de nossa desventura, podemos ouvi-la sem humilhação. Eu sou esta causa. Por mim, Minna, você perdeu amigos e parentes, riqueza e pátria. Por mim, em mim, você deve recuperar isso tudo ou pesará sobre minha consciência a ruína da mais amável das mulheres. Não me deixe entrever um futuro em que eu teria de odiar a mim mesmo... Não, nada há de me deter aqui por mais tempo. A partir deste instante não quero opor nada além de desprezo à injustiça que aqui é cometida contra mim. É este o único país no mundo? É só aqui que nasce o sol? Onde não poderei ir? Que serviços me serão recusados? E mesmo que eu tivesse de procurá-los sob o céu mais distante, siga-me com confiança, queridíssima Minna, nada nos faltará... Tenho um amigo que de bom grado me apoia...

Cena 6

Um Mensageiro Militar. Tellheim. Senhorita. Francisca.

FRANCISCA (*ao se dar conta da presença do Mensageiro*): Psst! Senhor Major...

TELLHEIM (*ao Mensageiro*): A quem está procurando?

MENSAGEIRO: Procuro o Senhor Major von Tellheim. Ah, é o Senhor mesmo. Meu Senhor Major, este autógrafo real (*que retira de sua carteira*) devo entregá-lo ao Senhor.

TELLHEIM: A mim?

MENSAGEIRO: Segundo o sobrescrito…

SENHORITA: Francisca, está ouvindo?… O Chevalier disse a verdade, não é?

MENSAGEIRO (*enquanto Tellheim pega a carta*): Peço desculpas, Senhor Major, já deveria tê-la recebido ontem, mas não me foi possível encontrá-lo. Somente hoje, na parada, soube pelo Tenente Riccaut o endereço de sua residência.

FRANCISCA: Está ouvindo, Digna Senhorita?… É o ministro do *Chevalier*: "Como se chama o ministro lá da grande praça?"

TELLHEIM: Fico-lhe muito obrigado por seu empenho.

MENSAGEIRO: É meu dever, Senhor Major. (*Retira-se.*)

Cena 7

Tellheim. Senhorita. Francisca.

TELLHEIM: Ah, minha Senhorita. O que tenho aqui? O que contém este escrito?

SENHORITA: Não estou autorizada a estender tão longe a minha curiosidade.

TELLHEIM: Como? Você ainda separa meu destino do seu? Mas por que vacilo em abri-lo?… Não poderá me tornar mais infeliz do que já sou; não, queridíssima Minna, não poderá nos tornar mais infelizes… mas sim, mais felizes!… Com sua permissão, minha Senhorita! (*Abre e lê a carta, enquanto o Hospedeiro entra sorrateiramente em cena.*)

Cena 8

O Hospedeiro. Os Anteriores.

HOSPEDEIRO (*para Francisca*): Psst! Minha bela menina! Só uma palavrinha!

FRANCISCA (*que se aproxima dele*): Senhor Hospedeiro?… Por certo, nem nós mesmos sabemos o que está escrito na carta.

MINNA VON BARNHELM OU A SORTE DO SOLDADO   121

HOSPEDEIRO: Quem quer saber da carta?... Venho por causa do anel. A Digna Senhorita terá que me devolvê-lo imediatamente. Just está aqui e quer resgatá-lo.

SENHORITA (*que também se aproximou do Hospedeiro*): Diga a Just que já foi resgatado e diga-lhe também por quem: por mim.

HOSPEDEIRO: Mas...

SENHORITA: Deixe tudo por minha conta; agora vá! (*O Hospedeiro sai.*)

Cena 9

Tellheim. Senhorita. Francisca.

FRANCISCA: E então, Digna Senhorita, seja bondosa com o pobre Major.

SENHORITA: Oh, a intercessora! Como se o nó não tivesse que se desatar logo por si mesmo.

TELLHEIM (*depois de ter lido, com a mais viva emoção*): Ah, também aqui ele não se desmentiu!... Oh, minha Senhorita, que justiça! Que mercê!... Mais do que eu esperava!... Mais do que mereço! Minha felicidade, minha honra, tudo está restabelecido!... Não estou sonhando, não é? (*Olhando de novo a carta, como para se convencer mais uma vez.*) Não, não se trata de uma ilusão produzida por meus desejos! Leia você mesma, minha Senhorita, leia você mesma!

SENHORITA: Não sou tão indiscreta, Senhor Major.

TELLHEIM: Indiscreta? A carta é dirigida a mim, ao seu Tellheim, Minna. Contém... aquilo que seu tio não pode lhe tirar. Você precisa lê-la; leia, pois!

SENHORITA: Se isso há de comprazê-lo, Senhor Major... (*Pega a carta e a lê.*)

"Meu caro Major von Tellheim!

Faço-vos saber que o caso que me inquietava a respeito de vossa honra foi esclarecido. Meu irmão[5] estava informado

---

5. Referência ao príncipe Henrique.

dos seus detalhes e sua sentença vos declarou mais que inocente. A tesouraria real tem ordem de vos restituir a promissória em questão e de vos pagar os adiantamentos feitos; também ordenei que seja arquivado tudo o que a contabilidade das intendências instruiu contra vossas contas. Fazei-me saber se vossa saúde permite retomar o serviço. Eu não gostaria de me privar de um homem com a sua bravura e caráter. Sou o vosso bem afeiçoado rei etc."

TELLHEIM: E então, o que diz disso, minha Senhorita?

SENHORITA (*enquanto dobra a carta e a devolve*): Eu? Nada.

TELLHEIM: Nada?

SENHORITA: Ah, sim, que o seu rei é um grande homem e que também deve ser um bom homem... Mas o que me importa isso? Ele não é o meu rei.

TELLHEIM: E você não diz mais nada? Nada que diga respeito a nós mesmos?

SENHORITA: Vai voltar a servi-lo; o Senhor Major será promovido a tenente-coronel, talvez coronel. Felicito-o de todo coração.

TELLHEIM: E você não me conhece melhor?... Não, já que a sorte me devolve o suficiente para satisfazer os desejos de um homem razoável, dependerá unicamente de minha Minna que eu deva pertencer de novo a alguém mais senão a ela. A seu serviço unicamente há de estar dedicada toda a minha vida! Os serviços aos grandes são perigosos e não compensam o esforço, as coerções e a humilhação que custam. Minna não é dessas vaidosas que amam em seus maridos apenas seus títulos e cargos honoríficos. Ela me amará por mim mesmo e por ela esquecerei o mundo todo. Eu me tornei soldado por ser partidário nem eu mesmo sei de que princípios políticos e da ideia de que era bom para todo homem de honor pôr-se à prova durante certo tempo na milícia a fim de se familiarizar com tudo que significa perigo e de aprender a comportar-se com frieza e decisão. Só a extrema necessidade me obrigaria a fazer desta experiência uma vocação e desta ocupação temporária, uma profissão. Mas agora, que nada

MINNA VON BARNHELM OU A SORTE DO SOLDADO

mais me obriga, toda a minha ambição é unicamente ser de novo um homem tranquilo e satisfeito. É este homem que eu me tornarei com você, queridíssima Minna, sem sombra de dúvida, e permanecerei imutavelmente em sua companhia. Que amanhã nos una o laço mais sagrado, e então olharemos ao redor de nós procurando o rincão mais tranquilo, alegre e risonho do mundo habitado, ao qual nada falte para ser o paraíso, senão um casal feliz. É lá que haveremos de morar; é lá que cada um de nossos dias... O que há com você, minha Senhorita? (*Que se move inquieta de um lado para o outro, tentando esconder sua emoção.*)

SENHORITA (*contendo-se*): É muito cruel, Tellheim, ao me apresentar uma felicidade tão atraente à qual tenho de renunciar. Minha perda...

TELLHEIM: Sua perda?... O que você chama de perda? Tudo o que Minna podia perder, não é Minna. Você é a mais doce, a mais amável, a mais graciosa e a melhor criatura sob o sol, toda bondade e generosidade, toda inocência e alegria!... De vez em quando uma pequena petulância; aqui e ali um pouco teimosa. Tanto melhor! Tanto melhor! Minna seria um anjo que eu deveria venerar com temor, que eu não poderia amar. (*Pega sua mão para beijá-la.*)

SENHORITA (*retirando a mão*): Não assim, meu Senhor!... Como assim, tão mudado de repente? Este lisonjeiro e impetuoso enamorado é o frio Tellheim? Poderia apenas o retorno da sua sorte acender nele esse fogo? Ele que me permita, diante de seu fugaz ardor, que seja eu quem raciocine por ambos. Quando ele mesmo era capaz de refletir, eu o ouvi dizer que não era um amor digno aquele que não vacilava em expor o seu objeto ao desprezo... Certo, mas eu almejo um amor exatamente tão puro e nobre, como ele. Agora que a honra o chama, que um grande monarca o procura, deveria eu admitir que se entregue a devaneios amorosos comigo? Que o glorioso guerreiro degenere em frívolo pastor?... Não, Senhor Major, siga o aceno de seu melhor destino...

TELLHEIM: Pois bem! Se o grande mundo lhe é mais atraente, Minna, tudo bem! Permaneçamos no grande mundo! Mas como é pequeno, como é miserável este grande mundo!... Você só o conhece por seu lado brilhante. Mas, com certeza, Minna, você há de... Que seja! Até lá, bem! À sua perfeição não faltarão admiradores e à minha felicidade não carecerá de invejosos.

SENHORITA: Não, Tellheim, não foi isto que eu quis dizer! Recomendo-lhe que volte para o grande mundo, para o caminho da honra, sem que eu queira segui-lo. Lá Tellheim necessita de uma esposa irrepreensível! Uma senhorita saxônica perdida que se atirou sobre sua cabeça...

TELLHEIM (*encolerizando-se e olhando furioso ao seu redor*): Quem tem o direito de falar assim?... Ah, Minna, tenho medo de mim mesmo quando imagino que alguém mais, além de você, tenha dito isso. Minha cólera contra ele seria sem limite.

SENHORITA: Aqui está! É justamente o que eu receio. Você não toleraria a menor caçoada a meu respeito e teria, no entanto, de engolir diariamente as mais amargas... Em suma, ouça, Tellheim, o que decidi firmemente e do que nada no mundo poderá dissuadir-me...

TELLHEIM: Antes que termine, Senhorita... eu lhe suplico, Minna!... Reflita por mais um instante, pois é a minha sentença de vida ou morte que irá pronunciar!...

SENHORITA: Sem mais reflexão!... Tão certo como lhe devolvi o anel com o qual um dia me jurou fidelidade, tão certo como você recebeu de volta esse mesmo anel, tão certo é que a infeliz Barnhelm jamais se tornará esposa do feliz Tellheim!

TELLHEIM: É sua irrevogável decisão, Senhorita?

SENHORITA: A igualdade é por si só o firme laço do amor... A feliz Barnhelm desejava viver somente para o feliz Tellheim. Também a infeliz Minna teria finalmente deixado se convencer que se compartilhasse da desdita de seu amigo, era para aumentá-la ou para aliviá-la... Ele já o notava por certo, antes que chegasse essa carta, que suprime de novo toda igualdade entre nós, o quanto minha resistência era apenas aparente.

TELLHEIM: É verdade, minha Senhorita?... Agradeço-lhe, Minna, por não ter tomado ainda a decisão. Está querendo apenas o infeliz Tellheim? Ele está disponível. (*Frio.*) Tenho justamente a impressão de que é indecoroso de minha parte aceitar essa justiça tardia; que será melhor se eu não reclamar a restituição do que foi desonrado por uma suspeita tão ultrajante... Sim, farei como se não houvesse recebido a carta. Isso é tudo o que vou responder e fazer a esse respeito! (*A ponto de rasgá-la.*)

SENHORITA (*que lhe segura as mãos*): O que está querendo, Tellheim?

TELLHEIM: Tê-la.

SENHORITA: Espere!

TELLHEIM: Senhorita, ela estará irremediavelmente rasgada se não se explicar logo, de outra forma... Então veremos o que você ainda tem contra mim!

SENHORITA: Como? Neste tom?... Devo, pois, tornar-me desprezível aos meus próprios olhos? Jamais! Seria uma criatura indigna aquela que não se envergonha de dever toda sua felicidade ao afeto cego de um homem!

TELLHEIM: Falso, completamente falso!

SENHORITA: Atreve-se a censurar suas próprias palavras na minha boca?

TELLHEIM: Sofista! É assim que o sexo mais frágil desonra aquilo que não fica bem ao mais forte? Então o homem deve permitir-se tudo o que convém à mulher? A qual deles a natureza determinou que fosse o esteio do outro?

SENHORITA: Acalme-se, Tellheim!... Não ficarei totalmente sem proteção, ainda que deva recusar a honra de ter a sua. Sempre ainda hei de recebê-la tanto quanto a necessidade exija. Fiz-me anunciar ao nosso embaixador. Ele quer falar comigo hoje mesmo. Espero que ele me conceda seu amparo. O tempo passa. Permita-me, Senhor Major...

TELLHEIM: Eu a acompanharei, Senhorita.

SENHORITA: Não, Senhor Major, deixe-me...

TELLHEIM: Sua sombra a deixará antes. Vamos, minha Senhorita; para onde quiser, ver quem quiser. Em toda parte, a todos, conhecidos e desconhecidos, eu contarei, em sua presença, cem vezes ao dia, quais laços a ligam mim e por quais cruéis teimosias você quer desatar esses laços...

Cena 10

Just. Os anteriores.

JUST (*intempestivo*): Senhor Major! Senhor Major!

TELLHEIM: O que há?

JUST: Venha rápido, rápido!

TELLHEIM: O que quer de mim? Vem até aqui! Fala, o que há?

JUST: Escute só... (*Segreda-lhe ao ouvido.*)

SENHORITA (*entrementes, à parte, para Francisca*): Está percebendo algo, Francisca?

FRANCISCA: Oh, como você é cruel! Eu estava aqui como sobre brasas!

TELLHEIM (*para Just*): O que está dizendo?... Isto não é possível!... A Senhorita? (*Enquanto olha furioso para a Senhorita.*) Diga em voz alta; diga na sua cara!... Ouça, minha Senhorita!

JUST: O Hospedeiro disse que a Senhorita von Barnhelm ficou com o anel que eu havia empenhado com ele; ela o reconhece como seu e não quer devolvê-lo.

TELLHEIM: É verdade, minha Senhorita?... Não, isto não pode ser verdade!

SENHORITA (*sorrindo*): E por que não, Tellheim?... Por que não pode ser verdade?

TELLHEIM (*violento*): Bem, então é verdade!... Que luz terrível de repente iluminou meus olhos! Agora reconheço-a, falsa, infiel criatura!

SENHORITA (*assustada*): Quem? Quem é esta infiel?

TELLHEIM: Você, aquela que não mais quero nomear.

SENHORITA: Tellheim!

TELLHEIM: Esqueça meu nome!... Você veio até aqui para romper comigo. Está claro!... O acaso vem para favorecer de bom grado o infiel! Ele lhe levou em mãos o seu anel. Sua astúcia soube me escorregar o meu.

SENHORITA: Tellheim, que fantasmas você está vendo! Controle-se e me escute.

FRANCISCA (*para si própria*): Bem feito para ela!

Cena 11

Werner (com uma bolsa cheia de moedas de ouro). Tellheim. Senhorita. Francisca. Just.

WERNER: Aqui estou, Senhor Major!

TELLHEIM (*sem olhar para ele*): Quem o chamou?...

WERNER: Eis o dinheiro! Mil pistolas!

TELLHEIM: Não as quero!

WERNER: Amanhã poderá dispor de outro tanto, Senhor Major.

TELLHEIM: Guarde seu dinheiro!

WERNER: Mas o dinheiro é seu, Senhor Major. Acho que o Senhor não está vendo com quem está falando.

TELLHEIM: Fora com isso, eu digo.

WERNER: O que tem o Senhor?... Eu sou Werner.

TELLHEIM: Toda bondade é hipocrisia, toda servilidade é embuste.

WERNER: Isso é comigo?

TELLHEIM: Como você quiser.

WERNER: Mas eu apenas cumpri suas ordens...

TELLHEIM: Então cumpra também esta, e suma!

WERNER: Senhor Major (*irritado*), eu sou um ser humano!

TELLHEIM: Aí você está certo!

WERNER: Que também tem bílis...

TELLHEIM: Muito bem! Bílis ainda é o que temos de melhor.

WERNER: Eu lhe peço, Senhor Major...

TELLHEIM: Quantas vezes devo dizer-lhe? Não preciso de seu dinheiro!

WERNER (*com raiva*): Então que seja usado por quem precisar. (*Jogando a bolsa aos pés de Tellheim e saindo de lado.*)

SENHORITA (*para Francisca*): Ah, querida Francisca, eu deveria tê-la obedecido. Levei a brincadeira longe demais. Mas ele tem que me ouvir. (*Indo na direção de Tellheim.*)

FRANCISCA (*sem responder à Senhorita, aproximando-se de Werner*): Senhor Sargento!

WERNER (*mal-humorado*): Vai embora!

FRANCISCA: Ufa! Que homens são esses!

SENHORITA: Tellheim! Tellheim! (*Que, no seu furor, rói as unhas, vira a cara e tapa os ouvidos.*) Não, isto é demais!... Escute-me, pois!... Você está se enganando! Trata-se de um simples mal-entendido... Tellheim!... Você não quer ouvir sua Minna?... Como pode alimentar tal suspeita?... Eu romper com você?... Foi por isso que vim até aqui?... Tellheim!

Cena 12

Dois Criados, um atrás do outro, vindos de diferentes lados, atravessam a sala correndo. Os anteriores.

UM CRIADO: Digna Senhorita, Sua Excelência, o Conde!...

O OUTRO CRIADO: Ele está chegando, Digna Senhorita!...

FRANCISCA (*que correu até a janela*): É ele! É ele!

SENHORITA: É ele?... Oh, rápido, Tellheim...

TELLHEIM (*voltando de repente a si*): Quem? Quem vem chegando? Seu tio, Senhorita? Aquele tio cruel? Deixe que ele venha, deixe que ele venha!... Não tenha medo de nada! Que ele não ouse ofendê-la sequer com um olhar! Terá de se haver comigo. É verdade que você não merece isso de minha parte...

SENHORITA: Depressa, abrace-me, Tellheim, e esqueça tudo...

TELLHEIM: Ah, se eu soubesse que você poderia se arrepender!...

SENHORITA: Não, não posso me arrepender de ter visto seu coração inteiro!... Ah, que homem você é!... Abrace a sua Minna, a sua feliz Minna! Mas por nada tão feliz quanto por você! (*Ela cai em seus braços.*) E agora, vamos ao encontro dele.

TELLHEIM: Ao encontro de quem?

SENHORITA: Do melhor de seus amigos desconhecidos.

TELLHEIM: Como?

SENHORITA: O conde, meu tio, meu pai, seu pai... Minha fuga, seu desgosto, minha deserdação... Não percebeu que isso tudo foi inventado? Crédulo cavaleiro!

TELLHEIM: Inventado? Mas e o anel? O anel?

SENHORITA: Onde está o anel que lhe devolvi?

TELLHEIM: Vai aceitá-lo de volta?... Oh, agora sou feliz!... Aqui está, Minna!... (*Tirando-o do bolso.*)

SENHORITA: Olhe primeiro!... Oh, os cegos que não querem ver!... Que anel é esse? Aquele que você me deu ou o que eu dei a você?... Não será justamente aquele que eu não quis deixar nas mãos do Hospedeiro?

TELLHEIM: Deus! O que estou vendo? O que estou ouvindo?

SENHORITA: Quer que eu o aceite de novo? Quer? Dê-me, dê-me aqui! (*Arranca o anel da mão dele e o coloca em seu próprio dedo.*) Então? Agora está tudo certo?

TELLHEIM: Onde estou? (*Beijando-lhe a mão.*) Oh, anjo malvado!... Atormentar-me assim!

SENHORITA: Isto foi uma prova, meu querido esposo, que não deve nunca me aprontar alguma sem que eu logo lhe apronte outra de volta. Pensa por acaso que também não me atormentou?

TELLHEIM: Oh, comediantes, eu deveria tê-las conhecido!

FRANCISCA: Não, deveras; como comediante, eu não valho nada. Tremi e gaguejei, e tive que tapar a boca com a mão.

SENHORITA: Meu papel tampouco me foi fácil. Bem, mas agora venha!

TELLHEIM: Não consegui ainda me repor... Sinto-me tão bem e tão ansioso! É assim que a gente acorda de repente de um sonho pavoroso!

SENHORITA: Estamos nos demorando... Já o ouço.

Cena 13

O conde von Bruchsall, acompanhado de vários criados e do Hospedeiro. Os anteriores.

O CONDE (*entrando*): Então chegou bem?

SENHORITA (*que corre ao seu encontro*): Ah, meu pai!

O CONDE: Aqui estou, querida Minna! (*Abraçando-a.*) Mas o que, mocinha? (*Dando-se conta da presença de Tellheim.*) Só há vinte e quatro horas aqui e já fez amizade, e já tem companhia?

SENHORITA: Adivinha quem é?

O CONDE: Não será o seu Tellheim?

SENHORITA: Quem mais senão ele?... Venha, Tellheim! (*Levando-o ao conde.*)

O CONDE: Meu Senhor, nós nunca nos vimos antes, mas ao primeiro olhar julguei que o conhecia. E desejei que fosse o Senhor mesmo... Abrace-me... O Senhor tem toda a minha estima. Solicito a sua amizade... Minha sobrinha, minha filha o ama...

SENHORITA: Está sabendo disso, meu pai!... E por acaso é cego o meu amor?

O CONDE: Não, Minna, seu amor não é cego, mas seu amante... é mudo.

TELLHEIM (*lançando-se em seus braços*): Deixe que eu volte a mim, meu pai!...

O CONDE: Pois bem, meu filho! Eu o compreendo: quando a boca não pode falar, então o coração pode falar... Os oficiais dessa cor (*apontando para o uniforme de Tellheim*) em geral não me agradam muito. Mas o Senhor é um homem de honor, Tellheim; e um homem honrado, esteja ele vestido como estiver, precisa ser amado.

MINNA VON BARNHELM OU A SORTE DO SOLDADO   131

SENHORITA: Ah, se o Senhor soubesse de tudo!

O CONDE: O que impede que eu saiba de tudo?... Onde fica o meu aposento, Senhor Hospedeiro?

HOSPEDEIRO: Queira Sua Excelência ter apenas a bondade de entrar aqui.

O CONDE: Venha, Minna! Venha, Senhor Major! (*Sai com o Hospedeiro e os Criados.*)

SENHORITA: Venha, Tellheim!

TELLHEIM: Eu a sigo em um minuto, minha Senhorita. Só mais uma palavra com este homem! (*Voltando-se para Werner.*)

SENHORITA: E que seja uma boa palavra; parece-me que ele está necessitado... Não é verdade, Francisca? (*Vai atrás do conde.*)

Cena 14

Tellheim. Werner. Just. Francisca.

TELLHEIM (*apontando para a bolsa que Werner havia jogado no chão*): Aqui, Just!... Levante a bolsa e leve-a para casa. Vai!... (*Just sai com ela.*)

WERNER (*que até então permanecia mal-humorado no canto, sem se importar com nada, ao ouvi-lo*): Já estava na hora!

TELLHEIM (*confidencialmente, dirigindo-se a ele*): Werner, quando poderei ter as outras mil pistolas?

WERNER (*de repente, novamente de bom humor*): Amanhã, Senhor Major, amanhã.

TELLHEIM: Não preciso ser seu devedor, mas quero ser o administrador de suas rendas. Vocês, pessoas de bom coração deveriam ser postas todas sob um tutor. Vocês são uma espécie de esbanjadores... Há pouco eu o enraiveci, Werner!...

WERNER: Sim, por minha pobre alma!... Mas eu também não deveria ter sido tão pateta! Agora estou me dando conta. Eu merecia cem sabraços. Deixe que me deem as ripadas, mas não guarde rancor contra mim, querido Major!

TELLHEIM: Rancor?... (*Apertando-lhe a mão.*) Leia em meus olhos tudo o que não posso lhe dizer... Ah, eu gostaria de ver alguém que tenha uma noiva melhor e um amigo mais leal do que eu!... Não é verdade, Francisca?... (*Sai.*)

Cena 15

Werner. Francisca.

FRANCISCA (*para si mesma*): Sim, certamente, é um homem bom demais!... Outro como ele não voltarei a encontrar... É preciso que eu lhe fale! (*Aproximando-se de Werner tímida e envergonhada.*) Senhor Sargento!...

WERNER (*secando os olhos*): Sim?

FRANCISCA: Senhor Sargento...

WERNER: O que deseja, mocinha?

FRANCISCA: Olhe para mim por um instante, Senhor Sargento...

WERNER: Ainda não consigo; não sei o que entrou nos meus olhos.

FRANCISCA: Assim mesmo olhe-me!

WERNER: Temo ter olhado demais para você, mocinha!... Bem, estou vendo você. O que há?

FRANCISCA: Senhor Sargento... acaso não precisa de uma Senhora Sargento?

WERNER: Está falando sério, mocinha?

FRANCISCA: Com toda seriedade!

WERNER: Você iria comigo para a Pérsia?

FRANCISCA: Para onde o Senhor quiser!

WERNER: Com certeza?... Olá! Senhor Major! Não é para fazer-se de importante! Agora tenho ao menos uma boa mocinha e um amigo tão leal quanto o Senhor!... Dê-me sua mão, mocinha! Combinado!... Dentro de dez anos você será Senhora Generala ou então viúva!

FIM

EMÍLIA GALOTTI[1]

Uma tragédia (Trauerspiel) em cinco atos
1772

Personagens

Emília Galotti
Odoardo e Cláudia Galotti, pais de Emília
Hettore Gonzaga, Príncipe de Guastalla
Marinelli, camarista do Príncipe
Camillo Rota, um dos conselheiros do Príncipe
Conti, pintor
Conde Appiani
Condessa Orsina
Ângelo e alguns serviçais
Camareiro
Pirro
Batista

---

1. Tradução de J. Guinsburg e Ingrid D. Koudela.

Ato 1

Cena: um gabinete do Príncipe

Cena 1

O Príncipe sentado a uma mesa de trabalho repleta de cartas e papéis, alguns dos quais ele folheia.

PRÍNCIPE: Reclamações, apenas reclamações! Petições, apenas petições! Tristes negócios e ainda somos invejados! Creio, sim, que, mesmo se pudéssemos ajudar a todos, ainda assim haveria razão para sermos invejados. Emília? (*Abrindo mais uma das petições e examinando a assinatura.*) Uma Emília? Mas é uma Emília Bruneschi. Não, Galotti. Não é Emília Galotti! O que é que ela quer, essa Emília Bruneschi? (*Lê.*) Exige muito; muito. Mas tem o nome de Emília. Concedido! (*Assina e toca a sineta, entra um camareiro.*) Não há ainda nenhum dos conselheiros na antecâmara?

CAMAREIRO: Nenhum.

PRÍNCIPE: Acordei cedo demais. A manhã está tão bela. Quero sair. Marchese Marinelli deve me acompanhar. Chame-o. (*O camareiro sai.*) Não consigo mais trabalhar. Estava tão calmo, imaginava eu, tão calmo. E de repente uma pobre Bruneschi tem o nome de Emília e acaba com toda a minha calma!

CAMAREIRO (*entrando novamente*): Mandei chamar o Marchese. Eis aqui uma carta da condessa Orsina.

PRÍNCIPE: De Orsina? Deixe-a aí.

CAMAREIRO: O mensageiro dela está à espera.

PRÍNCIPE: Enviarei a resposta, se for preciso. Onde ela está? Na cidade? Ou na sua mansão?

CAMAREIRO: Ela chegou ontem à cidade.

PRÍNCIPE: Tanto pior – melhor, queria dizer. Assim o mensageiro não precisa esperar muito. (*O camareiro sai.*) Minha cara condessa! (*Amargo, pegando a carta.*) Como se tivesse

EMÍLIA GALOTTI

sido lida! (*E torna a jogá-la sobre a mesa.*) Pois bem, acreditei que a amava! Em quantas coisas acreditamos! Pode ser que a tenha amado realmente. Mas… no passado!

CAMAREIRO (*que entra mais uma vez*): O pintor Conti gostaria de ter a honra…

PRÍNCIPE: Conti? Pois bem; peça-lhe para entrar. Isto me trará outras ideias à mente. (*Ergue-se.*)

Cena 2

Conti. O Príncipe.

PRÍNCIPE: Bom-dia, Conti. Como tem passado? Como vai a arte?

CONTI: Príncipe, a arte vai atrás do pão.

PRÍNCIPE: Isto não deve ser assim. Isto ela não deveria; em meu pequeno território, com certeza não. Mas o artista também precisa querer trabalhar.

CONTI: Trabalhar? É um prazer. Só que ter de trabalhar demais pode acabar com seu nome de artista.

PRÍNCIPE: Não em excesso, mas o bastante, talvez um pouco, mas com aplicação. Afinal, o senhor não veio de mãos vazias, Conti?

CONTI: Trago o retrato que me encomendou, Alteza. E trago mais um que o senhor não me encomendou, mas que merece ser visto.

PRÍNCIPE: É de quem? Mal consigo me lembrar.

CONTI: Da condessa Orsina.

PRÍNCIPE: É verdade! Mas já faz um bocado de tempo que fiz a encomenda.

CONTI: Não é todo dia que nossas belas damas se dispõem a ser pintadas. A condessa, nos últimos três meses, só se decidiu a posar uma única vez.

PRÍNCIPE: Onde estão as peças?

CONTI: Na antessala. Vou buscá-las.

Cena 3

O Príncipe.

PRÍNCIPE: Seu retrato! Ora vejam! O retrato dela, no entanto não é ela mesma. E talvez eu encontre de novo no quadro o que não vislumbro mais na pessoa. Mas não quero reencontrar isso. Que pintor importuno! Acredito até que ela o haja subornado. Que seja! Se outra imagem dela, pintada com outras cores, sobre outro fundo... quiser tomar novamente lugar no meu coração... eu ficaria realmente, creio, contente. Quando eu a amava, sentia-me sempre tão leve, tão alegre, tão exuberante. Agora sou o contrário de tudo isso. Mas não, não, não! Mais agradável ou não, agora estou melhor.

Cena 4

O Príncipe. Conti, com os quadros, um dos quais ele encosta, virado, em uma cadeira.

CONTI (*enquanto isso, arruma o outro*): Eu lhe peço, Príncipe, que considere as limitações de nossa arte. Muito do que há de mais precioso na beleza está fora de seus limites.

PRÍNCIPE (*após uma rápida observação*): Excelente, Conti, realmente excelente! Isto tem o valor de sua arte, de seu pincel. Porém muito lisonjeiro, Conti, infinitamente lisonjeiro!

CONTI: O original não parece ser da mesma opinião. E de fato não é mais lisonjeiro do que a arte deve ser. A arte deve pintar da forma como a natureza plástica... caso ela exista... concebeu o quadro: sem os desgastes que a matéria resistente causa irremediavelmente, sem o estrago com que luta o tempo.

PRÍNCIPE: O artista pensante vale tanto mais por isto. Mas o original, diz o senhor, o achou desatento...

CONTI: Perdoe-me, Príncipe. O original é uma pessoa que requer todo o meu respeito. Não quis manifestar nada de desfavorável a ela.

EMÍLIA GALOTTI

PRÍNCIPE: À vontade, como lhe aprouver! E o que disse o original?

CONTI: Fico satisfeita, disse a condessa, se não pareço mais feia.

PRÍNCIPE: Mais feia? Ó não, se é o verdadeiro original!

CONTI: E disse-o com uma expressão da qual de fato esse quadro não mostra nenhum vestígio, nenhuma suspeita.

PRÍNCIPE: Foi isso que eu quis dizer, é aí que vejo a infinita lisonja. Ah! Eu a conheço, aquela expressão orgulhosa e sarcástica, que desfiguraria até o rosto de uma Graça! Não nego que uma bela boca, que se contorce um pouco zombeteiramente, não raro é até tanto mais bonita. Mas convenhamos um pouco: a contorção não deve chegar à careta, como no caso dessa condessa. E os olhos devem prevalecer sobre a ironia voluptuosa. Olhos que a pobre condessa precisamente não tem. E tampouco não tem aqui no quadro.

CONTI: Digníssimo Senhor, estou profundamente abalado...

PRÍNCIPE: Com o quê? Com tudo de bom que a arte pode fazer dos enormes olhos salientes, esgazeados, fixos, de Medusa, da condessa, que o senhor, Conti, corretamente fez. Corretamente, digo? Não tão corretamente seria mais correto. Diga o senhor mesmo, Conti, se daí se pode deduzir algo sobre o caráter da pessoa? No entanto, deveria ser assim. O senhor transformou orgulho em dignidade, escárnio em sorriso, tendência ao sentimentalismo tristonho em suave melancolia.

CONTI (*um pouco irritado*): Ah, meu Príncipe, nós, pintores, pretendemos que o retrato acabado seja recebido pelo amante com o mesmo calor que sentiu ao encomendá-lo. Pintamos com os olhos do amor e somente os olhos do amor devem julgar-nos.

PRÍNCIPE: Está bem, Conti, mas por que não veio com ele um mês mais cedo? Coloque-o ali. E o que é aquela outra peça?

CONTI (*enquanto vai buscar o outro quadro e o segura ainda virado*): Também é um retrato feminino.

PRÍNCIPE: Então quisera, prefiro mesmo, nem vê-lo. Pois, com certeza, nem ao ideal aqui (*põe o dedo na testa*) nem aqui (*põe o dedo no coração*), ele chega perto. Eu desejaria, Conti, admirar a sua arte em outros temas.

CONTI: Talvez haja arte mais digna de admiração, mas não, seguramente, um objeto mais digno de admiração do que este.

PRÍNCIPE: Aposto, Conti, que é a soberana do próprio artista (*neste ínterim o pintor desvira o quadro*). O que vejo? Obra sua, Conti? Ou é obra de minha fantasia? Emília Galotti!

CONTI: Como, meu Príncipe? Conheceis este anjo?

PRÍNCIPE (*procurando conter-se, mas sem tirar os olhos do quadro*): Mais ou menos! O suficiente para reconhecê-la. Há algumas semanas, eu a encontrei com sua mãe em um sarau. Depois disso só tornei a vê-la em locais santificados, onde não fica bem olhar boquiaberto. Também conheço seu pai. Não é meu amigo. Foi ele quem se opôs às minhas pretensões em relação a Sabionetta. Um velho militar: orgulhoso e áspero, mas, de resto, honrado e bom!

CONTI: O pai! Mas aqui temos sua filha.

PRÍNCIPE: Por Deus! Como que roubada do espelho! (*Ainda com os olhos fixos no quadro.*) Você sabe muito bem, Conti, que só se louva verdadeiramente o artista quando, diante da obra, a gente se esquece de louvá-lo.

CONTI: Ainda assim, este aqui me deixou muito insatisfeito comigo mesmo. E, no entanto, fico muito satisfeito com minha insatisfação comigo mesmo. Ah, por que não pintamos diretamente com os olhos! No longo caminho, a partir do olho através do braço até o pincel, quanto não se perde! Mas, ao dizer que eu sei o que aqui se perdeu, como se perdeu e por que se perdeu: orgulho-me da mesma forma e mais ainda me orgulho de tudo aquilo que não se perdeu. Pois, a partir daí, reconheço que sou realmente um grande pintor, embora minha mão nem sempre o seja. Ou o senhor, Príncipe, acredita que Rafael não teria sido o maior gênio da pintura se desgraçadamente tivesse nascido sem as mãos? O senhor acredita, Príncipe?

PRÍNCIPE (*somente agora desviando os olhos do quadro*): O que está dizendo, Conti? O que quer saber?

EMÍLIA GALOTTI

CONTI: Oh, nada, nada! Parolagem! A alma de sua Alteza, percebo, estava inteiramente em seus olhos. Eu amo almas como essa e olhos como esses.

PRÍNCIPE (*com uma frieza forçada*): Então Conti, o senhor inclui efetivamente Emília Galotti entre as mais notáveis beldades de nossa cidade?

CONTI: Como? Entre? As mais notáveis? As mais notáveis de nossa cidade? Está zombando de mim, Príncipe. Ou então durante todo esse tempo o senhor estava vendo tão pouco quanto ouvindo.

PRÍNCIPE: Querido Conti (*com os olhos voltados novamente para o quadro*), como pode um leigo como eu confiar em seus olhos? Na verdade, somente um pintor sabe julgar a beleza.

CONTI: E a sensibilidade de cada um deve aguardar, primeiro, pela sentença de um pintor? Que vá para o convento aquele que quer aprender conosco o que é belo! Mas devo lhe dizer como pintor, meu Príncipe, que uma das maiores felicidades de minha vida foi o fato de Emília Galotti ter posado para mim. Essa cabeça, esse rosto, essa testa, esses olhos, esse nariz, essa boca, esse queixo, esse pescoço, esse busto, esse porte, esse corpo são desde então meu único estudo da beleza feminina. A tela original, para a qual ela posou, foi entregue ao pai, que estava ausente na ocasião. Mas esta cópia...

PRÍNCIPE (*voltando-se rapidamente para ele*): Então, Conti? Ela já está prometida?

CONTI: É para o senhor, meu Príncipe, se ela for de seu gosto.

PRÍNCIPE: De meu gosto! (*Sorrindo.*) Este seu estudo da beleza feminina, Conti, o que eu poderia fazer de melhor, senão torná-lo meu? Ali, aquele retrato, leve-o consigo para mandar emoldurá-lo.

CONTI: Pois não!

PRÍNCIPE: Uma moldura tão bela, tão rica quanto o entalhador souber fazer. Para que o quadro seja exposto na galeria. Mas este outro fica aqui. Com um estudo não se faz tanta cerimônia, também não se manda pendurá-lo, mas se deve tê-lo de preferência à mão. Eu lhe agradeço, Conti, eu lhe agradeço de todo coração. E como tenho dito: em meu território a arte não deve correr do seu pão de cada dia; ao menos até que eu mesmo não tenha mais nenhum. Mande procurar o meu tesoureiro e que lhe paguem, com seu recibo, Conti, por ambos os retratos, quanto quiser. Tanto quanto quiser, Conti.

CONTI: Devo, pois, temer agora, Príncipe, que o senhor está querendo recompensar desta maneira algo mais do que a arte.

PRÍNCIPE: Oh artista cioso! Não mesmo! Ouça, Conti, tanto quanto quiser. (*Conti sai.*)

Cena 5

O Príncipe.

PRÍNCIPE: Tanto quanto ele quiser! (*Para o retrato.*) Agora tenho você por um preço, qualquer que seja, ainda muito barato! Ah! Bela obra de arte, será verdade que te possuo? Quem me dera eu possuísse também a ti, bela obra magistral da natureza! O que você quiser por ela, honrada e digna mãe! O que você quiser, velho ranzinza! Pode exigir! Pode exigir! Mas preferiria comprar-te, feiticeira, de ti mesma! Esses olhos cheios de encanto e modéstia! Essa boca! E quando se abre para falar! Quando sorri! Essa boca! Ouço alguém se aproximando! Ainda tenho muito ciúme de você! (*Virando o quadro contra a parede.*). Deve ser Marinelli. Antes não o tivesse chamado! Que bela manhã eu poderia ter passado!

Cena 6

Marinelli. O Príncipe.

MARINELLI: Digno Senhor, queira perdoar-me. Não esperava receber uma ordem assim tão cedo.

EMÍLIA GALOTTI

PRÍNCIPE: Sim, me deu vontade de sair de coche para passeio. A manhã estava tão bonita. Mas agora ela já se foi e perdi a vontade. (*Após um breve silêncio.*) O que temos de novo, Marinelli?

MARINELLI: Nada de muito importante, que eu saiba. A condessa Orsina chegou ontem à cidade.

PRÍNCIPE: Aqui já está o seu bom-dia (*mostrando a carta da condessa*) ou o que quer que seja! Não estou nada curioso a respeito! O senhor falou com ela?

MARINELLI: Não sou eu, infelizmente, seu confidente? Mas se voltar a ser de outra dama a quem ocorra amá-lo sinceramente, Príncipe, então...

PRÍNCIPE: Não jure em vão, Marinelli!

MARINELLI: É verdade? De fato, Príncipe? Isso poderia acontecer? Oh! Então a condessa não está assim tão sem razão.

PRÍNCIPE: Realmente, não tem razão nenhuma! O meu casamento próximo com a Princesa Von Massa exige que eu rompa primeiro com todos os casos deste tipo.

MARINELLI: Se fosse apenas isso, Orsina teria de se resignar ao seu destino, da mesma forma como o Príncipe ao seu.

PRÍNCIPE: Que é sem dúvida mais duro do que o dela. Meu coração será a vítima sacrificada a um mísero interesse de Estado. O dela, a condessa precisa apenas tomá-lo de volta, mas não doá-lo contra a vontade.

MARINELLI: "Tomá-lo de volta? Por que tomá-lo de volta", pergunta a condessa, "se não é nada mais do que uma esposa levada ao Príncipe, não pelo amor, mas pela política?" Ao lado de uma esposa como essa a amante divisa sempre seu lugar. Não é a uma esposa assim que ela teme ser sacrificada, porém...

PRÍNCIPE: A uma nova amante. E daí? Quer transformar isso em um crime, Marinelli?

MARINELLI: Eu? Por favor, não me confunda, meu Príncipe, com a louca de cuja palavra sou portador – portador por compaixão. Pois ontem ela me deixou realmente muito comovido. Ela nem queria falar de seu envolvimento com o senhor.

Queria mostrar-se fria e ponderada. Mas em meio a uma conversa bem banal, uma expressão, uma alusão após outra, traía seu coração martirizado. Com o ar dos mais alegres disse coisas das mais melancólicas e, por outro lado, gracejos dos mais hilariantes com uma cara tristíssima. Ela encontrou refúgio nos livros e temo que eles lhe darão o golpe final.

PRÍNCIPE: A tal ponto que eles deram ao seu pobre entendimento o primeiro choque... Mas não está querendo usar, Marinelli, justamente aquilo que dela me afastou, para me reaproximar dela novamente? Se é por amor que enlouquece, ela teria também enlouquecido, mais cedo ou mais tarde, sem o amor. E agora basta. Vamos falar de outra coisa! Será que não está acontecendo nada na cidade?

MARINELLI: Quase nada. Pois o fato de que o enlace do conde Appiani vá se consumar hoje... não é muito mais do que nada.

PRÍNCIPE: O conde Appiani? E com quem? Eu nem fiquei sabendo que ele estava noivo.

MARINELLI: A coisa toda foi mantida em segredo. Também nisso não havia nada a dar muito destaque. O senhor vai rir, Príncipe. Mas assim acontece com as pessoas sensíveis! O amor sempre lhes apronta as piores peças. Uma mocinha sem fortuna e sem posição soube atraí-lo em seu laço – com pouca máscara, mas com muita ostentação de virtude e sentimento e espírito, e não sei mais o quê.

PRÍNCIPE: Quem pode entregar-se tão inteiramente às impressões que a beleza e inocência lhe causam, sem maior consideração, é alguém, penso eu, que deve ser antes invejado do que ridicularizado. E como se chama a felizarda? Pois, apesar disso tudo, quanto a Appini – bem sei que o senhor, Marinelli, não o suporta, assim como ele tampouco o senhor –, contudo, é um moço muito digno, um homem bonito, um homem rico, um homem honrado. Gostaria muito de estar ligado a ele. Ainda vou pensar nisso.

MARINELLI: Se não for tarde demais. Pois, pelo que ouvi, não é seu plano de modo algum buscar sua fortuna na corte. Ele pretende partir com a senhora sua esposa para seus vales do Piemonte: para caçar camurças nos Alpes e matar marmotas. O que de melhor ele pode fazer? Aqui, pela infeliz aliança que vai celebrar, está tudo acabado para ele. O círculo das melhores casas de família lhe estará fechado daqui por diante...

PRÍNCIPE: O senhor, com suas melhores casas!, nas quais reina não raro o cerimonial, o constrangimento, a monotonia e, não raro, a pobreza. Mas diga-me então o nome daquela a quem ele faz tão grande sacrifício.

MARINELLI: É uma certa Emília Galotti.

PRÍNCIPE: Como, Marinelli? Uma certa...

MARINELLI: Emília Galotti.

PRÍNCIPE: Emília Galotti? Nunca!

MARINELLI: Com certeza, digno senhor.

PRÍNCIPE: Não, digo eu; isso não é possível, não pode ser. O senhor se engana com o nome. A família Galotti é grande. Talvez seja uma Galotti, mas não Emília Galotti, não Emília!

MARINELLI: Emília, Emília Galotti!

PRÍNCIPE: Então haverá mais uma, com ambos os nomes. O senhor disse, além disso: uma certa Emília Galotti, uma certa. Da verdadeira somente um cretino poderia falar assim.

MARINELLI: Está fora de si, digno senhor. Então o senhor conhece Emília?

PRÍNCIPE: Sou eu quem pergunta, Marinelli, não o senhor. Emília Galotti? A filha do coronel Galotti, em Sabionetta?

MARINELLI: Ela mesma.

PRÍNCIPE: Aquela que mora aqui, em Guastalla, com a sua mãe?

MARINELLI: Ela mesma.

PRÍNCIPE: Não longe da Igreja de Todos os Santos?

MARINELLI: Ela mesma.

PRÍNCIPE: Em uma palavra. (*Salta para pegar o retrato e o deposita na mão de Marinelli.*) Aqui! Esta? Esta Emília Galotti? Diga mais uma vez o seu maldito "ela mesma" e crave o punhal no meu coração!

MARINELLI: Ela mesma.

PRÍNCIPE: Carrasco! Esta? Esta Emília Galotti vai hoje tornar-se…

MARINELLI: Condessa Appiani! (*O Príncipe arranca o retrato das mãos de Marinelli e atira-o para um lado.*) O casamento será celebrado em cerimônia íntima, na herdade do pai em Sabionetta. Por volta do meio-dia, mãe e filha, o conde e talvez alguns amigos partem para lá.

PRÍNCIPE (*que se joga numa cadeira, tomado de desespero*): Então estou perdido! Não quero viver assim!

MARINELLI: Mas o que há com o senhor, meu caro Príncipe?

PRÍNCIPE (*torna a saltar na direção de Marinelli*): Traidor! O que há comigo? Pois bem, eu a amo, eu a adoro. Quero que saiba disso! Quisera que tivesse sabido disso há muito tempo, todos vocês, que prefeririam que eu carregasse as algemas da louca Orsina para sempre! Mas você, Marinelli, que tantas vezes me assegurou sua sincera amizade! Oh, um príncipe não tem amigo! Não pode ter amigos! Que o senhor, o senhor, de maneira tão desleal, tão pérfida, pudesse esconder de mim até esse momento o perigo que ameaçava meu amor: se acaso algum dia eu lhe perdoar isso… que não me seja perdoado nenhum de meus pecados!

MARINELLI: Eu mal consigo encontrar palavras, Príncipe, mesmo que o senhor me deixe falar… para manifestar-lhe meu assombro. Ama Emília Galotti? Bem, então, juramento contra juramento: se eu sabia alguma coisa desse amor, se eu tinha a mais ligeira ideia disso, que nem anjos nem santos queiram saber de mim! E exatamente o mesmo eu juraria pela alma de Orsina. Sua suspeita recai em trilha bem diversa.

PRÍNCIPE: Então me desculpe, Marinelli (*jogando-se em seus braços*) e tenha piedade de mim!

MARINELLI: Pois bem, Príncipe! Reconheça aí o fruto de sua reserva. "Príncipes não têm amigos! Não podem ter amigos!" E a causa disso, se for verdade? Porque não quer tê-los. Hoje o senhor nos honra com a sua confiança, divide conosco seus mais secretos desejos, nos abre inteiramente a sua alma, e amanhã lhe somos tão estranhos como se jamais tivesse trocado uma palavra conosco.

PRÍNCIPE: Ah, Marinelli, como poderia confiar-lhe aquilo que eu mal queria confessar a mim mesmo.

MARINELLI: E menos ainda confessar à autora de seus tormentos?

PRÍNCIPE: A ela? Todos os meus esforços para falar com ela uma segunda vez foram em vão.

MARINELLI: E a primeira vez...

PRÍNCIPE: Falei com ela... Oh, estou enlouquecendo! E você ainda quer que eu lhe conte essa longa história? Está vendo que estou sendo arrebatado pelas ondas: por que pergunta tanto, como foi que isso aconteceu? Salve-me, se puder, e pergunte depois.

MARINELLI: Salvar? Há muito para salvar? Aquilo que deixou de confessar a Emília Galotti deve confessar agora, digno senhor, à condessa Appiani. Mercadorias que não se pode obter de primeira mão, compra-se de segunda... e não raro essas mercadorias de segunda são tanto mais baratas.

PRÍNCIPE: A sério, Marinelli, a sério ou...

MARINELLI: Embora, sem dúvida, tanto piores...

PRÍNCIPE: Você está ficando impertinente!

MARINELLI: E, ainda por cima, o conde quer sair com ela do país. Sim, é preciso pensar em outra coisa.

PRÍNCIPE: Em quê? Meu caríssimo, boníssimo Marinelli, pense por mim. O que iria fazer se estivesse no meu lugar?

MARINELLI: Antes de tudo, considerar uma coisa pequena como pequena; e diria a mim mesmo que não é em vão que sou aquilo que sou... o Senhor!

PRÍNCIPE: Não me lisonjeie com um poder para o qual não vejo neste caso nenhum uso. Você disse, hoje? Já, hoje?

MARINELLI: Hoje mesmo... deve acontecer. Mas só o que já aconteceu não pode ser evitado. (*Após uma curta reflexão.*) O senhor me dá carta branca, Príncipe? Aceita tudo o que eu fizer?

PRÍNCIPE: Tudo, Marinelli, tudo que puder evitar esse golpe.

MARINELLI: Então não percamos tempo. Mas não fique na cidade. Vá direto para o seu castelo de veraneio, em Dosalo. O caminho para Sabionetta passa por ali. Se eu não conseguir afastar o conde imediatamente, então penso... Sim, sim, acho que ele vai cair com certeza nessa armadilha. O senhor está pretendendo, Príncipe, mandar um enviado a Massa por causa de seu casamento, não está? Pois, deixe o conde ser esse enviado, com a condição de que parta ainda hoje. Compreende?

PRÍNCIPE: Excelente! Traga-o aqui. Vai, corre! Vou imediatamente para o carro. (*Marinelli sai.*)

Cena 7

O Príncipe. O Camareiro.

PRÍNCIPE: Agora! Agora já! Onde ficou? (*Procurando o retrato.*) No chão? Isso é demais! (*Erguendo o retrato.*) Mas contemplar? Não quero te contemplar mais por ora. Por que haveria eu de enfiar mais fundo a flecha na ferida? (*Coloca-o de lado.*) Sofri, suspirei tempo demasiado, mais do que deveria! Mas até agora nada fiz! E com essa enternecida passividade, por um fio não perco tudo! E se, ainda assim, tudo estiver perdido agora? E se Marinelli nada conseguir? Por que devo confiar apenas nele? Agora me lembro que, a essa hora (*olhando para o relógio*), a essa hora, a menina virtuosa costuma assistir toda manhã à missa dos dominicanos. E se eu tentasse falar com ela, ali? Mas hoje, hoje, no dia de seu casamento, há de ter outras preocupações mais importantes do que a missa. No entanto, quem sabe? Vale a pena tentar. (*Ele toca a sineta e, enquanto junta apressadamente alguns dos papéis espalhados sobre a mesa, entra o camareiro.*) Mande vir o coche! Não chegou ainda nenhum dos conselheiros chegou?

CAMAREIRO: Camillo Rota.

PRÍNCIPE: Mande entrar. (*O camareiro sai.*) Só espero que ele não queira me reter por muito tempo. Dessa vez não! Em outra ocasião estarei de bom grado à disposição de seus escrúpulos por um tempo tanto mais longo. Mas havia ainda aqui a petição de uma tal de Emília Bruneschi. (*Procurando-a.*) É esta aqui. Mas, cara Bruneschi, já que tua apresentadora...

Cena 8

Camillo Rota, com papéis na mão. O Príncipe.

PRÍNCIPE: Entre, Rota, entre. Aqui está o que abri hoje de manhã. Nada de muito consolador. Verá por si mesmo o que convém decidir a respeito. Tome.

CAMILLO ROTA: Bem, digno senhor.

PRÍNCIPE: Há ainda uma petição de uma tal de Emília Galot... Bruneschi, quero dizer. É verdade que já assinei dando meu consentimento. Mas a questão não é coisa pequena. Deixe o provimento esperar mais um pouco. Ou não deixe: como quiser.

CAMILLO ROTA: Não é como eu quiser, digno Senhor.

PRÍNCIPE: O que mais, fora disso? Algo para assinar?

CAMILLO ROTA: Há uma sentença de morte para assinar.

PRÍNCIPE: Com todo prazer. Dê cá! Mas rápido.

CAMILLO ROTA (*hesitante e fitando estarrecido para o Príncipe*): Uma sentença de morte, eu disse.

PRÍNCIPE: Eu ouvi muito bem. Já poderia estar resolvido. Estou com pressa.

CAMILLO ROTA (*revendo seus papéis*): Acho que não a trouxe comigo! Perdoe-me, digno senhor. Isso pode esperar até amanhã.

PRÍNCIPE: Também isso! Agora, recolha suas coisas: preciso partir. Amanhã, Rota, veremos mais! (*Sai.*)

CAMILLO ROTA (*abanando a cabeça, enquanto pega os papéis e sai*): Com todo prazer? Uma sentença de morte, com todo prazer? Eu não lhe daria, naquele momento, para assinar isso, ainda que fosse o assassino de meu próprio filho. Com todo prazer! Com todo prazer! Corta-me a alma esse terrível "com todo prazer!"

Ato II

A cena, uma sala na casa de Galotti.

Cena 1

Cláudia Galotti. Pirro.

CLÁUDIA (*saindo ao encontro de Pirro, que vem entrando por outro lado*): Quem entrou a galope agora no pátio?

PIRRO: Nosso amo, mui digna senhora.

CLÁUDIA: Meu esposo? É possível?

PIRRO: Ele vem ao meu encalço.

CLÁUDIA: Assim, inesperadamente? (*Correndo ao seu encontro.*) Ah! Meu querido!

Cena 2

Odoardo Galotti e os precedentes.

ODOARDO: Bom-dia, minha querida! Não é verdade, isto é o que se chama surpresa?

CLÁUDIA: E da forma mais aprazível! Se for de fato apenas uma surpresa.

ODOARDO: Nada além disso! Não se preocupe. A felicidade do dia de hoje me acordou muito cedo; a manhã estava tão bela; o caminho é tão curto; e eu supus que vocês deviam estar aqui muito atarefados. Como é fácil que eles esqueçam algo, ocorreu-me. Em uma palavra, pensei: vou até lá, dou uma espiada e volto logo em seguida. Onde está Emília? Com certeza ocupada com os atavios?

CLÁUDIA: De sua alma! Ela está na missa. "Devo hoje, mais do que qualquer outro dia, suplicar a mercê do Alto", disse ela, e deixou tudo como estava, pegou seu véu e correu...

ODOARDO: Completamente só?

CLÁUDIA: Os poucos passos...

ODOARDO: Um só é suficiente para um passo em falso!

CLÁUDIA: Não se zangue, meu querido. Entre para descansar um momento e tomar um refresco.

ODOARDO: Como queira, Cláudia. Mas ela não devia ter saído sozinha.

CLÁUDIA: E você, Pirro, fique aqui na antessala, para dispensar todas as visitas no dia de hoje.

Cena 3

Pirro e logo depois Ângelo.

PIRRO: ...Que só se fazem anunciar por curiosidade. O que já não me perguntaram de uma hora para cá! E quem vem vindo aí?

ÂNGELO (*ainda em parte atrás do cenário, em um manto curto, que ele puxou sobre o rosto e o chapéu sobre a testa*): Pirro! Pirro!

PIRRO: Um conhecido? (*Enquanto Ângelo entra por inteiro e abre o manto.*) Céus! Ângelo? Você?

ÂNGELO: Como vê. Andei um bom tempo rondando a casa para falar com você. Só uma palavra!

PIRRO: E você ousa aparecer de novo à luz do dia? Foi declarado proscrito desde seu último assassinato. Sua cabeça está a prêmio...

ÂNGELO: ...que você não vai querer ganhar?

PIRRO: O que é que você quer? Peço-lhe, não me desgrace.

ÂNGELO: Com isto? (*Mostrando-lhe uma bolsa com dinheiro.*) Toma! É seu!

PIRRO: Meu?

ÂNGELO: Você esqueceu? O alemão, teu antigo amo...

PIRRO: Pare com isso! Cale-se.

ÂNGELO: Aquele que, no caminho de Pisa, você levou até nós, na emboscada...

PIRRO: Se alguém nos ouve!

ÂNGELO: Ele teve também a bondade de nos deixar um anel valioso. Não se lembra? O anel era por demais valioso para que pudéssemos vendê-lo logo em seguida sem causar suspeita. Finalmente consegui. Obtive cem pistolas por ele e aqui está a sua parte. Toma!

PIRRO: Não quero nada... fique com tudo.

ÂNGELO: Por mim! Se pouco te importa o preço que vale tua cabeça... (*Como se quisesse guardar de novo a bolsa.*)

PIRRO: Então dá cá! (*Pega a bolsa.*) E o que mais? Não acredito que tenha me procurado só por isso...

ÂNGELO: Isso lhe parece incrível? Patife! O que pensa de nós? Que somos capazes de surrupiar de alguém o seu ganho? Isto pode ser moda entre as assim chamadas pessoas honestas: entre nós, não. Passe bem! (*Procede como se fosse partir, mas volta.*) Preciso ainda perguntar uma coisa. O velho Galotti voltou sozinho e correndo para a cidade. O que ele quer?

PIRRO: Não quer nada: é apenas um passeio a cavalo. Sua filha vai se casar hoje à noite na herdade, de onde ele veio, com o conde Appiani. Ele não aguenta esperar...

ÂNGELO: E volta logo para lá?

PIRRO: Tão logo que te encontrará aqui se você ainda se demorar muito. Mas você não está tramando nada contra ele? Tome cuidado. Ele é um homem...

ÂNGELO: E eu não o conheço? Não servi sob suas ordens? Se houvesse ao menos o que tirar dele? Quando seguem os jovens?

PIRRO: Por volta do meio-dia.

ÂNGELO: Com grande acompanhamento?

PIRRO: Em um único carro: a mãe, a filha e o conde. Alguns amigos vêm de Sabionetta como testemunhas.

ÂNGELO: E criados?

PIRRO: Apenas dois, além de mim, que devo ir à frente, a cavalo.

ÂNGELO: Isso é bom. Mais uma coisa: de quem é o coche? É dele? Ou do conde?

PIRRO: Do conde.

ÂNGELO: Muito mal! Haverá ainda mais um batedor a cavalo, além de um robusto cocheiro. Ora!

PIRRO: Estou estupefato. Mas o que está querendo? As poucas joias que a noiva poderá ter dificilmente valerão a pena...

ÂNGELO: Mas a própria noiva vale!

PIRRO: E pretende que eu seja cúmplice também neste crime?

ÂNGELO: Você cavalga à frente. Cavalga, pois, cavalga e não se incomode com mais nada!

PIRRO: Jamais!

ÂNGELO: Como? Estou achando até que você quer bancar o consciencioso. Meu rapaz! Penso que você me conhece. Se você soltar a língua! Se uma única coisa não estiver como você a apresentou a mim!

PIRRO: Mas Ângelo, pelo amor de Deus!

ÂNGELO: Faça o que não pode deixar de fazer! (*Sai.*)

PIRRO: Ah! Deixe que o diabo te agarre por um fio de cabelo e você será dele para sempre! Pobre de mim!

Cena 4

Odoardo e Cláudia Galotti. Pirro.

ODOARDO: Ela está demorando muito...

CLÁUDIA: Mais um momento, Odoardo! Ela ficaria magoada se não o visse.

ODOARDO: Preciso ainda falar também com o conde. Não vejo a hora de poder chamar esse digno jovem de meu filho. Tudo nele me encanta. Sobretudo a decisão de viver sua própria vida nos vales de seu pai.

CLÁUDIA: Corta-me o coração quando penso nisso. Ter de perdê-la assim por completo, essa única filha, tão amada?

ODOARDO: Como assim, perdê-la? Sabendo-a nos braços do amor? Não confunda o prazer que ela lhe dá com a felicidade dela. Você renova minha velha suspeita: de que foi mais o tumulto e a distração da vida mundana, a proximidade da corte, do que a necessidade de proporcionar à nossa filha uma boa educação, que te levou a ficar com ela aqui na cidade – longe de um esposo e de um pai, que as ama de coração.

CLÁUDIA: Que injusto, Odoardo! Mas deixe-me dizer hoje uma única palavra a favor dessa cidade, da proximidade da corte, tão detestadas por tua severa virtude. Aqui, só aqui podia o amor unir aquilo que foi criado um para o outro. Somente aqui podia o conde encontrar Emília, e a encontrou.

ODOARDO: Isso eu concedo. Mas, minha boa Cláudia, você tem razão só porque o desfecho lhe dá razão? Ainda bem que com essa educação na cidade isso tenha terminado assim! Não queiramos ser sábios onde fomos apenas felizes! Que bom que isso tenha terminado assim! Agora que eles se encontraram, os que estavam destinados um ao outro: agora, deixemos que partam para onde a inocência e a tranquilidade os chamam. O que o conde faria aqui? Curvar-se, bajular e rastejar para tentar desbancar os Marinellis? Para, no fim, conquistar uma fortuna da qual não necessita? Para, no fim, ser agraciado com uma honraria que para ele não seria nenhuma? Pirro!

PIRRO: Aqui estou.

ODOARDO: Vai e leva meu cavalo até a casa do conde. Vou em seguida e monto lá mesmo. (*Pirro sai.*) Por que deveria o conde servir aqui se lá pode ordenar? Além disso, você não está levando em conta, Cláudia, que devido à nossa filha ele arruína completamente sua relação com o Príncipe. O Príncipe me odeia.

CLÁUDIA: Talvez menos do que você teme.

ODOARDO: Temo? Eu lá temo uma coisa assim!

CLÁUDIA: Pois eu já lhe disse que o Príncipe viu nossa filha?

ODOARDO: O Príncipe? E onde isso?

CLÁUDIA: No último sarau, na casa do chanceler Grimaldi, a quem honrou com a sua presença. Ele se mostrou tão benevolente com ela...

ODOARDO: Benevolente?

CLÁUDIA: Conversou tanto tempo com ela...

ODOARDO: Conversou com ela?

CLÁUDIA: Parecia tão encantado com a sua vivacidade e espírito...

ODOARDO: Encantado?

CLÁUDIA: Falou de sua beleza com tantos louvores...

ODOARDO: Louvores? E tudo isso você me conta com um tom de deslumbre? Ó Cláudia! Cláudia! Mãe vaidosa e tola!

CLÁUDIA: Como assim?

ODOARDO: Tudo bem, tudo bem! Isso também já passou. Quando imagino... Este era justamente o lugar em que podiam me ferir da maneira mais mortal! Um libertino, que admira, deseja. Cláudia! Cláudia! O mero pensamento me faz ferver de raiva. Você devia ter me informado disso imediatamente. Mas não gostaria de lhe dizer nada de desagradável. E eu o faria (*enquanto ela o toma pela mão*) se ficasse por mais tempo. Por isso deixe-me! Deixe-me! Deus assim o quis, Cláudia! Venha mais tarde e tenha uma boa viagem!

Cena 5

Cláudia Galotti.

CLÁUDIA: Que homem! Oh, a áspera virtude! Se é que merece esse nome... Tudo lhe parece suspeito, tudo condenável! Ou, se isso significa conhecer os homens: quem ainda desejaria conhecê-los? Mas onde ficou Emília? Ele é inimigo do pai: logo... logo, se ele põe os olhos na filha, é unicamente para insultá-lo?

Cena 6

Emília e Cláudia Galotti.

EMÍLIA (*entra precipitadamente, com um ar aflito e amedrontado*): Ai de mim! Ai de mim! Agora estou a salvo. Ou será que ele me seguiu? (*Enquanto joga para trás o véu e avista a mãe.*) É ele, minha mãe? É ele? Não, graças a Deus!

CLÁUDIA: O que há com você, minha filha? O que há?

EMÍLIA: Nada, nada...

CLÁUDIA: E por que está olhando tão assustada em torno de si? E tremendo dos pés à cabeça?

EMÍLIA: O que tive de ouvir? E onde, onde tive de ouvir isso?

CLÁUDIA: Julguei que você estava na igreja...

EMÍLIA: Justamente lá! O que significam a igreja e o altar para o vício? Ah, minha mãe! (*Jogando-se em seus braços.*)

CLÁUDIA: Fale, minha filha! Dê um fim aos meus temores. O que te pode ter acontecido ali, naquele lugar sagrado, de tão terrível?

EMÍLIA: Nunca minha devoção devia ser tão intensa e fervorosa como hoje, mas nunca ela foi menor do que deveria ter sido.

CLÁUDIA: Nós somos humanos, Emília. O dom para orar nem sempre está em nosso poder. Para o céu, querer orar também é oração.

EMÍLIA: E querer pecar também é pecar.

CLÁUDIA: Isso minha Emília não haveria de querer!

EMÍLIA: Não, minha mãe. Tão baixo a Graça não me deixou afundar. Mas o vício alheio pode, contra a nossa vontade, nos tornar cúmplices!

CLÁUDIA: Controle-se! Ordene seus pensamentos o mais que puder. Diga de uma vez o que aconteceu com você.

EMÍLIA: Eu havia acabado de me ajoelhar um pouco mais longe do altar do que de costume, pois cheguei atrasada. Começava a elevar meu coração quando alguém tomou assento bem perto, atrás de mim. Tão perto de mim! Eu não podia me mexer, nem para frente, nem para o lado, por mais que quisesse, com medo de que a devoção de outro pudesse perturbar a minha. Devoção! Isso foi o pior que eu temia. Mas não demorou muito para que ouvisse, bem perto de minha orelha, depois de um profundo suspiro, não o nome de uma santa, mas o nome... não se zangue comigo, minha mãe... o nome de sua filha! O meu nome! Ah! Quisera que o fragor

EMÍLIA GALOTTI

dos trovões tivessem me impedido de ouvir mais! A voz falava de beleza, de amor... Queixava-se de que esse dia, que ia fazer a minha felicidade – se de fato a fizesse – determinava sua infelicidade para sempre. Suplicava-me – tive que ouvir tudo isso. Mas não olhei para trás. Eu queria proceder como se não a ouvisse... Que mais podia fazer? Rogar ao meu anjo da guarda para que me ferisse com a surdez, ainda que fosse para sempre, para sempre! Foi o que roguei; foi a única coisa que pude rogar... Por fim chegou o momento de me erguer de novo. O culto divino chegava ao fim. Eu tremia de medo de me virar. Eu tremia de medo de vê-lo, aquele que se permitira tal sacrilégio. E quando me voltei, quando o vi...

CLÁUDIA: Quem, minha filha?

EMÍLIA: Adivinhe, minha mãe, adivinhe... Julguei que a terra ia me tragar... ele mesmo.

CLÁUDIA: Quem, ele mesmo?

EMÍLIA: O Príncipe.

CLÁUDIA: O Príncipe! Bendita seja a impaciência de seu pai, que esteve aqui há pouco e não quis esperar por você!

EMÍLIA: Meu pai? Aqui? E não quis esperar por mim?

CLÁUDIA: Se você, na sua perturbação, o tivesse feito ouvir isso também!

EMÍLIA: Diga, minha mãe? O que de condenável poderia ele ter encontrado em mim?

CLÁUDIA: Nada, tampouco em mim. E ainda assim, ainda assim... Você não conhece teu pai! Em sua raiva teria confundido a vítima inocente do crime com o criminoso. Em sua fúria teria lhe parecido que fora a causadora daquilo que não podia evitar nem prever. Mas continue, minha filha, continue! Quando você reconheceu o Príncipe... espero que você tenha tido suficiente domínio sobre si mesma para demonstrar em um *único* olhar todo o desprezo que ele merecia.

EMÍLIA: Isso eu não tive, minha mãe! Após o olhar com que o reconheci, não tive coragem de lhe dirigir outro mais. Eu fugi...

CLÁUDIA: E o Príncipe a seguiu...

EMÍLIA: Disso eu não sabia até que, no pórtico da igreja, me senti agarrada pela mão. E por ele! De vergonha, precisei me deter: se me desvencilhasse, chamaria a atenção dos passantes sobre nós. Esta foi a única coisa que fui capaz de pesar... ou de que consigo me lembrar. Ele falava e eu lhe respondia. Mas o que ele falou e o que eu lhe respondi... se ainda me lembrar, será muito bom; então vou contar a você, minha mãe. Agora nada mais sei daquilo tudo. Meus sentidos haviam me abandonado... Em vão tento me lembrar como foi que me livrei dele e sai do pórtico. Só voltei a mim na rua e ouvi ele vir atrás de mim até aqui, e ouvi ele entrar em casa comigo, subir a escada comigo...

CLÁUDIA: O medo tem seu próprio sentido particular, minha filha! Nunca vou esquecer com que expressão no rosto você irrompeu aqui. Não, ele não devia atrever-se a segui-la tão longe. Meu Deus! Meu Deus! Se seu pai soubesse disso! Pois, como já se enfureceu apenas ao ouvir que o Príncipe viu você, recentemente, não com desagrado! Mas fique calma, minha filha! Tome por um sonho isso que te aconteceu. Também terá ainda menos consequências do que um sonho. Hoje, você escapa de uma vez de todas as perseguições.

EMÍLIA: Mas não acha, minha mãe? O conde deve ficar sabendo disso. Preciso contar a ele.

CLÁUDIA: Por tudo no mundo, não! Para quê? Por quê? Você quer deixá-lo intranquilo por nada e mais nada? E mesmo que não ficasse agora, saiba, minha filha, que um veneno que não age imediatamente, nem por isso é um veneno menos perigoso. Aquilo que não tem efeito no amante pode tê-lo no marido. O amante poderia até sentir-se lisonjeado por levar a melhor sobre um rival dessa categoria. Mas depois de ter levado a melhor : Ah! Minha filha... o amante transforma-se muitas vezes em outra criatura. Que tua boa estrela te proteja dessa experiência.

EMÍLIA: A senhora sabe, minha mãe, com que boa vontade eu me submeto em tudo a seus sábios juízos. Mas, e se ele ficasse sabendo por outro que o Príncipe falou hoje comigo?

Será que o meu silêncio não aumentaria, mais cedo ou mais tarde, o seu desassossego? Penso, pois, que é preferível não lhe esconder nada do que me preocupa.

CLÁUDIA: Fraqueza! Fraqueza de criatura apaixonada! Não, de forma alguma não, minha filha! Não diga nada a ele. Não deixe que ele perceba nada!

EMÍLIA: Tudo bem, minha mãe! Não tenho vontade contrária à sua! Ah! (*Com um profundo suspiro.*) Também começo a me sentir inteiramente aliviada. Que coisinha boba e medrosa eu sou! Não é, minha mãe? Eu poderia muito bem ter me comportado de outro modo na ocasião e tampouco assim ficaria mais comprometida.

CLÁUDIA: Eu não queria lhe dizer isso, minha filha, antes que a tua própria e sadia razão o dissesse. E sabia que ela haveria de fazê-lo quando você voltasse a si. O Príncipe é galante. Você está pouco acostumada com a fútil linguagem da galanteria. Nela, uma cortesia se transforma em sentimento, uma lisonja em protestação, um capricho em desejo, um desejo em resolução. Nada soa como tudo nessa linguagem e tudo nela é o mesmo que nada.

EMÍLIA: Oh minha mãe! Devo, pois, com meus temores, me sentir inteiramente ridícula! Então o meu bom Appiani não deve por certo ficar sabendo de nada disso! Ele poderia facilmente achar que sou mais vaidosa do que virtuosa. Epa! É ele mesmo quem vem vindo ali! É o seu passo.

Cena 7

Conde Appiani. Os anteriores.

APPIANI (*entrando, pensativo, com os olhos voltados para baixo; sem ver Emília, até que ela salta ao seu encontro*): Ah, minha querida! Não esperava encontrá-la aqui na antessala.

EMÍLIA: Eu gostaria de vê-lo alegre, senhor conde, mesmo que não esperasse me encontrar. Por que este ar tão solene? Tão sério? Será que o dia de hoje não merece uma expressão de contentamento?

APPIANI: Merece mais do que toda a minha vida. Mas pejada de tanta felicidade para mim... é bem possível que seja essa mesma felicidade que me torna tão sério, que me torna, como diz minha senhorita, tão solene. (*Avistando a mãe.*) Ah, também está aqui, minha cara senhora! A ser logo mais por mim reverenciada com um nome mais íntimo!

CLÁUDIA: Que será o meu maior orgulho! Como você é feliz, minha Emília! Por que seu pai não quis compartilhar nosso encantamento?

APPIANI: Acabo justamente de me desprender de seus braços, ou melhor, ele dos meus. Que homem, minha Emília, é seu pai! Modelo de virtude masculina! A que disposições se eleva minha alma em sua presença! Nunca minha resolução de ser sempre bom, sempre nobre, é tão viva como quando o vejo... quando penso nele. E de que outra forma senão pelo cumprimento dessa resolução posso me tornar digno da honra de ser chamado seu filho... de ser seu, minha Emília?

EMÍLIA: E ele não quis me aguardar!

APPIANI: Julgo que foi porque, para uma visita tão momentânea, sua querida Emília o teria comovido em demasia, teria se apoderado em demasia de sua alma.

CLÁUDIA: Ele achou que você estaria ocupada com seus adornos de noiva e ouvi...

APPIANI: Aquilo que eu com a mais terna admiração tornei a ouvir dele. Está certo assim, minha Emília. Terei em você uma mulher devota que não é orgulhosa de sua devoção.

CLÁUDIA: Mas, meus filhos, é ser uma coisa e não deixar de ser a outra! Agora está mais do que na hora, agora vamos Emília!

APPIANI: Fazer o que, minha cara senhora?

CLÁUDIA: O senhor não há de querer conduzi-la ao altar, senhor conde, assim como ela está?

APPIANI: É verdade, somente agora me dou conta. Quem pode olhar para você, Emília, e prestar atenção a seus trajes? E por que não assim, assim como está?

EMÍLIA: Não, meu caro conde, não assim, não bem assim. Mas também não muito mais suntuosa, não muito. Rápido, rapidinho, logo estarei pronta! Nada, absolutamente nada das joias do último presente de sua pródiga generosidade! Nada, nada que combine com tais joias! Eu poderia ficar ressentida com elas, com essas joias, se não viessem do senhor. Três vezes sonhei com elas...

CLÁUDIA: Ora veja, não soube de nada disso.

EMÍLIA: Como se as estivesse usando e como se de repente cada pedra se transformasse em uma pérola. Pérolas, minha mãe, significam lágrimas.

CLÁUDIA: Filhinha! O significado é mais sonhador do que o próprio sonho. Você não gostou sempre mais de pérolas do que de pedras?

EMÍLIA: De fato, minha mãe, de fato...

APPIANI (*pensativo e sério*): Significam lágrimas... significam lágrimas!

EMÍLIA: Como? Isso chama sua atenção? Ao senhor?

APPIANI: Sim, é verdade, eu deveria me envergonhar. Mas quando a imaginação já está propensa às imagens tristes...

EMÍLIA: E por que devia estar também? E o que acha o senhor que eu imaginei? O que estava usando, como eu parecia quando lhe agradei pela primeira vez... Ainda se lembra?

APPIANI: Se ainda sei? Em pensamento nunca a vejo de outra forma senão assim e vejo-a assim mesmo quando não a vejo assim.

EMÍLIA: Pois bem, um vestido da mesma cor, do mesmo corte, leve e solto...

APPIANI: Excelente!

EMÍLIA: E o cabelo...

APPIANI: Em seu próprio brilho castanho, em cachos como a natureza os fez...

160   LESSING: TEATRO

EMÍLIA: E, neles, a rosa, não se pode esquecer! Certo! Certo! Um pouco de paciência e estarei assim diante de si!

Cena 8

Conde Appiani. Cláudia Galotti.

APPIANI (*seguindo-a com uma expressão abatida*): Pérolas significam lágrimas! Um pouco de paciência! Ah, se o tempo estivesse fora de nós! Se um minuto no relógio pudesse, dentro de nós, se estender em anos!

CLÁUDIA: A observação de Emília, senhor conde, foi tão rápida quanto correta. O senhor está hoje mais sério do que de costume. Apenas um passo o separa ainda do alvo de seus desejos... será que está arrependido, senhor conde, de que tenha sido este o alvo de seus desejos?

APPIANI: Ah, minha mãe, como pode suspeitar isso de seu filho? Mas é verdade, hoje estou excepcionalmente triste e sombrio. Mas veja, mui digna senhora: estar apenas a *um* passo do alvo ou não ter dado passo algum é, no fundo, a mesma coisa. Tudo o que vejo, tudo o que ouço, tudo o que sonho, prega-me desde ontem e anteontem essa verdade. Esse único pensamento prende-se àquele outro que eu devo e quero ter. O que é isso? Eu não entendo.

CLÁUDIA: O senhor me deixa inquieta, senhor conde...

APPIANI: Uma coisa leva então à outra! Estou irritado, irritado com meus amigos, comigo mesmo...

CLÁUDIA: Como assim?

APPIANI: Meus amigos exigem simplesmente que eu diga uma palavra sobre meu casamento ao Príncipe, antes que seja consumado. Reconhecem que não lhe devo satisfação, mas a consideração para com ele não permite que seja diferente. E fui fraco o suficiente para prometer-lhes que o faria. Ainda há pouco quis procurá-lo.

CLÁUDIA (*hesitante*): Ao Príncipe?

Cena 9

Pirro, logo depois Marinelli e os anteriores.

PIRRO: Mui mui digna senhora, o Marques Marinelli está diante de sua casa e pergunta pelo senhor conde.

APPIANI: Por mim?

PIRRO: Aí está ele. (*Abre-lhe a porta e sai.*)

MARINELLI: Peço-lhe perdão, mui digna senhora. Meu senhor conde, estive em sua casa e soube que o encontraria aqui. Tenho uma mensagem urgente para o senhor... Mui digna senhora, peço-lhe mais uma vez perdão, preciso apenas de alguns minutos.

CLÁUDIA: Que não quero retardar. (*Faz uma reverência e sai.*)

Cena 10

Marinelli. Appiani.

APPIANI: Então, meu senhor?

MARINELLI: Venho de parte de Sua Alteza, o Príncipe.

APPIANI: O que é que ele ordena?

MARINELLI: Tenho orgulho de ser o portador de tão excelsa graça. E se o conde Appiani não quiser, de modo algum, reconhecer em mim um de seus amigos mais devotados...

APPIANI: Sem mais introitos, por favor.

MARINELLI: Também isso! O Príncipe precisa enviar de imediato um plenipotenciário ao duque de Massa, com referência ao enlace de Sua Alteza com a princesa, filha do duque. Ficou por muito tempo indeciso sobre a quem devia nomear para isso. Finalmente a escolha, caro conde, recaiu sobre o senhor.

APPIANI: Sobre mim?

MARINELLI: E isso – se é que a amizade deve ser jactanciosa – não sem o meu empenho...

APPIANI: Realmente, o senhor me põe em situação embaraçosa por causa de uma mercê. Eu já não esperava mais, de há muito, que o Príncipe se dignasse a recorrer a meus serviços.

MARINELLI: Estou certo de que lhe faltou apenas uma digna oportunidade. E se esta ainda não é suficientemente digna para um homem como o conde Appiani, então talvez minha amizade tenha sido por demais precipitada.

APPIANI: Amizade e amizade, pela terceira vez a palavra! Com quem estou falando? Nunca sonhei ter amizade com o marquês Marinelli.

MARINELLI: Reconheço meu erro, senhor conde, meu imperdoável erro de querer ser seu amigo sem a sua permissão. Mas ainda assim: isso, o que importa? A graça com que o Príncipe o distingue, a honra que lhe é concedida permanecem o que são: e não duvido que o senhor irá abraçá-los com avidez.

APPIANI (*após uma breve reflexão*): De fato.

MARINELLI: Então venha.

APPIANI: Para onde?

MARINELLI: Para Dosalo, encontrar-se com o Príncipe. Está tudo pronto e o senhor deve partir ainda hoje.

APPIANI: O que está dizendo? Ainda hoje?

MARINELLI: Nesta mesma hora, de preferência à próxima. A questão é de máxima urgência.

APPIANI: É verdade? Então sinto muito ter de declinar da honra que o Príncipe me concede.

MARINELLI: Como?

APPIANI: Não posso viajar hoje, nem amanhã, nem depois de amanhã.

MARINELLI: Está brincando, senhor conde.

APPIANI: Consigo?

MARINELLI: Que coisa incomparável! Se a brincadeira é com o Príncipe, é ainda mais divertida. Não pode?

APPIANI: Não, meu senhor, não. E espero que o próprio Príncipe considere válida minha desculpa.

MARINELLI: Estou ansioso por ouvi-la.

EMÍLIA GALOTTI

APPIANI: Ah, é uma ninharia! Veja, ainda hoje devo me casar.

MARINELLI: E então? E depois?

APPIANI: E então? E então? Sua pergunta é também tremenda-mente ingênua.

MARINELLI: Temos exemplos, senhor conde, de que casamen-tos podem ser adiados. Não creio tampouco que o noivo ou a noiva sejam, com isso, sempre bem servidos. A coisa pode ter para eles lados desagradáveis. Ainda assim penso que a ordem do Senhor...

APPIANI: A ordem do Senhor... do Senhor? Um Senhor que não escolhemos não é propriamente nosso Senhor... Concedo que o senhor deve obediência incondicional ao Príncipe. Mas eu não. Vim para a sua corte por vontade própria. Eu queria ter a honra de servi-lo, mas não me tornar seu escravo. Sou vassalo de um senhor maior...

MARINELLI: Maior ou menor: senhor é senhor.

APPIANI: Não vou discutir por isso com o senhor. Basta, diga ao Príncipe o que ouviu de mim: que lamento muito não poder aceitar sua mercê, porque justamente hoje devo realizar uma união da qual depende toda a minha felicidade.

MARINELLI: O senhor não quer ao mesmo tempo informar-lhe com quem?

APPIANI: Com Emília Galotti.

MARINELLI: A filha desta casa?

APPIANI: Desta casa.

MARINELLI: Hum! Hum!

APPIANI: O que mais, por favor?

MARINELLI: Eu devo pensar que nesse caso poderia haver tanto menos dificuldade em adiar a cerimônia até a sua volta.

APPIANI: A cerimônia? Apenas a cerimônia?

MARINELLI: Os bons pais não levariam isso tão à risca.

APPIANI: Os bons pais?

MARINELLI: E Emília por certo lhe permanecerá fiel.

APPIANI: Permanecerá fiel? O senhor, com o seu "por certo", é por certo um perfeito macaco!

MARINELLI: Diz isso a mim, conde?

APPIANI: E por que não?

MARINELLI: Céus e inferno!

APPIANI: Bah! Esse macaco é malicioso, mas...

MARINELLI: Morte e danação! Conde, exijo satisfação.

APPIANI: Isto se entende.

MARINELLI: E eu a tomaria agora mesmo. Apenas não quero estragar o dia de hoje do delicado noivo.

APPIANI: Que criatura bondosa! Mas não! Não! (*Agarrando-o pela mão.*) Realmente, não quero ser enviado hoje para Massa, mas tenho tempo de sobra para um passeio com o senhor. Venha, venha!

MARINELLI (*que se desvencilha e sai*): Só um pouco de paciência, conde, só um pouco de paciência!

Cena 11

Appiani. Cláudia Galotti.

APPIANI: Vai, infame criatura! Ah, isso me fez bem. Meu sangue começou a ferver. Estou me sentindo outro e melhor.

CLÁUDIA (*apressada e preocupada*): Meu Deus! Senhor conde, ouvi uma violenta troca de palavras. Seu rosto está pegando fogo. O que aconteceu?

APPIANI: Nada, mui digna senhora, absolutamente nada. O camarista Marinelli me prestou um grande serviço. Ele me poupou da obrigação de ir ver o Príncipe.

CLÁUDIA: De fato?

APPIANI: Agora podemos partir tanto mais cedo. Vou apressar meu pessoal e já volto. Entrementes, Emília também estará pronta.

CLÁUDIA: Posso ficar tranquila, senhor conde?

APPIANI: Totalmente tranquila, mui digna senhora. (*Ela volta para dentro e ele parte.*)

Ato III

A cena: uma antessala no castelo de verão do Príncipe.

Cena 1

O Príncipe. Marinelli.

MARINELLI: Em vão, ele recusou a honra que lhe foi feita com o maior desdém.

PRÍNCIPE: E fica por isso mesmo? Vai ficar assim? E Emília ainda hoje será sua?

MARINELLI: Ao que tudo indica.

PRÍNCIPE: E eu que esperava tanto de sua ideia! Quem sabe que papel ridículo deve ter feito. Se o conselho de um tolo é alguma vez bom, ele deve ser executado por uma pessoa inteligente. Eu devia ter me lembrado disso.

MARINELLI: Vejo-me bem recompensado!

PRÍNCIPE: Recompensado pelo quê?

MARINELLI: Por ter querido arriscar minha vida por isso. Quando vi que nem a seriedade nem a zombaria podiam mover o conde a submeter seu amor à honra, tentei exasperá-lo. Disse-lhe coisas frente às quais ele se perdeu. Ele lançou ofensas contra mim e eu exigi satisfação – e a exigi ali mesmo, no ato. Pensei assim: ou ele a mim ou eu a ele. Eu a ele: então o campo será todo nosso. Ou ele a mim: bem, que seja; então ele terá que fugir e o Príncipe ao menos ganha tempo.

PRÍNCIPE: Teria feito isso, Marinelli?

MARINELLI: Ah, a gente devia saber de antemão quando se está tão tolamente pronto a sacrificar-se pelos grandes… a gente devia saber de antemão quão gratos eles hão de ser…

PRÍNCIPE: E o conde? Tem a fama de não permitir que lhe digam coisas como essas duas vezes.

MARINELLI: Depois do dito, sem dúvida. Quem haveria de censurá-lo? Retrucou que hoje tinha algo mais importante a fazer do que arriscar o pescoço. Assim adiou o encontro comigo para os primeiros oito dias após o casamento.

PRÍNCIPE: Com Emília Galotti! Este pensamento me deixa possesso! E o senhor deixou por isso mesmo e partiu: e agora vem se vangloriar que arriscou a vida por mim, que se sacrificou por mim...

MARINELLI: O que mais desejaria o meu digno senhor que eu tivesse feito?

PRÍNCIPE: Tivesse feito? Como se ele tivesse feito alguma coisa!

MARINELLI: E, por favor, deixe-me ouvir, mui digno senhor, o que fez para si mesmo... Estava tão feliz ao falar com ela na igreja. O que combinou com ela?

PRÍNCIPE (*sarcástico*): Curiosidade ao extremo! Que agora eu devo satisfazer. Oh, foi tudo como o desejado. Não precisa preocupar-se mais, meu prestadio amigo! Ela veio, mais do que a meio caminho, ao encontro de meus desejos. Eu poderia naquele momento mesmo levá-la comigo. (*Frio e dando ordem.*) Agora já sabe o que quer saber; e pode ir!

MARINELLI: E pode ir! Sim, sim, esse é o fim da cantiga! E assim seria, ainda que eu quisesse tentar o impossível... O impossível, disse eu? Nem tão impossível assim, mas ousado... Se tivéssemos a noiva em nosso poder, eu garantiria que desse casamento nada resultaria.

PRÍNCIPE: Ora veja por que esse homem não quer garantir tudo! Agora, eu deveria lhe dar ainda apenas um destacamento de minha guarda pessoal, com o qual ele se deitaria no meio da estrada real para armar uma emboscada e, mesmo quinquagenário, assaltar a carruagem e arrancar a menina lá de dentro, que ele me traria em triunfo.

MARINELLI: Já aconteceu antes que uma menina tenha sido levada à força, sem que isso parecesse um sequestro violento.

PRÍNCIPE: Se o senhor soubesse fazer isso, não ficaria tagarelando tanto a respeito.

MARINELLI: Mas não se pode garantir o resultado. Podem sobrevir acidentes...

EMÍLIA GALOTTI

PRÍNCIPE: É de meu feitio responsabilizar pessoas por atos sobre os quais não têm poder algum?

MARINELLI: Bem, mui digno senhor... (*Ouve-se um tiro ao longe.*) Ah, o que foi isso? Estou ouvindo bem? Não ouviu também, mui digno senhor, um tiro? E mais um?

PRÍNCIPE: O que é isso? O que está havendo?

MARINELLI: O que acha que é? E se eu fosse mais atuante do que o Senhor pensa?

PRÍNCIPE: Mais atuante? Então diga...

MARINELLI: Sendo breve: aquilo de que eu lhe falava, está acontecendo.

PRÍNCIPE: É possível?

MARINELLI: Mas não se esqueça, Príncipe, do que o senhor acaba de me assegurar. Tenho sua palavra...

PRÍNCIPE: Mas as circunstâncias são tão...

MARINELLI: Como só podem sempre ser! A execução foi confiada a uma gente em quem posso confiar. O caminho passa perto da cerca do jardim zoológico. Ali, uma parte do pessoal terá assaltado a carruagem, como se fosse apenas para saqueá-la. E outra parte, na qual estará um de meus serviçais, saindo do zoológico se lançará como que para ajudar os assaltados. Em meio ao pugilato, em que ambas as partes estarão pretensamente envolvidas, meu serviçal irá agarrar Emília, como se quisesse salvá-la, e a trará através do parque ao castelo. Assim foi combinado. O que diz disso agora, meu Príncipe?

PRÍNCIPE: O senhor me surpreende de uma forma estranha... e fico temeroso... (*Marinelli vai até a janela.*) O que está olhando?

MARINELLI: Deve ser por ali! Certo! E um mascarado já vem a galope pelo contorno da cerca; sem dúvida para me comunicar o resultado. Afaste-se, mui digno senhor.

PRÍNCIPE: Ah, Marinelli...

MARINELLI: E então? Não é verdade, agora fiz demais e antes fazia de menos?

PRÍNCIPE: Isso não. Mas não vejo com isso tudo como...

MARINELLI: Ver como? É melhor tudo de uma vez! Depressa, afaste-se. O mascarado não deve vê-lo. (*O Príncipe sai.*)

Cena 2

Marinelli e logo depois Ângelo.

MARINELLI (*que torna a aproximar-se da janela*): Lá vai o coche voltando devagarzinho para a cidade. Tão devagar assim? E em cada portinhola um criado? São indícios que não me agradam: de que o golpe só deu certo em parte; de que estão levando de volta lentamente um ferido... e nenhum morto. O mascarado apeia-se. É o próprio Ângelo! Esse maluco atrevido! Bem, afinal, aqui ele conhece os macetes. Está acenando para mim. Deve estar seguro de si. Ah, senhor conde, o senhor que não quis ir para Massa e agora tem que ir ainda mais longe! Quem lhe ensinou a conhecer tão bem os macacos? (*Indo para a porta.*) Sim, eles são pérfidos... E então, Ângelo?

ÂNGELO (*que tirou a máscara*): Preste atenção, senhor camarista! Vão trazê-la logo.

MARINELLI: E no mais, como foi que tudo correu?

ÂNGELO: Penso que muito bem.

MARINELLI: E como estão as coisas com o conde?

ÂNGELO: Para servir! Assim, assim! Mas ele deve ter suspeitado de algo. Pois não estava assim tão despreparado.

MARINELLI: Depressa, diga logo o que tem a me dizer! Ele está morto?

ÂNGELO: Sinto muito pelo bom homem.

MARINELLI: Então, toma lá por teu coração compassivo! (*Dá-lhe uma bolsa de moedas de ouro.*)

ÂNGELO: E para completar, o meu bravo Nicolo! Que teve de pagar pelo banho em companhia.

MARINELLI: O quê? Perdas de ambos os lados?

ÂNGELO: Eu poderia chorar por esse honrado moço! Embora para mim sua morte já tenha melhorado isso (*sopesando a bolsa com a mão*) em um quarto. Sou seu herdeiro, porque eu o vinguei. Esta é a nossa lei: tão boa, penso, como jamais se fez em favor da lealdade e da amizade. Esse Nicolo, senhor camarista...

MARINELLI: Você com esse seu Nicolo! Mas o conde, o conde...

ÂNGELO: Raios! O conde o acertou bem. Por isso eu acertei também o conde! Ele caiu; e se entrou ainda vivo no coche, posso garantir que não tornará a sair vivo de lá.

MARINELLI: Se pelo menos isso fosse certo, Ângelo.

ÂNGELO: Que eu o perca como cliente, se isso não for certo! O senhor ainda tem alguma ordem a dar? Pois tenho um caminho dos mais longos diante de mim; queremos passar ainda hoje a fronteira.

MARINELLI: Então vai!

ÂNGELO: Se de novo acontecer algo, senhor camarista, o senhor sabe onde me encontrar. Aquilo que algum outro ousa fazer, não será bruxaria para mim. E eu cobro bem mais barato do que qualquer outro. (*Sai.*)

MARINELLI: Bom isso! Mas, no entanto, não é tão bom assim. Arre, Ângelo! Ser assim tão sovina! Bem que ele também merecia ainda um segundo tiro. E como talvez esteja agora sofrendo, o pobre conde! Arre, Ângelo! Isto é o que se chama exercer o ofício de maneira muito cruel; e pô-lo a perder. Mas o Príncipe não precisa saber disso. Ele precisa, ele mesmo, descobrir quão proveitosa lhe é esta morte... Esta morte! O que eu não daria para ter certeza!

Cena 3

O Príncipe. Marinelli.

PRÍNCIPE: Lá vem ela subindo a aleia. Apressa-se à frente do criado. O medo, ao que parece, acelera seus passos. Decerto não desconfia de nada. Acredita estar apenas fugindo de sal-teadores... Mas por quanto tempo pode isso durar?

MARINELLI: Pelo menos nós a temos por enquanto.

PRÍNCIPE: E a mãe não virá procurá-la? E o conde, não irá segui--la? O que teremos conseguido então? Como posso impedi-los?

MARINELLI: A tudo isso eu não sei por certo o que responder. Mas vamos ver. Tenha paciência, digno senhor. O primeiro passo tinha de ser dado.

PRÍNCIPE: Para que, se tivermos de voltar atrás?

MARINELLI: Talvez não tenhamos. Há mil coisas sobre as quais firmar o pé para ir adiante... E o senhor esquece a mais importante?

PRÍNCIPE: Como posso esquecer algo em que ainda sequer pensei? O mais importante? O que é?

MARINELLI: A arte de agradar, de convencer... aquela que não faltará a um príncipe que ama.

PRÍNCIPE: Jamais faltará? Exceto quando ele mais precisa dela... Dessa arte, eu já fiz hoje mesmo uma tentativa malograda. Com todas as lisonjas e juras não consegui arrancar dela uma só palavra. Permaneceu ali muda, abatida e tremendo: como uma criminosa que ouve sua sentença de morte. Seu medo me contagiou, eu tremia junto com ela e lhe pedi perdão. Mal me atrevo a lhe dirigir de novo a palavra... Ao menos quando ela entrar aqui não quero estar presente. O senhor, Marinelli, deve recebê-la. Vou ouvir aqui por perto o correr das coisas; e aparecer quando estiver mais recomposto.

Cena 4

Marinelli e, logo depois, seu criado Batista com Emília.

MARINELLI: Se ela não o viu cair... Mas isso decerto ela não viu, já que saiu correndo... Ela vem vindo. Também não quero ser a primeira coisa que lhe cai sob os olhos. (*Retira-se para um canto da sala.*)

BATISTA: Queira entrar, prezada senhorita.

EMÍLIA (*sem fôlego*): Ah! Ah! Eu lhe agradeço, meu caro amigo, eu lhe agradeço. Mas Deus, Deus! Onde estou? E assim sozinha? Onde está minha mãe? Onde ficou o conde? Eles vêm atrás de nós? Seguindo-me de perto?

BATISTA: Suponho.

EMÍLIA: Supõe? Não sabe? Não os viu? Não houve tiros bem atrás de nós?

BATISTA: Tiros? Foi mesmo?!

EMÍLIA: Com toda certeza! E que acertaram o conde ou a minha mãe.

BATISTA: Vou sair à procura deles agora mesmo.

EMÍLIA: Não sem mim. Vou junto, tenho que ir, venha, meu amigo!

MARINELLI (*que se aproxima de repente, como se tivesse acabado de entrar*): Ah, prezada senhorita! Que infelicidade, ou melhor, que felicidade... que feliz infelicidade nos dá a honra...

EMÍLIA (*hesitante*): Como? O senhor aqui, meu senhor? Quer dizer que estou em sua casa? Perdoe-me, senhor camarista. Fomos assaltados não longe daqui por ladrões. Aí algumas pessoas bondosas vieram nos ajudar, e este bom homem me tirou do carro e me trouxe para cá. Mas o que me assusta é me ver a salvo sozinha. Minha mãe ainda está em perigo. Houve tiros bem atrás de nós. Talvez esteja morta; e eu, viva? Perdoe-me. Tenho que ir; tenho que voltar para lá onde desde logo eu deveria ter ficado.

MARINELLI: Acalme-se, prezada senhorita. Está tudo bem; logo estarão ao seu lado as pessoas amadas pelas quais sente tão terna apreensão. Enquanto isso, Batista, corre, vai: eles não devem talvez saber onde está a senhorita. Devem estar procurando talvez em uma das hospedarias do jardim. Traga-os imediatamente para cá. (*Batista sai.*)

EMÍLIA: Tem certeza? Eles estão todos a salvo? Não aconteceu nada com eles? Ah, que dia de pavor está sendo este dia para mim! Mas eu não deveria ficar aqui; eu deveria correr ao encontro deles...

MARINELLI: Para que isso, prezada senhorita? Já está sem fôlego e sem forças. Recomponha-se e, se lhe apraz, descanse em um dos quartos, onde há mais comodidade. Quero apostar que o próprio Príncipe já está à procura de sua venerada mãe e a conduzirá de volta até a senhorita.

EMÍLIA: Quem, diz o senhor?

MARINELLI: Nosso mui digno Príncipe, ele mesmo.

EMÍLIA (*consternada ao extremo*): O Príncipe?

MARINELLI: À primeira notícia, ele voou em auxílio. Ele está extremamente irado com o fato de que tenham ousado cometer um crime como este tão próximo, diante de seus olhos. Mandou perseguir os criminosos e seu castigo, quando forem agarrados, será inaudito.

EMÍLIA: O Príncipe? Onde estou, então?

MARINELLI: Em Dosalo, no castelo do Príncipe.

EMÍLIA: Que coincidência! E o senhor acredita que ele próprio poderia aparecer logo aqui? Mas, é claro, em companhia de minha mãe?

MARINELLI: Ei-lo aqui já.

Cena 5

O Príncipe. Emília. Marinelli.

PRÍNCIPE: Onde está ela? Onde? Nós a estamos procurando por toda parte, mui bela senhorita. A senhorita está bem? Então tudo está bem! O conde, sua mãe...

EMÍLIA: Ah, mui digno Senhor! Onde estão eles? Onde está minha mãe?

PRÍNCIPE: Não muito longe; aqui bem perto.

EMÍLIA: Deus, em que estado vou encontrar talvez um ou o outro! Com certeza, encontrar! Pois está me escondendo algo, mui digno Senhor, eu vejo, está me escondendo...

EMÍLIA GALOTTI

PRÍNCIPE: Mas não, cara senhorita... Dê-me seu braço e siga-
-me confiante.

EMÍLIA (*indecisa*): Mas... se nada aconteceu com eles... se meus
pressentimentos me enganam, por que eles já não estão aqui?
Por que não vieram consigo, mui digno Senhor?

PRÍNCIPE: Peço-lhe que se apresse, minha senhorita, a afastar
de vez todas essas imagens de horror...

EMÍLIA: O que devo fazer? (*Torcendo as mãos.*)

PRÍNCIPE: Como, minha senhorita? Será que está levantando
uma suspeita contra mim?

EMÍLIA (*caindo a seus pés*): A seus pés, mui digno Senhor...

PRÍNCIPE (*erguendo-a*): Estou extremamente envergonhado.
Sim, Emília, eu mereço essa muda repreensão. Meu comportamento esta manhã não pode ser justificado, mas, quando
muito, desculpado. Perdoe minha fraqueza. Eu não deveria
tê-la inquietado com uma confissão da qual não podia esperar nenhum proveito. Também fui castigado pela muda cons-
ternação com que me ouviu, ou talvez nem sequer me tenha
ouvido. E mesmo se eu já pudesse considerar esse acaso, que
mais uma vez, antes de todas as minhas esperanças desapa-
recerem para sempre, mais uma vez me deu a ventura de
vê-la e falar-lhe; mesmo se eu pudesse declarar esse acaso
um aceno favorável da sorte, um milagroso adiamento de
minha condenação final, ainda assim quero – não trema,
minha senhorita – depender única e exclusivamente de seu
olhar. Nenhuma palavra, nenhum suspiro devem magoá-la.
Mas não me ofenda com sua desconfiança. Não duvide nem
por um instante do poder ilimitado que tem sobre mim. Nem
pense jamais que precisa de outra proteção contra mim. E
agora venha, minha senhorita... venha para onde a esperam
delícias, a seu gosto. (*Ele a conduz, não sem alguma resistência.*) Siga-nos, Marinelli.

MARINELLI: Siga-nos... isto pode significar: não nos siga! Que
razão teria eu também para segui-los? Ele precisa ver até
onde consegue chegar com ela, a sós. Tudo o que tenho a

fazer é impedir que sejam perturbados. Pelo conde, é verdade, espero agora que de fato não. Mas pela mãe, pela mãe! Eu haveria de me admirar muito se ela se retirasse tão tranquilamente e deixasse a filha abandonada à própria sorte. E então, Batista, o que há?

Cena 6

Batista. Marinelli.

BATISTA (*apressado*): A mãe, senhor camarista...

MARINELLI: Foi o que eu pensei! Onde ela está?

BATISTA: Se não se adiantar ao seu encontro, ela estará aqui em um instante. Eu não tinha a menor intenção, como o senhor me ordenou fazer de conta, de me pôr a procurá-la, quando ouvi de longe seus gritos. Ela está no rastro da filha... senão de todo nosso golpe! Tudo o que há de gente nessa redondeza tão erma reuniu-se à sua volta, e cada um quer ser aquele que lhe indica o caminho. Se já lhe disseram que o Príncipe está aqui, que o senhor está aqui, isso eu não sei. O que pretende fazer?

MARINELLI: Deixe-me ver! (*Ele reflete.*) Não deixá-la entrar, quando ela sabe que a filha está aqui? Isso não dá certo. Sem dúvida vai arregalar os olhos, se ela vir o lobo junto ao cordeirinho. Olhos? Isso ainda pode ser. Mas que o céu se compadeça de nossos ouvidos! E daí? Mesmo os melhores pulmões se cansam, também os femininos. Eles param todos de gritar quando não aguentam mais. Além disso, é a mãe mesmo que nós precisamos ter de nosso lado. Se bem conheço as mães, ser sogra de um Príncipe agrada à maioria. Deixe que venha, Batista, deixe que venha!

BATISTA: Ouça! Ouça!

CLÁUDIA (*dentro*): Emília! Emília! Minha filha, onde você está?

MARINELLI: Vai, Batista, e procura apenas afastar os curiosos que a acompanham.

Cena 7

Cláudia Galotti. Batista. Marinelli.

CLÁUDIA (*que chega até a porta, através da qual Batista quer sair*): Ah, foi ele quem a tirou de dentro da carruagem! Foi ele que a levou! Eu te reconheço. Onde ela está? Fala, infeliz!

BATISTA: É assim que me agradece?

CLÁUDIA: Oh, se você merece agradecimento: (*em tom suave*) então me desculpe, honrado homem! Onde ela está? Não me prive dela por mais tempo. Onde ela está?

BATISTA: Oh, minha senhora, nem mesmo no regaço da Bem-aventurança estaria ela mais bem guardada... Aqui, meu amo levará a mui digna senhora até ela. (*Contra algumas pessoas que querem segui-los.*) Para trás, vocês!

Cena 8

Cláudia Galotti. Marinelli.

CLÁUDIA: Seu amo? (*Avista Marinelli e recua.*) Ah! Este é o seu amo? O senhor aqui, meu senhor? E minha filha, aqui? E o senhor, o senhor é que deve me conduzir até ela?

MARINELLI: Com muito prazer, minha senhora.

CLÁUDIA: Espere! Agora me lembro... foi o senhor... não foi? Quem procurou o conde, hoje em minha casa? Com quem o deixei sozinho? Com quem ele brigou?

MARINELLI: Briga? Não que eu saiba. Foi apenas uma insignificante troca de palavras sobre assuntos de Estado...

CLÁUDIA: E seu nome é Marinelli?

MARINELLI: Marquês Marinelli.

CLÁUDIA: Assim está certo. Escute, pois, senhor marquês... Marinelli era... o nome Marinelli era... acompanhado de uma maldição... Não que eu não calunie o nobre homem! Não foi acompanhada de uma maldição... A maldição é acréscimo meu... O nome Marinelli foi a última palavra pronunciada pelo conde moribundo.

MARINELLI: Do conde moribundo? Do conde Appiani? Está ouvindo, mui digna senhora, o que mais me surpreende na sua estranha fala. Do conde moribundo? O que mais a senhora está querendo dizer, eu não entendo.

CLÁUDIA (*amarga e lenta*): O nome Marinelli foi a última palavra pronunciada pelo conde moribundo! Agora o senhor entende? Eu também não o entendi no início, embora ele o dissesse com um tom... com um tom! Ainda o ouço! Onde estavam os meus sentidos que não entenderam imediatamente esse tom?

MARINELLI: E então, minha senhora? Fui desde sempre amigo do conde, seu amigo mais íntimo. Portanto, se ainda pronunciou o meu nome ao morrer...

CLÁUDIA: Com aquele tom? Não sei imitá-lo, não sei descrevê-lo, mas tudo aí estava contido! Tudo! O quê? Teriam sido ladrões que nos assaltaram? Foram assassinos, assassinos comprados! E Marinelli, Marinelli foi a última palavra pronunciada pelo conde moribundo! Com um tom!

MARINELLI: Com um tom? Tem cabimento basear em um tom, ouvido em um momento de susto, a acusação contra um homem honrado?

CLÁUDIA: Ah, pudesse eu apenas apresentá-lo perante o tribunal, esse tom! Mas ai de mim! Com isso estou me esquecendo de minha filha. Onde ela está? Como? Morta também? Que culpa tinha minha filha pelo fato de que Appiani era teu inimigo?

MARINELLI: Eu perdoo a mãe preocupada. Venha, minha senhora... sua filha está aqui, em um dos quartos, e espero que já tenha se recuperado inteiramente do susto. O Príncipe em pessoa está se ocupando dela com o maior desvelo...

CLÁUDIA: Quem? Quem em pessoa?

MARINELLI: O Príncipe.

CLÁUDIA: O Príncipe? Está dizendo a verdade, o Príncipe? Nosso Príncipe?

MARINELLI: Quem mais haveria de ser?

CLÁUDIA: Pois então! Pobre de mim, mãe desventurada! E o pai dela! O pai dela! Vai amaldiçoar o dia em que ela nasceu! Vai me amaldiçoar.

MARINELLI: Pelo amor de Deus, mui digna senhora! Que ideia é essa agora?

CLÁUDIA: Está claro! Não está? Hoje no templo de Deus! Na mais próxima presença do Todo-Imaculado! Na mais próxima presença do Eterno! Aí começou a patifaria; aí começou! (*Voltando-se para Marinelli.*) Ah, assassino! Covarde e miserável assassino! Sem coragem bastante para matar com a própria mão; mas indigno bastante para matar a fim de satisfazer o desejo de outro! Mandar matar! Escória de todos os assassinos! Assassinos honestos não tolerariam você em seu meio! Você! Você! E por que não haveria eu de cuspir na sua cara todo o meu fel, toda a minha raiva com uma única palavra? Você! Você, alcoviteiro!

MARINELLI: Está delirando, boa senhora... Mas modere ao menos sua desvairada gritaria e considere onde está.

CLÁUDIA: Onde estou? Considerar onde estou? O que importa à leoa, a quem se roubaram os filhotes, em que floresta ela ruge?

EMÍLIA (*enquanto isso*): Ah, minha mãe! Estou ouvindo minha mãe!

CLÁUDIA: É a voz dela? É ela! Ela me ouviu, ela me ouviu. E eu não devia gritar? Onde está, minha filha? Estou indo, estou indo! (*Ela irrompe no quarto e Marinelli, atrás dela.*)

178 LESSING: TEATRO

Ato IV

A mesma cena.

Cena 1

O Príncipe. Marinelli.

PRÍNCIPE (*saindo do quarto onde está Emília*): Venha, Marinelli!
Preciso me recuperar... e preciso de luz.

MARINELLI: Oh, a fúria materna! Ah, ah, ah!

PRÍNCIPE: Está rindo?

MARINELLI: Se tivesse visto, Príncipe, como a mãe se compor-
tou aqui na sala... O Senhor ouviu como gritava feito uma
louca!... E como de repente ficou mansa assim que o vislum-
brou... Ah! ah! Eu bem sabia que nenhuma mãe arranca os
olhos de um príncipe só porque ele achou bonita a filha dela.

PRÍNCIPE: O senhor é mau observador! A filha caiu desmaiada
nos braços da mãe. Foi por isso que a mãe esqueceu a raiva,
não por minha causa. Estava poupando a filha, não a mim,
quando não disse em voz mais alta, mais clara... o que eu
mesmo preferiria não ter ouvido, nem ter entendido.

MARINELLI: O que, mui digno senhor?

PRÍNCIPE: Por que esse fingimento? Diga logo! É verdade? Ou
não é verdade?

MARINELLI: E se fosse?

PRÍNCIPE: E se fosse? Então é verdade? Ele está morto? Morto?
(*Ameaçador.*) Marinelli! Marinelli!

MARINELLI: E agora?

PRÍNCIPE: Por Deus! Pelo justo Deus todo-poderoso! Sou inocente desse sangue... Se tivesse me dito de antemão que isso
custaria a vida do conde. Não! Não! Ainda que me custasse
minha própria vida!

MARINELLI: Se eu lhe tivesse dito de antemão? Como se a morte
dele estivesse em meu plano! Eu recomendei expressamente a
Ângelo que tomasse cuidado para que a ninguém acontecesse

algum mal. E teria se passado sem a menor violência se o conde não se permitisse usá-la primeiro. Ele atirou sem mais nem menos num deles.

PRÍNCIPE: É verdade, ele devia ter entendido uma brincadeira!

MARINELLI: E Ângelo ficou furioso e vingou a morte de seu companheiro...

PRÍNCIPE: Está claro, isso é muito natural!

MARINELLI: Eu o repreendi bastante.

PRÍNCIPE: Repreendeu? Que amistoso! Avise-o para não pôr os pés em meu território. Minha repreensão pode não ser tão amistosa assim.

MARINELLI: Tudo bem! Eu e Ângelo; intenção e acaso: tudo é o mesmo. Na verdade, havia sido previamente combinado, havia sido previamente compromissado que a culpa por nenhum dos acidentes infelizes que poderiam ocorrer na ocasião seria a mim imputada...

PRÍNCIPE: Que poderiam ocorrer na ocasião... poderiam, o senhor disse? Ou deveriam?

MARINELLI: Melhor ainda!... Contudo, mui digno senhor, antes que me diga com uma palavra seca o que acha de mim... só mais uma consideração! A morte do conde não me é de modo algum indiferente. Eu o havia desafiado; ele me devia uma satisfação; ele saiu deste mundo sem que esta me fosse dada e minha honra permanece ofendida. Concordo, em qualquer outra circunstância eu mereceria a suspeita que o Senhor levanta contra mim: mas também nestas? (*Com afetado ardor.*) Quem pode pensar isso de mim?

PRÍNCIPE (*cedendo*): Tudo bem, tudo bem...

MARINELLI: Tomara que ainda estivesse vivo! Ó, tomara! Eu daria tudo no mundo por isto... (*amargo*) até mesmo a mercê de meu Príncipe... essa inestimável mercê, que jamais se deve perder levianamente...até essa mercê eu daria por isso!

PRÍNCIPE: Compreendo... Está bem, está bem. A morte dele foi um acaso, um mero acaso. O senhor me garante e eu acredito nisso. Mas quem mais acredita? A mãe também? Emília também? O mundo todo também?

MARINELLI (*frio*): Dificilmente.

PRÍNCIPE: E se as pessoas não acreditam nisso, no que então elas vão acreditar? O senhor dá de ombros? Vão considerar o seu amigo Ângelo como o instrumento e a mim como o autor do crime...

MARINELLI (*mais frio ainda*): Bem provavelmente.

PRÍNCIPE: A mim! A mim mesmo! ... Ou devo a partir de agora desistir de toda intenção a respeito de Emília...

MARINELLI (*com a maior indiferença*): O que o senhor teria de fazer também se o conde ainda estivesse vivo...

PRÍNCIPE (*com arrebatamento, mas logo tornando a dominar-se*): Marinelli! Não queira me enfurecer... Assim seja... é assim! E está pretendendo dizer apenas isto: a morte do conde é uma sorte para mim, a maior sorte que poderia me ocorrer, a única boa sorte que poderia favorecer o meu amor. E, como tal, ela pode ter acontecido como bem quisesse! Um conde a mais ou a menos no mundo não faz diferença! Entendê-lo assim, está certo? Ora, eu também não me assusto diante de um pequeno crime. Só que, meu bom amigo, tem de ser um crime pequeno e silencioso, um pequeno crime salutar. E veja o senhor, o nosso aqui não foi nem silencioso nem salutar. Ele limpou o caminho, é verdade, mas ao mesmo tempo o trancou. Todo mundo vai jogar isso sobre a nossa cabeça, e, infelizmente, nós nem sequer o cometemos! E tudo isso se deve, quero crer, exclusivamente aos seus sábios e maravilhosos arranjos?

MARINELLI: Se o senhor assim ordena...

PRÍNCIPE: O que mais? Quero que fale!

MARINELLI: Está sendo posto na minha conta mais do que a ela pertence.

PRÍNCIPE: Quero que fale!

MARINELLI: Pois bem! O que se deveria aos meus arranjos, para que o Príncipe, no caso desse incidente, seja atingido por

EMÍLIA GALOTTI

tão visível suspeita? Isso se deve ao golpe de mestre que ele mesmo teve a mercê de enxertar nos meus arranjos.

PRÍNCIPE: Eu?

MARINELLI: Permita-me o Príncipe dizer-lhe que o passo dado por ele hoje de manhã na igreja – ainda que o tenha feito também com todo o decoro... e por inevitável que fosse para ele efetuá-lo –, que esse passo, no entanto, não fazia parte da dança.

PRÍNCIPE: E o que foi que ele também estragou?

MARINELLI: Por certo não a dança toda, mas, ainda assim, por ora, o compasso.

PRÍNCIPE: Hum! Estarei entendendo-o?

MARINELLI: Curto e simples. Quando assumi a coisa, não é verdade, Emília não sabia ainda nada a respeito do amor do Príncipe? Menos ainda a mãe de Emília. E se eu tivesse construído meu plano com base nessa circunstância? E o Príncipe tivesse socavado o alicerce de minha construção?

PRÍNCIPE (*batendo na testa*): Maldição!

MARINELLI: E se ele próprio tivesse traído o que estava em suas intenções?

PRÍNCIPE: Que ideia maldita!

MARINELLI: E se ele próprio não o tivesse traído? Deveras! Eu gostaria de saber de qual dos meus arranjos mãe ou filha poderiam tirar a mais leve suspeita contra ele?

PRÍNCIPE: Nisso você tem razão!

MARINELLI: Com isso cometo certamente grande injustiça... Queira desculpar-me, mui digno Senhor...

Cena 2

Batista. O Príncipe. Marinelli.

BATISTA (*apressado*): A condessa acaba de chegar.

PRÍNCIPE: A condessa? Qual condessa?

BATISTA: Orsina.

PRÍNCIPE: Orsina? Marinelli! Orsina? Marinelli!

MARINELLI: Também estou surpreso, não menos que o Senhor.

PRÍNCIPE: Vai, corre, Batista: ela não deve descer da carruagem. Não estou aqui. Não estou aqui para ela. Ela que volte imediatamente. Vai, corre! (*Batista sai.*) O que está querendo essa louca? A que se atreve? Como sabe que estamos aqui? Será que veio para informar-se? Será que já ficou sabendo de alguma coisa? Ah, Marinelli! Fale, vamos, responda! Estará ofendido o homem que se diz meu amigo? E ofendido por causa de uma mísera troca de palavras? Devo pedir-lhe perdão?

MARINELLI: Ah, meu Príncipe, já que o senhor torna a ser o Senhor, eu torno com toda a minha alma a ser o seu devotado servidor! A chegada de Orsina é um enigma para mim tanto quanto para o senhor. Mas dificilmente ela deixará que a mandem embora. O que o senhor quer fazer?

PRÍNCIPE: Não falar de modo algum com ela, me afastar…

MARINELLI: Muito bem! Mas rápido. Irei recebê-la…

PRÍNCIPE: Mas apenas para dizer-lhe que se vá. Não se ocupe com ela mais do que isso. Temos outras coisas a fazer aqui…

MARINELLI: Que nada, Príncipe! Essas outras coisas já estão feitas. Tome coragem! O que falta virá com certeza por si mesmo. Mas não é que já a ouço? Se apresse, meu Príncipe! Ali… (*indicando um gabinete, ao qual o Príncipe se dirige*) se quiser, poderá nos ouvir. Receio, receio que ela não tenha saído para esse passeio na sua melhor hora.

Cena 3

Orsina. Marinelli.

ORSINA (*sem avistar inicialmente Marinelli*): O que é isso? Ninguém vem ao meu encontro, além de um sem-vergonha que, por seu gosto, teria preferido impedir de todo a minha entrada? Estou mesmo em Dosalo? Nesse mesmo Dosalo onde antes acorria ao meu encontro um exército inteiro de azafamados aduladores? Onde antes o amor e encanto me esperavam? O lugar é o mesmo, mas, mas!... Veja só, Marinelli! É muito bom que o Príncipe o tenha trazido consigo. Não, não é bom! O que tenho a acertar com ele, só com ele posso acertar. Onde está ele?

MARINELLI: O Príncipe, minha mui digna condessa?

ORSINA: Quem mais haveria de ser?

MARINELLI: Supõe que ele esteja aqui? Sabe que ele está aqui? Ele ao menos não supõe que a condessa Orsina esteja aqui.

ORSINA: Não? Então não recebeu a carta que lhe enviei esta manhã?

MARINELLI: Sua carta? Ah sim; lembro-me de que ele mencionou uma carta sua.

ORSINA: Pois então? Eu não lhe pedi, nessa carta, um encontro para hoje, aqui em Dosalo? É verdade que ele não se dignou a me responder por escrito. Mas soube que uma hora depois ele partiu efetivamente para Dosalo. Achei que isso era uma resposta suficiente e vim.

MARINELLI: Um estranho acaso!

ORSINA: Acaso? O senhor acaba de ouvir que isso foi combinado. Quer dizer, como que combinado. De meu lado, a carta, do dele, o ato. Que cara, senhor marquês! Que olhar! Seu cerebrozinho está surpreso? E com o quê?

MARINELLI: Ontem a senhora parecia estar tão longe do desejo de ver-se algum dia de novo diante dos olhos do Príncipe.

ORSINA: A noite é boa conselheira. Onde está ele? Onde está ele? Quer apostar que ele está naquele quarto em que ouvi guinchos e uma gritaria? Eu quis entrar, mas o patife do criado se interpôs.

MARINELLI: Minha queridíssima, boníssima condessa...

ORSINA: Era uma gritaria de mulher. Quer apostar Marinelli? Oh, diga-me, diga-me... se eu sou, como diz, sua queridíssima, boníssima condessa... Maldição sobre essa canalha da corte! Tantas palavras, tantas mentiras! Agora, o que importa se o senhor me diz isso antes ou não... Vou ver isso eu mesma. (*Querendo sair.*)

MARINELLI (*que a retém*): Para onde?

ORSINA: Onde eu já devia estar há muito tempo. Acha que é conveniente ficar aqui nessa antessala em conversa fiada com o senhor enquanto o Príncipe espera por mim lá dentro?

MARINELLI: Está enganada, mui digna condessa. O Príncipe não a espera. O Príncipe não pode falar com a senhora aqui... ele não quer falar com a senhora.

ORSINA: E, no entanto, ele está aqui? E, no entanto, está aqui por causa de minha carta?

MARINELLI: Não por causa de sua carta...

ORSINA: Então ele a recebeu, diz o senhor...

MARINELLI: Recebeu, mas não leu.

ORSINA (*veemente*): Não leu? (*Menos veemente.*) Não leu? (*Tristonha e enxugando uma lágrima dos olhos.*) Nem sequer leu?

MARINELLI: Por distração, sei com certeza. Não por desdém.

ORSINA (*altiva*): Desdém? Quem pensa nisso? A quem precisa dizer isso? O senhor é um confortador insolente, Marinelli! Desdém! Desdém! Estou sendo desdenhada! Eu! (*Mais suave, até o tom de melancolia.*) Com certeza não me ama mais. É inegável. E no lugar do amor outra coisa entrou em sua alma. É natural. Mas por que então justamente o desdém? Podia ser apenas a indiferença. Não é verdade, Marinelli?

MARINELLI: Com certeza, com certeza.

ORSINA (*irônica*): Com certeza? Oh, esse sábio homem, a quem se pode levar a dizer tudo o que se quiser! Indiferença! Indiferença em lugar do amor? Isto significa: nada em lugar de algo. Pois aprenda, cortesãozinho papagueador, aprenda de uma mulher que indiferença é uma palavra vazia, um mero som, ao qual nada, coisa nenhuma, corresponde. A alma só é indiferente diante de algo em que ela não pensa, só diante de algo que não é para ela coisa nenhuma. E só indiferente a uma coisa que não é coisa nenhuma... isto equivale a não ser nada indiferente... Isto é elevado demais para você, homem?

MARINELLI (*para si mesmo*): Ai! Como é verdadeiro, o que eu temia!

EMÍLIA GALOTTI

ORSINA: O que está murmurando aí?

MARINELLI: Pura admiração! E quem não sabe que a senhora, minha digna condessa, é uma filósofa?

ORSINA: Não é verdade? Sim, sim, sou filósofa. Mas dei a perceber agora que o sou? Irra, se eu o dei a perceber; e se o dei a perceber mais vezes! É então de espantar que o Príncipe me desdenhe? Como pode um homem amar uma coisa que, a despeito dele, quer também pensar? Uma mulher que pensa é tão repugnante quanto um homem que se maquia. Rir é o que ela deve, nada mais do que rir para manter para sempre o severo Senhor da Criação de bom humor... Bem, sobre o que então estou rindo, Marinelli? Ah, sim, sim! Sobre o acaso! Sobre o fato de haver escrito ao Príncipe para que viesse a Dosalo; de que o Príncipe não tenha lido minha carta e ainda assim tenha vindo a Dosalo. Ah, ah, ah! Realmente é um estranho acaso! Muito divertido, muito engraçado! E o senhor não ri junto, Marinelli? O Senhor da Criação pode rir junto, porém nós, pobres criaturas, não devemos pensar juntos. (*Séria e autoritária.*) Vamos, ria, pois!

MARINELLI: Logo mais, mui digna condessa, logo mais!

ORSINA: Pedaço de pau! E por isso o momento passa. Não, não, por favor, não ria. Pois veja, Marinelli (*pensativa, chegando quase à comoção*), o que me leva a rir tão francamente tem também seu lado sério... muito sério. Como tudo no mundo! Acaso? Seria um acaso se o Príncipe não tivesse pensado em falar aqui comigo e, no entanto, tenha que falar comigo aqui? Um acaso? Acredite, Marinelli: a palavra acaso é uma blasfêmia. Nada sob o sol é acaso, menos ainda aquilo cujo intuito reluz tão claramente aos nossos olhos. Previdência onipotente e de infinita bondade, perdoa-me se, com este néscio pecador, chamei isso de acaso, quando é tão manifestamente obra tua, talvez até mesmo tua obra direta! (*Nervosamente para Marinelli.*) Venha e induza-me mais uma vez a tal sacrilégio!

MARINELLI (*para si mesmo*): Isto vai longe! Mas, mui digna condessa...

ORSINA: Chega de "mas"... Os "mas" custam muita reflexão, e minha cabeça! Minha cabeça! (*Segurando a testa com as mãos.*) Providencie para que eu fale logo, logo, com o Príncipe, Marinelli; do contrário, não estarei mais em condições. Veja, devemos nos falar, precisamos nos falar...

Cena 4

O Príncipe. Orsina. Marinelli.

PRÍNCIPE (*saindo do gabinete, para si mesmo*): Preciso ir ajudá-lo...

ORSINA (*que o avista, mas fica indecisa se deve se aproximar*): Ah, aí está ele.

PRÍNCIPE (*atravessa a sala, passa por ela, dirige-se a outros aposentos sem se deter enquanto fala*): Vejam só! Nossa bela condessa. Como lamento, madame, que por hoje eu possa fazer tão pouco uso da honra de sua visita! Estou ocupado. Não estou sozinho. Uma outra vez, minha querida condessa! Uma outra vez. Agora não se detenha por mais tempo. Não por mais tempo! E o senhor, Marinelli, estou à sua espera.

Cena 5

Orsina. Marinelli.

MARINELLI: Agora ouviu dele próprio, mui digna condessa, o que não quis acreditar quando eu lhe disse?

ORSINA (*como que aturdida*): Será que ouvi? Ouvi realmente?

MARINELLI: Realmente.

ORSINA (*com emoção*): "Estou ocupado. Não estou sozinho." Esta é toda a desculpa que mereço? Quem é que a gente dispensa desse modo? Qualquer inoportuno, qualquer mendigo. Para mim nem uma única mentira mais? Nem uma só pequena mentira mais? Ocupado? Com o quê? Não está sozinho? Quem

EMÍLIA GALOTTI

estaria com ele? Venha Marinelli, por piedade, caro Marinelli! Conte-me uma por sua conta. O que lhe custa uma mentira? O que é que ele tem a fazer? Quem está com ele? Diga-me, diga a primeira coisa que lhe vier à boca e eu vou embora.

MARINELLI (*para si mesmo*): Com essa condição posso, sim, lhe contar uma parte da verdade.

ORSINA: E então? Depressa, Marinelli, e eu vou embora. Ele também disse, o Príncipe: "Uma outra vez, minha querida condessa!" Ele não disse assim? Por isso, para que ele mantenha a palavra comigo, para que não tenha nenhum pretexto de não manter a palavra comigo: depressa, Marinelli, sua mentira e vou embora.

MARINELLI: O Príncipe, querida condessa, não está na verdade sozinho. Há pessoas com ele, das quais ele não pode se desobrigar por um momento sequer; pessoas que acabam de escapar de um grande perigo. O conde Appiani...

ORSINA: Está com ele? Pena que nessa mentira eu tenha de pegá--lo. Depressa, conte outra. O conde Appiani, caso ainda não saiba, acaba de ser morto a tiro por assaltantes. Cruzei, pouco antes de entrar na cidade, com o carro que conduzia seu corpo. Ou não era ele? Terei apenas sonhado?

MARINELLI: Infelizmente não foi apenas sonho! Mas os outros, que estavam com o conde, encontram-se felizmente a salvo aqui, no castelo, para onde vieram: sua noiva e a mãe dela, com as quais partiu para Sabionetta para a festiva união.

ORSINA: Ah, então são elas? São elas que estão com o Príncipe? A noiva? E a mãe da noiva? A noiva é bonita?

MARINELLI: O infortúnio dela toca o Príncipe extremamente de perto.

ORSINA: Espero que também se ela fosse feia. Pois seu destino é terrível. Pobre menina, justamente quando ele ia ser teu para sempre, ele te foi arrancado para todo o sempre! Quem é ela, a noiva? Eu a conheço? Estou há tanto tempo fora da cidade que não sei de nada.

MARINELLI: É Emília Galotti.

ORSINA: Quem? Emília Galotti? Emília Galotti? Marinelli! Acha que vou aceitar essa mentira como verdade!

MARINELLI: Por quê?

ORSINA: Emília Galotti?

MARINELLI: A quem dificilmente a senhora terá conhecido...

ORSINA: Mas sim, sim, conheci! Mesmo que seja somente desde hoje... É sério, Marinelli? Emília Galotti? Emília Galotti é a noiva infeliz que o Príncipe está consolando?

MARINELLI (*para si mesmo*): Será que já falei demais?

ORSINA: E o conde Appiani era o noivo desta noiva? O Appiani que acaba de ser assassinado?

MARINELLI: Ele mesmo.

ORSINA: Bravo! Bravo! (*Batendo palmas.*)

MARINELLI: Como assim?

ORSINA: Quisera beijar o diabo que o induziu a isso!

MARINELLI: Quem? Induziu? A quê?

ORSINA: Sim, quisera beijá-lo... ainda que o senhor mesmo fosse esse diabo, Marinelli.

MARINELLI: Condessa!

ORSINA: Venha cá! Olhe para mim! Olho no olho!

MARINELLI: E então?

ORSINA: Não sabe o que estou pensando?

MARINELLI: Como poderia?

ORSINA: Não teve nenhuma parte nisso?

MARINELLI: Em quê?

ORSINA: Jure! Não, não jure. Poderia cometer mais um pecado. Ou sim, jure apenas. Um pecado a mais ou a menos para alguém que está mesmo condenado à danação! O senhor não teve nenhuma parte nisso?

MARINELLI: A senhora me assusta, condessa.

ORSINA: Com certeza? Marinelli, seu bom coração não desconfia de nada?

MARINELLI: Do quê? Por quê?

ORSINA: Bem... então quero lhe confiar algo; algo que vai deixar cada fio de seus cabelos em pé. Mas aqui, pois assim tão perto da porta alguém poderia nos ouvir. Venha para cá. E! (*Pondo os dedos sobre a boca.*) Ouça! Em segredo absoluto! Segredo absoluto! (*Aproximando a boca do ouvido dele, como se quisesse lhe sussurrar algo que ela, no entanto, grita-lhe bem alto.*) O Príncipe é um assassino!

MARINELLI: Condessa... condessa... a senhora perdeu de todo o juízo?

ORSINA: O juízo? Ah, ah, ah! (*Rindo às gargalhadas.*) Raramente ou nunca estive tão satisfeita com a minha razão como agora. Confiante, Marinelli; mas isso fica entre nós (*baixinho*) o Príncipe é um assassino! O assassino do conde, Marinelli! Não foram salteadores, porém cúmplices do Príncipe, foi o Príncipe quem o assassinou!

MARINELLI: Como pode uma monstruosidade dessas vir aos seus lábios, aos seus pensamentos?

ORSINA: Como? Muito naturalmente. Pois, com essa Emília Galotti, que está agora com ele – e cujo noivo precisou deixar tão precipitadamente este mundo – com essa Emília Galotti, o Príncipe teve uma longa e larga conversa hoje pela manhã, no adro da igreja dos dominicanos. Sei disso; meus informantes o viram. Eles também ouviram o que ele conversou com ela. Então, meu bom senhor? Perdi o juízo? Afinal, juntei apenas, parece-me, de um modo bastante razoável ainda, o que pertence ao conjunto. Ou isso também acontece assim só por casualidade? Isso também é para o senhor acaso? Oh, Marinelli, então o senhor compreende tão mal a ruindade dos homens quanto compreende a Providência.

MARINELLI: Condessa, está dizendo coisas que podem recair sobre a senhora...

ORSINA: Se eu o dissesse a mais pessoas? Tanto melhor, tanto melhor! Amanhã vou proclamá-lo na praça do mercado. E quem me contradisser... quem me contradisser, foi cúmplice do assassino... Adeus! (*Ao sair, encontra na porta o velho Galotti, que entra apressado.*)

Cena 6

Odoardo Galotti. Orsina. Marinelli.

ODOARDO: Queira perdoar-me, minha senhora...

ORSINA: Nada tenho aqui a perdoar. Pois nada tenho aqui a levar a mal. Dirija-se a esse senhor (*apontando para Marinelli*).

MARINELLI (*ao avistá-lo, para si mesmo*): Agora completou! O velho!

ODOARDO: Queira desculpar, meu senhor, a um pai, que está na maior aflição, por ele entrar assim sem ser anunciado.

ORSINA: Pai? (*Vira-se de novo.*) De Emília, sem dúvida. Ora, seja bem-vindo!

ODOARDO: Um criado veio a galope ao meu encontro com a notícia de que os meus estavam em perigo por aqui. Voei para cá e ouço que o conde Appiani foi ferido, que ele voltou para a cidade, que minha esposa e minha filha estavam a salvo no castelo. Onde estão elas, meu senhor? Onde estão elas?

MARINELLI: Fique tranquilo, senhor coronel. Nada aconteceu de mal à sua esposa e à sua filha, com exceção do susto. Ambas estão bem. O Príncipe está com elas. Vou imediatamente anunciá-lo.

ODOARDO: Por que anunciar? Anunciar primeiro?

MARINELLI: Por razões... por causa...por causa do Príncipe. O senhor sabe, senhor coronel, como está a sua relação com o Príncipe. Não em um pé dos mais amigáveis. Embora ele se mostre tão benevolente para com sua esposa e sua filha – são duas damas –, acredita que por isso sua inesperada presença também lhe será oportuna?

ODOARDO: Tem razão, meu senhor, tem razão.

MARINELLI: Mas, minha condessa... antes disso posso ter a honra de acompanhá-la até a sua carruagem?

ORSINA: Não, de forma nenhuma.

MARINELLI (*pegando-a pela mão de maneira pouco suave*): Permita que eu observe o meu dever.

ORSINA: Apenas devagar! Eu o desobrigo disso, meu caro senhor. Pois gente como o senhor sempre transforma cortesia em

dever, a fim de poder tratar o que era propriamente sua obrigação como coisa secundária! Anunciar esse digno homem
quanto antes, este é o seu dever.

MARINELLI: A senhora esqueceu o que o Príncipe mesmo lhe
ordenou?

ORSINA: Ele que venha e me ordene uma vez mais. Estou à sua espera.

MARINELLI (*baixinho para o coronel, puxando-o para um lado*):
Meu senhor, devo deixá-lo aqui em companhia de uma dama
que... cuja razão...o senhor me compreende. Estou lhe
dizendo isso para que saiba o que tem a fazer de suas palavras, as quais com frequência são muito estranhas. É melhor
que nem converse com ela.

ODOARDO: Muito bem. Mas se apresse, meu senhor.

Cena 7

Orsina. Odoardo Galotti.

ORSINA (*após um momento de silêncio, durante o qual ela observa
o coronel com pena, assim como ele, por sua vez, a observa
com uma fugaz curiosidade*): Seja lá o que for que ele também aqui lhe disse, infeliz homem!

ODOARDO (*meio que para si mesmo, meio para ela*): Infeliz?

ORSINA: Verdade com certeza não era e muito menos uma das
que o esperam.

ODOARDO: Que me esperam? Já não sei o suficiente? Madame!
Mas fale, por favor, fale.

ORSINA: O senhor não sabe de nada.

ODOARDO: De nada?

ORSINA: Bondoso e querido pai! O que eu não daria para que
fosse também meu pai! Perdoe-me! Os infelizes apegam-se
de tão bom grado uns aos outros. Eu gostaria de partilhar
lealmente a dor e o ódio com o senhor.

ODOARDO: Dor e ódio? Madame! Mas estou esquecendo... fale,
por favor!

ORSINA: Se fosse mesmo a sua única filha... a sua filha única! Mas ainda que não seja a única. A filha infeliz é sempre a única.

ODOARDO: A infeliz? Madame! O que estou querendo desta mulher? No entanto, por Deus, uma louca não fala assim!

ORSINA: Louca? Então foi isso que ele lhe confidenciou a meu respeito? Bem, bem, pode não ser talvez uma de suas mentiras mais grosseiras. Sinto algo assim! E acredite, acredite em mim: quem não perde o juízo diante de determinadas coisas, não tem nenhum juízo a perder.

ODOARDO: O que devo pensar?

ORSINA: Que não deve, pois, me desprezar! Porque também o senhor tem juízo, bom velho, também o senhor. Eu vejo isso no seu semblante decidido e honrado. Também o senhor tem esse juízo e basta uma palavra minha e o senhor não terá mais nenhum.

ODOARDO: Madame! Madame! Já não tenho mais nenhum, antes ainda que me diga essa palavra, se não a disser imediatamente. Diga-a! Diga-a! Ou não é verdade, não é verdade que a senhora pertença àquele bom gênero de louco que merece tanto nossa compaixão e respeito... e não passa de uma mulher tola e vulgar. A senhora não tem o que nunca teve.

ORSINA: Pois então preste atenção! O que sabe o senhor, que pretende já saber o suficiente? Que Appiani foi ferido? Apenas ferido? Appiani está morto!

ODOARDO: Morto? Morto? Ora, senhora, isto é de novo contra o combinado. A senhora queria me fazer perder o juízo, mas está despedaçando meu coração.

ORSINA: Deixemos isso de lado! Vamos adiante. O noivo está morto e a noiva... sua filha... pior do que morta.

ODOARDO: Pior? Pior do que morta? Mas, ao mesmo tempo, também morta? Pois só conheço uma coisa pior...

ORSINA: Não, ela não está morta. Não, bom pai, não! Está viva, está viva. Ela vai agora começar a viver realmente. Uma vida cheia de prazer! A vida mais bela, mais alegre no país da cocanha – enquanto durar.

EMÍLIA GALOTTI

ODOARDO: A palavra, minha senhora, a única palavra que deve me tirar do juízo! Diga-a! Não derrame sua gota de veneno dentro de um balde. Aquela única palavra! Depressa.

ORSINA: Pois bem, soletre-a para compô-la! Pela manhã o Príncipe falou com sua filha na missa; à tarde ele a tem ao seu prazer... no castelo do prazer.

ODOARDO: Falou com ela na missa? O Príncipe, com a minha filha?

ORSINA: E com que intimidade! Com que ardor! Não era pouco, o que tinham para combinar. E é muito bom que tenha sido combinado, é muito bom que sua filha tenha se refugiado aqui voluntariamente! Veja o senhor: assim isso não é um rapto forçado, mas apenas um pequeno... um pequeno assassinato.

ODOARDO: Calúnia! Maldita calúnia! Conheço minha filha. Se for um assassinato é também um rapto. (*Olha ferozmente em torno de si, batendo os pés e espumando.*) E agora, Cláudia? E agora, mãezinha? Tivemos a graça de chegar a viver essa alegria! Oh, o excelso Príncipe! Que honra toda especial!

ORSINA: Está fazendo efeito, meu velho! Está fazendo efeito?

ODOARDO: E agora aqui estou eu diante do covil do salteador (*abrindo a casaca de ambos os lados e verificando que está sem arma*). Milagre que, na pressa, eu não tenha deixado para trás também as mãos! (*Apalpando todos os bolsos, como que procurando algo.*) Nada! Nada! Em parte alguma!

ORSINA: Ah, entendo! Nisso posso ajudá-lo! Eu trouxe um comigo. (*Tirando um punhal.*) Olhe aí, pegue! Pegue rápido antes que alguém veja. Tenho ainda mais uma coisa: veneno. Mas veneno é só para nós, mulheres; não é para homens... Tome! (*Forçando-o a aceitar o punhal.*) Pegue-o!

ODOARDO: Obrigado, obrigado. Querida menina, se alguém disser de novo que você é louca, terá que se haver comigo.

ORSINA: Guarde isso logo! Depressa, guarde isso! A mim não foi dada a oportunidade de usá-lo. Ao senhor ela não vai faltar, esta oportunidade: e o senhor há de aproveitá-la, a primeira, a melhor que lhe aparecer, se for homem. Eu, eu sou apenas uma mulher: mas assim mesmo vim para cá! Firmemente decidida! Nós, meu velho, nós podemos confiar tudo um ao outro. Pois fomos ambos ofendidos, ofendidos pelo mesmo sedutor. Ah, se o senhor soubesse, se soubesse quão desmedidamente, quão indescritivelmente eu fui por ele ofendida e ainda sou: o senhor poderia esquecer, o senhor esqueceria diante disso sua própria ofensa. O senhor me conhece? Eu sou Orsina, a ofendida e abandonada Orsina. Talvez abandonada só por causa de sua filha. Mas que culpa tem sua filha? Logo mais também ela será abandonada. E depois de novo mais uma! E depois de novo outra! Ah! (*Como que em êxtase.*) Que fantasia celestial! Em que de repente nós todas – nós, o inteiro exército das abandonadas –, todas nós, em bacantes, em fúrias transformadas, em que todas nós o tivéssemos em nosso poder, o estraçalhássemos entre nós, despedaçássemos, revirássemos suas entranhas... para encontrar o coração, que o traidor prometeu a cada uma de nós e não deu a nenhuma! Ah! Isto seria uma dança! Seria!

Cena 8

Cláudia Galotti. Orsina. Odoardo Galotti.

CLÁUDIA (*que, ao entrar, olha em volta, e assim que avista seu esposo corre ao seu encontro*): Adivinhei! Ah, nosso protetor, nosso salvador! É você, Odoardo? Você está aqui? Pelos cochichos, pelas expressões, deduzi... O que devo lhe dizer, se ainda não sabe? O que devo lhe dizer, se já sabe de tudo? Mas nós somos inocentes. Eu sou inocente. Sua filha é inocente. Inocente, em tudo inocente!

ODOARDO (*que procura conter-se ao avistar sua esposa*): Está bem, está bem. Fique calma, fique calma, e responda-me. (*Para Orsina.*) Não, Madame, que eu ainda duvide. O conde está morto?

CLÁUDIA: Morto.

EMÍLIA GALOTTI

ODOARDO: É verdade que o Príncipe hoje de manhã falou com Emília na missa?

CLÁUDIA: É verdade. Mas se você soubesse que susto isso lhe causou, em que estado de perturbação ela voltou para casa...

ORSINA: Então, menti?

ODOARDO (*com um riso amargo*): Eu também não desejaria que o tivesse feito. Por muitas razões, não!

ORSINA: Estou louca?

ODOARDO (*agitado, andando de um lado para o outro*): Oh... também eu ainda não estou.

CLÁUDIA: Você me mandou ficar calma e eu estou calma. Meu caro marido, devo também eu... pedir-lhe...

ODOARDO: O que você quer? Não estou calmo? Pode-se estar mais calmo do que estou? (*Forçando-se.*) Emília sabe que Appiani está morto?

CLÁUDIA: Ela pode não saber. Mas temo que desconfie, pois ele não aparece.

ODOARDO: E ela geme e se lastima...

CLÁUDIA: Não mais. Isto passou: a seu modo, que você conhece. Ela é a mais temerosa e mais decidida de nosso sexo. Não domina suas primeiras impressões; mas, após um instante, após conformar-se a tudo, está preparada para tudo. Ela mantém o Príncipe à distância e fala com ele em um tom... Veja apenas, Odoardo, para irmos embora.

ODOARDO: Estou a cavalo. O que fazer? Madame, a senhora, vai voltar para a cidade, não vai?

ORSINA: É o que vou fazer.

ODOARDO: Poderia ter a bondade de levar a minha esposa consigo?

ORSINA: Por que não? Com prazer!

ODOARDO: Cláudia (*apresentando a condessa*), a condessa Orsina, uma dama de grande juízo, minha amiga, minha benfeitora. Você precisa ir com ela e nos enviar imediatamente o coche. Emília não deve voltar a Guastalla. Ela virá comigo.

CLÁUDIA: Mas, e se acaso... não gosto de me separar da minha filha.

ODOARDO: Mas o pai não vai ficar perto? Pois vão ter que recebê-lo finalmente. Sem objeção! Venha, mui digna senhora. (*Baixinho para ela.*) A senhora terá notícias minhas. Venha, Cláudia. (*Ele a conduz para fora.*)

Ato v

O mesmo cenário.

Cena 1

Marinelli. O Príncipe.

MARINELLI: Aqui, excelso senhor, pode vê-lo por essa janela. Ali, andando para cima e para baixo pela arcada. Agora, voltou-se. Vem vindo. Não, voltou-se de novo. Ainda não está em paz consigo próprio. Mas está bem mais calmo, ao menos parece. Para nós dá no mesmo! É natural! Seja o que for que as duas mulheres também lhe tenham posto na cabeça, ousará ele externá-lo? Como Batista ouviu, sua mulher deverá enviar-lhe imediatamente o coche. Pois ele veio a cavalo. Tome tento, quando ele agora aparecer diante do senhor, irá agradecer mui humildemente a Vossa Alteza pela graciosa proteção que sua família encontrou aqui ante esse triste acidente; irá recomendar a si mesmo e a sua filha à graça ulterior de vossa mercê; depois, há de conduzi-la tranquilamente à cidade e aguardar na mais profunda submissão qual interesse apraza a Vossa Alteza tomar em relação à sua infeliz e querida filha.

PRÍNCIPE: E se não for assim tão manso? E será muito, muito difícil que ele o seja. Eu o conheço bem. E se, no máximo,

EMÍLIA GALOTTI

sufocar sua suspeita, engolir sua raiva e levar Emília consigo, em vez de conduzi-la à cidade? E se resolver mantê-la sob sua guarda? Ou então trancá-la em um convento, fora de meu domínio? E então?

MARINELLI: O amor temeroso vê longe. Realmente! Mas ele não vai...

PRÍNCIPE: E se for? E aí? De que nos servirá então que o infeliz conde tenha por isso perdido a vida?

MARINELLI: De que adianta esse triste modo de ver um fato lateral? Avante! – pensa o vencedor – tombe perto dele amigo ou inimigo. E mesmo se! Mesmo se também ele o quisesse, esse velho cioso, o que tem a temer dele, Príncipe. (*Ponderando.*) Vai dar certo! É isso! Além da vontade ele não há de ir! Mas não o percamos de vista. (*Dirige-se de novo para a janela.*) Logo nos teria surpreendido! Ele vem vindo. Permita que o evitemos ainda e ouça primeiro, meu Príncipe, o que devemos fazer no caso por nós temido.

PRÍNCIPE (*ameaçando*): Só depois, Marinelli!

MARINELLI: É a criatura mais inocente do mundo!

Cena 2

Odoardo Galotti.

ODOARDO: Ainda não há ninguém aqui? Bom, para eu ficar ainda um pouco mais frio. Sorte minha. Não há nada mais desprezível do que uma destemperada cabeça juvenil com cabelos grisalhos! Disse isso tantas vezes a mim mesmo. E ainda assim me deixei levar, e por quem? Por uma ciumenta; por uma mulher enlouquecida pelo ciúme. O que tem a virtude ofendida a ver com a vingança do vício? Apenas àquela eu devo salvar. E tua causa... meu filho, meu filho! Nunca pude chorar; e não quero aprender a fazê-lo agora. A tua causa será assumida por algum outro! Para mim basta se o teu assassino não usufruir o fruto de seu crime. Isto o

martirizará mais do que o crime! Quando, logo mais, a saciedade e o enjoo o levarem de prazer em prazer, que a lembrança de não ter gozado deste único prazer amargue com
seu fel todos os outros! Que em cada sonho o noivo ensanguentado lhe traga a noiva até a cama; e quando, ainda assim,
estender o braço lascivo para ela, que ouça de repente a gargalhada sarcástica do inferno e acorde!

Cena 3

Marinelli. Odoardo Galotti.

MARINELLI: Onde esteve, meu senhor? Onde esteve?
ODOARDO: Minha filha estava aqui?
MARINELLI: Ela não, mas o Príncipe.
ODOARDO: Ele que me perdoe. Acompanhei a condessa.
MARINELLI: E então?
ODOARDO: A boa senhora!
MARINELLI: E sua esposa?
ODOARDO: Foi com a condessa, para nos enviar imediatamente
o coche. Permita-me o Príncipe que eu permaneça aqui por
todo esse tempo ainda com minha filha.
MARINELLI: Para que tanta cerimônia? Não teria sido um prazer
para o Príncipe levar ele mesmo as duas, mãe e filha, à cidade?
ODOARDO: A filha, ao menos, teria que declinar dessa honra.
MARINELLI: Como assim?
ODOARDO: Ela não deve voltar a Guastalla.
MARINELLI: Não? E por que não?
ODOARDO: O conde está morto.
MARINELLI: Tanto maior a…
ODOARDO: Ela deve vir comigo.
MARINELLI: Com o senhor?
ODOARDO: Comigo. Eu já lhe disse, o Conde está morto. Se é
que ainda não sabe… O que mais ela tem agora a fazer em
Guastalla? Ela deve vir comigo.

EMÍLIA GALOTTI

MARINELLI: De fato, o futuro domicílio da filha dependerá unicamente da vontade do pai. Mas por enquanto...

ODOARDO: O que, por enquanto?

MARINELLI: O senhor terá de permitir, senhor coronel, que ela seja levada a Guastalla.

ODOARDO: Minha filha? Levada a Guastalla? E por quê?

MARINELLI: Por quê? Queira considerar apenas...

ODOARDO (*irritado*): Considerar! Considerar! Considero que aqui não há nada a considerar. Ela deve, ela tem que vir comigo.

MARINELLI: Oh, meu senhor... por que precisamos nos exaltar assim por isso? Pode ser que eu me engane, que não seja necessário o que acho necessário... O Príncipe saberá julgá-lo melhor. O Príncipe que decida. Vou buscá-lo.

Cena 4

Odoardo Galotti.

ODOARDO: Como? Nunca! Prescrever-me aonde ela deve ir? Privar-me dela? Quem pode querer isso? Quem tem o direito de fazer uma coisa assim? Aquele que aqui tudo pode, tudo o que desejar? Muito bem, muito bem; ele que veja então o quanto eu posso também, ainda que já não o devesse! Míope tirano! Com você eu vou topar a parada. Quem não respeita nenhuma lei é tão poderoso como quem não possui lei alguma. Você não sabia disso? Venha! Venha! Mas, veja só! Mais uma vez, mais uma vez a raiva escorraça a razão. O que estou querendo? Primeiro é preciso que haja acontecido realmente aquilo sobre o qual esbravejo. Do que não é capaz um cortesão do palácio! Tivesse eu deixado apenas que ele tagarelasse! Tivesse eu apenas ouvido qual o seu pretexto para que ela deva voltar a Guastalla! Isso poderia me deixar agora preparado para uma resposta. É verdade, para qual delas pode me faltar uma? Mas se ela me faltar; se ela... Alguém vem vindo. Calma, meu velho rapazola, calma!

Cena 5

O Príncipe. Marinelli. Odoardo Galotti.

PRÍNCIPE: Ah meu caro e leal Galotti, é preciso que algo assim aconteça para que eu o veja aqui! O senhor não faz por menos. Mas nada de repreensões!

ODOARDO: Meu digno senhor, julgo inconveniente em todos os casos, inconveniente alguém impor sua presença a seu Príncipe. Alguém que ele conhece, a quem mandará chamar quando necessitar dele. Agora mesmo peço perdão...

PRÍNCIPE: A muitos outros eu desejaria que tivessem esta orgulhosa modéstia. Mas vamos ao assunto! O senhor deve estar ansioso para ver sua filha. Ela está novamente inquieta por causa do súbito afastamento de uma mãe tão carinhosa. E para que esse afastamento? Eu estava esperando apenas que a querida Emília se recuperasse inteiramente para levar ambas em triunfo de volta à cidade. O senhor me estragou esse triunfo pela metade; mas não vou permitir que o tire de mim por completo.

ODOARDO: Demasiada mercê! Permita, Príncipe, que eu poupe minha desventurada filha de todas essas múltiplas mortificações que amigos e inimigos, por compaixão ou prazer maléfico, lhe preparam em Guastalla.

PRÍNCIPE: Privá-la dessas doces mortificações de amigos e da compaixão seria uma crueldade. Porém, para que as mortificações do inimigo e do prazer maléfico não a atinjam, disso, meu caro Galotti, deixe que eu cuide.

ODOARDO: Príncipe, o amor paterno não divide de bom grado suas preocupações. Penso, sei com certeza, que a única coisa que convém à minha filha é, nas atuais circunstâncias, afastamento do mundo, um convento, tão logo quanto possível.

PRÍNCIPE: Um convento?

ODOARDO: Até lá, ela que chore sob os olhos de seu pai.

PRÍNCIPE: Tanta beleza haverá de fenecer em um convento? Deve uma única esperança frustrada nos tornar tão irreconciliáveis com o mundo? Mas, sem dúvida: ninguém pode contradizer o pai. Leve sua filha, Galotti, para onde quiser.

ODOARDO (*para Marinelli*): E então, meu senhor?

MARINELLI: Se está mesmo me provocando!

ODOARDO: De modo algum, de modo algum.

PRÍNCIPE: O que há com vocês dois?

ODOARDO: Nada, mui digno senhor, nada. Avaliávamos apenas qual de nós dois se enganou a seu respeito.

PRÍNCIPE: Como assim? Fale, Marinelli!

MARINELLI: Sinto muito por me atravessar no caminho da mercê de meu Príncipe. Mas se a amizade exige que se invoque nele acima de tudo o juiz...

PRÍNCIPE: Que amizade?

MARINELLI: O senhor bem sabe, excelso Príncipe, o quanto eu estimava o conde Appiani; o quanto nossas duas almas pareciam entrelaçadas uma na outra...

ODOARDO: O senhor sabe disso, Príncipe? Então, em verdade, só o senhor, sozinho, sabe disso.

MARINELLI: Designado por ele mesmo para ser seu vingador...

ODOARDO: O senhor?

MARINELLI: Pergunte à sua esposa. Marinelli, o nome Marinelli foi a última palavra do conde moribundo: e em um tom! Em um tom! Que nunca mais abandone meu ouvido esse pavoroso tom, se eu não fizer tudo para que seus assassinos sejam descobertos e punidos!

PRÍNCIPE: Conte com minha vigorosa cooperação.

ODOARDO: E com meus desejos mais ardentes! Muito bem, muito bem! Mas, e o que mais?

PRÍNCIPE: Isso pergunto eu, Marinelli.

MARINELLI: Surgiu a suspeita de que não foram ladrões que assaltaram o conde.

ODOARDO (*sarcástico*): Não? Não foram?

MARINELLI: Que foi um rival que mandou tirá-lo do caminho.

ODOARDO (*amargo*): Ei! Um rival?

MARINELLI: Nem mais, nem menos.

ODOARDO: Pois então... que Deus o amaldiçoe, esse assassino miserável!

MARINELLI: Um rival e um rival favorecido...

ODOARDO: O quê? Favorecido? O que está dizendo?

MARINELLI: Nada mais do que o boato está espalhando.

ODOARDO: Um favorecido? Favorecido por minha filha?

MARINELLI: Isso com certeza não. Não pode ser. Isso eu contesto veementemente, apesar do senhor. Mas ainda assim, digno senhor – pois até o mais bem fundamentado prejulgamento pesa na balança da justiça o mesmo que nada – com tudo isso, no entanto, não se poderá evitar que a bela desafortunada seja inquirida sobre o assunto.

PRÍNCIPE: Sim, sem dúvida.

MARINELLI: E onde mais? Onde mais isto pode ocorrer senão em Guastalla?

PRÍNCIPE: Nisso, o senhor tem razão, Marinelli; nisso, o senhor tem razão. Ah sim: isso muda a questão, querido Galotti. Não é verdade? O senhor mesmo está vendo...

ODOARDO: Oh sim, eu vejo... Eu vejo o que vejo. Deus! Deus!

PRÍNCIPE: O que tem? O que há com o senhor?

ODOARDO: Que eu não o tenha previsto, isto que estou vendo. Isto me irrita, nada mais. Pois bem, ela deve voltar para Guastalla. Quero levá-la novamente para junto de sua mãe, e até que a mais rigorosa investigação a libere, eu mesmo não arredarei de Guastalla. Pois quem sabe (*com uma risada amarga*), quem sabe se a justiça não julgará necessário inquirir a mim também.

MARINELLI: É bem possível! Nestes casos a justiça prefere fazer demais do que de menos. Por isso temo...

PRÍNCIPE: O quê? O que está temendo?

MARINELLI: Que não se poderá permitir por ora que mãe e filha falem uma com a outra.

ODOARDO: Não se falem?

MARINELLI: Será necessário separar mãe e filha.

ODOARDO: Separar mãe e filha?

EMÍLIA GALOTTI

MARINELLI: Mãe e filha e pai. A forma estabelecida da inquirição exige em absoluto essa precaução. E sinto muito, excelso Príncipe, por me ver obrigado a solicitar expressamente que ao menos Emília seja colocada sob uma custódia especial.

ODOARDO: Custódia especial? Príncipe! Príncipe! Mas sim; de fato, de fato! Inteiramente correto: sob uma custódia especial! Não é, Príncipe? Não é? Ah, como é fina a justiça! Excelente! (*Leva rapidamente a mão ao bolso no qual tem o punhal.*)

PRÍNCIPE (*aproximando-se dele, lisonjeiro*): Controle-se, meu caro Galotti...

ODOARDO (*de lado, enquanto tira do bolso a mão vazia*): Isso foi seu anjo quem falou!

PRÍNCIPE: O senhor está enganado; o senhor não o está entendendo. Pensa diante da palavra custódia até mesmo em prisão e cárcere.

ODOARDO: Deixe-me pensar nisso: e eu fico tranquilo!

PRÍNCIPE: Nem uma palavra sobre prisão, Marinelli! Aqui é fácil unir o rigor das leis com o respeito à virtude ilibada. Se Emília tem de ser posta sob uma custódia especial, então já sei – qual a mais decente de todas: a casa de meu chanceler – e não quero saber de contestação, Marinelli! Eu mesmo a levarei até lá e a confiarei aos cuidados de uma das damas mais dignas. Ela deverá responder perante mim por Emília, responsabilizar-se por seu bem-estar. O senhor está indo longe demais, Marinelli, realmente longe demais, se exigir mais. O senhor conhece, Galotti, meu chanceler Grimaldi e sua esposa?

ODOARDO: Como não haveria? Conheço até mesmo as amáveis filhas desse nobre casal. Quem não os conhece? (*Para Marinelli.*) Não, meu senhor, não admita isso. Se Emília tiver de ficar sob custódia, é preciso que seja no mais fundo cárcere. Exija isso; eu lhe peço. Que tolo sou, com meu pedido! Que velho presunçoso! Ela tem razão, a boa sibila: quem não perde o juízo frente a certas coisas, não tem juízo nenhum a perder!

PRÍNCIPE: Eu não o entendo. Caro Galotti, o que mais posso fazer? Deixe ficar assim: eu lhe peço. Sim, sim, na casa de meu chanceler! Para lá ela deve ir, eu mesmo a levarei até lá; e caso ela não seja ali tratada com o máximo respeito, então minha palavra de nada vale. Mas não se preocupe. Assim será! Assim será! E o senhor, Galotti, pode fazer como lhe aprouver. Pode nos seguir até Guastalla; ou pode voltar para Sabionetta: como quiser. Seria ridículo prescrever-lhe o que fazer. E agora até logo, caro Galotti! Venha, Marinelli, está ficando tarde.

ODOARDO (*que estivera ali parado, imerso em profundos pensamentos*): Como! Então não devo nem ao menos falar com ela, minha filha? Nem mesmo aqui? Aceito que tudo aconteça; acho tudo magnífico. A casa de um chanceler é naturalmente um abrigo da virtude. Oh, sim, mui digno senhor, leve minha filha para lá; para nenhum outro lugar senão lá. Mas eu gostaria de falar antes com ela. A morte do conde ainda lhe é desconhecida. Ela não vai entender por que a separam de seus pais. Para inteirá-la de boa maneira, tranquilizá-la a respeito dessa separação... eu preciso falar com ela, mui digno senhor, eu preciso falar com ela.

PRÍNCIPE: Então venha...

ODOARDO: Oh, a filha bem pode também vir ao pai... Aqui, entre quatro olhos, a sós, eu logo acerto com ela. Mande apenas que ela venha ter comigo, mui digno senhor.

PRÍNCIPE: Também isso! Oh Galotti, se quisesse ser meu amigo, meu guia, meu pai! (*O Príncipe e Marinelli saem.*)

Cena 6

Odoardo Galotti.

ODOARDO (*seguindo-o com os olhos, após uma pausa*): E por que não? De todo coração... Ah, ah, ah! (*Olha à sua volta, irado.*) Quem está rindo aí? Por Deus, acho que fui eu mesmo. Tudo bem! Engraçado, engraçado. O jogo está chegando ao fim. De uma forma ou de outra! Mas... (*pausa*) e se ela se entendeu com ele? E se fosse aquela farsa de todos os dias? E se ela não valesse aquilo que pretendo fazer por ela? (*Pausa.*) Fazer por ela? Mas o que é que eu quero fazer por ela? Terei coragem de dizê-lo a mim mesmo? Aí eu fico pensando algo assim: algo assim, algo que neste caso é dado pensar. Horrendo! Vou embora, vou embora! Não quero esperá-la. Não! (*Para o céu.*) Que aquele que a precipitou, inocente, nesse abismo, que a retire daí. Para que necessita ele de minha mão para isso? Vou embora! (*Ele quer partir e vê Emília chegando.*) Tarde demais! Ah, ele quer a minha mão; ele a quer!

Cena 7

Emília. Odoardo.

EMÍLIA: Como? O senhor aqui, meu pai? E apenas o senhor? E minha mãe? Não está aqui? E o conde? Não está aqui? E o senhor parece tão inquieto, meu pai?

ODOARDO: E você tão tranquila, minha filha?

EMÍLIA: E por que não, meu pai? Ou nada está perdido: ou tudo. Poder estar tranquila e ter de estar tranquila: não dá no mesmo?

ODOARDO: Mas o que você acha que seja agora o caso?

EMÍLIA: Que tudo está perdido; e que nós temos de estar tranquilos, meu pai.

ODOARDO: E você está tranquila porque tem de estar tranquila? Quem é você? Uma menina? E minha filha? Então o homem e o pai devem envergonhar-se diante de você? Mas deixe--me ouvir: o que você quer dizer com tudo perdido? Que o conde está morto?

EMÍLIA: E por que ele está morto? Por quê? Ah, então é verdade, meu pai? Então é verdade essa horrível história que eu li nos olhos úmidos e desvairados de minha mãe? Onde está minha mãe? Para onde ela foi, meu pai?

ODOARDO: Foi antes, supondo que nós a seguiremos.

EMÍLIA: Quanto antes, melhor. Pois se o conde está morto, se por isso está morto... por isso! O que fazemos ainda aqui? Vamos fugir, meu pai!

ODOARDO: Fugir? Para quê? Você está e você vai permanecer nas mãos de seu raptor.

EMÍLIA: Eu vou permanecer em suas mãos?

ODOARDO: E sozinha; sem a sua mãe, sem mim.

EMÍLIA: Eu sozinha em suas mãos? Jamais, meu pai. Ou o senhor não é meu pai. Eu sozinha em suas mãos? Pois bem, então me deixe, me deixe. Pois quero ver, quem me segura, quem me obriga, quem é o ser humano que pode obrigar outro ser humano.

ODOARDO: Pensei que você estivesse tranquila, minha filha.

EMÍLIA: Isso eu estou. Mas o que o senhor entende por estar calma? Cruzar os braços? Sofrer aquilo que não se deveria? Tolerar aquilo que não seria tolerável?

ODOARDO: Ah, se você pensa assim! Deixe-me abraçá-la, minha filha! Eu sempre disse: a natureza quis fazer da mulher sua obra-prima. Mas se enganou na argila; e pegou uma argila fina demais. De resto tudo em vocês é melhor do que em nós. Ah se for essa a sua tranquilidade: então tornei a encontrar a minha tranquilidade na sua! Deixe-me abraçá-la, minha filha! Imagine só: sob o pretexto de um inquérito judicial... ó farsa infernal!... ele te arranca de nossos braços e te leva para a Grimaldi.

EMÍLIA: Me arranca? Me leva? Quer me arrancar; quer me levar: quer! quer!... Como se nós, meu pai, como se nós não tivéssemos mais vontade!

ODOARDO: Eu também fiquei tão furioso que já ia puxar esse punhal (*sacando-o*), para trespassar o coração de um dos dois! Dos dois!

EMÍLIA: Pelo amor de Deus não, meu pai! Esta vida é tudo o que esses depravados têm. A mim, a mim é que o senhor dará esse punhal, meu pai.

ODOARDO: Filha, isto não é um alfinete de cabelo.

EMÍLIA: Então o alfinete de cabelo se tornará um punhal! Tanto faz.

ODOARDO: O quê? Isso chegou a tal ponto? Não, não! Volte a si... Também você só tem apenas uma vida a perder.

EMÍLIA: E apenas uma inocência!

ODOARDO: Que está acima de toda violência de poder.

EMÍLIA: Mas não acima de toda sedução. Violência! Violência! Quem não pode desafiar a violência? O que se chama violência não é nada: sedução é a verdadeira violência. Eu tenho sangue, meu pai; tão jovem e tão quente quanto de qualquer um. Também meus sentidos são sentidos. Não garanto por nada. Não respondo por nada. Eu conheço a casa dos Grimaldi. É a casa da alegria. Uma hora lá, sob os olhos de minha mãe... e levantou-se tamanho tumulto em minha alma que, mesmo os mais severos exercícios da religião durante semanas mal puderam aplacar! Da religião! E qual religião? Para evitar algo nada pior, milhares pularam nas águas torrenciais e são santos. Dê-me, meu pai, dê-me esse punhal.

ODOARDO: Se você o conhecesse, esse punhal!

EMÍLIA: Mesmo que não o conheça! Um amigo desconhecido também é um amigo. Dê-me o punhal, meu pai; dê-me o punhal.

ODOARDO: E se eu lhe der agora – aqui está! (*Dá-lhe o punhal.*)

EMÍLIA: E aqui! (*A ponto de trespassar-se com ele, o pai lhe arranca o punhal da mão.*)

ODOARDO: Veja, que pressa! Não, isto não é para a sua mão.

EMÍLIA: É verdade, é com um alfinete de cabelo que devo... (*Ela passa a mão pelos cabelos, procurando um alfinete e encontra a rosa.*) Você ainda aqui? Fora daí! Você não tem lugar no cabelo de uma... como meu pai quer que eu venha a ser!

ODOARDO: Oh, minha filha!

EMÍLIA: Oh, meu pai, se eu adivinhei o seu pensamento! Mas não, isto o senhor também não deseja. Senão, por que hesita?

(*Em um tom amargo, enquanto despetala a rosa.*) Outrora houve um pai que, para salvar sua filha da vergonha, lhe cravou no coração o primeiro aço que encontrou... e pela segunda vez lhe deu a vida. Mas todas essas ações são de outro tempo! Pais assim não existem mais!

ODOARDO: Existem, sim, minha filha, existem! (*Apunhalando-a.*) Deus, o que foi que eu fiz? (*Ela está a ponto de cair e ele a segura em seus braços.*)

EMÍLIA: Uma rosa colhida antes que a tempestade a desfolhasse. Deixe-me beijá-la, essa mão paterna.

Cena 8

Príncipe. Marinelli. Emília. Odoardo.

PRÍNCIPE (*ao entrar*): O que é isso? Emília não está bem?

ODOARDO: Está bem; está bem!

PRÍNCIPE (*aproximando-se*): O que vejo? Que horror!

MARINELLI: Ai de mim!

PRÍNCIPE: Pai cruel, o que fez?

ODOARDO: Colhi uma rosa, antes que a tempestade a desfolhasse. Não foi assim, minha filha?

EMÍLIA: Não o senhor, meu pai. Eu mesma, eu mesma...

ODOARDO: Não foi você, minha filha, não foi você! Não parta deste mundo com uma inverdade. Não foi você, minha filha! Foi seu pai, seu infeliz pai!

EMÍLIA: Ai, meu pai. (*ela morre e ele a depõe delicadamente no chão.*)

ODOARDO: Vai em paz! E agora, Príncipe! Ela ainda lhe agrada? Ela ainda excita seu desejo? Ainda, neste sangue que clama por vingança contra o senhor? (*Depois de uma pausa.*) Mas o senhor está esperando para ver aonde tudo isso vai dar? Espera talvez que eu volte novamente o aço contra mim mesmo, a fim de concluir meu ato como uma insípida tragédia? O senhor se engana. Aqui está! (*Jogando o punhal aos seus pés.*) Aqui está o sangrento testemunho de meu crime! Vou agora mesmo me entregar à prisão. Vou e o espero como juiz. E depois, lá... eu o espero diante do Juiz de todos nós!

PRÍNCIPE (*após um momento de silêncio, durante o qual observa o corpo com horror e desespero, para Marinelli*): Aqui! Levante-o! E agora? Está hesitando? Miserável! (*Arrancando-lhe o punhal das mãos.*) Não, o teu sangue não deve misturar-se com este sangue. Vai, some para sempre! Vai! Eu disse. Deus! Deus! Não basta para a desgraça de tantos que príncipes sejam humanos: é preciso ainda que diabos se disfarcem de seus amigos?

NATÃ, O SÁBIO[1]

Um Poema Dramático em Cinco Atos
1779

> *Introite, nam et heic dii sunt!*
> *Entrai, pois também aqui há deuses!*
> *Apud Gellium*

Personagens

Sultão SALADINO[2]
SITAH, sua irmã.
NATÃ, um judeu rico em Jerusalém
REKHA[3], filha adotiva de Natã.
DAIA, cristã, mas que vive na casa do judeu como dama de companhia de Rekha
Um jovem cavaleiro templário[4]
Um dervixe[5]
O Patriarca de Jerusalém
Um frade
Um emir[6] e vários mamelucos[7] de Saladino

---

1. Tradução de J. Guinsburg e Ingrid D. Koudela.
2. Salah al-Din, dito Saladino (1138-1193), tornou-se sultão do Egito e da Síria em 1175, venceu os francos em Hattin e tomou Jerusalém em 1187.
3. Rekha, em ídiche Rekhl, diminutivo de Raquel.
4. Membro da ordem militar e religiosa dos Cavaleiros Templários, fundada em Jerusalém, c. de 1118 e dissolvida em 1312.
5. Religioso muçulmano, membro de ordens monásticas que fazem votos de pobreza e castidade.
6. Título dos descendentes de Maomé, bem como de chefes, príncipes muçulmanos e de governadores e dignitários turcos.
7. Soldados da milícia turco-egípcia, originalmente formada por escravos.

A cena se passa em Jerusalém

Ato I

Cena 1

Cena: No vestíbulo da casa de Natã.
Natã está chegando de viagem. Daia vai ao seu encontro.

DAIA: É ele! Natã! Graças a Deus que finalmente o senhor esteja de volta.

NATÃ: Sim, Daia, graças a Deus! Mas por que *finalmente* de volta? Deveria eu ter voltado antes? E poderia ter voltado antes? Babilônia fica a boas duzentas milhas de Jerusalém e me vi obrigado a tomar o caminho ora pela esquerda, ora pela direita. Além disso, cobrar dívidas não é um negócio que anima ou possa ser resolvido assim com pressa.

DAIA: Ó Natã, quanta desgraça, quanta desgraça poderia estar, enquanto isso, à sua espera aqui! Sua casa...

NATÃ: Ela pegou fogo, isso eu já soube. Queira Deus que seja só isso.

DAIA: E facilmente poderia ter queimado até o rés do chão.

NATÃ: Mas nesse caso, Daia, teríamos construído uma nova casa, e mais confortável.

DAIA: Isso é verdade! Mas Rekha escapou por um fio de cabelo de ser queimada.

NATÃ: Queimada? Quem? Minha Rekha? Ela? Disto não tive notícia. Ora! Neste caso eu não precisaria mais de uma casa. Queimada? Por um triz! Ah! Ela não está bem! Ela realmente se queimou? Diga a verdade! Diga! Mate-me, mas não me martirize por mais tempo. Sim, ela morreu queimada.

DAIA: Se ela estivesse morta, o senhor ouviria isso de mim?

NATÃ: Por que me assusta, então? Oh Rekha, minha Rekha!

DAIA: Sua? Sua Rekha?

NATÃ: Ai de mim, se eu tiver de me acostumar de novo a não chamar esta criança de minha criança!

NATÃ, O SÁBIO   213

DAIA: O senhor chama tudo o que lhe pertence, com igual direito, como seu?

NATÃ: Mas não maior! Pois tudo o mais que possuo foi a natureza e a sorte que me aquinhoaram. Só esta propriedade eu devo agradecer à virtude.

DAIA: Ó, quão caro, o senhor, Natã, me faz pagar por sua bondade! Se é que a bondade, exercida com tal intento, ainda possa ser chamada de bondade!

NATÃ: Com tal intento? Qual?

DAIA: Minha consciência...

NATÃ: Daia, deixe-me, antes de qualquer outra coisa, contar...

DAIA: Minha consciência, digo eu...

NATÃ: Que belo tecido eu lhe comprei na Babilônia. Tão rico, e de tão bom gosto. Mesmo para Rekha não trouxe nada mais bonito.

DAIA: De que adianta? Pois minha consciência, devo-lhe dizer, não se deixa mais ensurdecer.

NATÃ: E como vão lhe agradar os pentes, os brincos, o anel e o colar, que escolhi para você em Damasco: isso eu desejo ver!

DAIA: Assim é o senhor! Desde que possa presentear! Somente presentear!

NATÃ: Aceite com o mesmo agrado com que eu dou, e cale-se!

DAIA: E cale-se! Quem duvida, Natã, que o senhor é a honestidade e a generosidade em pessoa? E, no entanto...

NATÃ: E, no entanto, sou apenas um judeu. Dinheiro, não é isso que você quer dizer?

DAIA: O que eu quero dizer, o senhor sabe muito bem.

NATÃ: Então, cale-se!

DAIA: Eu me calo. E o que de condenável daí resulte diante de Deus, e que eu não posso evitar, não posso mudar, não posso impedir, que recaia sobre o senhor!

NATÃ: Que recaia sobre mim! Mas onde ela está? Onde ficou? Daia, se você estiver me enganando! Ela sabe que eu cheguei?

DAIA: Isso eu pergunto ao senhor! Mas o susto ainda a faz tremer em cada nervo. O fogo ainda pinta em tudo sua imaginação.

Seu espírito parece velar durante o sono e dormir quando acordada: às vezes ela é menos do que um animal e mais do que um anjo.

NATÃ: Pobre criança! O que somos nós humanos!

DAIA: Esta manhã permaneceu longamente deitada com olhos fechados e como morta. Então se levantou rapidamente e exclamou: "Escuta, escuta! Aí vêm os camelos de meu pai! Escuta! É mesmo sua doce voz!" Nisso, seus olhos tornaram a fechar-se e sua cabeça, desprendendo-se do apoio do braço, caiu sobre o travesseiro. Eu saí pelo portão. E vejo: o senhor está chegando realmente, chegando realmente! Que milagre! O tempo todo é como se a alma dela estivesse com o senhor. Com o senhor e... com ele.

NATÃ: Com ele? Ele quem?

DAIA: Com ele, que a salvou do fogo.

NATÃ: Quem era ele? Quem? Quem salvou a minha Rekha? Quem?

DAIA: Um jovem cavaleiro templário a quem, alguns dias atrás, trouxeram para cá como prisioneiro, e a quem Saladino perdoou.

NATÃ: O quê? Um templário a quem o sultão Saladino deixou com vida? Então não foi por um pequeno milagre que minha Rekha foi salva? Meu Deus!

DAIA: Se não fosse ele, que ousou arriscar de novo a vida que acabava inesperadamente de ganhar, a dela estaria perdida.

NATÃ: Daia, onde está esse nobre homem? Onde está ele? Leve-me imediatamente a seus pés. Você lhe deu por certo, como sinal, o que de mais precioso havia no tesouro que lhes confiei? Deu-lhe tudo? Prometeu-lhe mais, não foi? Muito mais?

DAIA: Como poderíamos, Natã?

NATÃ: Não? Nada?

DAIA: Ele veio, e ninguém sabe de onde; ele foi embora, e ninguém sabe para onde. Desprovido de qualquer conhecimento prévio da casa, guiado apenas por seu ouvido, com seu manto a esvoaçar à sua frente, lançou-se através das chamas e da fumaça na direção da voz que gritava por socorro. Já o julgávamos perdido, quando de repente, da fumaça e das chamas, ei-lo à nossa frente, trazendo-a em seus vigorosos braços. Frio e sem deixar-se tocar por nossos exultantes agradecimentos, depositou no chão o seu butim, abriu caminho por entre o povo aglomerado... e desapareceu!

NATÃ: Não para sempre, espero.

DAIA: Depois disso, nos primeiros dias, nós o vimos passeando para cima e para baixo sob as palmeiras, aquelas que dão sombra ao sepulcro do Ressuscitado[8]. Aproximei-me, aproximei-me dele com enlevo, agradeci, enalteci, pedi, implorei que, apenas uma vez ainda, viesse ver a piedosa criatura que não pode descansar enquanto não derramar a seus pés o choro de sua gratidão.

NATÃ: E então?

DAIA: Em vão! Ficou surdo à nossa súplica; e verteu tão amargo escárnio sobre mim em especial...

NATÃ: E você se intimidou com isso...

DAIA: Nem um pouco! Tornei a aproximar-me dele todo dia, de novo; deixei que tornasse a escarnecer de mim todo dia, de novo. Não foi pouco o que suportei dele! E o que eu teria suportado de bom grado! Mas há muito que não volta mais para visitar as palmeiras que dão sombra ao sepulcro do Ressuscitado e ninguém sabe onde foi parar. O senhor se espanta? Isso o intriga?

NATÃ: Imagino a impressão que isso deve causar no espírito de alguém como Rekha. Ver-se tão menosprezado por aquele a quem nos sentimos tão obrigados a ter em alta estima; ser tão rechaçado e, no entanto, tão atraído por ele; certo, coração e cabeça têm de dissentir longamente, se é que o ódio ao ser humano ou a melancolia devem vencer; muitas vezes também nenhum dos dois; e a fantasia, que se imiscui no dissenso, produz sonhadores, nos quais ora a cabeça faz a

---

8. Isto é, Jesus Cristo.

vez de coração, ora o coração faz a vez de cabeça. Troca pior! Esta última, se bem conheço Rekha, é o seu caso: ela sonha.

DAIA: Mas tão piedosa, tão amável!

NATÃ: Também isso é sonhado!

DAIA: *Um*, especialmente, um capricho, se quiser, lhe é muito caro. Pensa que o cavaleiro templário não é um mortal e não é um ser terreno; um dos anjos a cuja guarda seu pequeno coração, desde a infância, acreditava com tanto gosto estar confiado, saiu de sua nuvem, em que se encontrava envolto, ainda em fogo, pairou ao seu redor e de repente em forma de cavaleiro templário se lhe apresentou para salvá-la. Não ria! Quem sabe? Deixe-lhe sorridente ao menos a ilusão na qual se unem o judeu, o cristão e o muçulmano: uma tão doce quimera!

NATÃ: Tão doce também para mim! Vá, brava Daia, vá; veja o que ela está fazendo; se posso falar com ela. Depois vou procurar o selvagem, genioso anjo da guarda. E se ainda for de seu agrado peregrinar cá embaixo entre nós, se ainda for de seu agrado prosseguir em tão desregrada prática cavaleira, eu certamente o encontrarei e o trarei até aqui.

DAIA: O senhor está pretendendo muito.

NATÃ: A doce ilusão cederá lugar então à dulcíssima verdade: pois, acredite Daia, os homens preferem ainda sempre outro ser humano a um anjo. Assim, você não vai ficar zangada comigo de ver curada a adoradora de anjos?

DAIA: O senhor é tão bom e ao mesmo tempo tão mau! Eu me vou! Mas ouça! Mas veja! Aí vem ela em pessoa.

Cena 2

Rekha e os anteriores.

REKHA: Então é o senhor são e salvo, meu pai? Eu acreditava que tivesse enviado à frente apenas a sua voz. Onde esteve? Que montanhas, desertos e rios ainda nos separam? O senhor respira com ela o mesmo ar entre as mesmas paredes e não se apressa a abraçar sua Rekha? A pobre Rekha que, nesse meio tempo, enquanto o senhor esteve fora, se consumia em chamas! Quase, quase em chamas! Quase apenas. Não trema! É uma morte horrorosa, morrer em chamas. Oh!

NATÃ: Minha filha! Minha querida filha!

REKHA: O senhor teve de atravessar o Eufrates, o Tigre e o Jordão, e quem sabe que outras águas ao todo? Quantas vezes eu temi pelo senhor antes que o fogo chegasse tão perto de mim! Pois, desde que o fogo chegou tão perto de mim, me parece que morrer na água é refrigério, deleite, salvação. Mas o senhor não se afogou e eu não morri em chamas. Como devemos nos alegrar e a Deus, Deus, louvar! Ele carregou o senhor e o seu barco sobre as asas de seus *invisíveis* anjos para o outro lado dos rios inconfiáveis. Ele, Ele acenou ao meu anjo para que, em forma *visível*, sobre suas asas brancas, me carregasse através do fogo.

NATÃ (*à parte*): Asas brancas! Ah sim, sim! O esvoaçante manto branco à frente do cavaleiro templário.

REKHA: Ele, um anjo visível, visível, me carregou através do fogo, afastado pelo vento de suas asas. Eu vi, pois, eu vi um anjo face a face. O *meu* anjo.

NATÃ: Rekha o merecia e não veria nele nada mais belo do que ele, nela.

REKHA (*sorrindo*): A quem está lisonjeando, meu pai? A quem? Ao anjo ou a você mesmo?

NATÃ: Ainda que fosse também apenas um ser humano – um ser humano como a natureza produz diariamente – quem lhe prestasse esse serviço, haveria de ser um anjo para você. Deveria e seria.

REKHA: Não um anjo assim. Não! Um anjo de verdade; ele era com certeza um anjo de verdade! O senhor, o senhor mesmo não me ensinou que é possível que os anjos existam e que Deus, para o bem daqueles que o amam, também pode fazer milagres? Eu o amo sim.

NATÃ: E Ele a ama, e faz, para você e para os iguais a você, milagres a toda hora; sim, Ele já os fez, para vocês, desde toda a eternidade.

REKHA: Gosto de ouvir isso.

NATÃ: Como? Por soar inteiramente natural, inteiramente corriqueiro, se um efetivo cavaleiro templário a tivesse salvo, o fato seria por isso menos do que um milagre? O maior milagre é que os verdadeiros, autênticos milagres podem tornar-se, devem tornar-se coisa de todos os dias. Sem esses milagres comuns um ser pensante dificilmente teria chamado por tal nome aquilo que somente as crianças devem assim denominar, as quais, boquiabertas, veem apenas o que é mais incomum, mais novo.

DAIA (*para Natã*): O senhor quer, então, por meio de tais sutilezas, fazer explodir inteiramente o já tão supertenso cérebro dela?

NATÃ: Deixe-me! Não seria para minha Rekha um milagre suficiente o fato de que ela foi salva por um *homem* a quem um milagre não pequeno teve de salvar primeiro? Sim, um milagre não pequeno! Pois quem já ouviu falar que Saladino poupasse a vida de um templário? Que um templário lhe pedisse para ser poupado por ele? Que esperasse? Que lhe oferecesse por sua liberdade mais do que o talim de couro que carrega sua espada; ou, quando muito, seu punhal?

REKHA: Isso depõe a meu favor, meu pai. Por isso mesmo digo que não era um templário, só parecia ser. Nenhum templário aprisionado chega a Jerusalém para outra coisa senão para a morte certa; nenhum deles anda por Jerusalém tão livremente: como poderia então um deles me salvar à noite, por sua espontânea vontade?

NATÃ: Veja só! Quão engenhoso! Agora, Daia, tome a palavra. Soube por você que, aprisionado, ele foi enviado para cá. Sem dúvida, você sabe ainda mais.

DAIA: Pois é. Assim dizem. Mas dizem também que Saladino perdoou o templário por ser muito parecido a um irmão que ele amava especialmente. Contudo, já fazem mais de vinte anos que esse irmão está morto; ele se chamava não sei como, vivia não sei onde – isso soa de um modo tão, tão incrível, que na coisa toda provavelmente não há nada.

NATÃ: Eh, Daia! Por que seria isso tão incrível? Não será possivelmente – como às vezes acontece – para se crer em algo ainda mais incrível? Por que não poderia Saladino, que amava tanto seus irmãos e irmãs, todos, amar, em seus verdes anos, um deles de um modo ainda mais especial? Não é comum dois semblantes parecerem-se? Uma velha impressão é coisa perdida? O semelhante não exerce mais efeito sobre o semelhante? Desde quando? O que há aqui de incrível? Decerto, sábia Daia, isso para você não seria mais milagre; e só os *seus* milagres preci... merecem, quero dizer, crédito.

DAIA: O senhor está zombando.

NATÃ: Porque você está zombando de mim. No entanto, ainda assim, Rekha, a sua salvação permanece um milagre, somente possível para Aquele que, nas resoluções mais graves, nos projetos mais desmedidos dos reis, gosta de conduzir o seu jogo – quando não o seu escárnio – com os fios mais fracos.

REKHA: Meu pai! Meu pai, se eu estiver errada, pai, o senhor sabe que não erro por gosto.

NATÃ: Ao contrário, você gosta de saber as razões. Veja! Uma fronte assim ou assim arqueada; o perfil de um nariz mais assim do que assim delineado; sobrancelhas que serpeiam assim ou assim sobre um osso pontiagudo ou obtuso; uma linha, um vinco, uma covinha, uma ruga, uma verruga, um nada sobre um selvagem rosto europeu, e você escapa do fogo, na Ásia! Isso já não era um milagre, gente sequiosa por milagres? Por que procurar anjos por toda parte?

DAIA: Que mal faz, Natã, – se devo falar – alguém julgar-se, em tudo isso, salvo por um anjo de preferência a um homem? A pessoa não se sente assim muito mais próxima à primeira incompreensível causa de sua salvação?

NATÃ: Orgulho! E nada mais que orgulho! A panela de ferro quer ser suspensa do fogo por uma tenaz de prata, e pensar que é, ela mesma, também de prata. Bah! E que mal faz isso, você pergunta? Que mal faz isso? Em que ajuda, eu posso em troca perguntar? Pois a sua afirmação de que é para "sentir-se tanto mais próximo de Deus" é absurdo ou blasfêmia. Por si só isso faz mal; sim! Isso faz mal realmente. Venham! Ouçam-me. Não é verdade? Ao ser que a salvou, fosse um anjo ou uma criatura humana, vocês gostariam, e você em particular, de prestar em troca grandes serviços? Não é verdade? Pois bem, a um anjo, quais serviços, quais grandes serviços vocês podem prestar? Vocês podem agradecer-lhe; suspirar, rezar por ele; podem derreter-se em êxtase por ele; podem jejuar no seu dia festivo[9], dar esmolas. Tudo isso não é nada. Pois me parece sempre que vocês mesmas e seus próximos ganham mais com isso do que ele. Ele não vai engordar com o vosso jejum; não ficará rico com vossas esmolas; não se tornará mais maravilhoso com vosso êxtase; não se tornará mais poderoso com vossa confiança. Não é verdade? Mas apenas um homem, sim.

DAIA: É verdade que um homem, um ser de carne e osso, nos daria mais oportunidade de *fazer* algo por ele. E Deus sabe como estávamos prontas para isso! Mas ele não queria, não necessitava de nada, e de um modo tão absoluto; estava em si e consigo tão comprazido como só os anjos, só anjos podem estar.

REKHA: Por fim, quando ele desapareceu...

NATÃ: Desapareceu? Como assim, desapareceu? Não mais foi visto sob as palmeiras? Como? Ou será que vocês realmente procuraram vê-lo depois?

DAIA: Isso, na verdade, não.

NATÃ: Não, Daia? Não? Pois veja agora, que mal há nisso. Ó cruéis sonhadoras! E se esse anjo agora... agora ficou doente?

DAIA: Doente? Ele não deve estar!

REKHA: Que calafrios me assaltam! Daia! Minha testa, sempre tão quente, sinta! Está de repente como gelo.

---

9. A referência é ao dia santificado.

NATÃ: Ele é um franco[10], um europeu, desacostumado com este clima; é jovem; desacostumado ao árduo trabalho de sua Ordem, à fome, à guarda.

REKHA: Doente! Doente!

DAIA: Isso é possível, é o que Natã quis dizer apenas.

NATÃ: Agora está lá deitado! Não tem amigo, nem dinheiro para atrair amigos.

REKHA: Ah, meu pai!

NATÃ: Está lá deitado sem ajuda e cuidados, sem conselho nem palavras encorajadoras, uma presa da dor e da morte!

REKHA: Onde, onde?

NATÃ: Ele que se atirou no fogo por alguém que nunca tinha visto, nem conhecido, apenas porque era um ser humano...

DAIA: Natã, poupe a menina!

NATÃ: Aquele que não quis conhecer mais de perto a quem ele havia salvo, não quis vê-la mais, a fim de poupá-la da obrigação de agradecer-lhe...

DAIA: Natã, poupe-a!

NATÃ: Depois também não pediu para vê-la de novo – a não ser que tivesse de salvá-la pela segunda vez – pois basta que seja um ser humano...

DAIA: Pare e veja!

NATÃ: Aquele que, aquele que morrendo nada tem mais para reconfortar-se, além da consciência desse ato!

DAIA: Pare! O senhor a está matando!

NATÃ: E você o matou! Você poderia assim tê-lo matado. Rekha, Rekha! É remédio e não veneno o que estou lhe dando. Ele vive! Volte a si! Também não está sequer doente! Nem mesmo doente!

REKHA: Com certeza? Não está doente? Não morreu?

NATÃ: Com certeza, não está morto! Pois Deus paga o que é feito aqui, também ainda aqui, na terra. Vai! Você compreende agora como é mais fácil *devanear piedosamente* do que *agir para o bem*? Com que gosto a pessoa se entrega a piedosos

---

10. Termo genérico que nomeava, no Oriente Próximo, um ocidental ou pessoa de extração germânica.

devaneios – embora às vezes não tenha consciência de seu propósito – a fim de não precisar agir para o bem?

REKHA: Ah meu pai! Não deixe, não deixe nunca mais sua Rekha sozinha! Pode ser também, não é verdade, que ele tenha ido apenas viajar?

NATÃ: Claro que não! Mas vejo ali um muçulmano examinando com olhos curiosos os meus camelos carregados. Vocês o conhecem?

DAIA: Ah! O seu dervixe.

NATÃ: Quem?

DAIA: O seu dervixe; seu parceiro de xadrez!

NATÃ: Al-Hafi? É Al-Hafi?

DAIA: Agora é tesoureiro do sultão.

NATÃ: Como? Al-Hafi? Você não está sonhando novamente? Ah! É ele sim! De verdade, é ele! Vem vindo em nossa direção. Vão para dentro, depressa! O que será que vou ouvir!

Cena 3

Natã e o Dervixe.

DERVIXE: Arregale os olhos o mais que puder!

NATÃ: É mesmo você? Não é você? Nesse luxo todo, um dervixe!

DERVIXE: E daí? Por que não? De um dervixe, não se pode fazer nada?

NATÃ: Oh, sim, por certo! Só que eu sempre pensei: o dervixe – sim, o verdadeiro dervixe – quer que nada se faça dele.

DERVIXE: Pelo Profeta![11] Que eu não seja um verdadeiro dervixe, também pode muito bem ser verdade. Mas quando se é forçado...

NATÃ: Forçado! Um dervixe! Forçado, um dervixe? Nenhum homem é forçado a ser forçado, e um dervixe seria? A que ele é forçado, pois?

---

11. Trata-se de Maomé (570-632), fundador do Islã.

DERVIXE: Ao que lhe pedem devidamente e ele reconhece como bom, a isso um dervixe é forçado.

NATÃ: Por nosso Deus! Aí, o que você diz é verdade. Deixe-me abraçá-lo. Você ainda é, afinal, meu amigo?

DERVIXE: E você não pergunta primeiro o que eu me tornei?

NATÃ: A despeito do que você se tornou!

DERVIXE: Eu não poderia ter me tornado um homem do Estado cuja amizade seria inconveniente para você?

NATÃ: Se o seu coração continua sendo de dervixe, eu me arrisco a isso. O homem do Estado é apenas sua vestimenta.

DERVIXE: Que também quer ser honrada. O que acha? Adivinhe! O que eu seria em sua corte?

NATÃ: Um dervixe; nada mais. Embora ao lado, provavelmente, um cozinheiro.

DERVIXE: Pois sim! E desaprender o meu ofício com vocês. Cozinheiro! Talvez garçom também? Admita que Saladino me conhece bem mais. Tornei-me tesoureiro dele.

NATÃ: Você? Tesoureiro dele?

DERVIXE: Compreende-se: do pequeno tesouro – pois do maior é ainda o pai dele quem cuida –, do tesouro de sua casa.

NATÃ: A casa dele é grande.

DERVIXE: E bem maior do que o senhor pensa; pois todo mendigo pertence à sua casa.

NATÃ: Todavia, Saladino odeia tanto os mendigos...

DERVIXE: Que ele se propôs a extirpá-los com raiz e ramo – ainda que ele próprio venha por isso a tornar-se mendigo[12].

NATÃ: Bravo! É como eu penso que deve ser.

DERVIXE: Ele também já é um deles, tanto como qualquer outro. Pois o seu tesouro fica todo dia, ao pôr do sol, ainda mais vazio do que vazio. O afluxo, por mais alto que entre de manhã, à tarde de há muito se escoou.

NATÃ: Porque os canais em parte o engolem, visto que é igualmente impossível enchê-los ou entupi-los.

---

12. O registro histórico sobre a personalidade de Saladino ressalta a sua generosa prática da caridade.

224 LESSING: TEATRO

DERVIXE: Acertou!

NATÃ: Eu conheço isso!

DERVIXE: Não é nada bom certamente quando príncipes são abutres em meio a cadáveres; no entanto, se eles são cadáveres em meio a abutres é ainda dez vezes pior.

NATÃ: Oh, não assim, dervixe! Não assim!

DERVIXE: O senhor fala bem, o senhor! Venha cá: Quanto me dá? Assim eu lhe cedo o meu posto.

NATÃ: O que lhe traz o seu posto?

DERVIXE: A mim? Não muito. Ao senhor, porém, ao senhor ele poderia render excelente ganho. Pois se acontece uma vazante no tesouro – como amiúde acontece –, o senhor abre suas comportas: adianta o dinheiro e aufere juros, o quanto lhe aprouver.

NATÃ: E também juros sobre juros de juros?

DERVIXE: É claro!

NATÃ: Até que o meu capital se transforme puramente em juros.

DERVIXE: Isso não o tenta? Então escreva agora mesmo a carta de separação de nossa amizade! Pois, na verdade, contava muito com o senhor.

NATÃ: Na verdade? Como assim? Isso assim por quê?

DERVIXE: Porque acreditava que o senhor me ajudaria a conduzir o meu cargo com honra; que eu teria sempre junto ao senhor crédito aberto. Está sacudindo a cabeça?

NATÃ: Agora estamos nos entendendo direito! Aqui cumpre distinguir. Você? Por que não você? Al-Hafi, o dervixe, é sempre bem-vindo a tudo o que possuo. Mas Al-Hafi, o *Defterdar*[13], o tesoureiro de Saladino, este eu...

DERVIXE: Não foi o que suspeitei? Que o senhor é sempre tão bom quanto inteligente, tão inteligente quanto sábio! Paciência! Aquilo que o senhor distingue em Al-Hafi, deverá estar logo mais de novo separado. Veja esta vestimenta de honor que Saladino me deu. Antes que esteja gasta, convertida em

13. Palavra persa que designa tesoureiro.

farrapos, como os que vestem um dervixe, penderá de um prego em Jerusalém e eu já estarei às margens do Ganges[14], pisando leve e descalço a areia quente com meus mestres.

NATÃ: É bem parecido com você!

DERVIXE: E jogando xadrez com eles.

NATÃ: O supremo bem para você!

DERVIXE: Pensa um pouco sobre o que me seduziu! Que com isso eu mesmo não precisaria mais mendigar? Que eu poderia bancar o homem rico entre mendigos? Com o poder de transformar em um abrir e fechar de olhos o mais rico mendigo no mais pobre rico?

NATÃ: Isso certamente não.

DERVIXE: E há algo ainda mais despropositado! Sinto-me, pela primeira vez, lisonjeado; lisonjeado pelo delírio de bondade de Saladino.

NATÃ: E como era?

DERVIXE: Somente um mendigo sabe como mendigos se sentem. Somente um mendigo aprendeu como dar de bom grado esmolas a mendigos. "Seu antecessor", disse-me ele, "era, a meu ver, muito frio, muito rude. Ele dava de má vontade, quando dava; informava-se primeiro tão brutalmente sobre o destinatário; nunca satisfeito com o fato de que este só conhecia a necessidade, queria também saber a causa da necessidade, para sopesar avaramente a esmola segundo essa causa. Isso Al-Hafi não fará! Em Al-Hafi, Saladino não parecerá tão inclemente na sua clemência! Al-Hafi não é como os canos entupidos que recebem águas claras e silenciosas e as devolvem impuras e borbulhantes. Al-Hafi pensa; Al-Hafi sente como eu!" Tão doce soava a flauta do passarinheiro até que o canário bobão caiu na rede. Eu, tolo! Eu, tolo dos tolos!

NATÃ: Devagar, meu dervixe, devagar!

DERVIXE: Não senhor! Ora essa! Não seria tolice oprimir, extorquir, saquear, martirizar, estrangular centenas de milhares de

---

14. O maior rio da Índia, sagrado para os hindus, mas não para os muçulmanos.

pessoas e querer bancar o filantropo para alguns individual-
mente? Não seria tolice arremedar a brandura do Altíssimo,
cuja especial escolha se estende sobre o bem e o mal, o prado
e o deserto, no sol e na chuva, e não ter a mão sempre plena
do Altíssimo? O quê? Não seria tolice?

NATÃ: Basta! Pare!

DERVIXE: Deixe-me, pois, apenas mencionar também *minha*
tolice! O quê? Não seria tolice, apesar de tudo, rastrear em
semelhante tolice o lado bom, a fim de tomar parte, por causa
desse lado bom, nessa tolice? Hein? Isso não?

NATÃ: Al-Hafi, vê se você volta logo para o seu deserto. Temo
que justamente entre os homens você possa desaprender a
ser um homem.

DERVIXE: Está certo, também temo isso. Adeus!

NATÃ: Já vai? Tão depressa? Espera, Al-Hafi. O deserto vai fugir?
Espera! Quero que me ouça! Hei, Al-Hafi! Aqui! Foi embora;
é pena, eu gostaria tanto de lhe fazer algumas perguntas a
respeito de nosso cavaleiro templário. Provavelmente ele o
conhece.

Cena 4

Daia entra apressada. Natã.

DAIA: Ó Natã! Natã!

NATÃ: Então? O que há?

DAIA: Ele se fez ver de novo! Ele se fez ver de novo!

NATÃ: Quem, Daia? Quem?

DAIA: Ele, ele.

NATÃ: Ele? Ele? Quando é que *ele* não se faz ver! Ó, sim, somente
o Ele de vocês chama-se ele! Isso ele não deveria ser! E
mesmo que fosse um anjo, não deveria!

DAIA: Ele está de novo lá, vagando de um lado para o outro
debaixo das palmeiras; e de vez em quando colhe tâmaras.

NATÃ: E as come? Um templário?

NATÃ, O SÁBIO 227

DAIA: Por que me atormenta? O olho ávido de Rekha adivinhou sua presença atrás do denso entrelaçado do palmeiral, e o segue fixamente. Ela lhe pede, lhe implora, que vá falar com ele imediatamente. Ó depressa! Ela lhe fará um sinal da janela, se ele vir para mais perto ou se afastar para mais longe. Ó depressa!

NATÃ: Assim do jeito que estou? Mal acabei de me apear do camelo. Fica bem? Vai até ele, depressa, e anuncia-lhe o meu regresso. Presta atenção, o digno homem não quis entrar em minha casa na minha ausência; mas ele não virá a contragosto quando é o próprio pai quem o convida. Vai e diga-lhe que eu lhe peço, que eu lhe peço de todo coração...

DAIA: Tudo em vão! Ele não virá. Pois, para ser breve, ele não vai à casa de nenhum judeu.

NATÃ: Então vai, vai ao menos para retê-lo; ao menos para acompanhá-lo com os olhos. Vai, eu virei logo em seguida. (*Natã entra e Daia sai.*)

Cena 5

No recanto das palmeiras, sob as quais o templário passeia. Há alguma distância, de um lado, um frade o segue, sempre como se quisesse falar com ele.

TEMPLÁRIO: Faz tempo que está me seguindo! Veja como ele olha de esguelha as minhas mãos! Meu irmão, posso chamá-lo também de pai, não é verdade?

FRADE: Apenas irmão. Irmão leigo, para servi-lo.

TEMPLÁRIO: Sim, bom irmão, quando se tem algo para dar! Por Deus! Por Deus, eu infelizmente nada tenho!

FRADE: Certo, agradeço-lhe de todo coração! Deus lhe dê mil vezes o que gostaria de doar. Pois é a vontade e não a doação que faz o doador. Também não foi para pedir esmolas ao senhor que fui enviado.

228 LESSING: TEATRO

TEMPLÁRIO: Mas, ainda assim, foi enviado?

FRADE: Sim, pelo convento.

TEMPLÁRIO: Onde eu esperava há pouco encontrar uma pequena refeição de peregrino.

FRADE: Naquele momento as mesas já estavam todas ocupadas: mas agora o senhor pode voltar comigo.

TEMPLÁRIO: Para quê? Há tempo que não como carne. Mas tanto faz. As tâmaras já estão maduras.

FRADE: Tome cuidado com essa fruta. Saboreada em excesso, ela faz mal; constipa o baço e torna melancólico o sangue[15].

TEMPLÁRIO: E se eu gosto de me sentir melancólico? No entanto, não foi só para me fazer essa advertência que o enviaram?

FRADE: Ó não! Devo apenas me informar a seu respeito; sentir o seu pulso.

TEMPLÁRIO: E isso você me diz assim, sem mais nem menos?

FRADE: E por que não?

TEMPLÁRIO (À parte: Um astuto irmão!) O convento tem outros iguais ao senhor?

FRADE: Não sei. Eu tenho de obedecer, meu caro senhor.

TEMPLÁRIO: Então o senhor obedece sem questionar muito?

FRADE: Do contrário, seria isso obedecer, meu caro senhor?

TEMPLÁRIO: (À parte: A simplicidade sempre tem razão!) Mas o senhor poderia me confiar, no entanto, quem é que gostaria de me conhecer melhor? Que não é o senhor mesmo, posso até jurar.

FRADE: Será que isso me fica bem? Será que me convém?

TEMPLÁRIO: E a quem isso fica bem e pode convir a ponto de torná-lo tão curioso? A quem então?

FRADE: Ao Patriarca, devo crer. Pois foi ele quem me enviou atrás do senhor.

TEMPLÁRIO: O Patriarca? Ele não conhece a cruz vermelha sobre o manto branco de melhor maneira do que esta?

FRADE: Mas eu a conheço, sim!

---

15. Na teoria de Galeno (c.130-c. 200), um excesso de bílis negra provoca a melancolia, uma doença mental.

TEMPLÁRIO: E então, irmão? E então? Eu sou um cavaleiro templário e sou um prisioneiro. E acrescento: aprisionado em Tebnin[16], o castelo que gostaríamos de ter escalado na hora derradeira da trégua, a fim de marcharmos em seguida sobre Sidon[17]; e acrescento: dos vinte aprisionados, só eu por Saladino fui perdoado. Assim, pois, o Patriarca já sabe o que precisava saber; mais do que precisava.

FRADE: Porém, dificilmente mais do que ele já sabe. Ele gostaria também de saber por que o cavaleiro foi perdoado por Saladino; e somente ele.

TEMPLÁRIO: E eu próprio sei? Já estava com o pescoço desnudo, ajoelhado sobre o meu manto, esperando o golpe fatal, quando, com um olhar aguçado, Saladino me fitou, saltou para perto de mim e fez um sinal. Ergueram-me; libertaram-me das algemas, quis agradecer-lhe; vi lágrimas nos seus olhos: ele permaneceu mudo, eu também; ele foi embora, eu fiquei. Como tudo isso se relaciona, o Patriarca sozinho que o decifre.

FRADE: Ele conclui daí que Deus deve tê-lo predestinado a grandes coisas.

TEMPLÁRIO: Sim, para grandes coisas! Para salvar uma jovem judia do fogo; para acompanhar peregrinos curiosos ao Monte Sinai; e mais coisas semelhantes.

FRADE: Logo virão outras mais! Mas o que o senhor já fez entrementes não é nada mau. Talvez o próprio Patriarca tenha preparado planos bem mais importantes para o senhor.

TEMPLÁRIO: É mesmo? Acha realmente, irmão? Ele já lhe deixou notar alguma coisa?

FRADE: Oh, de fato sim! Só que eu mesmo devo primeiro descobrir se o senhor é efetivamente o homem indicado.

TEMPLÁRIO: Pois bem; então descubra! (*À parte*: Quero só ver como ele vai descobrir isso!) E então?

---

16. Fortaleza no Líbano, a oitenta quilômetros de Tiro, conquistada por Saladino em 1187.

17. Importante cidade portuária do Líbano.

FRADE: O caminho mais curto é por certo o de revelar ao senhor justamente o desejo do Patriarca.

TEMPLÁRIO: Por certo!

FRADE: Ele gostaria de enviar por seu intermédio uma cartinha.

TEMPLÁRIO: Por meu intermédio? Eu não sou mensageiro. E isso seria um encargo muito mais glorioso do que arrancar uma moça judia do fogo?

FRADE: Tem sem dúvida que ser! Pois – diz o Patriarca – trata-se de uma cartinha de grande importância para toda a Cristandade. Quem a tiver entregue sã e salva – diz o Patriarca – será um dia recompensado por Deus, no céu, com uma coroa muito especial. E ninguém é mais digno dessa coroa – diz o Patriarca – do que o senhor.

TEMPLÁRIO: Do que eu?

FRADE: Pois, para merecer esta coroa – diz o Patriarca – dificilmente há alguém mais habilitado do que o senhor.

TEMPLÁRIO: Do que eu?

FRADE: O senhor é livre aqui; pode olhar tudo à sua volta; além do mais, sabe como tomar e defender uma cidade; o senhor poderia – diz o Patriarca – melhor avaliar os pontos fortes e fracos da segunda muralha interna construída por Saladino, e poderia descrevê-los com mais precisão – diz o Patriarca – aos guerreiros de Deus.

TEMPLÁRIO: Caro irmão, seria bom se eu pudesse agora também conhecer melhor o conteúdo dessa cartinha.

FRADE: Sim, isso, isso agora eu não sei bem direito. Mas ela é dirigida ao rei Filipe[18]. O Patriarca... Fiquei muitas vezes admirado como um santo homem, que em geral vive tão inteiramente no céu, ao mesmo tempo pague o preço de manter-se cá embaixo tão bem informado sobre as coisas deste mundo. Isso deve azedá-lo.

TEMPLÁRIO: E então? O Patriarca?

---

18. Trata-se do rei Filipe Augusto II da França (1165-1223), que comandou a Terceira Cruzada com Ricardo Coração de Leão.

NATÃ, O SÁBIO   231

FRADE: Sabe de maneira muito precisa, muito confiável, como e quando, com que forças e de que lado, caso a luta irrompa de novo, Saladino vai iniciar a campanha.

TEMPLÁRIO: Disso ele sabe?

FRADE: Sim, e gostaria de fazer isso chegar ao conhecimento do rei Filipe para que ele possa avaliar se o perigo seria de fato tão tremendo a ponto de justificar, custasse o que custasse, uma nova trégua com Saladino[19], que vossa ordem tão bravamente rompeu.

TEMPLÁRIO: Que Patriarca! Ora veja! Esse bravo bom homem não me quer como mensageiro comum, mas como espião. Pois diga ao seu Patriarca, meu caro irmão, que pelo que pôde descobrir, isso não era coisa para mim. – Eu devo me considerar ainda prisioneiro; e o único dever de um cavaleiro templário é lutar com a espada e não fazer espionagem.

FRADE: É o que pensei! Também não quero levar o senhor muito a mal por isso. Na verdade, o melhor ainda vem. O Patriarca descobriu como se denomina e onde se localiza no Líbano a fortaleza em que se encontram as imensas somas de dinheiro com as quais o previdente pai de Saladino paga o exército e custeia os preparativos de guerra. De tempo em tempo, Saladino costuma ir até essa fortaleza, por caminhos remotos, quase sem companhia. O senhor está percebendo, não está?

TEMPLÁRIO: Isso, jamais!

FRADE: O que seria mais fácil do que capturar Saladino? Acabar com ele? O senhor está tremendo? Um par de piedosos maronitas[20] já se ofereceu para empreender essa missão, se um homem corajoso quiser conduzi-los.

TEMPLÁRIO: E o Patriarca me escolheu também para ser esse homem corajoso?

---

19. Uma referência à trégua de 1192.

20. Igreja cristã síria, fundada por São Maron, originalmente separada de Roma, da qual se aproximou a partir do século XII e emprestou seu apoio aos cruzados.

FRADE: Ele acredita que para isso o rei Filipe poderia, de fato, a partir de Ptolomais[21], prestar boa mão.

TEMPLÁRIO: A mim? A mim, irmão? A mim? O senhor nada ouviu dizer, nada ouviu há pouco apenas, sobre a obrigação de honra que tenho para com Saladino?

FRADE: Realmente, isso eu ouvi.

TEMPLÁRIO: E, no entanto?

FRADE: Sim – pensa o Patriarca – isso é muito bonito: Deus, porém, e a Ordem dos Templários...

TEMPLÁRIO: Nada mudam! Não exigem de mim nenhuma canalhice!

FRADE: Certamente não. Apenas – pensa o Patriarca – o que é canalhice perante os homens, não é canalhice perante Deus.

TEMPLÁRIO: Devo minha vida a Saladino, como vou roubar a dele?

FRADE: Irra! Ainda assim – pensa o Patriarca – Saladino continua sendo sempre um inimigo da cristandade, que não pode adquirir nenhum direito de ser seu amigo.

TEMPLÁRIO: Amigo? Em relação a quem só não quero me tornar um celerado, um ingrato celerado?

FRADE: Com certeza! Na verdade – pensa o Patriarca – a gente está quite com a gratidão, quite diante de Deus e dos homens, quando o serviço a nós prestado não ocorre em nosso próprio favor. E aqui, querem os rumores – pensa o Patriarca – que Saladino só lhe perdoou porque na expressão de seu rosto, em seu modo de ser, algo do irmão dele bateu-lhe nos olhos...

TEMPLÁRIO: Também isso o Patriarca sabe; e, no entanto? Ah se isso fosse certo! Ah, Saladino! Como? Tivesse a natureza moldado também apenas *um* traço dos meus na forma de teu irmão, a esse traço nada corresponderia em minha alma? E o que a ele correspondesse, eu poderia subjugar para agradar a um Patriarca? Natureza, tu não mentes assim! Não é assim que Deus se contradiz em suas obras! Vai, irmão! Não me esquente a bílis! Vai! Vai!

21. Nome antigo da atual S. João d'Acre ou Acco, que abrigava a principal fortaleza dos cruzados, na baía de Acre.

NATÃ, O SÁBIO   233

FRADE: Vou e irei mais feliz do que cheguei. Perdoe-me, senhor. Nós, gente do convento, estamos sujeitos à regra, devemos obedecer aos nossos superiores.

Cena 6

O Templário e Daia; esta, que já estava observando o Templário há algum tempo de longe, aproxima-se.

DAIA: Esse frade, ao que me parece, não o deixou no melhor dos humores. Ainda assim, tenho de tentar a sorte.

TEMPLÁRIO: Bem, excelente! Será que o provérbio mente mesmo: que monge e mulher, e mulher e monge são, ambos, garras do diabo? Ele me joga hoje de um para outro.

DAIA: A quem vejo? Nobre cavaleiro, o senhor? Graças a Deus! Mil graças a Deus! Onde foi que se meteu todo esse tempo? O senhor não esteve doente, esteve?

TEMPLÁRIO: Não.

DAIA: Está bem de saúde?

TEMPLÁRIO: Sim.

DAIA: Ficamos realmente muito preocupados com o senhor.

TEMPLÁRIO: É mesmo?

DAIA: Decerto esteve viajando?

TEMPLÁRIO: Adivinhou!

DAIA: E só voltou hoje?

TEMPLÁRIO: Ontem.

DAIA: O pai de Rekha também chegou hoje. E agora pode ela de fato esperar?

TEMPLÁRIO: O quê?

DAIA: O que ela tantas vezes mandou lhe solicitar. Pois agora o próprio pai dela o convidará logo, com toda urgência. Ele vem da Babilônia com vinte camelos altamente carregados, e tudo o que a Índia, a Pérsia, a Síria e até a China oferecem de precioso em raras especiarias, em tecidos e pedrarias.

TEMPLÁRIO: Não quero comprar nada.

DAIA: O seu povo o honra como se fosse um príncipe. Contudo, o que muitas vezes me admirou é que o chamem de Natã, o sábio, e não, muito mais, de Natã, o rico.

TEMPLÁRIO: Talvez, para o seu povo, rico e sábio sejam a mesma coisa.

DAIA: Acima de tudo, deviam chamá-lo de "o bom". Pois o senhor não imagina como ele é bom. Quando soube o quanto Rekha lhe deve, o que não teria ele feito nesse momento pelo senhor, o que não lhe teria dado!

TEMPLÁRIO: Oh!

DAIA: Tente, venha e veja!

TEMPLÁRIO: O quê? Quão rápido passa um momento?

DAIA: Teria eu ficado tanto tempo com ele, se não fosse tão bom? O senhor pensa que não sei do meu valor como cristã? Também a mim não me foi cantado no berço que eu, só por isso, haveria de seguir meu marido até a Palestina, para aqui educar uma donzela judia. Meu querido esposo foi um nobre escudeiro no exército do imperador Frederico[22].

TEMPLÁRIO: Um suíço de nascimento, que teve a honra e a graça de afogar-se em um rio com Sua Majestade Imperial. Mulher! Quantas vezes você já me contou isso? Será que não vai parar nunca de me perseguir?

DAIA: Perseguir! Meu Deus!

TEMPLÁRIO: Sim, sim, perseguir. Uma vez por todas! Não quero nunca mais vê-la de novo! Nem ouvi-la! Não quero ser lembrado por você, sem parar, de uma ação que não pensei praticar; a qual, quando penso nela, se torna um enigma para mim mesmo. É verdade que não gostaria de lamentá-la. Mas veja: se acontecer novamente um caso assim, será culpa sua se eu não agir tão rápido; se eu antes quiser me informar a respeito, e deixar queimar o que está queimando.

DAIA: Não o permita Deus!

---

22. Frederico I, cognominado Barbarossa, (1123-1190), imperador do Sacro Império Romano-Germânico que encabeçou, com os reis da França e da Inglaterra, a Terceira Cruzada, em cujo transcurso morreu afogado.

NATÃ, O SÁBIO 235

TEMPLÁRIO: De hoje em diante, faça-me pelo menos o favor, me ignore, não me conheça mais! Eu lhe peço isso. E também mantenha o pai longe de mim. Judeu é judeu. Eu sou um suábio[23] grosso. A imagem da mocinha de há muito deixou minha alma, se é que aí esteve presente.

DAIA: No entanto, a sua não deixou a dela.

TEMPLÁRIO: Mas o que ela pode fazer aí? O que ela pode?

DAIA: Quem sabe! As pessoas não são sempre o que aparentam.

TEMPLÁRIO: Mas raramente um pouco melhores. (*Ele se afasta.*)

DAIA: Espere! Por que tanta pressa?

TEMPLÁRIO: Mulher, não me faça odiar estas palmeiras sob as quais eu gosto tanto de passear.

DAIA: Então vai, seu urso alemão! Então vai! E ainda assim não posso perder o rastro do animal! (*Ela o segue de longe.*)

Ato II

Cena 1

Cena: o palácio do Sultão.

Saladino e sua irmã Sitah jogam xadrez[24].

SITAH: Onde está você, Saladino? Como está jogando hoje?

SALADINO: Não bem? Pensei que sim.

SITAH: Bem, para mim; e mal e mal. Volte atrás neste lance!

SALADINO: Por quê?

SITAH: O cavalo fica a descoberto.

SALADINO: É verdade! Bem, então!

SITAH: Então eu o tomo com o peão.

SALADINO: Tem razão mais uma vez. Xeque então!

23. Natural da Suábia, região histórica da Alemanha, a oeste da Baviera; seus habitantes eram taxados pela tradição popular como sendo honestos, porém de poucas luzes e simplórios.

24. Era conhecido por sua paixão pelo jogo de xadrez.

SITAH: No que isso o ajuda? Eu protejo meu rei assim e você fica como estava.

SALADINO: Vejo de fato que não dá para sair desse aperto sem pagar por isso. Está bem! Tome então o cavalo.

SITAH: Não quero. Vou passar à frente.

SALADINO: Você não está me dando nada de presente. Essa posição tem mais importância para você do que o cavalo.

SITAH: Pode ser.

SALADINO: Só não faça sua conta sem o hospedeiro. Pois veja! Quanto aposta que isto você não calculava?

SITAH: Claro que não. Como poderia calcular que você já estava tão cansado de sua rainha?

SALADINO: Eu, de minha rainha?

SITAH: Agora já estou vendo: devo ganhar meus mil dinares[25], nem um naseri a mais.

SALADINO: Como assim?

SITAH: Ainda pergunta! Porque você de propósito, a toda força quer perder. Contudo, não vejo aí vantagem para mim. Pois, além de um jogo assim não ser dos que mais entretém, não é verdade que eu ganho mais com você quando perco? Quando foi que você, para me consolar de uma partida perdida, não me deu depois de presente em dobro a aposta em jogo?

SALADINO: Ora veja só! Então, quando você perdia é porque fazia força para perder, irmãzinha?

SITAH: Ao menos é bem possível que sua generosidade, meu querido irmãozinho, seja culpada por eu não ter aprendido a jogar melhor.

SALADINO: Estamos deixando de jogar. Dê um fim!

SITAH: Então fica assim? Pois bem: Xeque! E duplo xeque!

SALADINO: Agora, sim: esse segundo xeque eu não vi; não vi que ao mesmo tempo a minha rainha com ele seria derrubada.

SITAH: Era possível ainda remediar isso? Deixe-me ver.

---

25. Do latim *denarius*, moeda de ouro, cunhada pela primeira vez no século VII, que circulou durante vários séculos nos países muçulmanos.

SALADINO: Não, não; toma a rainha. Nunca fui muito feliz com esta pedra.

SITAH: Apenas com essa pedra?

SALADINO: Fora com ela! Isso pouco me importa! Pois, assim, tudo está novamente protegido.

SITAH: Quão cortesmente se deve lidar com as rainhas, meu irmão me ensinou muito bem. (*Ela a deixa ficar.*)

SALADINO: Tome-a ou não! Eu não tenho mais nenhuma!

SITAH: Para que tomá-la? Xeque! Xeque!

SALADINO: Siga adiante.

SITAH: Xeque! E Xeque! E Xeque!

SALADINO: E mate!

SITAH: Não completo; você ainda pode puxar o cavalo para o entremeio; ou mover o que quiser. Tanto faz!

SALADINO: Tudo certo! Você ganhou: e Al-Hafi pagará. Mande chamá-lo! Agora mesmo! Você não estava tão errada, Sitah; eu não estava por inteiro no jogo; estava distraído. E depois: quem nos dá então constantemente essas pedras lisas[26]? Que nada lembram, nada designam? Acaso joguei com o Imã[27]? Então o quê? A perda exige uma desculpa. Não são as pedras informes, Sitah, que me fazem perder: é a tua arte, o teu calmo e rápido olhar...

SITAH: Ainda assim, você quer apenas embotar o ferrão da perda. Basta, você estava distraído; e mais do que eu.

SALADINO: Do que você? O que teria te distraído?

SITAH: A tua distração por certo não! Ó, Saladino, quando iremos jogar novamente com todo o zelo?!

SALADINO: Assim jogamos com tanto mais avidez pelo ganho! Ah, por que a coisa começa ficar à solta de novo, você quer dizer? Que seja! Vamos! Não fui eu o primeiro a puxar a espada; eu teria de bom grado mais uma vez prolongado o

---

26. As peças do jogo de xadrez eram lisas por respeito à lei islâmica que, para desencorajar a prática da idolatria, proibia a reprodução de figuras ou imagens.

27. Do árabe *imam*, "chefe"; título atribuído ao condutor dos serviços religiosos na mesquita e a líderes espirituais e profanos, inclusive a soberanos e sultões.

armistício; teria com todo gosto arrumado ao mesmo tempo um bom marido para a minha Sitah. E tem de ser o irmão de Ricardo[28]: sim, ele é irmão de Ricardo.

SITAH: Contanto que você possa louvar o teu Ricardo!

SALADINO: E contanto que ao nosso irmão Melek[29] fosse dada a irmã de Ricardo... Ah, que casa formaríamos juntos! Ah, a maior, a melhor entre as melhores do mundo! Você vê, eu também não tenho preguiça de louvar a mim mesmo. Considero-me digno de meus amigos. Que homens isso daria! Que homens!

SITAH: Eu não dei logo risada do belo sonho? Você não conhece os cristãos, não quer conhecê-los. O orgulho deles é: ser cristãos e não homens. Pois mesmo aquilo que, ainda desde seu fundador, tempera superstição com humanidade, eles não amam porque é humano, mas porque Cristo o ensinou; porque Cristo o fez. Ainda bem para eles, porque ele foi um homem tão bom! Ainda bem para eles porque podem tomar sua virtude por artigo de verdade e fé! Mas qual virtude? Não a sua virtude; seu nome deve ser propagado por toda parte; deve cobrir de vergonha, engolir os nomes de todos os outros bons homens. É com o nome, com o nome que apenas se importam.

SALADINO: Você pensa, quero crer: por que haveriam de exigir, como sempre, que também vocês, também você e Melek, sejam chamados cristãos, antes que vocês queiram ter cristãos como amados esposos?

SITAH: Sem dúvida! Como se somente cristãos, como cristãos, pudessem esperar o amor que o Criador dotou o homem e a mulher!

---

28. A referência é a Ricardo I, da Inglaterra, mais conhecido como Coração de Leão, (1157-1199), e ao seu irmão príncipe João, futuro João I, da Inglaterra, alcunhado João Sem Terra, (1167-1216). Ricardo partiu para a Terceira Cruzada em 1191 e, no seu decorrer, defrontou-se com Saladino. Consta que ambos tinham grande admiração um pelo outro, embora não exista qualquer registro histórico de que tenha havido algum plano para uma aliança matrimonial pela união do irmão de Ricardo com a irmã de Saladino.

29. Ricardo propôs, em 1191, que sua irmã Joana, rainha da Sicília, que enviuvara, casasse com Melek, irmão de Saladino, e que juntos se tornariam soberanos de Jerusalém, mas a Igreja rejeitou o plano.

NATÃ, O SÁBIO   239

SALADINO: Os cristãos creem em tantas tolices que seria difícil
que não pudessem crer também *nesta*! E, não obstante, você
se engana. Os cavaleiros templários e não os cristãos são os
culpados: e são culpados como templários, não como cristãos. É por causa deles somente que a coisa toda está dando
em nada. Eles não querem simplesmente renunciar à cidade
de Aca, que a irmã de Ricardo deveria trazer como dote
de casamento ao nosso irmão Melek. Para que o privilégio
do cavaleiro não corra perigo, bancam o monge, o néscio
monge. E talvez de passagem na esperança de nos acertar
um bom golpe, mal puderam aguardar pelo fim do armistício. Engraçado! Continuem assim! Meus senhores, continuem assim! Por mim, tudo certo! Desde que tudo mais seja
como deveria ser.

SITAH: E então? Em que me enganei? O que mais o tiraria do
sério?

SALADINO: Aquilo que sempre me tirou do sério. Eu estava no
Líbano, junto ao nosso pai. Ele continua sobrecarregado
pelas preocupações...

SITAH: Ai, meu Deus!

SALADINO: Ele não consegue ir adiante; fica preso em tudo que
é lugar; ora falta uma coisa aqui, ora ali.

SITAH: O que o prende? O que lhe falta?

SALADINO: O que mais, além daquilo que mal é digno de
nomear? Aquilo que, quando tenho, me parece tão supérfluo e, quando não, tão imprescindível? Mas então, onde
está Al-Hafi? Ninguém foi chamá-lo? Ah! O vil e maldito
dinheiro! Que bom, Hafi, que você está chegando.

Cena 2

O Dervixe. Al-Hafi, Saladino. Sitah.

AL-HAFI: Presumo que o dinheiro do Egito já chegou. Espero
apenas que seja muito!

SALADINO: Você tem notícia?

AL-HAFI: Eu? Eu não. Pensei que deveria recebê-la aqui.

SALADINO: Pague mil dinares a Sitah! (*Pensativo, andando de um lado para outro.*)

AL-HAFI: Pague! Em vez de pegue! Que beleza! Isso por algo que é ainda menos do que nada. Para Sitah? Outra vez para Sitah? Perdeu? Perdeu de novo no xadrez? Aí, ainda está o jogo!

SITAH: Você não inveja a minha sorte?

AL-HAFI (*examinando o jogo*): Invejar o quê? Se... a senhora bem sabe.

SITAH (*fazendo sinal para ele*): Psst! Hafi! Psst!

AL-HAFI (*ainda voltado para o jogo*): Não inveje a si mesmo, primeiro!

SITAH: Al-Hafi, psst!

AL-HAFI (*para Sitah*): As brancas eram suas? A senhora lhe deu xeque?

SITAH: Que bom que ele não ouviu!

AL-HAFI: Agora é a vez dele?

SITAH (*aproximando-se dele*): Diga logo que eu posso receber o meu dinheiro.

AL-HAFI (*ainda preso ao jogo*): Pois bem, irá recebê-lo como sempre recebeu.

SITAH: Como? Está louco?

AL-HAFI: O jogo ainda não acabou. O senhor ainda não perdeu, Saladino.

SALADINO (*mal lhe prestando ouvidos*): Sim, sim! Perdi! Pague, pague!

AL-HAFI: Pague, pague! Veja, sua rainha está aqui.

SALADINO (*ainda assim*): Não vale, não entra mais no jogo,

SITAH: Ande e diga que eu posso ir buscar o dinheiro.

AL-HAFI (*ainda absorto no jogo*): Compreende-se, como sempre. Mesmo assim; mesmo que a rainha não esteja valendo, nem por isso o senhor está em xeque-mate.

SALADINO (*aproxima-se e derruba o tabuleiro*): Eu estou e quero estar.

AL-HAFI: Assim é! O jogo como a aposta! Assim como é ganho, assim é pago.

SALADINO (*para Sitah*): O que ele está dizendo? O quê?

SITAH (*fazendo sinal, de vez em quando, para Hafi*): Você já o conhece. Ele gosta de empacar; gosta de ser solicitado; talvez esteja com um pouco de inveja.

SALADINO: Não, de você? Não, de minha irmã? O que é isso, Hafi? Inveja? Você?

AL-HAFI: Pode ser! Pode ser! Bem que gostaria, eu mesmo, de ter o cérebro dela; gostaria de ser, eu mesmo, tão bom como ela.

SITAH: No entanto, ainda assim, ele sempre me pagou direitinho, e também hoje irá pagar. Deixe-o! Vai, Al-Hafi, vai! Mandarei buscar o dinheiro.

AL-HAFI: Não, não participo mais dessa mascarada. Ele precisa de uma vez por todas ficar sabendo disso.

SALADINO: Quem? E o quê?

SITAH: Al-Hafi! É assim que cumpre a sua promessa? Que mantém a sua palavra?

AL-HAFI: Como poderia eu crer que isso iria tão longe.

SALADINO: Então? Não vou ficar sabendo de nada?

SITAH: Eu lhe peço, Al-Hafi, seja comedido.

SALADINO: Mas isso é estranho! O que será que Sitah poderia querer pedir para manter em segredo tão solenemente, com tanto calor, a um estranho, a um dervixe, de preferência ao seu irmão? Al-Hafi, agora eu ordeno. Fala, dervixe!

SITAH: Não deixe, meu irmão, tal miudeza chegar mais perto de você do que ela merece. Você sabe que ganhei de você, por diversas vezes, a mesma quantia no jogo de xadrez. E como não necessito agora do dinheiro, e afinal como agora na caixa de Al-Hafi o dinheiro não está sobrando, as somas ficaram lá paradas. Mas não se preocupe! Não vou dá-las de presente nem a você, nem a Hafi, nem tampouco ao tesouro.

AL-HAFI: Ah! Se fosse só isso! Isso!

SITAH: E outras mais, semelhantes. Também ficou no caixa aquilo com que você uma vez me aquinhoou; ficou parado há um bocado de meses.

AL-HAFI: Ainda assim, não é tudo.

SALADINO: Não ainda? Você vai falar?

AL-HAFI: Desde que ficamos à espera do dinheiro do Egito, ela...

SITAH (*a Saladino*): Para que ouvi-lo?

AL-HAFI: Não apenas nada recebeu, como...

SALADINO: Boa menina! Também, além disso, adiantou dinheiro. Não é?

AL-HAFI: Sustentou toda corte; ela custeou sozinha todos os vossos gastos.

SALADINO: Ah, esta, esta é minha irmã! (*Abraçando-a.*)

SITAH: Quem me tornou tão rica para que eu pudesse fazer isso senão você, meu irmão?

AL-HAFI: Mas ele agora a tornará de novo tão paupérrima quanto ele próprio o é.

SALADINO: Eu, pobre? O irmão, pobre? Quando foi que tive mais? Quando foi que tive menos? *Uma* vestimenta, *uma* espada, *um* cavalo, e *um* Deus! De que mais preciso? Quando é que isso pode me faltar? No entanto, ainda assim, Al-Hafi, eu poderia repreendê-lo.

SITAH: Não o repreenda, meu irmão. Pudesse eu aliviar também assim as preocupações de nosso pai!

SALADINO: Ah! ah! Agora você torna a abater de repente a minha alegria! A mim, para mim, nada falta e não pode faltar. Mas a ele, a ele falta; e assim a nós todos. Digam, o que devo fazer? Do Egito, talvez nada venha por muito tempo. Qual a causa disso, só Deus sabe. Pois lá tudo ainda está tranquilo. Cortar, restringir, economizar, eu quero de bom grado, eu consinto de bom grado; contanto que atinja a mim, somente a mim e ninguém mais sofra com isso. No entanto, o que adianta isso? *Um* cavalo, *uma* vestimenta, *uma* espada eu tenho que ter. E meu Deus também não é para ser regateado.

NATÃ, O SÁBIO 243

Ele já se satisfaz com tão pouca satisfação: com o meu coração. Mas eu contava muito com o seu saldo de caixa, Hafi.

AL-HAFI: Saldo de caixa? Diga-me o senhor mesmo se não teria mandado me empalar, ou ao menos me estrangular, se me apanhasse com um saldo seu! Sim, com um desfalque! Isto se poderia arriscar.

SALADINO: Bem, mas então o que fazemos? Você não poderia, por enquanto, tomar emprestado de nenhuma outra pessoa, além de Sitah?

SITAH: Teria eu deixado que tirassem de mim esse privilégio, meu irmão? De mim por ele? Mesmo agora insisto nisso. Ainda não estou completamente a seco.

SALADINO: Ainda não completamente a seco! Era só o que faltava! Vai imediatamente, toma providências, Hafi! Toma de quem você puder e como puder! Vai, peça emprestado, promete. Apenas, Hafi, não peça emprestado daqueles que tornei ricos. Pois, tomar emprestado deles poderia significar que estou exigindo retribuição. Procura os mais sovinas; eles são os que terão o maior gosto de me emprestar. Pois sabem como o dinheiro se dá bem em minhas mãos.

AL-HAFI: Não conheço ninguém assim.

SITAH: Justamente agora me ocorre, Hafi, ter ouvido dizer que seu amigo voltou.

AL-HAFI (*surpreendido*): Amigo? Amigo meu? E quem seria?

SITAH: Sim, aquele seu amigo judeu tão altamente elogiado.

AL-HAFI: Elogiado judeu? Altamente por mim?

SITAH: A quem Deus – ainda me lembro bem das palavras de que você mesmo se serviu a respeito dele – a quem o Deus dele concedeu, dentre todos os bens deste mundo, os maiores e os menores na mais plena medida.

AL-HAFI: Eu disse assim? E o que é que eu quis dizer com isso?

SITAH: O menor: a riqueza. O maior: a sabedoria.

AL-HAFI: Como? De um judeu? Eu disse isso a respeito de um judeu?

SITAH: E você não diria isso de seu amigo Natã?

AL-HAFI: Ah sim, dele! De Natã! Nem me lembrei dele. Deveras? Finalmente ele voltou para casa? Oh! Então não deve estar tão mal assim. Inteiramente certo: a ele o povo chamava de sábio! E de rico também.

SITAH: Chamam-no de rico, agora mais do que nunca. Na cidade toda ressoam os comentários sobre as riquezas, sobre os tesouros que ele trouxe da viagem.

AL-HAFI: Bem, se é o rico de novo, então, de fato, deve ser também de novo o sábio.

SITAH: O que acha Hafi: e se você fosse procurá-lo?

AL-HAFI: Para lhe pedir o quê? Não, por certo, dinheiro emprestado? Pois sim, se vocês o conhecessem. Ele emprestar? Sua sabedoria é justamente a de não emprestar a ninguém.

SITAH: O retrato que você me fez dele, em outra ocasião, era muito diferente.

AL-HAFI: Em caso de necessidade, ele lhes emprestará mercadorias. Mas dinheiro, dinheiro? Dinheiro nunca! Ele é um judeu na verdade excepcional, como não há muitos. Tem entendimento, sabe como viver, joga bem xadrez. Contudo, ele se distingue, no mal não menos do que no bem, de todos os outros judeus. Para isso, para isso, não contem com ele. Ele dá aos pobres, é verdade; e dá talvez a despeito de Saladino. Ainda que não seja de todo tanto assim, mas é com todo gosto; mas é de todo com especial consideração. Judeu e cristão, muçulmano e parse[30], tudo é para ele uma coisa só.

SITAH: E um homem assim...

SALADINO: Como é possível então que eu nunca tenha ouvido falar desse homem?

SITAH: E que ele não emprestaria a Saladino? Não ao Saladino que só precisa de dinheiro para os outros e não para si.

---

30. Adepto da religião persa de Zoroastro ou Zaratustra (628-551 a.C.). O dualismo zoroastriano ou masdeísta foi dominante na Pérsia aquemênida e sassânida, irradiou-se para a Índia, onde seus adeptos são conhecidos como parses, chegou também ao Oriente Próximo e, mais tarde, sob a forma de maniqueísmo, ao Ocidente europeu.

NATÃ, O SÁBIO   245

AL-HAFI: Agora vocês estão vendo de novo apenas o judeu;
o judeu inteiramente comum! Mas creiam em mim! Ele é
tão cioso de vossa generosidade, tão invejoso! Ele gostaria
de atrair exclusivamente para si cada "Deus lhe pague" que
é pronunciado no mundo. Só por isso justamente que ele
não empresta a ninguém, de modo que ele possa ter sempre algo para dar. Isso porque a caridade lhe é ordenada na
Lei, porém a cortesia não: assim, a caridade o torna a criatura mais descortês do mundo. É verdade que desde algum
tempo tenho poucas relações com ele; mas não pensem que
por isso eu não lhe faça justiça. Ele é bom em tudo: só não
é nisso; na verdade só nisso não. Eu quero também ir logo
bater em outras portas... Eu me lembrei agora mesmo de
certo mouro[31], que é rico e sovina. Estou indo, estou indo.
SITAH: Por que essa pressa, Hafi?
SALADINO: Deixe-o ir, deixe-o ir!

Cena 3

Sitah. Saladino.

SITAH: Ele se apressa como se quisesse escapar de mim! O que
significa isso? Será que realmente se enganou com ele ou
apenas gostaria de nos enganar?
SALADINO: Como? Você está perguntando isso a mim? Mal sei
de quem se falava; e desse judeu de vocês, desse Natã, é pela
primeira vez que ouço falar.
SITAH: É possível que lhe fosse tão desconhecido um homem
como esse, de quem se diz que explorou os túmulos de Salomão e de Davi e soube romper seu selo por meio de uma
poderosa palavra secreta[32]? É deles que traz à luz, de tempos

---

31. No tempo de Lessing, o vocábulo designava também os povos negros da África,
afora os habitantes da Mauritânia, do Marrocos, e os árabes e os muçulmanos em geral.
32. Segundo a lenda, Salomão sepultou seu pai Davi com um imenso tesouro que
só poderia ser recuperado pela enunciação de uma palavra secreta.

246   LESSING: TEATRO

em tempos, as incomensuráveis riquezas, que nenhuma outra fonte menor revelaria.

SALADINO: Se a riqueza desse homem provém de túmulos, seguramente não foram os de Salomão, nem de Davi. Eram tolos que estavam aí enterrados!

SITAH: Ou malfeitores! E também a fonte de sua riqueza é muito mais dadivosa, muito mais inexaurível do que um túmulo assim, cheio de Mammon[33], de ouro.

SALADINO: Pois ele negocia, como ouço dizer.

SITAH: Suas bestas de carga batem todas as estradas, atravessam todos os desertos; seus navios estão em todos os portos. Isso foi realmente o próprio Al-Hafi quem me disse e, com o maior deleite, acrescentou, como era grande, como era nobre o uso que este seu amigo fazia daquilo que de maneira tão inteligente e diligente ele, para adquirir, não julgava demasiado pequeno. E ainda acrescentou, como era livre de preconceito o seu espírito; como era aberto o seu coração a toda virtude e como estava em harmonia com toda beleza.

SALADINO: E agora Hafi fala dele de modo tão dúbio, tão frio.

SITAH: Frio, de maneira alguma; embaraçado, talvez, como se julgasse perigoso louvá-lo e, no entanto, não quisesse tampouco censurá-lo imerecidamente. Como assim? Ou seria realmente verdade que o melhor de um povo não pode escapar por inteiro de seu povo? Ou que Al-Hafi tivesse realmente do que se envergonhar de seu amigo, por este lado? Seja como for! Seja o judeu mais ou menos judeu, desde que rico, isso basta para nós!

SALADINO: Mas você não quer tirar o que é dele pela força, irmã?

SITAH: O que significa pela força, para você? Com o fogo e a espada? Não, não... que força é necessário com os fracos, além da fraqueza deles? Venha agora por um momento ao meu harém, para ouvir uma cantora, que comprei ontem.

---

33. Termo aramaico, que significa riqueza e lucro e que é citado em sentido pejorativo na literatura religiosa do judaísmo. Nos Evangelhos, a palavra personifica o dinheiro que escraviza o mundo.

Talvez, nesse meio-tempo, amadureça um plano que eu tenho para este Natã. Venha!

Cena 4

Diante da casa de Natã, adjacente às palmeiras.

Rekha e Natã saem de casa. Daia se junta a eles.

REKHA: O senhor demorou muito, meu pai. Agora vai ser difícil encontrá-lo ainda aqui.

NATÃ: Bem, bem. Se aqui, aqui sob as palmeiras, não mais, então em algum outro lugar. Fique agora tranquila. Veja! Não é Daia que vem em nossa direção?

REKHA: Com certeza ela o terá perdido.

NATÃ: Também é possível que não.

REKHA: Do contrário ela viria mais depressa.

NATÃ: Ela por certo ainda não nos avistou.

REKHA: Agora ela nos vê.

NATÃ: E dobra o seu passo. Veja! Fique tranquila, tranquila!

REKHA: O senhor gostaria de ter uma filha que ficasse tranquila numa hora como essa? Que ficasse despreocupada com aquele cuja boa ação lhe salvou a vida? Uma vida que lhe é cara porque ela deve em primeiro lugar agradecê-la ao senhor.

NATÃ: Eu não desejaria que você fosse diferente do que é; mesmo se soubesse que em sua alma se agita também algo completamente diferente.

REKHA: O que, meu pai?

NATÃ: Pergunta a mim? Tão timidamente a mim? O que também se passa em seu íntimo é natureza e inocência. Não deixe que isso lhe cause preocupação. A mim, não causa. Apenas me prometa: quando o seu coração um dia se declarar de modo mais audível, você não esconderá de mim nenhum de seus desejos.

REKHA: Já a simples possibilidade de que meu coração prefira velar-se ao senhor, me faz tremer.

NATÃ: Basta disso! Isso está resolvido de uma vez por todas. Aí vem Daia. E então?

DAIA: Ele ainda está passeando aqui, sob as palmeiras; e logo deve chegar àquele muro. Vejam, aí vem ele!

REKHA: E parece indeciso. Para onde ir? Prosseguir? Ir para baixo? Para a direita? Ou para a esquerda?

DAIA: Não, não; ele toma o caminho ao redor do convento com mais frequência, é certo; e depois precisa passar por aqui. Quer apostar?

REKHA: Certo! Certo! Você já falou com ele? Como ele está hoje?

DAIA: Como sempre.

NATÃ: Não deixem apenas que ele veja vocês aqui. Vão ali para trás. É melhor entrarem de vez.

REKHA: Só mais uma olhada. Ah! A sebe que o rouba de mim.

DAIA: Venha, venha! Seu pai tem toda razão. Você corre o risco, se ele chegar a vê-la, de que ele dê meia-volta imediatamente.

REKHA: Ah! A sebe!

NATÃ: E se de repente ele surge de lá, então não haverá saída, ele terá de vê-las. Por isso tratem de ir!

DAIA: Venha! Venha! Eu sei de uma janela da qual poderemos observá-los.

REKHA: É mesmo? (*Ambas entram na casa.*)

Cena 5

Natã e logo depois o Cavaleiro Templário.

NATÃ: Quase me apavorei com esse estranho homem. Sua crua virtude por pouco não me espanta. Como pode uma pessoa deixar outra pessoa tão desconcertada! Ah! Ele vem vindo. Por Deus! Um jovem que parece um homem. Gosto muito de seu olhar bondoso, desafiador! O passo resoluto! Só a casca pode ser amarga, o cerne com certeza não é. Mas onde foi que vi alguém semelhante? Desculpe-me, nobre franco…

TEMPLÁRIO: O quê?

NATÃ: Permita-me?

TEMPLÁRIO: O que, judeu, o quê?

NATÃ: Que eu me atreva a falar-lhe.

TEMPLÁRIO: Posso impedi-lo? Mas seja breve.

NATÃ: Desculpe, e não se apresse a evitar de modo tão orgulhoso, tão desdenhoso, um homem a quem o senhor se ligou para sempre.

TEMPLÁRIO: Como assim? Ah! Sim, quase adivinho. Não? O senhor é…

NATÃ: Meu nome é Natã. Sou o pai da menina que sua grandeza de alma salvou do fogo; e venho…

TEMPLÁRIO: Se é para agradecer, não gaste palavras! Já tive de suportar agradecimentos demais por essa ninharia. Além disso, o senhor não me deve nada. Por acaso sabia eu que essa menina era sua filha? É dever dos templários ir em socorro da primeira pessoa que vejam em perigo. Ainda por cima, minha vida naquele momento era um peso para mim. Com prazer, com muito prazer aproveitei a oportunidade de correr o risco por outra vida: por outra, ainda que fosse pela vida de uma judia.

NATÃ: Grande nobreza! Grande e abominável! No entanto, dá para entender o sentido. A modesta grandeza refugia-se atrás do abominável para evitar a admiração. Mas se assim despreza a oferenda da admiração, que oferenda ela despreza menos? Cavaleiro, se o senhor não fosse aqui um estranho e um prisioneiro, eu não lhe perguntaria com tanta ousadia. Diga, ordene: como se pode servi-lo?

TEMPLÁRIO: O senhor? Com nada.

NATÃ: Sou um homem rico.

TEMPLÁRIO: Para mim, o judeu mais rico nunca foi o melhor judeu.

NATÃ: Será que por isso o senhor não deve utilizar, apesar de tudo, o que ele tem de melhor? Não deve utilizar sua riqueza?

TEMPLÁRIO: Pois bem, isso eu também não vou recusar de todo; por amor ao meu manto não vou. Tão logo ele fique completamente desgastado; quando nem ponto de agulha nem remendo hão de fazê-lo durar mais, virei e lhe pedirei emprestado para um novo pano ou dinheiro. Mas não veja isso em cores tão negras! Pode ficar ainda seguro; a coisa não foi tão longe com ele. Está vendo; o manto se encontra ainda em estado bem razoável. Só esta ponta tem uma mancha feia; ela está chamuscada. E isso se deu quando carreguei sua filha através do fogo.

NATÃ (*segurando a ponta do manto e examinando a mancha*): É muito estranho que uma mancha tão feia, que uma tal marca de queimado, seja melhor testemunho desse homem do que a fala de sua própria boca. Eu poderia beijá-la agora mesmo – a mancha! – Ah, perdoe-me! Foi sem querer.

TEMPLÁRIO: O quê?

NATÃ: Uma lágrima pingou sobre ela.

TEMPLÁRIO: Não é nada! Ela teve outros pingos mais. (*À parte*: Mas este judeu começa a me deixar confuso.)

NATÃ: Teria o senhor a bondade de enviar o seu manto, só por uma vez, à minha menina?

TEMPLÁRIO: Para quê?

NATÃ: Para que ela também possa apor os lábios nessa mancha de seu manto. Pois abraçar seus joelhos mesmos é o que ela deseja agora em vão.

TEMPLÁRIO: Mas, judeu – seu nome é Natã? – Mas, Natã, o senhor escolhe suas palavras muito, muito bem, com muita agudeza. Estou perplexo. É verdade, eu teria...

NATÃ: Apresente-se ou represente-se como quiser! Também aí eu o acharei. O senhor é bom demais, honesto demais, para ser polido. A moça, toda sentimento; a enviada feminina, toda serviçal; o pai, longe, muito longe. O senhor se preocupou com o bom nome delas; fugiu da prova; fugiu para não vencer. Também por isso lhe agradeço.

TEMPLÁRIO: Eu tenho de confessar, o senhor sabe como cavaleiros templários devem pensar.

NATÃ: Apenas cavaleiros templários? *Só eles?* E só porque as regras da ordem assim o exigem? Eu sei como pessoas de bem pensam e sei que em todos os países há pessoas de bem.

TEMPLÁRIO: Com diferenças, porém, é de se esperar?

NATÃ: Sim, por certo, diferentes na cor, na vestimenta, na conformação.

TEMPLÁRIO: E ora um pouco mais aqui e ora um pouco menos ali.

NATÃ: Com essa diferença não se vai muito longe. Pois o grande homem precisa em toda parte de muita terra; visto que, em maior número, plantado demasiado próximo um do outro, apenas quebram-se os galhos. A espécie mediana, como nós, encontra-se, ao contrário, por toda parte em massa. Só que um não deve criticar o outro. Só que o nó precisa se dar bem com os nódulos do tronco. Só que uma colina não deve ter a pretensão de que ela sozinha tenha brotado da terra.

TEMPLÁRIO: Muito bem dito! Então sabe o senhor também qual foi o povo que começou primeiro essa depreciação do homem? O senhor sabe, Natã, qual foi o primeiro povo que se denominou povo eleito? Como? E se eu agora, que não o odeio, é verdade, não posso, no entanto, me impedir de desprezar esse povo devido ao seu orgulho? Seu orgulho, legado aos cristãos e muçulmanos, segundo o qual apenas o seu Deus é o Deus verdadeiro! O senhor está estranhando que eu, um cristão, um cavaleiro templário, fale dessa forma? Quando e onde o piedoso frenesi da pretensão de possuir o melhor Deus, para impor ao mundo inteiro esse Deus melhor como o melhor de todos, mostrou-se em sua forma mais negra do que aqui e agora? A quem aqui, a quem agora, não caíram as escamas dos olhos… Mas permaneça cego quem quiser! Esqueça o que eu disse e deixe-me! (*Quer sair.*)

NATÃ: Ah! O senhor não sabe quão mais firme é agora o meu desejo de me aproximar do senhor. Venha, nós precisamos, precisamos ser amigos! Despreze o meu povo o quanto quiser. Nós dois não escolhemos para nós o nosso povo. Somos nós o nosso povo? O que significa então povo? Cristãos e judeus são mais cristãos e judeus do que criaturas humanas? Ah! Quisera eu ter encontrado no senhor mais um a quem bastasse ser chamado de ser humano!

TEMPLÁRIO: Sim, por Deus, isso o senhor encontrou, Natã! Isso o senhor encontrou! Dê-me sua mão! Envergonho-me de tê-lo menosprezado por um momento.

NATÃ: E eu fico orgulhoso com isso. Apenas o que é ordinário raramente não se menospreza.

TEMPLÁRIO: E o que é raro dificilmente se esquece. Natã, sim, precisamos, precisamos nos tornar amigos.

NATÃ: Já somos. Como ela vai ficar contente, minha Rekha! E ah! E que risonho futuro se abre para os meus olhos! Espere até conhecê-la!

TEMPLÁRIO: Estou ardendo de desejo. Quem se precipita ali para fora de sua casa? Não é a sua Daia?

NATÃ: Sim, sem dúvida. Tão ansiosa?

TEMPLÁRIO: Nada aconteceu à nossa Rekha?

Cena 6

Os anteriores e Daia apressada.

DAIA: Natã! Natã!

NATÃ: E então?

DAIA: Perdão, nobre cavaleiro, que eu tenha de interrompê-los.

NATÃ: Então, o que há?

TEMPLÁRIO: O que há?

DAIA: O sultão mandou chamá-lo. O sultão quer falar com o senhor. Por Deus, o sultão!

NATÃ: A mim? O sultão? Ele deve estar desejoso de ver o que eu trouxe de novo. Diga apenas que muito pouco ou quase nada foi desembalado.

DAIA: Não, não; ele não quer ver nada, ele quer falar com o senhor, com o senhor em pessoa, e logo; assim que puder.

NATÃ: Logo irei. Vai, você pode voltar, vai!

DAIA: Não leve a mal, distinto cavaleiro. Por Deus, estamos tão preocupados com o que o sultão deseja!

NATÃ: Isso logo há de se ver. Agora vai, vai!

Cena 7

Natã e o Templário

TEMPLÁRIO: Então o senhor ainda não o conhece? Quero dizer, pessoalmente?

NATÃ: Quem, Saladino? Ainda não. Nunca o evitei, mas também não procurei conhecê-lo. A voz geral de sua reputação falava tanto bem dele que eu não queria crer de preferência a ver. Mas agora, se ao contrário isso for assim, se ele ao lhe poupar a vida…

TEMPLÁRIO: Sim, isso realmente é assim. A vida que eu vivo é dádiva dele.

NATÃ: Com isso ele me deu uma dupla, tripla vida. Isso mudou tudo entre nós; ele lançou ao meu redor uma corda que me prende para sempre a seu serviço. Mal e mal posso esperar o que ele irá me ordenar primeiro. Estou disposto a tudo; estou disposto a confessar que o faço por sua causa.

TEMPLÁRIO: Eu próprio ainda não pude lhe agradecer, embora tenha tantas vezes cruzado o seu caminho. A impressão que lhe causei veio tão rápida, quão rapidamente, em seguida, tornou a desaparecer. Quem sabe se ele ainda se lembra de mim. No entanto, ele precisa, uma vez mais pelo menos, lembrar-se de mim para decidir de todo o meu destino. Não basta que, por sua ordem, graças à sua vontade, eu ainda esteja vivo: preciso agora também aguardar até que ele decida segundo qual vontade tenho de viver.

NATÃ: É exatamente assim; e com tanto mais razão eu não quero me demorar. Uma palavra talvez me dê a oportunidade de falar a seu respeito. Com licença, perdoe-me. Devo me apressar. Mas quando o veremos em nossa casa?

TEMPLÁRIO: Tão logo eu deva.

NATÃ: Tão logo o senhor queira.

TEMPLÁRIO: Hoje ainda.

NATÃ: E seu nome, por favor?

TEMPLÁRIO: Meu nome era... é Curd von Stauffen. Curd!

NATÃ: Von Stauffen? Stauffen? Stauffen?

TEMPLÁRIO: Por que isso chama tanto a sua atenção?

NATÃ: Von Stauffen? Dessa família, já são provavelmente vários...

TEMPLÁRIO: Oh, sim! Aqui estiveram, aqui jazem e apodrecem já vários dessa família. Meu tio mesmo – meu pai, quero dizer. Mas por que seu olhar sobre mim se aguça cada vez mais e mais?

NATÃ: Ó nada! Ó nada! Como posso me cansar de vê-lo?

TEMPLÁRIO: Por isso vou deixá-lo primeiro. O olhar do inquiridor encontra não raro mais do que desejava encontrar. Ele me dá medo, Natã. Deixe que o tempo pouco a pouco, e não a curiosidade, faça com que nos conheçamos. (*Ele sai.*)

NATÃ (*que, espantado, o segue com o olhar*): "O inquiridor não raro encontra mais do que desejava encontrar." É como se ele lesse a minha alma! Sim, é verdade; isso podia também acontecer comigo. Não só a estatura de Wolf, o andar de Wolf e também a sua voz. Assim, precisamente assim, Wolf até jogava a cabeça; carregava mesmo a espada no braço; Wolf passava mesmo as mãos sobre as sobrancelhas, como que para esconder o fogo de seu olhar. Como é que tais imagens, profundamente gravadas, podem às vezes permanecer adormecidas em nós, até que uma palavra, um som as desperte? Von Stauffen! Isso mesmo, isso mesmo; Filnek e Stauffen. Logo ficarei sabendo de tudo; logo. Primeiro, porém, vamos a Saladino. Mas como? Não é Daia que está ali à espreita? Bem, chegue mais perto, Daia.

Cena 8

Daia. Natã.

NATÃ: O que há? Agora, já lhes oprime o coração, a ambas, algo completamente diferente do que o desejo de ficar sabendo o que Saladino quer de mim.

DAIA: O senhor leva isso a mal? Há pouco, o senhor começou a falar de modo mais familiar com ele, quando a mensagem do sultão nos espantou da janela.

NATÃ: Pois então, diga-lhe apenas que ela pode esperar por ele a qualquer momento.

DAIA: Com certeza, com certeza?

NATÃ: Posso confiar em você, Daia? Tome cuidado; peço-lhe. Você não se arrependerá. Sua consciência mesma encontrará nisso sua paga. Apenas relate e pergunte com discrição e reserva...

DAIA: Pensar que o senhor ainda possa lembrar uma coisa dessas! Vou indo; o senhor também vai. Pois olhe só! Creio que vem vindo um segundo mensageiro do sultão, Al-Hafi, o seu dervixe. (*Sai.*)

Cena 9

Natã. Al-Hafi.

AL-HAFI: Ah! ah! Eu estava indo justamente agora de novo para a sua casa.

NATÃ: É tão urgente assim? O que ele está querendo de mim?

AL-HAFI: Quem?

NATÃ: Saladino. Estou indo, estou indo.

AL-HAFI: Falar com quem? Com Saladino?

NATÃ: Não foi Saladino quem o enviou?

AL-HAFI: A mim? Não. Então ele já mandou chamá-lo?

NATÃ: Sim, está claro que sim.

AL-HAFI: Muito bem, assim é que está certo.

256 LESSING: TEATRO

NATÃ: O quê? O que está certo?

AL-HAFI: Disso... eu não tenho culpa; Deus sabe que eu não tenho culpa. Não há o que eu não tenha dito a seu respeito, mentido, para evitá-lo!

NATÃ: Evitar o quê? O que está certo?

AL-HAFI: O fato de que o senhor se tornou agora seu *defterdar*, seu tesoureiro. Tenho pena do senhor. Mas não quero assistir a isso. Estou indo agora mesmo; estou indo, o senhor já sabe para onde; e conhece o caminho. Se, para este caminho, o senhor tem algo a encomendar, diga; estou às ordens. Por certo não pode ser mais do que aquilo que um sujeito nu pode arrastar consigo. Estou indo, diga logo.

NATÃ: Pense um pouco, Al-Hafi. Pense um pouco, considere que eu ainda não sei de nada. Do que você está matraqueando?

AL-HAFI: O senhor vai levar consigo a bolsa, não vai?

NATÃ: A bolsa?

AL-HAFI: Ora, o dinheiro, que o senhor deve adiantar a Saladino.

NATÃ: E isso é tudo?

AL-HAFI: E devo eu ficar testemunhando como ele vai esfolá--lo dia após dia até os dedos do pé? Devo eu ficar testemunhando a dilapidação daqueles celeiros antes nunca vazios, dos quais a sábia caridade empresta e empresta e empresta durante tanto tempo, até que os pobres ratinhos lá dentro passam fome? Estará o senhor alimentando talvez a ideia de que quem precisa de seu dinheiro seguirá também de bom grado seu conselho? Sim; ele seguir conselho! Quando foi que Saladino deixou-se aconselhar? Pense apenas, Natã, no que agora acaba de me acontecer com ele.

NATÃ: E então?

AL-HAFI: Chego à casa dele no momento em que terminava de jogar uma partida de xadrez com a irmã. Sitah não joga mal; e o jogo, do qual Saladino, julgando-o perdido, já havia desistido, ainda está por inteiro ali disposto. Dou uma olhada e vejo que o jogo ainda está longe de estar perdido.

NATÃ: Eh, isso foi um achado para você!

NATÃ, O SÁBIO   257

AL-HAFI: Ele precisava apenas proteger o rei com o peão, diante do xeque dado por ela. Se eu pudesse apenas lhe demonstrar isso agora!

NATÃ: Oh, eu confio em você!

AL-HAFI: Pois assim a torre teria campo, e Sitah estaria liquidada. É tudo isso que eu quero então mostrar a ele, e o declaro. Imagine!...

NATÃ: Ele não é da mesma opinião?

AL-HAFI: Ele nem sequer me ouve e atira com desdém o jogo todo em um montão.

NATÃ: É possível?

AL-HAFI: E ainda diz que deseja estar em mate, de uma vez. Isso é jogar?

NATÃ: Dificilmente; isso é jogar com o jogo.

AL-HAFI: No entanto, a partida não valia uma casca oca de noz.

NATÃ: Dinheiro, ora dinheiro! Isso é o de menos. Mas nem sequer ouvir você! Sobre um ponto de tal importância, não ouvi-lo uma só vez! Não admirar teu olhar de águia. Isso, isso clama por vingança, não é?

AL-HAFI: Ora! Digo-lhe isso só para que veja que cabeça ele é. Em suma, não aguento mais ficar com ele. Pois aqui estou eu a correr a todos os mouros sujos e perguntar quem deles quer lhe emprestar dinheiro. Eu, que nunca mendiguei para mim, devo agora pedir emprestado para outros. Pedir emprestado não é muito melhor do que mendigar; assim como emprestar com usura não é muito melhor do que roubar. Ah! Entre os meus Guebros[34], no Ganges, não preciso fazer nenhuma das duas coisas e não preciso ser instrumento nem de uma nem de outra. No Ganges, só no Ganges existem verdadeiros seres humanos. Aqui o senhor ainda é o único tão digno que merece viver no Ganges. Quer vir comigo? Deixe-o em

---

34. Do persa *gäber*, "adorador do fogo"; designa os descendentes dos persas derrotados pelos árabes no século VII e que continuaram a praticar o zoroastrismo. Causa estranheza que um dervixe muçulmano seja levado a dizer "meus guebros", mas é de supor que o autor o tenha feito com a deliberação de compatibilizar diferentes tradições religiosas.

apuros com esse esbulho que pretende fazer. Ele irá tirar isso pouco a pouco do senhor, seja como for. Acabe, pois, com esse aborrecimento imediatamente. Eu lhe arrumo um Delk, uma bata de dervixe. Venha, venha comigo!

NATÃ: Penso realmente que isso nos é dado sempre fazer. Mas, Al-Hafi, quero refletir sobre o assunto. Espera...

AL-HAFI: Refletir? Não, sobre algo assim não se reflete.

NATÃ: Só até que eu volte da visita ao sultão; até que eu me despeça...

AL-HAFI: Quem reflete está procurando motivos para não precisar fazer. Quem não consegue decidir-se de pronto a viver a própria vida, este vive sempre como escravo de outro. Como queira! Viva bem como bem lhe parece. Meu caminho situa-se lá, o seu aqui.

NATÃ: Al-Hafi! Você sozinho vai antes acertar suas contas, não vai?

AL-HAFI: É brincadeira! O saldo de meu caixa nem vale contar; e minhas contas têm quem lhes dê cobertura – o senhor ou Sitah. Passe bem! (*Sai.*)

NATÃ (*seguindo-o com o olhar*): Eu cubro! Selvagem, bom, nobre, como devo chamá-lo? O verdadeiro mendigo é só ele e mais ninguém o verdadeiro rei! (*Sai pelo outro lado.*)

Ato III

Cena 1

Na casa de Natã.

Rekha e Daia.

REKHA: Daia, como foi que meu pai se expressou? "Eu poderia esperá-lo a qualquer momento?" Isto soa – não é verdade? – como se ele fosse aparecer daqui a pouco. Mas quantos momentos já se passaram! Ah bem, mas quem pensa nos que já se escoaram? Eu quero viver apenas em cada momento seguinte. Pois em algum momento há de chegar aquele que o trará.

DAIA: Oh, aquela maldita mensagem do sultão! Pois, não fosse ela, Natã já o teria trazido aqui.

REKHA: E quando esse momento já tiver chegado? Quando o meu mais íntimo, mais caloroso desejo for satisfeito: o que será então? O que será então?

DAIA: O que será então? Então espero que também o meu mais caloroso desejo passe a ser atendido.

REKHA: O que será que tomará o seu lugar em meu peito que já não sabe inflar-se sem um dominante desejo de todos os desejos? Nada? Ah, eu me apavoro!

DAIA: O meu, o meu desejo tomará então o lugar do que foi satisfeito. O meu, o meu desejo de vê-la na Europa, de sabê--la em mãos que são dignas de você.

REKHA: Você se engana. O que torna este desejo seu, é exata-mente o que impede que jamais ele possa vir a ser o meu. A você atrai a sua terra pátria: e a minha, a minha não have-ria de me prender? Uma imagem dos seus, que em sua alma ainda não se apagou, terá mais poder do que aquelas que eu posso ver, tocar e ouvir, do que dos meus?

DAIA: Resista quanto quiser! Os caminhos do céu são os cami-nhos do céu. E se fosse o seu salvador mesmo, por meio do qual o seu Deus, por quem ele luta, quisesse levá-la ao povo e à terra para os quais você nasceu?

REKHA: Daia! O que está dizendo, Daia querida! Você tem realmente ideias singulares: "Seu, seu Deus, por quem ele luta!" Daia, a quem pertence Deus? Que Deus é esse, que pertence a esse único ser humano? Que precisa deixar que lutem por ele? E como se sabe então para qual pedaço de terra a gente nasceu se não for aquele no qual se nasceu? Se meu pai a ouvisse falar assim! O que foi que ele lhe fez para você sempre só imaginar minha felicidade tão longe dele quanto possível? O que foi que ele lhe fez para você misturar com tanto gosto as sementes da razão que ele semeou tão puras em minha alma às ervas daninhas ou às flores da sua terra? Querida, querida Daia, ele não quer as suas flores coloridas no meu chão! E devo dizer-lhe que eu mesma sinto o meu chão, por mais belamente que elas o vistam, enfraquecido, exaurido por tuas flores; sinto-o nos seus perfumes, aromas agridoces que me deixam tão entorpecida, tão atordoada! Seu cérebro está mais habituado a isso. Eu não censuro por isso os nervos mais fortes que o suportam. Apenas não me dou bem com isso; e já o seu anjo, quão pouco faltou para que ele me fizesse de boba? Ainda tenho vergonha diante de meu pai por aquela farsa!

DAIA: Farsa! Como se a razão somente aqui estivesse em casa! Farsa! Farsa! Se apenas eu pudesse falar!

REKHA: Você não pode? Quando é que não fui toda ouvidos sempre que sentiu vontade de me entreter com histórias dos heróis de sua fé? Não admirei todas as vezes seus feitos e não lhes tributei sempre de bom grado minhas lágrimas? É verdade que sua fé nunca me pareceu seu traço mais heroico. No entanto, tornou-se para mim tanto mais consolador o ensinamento de que a submissão a Deus independe inteira e absolutamente de nossas crenças sobre Ele. Querida Daia, isso meu pai nos disse tantas vezes; e, sobre isso, você mesma concordou com ele tantas vezes: por que você sozinha solapa o que construiu junto com ele? Querida Daia, esta não é a espécie de conversa com a qual podemos melhor aguardar o nosso amigo. Para mim na verdade, sim! Pois a mim importa imensamente se também ele... Daia, escuta! Não é ele que está à nossa porta? Tomara que seja ele! Escuta!

Cena 2

Rekha, Daia e o Templário; alguém, do lado de fora, lhe abre a porta, com as palavras:

– Entre por aqui!

REKHA (*assusta-se, acalma-se e quer atirar-se a seus pés*): É ele! Meu salvador, ah!

TEMPLÁRIO: Foi para evitar isto que demorei a aparecer. E, no entanto...

REKHA: Quero, sim, aos pés deste bravo homem agradecer mais uma vez apenas a Deus; não ao homem, este homem não deseja nenhum agradecimento; ele o deseja tão pouco como o balde d'água que mostrou tanto zelo em apagar o fogo. Ele deixou que o enchessem, ele deixou que o esvaziassem, sem mais: assim também este homem. Também ele foi lançado do mesmo modo para dentro das chamas; aí, por acaso eu lhe caí nos braços; aí, por acaso, como uma fagulha no seu manto, fiquei em seus braços; até que de novo, não sei o que, nos lançou ambos para fora das chamas. O que há aí para agradecer? Na Europa, o vinho leva a outros atos ainda mais ousados. Templários devem agir assim, devem, como cães um pouco melhor amestrados, resgatar tanto do fogo quanto da água.

TEMPLÁRIO (*que a observa com espanto e inquietação por algum tempo*): Ó Daia, Daia! Se em momentos de preocupação e amargura permiti que o meu humor a maltratasse, por que revelar-lhe cada tolice que minha língua carreou? Isto seria vingar-se fora de medida, Daia! Mas queira de agora em diante me representar em melhores termos junto a ela.

DAIA: Eu não acredito, cavaleiro, não acredito que estes pequenos espinhos que ela lhe atirou no coração tenham feito muito mal ao senhor.

REKHA: Como? O senhor teve preocupação? E foi mais avaro com sua preocupação do que com sua vida?

TEMPLÁRIO: Bem, doce criança! Como está dividida agora minha alma entre o olho e o ouvido! Não foi esta a menina, não, que eu retirei do fogo! Mas quem que a conhecesse deixaria de retirá-la? Quem teria esperado por mim? É verdade, oculto o susto...

(*Pausa durante a qual ele como que se perde em contemplá-la.*)

REKHA: Eu, porém, ainda acho que o senhor é o mesmo. (*Nova pausa; até que ela prossegue, a fim de interromper o seu pasmo.*) Agora, cavaleiro, diga-nos, onde esteve esse tempo todo? Eu poderia quase perguntar também: onde está agora?

TEMPLÁRIO: Estou... onde talvez não devesse estar.

REKHA: E onde esteve? Também onde talvez não devesse ter estado? Isso não é bom.

TEMPLÁRIO: No... no... como se chama a montanha? No Sinai.

REKHA: No Sinai? Ah, que bom! Agora, finalmente, posso saber com certeza se é verdade...

TEMPLÁRIO: O quê? O quê? Se é verdade que ainda se pode ver o lugar onde Moisés esteve diante de Deus, quando...

REKHA: Não, isso decerto não. Pois, onde quer que ele estivesse, estava diante de Deus. Isso já é coisa que me é bastante conhecida. Gostaria apenas de saber do senhor se é verdade que... que é muito menos cansativo subir essa montanha do que descê-la? Pois veja; todas as vezes que subi montanhas, foi justamente o contrário. Então, cavaleiro? O quê? O senhor está me dando as costas? Não quer me ver?

TEMPLÁRIO: É porque quero ouvi-la.

REKHA: É porque não quer me deixar perceber que está sorrindo de minha simplicidade; que está sorrindo porque não sei lhe perguntar nada de mais importante sobre esta montanha mais sagrada de todas as montanhas? Não é verdade?

TEMPLÁRIO: Devo então olhá-la novamente nos olhos. O quê? Agora está abaixando-os? Agora está escondendo esse sorriso? Justamente agora, quando quero ler nas expressões, nas duvidosas expressões de seu rosto, aquilo que eu ouço tão claramente, que você está me dizendo tão nitidamente – calada? Ah, Rekha, Rekha! Como ele estava certo, quando me disse: "Espere até conhecê-la!"

REKHA: Quem? De quem? Quem disse isso?

TEMPLÁRIO: "Espere até conhecê-la!", disse-me seu pai, a seu respeito.

DAIA: E eu não o disse também? Eu também não?

TEMPLÁRIO: Mas então, onde é que ele está? Onde é que está o seu pai? Ainda com o sultão?

REKHA: Sem dúvida.

TEMPLÁRIO: Ainda, ainda lá? Sou tão esquecido! Não, não, dificilmente há de estar lá ainda. Deve estar esperando por mim lá embaixo junto ao convento; com certeza. Foi assim que, creio eu, combinamos. Com licença! Vou buscá-lo...

DAIA: Isso é comigo. Pode ficar, cavaleiro, pode ficar. Vou trazê-lo sem demora.

TEMPLÁRIO: Não, de modo nenhum! Ele está esperando por mim, não por você. Além disso, ele poderia facilmente... Quem sabe?... Ele poderia no encontro com o sultão facilmente... Vocês não conhecem o sultão!... facilmente ter entrado em apuros. Podem crer em mim: há perigo, se eu não for.

REKHA: Perigo? Que perigo?

TEMPLÁRIO: Perigo para mim, para vocês, para ele, se eu não for depressa, bem depressa. (*Sai.*)

Cena 3

Rekha e Daia.

REKHA: O que é isso, Daia? – Tão rápido? – O que há com ele? O que deu nele? O que o persegue?

DAIA: Deixe-o, deixe-o. Acho que não foi mau sinal.

REKHA: Sinal? E do quê?

DAIA: De que algo se passa dentro dele. Está fervendo e não deve transbordar. Deixe-o. Agora depende de você.

REKHA: O que depende de mim? Você está ficando, como ele, incompreensível para mim.

DAIA: Logo poderá retribuir-lhe por toda a inquietação que ele lhe causou. Não seja, porém, demasiado severa, demasiado vingativa.

REKHA: Do que está falando, só você sabe.

DAIA: E você então já está tão tranquila de novo?

REKHA: Estou, sim, estou.

DAIA: Ao menos confessa que se alegra com a inquietação dele e agradeça a essa inquietação a tranquilidade de que você está gozando agora.

REKHA: Não tenho a menor consciência disso! Pois o máximo que eu poderia lhe confessar é que a mim, a mim mesma, causa estranheza como em meu coração, após uma tempestade como aquela, pôde seguir-se de repente uma calmaria assim. Sua aparência toda, sua conversa, seu modo de agir me...

DAIA: Já satisfizeram?

REKHA: Que me satisfizeram, isso eu não posso dizer; não, nem de longe.

DAIA: Apenas aplacaram a fome mais voraz.

REKHA: Sim; se você assim quiser.

DAIA: Eu justamente não.

REKHA: Ele será sempre caro para mim; permanecerá sempre para mim mais caro do que minha própria vida: ainda quando o meu pulso já não se alterar mais à simples menção de seu nome; nem meu coração já não bater mais rápido, mais forte, toda vez que eu pensar nele. Mas o que estou tagarelando? Vem, vem Daia querida, de novo até a janela que dá para as palmeiras.

DAIA: Então a fome voraz ainda não está totalmente saciada.

REKHA: Agora verei também as palmeiras e não apenas ele sob as palmeiras.

DAIA: Essa frieza então inicia apenas uma nova febre.

REKHA: Que frieza? Não estou fria. Não vejo realmente com menor prazer o que vejo com calma.

Cena 4

Saladino e Sitah.
Uma sala de audiência no palácio de Saladino.

SALADINO (*ao entrar, perto da porta*): Tragam o judeu aqui, assim que ele chegar. Ele não parece estar com muita pressa.

SITAH: Ele tampouco estava bem à mão; não dava para achá-lo de imediato.

SALADINO: Ah irmã! Irmã!

SITAH: Você fala como se estivesse a ponto de entrar em uma batalha.

SALADINO: E isso com armas que não aprendi a usar. Devo fingir; devo causar medo; devo armar ciladas; enganar. Quando foi que eu soube fazer isso? Onde foi que aprendi? E devo fazer tudo isso, para quê? Para quê? Para pescar dinheiro; dinheiro! Para arrancar dinheiro, dinheiro de um judeu; dinheiro! Será que fui levado finalmente a essas pequenas espertezas, para obter das mesquinharias a mais mesquinha?

SITAH: Cada mesquinharia, desprezada em demasia, vinga-se, irmão.

SALADINO: Infelizmente é verdade. E se esse judeu for de fato aquele homem bom e razoável que o dervixe certa vez descreveu?

SITAH: Oh, nesse caso! Que necessidade há? O laço é somente para o judeu sovina, inquietante, temeroso: não para o homem bom, para o sábio. Este já é tão nosso, sem qualquer armadilha. O prazer de ouvir como um homem assim se escusa; com que ousado vigor ele rompe prontamente as cordas; ou também com que matreira cautela contorna as redes à frente, este prazer você terá, além disso.

SALADINO: Bem, isso é verdade. É certo; eu me alegro com isso.

SITAH: Nesse caso, nada mais, também, pode deixar você embaraçado. Pois ele é apenas um na multidão, é apenas um judeu enquanto judeu: diante dele você, por certo, não se envergonhará de parecer tal como ele pensa que os homens são? Ao contrário, quem melhor se lhe mostra, mostra-se como louco, como bobo.

SALADINO: Então devo, sim, agir com bastante maldade para que o malvado não pense mal de mim?

SITAH: Deveras! se agir com maldade é como você chama utilizar cada coisa segundo sua natureza.

SALADINO: O que uma cabeça de mulher não inventou que ela não soubesse embelezar?

SITAH: Embelezar!

SALADINO: Receio apenas que essa coisa fina e aguda quebre em minha mão desajeitada! Algo assim deve ser realizado tal como foi inventado: com toda esperteza e destreza. Mas, seja como seja! Danço como posso; e poderia naturalmente fazê-lo – ainda pior do que melhor.

SITAH: Apenas não confie em si um pouco demais! Eu respondo por você! É só você querer. É que os homens como você gostariam tanto de nos convencer de que somente sua espada, sua espada somente, os levou tão longe. O leão se envergonha naturalmente quando caça com a raposa: da raposa, não da astúcia.

SALADINO: É que as mulheres gostariam tanto de trazer o homem para baixo, ao seu nível! Vai agora, vai! Creio saber a minha lição.

SITAH: O quê? Devo ir?

SALADINO: Você não queria ficar, queria?

NATÃ, O SÁBIO   267

SITAH: Mesmo que eu não fique aqui – em sua presença –, ao menos ali, no quarto ao lado.

SALADINO: Para ficar escutando? Também isso não, minha irmã; se eu posso insistir. Saia, saia! A cortina está se mexendo. Ele vem vindo! Mas é preciso que você já não se encontre aqui! Vou estar de olho. (*Enquanto ela sai por uma porta, Natã entra pela outra, e Saladino senta-se.*)

Cena 5

Saladino e Natã.

SALADINO: Chega mais perto, judeu! Mais perto! Aproxime-se! Não tenha medo!

NATÃ: Que o medo fique com seus inimigos.

SALADINO: Seu nome é Natã?

NATÃ: Sim.

SALADINO: O sábio Natã?

NATÃ: Não.

SALADINO: Bem! Você não chama a si mesmo deste modo; mas o povo o chama assim.

NATÃ: Pode ser; o povo!

SALADINO: Você não crê que eu menosprezo a voz do povo, penso? Há muito que desejo conhecer o homem a quem chamam o sábio.

NATÃ: E se o chamassem assim por ironia? E se para o povo sábio não fosse mais do que sabido? E sabido é apenas aquele que sabe bem o que é de seu interesse?

SALADINO: De seu verdadeiro interesse, você quer dizer?

NATÃ: Nesse caso, certamente o mais egoísta seria o mais sabido. Então certamente sabido e sábio seriam uma coisa só.

SALADINO: Ouço você provar justamente o que deseja refutar! Você procurou conhecer o verdadeiro interesse do homem, aquele que o povo não conhece; ao menos procurou conhecê-lo; o que o levou a refletir a esse respeito e a concluir: só isso já o faz sábio.

NATÃ: Que cada qual julga ser.

SALADINO: Agora chega de modéstia! Pois, ficar ouvindo-a sempre, a ela somente, quando se espera a enxuta razão, enoja. (*Ele se levanta de um salto*.) Vamos à coisa! Mas, com lisura, judeu, com lisura!

NATÃ: Sultão, quero servi-lo sem dúvida de tal modo que eu permaneça digno de sua mais longínqua clientela!

SALADINO: Servir-me? Como?

NATÃ: Para que tenha o melhor de tudo e o tenha pelo menor preço.

SALADINO: Do que está falando? Não de suas mercadorias? Barganhar com você é minha irmã que vai. (*À parte*: Isto é para a ouvinte!). Nada tenho a fazer com o comerciante.

NATÃ: Então há de querer sem dúvida saber o que porventura observei e encontrei em meu caminho a respeito do inimigo, o qual de fato começa novamente a mexer-se? Caso eu, para falar com franqueza...

SALADINO: Também não é por isso que agora eu o procurei. Disso já sei, tanto quanto tenho necessidade. Em poucas palavras...

NATÃ: Ordena, sultão!

SALADINO: Busco sua instrução em algo completamente diferente; completamente diferente. Já que você é tão sábio, então diga-me, pois: qual a crença, qual a lei que faz mais sentido para você?

NATÃ: Sultão, eu sou judeu.

SALADINO: E eu muçulmano. Entre nós dois está o cristão. Ora, dessas três religiões, só uma pode ser a verdadeira. Um homem como você não permanece parado lá no lugar onde o acaso do nascimento o atirou: ou se permanece, é por discernimento, razões, escolha do melhor. Pois bem! Divida o seu discernimento comigo. Deixe-me ouvir, conhecer as razões sobre as quais eu mesmo não tive tempo de matutar. Deixe-me a escolha que essas razões determinam – compreende-se, em confiança – para que eu as possa tornar minhas. Como?

Você hesita? Pesa-me com os olhos? É bem possível que eu seja o primeiro sultão a ter tais caprichos, o que me torna um sultão não tão indigno, parece-me. Não é verdade? Então fale! Fale! Ou você quer um momento para refletir? Tudo bem; eu o concedo. (*À parte*: Será que ela está ouvindo? Pois quero surpreendê-la; quero saber se fiz tudo certo.) Reflita! Rápido, reflita sobre isso! Não vou me demorar, volto logo. (*Ele entra no quarto contíguo, para onde Sitah fora.*)

Cena 6

Natã sozinho.

NATÃ: Hum, hum! Estranho! O que devo pensar? O que será que o sultão está querendo? O quê? Eu esperava que fosse dinheiro; e ele quer... a verdade. A verdade! E a quer tão nua e crua, como se a verdade fosse uma moeda! Sim, como se fosse uma moeda antiga, daquelas que eram pesadas! Mas moeda nova, que só a estampa do cunho faz, que se pode contar apenas sobre o balcão, isso ela realmente não é! Como dinheiro em uma bolsa, assim também se enfia a verdade na cabeça? Quem é afinal aqui o judeu? Ele ou eu? Mas espere. Será que na verdade ele também não está possivelmente exigindo a verdade? Realmete, realmente a suspeita de que ele estaria usando a verdade como armadilha seria também algo por demais pequeno! Por demais pequeno? O que é pequeno demais para um grande? É certo, é certo: ele entrou na casa rebentando a porta! Pois se bate, se escuta primeiro, quando se vem como amigo. Tenho de andar com cuidado! E como? Como fazer isso? Querer ser tão por inteiro um judeu convicto, já não é possível. E não ser de todo e em absoluto judeu, menos ainda. Pois, se não é judeu, pode ele me perguntar, por que não ser muçulmano? É isso! Isso pode me salvar! Não são apenas as crianças que a gente alimenta com contos de fada. Ele vem voltando. Ele que venha!

Cena 7

Saladino e Natã.

SALADINO (*À parte:* Então o campo aqui está livre!) Não estou voltando rápido demais? Você já se acha no fim de suas reflexões. Agora então, fale! Não nos ouve alma alguma.

NATÃ: Tomara que o mundo inteiro também nos ouça.

SALADINO: Tão seguro está Natã de sua causa? Ah! Isso é o que eu chamo de sábio. Nunca esconder a verdade! Por ela colocar tudo em jogo! De corpo e alma! Os bens e o sangue!

NATÃ: Ah sim, sim! Quando é necessário e útil.

SALADINO: De agora em diante me é dado, espero, trazer com todo direito um de meus títulos, o de Melhorador do Mundo e da Lei.

NATÃ: Deveras, um belo título! Porém, sultão, antes que eu me confie por inteiro a você, permita que lhe conte uma pequena história?

SALADINO: Por que não? Sempre fui amigo de histórias, bem contadas.

NATÃ: Sim, contar bem, isso não é exatamente o meu forte.

SALADINO: Já, de novo, tão orgulhosamente modesto? Vamos! Conte, conte!

NATÃ: Há muitos e muitos anos vivia no Oriente um homem que possuía um anel de valor inestimável, recebido de mãos queridas. A pedra era uma opala, que cintilava com cem cores das mais belas, e tinha a força secreta, a de tornar agradável a Deus e aos homens quem usasse o anel com essa confiança. Seria de admirar que um homem no Ocidente nunca o tirasse do dedo, e tomasse a disposição a fim de conservá-lo para sempre na família em sua casa? E assim foi. Ele deixou o anel ao filho mais amado; e estipulou que este, por sua vez, também o deveria deixar em herança ao filho que mais amasse; e sempre o mais amado, sem levar em conta a ordem do nascimento, por força do anel, se tornaria o cabeça, o príncipe da casa. Está me entendendo, magnífico sultão?

NATÃ, O SÁBIO 271

SALADINO: Estou. Continue!

NATÃ: Foi assim que esse anel, de filho em filho, chegou por fim a um pai de três filhos; todos os três lhe eram igualmente obedientes; e a todos três ele não podia impedir-se, por consequência, de amá-los igualmente. Apenas, de tempo em tempo, ora este, ora aquele, ora o terceiro – quando cada um deles se encontrava sozinho com ele e os outros dois não partilhavam de seu transbordante coração – parecia-lhe mais digno do anel; pois ele também tinha a piedosa fraqueza de prometê-lo a cada um deles. Isso continuou assim, enquanto continuou. Mas quando chegou a hora da morte, o bom pai viu-se em apuros. Doía-lhe ferir de tal modo dois de seus filhos que haviam confiado em sua palavra. O que fazer? Ele mandou procurar em segredo um joalheiro, a quem encomendou, conforme o modelo de seu anel, dois outros, e lhe ordenou que, sem poupar gastos nem labor, os fizesse iguais, perfeitamente iguais ao molde. Isso o joalheiro conseguiu. Quando ele lhe trouxe os anéis, nem o próprio pai pôde distinguir o original. Alegre e animado, ele chamou os filhos, um de cada vez, e deu a cada um em separado a sua benção – o seu anel – e morreu. Está ouvindo, sultão?

SALADINO (*que, surpreendido, se afasta*): Estou ouvindo, estou ouvindo! Chega logo ao fim com essa sua história. Vai chegar?

NATÃ: Estou no fim. Pois, o que segue, compreende-se por si próprio. Mal o pai morreu, cada um dos filhos veio com o seu anel e cada qual quis ser o príncipe da casa. Examinaram, brigaram, reclamaram. Em vão; não era possível provar qual era o verdadeiro anel. (*Após uma pausa, na qual espera a resposta do sultão.*) É quase tão difícil de provar, como para nós agora, a verdadeira fé.

SALADINO: Como? Essa deve ser a resposta à minha pergunta?...

NATÃ: Queira desculpar-me se não ouso diferenciar os anéis que o pai mandou fazer com o propósito de que com isso eles não fossem diferenciáveis.

SALADINO: Os anéis! Não brinque comigo! Eu pensaria que as religiões, que eu lhe mencionei, fossem de fato diferentes uma da outra, até no vestuário, até na comida e na bebida!

NATÃ: E apenas nos seus fundamentos, não. Pois elas não se fundamentam todas na história? Escrita ou transmitida oralmente! E a história decerto tem de ser aceita, ela própria, por fé e crença? Não é? Ora, que fé e crença a gente põe menos em dúvida? A nossa? Aquela a cujo sangue nós pertencemos? Aquela que, desde a infância, nos deu provas de amor? Que nunca nos enganou, senão lá onde ser enganado era para nós mais benéfico? Como posso eu acreditar menos nos meus pais do que você nos seus? Ou o inverso. Posso eu exigir de você que desminta seus antepassados para que não contradigam os meus? Ou o inverso? O mesmo vale para os cristãos. Não é verdade?

SALADINO: Pelo Vivente! O homem tem razão. Eu devo emudecer.

NATÃ: Permita que voltemos de novo aos nossos anéis. Como dissemos, os filhos acusaram-se uns aos outros; e cada qual jurou perante o juiz que havia recebido o anel diretamente da mão do pai. O que também era verdade! Isso, depois de ter tido, já de há muito, a sua promessa de que, um dia, desfrutaria do privilégio do anel. O que não era menos verdade! O pai, cada um deles afirmou, não poderia ter sido falso contra ele; e para não suspeitar isso dele, de um pai tão querido, era obrigado a acusar os irmãos pelo jogo desleal, por mais propenso que estivesse em outras coisas a crer somente o melhor respeito deles.

SALADINO: Bem, e o juiz? Tenho muita vontade de ouvir o que você deixou para o juiz dizer. Fale!

NATÃ: O juiz disse: "Se vocês não me trouxerem logo o pai até aqui, ordeno-lhes que saiam da frente de minha curul de magistrado. Pensam que estou aqui para decifrar charadas? Ou esperam que o anel verdadeiro abra a boca e fale? Mas esperem! Ouço que o anel verdadeiro tem o poder miraculoso de tornar amado o seu portador, agradável perante Deus e perante os homens. Isso é o que deve decidir! Porque os anéis falsos não poderão certamente fazê-lo! Pois bem; quem de vocês é o mais amado pelos outros dois? Vamos, digam! Vocês calam? Os anéis só atuam para trás? E não para fora? Cada um de vocês só ama a si próprio, sobretudo? Ah! Então todos os três são trapaceiros trapaceados. Seus anéis não são todos os três autênticos. O autêntico provavelmente foi perdido. Para esconder isso, para substituir essa perda, o pai mandou fazer os três por um".

SALADINO: Esplêndido! Esplêndido!

NATÃ: "E assim", prosseguiu o juiz, "se vocês não querem o meu conselho, em lugar de minha sentença: vão em frente! Meu conselho, porém, é o seguinte: tomem a coisa como ela se apresenta. Cada um de vocês tem o seu anel de seu pai, de modo que cada qual crê com certeza que seu anel é o autêntico. É possível que o pai não quisesse mais tolerar a tirania de um anel único em sua casa! E sem dúvida ele amava vocês, a todos os três, e os amava igualmente: visto que não quis preterir dois para favorecer apenas um. É isso! Que cada um de vocês rivalize com ele apenas no amor incorrupto, livre de preconceitos. Que cada um de vocês se esforce nesse desafio a pôr à mostra o poder da pedra de seu anel. Que venha em ajuda desse poder com benignidade, com cordial espírito de conciliação, com prática do bem, com a mais entranhada devoção a Deus! E quando então o poder do anel se revelar aos filhos de seus filhos de seus filhos, daqui a mil, mil anos, eu os convidarei de novo a comparecer perante esta curul de tribunal. Então, um homem mais sábio do que eu estará sentado nela e lhes falará. Podem ir!" Assim disse o modesto juiz!

SALADINO: Oh Deus, Deus!

NATÃ: Saladino, se acaso você sente que é esse juiz mais sábio, esse homem prometido...

SALADINO (*que se atira sobre ele e pega sua mão, que não mais solta*): Eu, poeira? Eu, nada? Oh Deus!

NATÃ: O que você tem, sultão?

SALADINO: Natã, querido Natã! Esses mil, mil anos do seu juiz ainda não se passaram. A cadeira curul do seu juiz não é a minha. Agora pode ir. Vai! Vai! Mas seja meu amigo.

NATÃ: E Saladino não tem mais nada a me dizer?

SALADINO: Não.

NATÃ: Nada?

SALADINO: Nada mais. E por quê?

NATÃ: Eu desejaria aproveitar a oportunidade para lhe fazer um pedido.

SALADINO: Você precisa de oportunidade para fazer um pedido? Fale!

NATÃ: Venho de uma longa viagem, em que cobrei muitas dívidas. Estou com dinheiro demais em caixa. Os tempos começam a tornar-se de novo inquietantes; e não sei direito onde ele estaria seguro. Pensei então, se você talvez – pois uma próxima guerra sempre requer mais dinheiro – pudesse precisar de algum.

SALADINO (*olhando-o fixamente nos olhos*): Natã! Não vou perguntar se Al-Hafi já esteve com você; não quero averiguar se alguma outra suspeita o impeliu a me fazer essa oferta voluntária...

NATÃ: Uma suspeita?

SALADINO: Eu a mereço. Perdoa-me, Natã! Pois o que adianta? Devo apenas lhe confessar... que eu estava a ponto de...

NATÃ: Não de procurar obter de mim a mesma coisa?

SALADINO: É isso, realmente.

NATÃ: Então seria de ajuda a nós dois! Que eu não possa lhe enviar agora todo o meu dinheiro disponível, é por causa do jovem templário. Você já o conhece, sim. Antes de tudo, tenho ainda que lhe pagar uma grande soma.

SALADINO: Templário? Você não vai apoiar com seu dinheiro um de meus piores inimigos?

NATÃ: Estou falando apenas de alguém cuja vida você poupou...

SALADINO: Ah! O que você me faz lembrar! Eu havia me esquecido completamente desse jovem! Você o conhece? Onde ele está?

NATÃ: Como? Então não sabe quanto da graça que você lhe dispensou fluiu por meio dele sobre mim? Ele, com o risco da nova vida que lhe fora concedida, salvou minha filha do fogo de um incêndio.

SALADINO: Ele? Ele fez isso? Ah! Dava a impressão que seria capaz. Isso, sem dúvida, o meu irmão, com quem ele tanto se parece, também faria! Ele ainda está aqui? Então, traga-o aqui! Eu contei tanta coisa à minha irmã a respeito desse irmão dela, a quem ela não conheceu, que devo lhe fazer ver também o retrato fiel dele! Ande, vá buscá-lo! Veja, como de uma boa ação, embora seja igualmente fruto da pura paixão, fluem, apesar de tudo, tantas outras boas ações! Ande, vá buscá-lo!

NATÃ (*soltando a mão de Saladino*): Imediatamente! E a respeito do acordo, ele está mantido também? (*Sai.*)

SALADINO: Ah, pena que não deixei minha irmã escutar! Vou ter com ela! Com ela! Pois como é que agora vou lhe contar tudo isso? (*Sai pelo outro lado.*)

Cena 8

A cena: sob as palmeiras, nas proximidades do convento, onde o cavaleiro templário está esperando.

TEMPLÁRIO (*caminha para cima e para baixo, lutando consigo mesmo, até que explode*): Aqui a extenuada vítima sacrificial se detém. Está bem! Não posso, não posso saber mais de perto o que se passa dentro de mim; não posso de antemão adivinhar o que vai se passar. Basta, fugi em vão! Em vão. E, no entanto, poderia eu fazer outra coisa exceto fugir? Agora, venha o que tiver de vir! O golpe caiu sobre mim rápido demais para me esquivar dele; por longo tempo e muitas vezes recusei-me a ficar a ele exposto. Vê-la, aquela a quem eu me sentia tão pouco desejoso de ver; vê-la, e a decisão de jamais deixá-la novamente longe dos olhos. Que decisão? Decisão é intento, ação: e eu sofri, eu sofri apenas. Vê-la, e o sentimento de estar preso a ela, unido em íntimo enlace com ela, eram uma só coisa. Permanecem uma só. Viver separado dela é para mim inteiramente impensável; seria minha morte, e lá onde sempre estamos após a nossa morte, também lá seria a minha morte. Se isso é amor, então o templário está de fato amando, o cristão está de fato amando a moça judia. Hum! E daí? Na Terra Prometida – e por isso também para mim prometida para sempre! Eu já me desfiz de mais de um preconceito. O que mais a minha Ordem quer de mim? Eu, cavaleiro templário, estou morto; estava morto, para ela, a partir do momento que me tornou prisioneiro de Saladino. A cabeça, que me foi presenteada pela graça de Saladino, era a minha velha cabeça? Não, ela é uma nova, que não sabe de tudo o que se falava na outra, que prendia a outra. E é uma cabeça melhor, mais adequada ao céu paternal. Isso eu sinto agora. Pois só com ela começo a pensar como o meu pai deve ter aqui pensado, se não fui enganado por contos de fada a seu respeito. Contos de fada? No entanto, inteiramente críveis; nunca me pareceram mais críveis do que agora, quando corro o perigo de tropeçar lá onde ele caiu. Ele caiu? Prefiro cair com homens feitos do que ficar de pé com crianças. Seu exemplo me garante seu aplauso. E o aplauso de quem é mais importante para mim? O de Natã? Seu encorajamento mais do que seu aplauso, dificilmente pode me faltar menos. Ah, que judeu! E um judeu que quer tão por inteiro parecer apenas judeu! Aí vem ele; vem com pressa; seu rosto brilha de pura alegria. Mas quem pode vir de outro modo, depois de um encontro com Saladino? Ei, ei, Natã!

Cena 9

Natã e o Templário.

NATÃ: Como? É você?

TEMPLÁRIO: O senhor ficou muito tempo com o sultão.

NATÃ: Não foi tanto assim. Eu demorei muito para ir até lá. Ah, realmente Curd, o homem merece a fama que tem. Sua fama é apenas sua sombra. Mas deixe antes de tudo que eu lhe diga rapidamente...

TEMPLÁRIO: O quê?

NATÃ: Ele deseja falar com você; quer que vá ter com ele imediatamente. Acompanha-me apenas até a minha casa, onde tenho ainda outra coisa a dispor para ele, e depois iremos.

TEMPLÁRIO: Natã, eu não vou entrar de novo em sua casa antes que...

NATÃ: Então já esteve lá, nesse meio-tempo? Já falou, pois, com Rekha? Que tal? Diga: o que achou dela?

TEMPLÁRIO: Não há palavra que expresse! Mas, revê-la, jamais tornarei! Jamais, jamais! A não ser que o senhor me prometa agora mesmo que eu posso vê-la para sempre, para sempre.

NATÃ: Como deseja que eu entenda isso?

TEMPLÁRIO (*após uma breve pausa, de repente o abraça*): Meu pai!

NATÃ: Meu jovem!

TEMPLÁRIO (*soltando-o não menos repentinamente*): Por que não filho? Eu lhe peço, Natã!

NATÃ: Querido jovem!

TEMPLÁRIO: Por que não filho? Eu lhe peço, Natã! Eu lhe suplico em nome dos primeiros laços da natureza! Não prefira as amarras mais tardias! Contente-se em ser apenas humano! Não me afaste de si!

NATÃ: Querido, querido amigo!

TEMPLÁRIO: E filho? Filho não? Nem mesmo quando, nem sequer quando a gratidão já abriu o caminho do amor para o coração de sua filha? Nem mesmo quando ambos esperam apenas o seu aceno para fundir-se em um só? O senhor não diz nada?

NATÃ: Você me surpreende, jovem cavaleiro.

TEMPLÁRIO: Eu o surpreendo? Eu o surpreendo, Natã, com seus próprios pensamentos? O senhor os reconhece em minha boca, não? Eu o surpreendo?

NATÃ: Até que eu saiba com certeza que Stauffen seu pai era.

TEMPLÁRIO: O que está dizendo, Natã? O quê? Neste momento o senhor não sente nada senão curiosidade?

NATÃ: Pois então veja! Eu mesmo conheci outrora um Stauffen que se chamava Conrado.

TEMPLÁRIO: Bem, e se meu pai justamente também se chamasse assim?

NATÃ: É verdade?

TEMPLÁRIO: Meu nome é o mesmo de meu pai: Curd é Conrado.

NATÃ: Bem, então esse meu Conrado não era o seu pai! Pois o meu Conrado era como você; era cavaleiro templário; e nunca foi casado.

TEMPLÁRIO: Ó, por isso!

NATÃ: Como assim?

TEMPLÁRIO: Ó, por isso mesmo ele poderia muito bem ter sido meu pai.

NATÃ: Você está brincando.

TEMPLÁRIO: E o senhor está tomando isso realmente de maneira muito estrita! Pois o que eu seria agora? Ainda que fosse bastardo ou filho ilegítimo! O ramo também não seria de desprezar. Contudo, peço que me dispense dessa prova de meus ancestrais. Eu, em troca, o dispensarei de comprovar os seus. Não que tenha a mais leve dúvida sobre a sua árvore genealógica. Deus me livre! O senhor pode cobri-la, folha por folha, até Abraão. E daí para trás tanto mais longe, isso eu mesmo sei; isso eu mesmo quero jurar.

NATÃ: Você está ficando amargo. Será que mereço isso? Alguma vez já lhe recusei algo? Eu apenas não quero pegá-lo pela palavra neste momento. Nada mais, além disso.

TEMPLÁRIO: Com certeza, e nada mais? Ó, então me perdoe!

NATÃ: Agora venha, venha!

TEMPLÁRIO: Para onde? Não! Não, não! Com o senhor, para a sua casa? Isso não, isso não! Há fogo queimando lá! Vou esperá-lo aqui. Vá o senhor! Se eu a rever, eu a verei ainda com bastante frequência. Se não, eu já a vi em demasia...

NATÃ: Vou me apressar o mais que posso. (Sai.)

Cena 10

O Templário e logo a seguir Daia.

TEMPLÁRIO: Já é mais do que o suficiente! O cérebro humano apreende um número tão ilimitado de coisas; e, no entanto, às vezes fica também tão repentinamente cheio! Tão repentinamente cheio de ninharia! Não importa, não importa; esteja ele cheio do que quiser. Mas agora, paciência! A alma vai trabalhar o material balofo e logo misturá-lo um com o outro, criar espaço para si, e a luz e a ordem hão de voltar novamente. Será que estou amando pela primeira vez? Ou, o que conhecia antes como amor, não era amor? Amor é somente o que sinto agora?

DAIA (*que entrou furtivamente por um lado*): Cavaleiro! Cavaleiro!

TEMPLÁRIO: Quem me chama? Ah, Daia, é você?

DAIA: Esgueirei-me e passei por ele sem que me visse. Mas ele ainda poderá nos ver, aí onde o senhor está. Por isso chegue mais perto de mim, atrás dessa árvore.

TEMPLÁRIO: O que há? De tão misterioso? O que há?

DAIA: Sim, de fato, o que me traz ao senhor é um segredo; e na verdade é um duplo segredo. Um deles só eu sei; o outro, só o senhor sabe. Que tal se fizermos uma troca? Confie-me o seu segredo que eu lhe confiarei o meu.

TEMPLÁRIO: Com prazer. Se eu apenas souber o que considera ser o meu. Mas isso irá se aclarar bem a partir do seu. Comece, então.

DAIA: Oh, imagine só! Não, senhor cavaleiro! Primeiro o senhor; eu, a seguir. Pois, esteja seguro de que o meu segredo não pode lhe ser de nenhuma utilidade se eu não souber antes o seu. Mas, rápido! Porque, se eu o interrogar primeiro, o senhor não terá me confiado nada. Meu segredo permanecerá então meu segredo; e o senhor terá revelado o seu. Mas, pobre cavaleiro! Que vocês homens possam ter tal segredo diante de nós mulheres, vá acreditar!

TEMPLÁRIO: Que o temos, nós mesmos muitas vezes não sabemos.

DAIA: É bem possível. Por isso devo ter realmente a cortesia de primeiro dá-lo a conhecer ao senhor mesmo. Diga, por que o senhor tão sem mais nem menos sumiu? Por que nos deixou ali sentadas, assim de repente? Por que não voltou com Natã? Foi tão pequena a impressão que Rekha lhe causou? Como? Ou tanto maior? Tanto maior! Tanto maior! Ensine-me a conhecer o esvoaçar do pobre pássaro grudado no visgo! Vamos, apenas admita logo que a ama, ama até a loucura e eu lhe direi que...

TEMPLÁRIO: Até a loucura? Na verdade, disso você entende à perfeição.

DAIA: Está bem, se me confessar este amor, eu o dispensarei da loucura.

TEMPLÁRIO: Porque ela é compreensível por si? Um cavaleiro templário amar uma moça judia!

DAIA: Parece na verdade ter pouco sentido. Mas às vezes também há mais sentido numa coisa do que nós suspeitamos; e não seria, portanto, tão inaudito que o Salvador nos conduzisse para junto dele por caminhos que o inteligente por si mesmo não palmilharia facilmente.

TEMPLÁRIO: Por que esse tom tão solene? (*À parte*: E se eu puser a Providência em vez do Salvador, ela não terá razão?) Você está me deixando mais curioso do que em geral costumo ser.

DAIA: Ó, esta é mesmo a terra dos milagres!

TEMPLÁRIO: Bem! Do maravilhoso. E como poderia ser diferente? O mundo todo aqui se concentra. Daia querida, dê por confessado o que você está exigindo: que eu a amo; e que não concebo como poderei viver sem ela; que...

DAIA: Com certeza? Com certeza? Então jure, cavaleiro, que irá torná-la sua; que irá salvá-la; que a salvará aqui temporalmente e lá, para a eternidade.

TEMPLÁRIO: E como? Como posso? Posso jurar fazer o que não está em meu poder?

DAIA: Está em seu poder. Eu posso colocá-lo em seu poder com uma só palavra.

TEMPLÁRIO: Isso, de modo que mesmo o pai nada teria contra?

DAIA: Oh, que pai! Pai! O pai será obrigado.

TEMPLÁRIO: Será obrigado, Daia? Ele ainda não caiu nas mãos de ladrões. Ele não é obrigado a ser obrigado.

DAIA: Bem, então ele será obrigado a querer. Será obrigado, no fim, a querer de bom grado.

TEMPLÁRIO: Obrigado e de bom grado! Mas Daia, e se lhe disser agora que eu mesmo já tentei tocar nele essa corda?

DAIA: O quê? E ele não entrou na sua?

TEMPLÁRIO: Ele entrou com um som dissonante, que me ofendeu.

DAIA: O que está dizendo? O quê? Você lhe deixou entrever apenas a sombra de um desejo por Rekha e ele não pulou de alegria? Recuou friamente? Criou dificuldades?

TEMPLÁRIO: Mais ou menos assim.

DAIA: Então não vou hesitar mais por um só instante. (*Pausa.*)

TEMPLÁRIO: Mas você ainda está hesitando, não é?

DAIA: Este homem é sempre tão bom! Eu mesma lhe devo tanto! Pensar que ele não quer ouvir nada! Deus sabe que meu coração sangra por ter de forçá-lo assim.

TEMPLÁRIO: Eu lhe peço, Daia, me tire de uma vez por todas dessa incerteza. Mas se você mesma estiver ainda incerta, se aquilo que você tem em mente deve ser chamado de bom ou mau, louvável ou danoso, silencie! Esquecerei que você tinha algo a silenciar.

DAIA: Isto esporeia em vez de parar. Bem; então saiba: Rekha não é judia; ela é... é uma cristã.

TEMPLÁRIO (*friamente*): Ah sim? Parabéns para você! Foi difícil o parto? As dores não a amedrontaram? Continue, sim, com zelo, a povoar o céu, já que não pode mais a terra!

DAIA: Como, cavaleiro? Minha informação merece essa ironia? Que Rekha seja uma cristã, isto não alegra o senhor, um cavaleiro templário, que a ama, tanto mais?

TEMPLÁRIO: Especialmente por ser ela uma cristã feita por você.

DAIA: Ah! É assim que me entende? Que seja assim! Não! Então quero ver quem há de convertê-la! A sorte que ela tem é a de ser, de há muito, o que a impediram de ser.

TEMPLÁRIO: Explique-se, ou vá embora!

DAIA: Ela é uma menina cristã, nascida de pais cristãos e batizada...

TEMPLÁRIO (*precipitado*): Mas, e Natã?

DAIA: Não é o pai dela!

TEMPLÁRIO: Natã não é o pai dela? Sabe o que está dizendo?

DAIA: A verdade que tantas vezes me fez derramar lágrimas amargas. Não, ele não é o pai dela...

TEMPLÁRIO: E apenas a criou como sua filha? E educou para si uma criança cristã como judia?

DAIA: Com toda certeza.

TEMPLÁRIO: E ela não soube o que era de nascença? Ela nunca ficou sabendo, por ele, que nascera cristã e não judia?

DAIA: Nunca!

TEMPLÁRIO: Ele não só criou a criança nessa ilusão, mas deixou a menina permanecer nesse engano?

DAIA: Infelizmente!

TEMPLÁRIO: Natã, ele? Como pôde o bom sábio Natã se permitir a falsificar de tal modo a voz da natureza? A desviar assim as efusões de um coração que, se entregue a si próprio, teria tomado um caminho totalmente diverso? Daia, você acaba de me confiar realmente algo de enorme importância, que pode ter consequências, que me confunde, a cujo respeito não sei de pronto o que fazer. Por isso me dê tempo. Por isso vá embora! Ele vai passar logo por aqui de novo. Ele pode nos surpreender. Vá!

DAIA: Eu morreria!

TEMPLÁRIO: Neste momento sinto-me inteiramente incapaz de falar com ele. Se você o encontrar, diga-lhe apenas que nos veremos no palácio do sultão.

DAIA: Mas não o deixe suspeitar de nada! Isso deve dar apenas o último empurrão na coisa; deve desembaraçá-lo somente de todo escrúpulo em relação a Rekha! Mas, se o senhor a levar para a Europa, não vai me deixar para trás, não é?

TEMPLÁRIO: Isso, veremos. Agora, vá, vá!

Ato IV

Cena 1

Nos claustros do convento.

O Frade e logo a seguir o Templário.

FRADE: Sim, sim! Ele tem razão, o Patriarca! Não fui ainda, de fato, muito bem-sucedido em tudo que ele me incumbiu. Também, por que me incumbiu de tais coisas exclusivamente? Não quero ser fino; não quero ser persuasivo; não quero meter meu narizinho em tudo; não quero ter minha mãozinha em tudo. Estou por isso apartado do mundo, eu, quanto a mim, e eu, quanto aos outros, mais do que nunca envolvido com o mundo?

TEMPLÁRIO (*aproximando-se dele apressadamente*): Bom irmão! Ei-lo aí. Há muito que o procuro!

FRADE: A mim, senhor?

TEMPLÁRIO: Já não está me reconhecendo?

FRADE: Sim, de fato! Achava apenas que jamais me seria dado tornar a vê-lo, senhor, em minha vida. Pois eu o esperava, pela graça do bom Deus. O bom Deus sabe quão amarga era para mim a missão que eu devia cumprir junto ao senhor. Ele sabe se eu desejava encontrar um ouvido aberto no senhor; sabe o quanto eu me alegrei, me alegrei no íntimo, que tenha recusado tão completamente tudo, sem muitas ponderações, o que não convém a um cavaleiro. E agora o senhor vem aqui, afinal; agora vejo que isso, apesar de tudo, teve efeito ulterior!

TEMPLÁRIO: E já sabe por que eu venho? Nem eu mesmo sei ainda.

FRADE: O senhor refletiu bem sobre isso; e concluiu que o Patriarca não estava tão errado assim; que honra e dinheiro podem ser conquistados com o plano por ele proposto; que um inimigo é um inimigo, ainda que tenha sido sete vezes o nosso anjo. Isso, isso o senhor pesou com carne e sangue, e agora vem e se oferece de novo. Oh Deus!

TEMPLÁRIO: Meu piedoso e caro homem! Esteja em paz, não é por isso que eu venho, não é por isso que quero falar com o Patriarca. Ainda penso sobre aquele ponto como antes, e não gostaria de perder por nada neste mundo a boa opinião com que um homem tão reto, piedoso e querido uma vez me honrou. Venho à procura do Patriarca só por uma coisa, para lhe pedir um conselho.

FRADE: O senhor, ao Patriarca?

TEMPLÁRIO: Sim; a coisa é de natureza bastante clerical.

FRADE: Mesmo assim, o clérigo nunca pergunta a um cavaleiro, mesmo quando a coisa é de cavalaria.

TEMPLÁRIO: Porque tem o privilégio de cometer uma falta, gente como nós não o inveja muito por isso. É claro que se o assunto se referisse apenas a mim, para que necessitaria eu de seu Patriarca? Mas há certas coisas que prefiro fazê-las mal por vontade de outros do que bem por minha própria, sozinho. Além disso, vejo agora muito bem que religião também é partido; e mesmo aquele que, a esse respeito, se julgue apartidário, até ele empunha, sem que ele próprio o saiba, a bandeira do seu partido. E uma vez que é sempre assim, deve estar certo assim.

FRADE: Sobre isso, prefiro silenciar, pois não o estou entendendo bem, senhor.

TEMPLÁRIO: E, no entanto! (*À parte*: Deixe-me ver, o que devo realmente fazer! Pedir uma ordem ou um conselho? Sincero, ou um douto conselho?) Eu lhe agradeço, irmão; eu lhe agradeço sua boa sugestão. Para que o Patriarca? Seja você meu Patriarca! Pois, afinal, é mais ao cristão no Patriarca do que ao Patriarca no cristão, que eu quero perguntar. A questão é a seguinte...

FRADE: Não, não prossiga, senhor, não prossiga! Para quê? O senhor me julga mal. Quem muito sabe, tem muito com que preocupar-se; e eu me devotei a uma única preocupação. Pois bem! Ouça! Veja! Para minha sorte ali vem ele em pessoa. Fique parado aí. Ele já deve tê-lo avistado.

Cena 2

O Patriarca, que surge, com toda a pompa eclesiástica, de um dos claustros; e as personagens anteriores.

TEMPLÁRIO: Prefiro não encontrá-lo. Não é a pessoa que procuro! Um prelado gordo, rubicundo, simpático! E que pompa!

FRADE: O senhor devia ver como se engalana quando vai à corte. Agora ele está apenas voltando de uma visita a um enfermo.

TEMPLÁRIO: Como Saladino não deve ter-se envergonhado diante dele!

PATRIARCA (*ao acercar-se, acena para o Frade*): Aqui! Este é sem dúvida o cavaleiro templário. O que deseja ele?

FRADE: Não sei.

PATRIARCA (*aproxima-se do Templário, enquanto o Frade e o séquito retrocedem*): Então, senhor cavaleiro! Alegro-me muito em ver o moço valente! Oh, e ainda tão jovem! Bem, com a ajuda de Deus, pode ser que isso venha a tornar-se algo.

TEMPLÁRIO: Mais do que já é, venerando senhor, dificilmente. Antes, possivelmente, um tanto menos.

PATRIARCA: Espero ao menos que um cavaleiro tão devoto possa ainda por longo tempo florir e verdejar para a honra e o serviço da amada cristandade, para a causa de Deus! Pois isso tampouco deixará de acontecer desde que a jovem bravura queira seguir o conselho maduro dos mais velhos! Com o que mais posso servi-lo, senhor?

TEMPLÁRIO: Com aquilo mesmo que falta à minha juventude: com um conselho.

PATRIARCA: Com todo gosto! Mas o conselho também deve ser aceito.

TEMPLÁRIO: Porém, não às cegas?

PATRIARCA: Quem disse isso? Oh, ninguém realmente deve deixar de usar a razão que Deus lhe concedeu, lá onde ela tem seu lugar. Mas tem ela seu lugar em toda parte? Ó, não! Por exemplo: quando Deus, através de um de seus anjos – quer dizer, através de um servidor de sua Palavra – se digna a nos dar a conhecer um meio para promover, para fortalecer de uma maneira inteiramente especial o bem de toda a cristandade, a salvação da Santa Igreja, quem pode aqui, ainda, atrever-se a examinar segundo a razão o arbítrio Daquele que criou a razão? E submeter à prova a lei eterna da glória do Céu segundo as pequenas regras de uma honra vã? Mas basta disso. Qual é então a questão sobre a qual o senhor cavaleiro deseja agora nosso conselho?

TEMPLÁRIO: Suponha, venerando pai, que um judeu tenha um único filho – que seja uma menina – à qual esteja ligado por um amor muito forte e verdadeiro, que ele a criou com o maior esmero para tudo o que é bom, que ele a ama mais do que à própria alma, e que ela, por sua vez, o ama com o mais piedoso amor. E agora nos é informado que a menina não é filha do judeu; que ele a recolheu, comprou ou raptou na infância – o que o senhor quiser; soube-se que a menina era uma criança cristã e fora batizada; o judeu, porém, educou-a somente como judia; deixou que ela permanecesse somente como judia e como sua filha. Diga, venerando pai, o que haveria para se fazer em tal caso?

PATRIARCA: Fico horrorizado! Mas, antes de tudo, o cavaleiro deve esclarecer se um caso assim é um fato ou uma hipótese. Quer dizer, se o senhor está apenas inventando isso ou se já aconteceu e continua a acontecer.

TEMPLÁRIO: Eu acreditava que, para apenas ouvir a sua mui venerável opinião, isso seria indiferente.

PATRIARCA: Indiferente? Aí o senhor vê como pode enganar--se a orgulhosa razão humana no domínio espiritual. De modo algum! Pois, se o caso exposto é tão somente um jogo de espírito, não vale a pena o esforço de examiná-lo seriamente. Eu desejo então, com isso, remetê-lo, senhor, ao teatro, onde semelhante *pro et contra* poderia ser tratado com muito aplauso. Mas se o senhor não está apenas zombando de mim com uma facécia teatral, se o caso é efetivamente um fato, se realmente ocorreu em nossa diocese, em nossa bem amada cidade de Jerusalém – sim, então...

TEMPLÁRIO: E o que então?

PATRIARCA: Então cumpriria executar com o judeu imediatamente a punição que o direito papal e imperial determina para um delito assim, para um ato tão perverso.

TEMPLÁRIO: E?

PATRIARCA: E na verdade os direitos antes mencionados condenam um judeu que induziu uma cristã à apostasia, à pira funerária, à fogueira...

TEMPLÁRIO: Verdade?

PATRIARCA: E tanto mais o judeu que subtrai com violência uma pobre criança cristã do vínculo de seu batismo! Pois não é violência tudo o que se faz com as crianças? Quer dizer, excetuando-se aquilo que a Igreja faz com as crianças.

TEMPLÁRIO: Mas, e se a criança, caso não tivesse o judeu se compadecido dela, viesse talvez a sucumbir no abandono?

PATRIARCA: Não importa! O judeu deve ser queimado. Pois seria melhor que a criança sucumbisse no abandono do que ser assim salva para a sua eterna ruína. Ademais, por que o judeu precisa se antecipar a Deus? Deus, quando quer salvar, pode salvar sem ele.

TEMPLÁRIO: E também a despeito dele, eu pensaria, tornar bem-aventurado.

PATRIARCA: Não importa. O judeu será queimado.

TEMPLÁRIO: Isso me toca. Especialmente porque, dizem, ele não educou a menina nem na sua fé, nem tampouco em nenhuma outra. E a respeito de Deus, só lhe ensinou, nem mais nem menos, aquilo que satisfaz a razão.

PATRIARCA: Pouco importa! O judeu será queimado... Sim, só por isso, já mereceria ser queimado três vezes! O quê? Deixar que uma criança cresça sem fé alguma? Como assim? Não ensinar absolutamente a uma criança o grande dever de crer? Isso é muito grave! Muito me admira, senhor cavaleiro, que o senhor mesmo...

TEMPLÁRIO: Venerando senhor, o restante fica para quando Deus quiser, na confissão. (*Quer sair.*)

PATRIARCA: O quê? Nem ao menos me responder? Não me dar o nome do celerado, do judeu? Não trazê-lo a mim? Já sei o que fazer! Vou imediatamente ao sultão. Saladino, conforme à capitulação, que ele jurou, nos tem, nos tem de proteger; por todos os direitos, por todos os ensinamentos proteger aqueles que devemos sempre considerar como pertencentes à nossa santíssima religião! Graças a Deus! Nós temos o original. Temos sua assinatura, seu selo. Nós! Também vou lhe mostrar como é perigoso para o próprio Estado a falta de fé! Todos os laços civis são dissolvidos, rompidos, quando o homem não precisa ter fé. Arreda! Arreda! Fora com semelhante sacrilégio!

TEMPLÁRIO: É pena. Lamento que eu não possa usufruir seu esplêndido sermão com maior vagar. Saladino mandou me chamar.

PATRIARCA: É verdade? Bem, se é assim. Bem, de fato. Então...

TEMPLÁRIO: Eu posso preparar o sultão, se Vossa Grandeza assim o desejar.

PATRIARCA: Ó, oh! Eu sei que o senhor recebeu a graça de Saladino! Peço-lhe, quanto a mim, estar apenas no melhor de suas lembranças. O que me move é exclusivamente o zelo por Deus. O que eu faço em demasia, eu o faço por Ele. Não é verdade, senhor cavaleiro? Aquilo que foi há pouco mencionado sobre o judeu era apenas um problema? Quer dizer...

TEMPLÁRIO: Apenas um problema. (*Sai.*)

PATRIARCA: Em relação ao qual devo procurar ir mais a fundo a fim de chegar à base. Isso seria mais uma tarefa para o nosso irmão Bonafides. Vem cá, meu filho! (*Ele fala, ao sair, com o Frade.*)

Cena 3

Quarto no palácio de Saladino, em que, trazidas por escravos, uma grande quantidade de sacolas estão sendo dispostas lado a lado, no chão.

Saladino e, logo após, Sitah.

SALADINO (*aproximando-se*): Bem, deveras! Isso ainda não tem fim. Ainda ficou muito para trazer?

ESCRAVO: Uma boa metade ainda.

SALADINO: Então levem o resto para Sitah. E onde está Al-Hafi? Isto aqui Al-Hafi deve levar logo para si. Ou será que mando uma parte para meu pai? Aqui, isso vai me escorregar pelos dedos. É verdade que a gente no fim acaba ficando avaro; e agora por certo é custoso arrancar muito de mim. Ao menos até que o dinheiro chegue do Egito, a pobreza precisa ver como se arruma! As esmolas no Santo Sepulcro[35], tomara que possam continuar! Que os peregrinos cristãos não tenham de partir com as mãos vazias! Só não tenham...

SITAH: O que é isso agora? Por que todo esse dinheiro aqui comigo?

SALADINO: Com isso fica pago o que lhe devo; e guarde como reserva o que sobrar.

SITAH: Natã ainda não chegou com o templário?

SALADINO: Deve estar procurando-o por toda parte.

SITAH: Veja então o que achei aqui, enquanto eu remexia minhas velhas joias.

(*Mostra-lhe uma pequena pintura.*)

SALADINO: Ah! Meu irmão! É ele, é ele! Era ele! Era ele! Ah! Ah, meu bravo e querido rapaz, eu que o perdi tão cedo! Com você, ao meu lado, o que não teria eu empreendido! Sitah, deixe o retrato comigo. Também já o reconheço, ele o deu à sua irmã mais velha, a sua Lila, que numa manhã simplesmente não queria soltá-lo de seus braços. Foi o último dia em que ele saiu a cavalo. Ah, eu o deixei sair e sozinho! Ah, Lila morreu de tristeza e nunca me perdoou por tê-lo deixado sair a cavalo, assim sozinho. Não voltou nunca mais!

SITAH: Pobre irmão!

---

35. O túmulo em que Jesus teria sido sepultado foi objeto de uma estipulação no acordo de trégua de 1192, segundo o qual seria dado aos peregrinos cristãos livre acesso àquele sítio, em Jerusalém, que se encontrava sob o domínio de Saladino.

SALADINO: Deixe estar! Todos nós um dia não voltamos nunca mais. Além disso – quem sabe? Não é só a morte que desvia um jovem, como ele, de sua meta. Ele tem mais inimigos; e muitas vezes o mais forte é subjugado assim como o mais fraco. Bem, seja como for! Preciso comparar esse retrato com o jovem templário; preciso ver o quanto minha fantasia me enganou.

SITAH: Foi só por isso que o trouxe. Mas dê ele a mim, me dê! Eu o direi a você; o olho feminino entende melhor disso.

SALADINO (*a um guarda-porta, que entra*): Quem está aí? O templário? Que entre!

SITAH: Para não atrapalhar você e não confundir o moço com minha curiosidade.

(*Ela senta-se de lado em um sofá e cobre o rosto com o véu.*)

SALADINO: Está bem assim! Está bem! (*À parte*: E agora o tom de sua voz! Como será? A voz de Assad ainda dorme algures em minha alma!)

Cena 4

O Templário e Saladino.

TEMPLÁRIO: Eu, seu prisioneiro, sultão...

SALADINO: Meu prisioneiro? A quem eu concedo a vida, não haveria eu de conceder também a liberdade?

TEMPLÁRIO: O que a você convém fazer, convém a mim ouvir e não presumir. Porém, sultão, obrigado, mas um obrigado especial a você, por minha vida restaurada, não se coaduna nem com minha condição nem com meu caráter. Em todo caso, ela está a seu serviço de novo.

SALADINO: Apenas não a use contra mim! Não me importa, é verdade, doar um par de mãos a mais ao meu inimigo. Mas doar-lhe também a mais um coração assim me é difícil. Não me enganei com você em nada, meu bravo jovem! Você é em corpo e alma o meu Assad. Veja! Eu poderia perguntar-lhe:

onde esteve metido todo esse tempo? Em que caverna esteve dormindo? Em que Ginnistan, em que paraíso persa, por qual bom Div, o bondoso elfo, esta flor foi mantida continuamente em todo o seu frescor? Veja! Eu poderia querer lembrá-lo do que realizamos juntos aqui e ali. Eu poderia brigar com você por ter guardado um segredo, por ter escondido uma aventura, sem me dizer uma palavra! Sim, isso eu poderia, se visse apenas a você e não a mim também. Que seja! Nesse doce devaneio há sempre tanta verdade que no outono de minha vida um Assad deve de novo florir. Você está contente com isso, não é cavaleiro?

TEMPLÁRIO: Tudo o que me vem de você – seja o que for – põe--se como um desejo em minha alma.

SALADINO: Vamos experimentar isso agora mesmo. Você permanecerá na minha casa? Comigo? Como cristão ou muçulmano, tanto faz. Em manto branco ou no jamerlonk[36] turco, com turbante ou seu capelo cristão de feltro, como você quiser! Tanto faz! Nunca exigi que todas as árvores crescessem com a mesma casca.

TEMPLÁRIO: Do contrário, dificilmente você seria o que é: o herói, o jardineiro do bom Deus.

SALADINO: Pois bem, se você não pensa coisa pior de mim, então já estamos meio de acordo, sim?

TEMPLÁRIO: Inteiramente!

SALADINO (*estendendo-lhe a mão*): Palavra?

TEMPLÁRIO (*apertando-lhe a mão*): De homem! Com isso receba mais do que você poderia tirar de mim. Todo seu!

SALADINO: É muito ganho para um só dia! Muito! Ele não veio com você?

TEMPLÁRIO: Quem?

SALADINO: Natã.

TEMPLÁRIO (*friamente*): Não! Eu vim sozinho.

---

36. O termo é definido por Lessing, em carta ao irmão Karl, como um amplo manto dos árabes e também dos turcos, nos dicionários modernos alemães.

SALADINO: Que nobre ato o seu! E que sábia felicidade que um ato destes haja beneficiado um homem assim.

TEMPLÁRIO: Sim, sim!

SALADINO: Tão friamente? Não, meu jovem! Quando Deus faz algo de bom por nosso intermédio, não se pode ficar tão frio! Nem mesmo por modéstia querer mostrar-se tão frio!

TEMPLÁRIO: Pois se no mundo cada coisa tem tantos lados! A respeito dos quais muitas vezes nem é dado conceber como se combinam.

SALADINO: Mantenha-se sempre no melhor deles e louve a Deus! Ele sabe como combiná-los. Mas se você quer ser tão difícil, meu jovem, devo então manter-me também em guarda com você? Infelizmente eu também sou uma coisa com muitos lados, que podem muitas vezes parecer que não se combinam.

TEMPLÁRIO: Isso dói. Porque a desconfiança é, em geral, raramente meu defeito...

SALADINO: Bem, então diga, pois, com quem você tem dificuldade? Parece que é com Natã? Como assim? Desconfia de Natã? Você? Explique-se! Fale! Vamos, me dê a primeira prova de sua confiança.

TEMPLÁRIO: Não tenho nada contra Natã. Estou com raiva de mim mesmo...

SALADINO: E por quê?

TEMPLÁRIO: Porque sonhei que um judeu também pode aprender a deixar de ser judeu; foi isso que sonhei acordado.

SALADINO: Conte esse sonho acordado!

TEMPLÁRIO: Você sabe, sultão, que Natã tem uma filha. O que fiz por ela, eu o fiz, porque fiz. Orgulhoso demais para colher agradecimentos lá onde não semeei, recusei-me, dia após dia, a ver uma vez mais a menina. O pai estava longe; ele volta, ele me procura, ele agradece, ele deseja que sua filha possa me agradar, fala de perspectivas, fala de um futuro feliz. Bem, eu me deixo convencer, vou, vejo, encontro realmente uma menina... Ah, Saladino, eu devo me envergonhar, sultão!

NATÃ, O SÁBIO 293

SALADINO: Envergonhar-se? Porque uma menina judia o impressionou, é sério?

TEMPLÁRIO: Que a essa impressão, sob a persuasão da amável tagarelice do pai, meu impetuoso coração opusesse tão pouca resistência! Fui um idiota! Pulei pela segunda vez no fogo! Pois agora eu cortejava e agora eu era desdenhado.

SALADINO: Desdenhado?

TEMPLÁRIO: O sábio pai por certo não me rejeita completamente. O sábio pai, porém, precisa primeiro informar-se, primeiro refletir. Seguramente! Pois não foi isso que eu fiz também? Acaso não me informei, não refleti primeiro, também, quando ela gritava no fogo? Em verdade! Por Deus! É realmente uma coisa muito bonita ser tão sábio, tão precavido!

SALADINO: Ora, ora, seja um pouco indulgente com o velho! Pois, por quanto tempo podem perdurar suas recusas? Irá ele exigir que você, primeiro, se torne judeu?

TEMPLÁRIO: Quem sabe!

SALADINO: Quem sabe? Quem conhece melhor esse Natã.

TEMPLÁRIO: A superstição na qual crescemos não perde, mesmo quando a reconhecemos, o seu poder sobre nós. Nem todos os que escarnecem de seus grilhões são livres.

SALADINO: Observação muito madura! Mas Natã, na verdade, Natã...

TEMPLÁRIO: A pior superstição é a de quem considera a sua a mais suportável.

SALADINO: É bem possível. Mas Natã...

TEMPLÁRIO: Para confiar-lhe, a ela sozinha, a débil humanidade, até que se acostume ao luminoso dia da verdade; a ela sozinha...

SALADINO: Muito bem! Mas Natã! A sina de Natã não é essa fraqueza.

TEMPLÁRIO: Eu também pensava assim! Mas, e se esse modelo da espécie humana fosse um judeu tão ordinário que procurasse conseguir crianças cristãs para educá-las como judias, como seria então?

SALADINO: Quem diz uma coisa assim dele?

TEMPLÁRIO: A própria menina com a qual ele me seduziu, na esperança de parecer que estava me pagando de bom grado o que eu teria feito por ela não de graça; aliás, a própria menina não é sua filha, é uma criança cristã abandonada.

SALADINO: Que ele, não obstante, não queria dar a você?

TEMPLÁRIO (*veemente*): Querendo ou não querendo, ele foi descoberto! O tolerante tagarela foi descoberto! Para ir atrás desse lobo judeu em pele de carneiro filosófico, sei como arrumar uns cães de caça que o despelem!

SALADINO (*sério*): Tenha calma, cristão!

TEMPLÁRIO: O quê? Tenha calma, cristão? Quando o judeu e o muçulmano insistem em ser judeu e muçulmano, só o cristão não tem o direito de ser cristão?

SALADINO (*ainda mais sério*): Calma, cristão!

TEMPLÁRIO (*tranquilo*): Sinto o peso inteiro da reprovação que Saladino imprimiu nessa palavra. Ah! Se ao menos soubesse, como Assad, Assad agiria nesse caso em meu lugar!

SALADINO: Não muito melhor! Provavelmente com todo esse ímpeto. Contudo, quem ensinou a você a me seduzir, como ele, com uma só palavra? Em verdade, se tudo for como você me diz, eu mal posso me conciliar com semelhante Natã. No entanto, ele é meu amigo, e nenhum de meus amigos deve brigar com o outro. Deixe-se aconselhar! Vá com cuidado! Não o entregue de pronto aos delírios de tua ralé fanática! Não dê ouvidos àquilo que teu clero, para vingar-se dele, me proporia a fazer! Não seja cristão para o consolo de nenhum judeu, de nenhum muçulmano!

TEMPLÁRIO: Por pouco não era tarde demais! Todavia, tornar-me instrumento do Patriarca, ante a sua sede de sangue, arrepiou-me!

SALADINO: Como? Você foi ao Patriarca antes de vir a mim?

TEMPLÁRIO: Na tormenta da paixão, no turbilhão da indecisão! Perdoa-me! Você não vai querer mais reconhecer em mim, temo, o seu irmão Assad.

NATÃ, O SÁBIO   295

SALADINO: Não fosse ele mesmo esse temor. Julgo saber de que faltas nossas virtudes provêm. Apenas continue a cultivar estas e aquelas pouco mal lhe farão a meus olhos. Mas vai! Vai procurar agora Natã, como ele te procurou, e traga-o aqui. Preciso levá-los a um entendimento. E se em relação à menina, o que você pretende é a sério, fica tranquilo. Ela é sua! E que Natã também sinta que ele podia, sem carne de porco, educar uma criança cristã. Vai!

(*O Templário sai e Sitah deixa o sofá.*)

Cena 5

Saladino e Sitah.

SITAH: Muito estranho!

SALADINO: Não é verdade, Sitah? O meu querido Assad não deve ter sido um jovem bravo e belo?

SITAH: Se ele fosse assim, e se o cavaleiro templário não houvesse posado bem mais para esse retrato! Mas como você pôde esquecer de informar-se sobre os pais dele?

SALADINO: E em especial sobre sua mãe? Se ela esteve aqui nesse país? Não é verdade?

SITAH: Você faz bem em perguntar!

SALADINO: Ó, é mais do que possível! Pois Assad era tão bem visto pelas belas damas cristãs, despertava tanto interesse das belas damas cristãs, que certa vez até já correu o rumor… Bem, bem, não vale a pena falar disso. Basta, tenho ele de novo comigo! Com todos os seus defeitos, com todo os caprichos de seu coração terno, quero tê-lo de novo comigo! Oh, Natã tem que lhe dar a menina, você não acha?

SITAH: Dar-lhe? Entregar-lhe!

SALADINO: É verdade! Que direito teria Natã sobre ela, uma vez que não é seu pai? Quem lhe manteve assim a vida adquire apenas o direito daquele que lhe deu a vida.

SITAH: Que tal, Saladino, se você trouxesse já a menina para cá? Se você a retirasse já das mãos de um detentor ilegítimo?

SALADINO: Isso seria de fato necessário?

SITAH: Bem, necessário de fato, não. É apenas a minha curiosidade que me impele a lhe dar este conselho. Pois, a respeito de certos homens, eu gostaria de saber, tão logo quanto possível, que tipo de menina eles poderiam amar.

SALADINO: Bem, então mande buscá-la.

SITAH: Posso, irmão?

SALADINO: Mas poupe Natã! Natã não deve, de maneira alguma, acreditar que a gente quer à força separá-lo da menina.

SITAH: Não se preocupe.

SALADINO: E eu, eu preciso sozinho ir ver onde está Al-Hafi.

Cena 6

O vestíbulo aberto na casa de Natã, no fundo as palmeiras, como na primeira cena do primeiro ato. Uma parte das mercancias e das preciosidades está exposta e é objeto das cogitações.

DAIA: Ó, tudo tão maravilhoso! Tudo muito bem escolhido! Ó, tudo como só o senhor é capaz de oferecer. Onde foi feito este pano com brocados de fios de prata e gavinhas douradas? Quanto custa? Isso é o que chamo de vestido de noiva! Nenhuma rainha exigiria algo melhor.

NATÃ: Vestido de noiva? Por que justamente vestido de noiva?

DAIA: Ora! O senhor, na verdade, não pensou nisso quando o comprou. Mas realmente, Natã, tem de ser este e nenhum outro! Parece encomendado para vestido de noiva. O fundo branco é um símbolo da inocência, e o fluxo de fios dourados, que serpenteiam por todo esse fundo, é um símbolo da riqueza. Está vendo? Adorável!

NATÃ: Por que esse seu gracejo comigo, agora? De que vestido de noiva está falando? Por acaso você é noiva?

DAIA: Eu?

NATÃ: Quem então?

DAIA: Eu? Meu Deus!

NATÃ: Quem então? De que vestido de noiva você está falando? Tudo isto aí é seu e de mais ninguém.

DAIA: É meu? Será meu? Não é para Rekha?

NATÃ: O que eu trouxe para Rekha está ali, em outro fardo. Pega! Anda! Leva embora tuas coisas!

DAIA: Tentador! Não, ainda que fossem as maiores preciosidades do mundo! Não vou tocar em nada! Se o senhor não me prometer antes que aproveitará essa oportunidade única que os céus não lhe oferecerão duas vezes.

NATÃ: Aproveitar? O quê? Oportunidade? Para quê?

DAIA: Oh, não se faça de desentendido! Em poucas palavras! O templário está apaixonado por Rekha: dê a menina a ele; assim, de uma vez por todas, o pecado que o senhor cometeu e que eu não posso mais calar, terá fim. Assim a menina estará de novo entre cristãos; tornará a ser de novo o que era; e o senhor, com toda a sua bondade, pela qual não podemos lhe agradecer o suficiente, não terá apenas acumulado brasas de fogo sobre sua cabeça.

NATÃ: Novamente a velha lira? Apenas guarnecida de uma nova corda que, receio, não afina nem dura.

DAIA: Como assim?

NATÃ: Quanto a mim, o templário seria bom. Eu lhe daria Rekha mais do que a qualquer outro no mundo. Contudo... Bem, tenha somente um pouco de paciência.

DAIA: Paciência? Paciência não é a sua velha ladainha?

NATÃ: Só ainda alguns dias de paciência!... Veja! Quem vem vindo ali? Um frade? Vai e pergunta-lhe o que ele quer.

DAIA: O que há de querer? (*Vai até ele e pergunta.*)

NATÃ: Dá-lhe! E antes que ele peça. Se eu soubesse apenas como abordar o templário sem lhe dizer a razão de minha curiosidade! Pois, se eu a disser, e minha suspeita for sem fundamento, então terei posto em vão o papel de pai no jogo! O que é?

DAIA: Ele quer falar com o senhor.

NATÃ: Bem, deixe que venha, e saia por enquanto.

298 LESSING: TEATRO

Cena 7

Natã e o Frade.

NATÃ: Eu continuaria a ser o pai de Rekha com todo gosto! Mas, na verdade, será que não posso continuar sendo, mesmo que deixe de ser assim chamado? – Pois, para ela, para ela mesma, também vou continuar sempre a ser assim considerado, se ela reconhecer com que gosto eu o fui. Vai![37] Em que posso servi-lo, piedoso irmão?

FRADE: Não muito. Alegro-me, senhor Natã, em vê-lo bem.

NATÃ: Então já me conhece?

FRADE: Ora, quem não o conhece? O senhor imprimiu o seu nome na mão de tantos[38] que ele também está na minha, de há muitos anos.

NATÃ (*pegando seu porta-moeda*): Venha irmão, venha; vou refrescá-la.

FRADE (*recusando*): Obrigado! Eu estaria roubando-o do pobre, não aceito nada. Se o senhor quisesse me permitir, gostaria de refrescar um pouco a sua memória sobre o meu nome. Pois posso me vangloriar de ter colocado em suas mãos algo que não era de desprezar.

NATÃ: Perdoe-me! Estou envergonhado. Diga, o quê? E receba como penitência sete vezes o valor daquilo que me deu.

FRADE: Mas antes de tudo ouça como eu próprio só hoje pude me lembrar deste meu penhor confiado ao senhor.

NATÃ: Penhor a mim confiado?

FRADE: Até bem pouco tempo eu ainda vivia como eremita em Quarantana[39], perto de Jericó. Aí veio um bando de ladrões árabes que destruiu meu pequeno santuário e minha cela, e me arrancou de lá. Por sorte ainda escapei, e fugi para cá, junto ao Patriarca, a fim de lhe pedir outro lugarzinho, onde

---

37. Embora o texto não o explicite, esta é uma ordem de Natã para Daia.

38. No sentido das generosas esmolas dadas por Saladino.

39. Nome da montanha no deserto da Judeia; segundo os Evangelhos, Jesus passou quarenta dias de tentação.

NATÃ, O SÁBIO

299

eu pudesse servir meu Deus em solidão, até o meu abençoado fim.

NATÃ: Estou sobre brasas, bondoso irmão. Seja breve! E o penhor! E o penhor a mim confiado!

FRADE: Um instante, senhor Natã. Bem, o Patriarca me prometeu uma ermida no monte Tabor[40] tão logo houvesse uma vaga, e ordenou que, nesse meio-tempo, permanecesse no mosteiro como irmão laico. Aí estou eu agora, senhor Natã, e meu desejo é cem vezes por dia o de me ver no monte Tabor. Pois, aqui, o Patriarca me emprega para todo tipo de coisa que me causa grande asco. Por exemplo...

NATÃ: Por favor, depressa, peço-lhe!

FRADE: Bem, eis o caso. Alguém lhe soprou hoje ao ouvido: por aqui vive um judeu que educou uma criança cristã como sua filha.

NATÃ: Como? (*Surpreendido.*)

FRADE: Ouça-me até o fim! Enquanto ele me encarregava de seguir logo, se possível, a pista desse judeu, e se enraivecia com semelhante ultraje, que lhe parecia ser o verdadeiro pecado contra o Espírito Santo – isto é, o pecado que dentre todos os pecados vale para nós como o maior dos pecados, mas que nós, graças a Deus, não sabemos direito em que propriamente ele consiste – aí, de súbito, minha consciência despertou; e me ocorreu que eu mesmo poderia ter dado oportunidade a esse imperdoável grande pecado. Diga: há dezoito anos, um palafraneiro não lhe trouxe uma menininha de poucas semanas de vida?

NATÃ: Como assim? Bem, sim, realmente...

FRADE: Ei! Olhe bem para mim! Esse palafraneiro era eu!

NATÃ: Era você?

FRADE: O senhor de quem eu a trouxe – se estou certo – era um tal Herr von Filnek. Wolf von Filnek!

NATÃ: Correto!

---

40. Na Galileia, monte no qual, conforme a crença cristã, ocorreu a transfiguração de Cristo.

300 LESSING: TEATRO

FRADE: Porque a mãe da criança havia morrido pouco antes e o pai, de repente, precisou – penso eu – correr para Gaza[41], para onde a pequena não poderia acompanhá-lo. Então, ele a enviou ao senhor. Eu vim trazê-la. E pergunto se não foi em Darum[42] que me encontrei com o senhor?

NATÃ: Inteiramente correto!

FRADE: Não seria de admirar se a minha memória me enganasse. Eu tive tantos dignos senhores, e a esse servi por um tempo muito curto. Ele tombou logo depois junto a Ascalão e era em geral um bom senhor.

NATÃ: Sim, é verdade! É verdade! A quem devo agradecer tanto, tanto! Que mais de uma vez me salvou da espada!

FRADE: Que bela coisa! Então o senhor aceitou a menininha com tanto maior carinho.

NATÃ: Isso você bem pode imaginar.

FRADE: Onde ela está, agora? É de se esperar que ela não tenha morrido? É melhor que não esteja morta! Do contrário, que ninguém saiba do caso, pois assim, tudo estará bem...

NATÃ: Estará bem?

FRADE: Confie em mim, Natã. Pois veja o que penso! Se com o bem, que julgo fazer, algo extremamente mal confina muito de perto, então prefiro não praticar o bem; porque o mal nós conhecemos de maneira bastante confiável, mas nem de longe o bem. Era de fato natural que, se a menininha cristã devesse ser bem educada pelo senhor, o senhor a educasse como sua própria filha. E isso o senhor deveria ter feito com todo amor e boa-fé, e esta deveria ser a sua recompensa, não é? Isso não me entra na cabeça. Oh, realmente, seria mais inteligente de sua parte se deixasse que a criança cristã fosse educada por outra pessoa como cristã: mas então o senhor também não teria amado a filhinha de seu amigo. E crianças nessa idade necessitam de amor, ainda que seja somente

41. Antiga cidade mediterrânea, conquistada pelos cruzados em 1100 e retomada por Saladino em 1170.

42. Fortaleza ao sul de Gaza, no Mediterrâneo.

de um animal selvagem, mais do que de cristianismo. Para o cristianismo, ela ainda terá tempo. Contanto que a menina haja crescido saudável e piedosa a seus olhos, ela permanecerá aos olhos de Deus o que ela era. E não está o cristianismo todo edificado sobre o judaísmo? Muitas vezes fiquei enraivecido, custou-me um bocado de lágrimas amargas, quando cristãos esquecem que Nosso Senhor, ele próprio, era judeu.

NATÃ: Você, bom irmão, tem de ser meu advogado, se porventura o ódio e a hipocrisia se erguerem contra mim, por uma ação. Ah, por uma ação! Só você deve sabê-lo! Mas leve-o para o túmulo com você! Nunca a vaidade de contá-lo a qualquer outra pessoa me tentou. Só a você eu vou contá-lo. Apenas à piedosa simplicidade eu vou contá-lo. Pois somente ela compreende a que atos o homem temente de Deus pode forçar-se a cometer.

FRADE: O senhor está emocionado e seus olhos estão marejados de lágrimas?

NATÃ: Foi em Darum que me encontrei com a criança. Mas não sabia que poucos dias antes, em Gath[43], os cristãos haviam massacrado todos os judeus, com suas mulheres e filhos; não sabia tampouco que entre eles se achavam minha mulher e nossos sete promissores filhos que haviam se refugiado em casa de meu irmão, e que foram todos juntos queimados vivos.

FRADE: Ó Deus da Justiça!

NATÃ: Quando você chegou com a criança, havia três dias e três noites que, prostrado na cinza e no pó, perante Deus, eu chorava. Chorava? Mais ainda, também ajustava as contas com Deus, brigava, gritava com Ele, amaldiçoava a mim mesmo e ao mundo; jurava o mais implacável ódio eterno ao cristianismo.

FRADE: Ah! Posso acreditar!

---

43. Cidade filisteia do Mediterrâneo, na vizinhança de Ascalão. Foi capturada por Balduíno III em 1153, retomada por Saladino em 1187 e demolida em 1191. Atualmente, importante porto israelense.

NATÃ: No entanto, logo a razão tornou a voltar pouco a pouco. Com voz aveludada, ela disse: "E no entanto, Deus existe! No entanto, este foi também um decreto de Deus. Vamos! Vem! Pratique aquilo que você compreendeu há muito tempo; que não é certamente mais difícil de praticar do que de compreender, desde que você queira. Levante-se!" Eu me levantei e clamei a Deus: eu quero! Queira Tu que eu queira! Foi nesse momento que você se apeou do cavalo e me entregou a criança, enrolada em seu manto. O que você me disse então, ou o que eu lhe disse, eu esqueci. Sei apenas o seguinte: eu peguei a criança, levei-a para minha cama, beijei-a, cai de joelhos e solucei: Ó Deus! Em lugar de sete, ao menos uma de volta!

FRADE: Natã! Natã! O senhor é cristão! Por Deus, o senhor é cristão! Cristão melhor nunca houve!

NATÃ: Bom para nós! Pois, o que faz de mim um cristão para você, faz de você um judeu para mim! Mas deixemos de amolecer o coração um do outro. Aqui é preciso ação! E se um sétuplo amor desde logo me prendeu a essa única menina estrangeira, se já me mortifica o pensamento de que por ela eu deva perder novamente meus sete filhos, se a Providência exigi-la de novo e tirá-la de minhas mãos, eu obedeço!

FRADE: Veja só! Justamente o que eu pensei tanto em aconselhá-lo! E foi assim que o seu próprio bom espírito já o aconselhou!

NATÃ: Apenas não pode ser o primeiro a aparecer que queira arrancá-la de mim!

FRADE: Não, claro que não!

NATÃ: Quem, como eu, não tem maiores direitos sobre ela, deve ter ao menos direitos anteriores.

FRADE: Certamente!

NATÃ: Que a natureza e o sangue lhe conferem.

FRADE: Também penso assim!

NATÃ: Então me diga depressa o nome do homem com ela aparentado, seja irmão ou primo, tio ou outro familiar em geral. A ele, eu não a sonegarei. Ela, que foi educada para ser o mimo de toda e qualquer casa, de toda e qualquer crença. Espero que saiba a respeito desse seu senhor e de sua estirpe mais do que eu.

FRADE: Isso, meu bom Natã, é agora bastante difícil! Já lhe disse que estive muito pouco tempo com ele.

NATÃ: Não sabe nem ao menos de que família era a mãe? Ela não era uma Stauffen?

FRADE: É bem possível! Sim, creio que sim.

NATÃ: O irmão dela não se chamava Conrad von Stauffen? E era cavaleiro templário?

FRADE: Se não me engano. Mas espere! Agora me ocorre que ainda tenho um livreto do meu lamentado senhor. Eu o tirei de seu peito, quando o enterramos em Ascalão.

NATÃ: E então?

FRADE: Contém preces. Nós o denominamos breviário. Isto, eu pensei, um cristão ainda pode precisar. Eu, com certeza, não. Não sei ler.

NATÃ: Não importa! Vamos ao ponto!

FRADE: Nesse livreto, na capa da frente e de trás, estão anotados, como me disseram, de próprio punho pelo meu senhor, os nomes dos familiares dele e dela.

NATÃ: Que boa nova! Vai! Corra! Traga-me o livreto. Depressa! Estou disposto a pagar seu peso em ouro; e mil agradecimentos a mais! Apresse-se! Corre!

FRADE: Vou logo, em seguida, com todo gosto! Mas é em árabe o que o meu senhor escreveu.

(*Sai.*)

NATÃ: Não faz diferença! Traga logo! Ah, Deus! Se eu puder ainda ficar com minha menina e conseguir, além disso, um genro assim! É bastante difícil! Bem, aconteça o que tem de acontecer! Mas quem terá sido a pessoa que levou uma coisa dessas ao Patriarca? Isso, eu não posso esquecer de perguntar. E se veio até de Daia?

Cena 8

Daia e Natã.

DAIA (*apressada e embaraçada*): Imagine só, Natã!

NATÃ: O quê?

DAIA: A pobre criança ficou realmente muito assustada por causa disso! Uma mensagem...

NATÃ: Do Patriarca?

DAIA: Da irmã do sultão, a princesa Sitah...

NATÃ: Não foi o Patriarca?

DAIA: Não, Sitah! Não está ouvindo? A princesa Sitah lhe enviou uma mensagem e mandou buscá-la.

NATÃ: Quando? Mandou buscar Rekha? Sitah mandou buscá--la? Bem, se é Sitah que mandou buscá-la e não o Patriarca...

DAIA: O que o faz pensar nele?

NATÃ: Então você ultimamente nada ouviu dele? Com certeza, não? Também nada lhe contou?

DAIA: Eu? A ele?

NATÃ: Onde estão os mensageiros?

DAIA: Lá fora.

NATÃ: Eu mesmo vou falar com eles, por precaução. Venha! Se ao menos não houver nisso nada do Patriarca atrás. (*Sai.*)

DAIA: E eu – eu temo por alguma coisa muito diferente. Quem vai levar? A única pretensa filha de um judeu tão rico não seria também nada mal para um muçulmano? Ai, o cavaleiro perdeu. Perdeu, se eu não ousar também a dar o segundo passo, se eu também não revelar a ela quem ela é! Não se preocupe! Deixe-me usar para isso o primeiro momento em que estiver a sós com ela! E este há de ser... talvez agora mesmo, quando eu a acompanhar. Ao menos, um toque assim durante o caminho não fará mal. Sim, sim! Vamos lá! Agora ou nunca! Vamos lá! (*Segue-o.*)

Ato v

Cena 1

O quarto no palácio de Saladino, para o qual foram levadas sacolas com dinheiro, que ainda podem ser vistas.

Saladino e logo depois vários mamelucos.

SALADINO (*entrando*): Bem, o dinheiro ainda está aí! E ninguém sabe onde encontrar o dervixe, que provavelmente está em algum lugar por aí tão envolvido com o tabuleiro de xadrez, que se esqueceu de si mesmo. Por que não de mim também? Agora, paciência! O que há?

UM MAMELUCO: Boas notícias, sultão! Alegre-se, sultão! A caravana do Cairo veio; chegou sã e salva; com o tributo septenial do rico Nilo.

SALADINO: Bravo, Ibrahim! Você é realmente um mensageiro bem-vindo! Ah, até que enfim! Finalmente! Receba meu agradecimento pela boa nova.

O MAMELUCO (*esperando*): (*À parte*: E então? Só isso!)

SALADINO: O que está esperando? Pode ir embora.

O MAMELUCO: Pelas boas novas mais nada?

SALADINO: O que mais?

O MAMELUCO: Ao bom mensageiro nenhuma recompensa? Então seria eu o primeiro a quem Saladino aprendeu por fim a pagar com palavras? Também é uma glória! O primeiro com quem ele foi sovina.

SALADINO: Então, pegue ali uma sacola.

O MAMELUCO: Não, agora não! O senhor pode querer me dar todas agora.

SALADINO: Que orgulhoso! Venha cá! Aqui tem duas. É sério? Está indo embora? Está querendo ser mais nobre do que eu? Então, com certeza, deve ter sido mais difícil para ele recusar do que para eu lhe dar. Ibrahim! O que será que está me dando na ideia agora, tão próximo de meu fim, querer de repente ser inteiramente outro? Saladino não quer morrer como Saladino? Então não deve também viver como Saladino.

UM SEGUNDO MAMELUCO: Bem, sultão!

SALADINO: Se você vem para me comunicar...

SEGUNDO MAMELUCO: Que a remessa do Egito já está aqui!

SALADINO: Eu já sei.

SEGUNDO MAMELUCO: Então, cheguei tarde demais!

SALADINO: Por que tarde demais? Pega aí, por tua boa vontade, uma ou duas sacolas.

SEGUNDO MAMELUCO: Três completa a conta.

SALADINO: Sim, se você souber calcular! Pode pegá-las.

SEGUNDO MAMELUCO: Acho que ainda virá um terceiro, se ele conseguir chegar.

SALADINO: Como assim?

SEGUNDO MAMELUCO: Bem, ele também pode ter quebrado o pescoço! Pois, tão logo nós três soubemos da chegada da remessa, cada um de nós saiu a toda. O primeiro caiu, e assim passei à frente e aí fiquei também até a cidade, onde, porém, Ibrahim, o velhaco, conhecia melhor as ruas.

SALADINO: Oh, o acidentado! Amigo, o acidentado! Vá ao seu encontro!

SEGUNDO MAMELUCO: É o que vou fazer! E se estiver vivo, a metade desta sacola é dele. (*Sai.*)

SALADINO: Veja só que bom e nobre sujeito é também este! Quem mais pode se vangloriar de mamelucos assim? E não me é permitido pensar que meu exemplo ajuda a formá-los? Nem pensar na ideia de ainda acostumá-los, agora no fim, de outra maneira!

UM TERCEIRO MAMELUCO: Sultão...

SALADINO: É você o acidentado?

TERCEIRO MAMELUCO: Não. Estou apenas anunciando que o emir Mansor, que conduziu a caravana, está se apeando do cavalo...

SALADINO: Traga-o! Rápido! Aí vem ele!

Cena 2

Emir Mansor e Saladino.

SALADINO: Seja bem-vindo, emir! Então, como foi sua viagem? Mansor, Mansor, você nos fez esperar muito tempo!

MANSOR: Esta carta relata que desordens o seu Abulkassem teve de abafar em Tebais[44] antes que ousássemos partir. Depois acelerei a marcha tanto quanto me foi possível.

SALADINO: Acredito em você! E providencie, querido Mansor, providencie logo... Mas você o faz com prazer, não é? Providencie logo uma nova escolta. Você precisa prosseguir agora mesmo, precisa levar a maior parte do dinheiro para o Líbano, para o meu pai.

MANSOR: Com prazer! Com muito prazer!

SALADINO: E providencie uma escolta para você que não seja muito fraca. No Líbano as coisas não estão mais tão seguras. Você não ouviu dizer? Os templários estão de novo em movimento. Esteja, pois, em guarda! Vamos, agora! Onde está a caravana? Quero vê-la e cuidar de tudo sozinho. Vocês aí! Estarei logo mais com Sitah.

Cena 3

As palmeiras diante da casa de Natã, onde o templário caminha para cima e para baixo.

TEMPLÁRIO: Não quero entrar na casa. Com certeza ele acabará aparecendo. Antes notavam minha presença tão logo e com tanto gosto! Eu não ficaria surpreso se ele não quisesse mais tolerar que eu passasse tanto tempo diante de sua casa. Hum! Eu também sou muito suscetível. O que foi então que me deixou agora tão exasperado contra ele? Ele disse, sim, que não iria me recusar nada. E Saladino se encarregou de

---

44. Região do Alto Egito, nas circunvizinhanças de Tebas.

dispô-lo a meu favor. O quê? Será realmente que o cristão em mim se aninha de fato ainda mais fundo do que nele o judeu? Quem se conhece direito? Como poderia eu então não querer invejar-lhe a pequena presa, pela qual ele dera tanto de si para arrancá-la da garra do cristão? De fato, não é uma pequena presa, uma criatura assim! Criatura? E de quem? Pois, não será do escravo que lançou na margem desolada da vida o bloco flutuante e depois se safou? Talvez bem mais do artista que, no bloco abandonado, imaginou a forma divina, que ele representou? Ah! O verdadeiro pai de Rekha permanece, apesar do cristão que a gerou, permanece para sempre o judeu. Quando penso nela simplesmente como uma moça cristã, sem pensar em tudo o que um judeu como este poderia lhe dar: fala, coração, o que haveria nela que tanto lhe agradou? Nada! Muito pouco! Mesmo o seu sorriso, nada mais seria senão a suave e bela contração de seus músculos; seria, o que a faz sorrir, indigno do encanto, em que ele se veste em seus lábios. Não, nem mesmo o seu sorriso! Eu o vi, sim, bem mais belo ainda, desperdiçado em tolices, em futilidades, em zombarias, em bajuladores e em galanteadores! Foi isso aí também que me encantou? Foi isso aí que de mim o desejo de passar minha vida a esvoaçar por entre seus raios de sol? Eu não saberia dizer. E, no entanto, estou aborrecido com aquele que lhe deu, e ele só, esse valor mais alto? Como assim? Por quê? Talvez eu merecesse a ironia com que Saladino se despediu! Já é bastante ruim que Saladino pudesse acreditar nisso! Quão pequeno devo ter-lhe parecido! Quão desprezível! E tudo isso por uma menina? Curd! Curd! Assim isso não vai. Dê a volta! E se Daia apenas me segredou o que seria difícil de comprovar? Veja, ai vem ele saindo de casa, por fim, está absorto em uma conversa! Ah! Com quem! Com ele? Com o meu frade? Ah! Então certamente já sabe de tudo! Isso sem dúvida já foi denunciado ao Patriarca! Ah! O que foi que eu, cabeça dura, inventei agora! Como pode uma única faísca desta paixão queimar tanto o

nosso cérebro! Decida-se, depressa, o que fazer agora! Vou
esperar por eles, aqui de lado; talvez o frade o deixe.

Cena 4

Natã e o Frade.

NATÃ (*ao se aproximarem*): Receba mais uma vez, caro irmão,
meus agradecimentos!
FRADE: E o senhor, igualmente, os meus!
NATÃ: Eu? De sua parte? Pelo quê? Por minha insistência em
impingir-lhe o que você não necessita? Sim, se apenas a
minha insistência não tivesse também cedido à sua; se você
não quisesse ser, à força, mais rico do que eu.
FRADE: De qualquer modo, o livro não me pertence; de qualquer
modo, pertence à filha; é, por assim dizer, toda a herança
paterna da filha. Bem, ela tem, sim, o senhor. Deus permita
apenas que o senhor nunca possa se arrepender por haver
feito tanto por ela!
NATÃ: Poderia eu me arrepender? Isso jamais eu poderia. Não
se preocupe!
FRADE: Bem, bem! Os Patriarcas e os templários...
NATÃ: Eles nunca poderiam me fazer tanto mal a ponto de eu
me arrepender de alguma coisa, muito menos dessa! E você
está tão certo de que foi um templário que instigou o vosso
Patriarca?
FRADE: É quase impossível que seja outro. Um templário estava,
há pouco, falando com ele; e o que eu ouvi soava assim.
NATÃ: Mas só há um agora em Jerusalém. E este eu conheço. É
meu amigo, um jovem nobre e franco!
FRADE: Isso mesmo; é ele! Mas aquilo que se é e o que se deve
ser no mundo nem sempre combinam.
NATÃ: Infelizmente não. Deixe-o então, seja quem for, fazer o
melhor ou o pior de si. Com o seu livro, irmão, enfrentarei
todos, e irei, com ele, direto ao sultão.

FRADE: Boa sorte! Então, por ora, vou deixá-lo aqui.

NATÃ: E você não a viu sequer uma vez? Pois venha logo, de novo e mais vezes. Espero apenas que hoje o Patriarca não saiba de nada! Mas isso o que importa? Conte-lhe hoje também o que você quiser.

FRADE: Eu não. Até logo! (*Sai.*)

NATÃ: Não nos esqueça, irmão! Deus! Pudesse eu, aqui mesmo, sob o céu aberto, cair de joelhos! Veja como os nós, que tantas vezes me causaram medo, agora se desatam por si mesmos! Deus! Como me sinto leve por não ter, agora, mais nada a esconder neste mundo! Que eu possa agora andar tão livremente entre os homens, como diante de Ti, Senhor, Tu que não precisas julgar o homem segundo seus atos, que tão raramente são seus, ó Deus!

Cena 5

Natã e o Templário que, entrando por um lado, vem ao seu encontro.

TEMPLÁRIO: Ei! Espere, Natã; me leve com você!

NATÃ: Quem está chamando? É você, cavaleiro? Onde esteve, que não pude encontrá-lo no palácio do sultão?

TEMPLÁRIO: Passamos um pelo outro. Não leve a mal.

NATÃ: Eu não. Mas Saladino.

TEMPLÁRIO: O senhor tinha acabado de sair.

NATÃ: E falou com ele? Então está tudo bem.

TEMPLÁRIO: Mas ele quer conversar com nós dois juntos.

NATÃ: Tanto melhor! Venha comigo. Eu estava indo lá para vê-lo.

TEMPLÁRIO: Posso perguntar, Natã, quem o deixou ali há pouco?

NATÃ: Ora, você não o conhece?

TEMPLÁRIO: Não era aquele bom homem, o irmão leigo, de quem o Patriarca se serve com tanto gosto para farejar?

NATÃ: Pode ser! É homem do Patriarca, com certeza.

TEMPLÁRIO: O truque não é nada mau: enviar a simplicidade à frente, antes da patifaria.

NATÃ: Sim, a simplicidade boba; não a piedosa.

TEMPLÁRIO: Nos piedosos nenhum Patriarca acredita.

NATÃ: Por este, eu garanto. Este nunca ajudará o seu Patriarca a realizar algo indevido.

TEMPLÁRIO: É assim ao menos que ele se apresenta. Mas ele não lhe disse nada a meu respeito?

NATÃ: A seu respeito? A seu respeito, nada nominalmente. Afinal de contas, não é bem difícil que ele saiba seu nome?

TEMPLÁRIO: É bem difícil.

NATÃ: É verdade que ele me falou algo de um templário…

TEMPLÁRIO: E o que foi?

NATÃ: Algo que, no entanto, mal podia referir-se a você!

TEMPLÁRIO: Quem sabe? Só quero ouvir.

NATÃ: Que um deles me acusou ao seu Patriarca…

TEMPLÁRIO: Acusou o senhor? Isto é, com sua permissão, mentira. Ouça-me, Natã! Eu não sou homem que seja capaz de negar algo. O que eu fiz, fiz! Também não sou uma pessoa que defende tudo o que faz como bem feito. Por que devo me envergonhar de uma falta? Não tenho eu a mais firme intenção de corrigi-la? E não sei por acaso até onde esse propósito pode levar as pessoas? Ouça-me, Natã! Eu sou o templário do irmão leigo que o teria acusado. O senhor sabe o que me deixou fora de mim. O que fez meu sangue ferver em todas as minhas veias! Eu, imbecil! Vim por inteiro, de corpo e alma, para me atirar em seus braços. E o modo como me recebeu – tão frio, tão morno – pois morno é pior ainda do que frio; quão formalmente comedido o senhor estava no esforço de se esquivar de mim; com que perguntas tiradas do ar parecia querer me responder; mal posso pensar nisso ainda agora, se devo permanecer calmo. Ouça-me, Natã! Foi nesse estado de agitação que Daia me seguiu e me atirou na cara o seu segredo, que a mim pareceu conter a explicação para o seu enigmático comportamento.

NATÃ: Como assim?

TEMPLÁRIO: Ouça-me até o fim! Eu imaginava que aquilo que o senhor havia arrancado um dia da garra dos cristãos, o senhor não gostaria de perder de novo para um cristão. E assim me ocorreu, curto e grosso, que seria bom lhe pôr a faca na garganta.

NATÃ: Curto e grosso? Bom? E o que há de bom nisso?

TEMPLÁRIO: Ouça-me, Natã! É verdade que eu não agi direito! O senhor não é de fato culpado de nada! A tola da Daia não sabe o que fala. Ela o odeia. Busca com isso apenas envolvê--lo em maus lençóis. Pode ser! Pode ser! Eu sou um jovem pateta, que sempre voeja somente ao redor de um ou de outro extremo, que age ora demais, ora de menos. Isso também pode ser. Perdoe-me, Natã!

NATÃ: Se é assim que me interpreta...

TEMPLÁRIO: Em suma, eu fui até o Patriarca! Porém não mencionei seu nome. Isto é uma mentira, como eu disse! Contei--lhe apenas o caso de um modo muito geral, para ouvir a sua opinião. Também isso eu devia ter evitado, admito! Pois não sabia eu que o Patriarca era um patife? Não poderia eu pedir diretamente ao senhor mesmo uma explicação? Precisava eu expor a pobre menina ao risco de perder um pai como esse? Bem, que diferença faz? A patifaria do Patriarca, que sempre se mantém tão parecida, trouxe-me, pelo caminho mais curto, de volta a mim mesmo. Então, ouça-me, Natã, ouça--me até o fim! Suponhamos que ele soubesse também o seu nome: e daí, o que mais? Ele só pode tirar-lhe a menina, se ela não for de ninguém mais, senão sua. Ele só pode arrastá-la, de sua casa, para o convento. Portanto, entregue ela a mim! Entregue ela a mim e deixe que ele venha. Ah! Ele que se atreva a tirar de mim a minha mulher. Entregue ela a mim; depressa! Seja ela realmente sua filha ou não! Seja cristã, judia ou nenhuma das duas! Tanto faz! Tanto faz! Eu não lhe perguntarei nada a esse respeito, nem agora nem nunca em toda a minha vida. Seja como quer que seja!

NATÃ: Acha de fato que me ocultar a verdade é muito necessário?

TEMPLÁRIO: Seja como quer que seja!

NATÃ: Eu nunca neguei a você – nem a quem caiba saber – que ela é cristã e apenas minha filha adotiva. Por que, porém, eu ainda não lhe revelei isso? Por isso eu devo somente me desculpar com ela.

TEMPLÁRIO: Disto, nem com ela o senhor não deveria precisar desculpar-se. Permita-lhe, pois, que ela não deva nunca vê-lo com outros olhos! Poupe-a, portanto, da revelação! Ainda é o senhor, somente o senhor sozinho, que decide por ela. Entregue ela a mim! Eu lhe peço, Natã; entregue ela a mim! Eu sou o único que pode salvá-la pela segunda vez – e quero.

NATÃ: Sim, podia, podia! Agora não mais. É tarde demais.

TEMPLÁRIO: Como assim? Tarde demais?

NATÃ: Graças ao Patriarca.

TEMPLÁRIO: Ao Patriarca? Graças? Graças a ele? Pelo quê? Graças é o que ele queria merecer de nós? Por quê? Por quê?

NATÃ: Porque agora nós sabemos com quem ela é aparentada; agora sabemos em que mãos ela pode ser entregue com segurança.

TEMPLÁRIO: Agradeça-lhe por isto – quem deverá lhe agradecer por mais coisas!

NATÃ: É destas mãos que você terá agora também de recebê-la e não das minhas.

TEMPLÁRIO: Pobre Rekha! Suportar tudo o que você tem de suportar, pobre Rekha! Aquilo que seria uma felicidade para outros órfãos, será a sua infelicidade! Natã! E onde estão eles, esses parentes?

NATÃ: Onde estão?

TEMPLÁRIO: E quem são eles?

NATÃ: Em especial, encontrou-se um irmão, a quem você terá de pedir a mão dela.

TEMPLÁRIO: Um irmão? E o que é esse irmão? Um soldado? Um religioso? Diga-me o que devo esperar.

NATÃ: Acho que ele não é nenhum dos dois – ou os dois ao mesmo tempo. Ainda não o conheço direito.

TEMPLÁRIO: E o que mais?

NATÃ: Um bom homem! Junto ao qual Rekha não ficará nada mal.

TEMPLÁRIO: No entanto, um cristão! Eu não sei às vezes também o que devo pensar do senhor; não me leve a mal, Natã. Ela não terá de bancar a cristã entre cristãos? E não se tornará ela no fim aquilo que representou bastante, por tanto tempo? Será que o joio não irá sufocar o puro trigo que o senhor semeou? E isso lhe importa tão pouco? A despeito disso, o senhor pode dizer – o senhor? – que ela, na casa do irmão, não ficará nada mal?

NATÃ: Assim penso! Assim espero! E se junto a ele viesse a lhe faltar algo, não teria ela ainda você e eu sempre ao seu lado?

TEMPLÁRIO: Oh! O que poderia faltar-lhe em casa do irmão? Será que o irmãozinho não proverá sua irmãzinha de comida e roupa, de gulodices e enfeites com suficiente fartura? E de que mais necessita uma irmãzinha? Oh, de fato: de um marido também! Ora, ora, também este o irmãozinho arranjará no devido tempo! Quanto mais cristão, melhor! Natã, Natã! Pense no anjo que o senhor formou, a quem outros irão agora estragar tanto assim!

NATÃ: Não há perigo! Ele continuará sempre bastante digno de nosso amor.

TEMPLÁRIO: Não diga isso! Não diga isso do meu amor! Pois este não se deixa enganar, por nada; por nada. Por pouco que seja! Também por nenhum nome! Mas alto lá! Ela já desconfia do que está acontecendo com ela?

NATÃ: É possível; embora eu mesmo não saiba como.

TEMPLÁRIO: O que já é muito. Ela deve, ela precisa, em ambos os casos, saber de mim com o que o seu destino a ameaça. Minha ideia de não vê-la novamente, de não falar-lhe, até que eu possa por direito dizer que ela é minha, não vale mais. Vou correndo...

NATÃ: Fique! Aonde vai?

TEMPLÁRIO: Falar com ela! Para ver se essa alma de menina tem suficiente hombridade para tomar a única decisão que seria digna dela!

NATÃ: Qual?

TEMPLÁRIO: Esta: a de não perguntar nem ao senhor nem ao irmão dela...

NATÃ: E?

TEMPLÁRIO: E seguir-me, mesmo que por isso tenha também de tornar-se mulher de um muçulmano.

NATÃ: Fique! Não irá encontrá-la. Ela está com Sitah, com a irmã do sultão.

TEMPLÁRIO: E desde quando? Por quê?

NATÃ: E se quiser aí encontrar ao mesmo tempo o irmão, venha comigo.

TEMPLÁRIO: O irmão? Qual? O irmão de Sitah ou de Rekha?

NATÃ: Talvez ambos. Venha comigo! Estou lhe pedindo, venha! (*Ele o leva.*)

Cena 6

No harém de Sitah.

Sitah e Rekha conversando.

SITAH: Estou tão contente com você, doce menina! Apenas não fique tão ansiosa! Tão temerosa! Tão tímida! Fique alegre! Seja mais falante! Mais confiante!

REKHA: Princesa...

SITAH: Mas não! Não princesa! Chame-me de Sitah – sua amiga, sua irmã! Chame-me de mãezinha! Eu poderia ser, sim, quase isso. Tão jovem! Tão inteligente! Tão devota! Nem dá para pensar em tudo que você sabe, o quanto não deve ter lido!

REKHA: Eu, lido? Sitah, você está zombando de sua tola irmã. Mal sei ler.

SITAH: Mal sabe, mentirosa!

REKHA: Um pouco na escrita pela mão de meu pai! Pensei que estivesse falando de livros.

SITAH: É isso mesmo. De livros.

REKHA: Bem, é realmente difícil para mim ler livros!

SITAH: É sério?

REKHA: Absolutamente sério. Meu pai ama muito pouco a fria sabedoria livresca que se imprime com signos mortos no cérebro.

SITAH: Ai, o que está dizendo! Nisso, ele não está de todo errado! E o tanto que você sabe?

REKHA: Sei apenas o que veio de sua boca. E poderia ainda lhe dizer na maior parte das vezes como, onde e por que ele me ensinou isso.

SITAH: Assim tudo realmente se fixa melhor. Assim aprende-se com a inteira alma da gente.

REKHA: Certamente Sitah também leu pouco ou quase nada!

SITAH: Por quê? Não me orgulho do contrário. Mas como assim? Com que base? Fale abertamente. Com que base?

REKHA: Você é tão direta, tão despretensiosa, tão inteiramente igual apenas a si própria...

SITAH: E então?

REKHA: Os livros raramente nos deixam assim, diz o meu pai.

SITAH: Oh! Mas que homem é o seu pai!

REKHA: Não é verdade?

SITAH: Quão perto do alvo ele sempre acerta!

REKHA: Não é verdade? E este pai...

SITAH: O que você tem, querida?

REKHA: Este pai...

SITAH: Deus! Está chorando?

REKHA: E este pai... Ah, é preciso dizê-lo! Meu coração necessita de ar, necessita de ar... (*Dominada pelas lágrimas, joga-se aos pés de Sitah.*)

SITAH: Minha filha, o que está acontecendo com você? Rekha?

REKHA: Este pai... eu devo perder!

SITAH: Você? Perder? A ele? Como assim? Fique calma! Jamais! Levante-se!

REKHA: Você não deveria em vão oferecer-se para ser minha amiga, minha irmã!

SITAH: Eu sou sim! Sou! Agora, levante-se! Se não, preciso chamar por ajuda!

REKHA (*que se recompõe e se levanta*): Ah! Perdão! Perdão, minha dor me fez esquecer quem você é. Diante de Sitah não há lugar para choro, nem desespero. A fria e serena razão sozinha tem junto a ela todo o poder. Quem assim conduz sua causa diante dela, vence!

SITAH: E então?

REKHA: Não, minha amiga e minha irmã, não o permita! Não permita nunca que me imponham outro pai!

SITAH: Um outro pai? Imposto? A você? E quem poderia fazer isso? Quem haveria de querer, querida?

REKHA: Quem? Minha boa e maldosa Daia pode querer – deseja fazê-lo. Oh, sim, você não conhece esta boa e maldosa Daia? Bem, que Deus lhe perdoe! Que Ele a recompense! Ela me fez tanto bem – e tanto mal!

SITAH: Mal, a você? Então, de bom ela deve ter realmente pouco.

REKHA: No entanto, tem muito, muito!

SITAH: Mas quem é ela?

REKHA: Uma cristã que cuidou de mim em minha infância; e como cuidou! Você não acredita! Ela fez com que eu sentisse muito pouco falta de uma mãe! Que Deus a recompense por isso! Mas ela também me afligiu tanto e me fez sofrer tanto!

SITAH: Mas a respeito do quê? Como?

REKHA: Ah! A pobre mulher – eu lhe digo – é uma cristã; deve sofrer tormentos de amor; ela é uma dessas fanáticas que acreditam conhecer o único caminho verdadeiro e universal para Deus!

SITAH: Agora entendo!

REKHA: E sente-se compelida a guiar de volta cada um que erra esse caminho. Mal saberia também agir de outro modo. Pois, se for verdade que só este caminho conduz na direção certa, como pode ela ver tranquilamente seus amigos trilharem outro – que precipita na perdição, na perdição eterna? Deveria ser possível amar e ao mesmo tempo odiar o mesmo ser humano. Mas também não é isso que me força ao fim a queixar-me a seu respeito em alta voz. Seus suspiros, suas advertências, suas preces, suas ameaças, eu teria suportado por mais tempo, de bom grado! Pois sempre me traziam aos pensamentos o bem e o útil. E quem, afinal, não fica no fundo lisonjeado ao sentir-se tão valioso e tão caro para alguém, a ponto de não suportar o pensamento de que ele tem de nos faltar para sempre!

SITAH: É bem verdade!

REKHA: Somente... somente... que isso vai longe demais! A isso, nada posso contrapor, nem paciência, nem reflexão, nada!

SITAH: O quê? Quem?

REKHA: Aquilo que ela pretende ter há pouco me revelado.

SITAH: Revelado? E justo agora?

REKHA: Agora há pouco! No caminho para cá passamos por um templo cristão abandonado. De repente, ela parou; parecia estar lutando consigo mesma; com olhos úmidos, olhava ora para o céu, ora para mim. "Vem", disse por fim, "vamos, através desse templo, tomar o caminho reto!" Ela vai e eu a sigo, e meus olhos vagueiam com pavor por entre as ruínas bamboleantes. Então ela tornou a parar e eu me vejo nos degraus afundados de um altar carunchado. Imagina como me senti quando ela, em lágrimas ardentes, torcendo as mãos, desabou aos meus pés...

SITAH: Pobre criança!

REKHA: E, em nome da divina Virgem, que ali ouvira tantas outras preces e realizara tantos milagres, me conjurou, com olhos de verdadeira compaixão, que eu me apiedasse de mim mesma! Ao menos, que a perdoasse por ter de me revelar quais os direitos que a sua Igreja possui sobre mim.

SITAH: Infeliz menina! Eu já suspeitava!

REKHA: Disse que sou de sangue cristão; que fui batizada; que não sou filha de Natã; que ele não é meu pai! Deus! Deus! Ele não é meu pai! Sitah, Sitah! Veja, estou novamente aos seus pés...

SITAH: Rekha! Não! Levante-se! Meu irmão vem vindo! Levante-se!

Cena 7

Saladino. Sitah. Rekha.

SALADINO: O que houve aqui, Sitah?

SITAH: Ela está fora de si! Deus!

SALADINO: Quem é?

SITAH: Você já sabe...

SALADINO: A filha de nosso Natã? O que tem ela?

SITAH: Volte a si, minha filha! O sultão...

REKHA (*de joelhos, com a cabeça baixa quase a tocar o chão, arrastando-se até os pés de Saladino*): Não vou me levantar! Não vou, antes de..., não quero ver o semblante do sultão antes de..., admirar o brilho da justiça e da bondade eternas em seus olhos, em sua testa, antes de...

SALADINO: Levante... levante-se!

REKHA: Antes de ele me prometer...

SALADINO: Levante-se! Eu lhe prometo seja lá o que for!

REKHA: Nem mais nem menos do que deixar meu pai para mim; e eu, para ele! Ainda não sei quem mais quer ser meu pai; pode querer. Também não quero saber. Mas será que só o sangue faz o pai? Só o sangue?

SALADINO (*que a ergue*): Estou entendendo! Quem foi tão cruel a ponto de lhe meter semelhante coisa na cabeça, na sua cabeça? E será que isso já é fato decidido? Provado?

REKHA: Deve ser! Pois Daia pretende que soube disso por minha ama de leite.

SALADINO: Da sua ama de leite!

REKHA: A qual em seu leito de morte sentiu-se obrigada a lhe confiar isto.

SALADINO: No leito de morte! Não também já delirando? E mesmo se fosse verdade? Sim, certo: o sangue, o sangue sozinho não faz o pai! Mal faz o pai de um animal! Dá, no máximo, o primeiro direito de se conquistar esse nome! Não tenha medo! E sabe de uma coisa? Uma vez que dois pais brigam por você: deixe ambos; tome o terceiro! Tome a mim como seu pai!

SITAH: Oh, faça isso! Faça isso!

SALADINO: – Quero ser um bom pai, um verdadeiro bom pai! Mas espere um pouco, ocorre-me uma coisa ainda bem melhor! Para que você precisa de pais em geral? E se eles morrerem agora? Procuremos em tempo por alguém que queira viver conosco a aposta da existência! Você ainda não conhece ninguém?

SITAH: Não a faça enrubescer!

SALADINO: Foi isso justamente que planejei. Enrubescer torna as feias tão belas: e não tornaria as belas ainda mais belas? Mandei chamar seu pai Natã e mais alguém – alguém mais para vir até aqui. Não adivinha quem é? Vem cá! Você vai me permitir, Sitah?

SITAH: Irmão!

SALADINO: Para que você realmente enrubesça muito diante dele, querida menina!

REKHA: Eu, enrubescer? Diante de quem?

SALADINO: Pequena fingidora! Então empalideça, se preferir! Como você quiser e puder! (*Entra uma escrava e se aproxima de Sitah.*) Será que já estão aqui?

SITAH (*para a escrava*): Bem! Peça para que entrem. São eles, irmão!

Cena Última

Natã e o Cavaleiro Templário com os anteriores.

SALADINO: Ah, meus bons e queridos amigos! Ah você, ah você, Natã, devo dizer antes de tudo que agora, tão logo queira, pode mandar buscar de volta o seu dinheiro!

NATÃ: Sultão!

SALADINO: Agora, estou também às suas ordens!

NATÃ: Sultão!

SALADINO: A caravana chegou. Estou agora tão rico de novo como há muito tempo não estive. Venha, diga-me o que precisa para empreender algo realmente grandioso! Pois também vocês, vocês, gente do comércio, nunca podem ter em demasia dinheiro vivo!

NATÃ: E por que falar primeiro dessas ninharias? Vejo ali olhos cheios de lágrimas, que secá-las é para mim muito mais importante. (*Vai até Rekha*). Você chorou? O que lhe falta? Você ainda é minha filha, não é?

REKHA: Meu pai!

NATÃ: Nós nos entendemos! Basta! Fique alegre. Fique calma! Se o seu coração ainda for somente seu! Se apenas nenhuma perda ameaça em geral o seu coração! Seu pai não está perdido para você!

REKHA: Nenhuma! Nenhuma em geral!

TEMPLÁRIO: Nenhuma em geral! Bem, então me enganei. O que a pessoa não teme perder, ela nunca acreditou possuir e nunca desejou. Tudo certo! Tudo certo! Isso muda, Natã, isso muda tudo! Saladino, nós viemos a seu chamado. Mas eu o havia induzido: agora não se preocupe mais com isso!

SALADINO: Que destempero agora de novo, meu jovem! Tudo deve vir ao seu encontro, todo mundo deve adivinhar o que deseja?

TEMPLÁRIO: Bem, não está ouvindo? Não está vendo, sultão?

SALADINO: Oh, sim, é verdade! Pena que sobre o seu próprio caso você não estivesse mais seguro!

TEMPLÁRIO: Estou assim agora!

SALADINO: Quem se prevalece assim de alguma boa ação está renegando o que fez. O que você salvou nem por isso é sua propriedade. Do contrário, o ladrão que corre atrás de seu roubo em meio do fogo seria tão herói como você! (*Aproximando-se de Rekha para levá-la ao templário.*) Vamos, querida menina, venha! Não leve isso com tanto rigor. Pois, se ele fosse diferente, se fosse menos ardoroso e orgulhoso, não se moveria do lugar para salvá-la. Você deve contar uma coisa pela outra. Venha! Envergonhe-o! Faça o que convém fazer para ele! Confesse-lhe o seu amor! Apresente-se a ele!

E se ele a rejeitar, se jamais esquecer quão desproporcional-
mente mais você está fazendo por ele do que ele por você...
O que foi que ele fez por você? Deixar-se incensar um pouco!
Isso está certo? Então ele nada tem de meu irmão, de meu
Assad! Então ele porta a sua máscara, não o seu coração.
Venha, querida!

SITAH: Vai! Vai, querida. Vai! É ainda pouco por toda a sua gratidão, ainda não é nada!

NATÃ: Alto lá, Saladino! Alto lá, Sitah!

SALADINO: Também você?

NATÃ: Aqui, alguém mais tem uma palavra a dizer.

SALADINO: Quem o nega? Incontestavelmente, Natã, um pai
adotivo como você, tem voz e direito de opinar. A primeira,
se você quiser. Escute, conheço a situação completa do caso.

NATÃ: Não tão completa! Não estou falando de mim. Há outra.
Outra bem, bem diferente, a quem, Saladino, lhe peço que
ouça primeiro.

SALADINO: Quem?

NATÃ: O irmão dela!

SALADINO: Irmão de Rekha?

NATÃ: Sim!

REKHA: Meu irmão? Então eu tenho um irmão?

TEMPLÁRIO (*despertando em sobressalto de sua bárbara e muda
distração*): Onde? Onde está ele, este irmão? Ainda não está
aqui? Eu devia encontrá-lo aqui.

NATÃ: Apenas paciência!

TEMPLÁRIO (*com extrema amargura*): Ele já lhe impingiu um
pai: então agora não vai encontrar para ela um irmão?

SALADINO: Era só o que faltava! Cristão! Uma suspeita tão baixa
jamais viria aos lábios de Assad! Bem! Vamos adiante!

NATÃ: Perdoe-lhe, sultão. Eu o perdoo de bom grado. Quem
sabe o que nós, em seu lugar e na idade dele, pensaríamos!
(*Caminhando amigavelmente ao seu encontro.*) É natural,
cavaleiro! A desconfiança leva à suspeita! Se tivesse me honrado logo com seu verdadeiro nome...

TEMPLÁRIO: Como?

NATÃ: Você não é um Stauffen!

TEMPLÁRIO: Quem sou então?

NATÃ: Você não se chama Curd von Stauffen!

TEMPLÁRIO: Como me chamo, então?

NATÃ: Seu nome é Leu von Filneck.

TEMPLÁRIO: Como?

NATÃ: Isso o espanta?

TEMPLÁRIO: E com razão. Quem diz isso?

NATÃ: Eu, que posso lhe dizer mais ainda. E não o acuso com isso de nenhuma mentira.

TEMPLÁRIO: Não?

NATÃ: É bem possível que o outro nome, Von Stauffen, também lhe caiba por direito.

TEMPLÁRIO: É o que eu acho! (*À parte*: Deus lhe mandou dizer isto!)

NATÃ: Pois sua mãe era uma Stauffen. O irmão dela, o tio que o criou, com quem seus pais o deixaram na Alemanha quando, afugentados pelo áspero clima de lá, vieram de volta para cá – esse seu tio chamava-se Curd von Stauffen; ele pode tê-lo talvez adotado como seu próprio filho! Já faz muito tempo que veio com ele para cá? Ele ainda está vivo?

TEMPLÁRIO: O que posso dizer? Natã! Está certo! É assim! Ele morreu! Eu vim com o último reforço de nossa Ordem. Mas o que tem a ver com tudo isso o irmão de Rekha?

NATÃ: O pai de vocês...

TEMPLÁRIO: Como? Conheceu ele também? Ele também?

NATÃ: Ele era meu amigo.

TEMPLÁRIO: Era seu amigo? É possível, Natã!

NATÃ: Chamava-se Wolf von Filneck; mas não era alemão...

TEMPLÁRIO: Sabe disso também?

NATÃ: Era somente casado com uma alemã; havia apenas acompanhado a mãe de vocês até a Alemanha, por curto tempo...

TEMPLÁRIO: Basta! Peço-lhe! Mas irmão de Rekha? Irmão de Rekha...

NATÃ: É você!

TEMPLÁRIO: Eu? Eu, seu irmão?

REKHA: Ele, meu irmão?

SITAH: Vocês, Irmãos!

SALADINO: Eles, irmãos!

REKHA (*vai em sua direção*): Ah, meu irmão!

TEMPLÁRIO (*recuando*): Irmão dela!

REKHA (*parando e voltando-se para Natã*): Não pode ser. Não pode! Seu coração não sabe nada disso! Nós somos impostores! Deus!

SALADINO (*para o templário*): Impostores? Como? Você pensa isso? Pode pensar assim? Impostor é você mesmo. Pois tudo é mentira em você: rosto e voz e andar! Nada é seu! Não querer reconhecer uma irmã como essa! Vai embora!

TEMPLÁRIO (*aproximando-se com humildade*): Também não interprete mal meu espanto, sultão! Não reconheça em um momento, no qual você dificilmente viu seu querido Assad, a ele e a mim! (*Aproximando-se apressadamente de Natã!*) O senhor toma de mim e me dá, Natã! Com as duas mãos cheias! Não, o senhor me dá mais do que me toma. Infinitamente mais! (*Abraçando Rekha.*) Ah minha irmã, minha irmã!

NATÃ: Blanda von Filneck.

TEMPLÁRIO: Blanda? Blanda? Não é Rekha? Não é mais a sua Rekha? Deus! O senhor está repudiando-a! Dando-lhe de novo o seu nome cristão! Repudiando-a por minha causa! Natã! Natã! Por que fazer com que ela pague por isso? Ela!

NATÃ: E daí? Oh, meus filhos! Meus filhos! Pois a filha de meu irmão não seria também minha filha, tão logo queira? (*Enquanto ele se entrega aos abraços deles, Saladino, com inquieta surpresa, se aproxima da irmã.*)

SALADINO: O que diz disso tudo, irmã?

SITAH: Estou comovida...

SALADINO: E eu, eu estou tremendo diante de uma comoção ainda maior! Prepare-se para isso o melhor que puder.

NATÃ, O SÁBIO

SITAH: Como?

SALADINO: Natã, apenas uma palavra com você! Uma palavra! (*Enquanto Natã se aproxima dele, Sitah se aproxima dos irmãos, para lhes demonstrar a sua simpatia; Natã e Saladino falam mais baixo.*) Ouça! Ouça-me, Natã! Você não disse há pouco...?

NATÃ: O quê?

SALADINO: Que o pai dela não provinha da Alemanha; não era alemão por nascimento. O que era ele então? E de onde veio?

NATÃ: Isto, nem a mim ele jamais quis confiar. De sua boca eu nunca soube nada a esse respeito.

SALADINO: E não era tampouco um franco? Não era um ocidental?

NATÃ: Ó! Que não era isto, ele confessava de bom grado. Ele gostava mais de falar persa...

SALADINO: Persa? Persa? O que mais quero eu? É ele! Era ele!

NATÃ: Quem?

SALADINO: Meu irmão! Com toda certeza! Meu Assad! Com toda certeza!

NATÃ: Bem, se você mesmo se lembra disso, tire a certificação aqui deste livro.

(*Entrega-lhe o breviário.*)

SALADINO (*abrindo-o com curiosidade*): Ah, a letra é dele! Eu também a reconheço!

NATÃ: Eles ainda não sabem de nada! Cabe ainda a você decidir o que devem saber!

SALADINO (*enquanto folheia o livro*): Eu não reconhecer os filhos de meu irmão? Eu não reconhecer meus sobrinhos, meus filhos? Não reconhecê-los? Eu? Deixá-los para você? (*De novo em voz alta.*) São eles! São eles, Sitah! São eles! São ambos os filhos de meu... de seu irmão! (*Ele corre para abraçá-los.*)

SITAH (*seguindo-o*): Mas o que ouço! Também não poderia ser diferente!

SALADINO (*para o templário*): Agora você terá, cabeça dura, terá de me amar! (*Para Rekha.*) Agora sou o que me propus ser! Queira você ou não!

SITAH: Também eu! Também eu!

SALADINO (*para o templário, de volta*): Meu filho! Meu Assad! O filho de meu Assad!

TEMPLÁRIO: Eu, de seu sangue! Então todos aqueles sonhos que embalaram minha infância eram, pois, mais do que sonhos! (*Caindo aos seus pés.*)

SALADINO (*erguendo-o*): Vejam o tratante! Ele sabia algo disso e poderia ter me tornado o seu assassino. Espera!

(*Em meio a silenciosos abraços por todos os lados, a cortina cai.*)

Parte II

TEORIA DA ARTE E CRITICA

LAOCOONTE

INTRODUÇÃO

O ensaio *Laocoonte ou Sobre os Limites da Pintura e Poesia*, que apareceu em 1766, permaneceu fragmentário, mesmo depois da publicação das partes póstumas. Mas o torso dá uma ideia perfeita das teses fundamentais, cuja formulação teórica já se encontra reproduzida naquela edição. Essas teses continuam dignas de reflexão, embora não se lhes possa atribuir validade absoluta. Baseiam-se parcialmente em cogitações do conde Shaftesbury (1671-1713), do Abade Dubos (1670-1742), pensador muito apreciado no círculo de Lessing, e, principalmente, de Denis Diderot (1713-1784), que, em suas *Lettres sur les sourds et les muets* (1751), já verificou que o "belo momento" não coincide na poesia e nas artes plásticas (este tema é abordado logo no início de *Laocoonte*). Contudo, só Lessing elaborou as ideias dispersas de um modo consequente e aprofundou-as de forma conclusiva.

O ensaio inicia-se com a análise de uma afirmação de J.J. Winckelmann (1717-1768, famoso historiador da arte, de influência incalculável na vida cultural europeia), segundo a qual a "nobre simplicidade e grandeza tranquila" da arte grega proibiam a exteriorização demasiado violenta da dor na face de Laocoonte[1]. Contradizendo a interpretação de Winckelmann, Lessing afirma que os antigos admitem a livre manifestação da dor na literatura e no teatro, mas não nas artes plásticas. A razão residiria, pois, na diferença das artes e não na decadência da arte clássica. Nas artes plásticas, os antigos abrandam o excesso, a fim de não destruir a beleza dos traços. Por isso, Laocoonte apenas suspira, não grita. O "momento fecundo" nas artes plásticas não é o extremo, pois este não deixa margem ao livre jogo da imaginação. Tudo isso, porém, não vale para a literatura e o teatro. Assim, o Laocoonte de Virgílio pode gritar, ao contrário do esculpido. O mesmo vale também para a tragédia; Filoctetes (Sófocles) pode gritar e chorar, embora o espectador veja isso diretamente, como numa obra plástica. Contudo, no contexto da tragédia, essa manifestação extrema é apenas momento passageiro de uma sucessão, ao passo que o grito na obra plástica fica rigidamente eternizado.

Depois de longos excursos, em parte de importância menor, em parte dedicados a esplêndidas exemplificações, Lessing chega à formulação teórica das suas teses, aqui reproduzidas. A pintura, como arte simultânea (espacial), deve comprimir a sucessão de uma ação no momento fecundo, mais sugestivo, ao passo que a literatura, como arte temporal, distende a imagem simultânea na sucessão de uma ação. Cabe à literatura, como Lessing se esforça por demonstrar, dissolver o "quadro" em narrativa sucessiva, em ação. Homero apresenta o escudo de Aquiles não através da descrição de uma imagem imóvel, de um objeto feito, mas como sendo feito, através de uma narração da sua feitura. Mais adiante, Lessing demonstra que, em

---

1. Laocoonte, sacerdote de Troia, que no famoso grupo de mármore se debate, junto com seus dois filhos, contra as serpentes que, à ordem dos deuses, o atacam e matam. A obra – ao que parece, esculpida pouco antes do início da era cristã e redescoberta em 1506 – foi considerada, durante longo tempo, erradamente, como obra-prima da fase clássica da arte grega. Segundo a concepção de Winckelmann, os excessos de dor manifestados por Laocoonte na obra de Virgílio são um sinal da decadência da arte antiga que, na sua fase clássica, não admitia gritos e choros de heróis.

INTRODUÇÃO 333

vez de descrever a beleza de Helena, Homero prefere usar o meio mais eficaz de nos sugerir a beleza através do efeito que ela exerce sobre os anciões. O ensaio conclui com a análise do uso do feio e nauseabundo nas artes plásticas e nas literaturas. Em essência, Lessing se dirige contra a representação do nauseabundo nas artes plásticas, ao passo que a admite na literatura como recurso de intensificação.

A influência da obra sobre o pensamento estético alemão foi enorme, mesmo entre aqueles que a combateram, como Herder. Dirigida contra toda uma corrente poética da época, ela ultrapassa, de longe, sua função histórica de polemizar contra uma poesia que, interpretando mal o "ut pictura poesis" de Horácio (pintura igual à poesia) e levando ao pé da letra o aforismo de Simônides, de que "a pintura é uma poesia muda e a poesia, uma pintura falante", se inebriava com "pintar" flores e paisagens. No fundo, o que Lessing desejava era combater a literatura idílica, mostrando que o domínio da literatura é a "ação".

Embora os românticos e, depois, os simbolistas e, atualmente, os concretistas (estes de uma forma bem diversa), procuram conjugar a literatura com as artes visuais ou com a música, as teses de Lessing continuam atuais, pelo menos como pontos de partida de reflexão e debate. A própria estética fenomenológica não deixou de lhes dedicar atenção considerável. Pense-se, de outro lado, nas longas descrições de objetos, como vêm sendo feitas por A. Robbe-Grillet nos seus romances, para verificar, a título de contraprova, a atualidade do ensaio de Lessing. Nenhuma das descrições minuciosas de Robbe-Grillet torna os objetos realmente "visíveis"; é uma questão à parte verificar se o autor tem realmente o intuito de torná-los visíveis. Não deixa de ser interessante, todavia, que ao fim se voltou para o cinema, arte que talvez corresponda melhor aos seus intuitos; arte de qualquer modo em que imagem e narração, o elemento plástico e literário, se fundem totalmente. O cinema, de certo modo (e de um modo diverso a poesia concretista), confirma isto: tinha de surgir uma nova arte para que se sintetizassem, legitimamente, artes que, como tais, se mantêm separadas, conforme a concepção de Lessing.

Anatol Rosenfeld

LAOCOONTE
OU SOBRE OS LIMITES
DA PINTURA E DA POESIA[1]

Com explicações casuais de diversos pontos
da história da arte antiga

Ὕλῃ καὶ τρόποις μιμήσεως διαφέρουσι.
Πλοντ. ποτ. ΑΦ. κατὰ Π. ἢ κατὰ Σ. ἔνδ.

*por meio da matéria e dos modos
de imitação elas [pintura e poesia] se diferenciam.*

PLUTARCHUS,
Moralia, De gloria atheniensium

1 Tradução de J. Guinsburg e Samir Signeu a partir de *Gesammelte Werke II*, Munique: Carl Hanser, 1959. As notas introduzidas por letras são da edição original e estão agrupadas no final do texto.

Prefácio

O primeiro que comparou a pintura e a poesia foi um homem de fina sensibilidade, que sentia em si mesmo um efeito semelhante de ambas as artes. Ambas, percebeu ele, nos colocam coisas ausentes como presentes, a aparência como realidade; ambas iludem, e a ilusão produzida por ambas dá prazer.

Um segundo procurou penetrar no interior desse prazer e descobriu que em ambas ele fluía de uma mesma fonte. A beleza, cujo conceito nos é fornecido primeiro por objetos físicos, tem regras gerais, que podem ser aplicadas a um maior número de coisas: às ações, aos pensamentos tanto como às formas.

Um terceiro, que refletiu sobre o valor e sobre a distribuição dessas regras gerais, notou que umas predominam na pintura, outras na poesia; e que, por consequência, nestas, a poesia poderia ajudar a pintura e, naquelas, a pintura poderia ajudar a poesia com aclaramentos e exemplos.

O primeiro foi o amador, o segundo o filósofo, o terceiro o crítico de arte.

Os dois primeiros não poderiam facilmente fazer uso indevido dos seus sentimentos ou das suas conclusões. Ao contrário, para as observações do crítico de arte, o principal repousa na justeza da aplicação das regras ao caso particular; e seria um milagre, visto que contra um crítico perspicaz tem havido cinquenta engenhosos, se essa aplicação fosse feita o tempo todo com toda a cautela que o balanço igual entre as duas artes deve manter.

Se Apeles* e Protógenes*, nos seus escritos perdidos sobre a pintura, confirmaram e esclareceram as regras desta pelas regras já estabelecidas da poesia, então devemos seguramente crer que isso tenha acontecido com a moderação e a precisão que vemos ainda agora Aristóteles*, Cícero*, Horácio* e Quintiliano* aplicarem em suas obras os princípios e as experiências da pintura à eloquência e à poesia. É privilégio dos antigos não fazer nas suas coisas nem demais nem de menos.

Mas nós modernos acreditávamos, em muitos casos, nos colocarmos muito acima deles, quando transformamos seus pequenos caminhos de passeio em estradas; ainda que estas, mais curtas e seguras, também desemboquem por isso em sendas, bem como conduzam por desertos.

A ofuscante antítese do Voltaire* grego, que a pintura seja uma poesia muda e a poesia uma pintura falante, não se encontra por certo em nenhum manual de ensino. Era uma ideia, como muitas outras que Simônides* tivera, cuja parte verdadeira é tão evidente que cremos ter de passar por cima do falso e do indeterminado que ela traz consigo.

No entanto, os antigos não o ignoraram, mas, ao restringir o julgamento de Simônides sobre o efeito das duas artes, não se esqueceram de precisar que, não obstante a semelhança desse efeito, elas, ainda assim, são diferentes tanto nos objetos como no modo de sua imitação (Ὕλη καὶ τρόποις μιμήσεως [quanto à matéria e aos modos de imitação]).

Mas, como se não existisse em absoluto nenhuma diferença de tal ordem, muitos críticos de arte mais modernos concluíram dessa concordância da pintura e da poesia as coisas mais forçadas desse mundo. Ora forçam a poesia a ficar encerrada nos estreitos limites da pintura; ora deixam a pintura preencher toda a ampla esfera da poesia. Tudo que é certo para uma deve ser permitido também à outra; tudo o que agrada ou desagrada numa, deve necessariamente também agradar ou desagradar na outra; e refertos dessa ideia, proferem no tom mais confiante os juízos mais superficiais, quando nas obras do poeta e do pintor sobre um mesmo objeto, convertem as diferenças recíprocas aí notadas em defeitos que, depois, imputam a um ou a outro, conforme tenha mais gosto para a arte poética ou para a pintura.

Sim, essa falsa crítica seduziu em parte os próprios virtuoses. Ela deu origem na poesia à mania da descrição e na pintura a da alegoria, visto que se quis fazer da primeira uma pintura falante, sem se saber propriamente o que ela pode e deve pintar e, da segunda, uma poesia muda, sem que se tivesse ponderado em que medida ela poderia expressar conceitos gerais sem se afastar de sua determinação e tornar-se um tipo de escritura arbitrária.

Trabalhar contra esse falso gosto e aqueles juízos infundados é o principal propósito dos estudos seguintes.

Eles surgiram acidentalmente e cresceram mais em decorrência de minhas leituras do que pelo desenvolvimento metódico de princípios gerais. São, portanto, mais uma coletânea desordenada para um livro do que um livro.

Ainda assim, eu me gabo de que eles, como tais, não deverão ser completamente desprezados. Em geral, não nos faltam, a nós, na Alemanha, livros sistemáticos. A partir de um par de definições aceitas, deduzir tudo o que queremos na mais bela ordem, disso entendemos melhor do que qualquer nação no mundo.

Baumgarten* reconheceu dever ao dicionário de Gessner* grande parte dos exemplos de sua *Estética*. Se o meu raciocino não é tão preciso como o baumgartiano, ao menos meus exemplos terão mais o sabor da fonte.

Como eu parto do Laocoonte, por assim dizer, e volto a ele diversas vezes, quis também lhe conceder uma participação no título. Outras pequenas digressões sobre diferentes pontos da história da arte antiga levam menos ao meu objetivo, e só se encontram aqui porque não posso esperar jamais dar-lhes um lugar melhor.

Eu lembro ainda que, sob o nome de pintura, compreendo todas as artes plásticas em geral; assim como não respondo pelo fato de que, sob o nome de poesia, eu deva também considerar as demais artes cuja imitação é progressiva.

I

A característica geral e superior das obras-primas gregas na pintura e na escultura o senhor Winckelmann[*] situa numa nobre simplicidade e numa grandeza tranquila, tanto na posição quanto na expressão. "Assim como a profundeza do mar", diz ele[a], "permanece sempre calma, por mais que a superfície se enfureça", do mesmo modo a expressão nas figuras gregas mostra, em todas as paixões, uma alma grande e assentada.

"Essa alma se estampa no semblante de Laocoonte, e não só no semblante, em meio aos mais violentos sofrimentos. A dor que se descobre em todos os músculos e tendões do corpo, e que nós sozinhos, sem observar o semblante e as outras partes, cremos quase mesmo sentir no abdômen dolorosamente contraído; esta dor, digo, exterioriza-se, contudo, sem nenhuma fúria no semblante e em toda a atitude. Ela não lança nenhum grito pavoroso, como Virgílio[*] canta e diz de seu Laocoonte; a abertura da boca não o permite: trata-se muito mais de um suspiro angustiado e opresso, como Sadoleto[*] o descreve. A dor do corpo e a grandeza da alma são distribuídas e, por assim dizer, balanceadas com igual força por toda a construção da figura. Laocoonte sofre, mas ele sofre como o Filoctetes[*] de Sófocles[*]: a sua miséria nos chega até a alma; mas nós desejaríamos, como este grande homem, suportar a miséria."

"A expressão de uma alma tão grande ultrapassa em muito a formação da bela natureza. O artista deveria sentir em si mesmo a força do espírito que ele imprimiu em seu mármore. A Grécia tinha artistas e filósofos na mesma pessoa e mais de um Metrodoro[*]. A sabedoria dava a mão à arte e insuflava nas suas figuras mais do que uma alma comum etc."

A observação que serve aqui de fundamento, de que a dor não se mostra no semblante de Laocoonte com aquela fúria que se deveria supor, dada a sua violência, é absolutamente correta. Também é incontestável que, precisamente aqui, onde um meio conhecedor deveria julgar que o artista teria permanecido abaixo da natureza e não teria alcançado o verdadeiro [caráter] patético da dor; precisamente aqui, digo eu, a sabedoria dele brilha de modo muito especial.

Tão somente em relação ao fundamento que o senhor Winckelmann atribui a essa sabedoria, na generalidade da regra da qual ele deriva tal fundamento, é que eu me atrevo a ser de outra opinião.

Confesso que o desaprovador olhar de esguelha, que ele lançou sobre Virgílio, primeiro me deixou surpreso, e em seguida a comparação com o Filoctetes. É daí que eu quero partir e anotar os meus pensamentos na mesma ordem em que se desenvolveram em mim.

"Laocoonte sofre como o Filoctetes de Sófocles." E como é que este sofre? É estranho que o seu sofrimento nos tenha deixado impressões tão diferentes. Os lamentos, o grito, as furiosas imprecações com os quais a sua dor preencheu o campo e estorvou todos os sacrifícios e todas as cerimônias religiosas, ressoavam de um modo não menos terrível pela ilha deserta, e foram eles que para lá o baniram. Que sons de aborrecimento, de dor, de desespero, que também o poeta, na sua imitação, deixa ecoar no teatro! Acharam o terceiro ato dessa peça desproporcionalmente mais curto que os outros. Daí se vê, dizem os críticos de arte[b], que os antigos pouco se preocupavam com o igual comprimento dos atos. Eu também creio nisso; mas nesse caso eu prefiriria me basear em outro exemplo do que neste. As lamentosas exclamações, os gemidos, os quebrados (ἀ, ἀ, φεὰ, ἀττται, ὦ μοι, μοι! [Oh, oh, ai, oh, ai de mim, ai de mim!]), as linhas inteiras cheias (παπα, παπα [ai, ai!]), das quais esse ato consiste, e que deviam ser declamadas com alongamentos e interrupções bem diferentes daquelas que são necessárias em um discurso conectado, fizeram com que, na representação, esse ato durasse, sem dúvida, quase tanto tempo quanto os outros. Ele parece, ao leitor, muito mais curto no papel do que terá se apresentado aos ouvintes.

Gritar é a expressão natural da dor corporal. Os guerreiros feridos de Homero não raro caem no chão gritando. A Vênus* arranhada grita em alta voz[c]; não para caracterizá-la por esse grito como a lânguida deusa da volúpia, porém, bem mais, para fazer justiça à natureza sofredora. Pois, mesmo o brônzeo Marte•, ao sentir a lança de Diomedes, gritou de modo tão pavoroso, como se dez mil guerreiros enfurecidos gritassem ao mesmo tempo em que os dois exércitos se horrorizaram[d].

Por mais alto que Homero• também alce em geral seus heróis acima da natureza humana, eles permanecem fiéis a ela, quando se trata do sentimento de dor e de ofensa, quando se trata de externar esse sentimento pelo grito ou pelas lágrimas ou pelos insultos. Conforme suas ações, trata-se de criaturas de tipo mais elevado; conforme suas sensações, de verdadeiros homens.

Eu sei que nós, refinados europeus de uma posteridade mais avisada, sabemos exercer melhor domínio sobre nossa boca e nossos olhos. Cortesia e decoro proíbem gritaria e lágrimas. A bravura ativa das primeiras em rudes idades do mundo transformou-se para nós em uma bravura passiva. No entanto, mesmo os nossos ancestrais foram maiores nesta do que naquela. Mas nossos ancestrais eram bárbaros. Aguentar todas as dores, encarar o golpe da morte sem desviar os olhos, morrer sorrindo sob a mordida das víboras, não chorar nem os pecados nem a perda do melhor amigo, tais são os traços da antiga coragem heroica nórdica[e]. Palnatoke deu aos Jomsburgueses a lei de não temer a nada e de não pronunciar sequer a palavra medo.

O grego não era assim! Ele sentia e temia; ele externava suas dores e sua aflição; ele não se envergonhava de nenhuma das fraquezas humanas; mas nenhuma podia detê-lo no caminho da honra ou do cumprimento de seu dever. O que nos bárbaros provinha da selvageria e do endurecimento, atuava nele a partir dos princípios. Nele, o heroísmo era como as faíscas ocultas no pedregulho, que ali dormem tranquilamente enquanto nenhuma força externa as desperte, e não tire da pedra nem sua clareza, nem sua frieza. Nos bárbaros, o heroísmo era uma flama clara e devoradora, que sempre bramia e consumia qualquer outra boa qualidade neles existente, ou ao menos a obscurecia. Quando

Homero conduz os troianos à batalha com gritos selvagens, e os gregos, pelo contrário, num silêncio resoluto, os intérpretes notam muito bem que o poeta quis aqui pintar aqueles como bárbaros e estes como povos civilizados. Admira-me que eles não tenham observado em outra passagem uma oposição característica semelhante[f]. Os exércitos inimigos acertaram uma trégua; eles estão ocupados com a faina de queimar seus mortos, o que não se passa em ambos os lados sem calorosas lágrimas: (δάκρυα θερμὰ χέοντες [que derrama lágrimas quentes]). Mas Príamo proíbe troianos de chorar (οὐδ᾽ εἴα κλαίειν Πρίαμος μέγας [O grande Príamo proibiu o choro]). "Ele os proíbe de chorar", diz Dacier*, "porque receia que eles possam se amolecer demais e no dia seguinte ir à luta com menos coragem." Muito bem; ainda assim pergunto: por que apenas Príamo deve ter esse receio? Por que Agamênon não determina a mesma proibição aos seus gregos? O sentido do poeta vai mais fundo. Ele quer nos ensinar que somente o grego civilizado pode ao mesmo tempo chorar e ser valente, enquanto que o troiano incivilizado, para sê-lo, deveria antes sufocar dentro de si toda a humanidade. (νεμεσσῶμαί γε μὲν οὐδὲν κλαίειν [Eu não condeno os que choram]), ele faz com que noutro lugar[g] o sensato filho do sábio Nestor* o diga.

É digno de nota que, dentre as poucas tragédias que chegaram da Antiguidade até nós, encontrem-se duas peças nas quais a dor corporal não constitui a menor parte da desventura que atinge o herói sofredor. Afora o Filoctetes e o Hércules* agonizante. E também este último, Sófocles deixa queixar-se, gemer, chorar e gritar. Graças aos nossos amáveis vizinhos, esses mestres do decoro, doravante um Filoctetes lamurioso, um Hércules gritalhão seriam as personagens as mais ridículas e insuportáveis no palco. Na verdade, um de seus poetas mais recentes[h] ousou abordar o Filoctetes. Mas podia ele atrever-se a lhes mostrar o verdadeiro Filoctetes?

Até mesmo um *Laocoonte* encontra-se entre as peças perdidas de Sófocles. Tivesse o destino nos concedido também esse *Laocoonte*! Das ligeiras menções que lhe fazem alguns velhos gramáticos não se pode concluir como o poeta tratou essa matéria. No entanto, estou seguro de que ele não deve ter descrito o seu Laocoonte de um modo mais estoico do que o Filoctetes e o Hércules. Tudo o que é estoico é não teatral; e nossa compaixão é sempre proporcional ao sofrimento que o objeto de nosso interesse externa. Se o vemos suportar sua desgraça com grande alma, então essa grande alma irá por certo despertar a nossa admiração; mas a admiração é um afeto frio, cujo assombro inativo exclui qualquer outra paixão mais calorosa, assim como qualquer outra representação distinta.

E agora eu chego à minha conclusão. Se for verdade que o fato de gritar na sensação de dor corporal, sobretudo segundo a maneira de pensar dos antigos gregos, pode muito bem coexistir com a verdadeira grande alma, então a expressão de semelhante alma não pode ser a causa pela qual, não obstante, o artista não quis imitar no seu mármore esses gritos; mas, ao contrário, deve haver outra razão por que ele aqui se aparta de seu rival, o poeta, que exprime esses gritos com as melhores intenções.

II

Seja fábula ou história que o Amor tenha realizado o primeiro ensaio nas artes plásticas, uma coisa é certa, a de que ele jamais se cansou de conduzir a mão dos grandes mestres antigos. Pois, se agora a pintura em geral, como a arte que imita os corpos sobre as superfícies, é explorada em todo o seu âmbito, o sapiente grego lhe havia consignado lindes bem mais estreitos e a limitara somente à imitação dos belos corpos. Seu artista não pintava nada além do belo; mesmo a beleza vulgar, a beleza de um gênero inferior, era apenas seu objeto casual, seu exercício, sua recreação. A perfeição do próprio objeto devia extasiar em sua obra; ele era grande demais para exigir de seus observadores que se contentassem com o simples e frio agrado, o qual brota da semelhança encontrada, da consideração de sua habilidade; nada na sua arte lhe era mais caro, nada lhe parecia mais nobre do que o fim último da arte.

"Quem quererá te pintar, se ninguém te quer ver?", diz um antigo epigramatista[a] sobre um homem extremamente deformado. Alguns artistas modernos diriam: "Seja tão disforme quanto possível, ainda assim eu quero te pintar. Por mais que já ninguém goste de te ver, há de se gostar de ver a minha pintura, não na medida em que ela te represente, mas na medida em que é uma prova da minha arte, que soube reproduzir de maneira tão parecida semelhante deformidade."

Com certeza, o pendor para essa exuberante gabarolice, com maçantes habilidades que não são enobrecidas pelo valor de seus objetos, é por demais natural para que também os gregos não devessem ter tido o seu Pauson* e o seu Piraico*. Eles os possuíam; mas eles lhes fizeram justiça rigorosa. Pauson, que ainda se manteve abaixo do belo da natureza comum, cujo gosto vulgar exprimia de preferência o defeituoso e o feio na forma humana[b], viveu na mais abjeta pobreza[c]. E Piraico, que pintava, com toda a aplicação de um artista dos Países-Baixos, barbearias, sujas oficinas, asnos e legumes como se tais coisas

LAOCOONTE

tivessem tanto encanto na natureza e fossem tão raras de serem vistas – Piraico recebeu o apelido de *rhyparographo*[d], o pintor de imundície, muito embora os ricos voluptuosos comprassem suas obras a peso de ouro, para vir em ajuda também de sua nulidade, através desse valor imaginário.

A autoridade mesma não considerava nesse caso indigno de sua atenção manter à força o artista na sua verdadeira esfera. É conhecida a lei dos tebanos, que lhe ordenava a imitação do belo e proibia, sob pena [de punição], a imitação do mais feio. Não era uma lei contra o borra-tintas, ao qual ela é aplicada comumente, mesmo por *Junius*[e]. Ela condenava os Ghezzis* gregos, o indigno artifício para alcançar a similitude pelo exagero das partes feias do original, numa palavra, a caricatura.

Desse mesmo espírito do belo defluiu também a lei dos Helanódices*. Cada vencedor olímpico recebia uma estátua; mas somente quem vencia três vezes ganhava uma estátua iconicamente esculpida[f]. Os retratos medíocres não deveriam tornar-se numerosos demais entre as obras de arte. Pois, embora o retrato também permita um ideal, é a similitude que deve aí dominar; é o ideal de um determinado homem, não o ideal de um homem em geral.

Rimos quando ouvimos dizer que entre os antigos as artes também estavam submetidas às leis civis. Mas não temos sempre razão quando rimos. É incontestável que as leis não devem arrogar-se nenhum poder sobre as ciências, cujo fim último é a verdade. A verdade é necessária à alma e torna-se uma tirania impor-lhe a mais ligeira coerção para a satisfação dessa necessidade essencial. O fim último das artes, ao contrário, é o prazer, e o prazer é dispensável. Portanto, pode certamente depender do legislador determinar que espécie de prazer, e em que medida para cada espécie, ele quer permitir.

As artes plásticas, em especial, além da influência infalível que elas têm sobre o caráter da nação, são capazes de um efeito que requer a supervisão mais acurada da lei. Se belas pessoas engendram belas estátuas, estas, em compensação, atuam de volta sobre aquelas, e o Estado deve agradecer às belas pessoas pelas belas estátuas. Entre nós, a terna imaginação das mães parece externar-se somente em monstros.

A partir desse ponto de vista, acredito entrever algo de verdadeiro em certas narrativas antigas que são rejeitadas sem mais aquela como mentiras. As mães de Aristômene*, de Aristodama[2], de Alexandre o Grande*, de Cipião*, de Augusto*, de Galério* sonhavam todas durante a gravidez, como se elas tivessem de se haver com uma serpente. A serpente era um signo da divindade[g], e as belas estátuas e pinturas de um Baco*, um Apolo*, um Mercúrio* e um Hércules raramente deixavam de ter uma serpente. As honradas mulheres haviam, durante o dia, deleitado seus olhos com o deus, e o sonho confuso despertava a imagem do animal. Assim, eu salvo o sonho e desisto da interpretação que lhe davam o orgulho de seus filhos e a insolência dos bajuladores. Pois devia haver uma razão pela qual a fantasia adúltera era sempre uma serpente.

Mas me desvio do meu caminho. Eu queria tão somente estabelecer que entre os antigos a lei suprema das artes plásticas havia sido a beleza.

Isso estabelecido, segue necessariamente que tudo o mais que pode ser estendido ao mesmo tempo às artes plásticas, se não for compatível com a beleza, deve ser inteiramente excluído e, se for compatível com ela, deve ao menos lhe ser subordinado.

Quero me deter na expressão. Há paixões e graus de paixões que se manifestam no semblante por contorções as mais hediondas e no corpo inteiro por posturas tão violentas, que todas as belas linhas, que o circunscrevem num estado tranquilo, perdem-se. Delas se abstinham, portanto, os artistas antigos ou por completo, ou bem as rebaixavam a graus inferiores, nos quais elas estão aptas a uma medida de beleza.

---

2 Como aponta J.M. Bernstein na obra organizada por ele, *Classic and Romantic German Aesthetics* (Cambridge: Cambridge University Press, 2003, p. 34), trata-se de um equívoco de Lessing, que tanto pode estar se referindo a Arato de Sicião (271-213 a.C), cuja mãe chamava-se Aristodama, como a Aristodemo, herói da Primeira Guerra Messênia (735-715 a.C).

Furor e desespero não profanaram nenhuma de suas obras. Posso afirmar que eles jamais representaram uma Fúria[h].

Eles reduziam a cólera à seriedade. No poeta, foi o colérico Júpiter* que lançou o raio; no artista, apenas o sério.

A lamentação foi abrandada em aflição. E onde esse abrandamento não podia ter lugar, onde a lamentação fosse tão aviltante quanto deformadora, que fazia então Timantes*? O seu quadro do sacrifício de Ifigênia*, no qual ele concede a todos os circunstantes o grau de tristeza que lhes é próprio, mas encobriu na face do pai que deveria tê-la mostrado no mais alto grau, é conhecido, e muitas coisas graciosas foram ditas sobre isso. "Ele havia se esgotado de tal modo", diz este[i], "nas fisionomias tristes, que desesperava de não poder dar ao pai uma ainda mais triste." "Ele confessou dessa maneira", diz aquele[j], "que a dor de um pai em tais circunstâncias está acima de toda expressão." Eu, de minha parte, não vejo aqui nem a impotência do artista, nem a impotência da arte. Com o grau de afeto reforçam-se também os seus correspondentes traços da face; o grau mais alto tem os traços mais decididos, e nada é mais fácil à arte do que exprimi-los. Timantes, porém, conhecia as fronteiras que as Graças* consignam à sua arte. Ele sabia que a lamentação, que cabia a Agamênon* como pai, se externava por meio de contorções, que são sempre feias. Até onde beleza e dignidade se deixavam ligar à expressão, até lá ele as levava. O feio, ele teria de bom grado preterido, ele o teria de bom grado mitigado; mas visto que sua composição não permitia nem um nem outro, o que mais lhe restava senão encobri-lo? O que ele não podia pintar, ele deixou adivinhar. Em suma, esse encobrimento é um sacrifício que o artista ofertava à beleza. É um exemplo, não de como se leva a expressão além dos limites da arte, mas antes de como se deve submetê-la à primeira lei da arte, à lei da beleza.

E esta é agora aplicada ao Laocoonte, de modo que o motivo que eu procuro é claro. O mestre trabalhava com vista à suprema beleza sob as condições aceitas da dor corporal. Esta, em toda a sua violência deformadora, não era compatível com aquela. Ele teve então de reduzi-la; ele teve de amenizar o grito em suspiro; não porque o grito traia uma alma vulgar, mas antes porque mascara a face de um modo repugnante. Pois rasgue-se em pensamento apenas a boca do Laocoonte e julgue-se! Deixem que ele grite e ver-se-á! Era uma construção que nos inspirava compaixão, porque mostrava ao mesmo tempo beleza e dor; agora se tornou uma construção feia, abominável, da qual desviamos de bom grado nossa face, porque a visão da dor provoca desagrado, sem que a beleza do objeto padecente possa transformar esse desagrado no doce sentimento da compaixão.

Essa simples e larga abertura da boca – deixando de lado quão violenta e asquerosamente as demais partes da face também eram, por isso, decompostas e deslocadas – na pintura é uma mancha e, na escultura, uma cavidade, que produz os efeitos mais desagradáveis do mundo. Montfaucon* mostrou pouco gosto, quando quis fazer passar uma velha cabeça barbuda com a boca escancarada por um Júpiter a proferir um oráculo[k]. Um deus deve gritar quando descerra o futuro? O contorno mais agradável da boca tornaria seu discurso suspeito? Eu também não acredito em Valério*, segundo o qual Ájax* deveria ter gritado[l] na mencionada pintura de Timantes. Mestres, de longe muito piores, dos tempos da arte já decaída, não deixam jamais que os bárbaros mais selvagens abram sua boca até o grito, quando, sob a espada do vencedor, o terror e o medo da morte os atingem[m].

É certo que esse rebaixamento da dor corporal mais extrema a um grau menor de sentimento era visível em muitas obras de arte antigas. O Hércules padecente na sua vestimenta envenenada, pela mão de um velho mestre desconhecido, não era o de Sófocles, cujos gritos pavorosos faziam ressoar os rochedos da Lócrida* e os promontórios da Eubeia*. Ele era mais sombrio do que selvagem[n]. O Filoctetes de Pitágoras Leontino* parecia comunicar sua dor ao observador, efeito esse que o mais ligeiro traço de horror teria evitado. Alguém poderia perguntar de onde eu sei que esse mestre fez uma estátua de Filoctetes? De uma passagem de Plínio*, que não deveria esperar a minha correção, tão visivelmente ela foi falsificada e mutilada[o].

III

Mas, como já foi mencionado, a arte, nos tempos modernos, alcançou fronteiras incomparavelmente mais amplas. Sua imitação, dizem, estende-se a toda natureza visível, da qual o belo é apenas uma pequena parte. Verdade e expressão é sua primeira lei; e como a natureza mesma sacrifica o tempo todo a beleza a propósitos mais elevados, assim também o artista deve subordiná-la à sua finalidade geral e segui-la até onde, e não mais longe, a verdade e a expressão o permitem. Basta que, através da verdade e da expressão, o mais feio da natureza se transforme em um belo da arte.

Suposto que se queira deixar esses conceitos primeiramente incontestados em seus valores ou desvalores: não se deveriam fazer outras considerações independentes deles [e perguntar] por que, não obstante, o artista precisaria guardar medida na expressão e nunca tomá-la do ponto mais alto da ação?

Eu creio que o momento único, no qual os limites materiais da arte vinculam todas as suas imitações, nos conduzirá a considerações semelhantes.

Se o artista pode utilizar, da natureza sempre cambiante, não mais do que um único momento, e o pintor, em particular, esse único momento e somente a partir de um único ponto de vista; se, no entanto, suas obras são feitas não simplesmente para serem olhadas, mas, sim, consideradas, longa e repetidamente contempladas: então é certo que aquele momento único e único ponto de vista desse único momento não podem ser escolhidos de maneira suficientemente fecunda. Mas só é fecundo por si aquilo que deixa jogo livre à imaginação. Quanto mais vemos, tanto mais devemos poder pensar além. Quanto mais pensamos para além, tanto mais devemos crer que vemos. Mas de todo o decurso de um afeto não há nenhum momento menos desprovido dessa vantagem do que o degrau mais elevado deste mesmo afeto. Além dele não há nada mais, e mostrar ao olho significa atar as asas da fantasia e obrigá-la – visto que ela não pode elevar-se acima da impressão sensível – a ocupar-se, sob o seu domínio, com imagens mais fracas, além das quais teme encontrar a plenitude visível da expressão como sua fronteira. Quando, pois, Laocoonte suspira, a imaginação pode ouvi-lo gritar; se, no entanto, ele gritasse, ela não poderia, na sua representação, nem galgar um degrau acima, nem descer um degrau abaixo, sem divisá-lo em estado mais suportável e, portanto, mais desinteressante. Ela o escuta primeiro gemendo ou já o vê morto.

E mais: se esse momento único recebe, através da arte, uma duração imutável, ele não deve expressar nada que não seja dado pensar de outro modo senão enquanto transitório. Todos os fenômenos, a cuja essência nós computamos isso conforme nossos conceitos, ou seja, que eles de repente irrompem e de repente desaparecem, que eles podem ser o que são apenas por um momento: todos os fenômenos dessa espécie, sejam eles agradáveis ou horríveis, adquirem pelo prolongamento da arte um aspecto tão antinatural, que a cada olhada repetida a impressão torna-se mais fraca e, por fim, ante o objeto inteiro, somos tomados de asco e horror. La Mettrie*, que se deixou pintar e gravar como um segundo Demócrito*, ri apenas a primeira vez que o vemos. Observai-o mais vezes, e o filósofo se transforma em um parvo; e seu riso se converte em ricto. Assim é também com o gritar. A dor violenta, que arranca o grito, logo esmorece ou destrói o sujeito sofredor. Quando, pois, também o homem o mais paciente e o mais firme grita, ele não grita incessantemente. E só esse aparente caráter incessante de um grito na imitação material da arte é o que transformaria o seu gritar em impotência afeminada, em incapacidade infantil de suportar o sofrimento. Isso, ao menos, o artista do Laocoonte deveria evitar, se o gritar já não houvesse prejudicado a beleza, ainda que à sua arte já fosse permitido exprimir sofrimento sem beleza.

Entre os pintores antigos, Timômaco* parece ter escolhido, de preferência, temas de extrema emoção. Seu Ájax furioso, sua Medeia* infanticida eram pinturas famosas. Mas, a partir das descrições que temos dessas obras, torna-se claro que ele compreendeu perfeitamente e soube ligar um ao outro aquele ponto – em que o observador não capta tanto pelo olhar como adiciona pelo pensar o extremo – ao fenômeno com o qual nós não vinculamos tão necessariamente o conceito de transitório que o prolongamento do mesmo na arte deva desagradar. Ele não pegou a Medeia no momento em que ela realmente assassina seus filhos, mas alguns momentos antes, quando o amor materno ainda luta com o ciúme. Nós prevemos o fim dessa luta. Nós trememos por antecipação pelo simples fato de logo mais ver a cruel Medeia e nossa imaginação vai muito além de tudo o que o pintor poderia nos mostrar nesse momento terrível. Mas, justamente por isso, a indecisão de Medeia, que perdura na arte, ofende-nos tão pouco que nós desejaríamos muito mais que a própria natureza ficasse nisso, que o conflito das paixões nunca se tivesse decidido, ou, ao menos, houvesse se detido até que o tempo e a reflexão pudessem enfraquecer a fúria e assegurar a vitória dos sentimentos maternais. Também a Timô-maco esta sua sabedoria prometeu grandes e frequentes louvores e o elevou muito acima de outro pintor desconhecido, que havia sido bastante imprudente para mostrar a Medeia no auge da sua fúria, e dar assim uma duração a esse fugidio grau sempre passa-geiro do extremo furor que revolta toda a natureza. O poeta[a] que o censura nesse caso, diz daí mui engenhosamente, ao dirigir-se à própria imagem: "Estás, pois, constantemente sequiosa do san-gue de teus filhos? Tens sempre aí um novo Jasão* e sempre uma nova Creusa* que te amarguram incessantemente? Para o diabo contigo também nas pinturas!", acrescenta ele cheio de desgosto.

Pode-se julgar o Ájax furioso de Timômaco pela notícia de Filóstrato[b]*. Ájax não aparece no momento em que investe enfu-recido em meio ao rebanho e prende e mata bois e carneiros como se fossem homens; ao contrário, o mestre o mostra como ele, após esse heroico ato tresloucado, senta-se exaurido e trama o seu próprio suicídio. E este é verdadeiramente o Ájax furioso; não porque esteja furioso justamente agora, mas, ao contrário, porque se vê que ele esteve enfurecido; porque se apreende a grandeza de seu furor bem mais vivamente pela desesperada vergonha que ele próprio sente por isso. Vê-se a tempestade nos destroços e cadáveres que ele lançou sobre a terra.

IV

Revejo os motivos aportados pelos quais o mestre do Laocoonte deveria ser comedido na expressão da dor corporal, e verifico que todos eles são tirados da própria essência constituinte da arte e de seus necessários limites e exigências. Seria bem difícil, portanto, que se pudesse aplicar qualquer um desses motivos à poesia.

Sem pesquisar aqui até que ponto o poeta pode ser bem-sucedido em representar a beleza corporal, é não menos incontestável que, visto que todo o imensurável reino da perfeição está aberto para a sua imitação, esse invólucro visível, sob o qual a perfeição se torna beleza, pode ser apenas um dos meios menos importantes pelos quais ele sabe nos interessar por suas personagens. Muitas vezes ele o negligencia completamente, seguro de que se o seu herói ganhou nossa benevolência, suas qualidades mais nobres nos ocupam tanto que não pensamos de maneira alguma na sua conformação corporal, ou, se pensamos nela, somos tão seduzidos que nós, por nós mesmos, lhe conferimos uma figura, se não bela, ao menos indiferente. Nesse sentido, ele poderá, no entanto, levar minimamente em consideração cada traço singular que não esteja expressamente destinado ao semblante. Quando o Laocoonte de *Virgílio* grita, a quem vai ocorrer então que, para gritar, é necessário abrir grandemente a boca, e que essa grande boca o torna feio? Basta que *clamores horrendos ad sidera tollit* [ele lança clamores horrendos até as estrelas] seja um traço sublime para o ouvido, ainda que isso possa ser para o semblante o que ele quer. Quanto a quem exige aqui uma bela imagem, o poeta falhou em todo seu efeito sobre ele.

Ademais, nada obriga o poeta a concentrar a sua pintura num único momento. Ele toma cada uma de suas ações, quando quer, na sua origem e a conduz, por todas as suas possíveis modificações, até a sua conclusão. Cada uma dessas modificações, que custariam ao artista uma peça inteiramente particular, custa-lhe um só traço; e se esse traço, considerado por si, ofende a imaginação do ouvinte, então ele estava ou de tal modo preparado pelo que precedera, ou ele será de tal modo abrandado e gratificado pelo que segue, que ele perde sua impressão singular e, na conjunção, produz o efeito mais excelente do mundo. Seria, pois, também efetivamente indecoroso para um homem gritar na violência da dor; que prejuízo essa pequena e passageira falta de decoro poderia trazer, aos nossos olhos, àquele cujas outras virtudes já nos conquistaram? O Laocoonte de Virgílio grita, mas esse Laocoonte gritante é justamente aquele que nós conhecemos e amamos como o patriota o mais prudente, como o pai mais caloroso. Relacionamos o seu grito não ao seu caráter, mas exclusivamente ao seu insuportável sofrimento. Só esse sofrimento é que ouvimos em seu grito, e graças somente a esse grito é que o poeta pode no-lo tornar sensível.

Quem, portanto, o censura ainda? Quem não deve muito mais reconhecer que, se o artista agiu bem por não ter deixado Laocoonte gritar, do mesmo modo o poeta procedeu igualmente bem ao deixá-lo gritar?

Mas Virgílio é aqui apenas um poeta narrador. Estará também incluido em sua justificativa o poeta dramático? Uma é a impressão que a narrativa do grito de alguém produz e outra esse grito mesmo. O drama, que é destinado a apresentar a pintura ao vivo do ator, deveria talvez, justamente por isso, ater-se mais rigorosamente às leis da pintura material. Nele, nós não acreditamos ver e ouvir simplesmente um Filoctetes gritante; nós ouvimos e vemos realmente gritar. Quanto mais o ator se aproxima da natureza, tanto mais sensivelmente os nossos olhos e os nossos ouvidos devem ficar ofendidos; pois é incontestável que eles ficam assim na natureza, quando apreendemos tão altas e violentas expressões de dor. Além disso, a dor corporal não é, em geral, capaz de despertar a mesma compaixão que outros males despertam. Nossa imaginação só pode distinguir nela muito pouco para que a simples visão da mesma suscite em nós algo como um sentimento análogo. Sófocles, destarte, poderia facilmente ter ultrapassado um decoro não simplesmente arbitrário, mas fundado na própria essência dos nossos sentimentos, quando deixou Filoctetes e Hércules gemerem e chorarem assim, gritarem e berrarem assim. Aos circunstantes é impossível tomar tanta parte nos seus sofrimentos quanto essas desmesuradas irrupções parecem exigir. Eles parecerão a nós, espectadores, por comparação, frios e, no entanto, não podemos considerar a sua compaixão de outro modo senão como a medida da nossa. Acrescente-se a isso que o espectador dificilmente ou, de modo algum, pode impelir a representação da dor corporal até a ilusão; e quem sabe se os modernos poetas dramáticos devam ser antes elogiados e não censurados, visto que eles ou evitaram totalmente esse escolho ou o contornaram com um barco leve!

Quantas coisas pareceriam incontestáveis na teoria, se o gênio não tivesse conseguido provar o contrário pela ação. Todas essas considerações não são infundadas e, no entanto, o *Filoctetes* permanece uma das obras-primas da cena. Pois uma parte delas não atinge Sófocles propriamente, e isso apenas na medida em que este se colocou acima da outra parte, ele alcançou as belezas com as quais o tímido crítico de arte, sem esse exemplo, jamais teria sonhado. As observações seguintes hão de mostrá-lo mais de perto.

1 – Quão maravilhosamente soube o poeta fortalecer e ampliar a ideia da dor corporal! Ele escolheu uma ferida (pois também se podem considerar todas as circunstâncias da história como se tivessem dependido de sua escolha, na medida em que ele escolheu a história toda justamente por causa dessas circunstâncias para ele vantajosas), ele escolheu, digo eu, uma ferida e não uma doença interna, porque se pode fazer daquela uma representação mais viva do que desta, ainda que seja também tão dolorosa. O ardor simpático interno que consumia Meleagro*, enquanto sua mãe o sacrificava no fogo fatal de sua fúria fraterna, teria sido, por isso, menos teatral do que uma ferida. E essa ferida era uma punição divina. Um veneno mais que natural agia nela incessantemente, e apenas um ataque mais forte de dores tinha seu tempo fixado, depois do qual o infeliz caía,

a cada vez, em um sono estupefaciente, em que sua natureza exaurida devia refazer-se, para de novo trilhar o mencionado caminho da dor. Chateaubrun* o deixa simplesmente na condição de ferido pela flecha envenenada de um troiano. O que se pode esperar de extraordinário de um acidente tão comum? A ele, todos estavam expostos nas guerras antigas: como aconteceu, então, que apenas com Filoctetes ele tivesse consequências tão terríveis? Um veneno natural, que agisse por nove anos inteiros sem matar é, além disso, muito mais inverossímil do que todo o fabuloso maravilhoso com o qual o grego o armou.

2 – Por grandes e terríveis que ele tenha feito as dores corporais de seu herói, ele sentiu, no entanto, muito bem que elas por si sós não seriam suficientes para excitar um grau perceptível de compaixão. Por isso, ele as vinculou a outros males que, do mesmo modo, considerados por si, não poderiam comover especialmente, mas que, através dessa conexão, recebiam uma tintura tão melancólica, como se comunicassem de novo as dores do corpo. Esses males eram a privação total da sociedade humana, a fome e todas as incomodidades da vida, às quais se está exposto sob um céu rude naquela privação[a]. Que se pense em um homem nessas circunstâncias, mas que se lhe dê saúde, forças e indústria, e eis aí um Robinson Crusoé*, que tem pouco direito à nossa piedade, ainda que seu destino não nos seja de todo indiferente. Pois raramente nós estamos tão satisfeitos com a sociedade que o sossego que desfrutamos fora dela não nos deva parecer muito sedutor, sobretudo sob o influxo da ideia, que lisonjeia cada indivíduo, de que ele pode dispensar pouco a pouco o apoio alheio. Por outro lado, se dermos a um homem a mais dolorosa e incurável doença, mas se ao mesmo tempo o imaginarmos cercado por amigos prestativos, que não o deixam sofrer nenhuma carência, que aliviam o seu mal, tanto quanto suas forças lhes permitem, e diante dos quais ele pode gemer e lamentar-se sem rodeios: teríamos pena dele, sem dúvida, mas essa piedade não dura muito, finalmente encolheremos os ombros e lhe recomendaremos que tenha paciência. Apenas

quando os dois casos confluem, quando o solitário também não é senhor de seu corpo, quando o doente pode ajudar-se a si próprio tão pouco quanto a ajuda de outro pode fazê-lo, e suas queixas se evolam no vazio dos ares, então, digo, vemos toda a miséria que pode atingir a natureza humana abater-se sobre o infeliz, e cada pensamento fugidio com o qual nós nos imaginamos no seu lugar, suscita horror e pavor. Vemos diante nós apenas o desespero na sua forma mais terrível, e nenhuma compaixão é mais forte, nenhuma funde mais a alma inteira do que aquela que se mistura com a representação do desespero. É desse gênero a compaixão que sentimos por Filoctetes, e nós a sentimos ao máximo no momento em que o vemos despojado de seu arco, a única coisa que poderia preservar a sua miserável vida. Ó francês, que não teve nenhum entendimento para refletir sobre isso, nem coração para senti-lo! Ou, se teve, foi pequeno o suficiente para sacrificar tudo isso ao pobre gosto de sua nação! Chateaubrun dá uma companhia a seu Filoctetes. Ele leva uma jovem princesa para junto dele na ilha deserta. E também ela não está sozinha, mas tem a seu lado a sua governanta; uma coisa que não sei quem tinha mais necessidade, se a princesa ou o poeta. Ele deixou de lado todo o excelente jogo com o arco. Em troca, ele põe em jogo belos olhos. É verdade que o arco e a flecha teriam parecido muito engraçados à heroica juventude francesa. No entanto, ao contrário, nada é mais sério do que a cólera de belos olhos. O grego nos atormenta com a horrível preocupação de que o pobre Filoctetes vai ficar sem o seu arco na ilha deserta e deverá ali perecer miseravelmente. O francês, que conhece um caminho mais seguro ao nosso coração, nos faz temer que o filho de Aquiles* deva partir sem a sua princesa. Foi a isso, pois, que também os críticos de arte parisienses chamaram de "triunfar sobre os antigos", e um deles propôs que se denominasse a peça de Chateaubrun de *La Difficulté vaincue*[b] (A Dificuldade Vencida).

3 – Depois do efeito do todo, examinemos as cenas isoladas nas quais Filoctetes não é mais o doente abandonado; onde ele

nutre a esperança de deixar logo o ermo desolado, e de retornar de novo ao seu reino; onde, portanto, todo o seu infortúnio limita-se à sua dolorosa ferida. Ele geme, ele grita e ele sofre as mais terríveis convulsões. É contra isso que vai propriamente a objeção ao decoro ofendido. É um inglês que faz essa objeção, um homem, pois, em quem não se pode suspeitar uma falsa delicadeza. Como já mencionamos, ele dá à sua objeção um fundamento muito bom. "Todos os sentimentos e paixões", diz ele[c], "com os quais outras pessoas só podem simpatizar muito pouco, tornam-se chocantes, quando são expressos com demasiada violência. Por essa razão, não há nada mais inconveniente e indigno para um homem do que não poder suportar com paciência a dor, mesmo a mais violenta, mas, sim, chorar e gritar. É verdade que há uma simpatia para com a dor corporal. Quando vemos que alguém está prestes a receber um golpe no braço ou na tíbia, nós contraímos naturalmente o nosso próprio braço ou tíbia; e quando o golpe realmente ocorre, então nós o sentimos em certa medida como aquele a quem ele atingiu. Ao mesmo tempo, porém, é certo que o mal que sentimos não é nada considerável; se o golpeado solta por isso um grito violento, não deixaremos de desprezá-lo, pois não estamos na situação de poder gritar tão violentamente como ele." Nada é mais enganoso do que as leis gerais para os nossos sentimentos. A sua textura é tão fina e complicada e tão finamente disposta que também na especulação mais cautelosa mal é possível pegar um único fio em separado, e segui-lo através de todos os entrelaçamentos. E mesmo quando ela o consegue, que utilidade isso teria? Não há na natureza nenhum sentimento puro e singular; com todos e cada um formam-se ao mesmo tempo mil outros, o menor dos quais modifica inteiramente o sentimento básico, de modo que as exceções se acumulam sobre exceções, as quais reduzem a pretensa lei geral a uma simples experiência de uns poucos casos particulares. "Nós desprezamos aquele", diz o inglês, "que ouvimos gritar sob violentas dores corporais". Mas não sempre, não na primeira vez; não quando vemos o sofredor empregar tudo o que é possível para aguentar a sua dor; não quando o conhecemos como sendo, de resto, um homem firme; menos ainda quando o vemos, mesmo sob a dor, dar provas de sua firmeza; quando vemos que a dor, é verdade, o força a gritar, mas tampouco pode forçá-lo a nada mais; que ele prefere submeter-se à prolongada duração dessa dor do que a mudar o mínimo em sua maneira de pensar, em suas resoluções, mesmo se ele, com essa modificação, pudesse ter a esperança de pôr um fim em todas as suas dores. Tudo isso se encontra em Filoctetes. A grandeza moral dos gregos antigos consistia tanto em um amor inalterável aos seus amigos, como em um ódio imutável aos seus inimigos. Essa grandeza Filoctetes conserva em meio a todos os seus tormentos. A sua dor não secou seus olhos de tal modo que eles não possam lhe conceder lágrima alguma sobre o destino de seus antigos amigos. A sua dor não o deixou tão frouxo a ponto de que ele, para se livrar dela, pudesse perdoar aos seus inimigos e deixar de bom grado que o utilizem para todos os seus propósitos egoístas. E deveriam os atenienses menosprezar essa rocha feito homem porque as ondas que não o podem abalar, ao menos o fazem ressoar? Eu confesso que, em geral, tenho pouco gosto pela filosofia de Cícero; muito menos, porém, por aquela que ele desembrulha do segundo livro de suas *Tusculanae disputationes** sobre a maneira de suportar a dor corporal. Dever-se-ia acreditar que ele queira treinar um gladiador, tal o seu zelo contra a expressão exterior da dor. Ele parece ver nela apenas a impaciência, sem refletir que ela amiúde é nada menos do que voluntária, que a verdadeira coragem, porém, só pode se mostrar em ações voluntárias. Ele ouve em Sófocles o Filoctetes apenas gemer e gritar e passa inteiramente por cima de sua conduta, de resto firme. Onde mais teria ele, de outro modo, a oportunidade para realizar a sua investida retórica contra os poetas? "Eles devem nos amolecer, porque introduzem os homens mais corajosos lamentando-se." Eles devem deixá-los lamentar-se; pois o teatro não é nenhuma arena. Ao lutador condenado ou venal cumpre fazer tudo com decoro e tudo sofrer. Dele não se deveria ouvir nenhum sonido lamentoso, nem ver nenhuma convulsão dolorosa. Pois, dado que suas feridas, sua morte, devem deleitar os espectadores, então a arte deveria ensinar-lhe a ocultar todo sentimento. A mais leve exteriorização deste sentimento teria despertado compaixão, e a compaixão com frequência despertada daria logo um fim a esse espetáculo friamente cruel. O que, porém, não deve aqui ser provocado é o único propósito da cena trágica, e exige, por isso, uma conduta exatamente oposta. Seus heróis devem mostrar sentimento, devem externar suas dores e deixar a simples natureza atuar dentro deles. Se eles revelam adestramento e coerção, nosso coração permanece frio e os espadachins de coturno podem no máximo ser admirados. Esta é a denominação que merecem todas as personagens das assim chamadas tragédias de Sêneca*, e é minha firme opinião de que os jogos dos gladiadores foram a principal causa por que os romanos restaram tão abaixo da mediocridade na arte trágica. Os espectadores aprendiam a desconhecer toda natureza no sangrento anfiteatro, onde, quando muito, um Ctésias* podia estudar a sua arte, mas nunca um Sófocles. O mais trágico gênio, uma vez habituado a essas cenas artificiais de morte, devia cair no bombástico e na fanfarronada. Mas do mesmo modo que as fanfarronadas não podiam instilar a verdadeira coragem heroica, tampouco as lamentações de Filoctetes podiam amolecer. Os lamentos são de um homem, mas as ações, de um herói. Ambos fazem o herói humano, que não é nem mole nem endurecido, mas, ao contrário, ora parece ser isso, ora aquilo, conforme no momento ora a natureza, ora os princípios e o dever lhe exijam. Ele é o mais elevado que a sabedoria pode criar e a arte imitar.

4 – Não bastou que Sófocles tenha assegurado o seu Filoctetes contra o desprezo; mas ele também se precaveu sabiamente de tudo o mais que se poderia em geral aventar a partir das observações do inglês. Pois, se nós já não desprezamos sempre quem grita sob dor corporal, é, no entanto, incontestável que

nós não sentimos tanta compaixão por ele quanto esse grito parece exigir. Como então devem portar-se aqueles que têm a ver com o Filoctetes que grita? É preciso mostrar-se comovidos no mais alto grau? Isso é contra a natureza. Devem mostrar-se frios e embaraçados, como realmente se costuma ficar em tais casos? Isso produziria a mais adversa dissonância no espectador. Porém, como já foi dito, também isso Sófocles evitou. Ele o fez pelo fato mesmo de que as personagens secundárias têm seus próprios interesses; que a impressão que a gritaria de Filoctetes lhes causa não é a única coisa a ocupá-las, e que o espectador, por isso, atenta não tanto à desproporção de sua compaixão com esse grito, como bem mais às suas modificações que nascem ou deveriam nascer, nos seus sentimentos e projetos, através da compaixão, seja ela tão fraca ou tão forte quanto se queira. Neoptólemo* e o coro enganaram o infeliz Filoctetes; eles sabem em que desespero o seu embuste irá precipitá-lo; agora ele é sujeito ao seu terrível acidente diante dos olhos deles; se esse acidente não pode provocar neles nenhum sentimento de simpatia digno de nota, ele pode, no entanto, incitá-los a recolher--se em seu íntimo, para respeitar tanta desgraça e não querer aumentá-la pela traição. Isso é o que o espectador espera, e sua expectativa não é frustrada pelo generoso Neoptólemo. Um Filoctetes senhor de suas dores teria mantido Neoptólemo na sua simulação. Um Filoctetes, a quem sua dor torna incapaz de toda dissimulação, por mais absolutamente necessária que ela lhe pareça, para que seus futuros companheiros de viagem não se arrependam logo da sua promessa de levá-lo com eles; um Filoctetes, que é inteiramente natureza, reconduz Neoptólemo de volta à sua natureza. Esse retorno é algo primoroso, e tanto mais tocante quanto causado pelo puro sentimento de humanidade. Nos franceses, os belos olhos têm de novo o seu papel nisso[d]. Mas eu não quero mais pensar nessa paródia. Sófocles, nas *Traquínias*, serviu-se também do mesmo artifício, o de ligar, nos espectadores, outro afeto à compaixão que o grito pela dor corporal deveria produzir. A dor de Hércules não é nenhuma dor prostrante; ela o leva ao furor, no qual ele brame por nada menos que a vingança. Nessa fúria ele já agarrara Licas* e o esmagara contra o rochedo. O coro é feminino; e tanto mais naturalmente o medo e o horror devem tê-lo dominado. Isso e a expectativa de saber se um deus acorrerá em ajuda de Hércules ou se Hércules irá sucumbir a esse mal, produzem aqui o verdadeiro interesse geral, que recebe aqui, da compaixão, apenas um ligeiro matiz. Tão logo o desfecho é decidido pela sustentação mútua dos oráculos, Hércules acalma-se e a admiração por sua última resolução toma o lugar de todos os outros sentimentos. Em geral, porém, na comparação entre o Hércules sofredor e o Filoctetes sofredor, não se deve esquecer que aquele é um semideus e este, apenas um homem. O homem nunca se envergonha das suas lamentações; mas o semideus envergonha-se do fato de que a sua parte mortal tenha tanto poder sobre a imortal, de que ele, como uma moça[e], precise chorar e gemer. Nós, modernos, não acreditamos em semideuses, mas, entre nós, o menor dos heróis deve sentir e agir como um semideus.

Se o ator pode levar o grito e as convulsões da dor até a ilusão, não ousarei negar nem afirmar. Se eu achasse que os nossos atores não o conseguiriam, eu deveria antes saber se também um Garrick* não seria capaz; e se mesmo este não o conseguisse, ainda assim eu poderia pensar que a arte da cena e da declamação dos antigos atingira uma perfeição da qual não possuímos hoje a menor ideia.

V

Existem conhecedores da Antiguidade que consideram realmente o grupo do Laocoonte como uma obra de um mestre grego, mas da época dos imperadores, pois creem que o Laocoonte de Virgílio serviu-lhe de modelo. Eu quero citar, dentre os antigos doutos que foram dessa opinião, apenas Bartholomeo Marliani[*a] e, dentre os modernos, Montfaucon[b]. Eles enontraram, sem dúvida, entre a obra de arte e a descrição do poeta uma concordância tão especial que lhes pareceu impossível que ambos por acaso tivessem se agradado do mesmo tipo de circunstâncias que de modo algum se apresentam por si próprias. Nisso, eles colocaram como pressuposto que, quando se trata da honra da invenção e do primeiro pensamento, a probabilidade em favor do poeta é incomparavelmente maior do que a do artista.

Eles parecem haver esquecido apenas que um terceiro caso seria possível. Pois talvez o artista tenha imitado tão pouco o poeta quanto o poeta o artista, mas, antes, ambos sorveram de uma mesma fonte mais antiga. Segundo Macróbio[c], Pisandro[*] poderia ser essa fonte mais antiga. Pois, quando as obras desse poeta grego ainda existiam, sabia-se nas escolas, *pueris decantatum,* que o romano não imitou tanto como traduziu fielmente toda a conquista e destruição de Ílio[*] [Troia], isto é, o segundo livro inteiro. Se, agora, Pisandro também, na história do Laocoonte, fosse o predecessor de Virgílio, então os artistas gregos não precisariam buscar suas instruções de um poeta latino, e as conjecturas sobre sua época baseiam-se em nada.

Entretanto, se eu fosse forçado a defender a opinião de Marliani e Montfaucon, eu lhes tomaria de empréstimo a seguinte escapatória: os poemas de Pisandro estão perdidos; não se pode dizer com certeza como a história de Laocoonte foi contada por ele; é provável, porém, que ela tenha se passado com as mesmas circunstâncias, cujos rastros encontramos ainda agora nos escritores gregos. Sucede, no entanto, que estes não concordam minimamente com a narrativa de Virgílio, mas que o poeta romano deve ter refundido completamente, a seu bel prazer, a tradição grega. O modo como ele narra o infortúnio de Laocoonte é de sua própria invenção; logo, se os artistas se harmonizaram com ele na sua representação, então eles só podem ter vivido depois de sua época e ter trabalhado segundo o seu modelo.

Quintus Calaber* [Quinto de Esmirna], na verdade, como Virgílio, faz Laocoonte manifestar igual suspeita acerca do cavalo de madeira; mas a cólera de Minerva*, que este atrai sobre si por isso, se expressa aqui de maneira bem diferente. A terra treme sob o troiano que adverte; terror e medo assaltam-no; uma dor ardente desencadeia-se por seus olhos; seu cérebro sofre; ele é tomado de furor; ele fica cego. Somente então, dado que, embora cego, ele não para de aconselhar a queima do cavalo de madeira, Minerva envia dois terríveis dragões, que, entretanto, agarram apenas os dois filhos de Laocoonte. Em vão eles estendem as mãos para seu pai; o pobre homem cego não pode ajudá-los; eles são dilacerados e as serpentes enfiam-se na terra. Ao próprio Laocoonte elas nada fazem; e que esta circunstância não é específica de Quintus[d], mas que deve ter sido em geral aceita, evidencia uma passagem de Licofron*, no qual essas serpentes[e] recebem o nome de devoradoras de criança.

Mas, se esta circunstância fosse em geral aceita entre os gregos, então os artistas gregos dificilmente teriam ousado desviar-se dela, e dificilmente ocorreria que eles tivessem se desviado justamente da mesma maneira como um poeta romano, se eles não conhecessem esse poeta, se eles talvez não houvessem recebido o expresso encargo de trabalhar, segundo o seu modo. Sobre esse ponto, penso eu, cumpre insistir, caso se deseje defender Marilani e Montfaucon. Virgílio é o primeiro e o único[f] a fazer com que o pai e os filhos sejam mortos pelas serpentes; os escultores o fazem igualmente, ainda que, como gregos, não devessem fazê-lo; portanto, é provável que o tenham feito incitados por Virgílio.

Sinto muito bem quanto falta a essa probabilidade para ser certeza histórica. Mas como também não quero concluir daí nada de histórico, então creio ao menos que se pode admiti-la como uma hipótese, sobre a qual é permitido ao crítico basear suas considerações. Provado ou não que os escultores trabalharam a partir de Virgílio, eu quero simplesmente aceitar a suposição para ver como eles teriam trabalhado a partir dele. Quanto ao grito, eu já me expliquei. Talvez a comparação levada adiante me conduza a observações não menos instrutivas.

A ideia de enlaçar o pai e ambos os filhos com as serpentes assassinas em um só nó, é sem dúvida uma ideia muito feliz, que mostra uma fantasia pictórica incomum. A quem ela pertence? Ao poeta ou aos artistas? Montfaucon não quer encontrá-la no poeta[g]. Mas eu acho que Montfaucon não leu o poeta com bastante atenção.

> [....] *illi agmine certo*
> *Laocoonta petunt, et primum parva duorum*
> *Corpora natorum serpens amplexus uterque*
> *Implicat et miseros morsu depascitur artus.*
> *Post ipsum, auxilio subeuntem et tela ferentem*
> *Corripiunt spirisque ligant ingentibus* [...]

> [... e elas em lance certeiro / A Laocoonte se atiram, e primeiro enredam em horríveis abraços / Os ternos corpos dos dois meninos e dilaceram / Com suas mordidas seus desgraçados membros. / Depois agarram a ele, que acorre brandindo um dardo em socorro de ambos / E o constringem em terríveis nós...]

O poeta descreveu as serpentes com um comprimento prodigioso. Elas enlaçaram os meninos e, quando o pai veio em seu socorro, também o agarraram (*corripiunt*). Devido às suas grandes dimensões, elas não puderam se desenroscar de uma vez dos meninos; deve ter havido um momento no qual elas já haviam atacado o pai com suas cabeças e partes dianteiras do corpo e mantinham ainda os meninos enlaçados com suas partes posteriores. Este momento foi necessário na progressão da pintura poética; e o poeta o faz sentir à saciedade; só que agora não era tempo de pintá-lo. Que os intérpretes antigos também realmente o sentiram, parece demonstrado por uma passagem de Donato[h]. Quão pouco terá isso escapado aos artistas, cujos olhos compreensivos apreendem tão rápida e nitidamente tudo o que lhes pode ser vantajoso?

Nas próprias voltas, que o poeta faz as serpentes dar em torno de Laocoonte, ele evita cuidadosamente os braços, para deixar às mãos sua eficácia:

> *Ille simul manibus tendit divellere nodos.*

> [Ele tenta com as mãos romper os nós.]

Nisso os artistas deviam necessariamente segui-lo. Nada proporciona mais expressão e vida do que os movimentos das mãos; nas emoções em especial, o semblante mais eloquente é sem elas insignificante. Braços firmemente cingidos ao corpo pelos anéis das serpentes teriam espalhado frio e morte sobre todo o grupo. Por isso nós os vemos, tanto na figura principal como nas secundárias, em plena atividade e ocupados principalmente lá onde no momento a dor é mais violenta.

Nada mais, além dessa liberdade dos braços, julgaram os artistas proveitoso tomar emprestado do poeta em relação ao entrelaçamento das serpentes. *Virgílio* faz as serpentes se enrolarem duas vezes no corpo e duas vezes no pescoço de Laocoonte e suas cabeças se elevam acima dele.

> *Bis medium amplexi, bis collo squamea circum*
> *Terga dati, superant capite et cervicibus altis.*

> [Por duas vezes enredam seu corpo, por duas vezes enroscam / Os dorsos escamosos em volta de seu pescoço, sobrelevando-o / Com a cabeça e os altos colos]

Essa imagem preenche primorosamente nossa imaginação; as partes mais nobres são comprimidas até a sufocação e o veneno vai direto ao rosto. Não obstante, não era uma imagem para artistas que quisessem mostrar os efeitos do veneno e da dor no corpo. Pois, para poder observá-los, as partes principais deveriam permanecer tão livres quanto possível e não deveria realmente estar atuando sobre elas nenhuma pressão externa que o jogo dos nervos sofredores e o dos músculos labutantes pudessem alterar e debilitar. O duplo enlace das serpentes poderia ter encoberto o corpo inteiro e aquela dolorosa contração do baixo-ventre, que é tão expressiva, permaneceria invisível. O que se teria visto do corpo, em cima, embaixo ou entre as voltas, apareceria sob pressões ou tumefações produzidas não pela dor interna, mas pela carga externa. Do mesmo modo, o pescoço enlaçado em repetidas voltas teria estragado completamente o aguçamento piramidal do grupo, que é tão agradável aos olhos; e as cabeças pontiagudas das serpentes a sobressairem-se no vazio a partir dessa protuberância teriam provocado uma tão súbita queda nas proporções que a forma do todo se tornaria extremamente chocante. Há desenhistas que foram bastante desarrazoados para, não obstante, seguirem as indicações do poeta. Mas o que também resultou daí pode ser conhecido com horror, entre outras coisas, numa gravura de Franz Cleyn[i*]. Os antigos escultores perceberam num golpe de vista que a sua arte exigia aqui uma modificação inteira. Eles transferiram todas as voltas do corpo e do pescoço para as pernas e pés. Aqui essas voltas podiam cobrir e pressionar, tanto quanto fosse necessário, sem prejuízo da expressão. Aqui elas suscitavam ao mesmo tempo a ideia da fuga impedida e de uma espécie de imobilidade muito favorável à perduração artificial da circunstância dada.

Eu não sei como aconteceu que os críticos de arte tenham passado inteiramente em silêncio por essa diferença nas voltas das serpentes, que se apresenta tão nítida entre a obra de arte e a descrição do poeta. Ela realça a sabedoria do artista tanto quanto a outra, na qual todos eles reparam, mas que não ousam tanto assim elogiar, como procuram, bem mais, apenas desculpar. Refiro-me à diferença de vestimenta. O Laocoonte de Virgílio está com seus ornatos sacerdotais, e no grupo ele e seus dois filhos aparecem completamente nus. Dizem haver pessoas que acham um grande absurdo que um filho de rei, um sacerdote, em um sacrifício, seja representado nu. A essas pessoas, os conhecedores da arte respondem com toda seriedade que sem dúvida é uma falta contra o costume, mas que os artistas foram obrigados a isso, porque não podiam dar às suas figuras nenhum vestuário decoroso. A escultura, dizem eles, não pode imitar nenhum tecido; pregas grossas produzem um mau efeito; e de dois inconvenientes escolheu-se o menor e preferiu-se pecar contra a verdade mesma do que tornar-se forçosamente censurável pelas vestes[j]. Se os artistas antigos rissem da objeção, eu não sei o que poderiam dizer como resposta. Não se pode rebaixar mais a arte do que acontece desse modo. Pois, supondo que a escultura pudesse tão bem quanto a pintura imitar diferentes tecidos, deveria então Laocoonte estar necessariamente vestido? Não teríamos perdido nada debaixo dessa vestimenta? Tem um tecido, obra de mãos escravas, a mesma beleza do que a obra da eterna sabedoria, um corpo organizado? Requer as mesmas aptidões, constitui o mesmo mérito, traz a mesma honra, imitar este ou aquele? Querem os nossos olhos apenas ser iludidos, e é para eles indiferente com o que são iludidos?

No poeta, uma veste não é uma veste; não oculta nada; nossa imaginação vê através de tudo. Tenha ou não Laocoonte essa vestimenta em Virgílio, sua dor em cada parte do seu corpo é aqui tão visível como em outra. A testa está envolta com a faixa sacerdotal, mas não encoberta. Sim, essa faixa por si só nada estorva; ela reforça ainda mais a ideia que formamos da desgraça do sofredor:

Perfusus sanie vittas atroque veneno

[Enquanto sua faixa é maculada de baba e negro veneno]

A sua dignidade sacerdotal não o ajuda em nada; mesmo o signo dessa dignidade que lhe proporcionava em toda parte prestígio e veneração, é impregnado e profanado pela baba envenenada. Mas o artista teve de abandonar essa ideia secundária, se é que a obra principal não devia nada sofrer. Tivesse ele deixado no Laocoonte apenas essa faixa, ele teria enfraquecido em muito a expressão. A testa teria sido em parte coberta, e ela é a sede da expressão. Tal como lá no grito, ele sacrifica a expressão à beleza, aqui ele sacrifica o costume à expressão. Em geral, o costume era entre os antigos algo menos desprezado. Eles sentiam que a suprema vocação de sua arte conduzia a um completo despojamento. A beleza é essa suprema vocação; a necessidade inventou as roupas, e o que tem a arte a fazer com a necessidade? Eu admito que há, também, uma beleza no vestuário; mas o que é ela diante da beleza da forma humana? E aquele que pode alcançar o maior vai se contentar com o menor? Receio muito que o mais perfeito mestre em vestuário mostre, por essa habilidade mesma, o que lhe falta.

VI

Minha suposição de que os artistas imitaram o poeta, não leva a diminuí-los. A sabedoria deles se faz ver bem mais, através dessa imitação, à mais bela luz. Eles seguiram o poeta, sem se deixar seduzir por ele no mais ligeiro detalhe. Eles tinham um modelo; mas como deviam transpô-lo de uma arte para outra, isso lhes proporcionou muitas oportunidades para um pensamento próprio. E esses pensamentos próprios, que se manifestam nos desvios do seu modelo, demonstram que eles foram tão grandes na sua arte quanto o poeta na dele.

Agora quero inverter a suposição: o poeta deve ter imitado os artistas. Há doutos que sustentam essa suposição como uma verdade[a]. Se eles poderiam ter bases históricas para tanto, eu não saberia dizer. Mas, visto que achavam a obra de arte tão extraordinariamente bela, não puderam se convencer de que ela deveria ser de uma época tão tardia. Ela deveria ser de uma época em que a arte estava na sua mais perfeita florescência, porque merecia pertencer-lhe.

Evidenciou-se que, por mais primorosa que fosse a pintura de Virgílio, os artistas, apesar disso, não puderam utilizar diferentes traços dela. Sofre, pois, restrição a tese de que uma boa descrição poética deveria dar uma boa pintura efetiva, e que o poeta só teria descrito bem na medida em que o artista pudesse segui-lo em todos os seus traços. Tende-se a presumir essa restrição, mesmo antes que ela se confirme pelos exemplos, simplesmente a partir da consideração da vasta esfera da poesia, do infinito campo de nossa imaginação, da espiritualidade de suas imagens que podem permanecer uma ao lado da outra no maior número e variedade, sem que uma cubra ou degrade a outra, como de fato fariam as coisas ou seus signos naturais nos estreitos limites do espaço ou do tempo.

Mas se o menor não pode comportar o maior, então o menor pode estar contido no maior. Quero dizer: se nem todo traço que o poeta emprega [na pintura verbal] pode ter justamente o mesmo bom efeito sobre a superfície ou no mármore, poderia então, porventura, todo traço de que o artista se serve ter o mesmo bom efeito na obra do poeta? Sem dúvida; pois o que achamos belo numa obra de arte, não é o nosso olho que acha belo, mas a nossa imaginação através de nosso olho. A mesma imagem pode, portanto, ser suscitada de novo em nossa imaginação por signos arbitrários ou naturais, de modo que também sempre o mesmo prazer deve produzir-se de novo, ainda que não no mesmo grau.

Mas, isso admitido, devo confessar que, para mim, a suposição, Virgílio imitou os artistas, torna-se muito mais inconcebível do que o seu contrário se tornara para mim. Se forem os artistas quem seguiram o poeta, então eu posso me dar conta e explicações de todos os seus desvios. Eles foram obrigados a desviar-se porque os mesmos traços do poeta teriam causado, em suas obras, inconveniências que não se manifestam nele. Mas por que seria o poeta obrigado a desviar-se? Se ele tivesse seguido fielmente o grupo em todas e em cada uma das partes, não teria ainda assim fornecido uma excelente pintura?[b]

Eu compreendo bem como sua fantasia, trabalhando diante de si mesma, poderia levá-lo a este ou aquele traço; mas os motivos pelos quais a sua faculdade de julgamento acreditou dever transformar os belos traços que ele tinha diante dos olhos nesses outros traços, tais motivos não me ficam claros em parte alguma.

Parece-me até que se Virgílio tivesse tido o grupo como seu modelo, dificilmente teria ele podido conter-se, por assim dizer, para indicar o enlaçamento de todos os três corpos em apenas um nó. Eles teriam impressionado seus olhos com intensidade demasiado viva, ele teria experimentado, diante do grupo, um efeito por demais admirável, para que não devesse salientá-lo mais também em sua descrição. Eu disse que agora não era o tempo de pintar esse enlaçamento. Não; mas uma única palavra a mais teria dado um cunho muito determinado, talvez, àquilo que o poeta deveria deixar na sombra. O que o artista

LAOCOONTE

pode descobrir sem essa palavra, o poeta não teria deixado sem a mesma, se a tivesse visto no artista.

O artista tinha as razões mais prementes para não permitir que o sofrimento de Laocoonte irrompesse no grito. Se o poeta, no entanto, tivesse tido diante de si essa vinculação tão comovente de dor e beleza na obra de arte, o que de igualmente tão inevitável poderia obrigá-lo a não deixar de maneira tão completa qualquer indicação da ideia de decoro viril e paciência magnânima que nasce dessa vinculação da dor e da beleza, e a nos assustar de repente com o grito horrendo de seu Laocoonte? Richardson* diz: "O Laocoonte de Virgílio deve gritar porque o poeta não quer tanto provocar compaixão por ele, como medo e horror entre os troianos." Isso eu concedo, embora Richardson não pareça ter ponderado que o poeta não faz a descrição na sua própria pessoa, mas, sim, deixa que Eneias* a faça e diante de Dido*, a cuja compaixão Eneias não podia apelar o suficiente. Contudo, não é o grito por si só que me surpreende, porém a falta de toda gradação até esse grito, a qual a obra de arte naturalmente teria levado o poeta se ele, como nós supomos, a tivesse tido como o seu modelo. Richardson acrescenta[c]: a história de Laocoonte deveria levar simplesmente à descrição patética da destruição final; o poeta não deveria, pois, torná-la mais interessante pelo infortúnio de um só cidadão em particular, para não distrair a atenção que essa última e pavorosa noite exigia por inteiro. Contudo, isso significa examinar a coisa desde um ponto de vista pictórico, a partir do qual ela não pode ser examinada de modo algum. O infortúnio de Laocoonte e a destruição não são no poeta duas pinturas uma ao lado da outra; eles não formam um todo que os nossos olhos possam ou devam abranger de uma só vez; e apenas nesse caso cumpriria cuidar para que o nosso olhar pudesse cair mais sobre Laocoonte do que sobre a cidade em chamas. Ambas as descrições seguem uma à outra, e não vejo que desvantagem poderia trazer à segunda, se a primeira nos tivesse também comovido tanto; pois então a segunda não teria sido em si mesma bastante comovedora.

Ainda menos motivos teria tido o poeta para modificar os volteios das serpentes. Na obra de arte elas ocupam as mãos e enlaçam os pés. Essa disposição agrada tanto aos olhos quanto é vívida a imagem que remanesce na imaginação. Ela é tão nítida e pura que não é muito mais fraca quando representada pelas palavras do que pelos signos naturais.

> […] *Micat alter et ipsum*
> *Laocoonta petit, totumque infraque supraque*
> *Implicat et rabido tandem ferit ilia morsu*
> […]
> *At serpens lapsu crebro redeunte subintrat*
> *Lubricus intortoque ligat genua ínfima nodo.*

> [… Uma delas se lança sobre Laocoonte que ela enlaça dos pés à cabeça / e fere com mordida raivosa os flancos… / Enquanto isso, a serpente deslizante se dirige para baixo em múltiplos volteios / e agrilhoa em apertados nós os joelhos.]

Estas são linhas de Sadolet que, fossem de Virgílio, viriam, sem dúvida, ainda mais pictóricas, se um modelo visível lhe houvesse incendiado a fantasia e elas então seriam por certo melhores do que o que ele nos dá agora em seu lugar:

> *Bis medium amplexi, bis collo squamea circum*
> *Terga dati, superant capite et cervicibus altis.*

> [Duas vezes elas enlaçam seu corpo, duas vezes elas enroscam os dorsos escamosos / em seu pescoço, sobrelevando-o com a cabeça e os altos colos.]

Esses traços preenchem a nossa imaginação de fato; mas ela não precisa ficar nisso, ela não precisa procurar tirá-los a limpo, ela precisa agora ver apenas as serpentes, apenas Laocoonte, ela precisa não querer representar-se qual figura ambos formam juntos. Tão logo ela caia nisso, a imagem virgiliana começa a desagradar-lhe e ela a julga não pictórica ao máximo.

Mas, se também as modificações que Virgílio teria feito no modelo a ele emprestado já não fossem infelizes, então elas seriam simplesmente arbitrárias. Imita-se para tornar-se semelhante; mas é possível tornar-se semelhante quando se modifica além do necessário? Ao contrário, quando se faz isso está claro o propósito de que não há vontade de tornar-se semelhante e que, portanto, não se imitou.

Não o todo, poder-se-ia objetar, mas possivelmente esta ou aquela parte. Bem, mas quais são então essas partes distintas que concordam tão exatamente na descrição e na obra de arte, que poderiam parecer que o poeta as tomou por empréstimo desta última? O pai, as crianças, as serpentes, tudo isso a história deu tanto ao poeta como ao artista. Exceto no dado histórico, eles não concordam em nada, apenas enlaçam as crianças e o pai num único nó de serpentes. Mas a ideia para isso nasceu da alteração das circunstâncias históricas, de que o pai foi atingido precisamente pelo mesmo infortúnio que os filhos. Tal modificação, porém, como foi acima mencionada, parece que foi feita por Virgílio; pois a tradição grega diz coisa de todo diferente. Por conseguinte, se em consideração àquele enlaçamento comum deve haver imitação de um lado ou de outro, então é mais verossímil supô-la do lado do artista do que do poeta. Em todo o restante eles se desviam um do outro, apenas com a diferença de que se foi o artista quem efetuou os desvios, a intenção de imitar o poeta ainda pode ser nesse caso afirmada, na medida em que a determinação e os limites de sua arte o obrigaram a isso; mas, em contrapartida, se é o poeta quem deve ter imitado o artista, então todos os desvios aludidos são uma prova contra essa pretensa imitação, e aqueles que, não obstante, o afirmam, não podem querer nada mais com isso, senão que a obra de arte seja mais antiga do que a descrição poética.

VII

Quando se diz que o artista imita o poeta, ou que o poeta imita o artista, isso pode ter dois sentidos distintos. Ou um deles faz da obra do outro o objeto efetivo de sua imitação, ou ambos têm o mesmo objeto de imitação e um deles emprestou do outro o modo e a maneira de imitá-lo.

Quando Virgílio descreve o escudo de Eneias, ele imita, no primeiro sentido, o artista que fez esse escudo. A obra de arte, não o que foi representado sobre a obra de arte, é o objeto da sua imitação; e se ele, com isso, já descreve também o que se vê representado nele, então ele o descreve, porém, somente como uma parte do escudo e não como a coisa mesma. Se Virgílio, ao contrário, tivesse imitado o grupo Laocoonte, isso seria uma imitação de segunda espécie. Pois ele teria imitado não esse grupo, mas o que esse grupo representava, e tomado de empréstimo deste apenas os traços da sua imitação.

Na primeira imitação o poeta é original, na outra ele é um copista. Aquela é uma parte da imitação geral, que constitui a essência de sua arte, e ele trabalha como gênio, ainda que o seu objeto seja uma obra de outras artes ou da natureza. Esta, de outra parte, o degrada inteiramente de sua dignidade; em vez das coisas mesmas, ele imita a sua imitação e nos proporciona frias recordações de traços de um gênio estranho, ao invés dos traços originais do seu próprio gênio.

Se, entretanto, poeta e artista não raro devem considerar do mesmo ponto de vista aqueles objetos que eles possuem em comum, então não pode deixar de acontecer que suas imitações não concordem em muitos pontos, sem que entre elas mesmas tenha havido a menor imitação ou rivalidade. Essas concordâncias, entre artistas e poetas contemporâneos, podem conduzir a esclarecimentos recíprocos sobre coisas que não mais existem; porém, procurar escorar semelhantes esclarecimentos de modo que do acaso se faça propósito e em especial atribuir ao poeta, a cada minudência, um olhar em mira sobre esta estátua ou sobre aquela pintura, significa prestar-lhe um serviço muito equívoco. E não apenas a ele, mas também ao leitor, para quem as mais belas passagens se tornam, dessa maneira, se Deus quiser, mais claras, mas também extraordinariamente frias.

Essa é a intenção e o erro de uma célebre obra inglesa. Spence[*] escreveu seu *Polymetis*[a] com muita erudição clássica e uma familiaridade mui confiável com as obras remanescentes da arte antiga. Seu propósito, o de explicar a partir dessas obras os poetas romanos e, por outro lado, a partir desses poetas buscar esclarecimentos para obras de arte antigas ainda não explicadas, ele amiúde atingiu com felicidade. Mas, apesar disso, eu afirmo que seu livro deve ser um livro insuportável para todo leitor de gosto.

É natural que, quando Valério Flaco descreve o raio alígero nos escudos romanos:

> *Nec primus radios, miles Romane, corusci*
> *Fulminis et rutilas scutis diffuderis alas.*

> [Não és tu o primeiro, ó soldado romano, que leva / sobre o teu escudo os fulgores do raio e suas asas rutilantes.]

essa descrição torna-se mais nítida para mim se eu vejo a figura de um escudo assim em um monumento antigo[b]. É possível que Marte tenha sido representado pelos antigos armeiros nos elmos e escudos pairando sobre Reia, justamente na posição em que Addison acreditava tê-lo visto em uma moeda[c], e que Juvenal[*] tivesse em mente semelhante elmo ou escudo, quando aludiu a isso com uma palavra, que até Addison foi um enigma para todos os intérpretes. Parece-me até que a passagem de Ovídio, em que o extenuado Céfalo invoca a brisa refrescante

> *Aura [...] venias [...]*
> *Meque iuves intresque sinus, gratissima, nostros!*

> [Aura ... vem ... / Ajuda-me e refresca meu peito, tu queridíssima!]

e a sua Prócris toma essa Aura pelo nome de uma rival; parece-me, digo eu, que essa passagem é mais natural quando vejo a partir das obras de arte dos antigos que eles efetivamente personificavam as suaves aragens e sob o nome de Aura haviam venerado uma espécie feminina de silfo[d]. Eu concedo que, quando Juvenal compara um distinto patife com uma coluna de Hermes*, dificilmente se poderia descobrir o que há de parecido nessa comparação, sem ter visto tal coluna, sem saber que se trata de um mau pilar que porta apenas a cabeça ou no máximo o tronco do deus e, porque não vemos nem as mãos nem os pés, desperta a ideia de inatividade[e]. Explicações desse tipo não são de desprezar, mesmo quando não seriam nem sempre necessárias e nem sempre suficientes. O poeta tinha a obra de arte como uma coisa existente por si mesma, e não como imitação para os olhos; ou artista e poeta tinham as mesmas ideias aceitas, em consequência do que deveriam também mostrar concordância em suas representações, a partir das quais se poderia deduzir retroativamente a universalidade daquelas ideias.

Mas quando Tibulo* pinta a figura de Apolo tal como ele lhe apareceu no sonho: o mais belo efebo, as têmporas cingidas pelo casto laurel; fragrâncias sírias exalam dos cabelos dourados que flutuam em volta do longo pescoço; o branco brilhante e o vermelho purpúreo mesclam-se pelo corpo inteiro, como na delicada face da noiva que é agora conduzida ao seu amado: por que esses traços deveriam ser tomados de empréstimo de famosas pinturas antigas? A *nova nupta verecundia notabilis* [a noiva célebre pela expressão do pudor] de Eksion* pode ter estado em Roma, pode ter sido copiada milhares e milhares de vezes: foi por isso que o próprio pudor da noiva desapareceu do mundo? Desde que o pintor a havia visto, ela não podia mais ser vista por nenhum poeta a não ser na imitação do pintor?[f] Ou quando outro poeta diz que Vulcano* estava cansado e nomeia como sendo vermelha e ardente sua face aquecida pela forja: deveria ele primeiro ter apreendido a partir da obra de um pintor que o trabalho cansa e o calor avermelha?[g] Ou quando Lucrécio* descreve a mudança das estações do ano e as faz passar, em sua ordem natural, com todo o cortejo de seus efeitos no ar e na terra: era Lucrécio um efêmero, não terá atravessado um ano inteiro de sua vida para que ele próprio haja experimentado todas as transformações, de modo que precisou descrevê-las como uma procissão em que suas estátuas eram carregadas? Precisaria ele primeiro aprender com essas estátuas o velho artifício poético de transformar semelhantes abstrações em seres reais?[h] Ou o *pontem indignatus Araxes* [o Araxes que sua ponte indigna] de Virgílio, esta primorosa imagem poética de um rio a inundar suas margens e de como despedaça a ponte sobre ele lançada, não perde toda a sua beleza se o poeta com isso aludiu a uma obra de arte em que esse deus flumíneo é representado como destruindo realmente uma ponte?[i] O que podemos fazer com tais explicações que enxotam o poeta das passagens mais claras para transluzir o achado de um artista?

Eu lamento que um livro tão útil como de outro modo o *Polymetis* poderia ser, por causa desse capricho de mau gosto de imputar aos poetas antigos – em vez de uma fantasia própria, familiaridade com uma fantasia alheia – tenha se tornado tão repugnante e, de longe, muito mais prejudicial aos escritores clássicos do que jamais poderiam ser as interpretações mais aguadas dos filólogos mais insípidos. Eu lamento ainda mais que Spence tenha sido nisso precedido pelo próprio Addison, que, levado pelo desejo louvável de elevar o conhecimento das obras de arte antigas a um meio de interpretação, diferenciou tão pouco os casos em que a imitação do artista convém ao poeta e em que ela o apequena[j].

VIII

Acerca da semelhança que a poesia e a pintura têm entre si, Spence esposa uma ideia das mais singulares. Ele acredita que, entre os antigos, as duas artes eram tão estreitamente conectadas que elas sempre andavam de mãos dadas e o poeta nunca perdia o pintor de vista, nem o pintor o poeta. Que a poesia é a arte mais ampla, que estão à sua disposição belezas que a pintura não consegue atingir; que ela pode com frequência ter motivos para preferir as belezas não pictóricas às pictóricas: nisso, parece que ele não pensou de modo algum e, por isso, à mais ligeira diferença que observa entre os poetas e artistas antigos, fica num embaraço que o leva às mais esquisitas evasivas do mundo.

Os poetas antigos, na maior parte, conferem chifres a Baco. É, portanto, de admirar, diz Spence, que tão raramente se vejam esses chifres em suas estátuas[a]. Ele se vale ora de um, ora de outro motivo, da ignorância dos antiquários, da pequenez dos próprios chifres, que poderiam estar escondidos debaixo dos cachos de uva e das folhas de hera, que são ornatos constantes da cabeça do deus. Ele fica rodando em torno do verdadeiro motivo sem suspeitá-lo. Os chifres de Baco não eram naturais, como os dos faunos e dos sátiros. Eles eram um adorno da testa que ele podia pôr e tirar.

> *Tibi, cum sine cornibus adstas,*
> *Virgineum caput est* [...]

> [Tu, que estás sem os chifres, / tens cabeça de virgem...]

diz Ovídio[b] na solene invocação de Baco. Ele podia, portanto, mostrar-se também sem chifres e mostrava-se sem chifres quando queria aparecer na sua beleza virginal. Nessa beleza o artista também queria representá-lo e precisava, para tanto, evitar todos os acessórios de maus efeitos. Um acessório assim eram os chifres que estavam firmados no diadema, como se pode ver em uma cabeça no gabinete real de Berlim[c]. Um acessório assim seria o próprio diadema que cobria a bela testa e por isso pode ser visto nas estátuas de Baco tão raramente quanto os chifres, embora os poetas o atribuam, com a mesma frequência, a ele que fora o seu inventor. Ao poeta, os chifres e o diadema ministraram sutis alusões aos feitos e ao caráter do deus; ao artista, ao contrário, tornaram-se empecilhos ao intento de mostrar belezas maiores; e se Baco, como eu creio, tinha por isso o epíteto de *Biformis*, Δίμορφος [biforme], porque ele podia se mostrar tanto belo como hediondo, então era bastante natural que o artista elegesse de preferência aquela de suas figuras que mais correspondesse ao propósito de sua arte.

Minerva e Juno*, entre os poetas romanos, frequentemente arremessam o raio. Mas por que também não em suas reproduções? – pergunta Spence[d]. Ele responde: era um privilégio particular dessas duas deusas, de cuja razão se sabia, talvez, apenas nos mistérios de Samotrácia*; mas porque os artistas entre os antigos romanos eram considerados pessoas comuns e, por isso, raras vezes admitidos nesses mistérios, então, sem dúvida, eles não sabiam nada disso, e o que não sabiam não podiam representar. Eu gostaria de perguntar a Spence, em contraposição: trabalhavam essas pessoas comuns com sua própria cabeça ou sob as ordens de outras mais nobres, que poderiam ser instruídas nos mistérios? Estavam também os artistas entre os gregos submetidos a esse menosprezo? Não eram os artistas romanos, em sua maior parte, gregos de nascimento? E assim por diante.

Estácio* e Valério Flaco* descrevem uma Vênus irritada e com traços tão terríveis que nesse momento se deveria tomá-la antes como uma Fúria do que como a deusa do amor. Spence procura em vão nas obras de arte antigas por semelhante Vênus. O que ele conclui disso? Que se permite mais ao poeta do que ao escultor e ao pintor? Isso ele deveria ter concluído daí; mas ele tomou, de uma vez por todas, como princípio básico, que numa descrição poética nada que fosse inconveniente poderia ser bom se representado numa pintura ou numa estátua[e]. Por conseguinte, os poetas devem ter errado. Estácio e Valério são de uma época em que a poesia romana já estava em decadência. Eles mostram, também aqui, seu gosto deteriorado e sua má faculdade de julgamento. Entre os poetas de uma época melhor não se encontrará tais infrações contra a expressão pictórica[f].

Para dizer algo assim é preciso na verdade pouco poder de discernimento. Entretanto, eu não quero, nesse caso, tomar a defesa nem de Estácio nem de Valério, mas apenas fazer uma observação geral. Os deuses e os seres espirituais, como o artista os representa, não são completamente os mesmos que o poeta emprega. No artista eles são abstrações personificadas que devem manter sempre a mesma caracterização para que possam ser reconhecidos. No poeta, ao contrário, eles são realmente seres atuantes, que, além do seu caráter geral, possuem ainda outras qualidades e afetos que, segundo a oportunidade das circunstâncias, podem prevalecer sobre aquele caráter. Para o escultor, Vênus não é nada mais senão o amor; ele deve dar-lhe, pois, toda a beleza virtuosa e pudica, todos os encantos graciosos que nos extasiam em objetos amados e que, por isso, nos conduzem à ideia isolada de amor. O menor desvio desse ideal nos leva a não reconhecer a sua imagem. Beleza, porém com mais majestade do que pudor, já não é nenhuma Vênus, mas uma Juno. Encanto, porém mais imperativo e másculo do que encanto gracioso, nos dá uma Minerva em vez de uma Vênus. Ademais, uma Vênus encolerizada, uma Vênus movida pela vingança e pela raiva é para o escultor uma verdadeira contradição; pois o amor como amor nunca se encoleriza, nunca se vinga. No poeta, ao contrário, Vênus é, na verdade, também o amor, mas a deusa do amor que, afora esse caráter, tem sua própria individualidade e pode, por conseguinte, ser capaz tanto do impulso da aversão quanto do da afeição. O que admira, portanto, é que ela, no poeta, se inflame de raiva e fúria, principalmente quando é o próprio amor ofendido que a joga nesse estado!

Entretanto, é de fato verdade que também o artista em obras compostas pode, tão bem como o poeta, introduzir Vênus ou qualquer outra divindade, independentemente de seu caráter, como um ser realmente atuante. Mas, em seguida, as suas ações devem ao menos não contradizer seu caráter, ainda que não sejam sua consequência imediata. Vênus entrega a seu filho as armas divinas; esta ação tanto o artista como o poeta podem representar. Aqui nada o impede de dar a Vênus toda a graça e beleza que lhe cabe enquanto deusa do amor; bem mais, justamente por isso, ela será tanto mais reconhecível nas obras do artista. Mas quando Vênus quer se vingar de seus depreciadores, os homens de Lemnos, ela, numa figura ampliada, selvagem, com faces manchadas, com os cabelos desgrenhados, agarra a tocha, joga um vestido preto sobre si e, das alturas, desce tempestuosa em uma nuvem sombria: portanto, esse não é o momento para o artista, porque ele não pode nesse momento torná-la reconhecível. É somente um momento para o poeta, porque ele tem o privilégio de ligá-lo tão íntima e tão exatamente a outro, em que a deusa é totalmente Vênus, de modo a não perdermos de vista Vênus também na Fúria. Flaco faz isso:

> […] *Neque enim alma videri*
> *Iam tumet; aut tereti crinem subnectitur auro,*
> *Sidereos diffusa sinus. Eadem effera et ingens*
> *Et maculis suffecta genas, pinumque sonantem*
> *Virginibus Stygiis nigramque simillima pallam.*[g]

> [... Ela não mais se preocupa em parecer amável; // nem mantém presa a cabeleira com puro ouro //e solta ao seu redor a cintilante veste sideral. Feroz e colossal, / com faces manchadas, agitando uma tocha chamejante, / e uma negra vestimenta, semelha às virgens do Estige.]

Estácio faz o mesmo:

> *Illa Paphon veterem centumque altaria linquens,*
> *Nec vultu nec crine prior, solvisse jugalem*
> *Ceston, et Idalias procul ablegasse volucres*
> *Fertur. Erant certe, media qui noctis in umbra*

Divam, alios ignes majoraque tela gerentem,
Tartarias inter thalamis volitasse sorores
Vulgarent: utque implicitis arcana domorum
Anguibus et saeva formidine cuncta replevit
Limina.[h]

[Ela deixou a antiga Pafos e suas centenas de altares, / nem o seu semblante nem a sua cabeleira são como antes, / ela soltou o cinto conjugal e espantou para longe os pássaros de Idália. / Também contam alguns que a deusa, em meio às trevas da noite, / empunhando outros fogos e maiores dardos, / se apresentou no tálamo das suas irmãs tartáricas: / com serpentes enlaçadas, ela encheu os arcanos das moradas / e, com medonhos terrores, todos os limiares.]

Ou pode-se dizer: somente o poeta possui a habilidade de descrever com traços negativos e, pela mistura desses traços negativos com positivos, apresentar duas aparições numa só: não mais a graciosa Vênus, não mais os cabelos presos com grampo dourado, nenhum vestido azulado a flutuar em volta, sem o seu cinto, com outras flamas, armada com flechas ainda maiores, em companhia de Fúrias semelhantes a ela. Mas porque o artista tem de dispensar esse artifício, deve o poeta, por isso, também se abster dele? Se a pintura quer ser irmã da poesia, que ela seja pelo menos uma irmã não ciumenta, e que a mais jovem não proíba à mais velha todo enfeite que ela mesma não veste!

IX

Quando, em casos isolados, se quer comparar o pintor e o poeta, cumpre, antes de tudo, observar se ambos dispuseram de sua inteira liberdade, se eles puderam trabalhar sem nenhuma coação externa sobre o efeito mais alto de sua arte.

A religião constituia, com frequência, semelhante coação externa para o artista antigo. Sua obra, destinada à devoção e à adoração, não podia ser sempre tão perfeita como se ele tivesse tido por propósito unicamente o deleite do observador. A superstição sobrecarregava os deuses de emblemas e os mais belos não foram venerados em toda parte como sendo os mais belos.

Baco em seu templo em Lemnos*, de onde a piedosa Hipsípile* salvou seu pai sob a figura do deus[a], com chifres, e assim, sem dúvida, ele era representado em todos os seus templos; pois os chifres eram um símbolo que caracterizava a sua essência. Apenas o artista livre, que não fazia seu Baco para nenhum templo, deixava de lado esse símbolo; e se, entre suas estátuas ainda restantes, não encontramos nenhuma com chifres[b], então isso talvez constitua uma prova de que não se trata de nenhuma das consagradas, sob cuja imagem ele era realmente venerado. Além disso, é muitíssimo provável que, nos primeiros séculos do cristianismo, sobre estas últimas especialmente tenha caído a fúria dos devotos destruidores [de ídolos], os quais só pouparam aqui e ali uma obra de arte que não estivesse maculada pela adoração.

Uma vez que, entre as antiguidades escavadas, encontram-se peças tanto de um como do outro tipo, eu desejaria que se atribuísse o nome de obra de arte somente àquelas em que o artista pôde realmente mostrar-se como artista, para quem o belo constituiu o primeiro e último intuito. Toda outra obra em que se mostrem traços demasiado visíveis de convenções de cultos religiosos não merece esse nome, porque a arte aqui não trabalhou por sua própria vontade, porém foi simplesmente um meio auxiliar da religião, que via nas representações sensíveis, às quais se propunha, mais o significado do que o belo;

com isso eu também não quero dizer que a religião não haja amiúde posto todo o significado no belo ou que, por indulgência para com a arte e para com o gosto refinado do século, não tenha descuidado tanto do significado que o belo poderia parecer reinar sozinho.

Se não se fizer semelhante diferenciação, então o conhecedor e o antiquário ficarão em constante conflito entre si, porque não entendem um ao outro. Se aquele, segundo sua compreensão da destinação da arte, afirma que isso ou aquilo nunca foi feito pelo artista antigo, a saber, nem como artista, nem por livre vontade: então, o antiquário irá estender isso, dizendo que nem a religião nem qualquer outra razão situada fora do território da arte podem exigir do artista que os faça, do artista, isto é, como artífice. Ele acreditará, portanto, poder refutar o conhecedor com a primeira e melhor figura que este, sem hesitar, mas para grande escândalo do mundo erudito, condenaria de volta aos escombros de onde ela fora tirada[c].

Por outro lado, pode-se também exagerar a influência da religião sobre a arte. Spence forneceu disso um exemplo singular. Ele encontrou em Ovídio que Vesta* não era adorada em seu templo sob nenhuma imagem pessoal, e isso lhe pareceu suficiente para concluir que, em geral, jamais houve uma estátua dessa deusa, e que tudo aquilo que até então era considerado como tal, não representava Vesta, porém uma vestal[d]. Estranha conclusão! Perdeu o artista por isso seu direito de personificar um ser a quem os poetas dão uma personalidade determinada, que eles filiam a Saturno* e Ops*, que eles deixam correr o perigo de cair sob os maus tratos de Priapo* e sobre a qual eles contam tantas coisas – perdeu ele, eu pergunto, por isso, o seu direito de personificar esse ser também segundo sua maneira, porque em um templo ele era adorado apenas sob o símbolo do fogo? Pois Spence comete nisso ainda o erro de estender a todos os templos dessa deusa, sem distinção, e ao seu culto em geral, o que Ovídio diz[e] apenas de um determinado templo de Vesta, em Roma. Como nesse templo em Roma, ela não era adorada em parte alguma, nem sequer na Itália antes de Numa* edificá-lo. Numa não queria saber de nenhuma divindade representada sob a forma humana ou animal; e nisso consiste, sem dúvida, a melhoria que ele efetuou no culto de Vesta, do qual baniu toda representação pessoal. O próprio Ovídio nos ensina que antes da época de Numa havia estátuas de Vesta no seu templo, as quais, quando sua sacerdotisa Sílvia se tornou mãe, por vergonha, ergueram as mãos virginais diante dos olhos[f]. De que nos templos que a deusa possuía fora da cidade, nas províncias romanas, o seu culto não ocorria inteiramente na forma prescrita por Numa, parecem provar diversas inscrições antigas, mas é mencionado uma *Pontificis Vestae*[g]. Também em Corinto* havia um templo de Vesta sem estátuas com um simples altar, sobre o qual se faziam sacrifícios à deusa[h]. Mas por isso não teriam os gregos nenhuma estátua de Vesta? Em Atenas* havia uma no Pritaneu*, próxima à estátua da Paz[i]. Os habitantes de Iasos* se vangloriavam de ter uma a céu aberto, sem que a neve ou a chuva jamais caíssem sobre ela[j]. Plínio cita uma, sentada, da mão de Scopas*, que, no seu tempo, se encontrava nos jardins Servilianos, em Roma[k]. Admitindo que nos é agora difícil distinguir uma simples vestal de uma Vesta mesma, provaria isso que os antigos também não podiam distingui-las ou até mesmo que sequer queriam distinguir? Certos signos distintivos falam visivelmente mais em favor de uma do que da outra. O cetro, o archote, o paládio só podem ser presumidos na mão da deusa. O tímpano, que Codinus* lhe atribuiu, convinha-lhe talvez apenas enquanto [deusa] Terra; ou Codinus não sabia ao certo o que via[l].

X

Eu observo ainda um espanto de Spence, que mostra claramente quão pouco ele deve ter refletido sobre as fronteiras da poesia e da pintura.

"No que concerne às musas em geral", diz ele, "é muito estranho que os poetas sejam tão econômicos na descrição delas, muito mais econômicos do que se deveria esperar em relação às deusas com as quais eles têm tantas obrigações."[a]

O que significa isso senão admirar-se que os poetas, quando falam delas, não o façam com a linguagem muda do pintor? Urânia* é para os poetas a musa da astronomia; por seu nome, pelos atos que executa, reconhecemos o seu encargo. O artista, para torná-lo reconhecível, deve fazer com que ela indique com um bastão a esfera celeste; esse bastão, essa esfera celeste, essa sua postura são o alfabeto com o qual ele nos faz compor o nome Urânia. Porém, se o poeta quer dizer: Urânia previu de há muito sua morte a partir das estrelas,

> *Ipsa diu positis lethum praedixerat, astris*
> *Uranie*[b] [...]
>
> [Urânia mesma previra sua morte, / a partir da posição dos astros...]

por que deveria ele acrescentar, referindo-se ao pintor: Urânia, com o *radius* na mão e a esfera celeste diante de si? Não seria como se um homem que pode falar alto e o faz, se servisse ao mesmo tempo dos signos que os mudos do harém do turco inventaram por falta de voz?

Spence expressa, mais uma vez, exatamente a mesma estranheza com os seres morais ou aquelas divindades que os antigos colocavam à frente das virtudes e da conduta da vida humana[c]. "Merece ser notado", diz ele, "que os poetas romanos dizem a respeito dos melhores desses seres morais muito menos do que se deveria esperar. Os artistas são, nesse particular, mais ricos, e quem quiser saber que apresentação cada um deles lhes dava deve apenas consultar as moedas dos imperadores romanos[d]. Os poetas, de fato, falam com frequência desses seres como de pessoas; mas, em geral, dizem muito pouco dos seus atributos, de suas roupas e do resto da sua aparência."

Quando o poeta personifica abstrações, elas são suficientemente caracterizadas pelo nome e pelas ações que ele as faz cometer.

Ao artista falta esse meio. Ele deve, portanto, acrescentar às suas personificadas abstrações símbolos pelos quais elas se tornam reconhecíveis. Esses símbolos, porque são outra coisa e significam outra coisa, convertem-nas em figuras alegóricas.

Uma figura de mulher com uma rédea na mão, outra apoiada numa coluna são, na arte, seres alegóricos. Mas a Temperança e a Constância não são seres alegóricos no poeta, mas, sim, simples abstrações personificadas.

Os símbolos desses seres, no artista, foram inventados pela necessidade. Pois ele não pode, de outro modo, tornar compreensível o que esta ou aquela figura devam significar. Por que então o poeta se deixaria arrastar pela necessidade do artista, se ele nada sabe dessa necessidade?

O que Spence tanto estranhou merece ser prescrito aos poetas como uma regra. Eles não devem fazer das necessidades da pintura a sua riqueza. Os meios que a arte inventou para se aproximar da poesia, não devem ser considerados por eles como perfeições das quais tenham motivo para sentir inveja. Quando o artista adorna uma figura com símbolos, ele eleva uma simples figura a um ser superior. Mas se o poeta se serve dessa decoração, ele converte um ser superior em um boneco.

Assim como essa regra é preservada pela observância dos antigos, do mesmo modo a sua transgressão intencional é um dos erros favoritos dos poetas modernos. Todos os seus seres imaginários vão com máscaras e os que melhor compreendem essa mascarada, compreendem menos, na maioria das vezes, o principal do seu trabalho: ou seja, deixar que seus seres ajam e caracterizá-los por meio de suas próprias ações.

Entretanto, entre os atributos com os quais os artistas distinguem suas abstrações há uma espécie mais apta e mais digna de emprego poético. Refiro-me àqueles que nada têm de propriamente alegórico, mas são considerados como instrumentos que os seres a quem são atribuídos se serviriam ou poderiam se servir, caso devessem agir como personagens reais. A rédea na mão da Temperança, a coluna à qual a Constância se apoia são pura e simplesmente alegóricas, de nenhuma utilidade para o poeta. A balança na mão da Justiça já o é menos, pois o justo uso da balança é de fato uma das funções da justiça. Porém, a lira ou a flauta na mão de uma musa, a lança na mão de Marte, o martelo e a tenaz nas mãos de Vulcano não são em absoluto símbolo algum, são simples instrumentos sem os quais esses seres não poderiam produzir os efeitos que nós lhes imputamos. Dessa espécie são os atributos[e] que os poetas antigos entrelaçam nas suas descrições e eu, para distingui-los daqueles que são alegóricos, gostaria de denominá-los de poéticos. Estes significam a coisa mesma, os outros apenas algo similar.

XI

O conde Caylus* parece também exigir que o poeta enfeite seus seres imaginários com atributos alegóricos[a]. O conde entendia melhor de pintura do que de poesia.

Entretanto, eu encontrei na obra em que ele exprime essa exigência, ensejo para reflexões mais importantes, das quais anoto aqui o essencial para uma ponderação mais detida.

O artista – é o desígnio do conde – deve se familiarizar mais de perto com o maior dos poetas pictóricos, com Homero, com essa segunda natureza. Ele lhe mostra quão rica e jamais utilizada matéria para as mais excelentes pinturas lhe oferece a história tratada pelos gregos, e como há de ser tanto mais perfeita a realização que ele deve obter, quanto mais exatamente se ativer às menores circunstâncias observadas pelo poeta.

Nessa proposta misturam-se, portanto, as duas espécies de imitação acima separadas. O pintor não deve só imitar o que o poeta imitou, mas também deve imitá-lo com os mesmos traços; ele deve usar o poeta não apenas como narrador, ele deve usá-lo como poeta.

Mas essa segunda espécie de imitação, que é tão redutora para o poeta, por que não será ela também para o artista? Se diante de Homero houvesse existido uma série de pinturas, como o conde Caylus indica, a partir dele, e se nós soubéssemos que o poeta tomou dessas pinturas a sua obra: ele não perderia infinitamente a nossa admiração? Como se explica então que nós não retiremos do artista nada de nosso alto apreço, se ele não faz outra coisa senão exprimir as palavras do poeta com figuras e cores?

O motivo parece ser este: nos artistas a execução nos parece mais difícil do que a invenção; nos poetas, em contrapartida, é o inverso, e sua execução nos parece mais fácil comparada à invenção. Se Virgílio tivesse tomado do grupo o enlaçamento de Laocoonte e seus filhos, então lhe faltaria o mérito que nessa sua imagem nós consideramos o mais difícil e o maior, e restaria apenas o menor. Pois criar primeiro esse enlaçamento na imaginação é muito mais importante do que exprimi-lo em palavras. Se, ao contrário, o artista houvesse tomado esse enlaçamento do poeta, então ele ainda conservaria mérito suficiente em nosso pensamento, ainda que o mérito pela invenção já lhe escape. Pois a expressão no mármore é infinitamente mais difícil do que a expressão em palavras; e quando nós pesamos invenção e exposição, uma contra a outra, então ficamos sempre inclinados a perdoar o mestre por uma, na medida em que pensamos ter recebido muito na outra.

Existem mesmo casos em que maior é o mérito do artista por ter imitado a natureza por meio da imitação do poeta, do que sem ele. O pintor que expõe uma linda paisagem a partir de uma descrição de Thomson* fez mais do que aquele que a copia direto da natureza. Este vê o seu modelo diante de si, aquele deve, primeiro, esforçar tanto a sua imaginação até acreditar vê-la diante de si. Este faz algo de belo a partir de impressões vivas e sensíveis, aquele a partir de oscilantes e fracas representações de signos arbitrários.

Mas, assim como é natural a disposição de dispensar ao artista o mérito da invenção, é igualmente natural que daí deva ter brotado nele a indiferença em relação à mesma. Pois ele viu que a invenção nunca poderia tornar-se seu lado brilhante, que seu maior louvor depende da execução, por isso lhe era indiferente se ela era velha ou nova, se fora utilizada uma ou inúmeras vezes, se pertencia a ele ou a outro. Ele permaneceu no estreito distrito de um pequeno número de temas que se tornaram familiares a ele e ao público e dirigiu toda a sua inventividade para a simples modificação do que já era conhecido, para novas composições de objetos antigos. Esta também é realmente a ideia à qual os manuais de pintura ligam a palavra invenção. Pois, por mais que eles a dividam em pictórica e poética, no entanto, esta última não dirá respeito à criação de seu objeto mesmo, porém pura e simplesmente à ordenação ou à expressão[b]. É invenção, mas não invenção do todo, senão de partes isoladas e sua disposição recíproca. É invenção, porém daquele gênero inferior que Horácio recomendava a seu poeta trágico:

[...] *Tuque*
Rectius Iliacum Carmem deducis in actus,
Quam si proferres ignota indictaque primus[c].

[... Melhor será urdires carmes da *Ilíada* em atos, / do que revelar pela primeira vez fatos desconhecidos não ditos.]

Recomendava, digo eu, mas não ordenava. Recomendava como sendo mais fácil para ele, mais conveniente, mais vantajosa; mas não ordenava como melhor e mais nobre em si.

O poeta, que trata de uma história conhecida e trabalha com caracteres conhecidos, tem de fato uma grande vantagem. Ele pode omitir centenas de gélidos pormenores, que, de outro modo, seriam indispensáveis para a compreensão do todo; e quanto mais rápido ele se torna compreensível aos seus ouvintes, tanto mais rápido ele pode interessá-los. Essa vantagem o pintor também tem quando seu tema não nos é estranho, quando reconhecemos ao primeiro olhar o propósito e o significado de toda a sua composição, quando nós não só vemos suas personagens falar, mas também ouvimos o que elas falam. Do primeiro olhar depende o maior efeito, e se ele nos obriga a um árduo labor de refletir e conjecturar, esfria-se então a nossa ânsia de sermos comovidos; e para nos vingarmos dos artistas incompreensíveis, endurecemo-nos contra a expressão, e ai dele se sacrificou a beleza à expressão! Pois nós não encontramos, então, absolutamente nada que pudesse nos seduzir a nos determos diante da sua obra; o que vemos não nos agrada, e o que devemos pensar sobre isso, nós não sabemos.

Agora tomemos as duas coisas juntas: primeiro, que a invenção e a novidade do tema não são nem de longe o principal que exigimos do pintor; segundo, que um tema conhecido favorece e facilita o efeito da sua arte; e penso que se deverá procurar o motivo pelo qual ele se decide tão raramente por novos temas, não como pretende o conde Caylus, na comodidade do artista, na sua ignorância, na dificuldade da parte mecânica da arte que exige todo o seu empenho e todo o seu tempo; encontrar-se-á seu fundamento em um nível mais profundo, e estaremos talvez mesmo inclinados a louvar no artista o que de início parecia ser uma limitação da arte, uma restrição do nosso prazer como uma sábia e útil abstinência para nós próprios. Eu também não receio que a experiência venha a me desmentir. Os pintores agradecerão ao conde por sua boa vontade, mas dificilmente hão de utilizá-lo de um modo tão geral como ele esperava. Se isso, no entanto, acontecer, então daqui a cem anos seria necessário um novo Caylus que nos traga de novo à memória os velhos temas e reconduza o artista ao campo onde outros antes dele colheram lauréis tão imortais. Ou se deve exigir que o público seja tão sábio quanto o conhecedor é nos seus livros? E que todas as cenas da história e da fábula que possam proporcionar uma bela pintura lhe sejam conhecidas e familiares? Concedo que os artistas teriam feito melhor se desde os tempos de Rafael*, em vez de Ovídio, houvessem tomado Homero como seu manual. Mas, uma vez que isso não aconteceu, deixemos então o público em seu caminho rotineiro e não tornemos o seu prazer mais amargo do que um prazer tem de ser para se manter, para ser aquilo que ele deve ser.

Protógenes pintou a mãe de Aristóteles. Eu não sei quanto o filósofo lhe pagou por isso. Mas, em vez do pagamento, ou ainda além do pagamento, deu-lhe um conselho mais valioso do que o pagamento. Pois não posso imaginar que seu conselho tenha sido simples lisonja; ao contrário, sobretudo por considerar a necessidade de a arte ser compreensível a todos, ele o aconselhou a pintar os feitos de Alexandre, feitos dos quais então o mundo todo falava e a cujo respeito ele podia prever que também na posteridade seriam inesquecíveis. No entanto, Protógenes não foi sábio o bastante para seguir esse conselho; *impetus animi*, diz Plínio, *et quaedam artis libido*[d], uma certa arrogância da arte, uma certa concupiscência em relação ao estranho e ao desconhecido levaram-no a outros temas inteiramente diferentes. Ele preferiu pintar a história de um Jaliso[e]*, de uma Cidipe* e outras semelhantes, que hoje em dia não podemos nem mais adivinhar o que representavam.

XII

Homero trabalhou com dois gêneros de seres e ações: visíveis e invisíveis. Essa diferença a pintura não pode alegar; nela tudo é visível, e visível de uma só e mesma maneira.

Portanto, quando o conde Caylus faz com que as pinturas de ações invisíveis sucedam às visíveis em uma sequência ininterrupta; quando ele em pinturas de ações mistas, em que participam seres visíveis e invisíveis, não indica e talvez não possa indicar como estes últimos, que somente nós que contemplamos a pintura deveríamos descobrir, podem ser introduzidos de tal modo que as personagens da pintura não os vejam, ou ao menos possa parecer que não tenham necessariamente a obrigação de vê-los: então, necessariamente, tanto a sequência inteira quanto algumas partes isoladas tornar-se-ão extremamente confusas, incompreensíveis e contraditórias.

No entanto, esse defeito poderia, com o livro na mão, finalmente ser remediado. O pior nesse caso é apenas que, pela superação pictórica das diferenças entre os seres visíveis e os invisíveis, perdem-se ao mesmo tempo todos os traços característicos através dos quais este gênero superior se eleva sobre aquele inferior.

Por exemplo, quando por fim os deuses divididos sobre o destino dos troianos chegam às vias de fato entre si, toda essa luta se passa invisível no poeta[a] e essa invisibilidade permite à imaginação ampliar a cena e deixar-se levar, em seu jogo livre, a pensar as personagens divinas e suas ações tão grandes e tão acima da humanidade comum quanto queira. A pintura, porém, deve aceitar uma cena visível, cujas diferentes partes necessárias tornam-se a medida das personagens nela atuantes; uma medida que o olho tem imediatamente à vista, e cuja desproporção diante dos seres superiores, esses seres superiores que no poeta eram grandes, na superfície da tela o artista torna monstruosa.

Minerva, sobre quem Marte se atreve a desfechar o primeiro ataque nessa luta, recua e levanta do chão com sua mão potente

394 LESSING: LAOCOONTE

uma pedra negra, áspera e grande que, em tempos antigos, mãos
unidas de homens haviam rolado até ali como marco de fronteira:

ἣ δ᾽ ἀναχασσαμένη λίθον εἵλετο χειρὶ παχείῃ
κείμενον ἐν πεδίῳ μέλανα τρηχύν τε μέγαν τε,
τόν ῥ᾽ ἄνδρες πρότεροι θέσαν ἔμμεναι οὖρον ἀρούρης

[Esta recua; com mão forte soergue do plaino / um enorme, áspero,
nigérrimo rochedo, / um marco, que aos ancestrais servia como
linde[3] – H.C., v. 2, XXI, v. 403-405]

Para avaliar perfeitamente a grandeza dessa pedra, lembremos que Homero faz seus heróis duas vezes mais fortes do que os
homens mais fortes de seu tempo, deixando ainda que os homens,
tais como Nestor havia conhecido em sua juventude, os superas-
sem de longe em força. Agora, eu pergunto: se Minerva arremessa
uma pedra, que fora erigida como marco, não por *um* homem,
mas, sim, por homens da juventude de Nestor, se Minerva arremessa uma pedra assim contra Marte, que estatura seria a da
deusa? Se a sua estatura for proporcional ao tamanho da pedra,
então o maravilhoso desaparecerá. Uma pessoa que é três vezes
maior do que eu, poderá naturalmente arremessar uma pedra três
vezes maior. Mas se a estatura da deusa não for adequada, surge
então uma evidente inverossimilhança na pintura, cujo efeito
chocante não é superado pela fria ponderação segundo a qual
uma deusa deve ter força sobre-humana. Onde vejo um grande
efeito, quero perceber também um instrumento maior.

E Marte, derrubado ao chão por essa poderosa pedra,
ἑπτὰ δ᾽ ἐπέσχε πέλεθρα [cobriu sete jeiras].

É impossível que o pintor possa dar ao deus essa grandeza
extraordinária. Mas se ele não lhe dá, não é Marte que está

---

3 Haroldo de Campos, *Ilíada de Homero*, São Paulo: Mandarim, 2001, 2 v. Doravante H.C.

deitado no chão, não o Marte homérico, mas, sim, um guerreiro comum[b].

Longino diz que amiúde lhe parece como se Homero quisesse elevar seus homens à condição de deuses e rebaixar seus deuses à condição de homens. A pintura realiza esse rebaixamento. Nela some completamente tudo o que no poeta, ainda, coloca os deuses acima dos homens divinos. Tamanho, força, rapidez que Homero sempre reserva em um grau bem mais alto e mais maravilhoso a seus deuses do que atribui aos seus heróis mais notáveis[c], devem tombar nas pinturas até a medida comum da humanidade, e Júpiter e Agamênon, Apolo e Aquiles, Ájax e Marte tornam-se seres totalmente da mesma espécie, que não podem ser reconhecidos de outro modo senão por marcas exteriores convencionadas.

O meio de que a pintura se serve para nos dar a entender que nas suas composições isso ou aquilo deve ser considerado como invisível é uma nuvem tênue, na qual ela o envolve pelo lado das personagens coatuantes. Essa nuvem parece emprestada do próprio Homero. Pois, quando no tumulto da batalha um dos heróis mais importantes se encontra em perigo, do qual nenhum outro senão um poder divino pode salvá-lo, então o poeta faz com que a divindade protetora o envolva numa névoa espessa ou na noite e tira-o assim da situação; como Páris• por Vênus[d], Ideos• por Netuno[e], Heitor• por Apolo[f]. E essa névoa, essa nuvem, Caylus nunca se esquecerá de recomendar muitíssimo ao artista, quando ele lhe esboça o modelo de pintura de semelhantes acontecimentos. Mas quem não vê que no poeta o envolver na névoa e na noite deve ser nada mais do que uma dicção poética para "tornar invisível"? Por isso sempre me causou estranheza encontrar na pintura essa expressão poética realizada em uma nuvem efetiva atrás da qual o herói se esconde de seu inimigo, como atrás de um biombo. Essa não era a intenção do poeta. Isso é sair dos limites da pintura; pois essa nuvem é aqui um verdadeiro hieróglifo, um signo meramente simbólico, que não torna invisível o herói libertado, mas, sim, brada ao observador: vocês deveriam representá-lo como invisível! Ela não é aqui nada melhor do que as tirinhas escritas nas antigas pinturas góticas que saem da boca das personagens.

É verdade que Homero faz com que Aquiles, enquanto Apolo remove Heitor, golpeie ainda com sua lança três vezes a espessa névoa, τρὶς δ᾽ ἠέρα τύψε βαθεῖαν[g]. Mas isso, na linguagem do poeta, não significa nada mais senão que Aquiles estava tão furioso que ainda golpeou três vezes antes de perceber que não tinha mais seu inimigo diante de si. Aquiles não viu realmente nenhuma névoa, e todo o artifício com o qual os deuses torna-vam [a cena] invisível tampouco consistia na névoa, porém na rápida remoção [do corpo]. Apenas para mostrar, ao mesmo tempo, que a retirada acontecia tão depressa que nenhum olho humano podia seguir o corpo retirado, o poeta o encobre antes em uma névoa; não porque em vez de um corpo removido se vê uma névoa, mas, sim, porque pensamos como não visível aquilo que está em uma névoa. Por isso, às vezes, ele inverte também e, em vez de tornar o objeto invisível, faz com que o sujeito seja atingido pela cegueira. Assim, Netuno obscurece os olhos de Aquiles, quando salva Eneias de suas mãos assas-sinas, pois com um golpe repentino transporta-o do meio do tumulto para a retaguarda[h]. De fato, os olhos de Aquiles estão aqui tão pouco obscurecidos quanto o herói arrebatado estava envolto na névoa; mas o poeta simplesmente acrescenta um e outro para tornar dessa maneira mais sensível a extrema rapi-dez da remoção, que nós chamamos de desaparição.

Os pintores não se apropriaram, porém, da névoa homérica somente nos casos em que o próprio Homero a empregou ou a teria empregado: nas ações para invisibilizar, para fazer desa-parecer; mas em todo lugar onde o observador deve reconhe-cer algo no quadro que as personagens da pintura, todas ou em parte, não reconhecem. Minerva estava visível apenas para Aquiles quando ela o impediu de investir contra Agamênon. "Para expressar isso", diz Caylus, "eu não conheço nenhum outro meio senão o de envolvê-la em uma nuvem pelo lado do restante da assembleia." Inteiramente contra o espírito do poeta. Ser invisível é o estado natural de seus deuses; não é preciso nenhum cegamento, nenhuma interrupção dos raios de luz para que não sejam vistos[i]; mas, ao contrário, é preciso uma iluminação, uma elevação dos semblantes mortais, caso devam ser vistos. Não basta, portanto, que a nuvem seja, nos pintores, um signo arbitrário e não natural: esse signo arbitrário não tem sequer, tampouco, a clareza determinada que ele poderia ter como tal; pois eles o empregam tanto para tornar invisível o visível, como também o visível invisível.

XIII

Se as obras de Homero estivessem completamente perdidas, se não tivéssemos de sua *Ilíada* e *Odisseia* nada mais exceto uma série semelhante de pinturas, como as que Caylus propôs com base nesses poemas, poderíamos formar, a partir dessas pinturas – ainda que fossem da mão do mais rematado mestre – o mesmo conceito, não quero dizer do poeta todo, mas apenas de seu talento pictórico, que dele temos agora?

Que se faça uma experiência com a primeira peça que vier à mão. Seja ela a pintura da peste[a]. O que vemos na superfície [da tela] do artista? Cadáveres, fogueiras ardendo, agonizantes ocupando-se dos mortos, o deus irritado numa nuvem disparando suas flechas. A maior riqueza dessa pintura é pobreza para o poeta. Pois, se devêssemos reconstituir Homero a partir dessa pintura, o que se poderia fazê-lo dizer? "Então Apolo encolerizou-se e disparou suas flechas contra o exército dos gregos. Muitos gregos morreram e seus cadáveres foram queimados." Agora leiamos o próprio Homero:

> βῆ δὲ κατ᾽ Οὐλύμποιο καρήνων χωόμενος κῆρ,
> τόξ᾽ ὤμοισιν ἔχων ἀμφηρεφέα τε φαρέτρην:
> ἔκλαγξαν δ᾽ ἄρ᾽ ὀϊστοὶ ἐπ᾽ ὤμων χωομένοιο,
> αὐτοῦ κινηθέντος: ὃ δ᾽ ἤϊε νυκτὶ ἐοικώς.
> ἕζετ᾽ ἔπειτ᾽ ἀπάνευθε νεῶν, μετὰ δ᾽ ἰὸν ἕηκε:
> δεινὴ δὲ κλαγγὴ γένετ᾽ ἀργυρέοιο βιοῖο:
> οὐρῆας μὲν πρῶτον ἐπῴχετο καὶ κύνας ἀργούς,
> αὐτὰρ ἔπειτ᾽ αὐτοῖσι βέλος ἐχεπευκὲς ἐφιεὶς
> βάλλ᾽: αἰεὶ δὲ πυραὶ νεκύων καίοντο θαμειαί.

[Baixou do alto do Olimpo♦, coração colérico, / Levando aos ombros o arco e a aljava bem fechados. / À espádua do Iracundo retiniam flechas, / Enquanto se movia, ícone da noite. / Sentou-se longe das naves: então dispara a flecha. / Horríssono clangor irrompe do arco argênteo. / Fere mulos; depois, rápida prata, os cães; / Então mira nos homens, setas pontiagudas / Lançando: e ardem sem pausa densas piras fúnebres. – H.C., v. 1, I, v. 44-53]

Tanto quanto a vida está acima da pintura, tanto assim está aqui o poeta acima do pintor. Irado, com arco e aljava, desce Apolo dos píncaros do Olimpo. Eu o vejo não apenas descer, eu o ouço. A cada passo ressoam as flechas nos ombros do irado. Ele avança tal como a noite. Agora ele senta-se diante dos navios e desfere – terrivelmente ressoa o arco prateado – a primeira flecha contra as mulas e os cachorros. Pouco depois acerta com suas flechas mais envenenadas os próprios homens, e por toda parte chamejam sem cessar pilhas de lenha com cadáveres. É impossível transpor para outra língua a pintura musical que se faz ouvir com as palavras do poeta. É igualmente impossível supô-la a partir da pintura material, uma vez que ela é apenas a menor vantagem que a pintura poética tem diante desta. A principal vantagem é que o poeta nos conduz àquilo que a pintura material mostra a partir dele, passando por toda uma galeria de pinturas.

Mas talvez a peste não seja um tema tão favorável para a pintura. Eis aqui um outro que tem mais encanto para o olho: deuses em conselho, bebendo[b]. Um palácio de ouro, aberto, grupos variados das mais belas e mais veneráveis figuras, cálice na mão, servidos por Hebe*, a eterna juventude. Que arquitetura, que massas de luz e sombra, que contrastes, que multiplicidade de expressão! Onde começo, onde termino de deleitar os meus olhos? Se o pintor me encanta tanto assim, quanto mais não fará o poeta! Eu o abro, e me vejo – enganado. Eu vejo quatro bons versos planos que poderiam servir de legenda para uma pintura, nos quais se encontra a matéria para uma pintura, mas que não são, eles mesmos, propriamente uma pintura:

οἳ δὲ θεοὶ πὰρ Ζηνὶ καθήμενοι ἠγορόωντο
χρυσέῳ ἐν δαπέδῳ, μετὰ δέ σφισι πότνια Ἥβη
νέκταρ ἐοινοχόει: τοὶ δὲ χρυσέοις δεπάεσσι
δειδέχατ᾽ ἀλλήλους, Τρώων πόλιν εἰσορόωντες

[Em torno a Zeus, os deuses, no entanto, no paço / assoalhado de ouro, vão deliberando, / assentados. Augusta, qual vinho, verte /

néctar. Mutuando a copa de ouro, os numes brindam. / E olham para Troia. – H.C., v. 1, IV, v. 1-4]

Um Apolônio*, ou um poeta ainda mais medíocre, não teria dito isso de pior maneira, e Homero permanece aqui igualmente tão abaixo do pintor quanto ali o pintor ficara abaixo dele.

Além disso, Caylus não encontra em todo o quarto livro da *Ilíada* uma única pintura, a não ser justamente nesses quatro versos. "Por mais que", diz ele, "o quarto livro se caracterize pelos múltiplos encorajamentos para o ataque, pela brilhante e contrastante fecundidade dos caracteres e pela arte com que o poeta nos mostra a multidão que ele quer pôr em movimento, ainda assim é completamente inútil para a pintura." Ele poderia acrescentar a isso: tão rico é também em geral nele o que se chama de pinturas poéticas. Pois, na verdade, elas comparecem no quarto livro tão frequentes e tão perfeitas como em nenhum outro. Onde há uma pintura mais acabada e mais ilusiva do que a de Pândaro* quando, por instigação de Minerva, quebra a trégua e desfere sua flecha em Menelau*? Do que a do avanço do exército grego? Do que a do ataque de ambos os lados? Do que a do feito de Ulisses quando ele vinga a morte do seu Leuco*?

O que concluir, porém, do fato de que algumas das mais belas pinturas de Homero não proporcionem nenhuma pintura para o artista? De que o artista pode extrair pinturas do poeta onde ele mesmo não tinha nenhuma? De que aquelas que ele possui e que o artista pode empregar, seriam apenas pinturas muito pobres, se elas não nos mostrassem mais do que o artista mostra? Que outra coisa concluir senão a negação da minha pergunta mais acima! Que a partir das pinturas materiais, para as quais os poemas de Homero fornecem o material, ainda que sejam tanto mais numerosas, ainda que sejam tanto mais excelentes, não é dado, no entanto, deduzir o talento pictórico do poeta.

XIV

Se for assim, porém, e se um poema pode ser muito produtivo para o pintor, mas, não obstante, ele próprio não ser pictórico, enquanto outro, ao contrário, pode ser muito pictórico e, no entanto, não ser produtivo para o pintor, então o mesmo se dá com a ideia do conde Caylus, que faz da utilidade para o pintor a pedra de toque para os poetas e que pretendia determinar a sua hierarquia pelo número de pinturas que eles oferecem aos artistas[a].

Longe de nós, mesmo que apenas por nosso silêncio, deixar que essa ideia ganhe a aparência de uma regra. Milton[*] seria o primeiro a cair como sua vítima inocente. Pois parece realmente que o julgamento depreciativo que Caylus profere a seu respeito não foi tanto uma consequência do gosto nacional quanto de sua pretensa regra. A perda da visão, diz ele, pode ser a maior semelhança que houve entre Milton e Homero. Por certo Milton não pode encher nenhuma galeria. Mas se a sua esfera, enquanto estou de posse de meu olho corpóreo, devesse ser também a esfera de meu olho interior, então eu, para me ver livre dessa restrição, atribuiria um grande valor à perda do primeiro.

O *Paraíso Perdido*, apesar de fornecer poucas pinturas, não é menos a primeira epopeia após Homero, assim como a paixão de Cristo não se torna um poema porque mal se pode colocar a cabeça de um alfinete nela sem encontrar uma passagem que não tenha ocupado uma multidão dos maiores artistas. Os evangelistas narram o fato com a mais seca simplicidade possível e o artista utiliza as múltiplas partes do mesmo, sem que haja, por sua vez, mostrado nisso a menor faísca do gênio pictórico. Há fatos pintáveis e não pintáveis, e o historiador pode narrar os mais pintáveis de maneira precisamente não pictórica, como o poeta é capaz de representar os menos pintáveis de modo pictórico.

É deixar-se seduzir simplesmente pela ambiguidade das palavras, quando se toma a coisa de outro modo. Uma pintura poética não é necessariamente aquilo que pode transformar-se numa pintura material; mas cada traço, cada ligação de vários traços pelos quais o poeta torna o seu objeto tão sensível que nós nos tornamos mais claramente conscientes desse objeto do que de suas palavras, é o que se chama de pictórico, é o que se chama uma pintura, porque aproxima de nós aquele grau de ilusão que a pintura material é particularmente capaz de produzir e que primeiro e mais facilmente se deixa abstrair da pintura material[b].

XV

Agora o poeta pode, como mostra a experiência, elevar a esse grau de ilusão também a representação de outros objetos além dos objetos visíveis. Em consequência devem escapar necessariamente ao artista classes inteiras de pinturas, no que o poeta leva vantagem sobre ele. A ode de Dryden*, para o dia de Santa Cecília, está repleta de pinturas musicais que deixam o pincel ocioso. No entanto, não quero me perder com semelhantes exemplos, com os quais, no fim de contas, não aprendemos muito mais do que o fato de que as cores não são sons e os ouvidos não são olhos.

Eu quero ficar apenas nos quadros de objetos visíveis, os quais são comuns ao poeta e ao pintor. Como se explica que algumas pinturas poéticas dessa espécie sejam inutilizáveis para o pintor e, em compensação, algumas autênticas pinturas, submetidas ao tratamento do poeta, percam a maior parte do seu efeito?

Exemplos podem me guiar. Repito: a pintura de Pândaro no quarto livro da *Ilíada* é uma das mais bem realizadas e mais ilusivas em todo Homero. Desde o apanhar do arco até o voo da flecha, cada momento está pintado, e todos esses momentos são tomados tão próximos um do outro e ao mesmo tempo tão distintos entre si que se alguém não soubesse como se deve lidar com o arco, poderia aprender apenas a partir dessa pintura[a]. Pândaro tira seu arco, prende a corda, abre o carcás, escolhe uma flecha nova e bem emplumada, coloca a flecha na corda, puxa para trás a corda junto com a flecha ajustada em baixo na incisão, a corda aproxima-se do peito, a ponta de ferro da flecha chega perto do arco, o grande arco encurvado se distende e ressoa, a corda vibra, a flecha salta e ávida voa para o seu alvo.

Caylus não pode ter deixado de ver essa pintura primorosa. O que foi, então, que ele encontrou aí que o levou a julgá-la incapaz de ocupar o [pincel de] seu artista? E por que foi que a assembleia dos deuses bebendo reunidos em conselho lhe pareceu mais conveniente para esse propósito? Tanto aqui como ali um e outro são objetos visíveis, e o que mais precisa o pintor, além de objetos visíveis, para preencher a superfície [de sua tela]?

O nó da questão deve ser este: ainda que ambos os objetos, na medida em que são visíveis, se prestem igualmente à pintura propriamente dita, ocorre, no entanto, a seguinte diferença essencial entre eles: a de que a primeira é uma ação visível progressiva, cujas diversas partes se apresentam uma após a outra na sequência do tempo, enquanto a outra, ao contrário, é uma ação visível estática, cujas diversas partes se desenvolvem uma ao lado da outra no espaço. Se, portanto, a pintura, em virtude de seus signos ou dos meios de sua imitação, que ela só pode conectar no espaço, deve renunciar inteiramente ao tempo, então ações progressivas, enquanto progressivas, não podem fazer parte de seus objetos, mas ela deve se contentar com ações justapostas ou com simples corpos que por suas posições fazem supor uma ação. A poesia, ao contrário...

XVI

Mas tentarei deduzir a questão a partir de seus primeiros fundamentos.

Eu concluo assim: se é verdade que a pintura emprega, para as suas imitações, meios ou signos completamente diferentes dos da poesia, isto é, aquela usa figuras e cores no espaço, enquanto esta utiliza sons articulados no tempo; se é incontestável que os signos devem ter uma relação conveniente com o objeto significado, então signos dispostos um ao lado do outro também poderão expressar apenas objetos que existem um ao lado do outro ou cujas partes existem uma ao lado da outra; mas signos que se seguem um ao outro podem expressar apenas objetos que se seguem um ao outro, ou cujas partes também se seguem uma à outra.

Objetos que existem um ao lado do outro, ou cujas partes existem uma ao lado da outra, denominam-se corpos. Consequentemente, os corpos com suas propriedades visíveis são o objeto próprio da pintura.

Objetos que se seguem um ao outro ou cujas partes se seguem uma à outra denominam-se em geral ações. Consequentemente ações são o objeto próprio da poesia.

No entanto, todos os corpos não existem apenas no espaço, mas também no tempo. Eles perduram e a cada momento de sua duração podem apresentar-se com outra aparência e numa outra relação. Cada uma dessas aparências momentâneas e relações é o efeito de uma precedente e pode ser a causa de uma subsequente e, por conseguinte, de algum modo, o centro de uma ação. Consequentemente, a pintura pode também imitar ações, mas apenas de maneira alusiva, por meio de corpos.

Por outro lado, as ações não podem existir por si próprias, mas devem estar atreladas a certos seres. Na medida em que esses seres são corpos ou são considerados como tais, a poesia também descreve corpos, mas apenas de maneira alusiva, por meio de ações.

A pintura, nas suas composições coexistentes, pode usar somente um único momento da ação e deve, por isso, escolher o momento mais pregnante, a partir do qual se torne mais concebível o que precede e o que se segue.

Do mesmo modo, também a poesia, nas suas imitações progressivas, pode usar somente uma única qualidade dos corpos e deve, por isso, escolher aquela que desperte a imagem mais sensível do corpo, a partir do lado que ela precisa dele.

Disso deflui a regra da unidade dos adjetivos pictóricos e da economia na descrição dos objetos corpóreos.

Eu depositaria pouca confiança nessa árida cadeia de raciocínios se eu não a encontrasse plenamente confirmada pela práxis de Homero ou, melhor, se não fosse a própria práxis de Homero que me tivesse conduzido a isso. Somente a partir desses princípios é que se pode determinar e explicar a grande maneira dos gregos, assim como fazer justiça à maneira oposta de tantos poetas modernos que querem rivalizar com o pintor em um ponto no qual eles devem necessariamente ser vencidos por ele.

Eu acho que Homero não pinta nada mais senão ações progressivas, e todos os corpos, todas as coisas singulares, ele os pinta apenas por meio de sua participação em tais ações, comumente com um *único* traço. O que admira, portanto, que o pintor, lá onde Homero pinta, veja pouco ou nada a ser feito por ele, e que a sua colheita só se ache lá onde a história reúne uma multidão de belos corpos, em belas posturas num local favorável à arte, por pouco que o próprio poeta desejasse pintar esses corpos, essas posturas, esse espaço? Se se percorrer, peça por peça, toda a série de pinturas, como Caylus propõe a partir de Homero, encontrar-se-á em cada uma a prova dessa observação.

Aqui deixo, pois, o conde, com o seu desejo de fazer da pedra de moer cores do pintor a pedra de toque do poeta, para explicar mais de perto a maneira de Homero.

A fim de caracterizar *uma* coisa, eu dizia, Homero tem em geral apenas *um* traço. Um navio é para ele ora o navio negro, ora o navio côncavo, ora o navio veloz, no máximo o navio negro bem aparelhado de remos. Ele não vai além na pintura do navio. Mas, da navegação, da partida, do aportamento do navio, ele faz um só quadro minucioso, do qual o pintor teria de fazer cinco ou seis pinturas separadas, se quisesse levar tudo isso à sua tela. Se circunstâncias especiais forçam de fato Homero a fixar o nosso olhar mais demoradamente num único objeto corpóreo, isso não se torna, não obstante, nenhuma pintura que o artista poderia seguir com o pincel; ele sabe, porém, como apresentar, por meio de inúmeros artifícios, esse objeto isolado numa sucessão de momentos, em cada um dos quais ele aparece de forma diferente, e o pintor deve esperar o último deles, para nos mostrar, como algo já formado, aquilo que nós vemos formar-se no poeta. Por exemplo, se Homero quer que vejamos o carro de Juno, então Hebe deve montá-lo, diante dos nossos olhos, peça por peça. Nós vemos as rodas, os eixos, o assento, o timão, as correias e os tirantes, não tanto como peças conjuntadas, mas como elas se juntam sob as mãos de Hebe. Somente nas rodas o poeta utiliza mais de um traço e nos mostra os oitos raios de bronze, os aros de ouro, os chaços de bronze, os cubos de prata, todos separadamente. Deve-se dizer: visto que as rodas eram mais do que uma, cumpriria então dispensar-lhes na descrição tanto mais tempo quanto se dispensa na natureza da sua colocação individual[a].

> Ἥβη δ᾽ ἀμφ᾽ ὀχέεσσι θοῶς βάλε καμπύλα κύκλα
> χάλκεα ὀκτάκνημα σιδηρέῳ ἄξονι ἀμφίς.
> τῶν ἤτοι χρυσέη ἴτυς ἄφθιτος, αὐτὰρ ὕπερθε
> χάλκε᾽ ἐπίσσωτρα προσαρηρότα, θαῦμα ἰδέσθαι·
> πλῆμναι δ᾽ ἀργύρου εἰσὶ περίδρομοι ἀμφοτέρωθεν·
> δίφρος δὲ χρυσέοισι καὶ ἀργυρέοισιν ἱμᾶσιν
> ἐντέταται, δοιαὶ δὲ περίδρομοι ἄντυγές εἰσι.
> τοῦ δ᾽ ἐξ ἀργύρεος ῥυμὸς πέλεν· αὐτὰρ ἐπ᾽ ἄκρῳ
> δῆσε χρύσειον καλὸν ζυγόν, ἐν δὲ λέπαδνα
> κάλ᾽ ἔβαλε χρύσει᾽[...]

[Hebe ao carro adapta / rodas de bronze curvo eixo férreo, oito raios; / pinas de ouro maciço; lâminas de bronze / justas nas órbitas externas: maravilha! / Em fina prata os cubos das rodas, girando,

/ de ambos os lados. Tiras feitas de ouro e prata / formam tensas o corpo do carro de dúplice / parapeito; dali sai o timão prateado, / à cuja ponta firma-se um jugo belíssimo / de ouro e peitorais aurilindos... – H.C., v. 1, v. 722-730]

Se Homero quer nos mostrar como Agamênon estava vestido, o rei precisa envergar, diante dos nossos olhos, todo o seu traje, peça por peça, a macia roupa de baixo, o grande manto, os belos coturnos, a espada; e então ele está pronto e apanha o cetro. Nós vemos as roupas, na medida em que o poeta pinta a ação de vestir-se; outro teria pintado as vestimentas até a menor franja, e nós não teríamos visto nada da ação[b].

[...] μαλακὸν δ᾽ ἔνδυνε χιτῶνα
καλὸν νηγάτεον, περὶ δὲ μέγα βάλλετο φᾶρος·
ποσσὶ δ᾽ ὑπὸ λιπαροῖσιν ἐδήσατο καλὰ πέδιλα,
ἀμφὶ δ᾽ ἄρ᾽ ὤμοισιν βάλετο ξίφος ἀργυρόηλον·
εἵλετο δὲ σκῆπτρον πατρώϊον ἄφθιτον αἰεὶ

[... Depois, sentando, enverga a seda nova / da túnica, belíssima. Nos ombros manto / largo. Nos pés sandálias: brilho vigoroso. / Suspende à espádua – prata cravejada – a espada. / Nas mãos, o pátrio cetro incorrompido – H.C., v. 1, II, v. 42-47]

E se desse cetro, que aqui é denominado simplesmente de paterno e imperecível, assim como em outra passagem sobre um cetro semelhante se diz apenas χρυσείοις ἥλοισι πεπαρμένον, "o cetro guarnecido com pregos de ouro", se nós devêssemos ter, digo eu, uma imagem mais completa e mais exata desse importante cetro: o que faz então Homero? Ele pinta para nós agora, além dos pregos dourados, também a madeira e o castão entalhado? Sim, se a descrição devesse ser incluída numa heráldica, para que nas épocas subsequentes se pudesse fazer a partir dela outro exatamente igual. E, no entanto, eu estou seguro de que algum poeta moderno teria feito disso tal descrição de brasões reais, na sincera convicção de que ele próprio a pintou realmente porque o pintor pode imitá-lo. Mas o que importa a Homero até onde o pintor pode ir atrás dele? Em vez de uma imagem, ele nos dá a história do cetro: primeiro este está sendo trabalhado por Vulcano; depois brilha nas mãos de Júpiter; depois marca a dignidade de Mercúrio; depois é o bastão de comando do belicoso Pélope*; depois, é o cajado do pacífico Atreu* e assim por diante.

> [...] σκῆπτρον ἔχων τὸ μὲν Ἥφαιστος κάμε τεύχων. [1]
> Ἥφαιστος μὲν δῶκε Διὶ Κρονίωνι ἄνακτι,
> αὐτὰρ ἄρα Ζεὺς δῶκε διακτόρῳ ἀργεϊφόντῃ:
> Ἑρμείας δὲ ἄναξ δῶκεν Πέλοπι πληξίππῳ,
> αὐτὰρ ὃ αὖτε Πέλοψ δῶκ᾽ Ἀτρέϊ ποιμένι λαῶν,
> Ἀτρεὺς δὲ θνῄσκων ἔλιπεν πολύαρνι Θυέστῃ,
> αὐτὰρ ὃ αὖτε Θυέστ᾽ Ἀγαμέμνονι λεῖπε φορῆναι,
> πολλῇσιν νήσοισι καὶ Ἄργεϊ παντὶ ἀνάσσειν.[c]

> [... Agamênon, portando o cetro, exímia lavra / de Hefestos, dom de Hefestos ao Croníade, Zeus, / que, por seu turno, o deu a Hermes, matador de Argos, / a Hermes, o porta-voz, que o deu então a Pélope, / hábil ginete. Ao rei Atreu, pastor-dos-povos, / este o repassa. Atreu, já moribundo, a Tiestes / mil-ovelhas, o lega. Agamênon de Tiestes / o ganha, e soberano reina sobre as ilhas, / sendo o primeiro em Argos* – H.C., v. 1, II, v. 101-109]

Assim, finalmente eu conheço esse cetro melhor do que se o pintor pudesse colocá-lo diante de meus olhos ou se um segundo Vulcano o entregasse nas mãos. Não me surpreenderia se eu descobrisse que algum dos antigos intérpretes de Homero havia admirado essa passagem como a mais perfeita alegoria da origem, do progresso, do fortalecimento enfim da hereditariedade do poder real entre os homens. Eu sorriria, é verdade, se lesse que Vulcano, que trabalhou o cetro, por ser o fogo, por ser aquilo que é o imprescindível para a conservação da humanidade, indica em geral a cessão das necessidades que moveram os primeiros homens a submeter-se a um único homem; que o primeiro rei, um filho do tempo (Ζεὺς Κρονίων), foi um velho venerável, que quis partilhar seu poder com um homem eloquente e inteligente, com um Mercúrio (διακτόρῳ Ἀργειφόντῃ), ou lho transferiu inteiramente; que o inteligente orador, no tempo em que o jovem estado se achava ameaçado por inimigos externos, cedeu o seu supremo poder ao guerreiro mais valente (Πέλοπι πληξίππῳ); que esse bravo guerreiro, após ter abatido os inimigos e garantido a segurança do reino, pôde passá-lo às mãos do seu filho que, sendo um regente amante da paz, sendo um pastor benfazejo de seus povos (ποιμὴν λαῶν), os fez conhecer boa vida e fartura; em consequência disso, após a sua morte, abriu-se o caminho ao mais rico dos seus parentes (πολύαρνι Θυέστῃ) a fim de que, por meio de presentes e corrupção, atraísse para si e mais tarde assegurasse à sua família, para sempre, como por assim dizer um bem comprado, o que até então fora conferido pela confiança e cujo mérito era considerado mais como uma carga do que uma dignidade. Eu sorriria, mas, apesar disso, me sentiria fortalecido em meu respeito pelo poeta, a quem se pode atribuir tanto. Isso, contudo, está fora do meu caminho, e eu considero agora a história do cetro apenas como um artifício para fazer com que nos detenhamos diante de uma coisa isolada, sem entrar na fria descrição de suas partes. Mesmo quando Aquiles jura por seu cetro vingar-se do desdém com que Agamênon o tratou, Homero nos dá a história desse cetro. Nós o vemos verdejar nas montanhas, o ferro separa-o do tronco, desfolha-o e descasca-o e torna-o apropriado para servir como signo da dignidade divina dos juízes do povo[d].

> ναὶ μὰ τόδε σκῆπτρον, τὸ μὲν οὔ ποτε φύλλα καὶ ὄζους
> φύσει, ἐπεὶ δὴ πρῶτα τομὴν ἐν ὄρεσσι λέλοιπεν,
> οὐδ᾽ ἀναθηλήσει· περὶ γάρ ῥά ἑ χαλκὸς ἔλεψε
> φύλλά τε καὶ φλοιόν· νῦν αὐτέ μιν υἷες Ἀχαιῶν
> ἐν παλάμῃς φορέουσι δικασπόλοι, οἵ τε θέμιστας
> πρὸς Διὸς εἰρύαται [...]

> [Por esse cetro – sim – proferirei: nem folha, / nem ramo nele viçarão jamais, depois / que arrancado do tronco foi-se da montanha / e jamais tornará a verdecer; o bronze / a seu redor cortou folhame

e casca. Portam-no / agora os juízes. Sim, um juramento magno: /
os Aqueus...– H.C., v. 1, I, v. 234-240]

Homero não estava tão empenhado em descrever dois diferentes bastões de matéria e figura diferentes, em nos proporcionar uma imagem sensível da diversidade do poder, cujos signos eram esses bastões. Aquele primeiro uma obra de Vulcano; este outro talhado na montanha por uma mão desconhecida; aquele a propriedade antiga de uma casa nobre; este aqui destinado a preencher o melhor punho que aparecer; aquele primeiro estendido por um monarca sobre muitas ilhas e sobre toda Argos; este segundo conduzido por um grego a quem, entre muitos outros, foi confiada a guarda das leis. Essa era, de fato, a distância que havia entre Agamênon e Aquiles; uma distância que mesmo Aquiles, em toda a sua cólera cega, não podia deixar de admitir.

No entanto, não é somente lá onde Homero liga suas descrições a tais propósitos mais amplos, mas também lá onde se ocupa apenas da simples imagem que ele irá espargir essa imagem numa espécie de história do objeto, de maneira que as partes do mesmo, que vemos na natureza uma ao lado da outra, sigam uma à outra na sua pintura de modo igualmente natural e permitam por assim dizer manter o passo com o fluxo do discurso. Por exemplo, ele quer pintar para nós o arco de Pândaro, um arco de chifre, de tal e tal comprimento, bem polido e guarnecido nas duas pontas de chapas de ouro. O que ele faz? Ele nos enumera tão secamente todas essas qualidades, uma após a outra? De modo algum; isso seria detalhar, prescrever um arco assim, mas não pintá-lo. Ele começa pela caça do cabrito montês, de cujos chifres o arco foi feito; Pândaro o havia espreitado entre os penhascos e abatido; os chifres eram extraordinariamente grandes, por isso ele os destina a um arco; eles são trabalhados, o artista liga-os, dá-lhes polimento, guarnece-os. E assim, como foi dito, vemos constituir-se no poeta o que no pintor só podíamos ver como constituído[e].

[...] τόξον ἐΰξοον ἰξάλου αἰγὸς
ἀγρίου, ὅν ῥά ποτ᾽ αὐτὸς ὑπὸ στέρνοιο τυχήσας
πέτρης ἐκβαίνοντα δεδεγμένος ἐν προδοκῇσι
βεβλήκει πρὸς στῆθος: ὃ δ᾽ ὕπτιος ἔμπεσε πέτρῃ.
τοῦ κέρα ἐκ κεφαλῆς ἑκκαιδεκάδωρα πεφύκει:
καὶ τὰ μὲν ἀσκήσας κεραοξόος ἤραρε τέκτων,
πᾶν δ᾽ εὖ λειήνας χρυσέην ἐπέθηκε κορώνην.

[... tomou do arco, despojo do lascivo capro / que ele abatera com fronteiro golpe. (Quando, / rochedo abaixo, elástico, o animal saltava, / ele, emboscado, deu-lhe em pleno peito. Morta / caiu, reversa, a presa. Chifre – dezesseis – palmos – exibia à testa. Um mestre-polidor / bruniu-os com perícia, apondo um bico de ouro, / recurvo, a uma das pontas.)– H.C., v. 1, IV, v. 105-112]

Eu não terminaria nunca se quisesse transcrever todos os exemplos desse gênero. A cada um que haja guardado no íntimo a sua leitura de Homero, eles hão de vir à memória, em profusão.

XVII

Mas, objetar-se-á, os signos da poesia não seguem apenas um ao outro, eles são também arbitrários; e, como signos arbitrários, são, com certeza, capazes de exprimir os corpos tais como eles existem no espaço. Exemplo disso encontra-se em Homero mesmo; basta lembrar-se de seu escudo de Aquiles para se ter o exemplo decisivo de quão pormenorizada e, no entanto, poeticamente se pode descrever uma coisa singular, segundo suas partes justapostas.

Quero responder a essa dupla objeção. Eu a chamo de dupla, pois uma dedução correta deve também valer sem exemplo e, em contrapartida, o exemplo de Homero é, para mim, de grande importância, mesmo que eu ainda não saiba justificá-lo por nenhuma dedução.

É verdade: visto que os signos do discurso são arbitrários, então é bem possível que, por seu intermédio, se possa fazer com que as partes de um corpo sigam do mesmo modo uma após outra, ao passo que, na natureza, elas são encontráveis uma ao lado da outra. Contudo, essa é uma qualidade do discurso e de seus signos em geral, não, porém, na medida em que são mais convenientes ao desígnio da poesia. O poeta não quer tornar-se apenas compreensível, as suas representações não devem ser apenas claras e distintas, com isso quem se contenta é o prosador; mas ele, o poeta, quer tornar as ideias, que desperta em nós, tão vivas que nós, na sua rapidez, acreditemos experimentar as verdadeiras impressões sensíveis de seus objetos e, nesse momento de ilusão, deixemos de ter consciência do meio que ele empregou para isso, suas palavras. Aqui, no que se viu acima, deságua a explicação da pintura poética. Mas o poeta deve sempre pintar; e agora queremos ver até que ponto os corpos, com as suas partes uma ao lado da outra, convêm a essa pintura.

Como alcançamos a representação nítida de uma coisa no espaço? Primeiro, observamos suas partes isoladas, depois a ligação dessas partes e, finalmente, o todo. Os nossos sentidos executam essas diversas operações com uma rapidez tão espantosa que elas parecem ser para nós apenas uma única; e essa rapidez é absolutamente necessária se quisermos obter uma ideia do todo, que nada mais é senão o resultado das ideias das partes e de suas ligações. Suponhamos agora, também, que o poeta nos conduza na mais bela ordem de uma parte do objeto para a outra; suponhamos, ainda, que ele saiba também tornar para nós tão clara a ligação dessas partes: quanto tempo ele precisa para isso? O que o olho vê de uma vez, ele enumera para nós de modo visivelmente vagaroso, pouco a pouco e, amiúde, ocorre que, no último traço, já tenhamos esquecido o primeiro. Todavia, cumpre-nos formar um todo a partir desses traços. Ao olho as partes contempladas permanecem constantemente presentes; ele pode percorrê-las de novo e de novo; para o ouvido, ao contrário, as partes escutadas se perdem, se não remanescem na memória. E se remanescem de fato aí: que labuta, que esforço isso custa para renovar todas as suas impressões na mesma ordem tão vivaz, para repensá-las de uma vez, mesmo numa velocidade moderada, para alcançar uma eventual ideia do todo!

Experimenta-se isso em um exemplo que pode ser chamado de obra-prima em seu gênero[a].

Dort ragt das hohe Haupt vom edeln Enziane
Weit übern niedern Chor der Pöbelkräuter hin,
Ein ganzes Blumevolk dient unter seiner Fahne,
Sein blauer Bruder selbst bückt sich und ehret ihn.
Der Blumen helles Gold, in Strahlen umgebogen,
Türmt sich am Stengel auf und krönt sein grau Gewand,
Der Blätter glattes Weiss, mit tiefem Grün durchzogen,
Strahlt von dem bunten Blitz von feuchtem Diamant.
Gerechtestes Gesetz! Dass Kraft sich Zier vermähle,
In einem schönen Leib wohnt eine schönte Seele.

Hier kriecht ein niedrig Kruat gleich einem grauen Nebel,
Dem die natur sein Blatt in Kreuze hingelegt;
Die holde Blume zeigt die zwei vergöldten Schnäbel,
Die ein von Amethyst gebildter Vogel trägt.

LAOCOONTE

Dort wirft ein glänzend Blatt, in Finger ausgekerbet,
Auf einen hellen Bach den grünen Widerschein;
Der Blumem zarten Schnee, den matter Purpur färbet,
Schliesst ein gestreifter Stern in weisse Strahlen ein.
Smaragd und Rosen blühn auch auf zertretner Heide,
Und Felsen decken sich mit einem Purpurkleide.

[Lá, ergue-se a altiva cabeça da nobre genciana / bem acima do baixo coro das ervas plebeias; / todo um povo de flores serve sob sua bandeira, / mesmo seu irmão azul inclina-se para honrá-la. / O ouro luminoso das flores, / em raios infletido / dispõe-se caule acima e coroa a cinzenta veste, / a lisa brancura das folhas, de verde escuro perpassada, / refulge o cintilar multicolorido do úmido diamante. / Lei das mais justas! A força se casa com o ornamento, / em um belo corpo habita uma alma ainda mais bela. / Aqui, rasteja uma erva inferior qual cinzenta névoa, / a quem a natureza deu a folha em cruz; / a graciosa flor mostra os dois bicos dourados, / que traz um pássaro feito de ametista. / Ali, uma folha brilhante recortada em forma de dedos, / lança sobre o claro riacho seu reflexo verde; / a tenra neve das flores, de fosca púrpura tingida, / enfeixa uma estrela tracejada de raios brancos. / Esmeralda e rosas também florescem na charneca pisoteada, / e os penhascos cobrem-se de uma veste de púrpura.][4]

São ervas e flores que o douto poeta pinta com grande arte e de acordo com a natureza. Pinta, mas sem toda ilusão. Eu não quero dizer que quem jamais viu essas ervas e flores não possa também, a partir de sua pintura, fazer-se nenhuma representação delas. É possível que toda pintura poética exija um conhecimento prévio de seus objetos. Eu tampouco quero negar que, naquele que pode valer-se aqui de tal conhecimento, o poeta não possa despertar uma ideia mais viva de algumas partes. Pergunto-lhe apenas: e como fica o conceito do todo? Se também ele deve ser mais vivaz, então nenhuma parte isolada precisa predominar, porém a luz mais elevada deve parecer repartida

---

4 Citação de "Os Alpes", de Albrecht von Haller. Existe uma tradução para o português em *Corpo, Poesia e Afecto em Albrecht von Haller*, organizado por Adelino Cardoso e Palmira Fontes da Costa, Lisboa: Colibri, 2010.

igualmente sobre todas; nossa imaginação deve poder, com a mesma rapidez, percorrer todas elas, a fim de compor para si, em uma única coisa, a partir delas, o que é visto na natureza de um só golpe. É esse o caso aqui? E se não for, como se poderá dizer "que o desenho mais semelhante de um pintor seria totalmente apagado e sombrio diante dessa descrição poética?"[b] Ela permanece infinitamente abaixo do que linhas e cores podem expressar na superfície, e o crítico de arte que enunciou esse elogio exagerado deve tê-la observado de um ponto de vista inteiramente falso; ele deve ter visto mais os ornamentos estrangeiros que o poeta ali entreteceu, a elevação acima da vida vegetativa, o desenvolvimento da perfeição interna cuja beleza externa serve apenas de casca, em vez dessa beleza mesma e o grau de vivacidade e de semelhança da imagem que o pintor e o poeta podem nos fornecer dela. Não obstante, trata-se aqui apenas desse último aspecto, e quem diz que essas simples linhas:

> *Der Blumen helles Gold, in Strahlen umgebogen,*
> *Türmt sich am Stengel auf und krönt sein grau Gewand,*
> *Der Blätter glattes Weiss, mit tiefem Grün durchzogen,*
> *Strahlt von dem bunten Blitz von feuchtem Diamant.*

[O ouro luminoso das flores, / em raios infletido / dispõe-se caule acima e coroa a cinzenta veste, / a lisa brancura das folhas, de verde escuro perpassada, / refulge o cintilar multicolorido do úmido diamante.]

que essas linhas podem rivalizar, no tocante à impressão, com a imitação de um Huysum, nunca deve ter interrogado o seu sentimento ou então quis intencionalmente negá-lo. Elas podem ser mui belamente recitadas quando se tem as próprias flores nas mãos; mas, por elas próprias, dizem pouco ou nada. Ouço em cada palavra o poeta trabalhando; mas estou muito longe de ver a coisa mesma.

Assim, mais uma vez: eu não nego ao discurso, em geral, a faculdade de descrever um todo corpóreo segundo suas partes;

ele pode fazê-lo, porque seus signos, embora consecutivos, são, todavia, arbitrários; mas eu o nego ao discurso enquanto recurso da poesia, porque semelhantes descrições de corpos textuais rompem o ilusório, sobre o qual a poesia principalmente versa; e este ilusório, eu digo, deve por isso romper-se nelas, porque o caráter da coexistência do corpo entra aí em colisão com o da consecutividade do discurso e, na medida em que aquele é dissolvido neste, o desmembramento do todo em suas partes nos é de fato facilitada, mas a recomposição final dessas partes num todo se torna extraordinariamente difícil e, não raro, impossível.

Por toda a parte onde não se trata do ilusório, onde se esteja lidando apenas com o entendimento de seus leitores e, tanto quanto possível, com conceitos integrais, pode muito bem haver lugar para essas descrições excluídas da poesia; e não somente ao prosador, mas também ao poeta dogmático (pois, no caso, lá onde dogmatiza, ele não é poeta) podem servir com muita utilidade. Assim, por exemplo, Virgílio descreve no seu poema sobre a agricultura, uma vaca boa para a reprodução:

[...] *Optima torvae*
Forma bovis, cui turpe caput, cui plurima cervix,
Et crurum tenus a mento palearia pendent.
Tum longo nullus lateri modus, omnia magna,
Pes etiam et camuris hirtae sub cornibus aures.
Nec mihi displiceat maculis insignis et albo
Aut juga detractans interdumque aspera cornu
Et faciem tauro propior; quaeque ardua tota
Et gradiens ima verrit vestigia cauda.

[... A melhor figura de uma vaca / de olhar feroz, cuja cabeça é feia, cujo pescoço é muito grosso, / e a papada pendente cai do queixo até a coxa. / Seus flancos demasiadamente longos, tudo é grande / o pé também e sob chifres encurvados orelhas hirtas. / Nem me desagrada a pele branca com manchas / ou quando resiste ao jugo e às vezes ameaça com seus chifres / e parece um touro mesmo; nem quando ela alta e enorme caminha e varre com a cauda suas pegadas.]

Ou um belo potro:

> [...] *Illi ardua cervix*
> *Argutumque caput, brevis alvus obesaque terga,*
> *Luxuriatque toris animosum pectus etc.*[c]

> [... Seu pescoço é esguio / sua cabeça é fina, seu ventre é curto, a garupa é larga. / e o peito fogoso ostenta seus músculos etc.]

Pois, quem não vê, de fato, que o poeta aqui estava mais empenhado na explicação das partes do que na do todo? Ele quer nos enumerar as marcas distintivas de um belo potro e de uma vaca bem formada, a fim de nos colocar em condição, conforme as encontremos em maior número, de poder julgar a qualidade de um ou da outra; mas se todas essas características podiam ou não ser reunidas facilmente num quadro vivo, isso poderia ser-lhe completamente indiferente.

Afora esse emprego, as pinturas detalhadas são objetos corporais, sem o acima mencionado artifício de Homero para transformar o coexistente nelas em efetiva sucessividade, sempre reconhecido pelos juízes mais sutis como um jogo frio, que demanda pouco ou nenhum gênio. Quando o marreta poético, diz Horácio, não pode ir mais longe, então ele começa a pintar um bosque, um altar, um riacho serpeante por aprazíveis campinas, uma corrente murmurante, um arco-íris:

> [...] *lucus et ara Dianae*
> *Et properantis aquae per amoenos ambitus agros*
> *Aut flumen Rhenum aut pluvius describitur arcus.*[d]

> [... um bosque sagrado e um altar de Diana, / e uma fonte a correr apressada por meandros de risonhos campos /ou o rio Reno ou o arco-íris é descrito.]

Pope, na maturidade, via retrospectivamente, com grande desdém, as tentativas pictóricas da sua infância poética. Ele exigia de modo explícito que quem não quisesse portar indignamente o nome de poeta deveria renunciar, tão cedo quanto possível, à mania da descrição, e ele definia um poema puramente pictórico como um banquete feito de sopas[e]. Quanto ao senhor Von Kleist*, eu posso assegurar que ele se gabava muito pouco da sua *Frühling* [*Primavera*]. Tivesse vivido mais, ele teria lhe dado uma forma completamente outra. Ele pensava por isso em introduzir um plano e cogitava um meio de fazer com que a multidão de imagens, que parecia haver colhido ao acaso, ora daqui, ora dali, no espaço infinito da criação renascida, surgissem uma após outra, diante dos olhos, numa ordem natural. Ele teria feito, ao mesmo tempo, o que Marmontel*, sem dúvida, a propósito de suas éclogas, havia aconselhado a muitos poetas alemães: teria feito de uma série de imagens comedidamente entremescladas de sentimentos uma sequência de sentimentos comedidamente entrelaçados de imagens[f].

XVIII

E, apesar disso, teria o próprio Homero caído nessas frias pinturas de objetos corpóreos?

Espero que haja poucos trechos que se possa invocar nesse caso; e estou certo de que também esses poucos trechos são do gênero que, pelo contrário, confirmam a regra da qual parecem ser uma exceção.

Fica, pois, assentado: a sequência temporal é do domínio do poeta, assim como o espaço é do pintor.

Apresentar em uma e mesma pintura dois pontos temporais necessariamente afastados um do outro, assim como o Fr. Mazzuoli* fez com o *Rapto das Sabinas* e a reconciliação delas com seus esposos e com seus parentes, ou como Ticiano* com toda a história do filho pródigo, a sua vida devassa, a sua miséria e o seu arrependimento: é uma invasão do pintor no domínio do poeta, que o bom gosto nunca aprovará.

Enumerar pouco a pouco para o leitor muitas partes ou coisas que necessariamente tenho de abranger com vista na natureza, se elas devem dar à luz um todo, e querer que ele, o leitor, faça por esse meio uma imagem do todo: isso significa uma invasão do poeta no domínio do pintor, no qual o poeta dissipa muita imaginação sem qualquer proveito.

No entanto, assim como dois vizinhos justos e amigos na verdade não admitem que um tome liberdades inconvenientes no domínio mais íntimo do outro, porém permitem que reine de fato uma tolerância recíproca nas fronteiras mais externas, que compense pacificamente as pequenas violações nos direitos recíprocos, que cada qual se vê forçado a cometer na rapidez de suas circunstâncias: assim, também, é o caso da pintura e da poesia.

Eu não quero mencionar a esse propósito o fato de que em grandes pinturas históricas o momento único é quase sempre um pouco ampliado, e que talvez não se encontre uma única em peças muito ricas em figuras, na qual cada figura tenha exatamente o movimento e a posição que deveria ter no momento da ação principal; uma está um pouco adiantada, a outra um pouco atrasada. Essa é uma liberdade que o mestre deve justificar por meio de certos refinamentos na disposição, por meio da utilização ou do distanciamento de suas personagens, que permitem que elas tomem parte de maneira mais ou menos instantânea na ação. Eu quero apenas servir-me de uma observação que o senhor Mengs* fez sobre o drapejamento de Rafael[a]: "Todas as dobras", diz ele, "têm aí as suas razões, seja por seu próprio peso ou pelo estiramento dos membros. Algumas vezes se vê nelas como eram antes; Rafael procurou até mesmo nisso um significado. Vê-se nas dobras se uma perna ou um braço antes desse movimento se encontrava à frente ou atrás, se o membro contraído passou ou passa da contração à distensão, ou se ele estava distendido e se contraiu." É incontestável que nesse caso o artista reuniu dois momentos diferentes em um único. Pois, visto que o pé que estava atrás e se movimenta para frente é seguido de pronto pela parte da veste que o cobre, a menos que esta fosse de um material muito rígido e, justamente por isso, de todo inadequado à pintura, não há nenhum momento em que a veste faça a menor prega que não a exigida pela posição atual do membro; mas se lhe permitem fazer outra prega, tem-se então o momento anterior da veste e o atual do membro. Não obstante, quem tomará isso tão precisamente em conta com respeito ao artista que encontra sua vantagem nisso, em nos mostrar esses dois momentos ao mesmo tempo? Quem não iria louvá-lo por ele ter tido a inteligência e o coração para cometer um erro tão pequeno a fim de alcançar a maior perfeição da expressão?

Igual indulgência merece o poeta. A sua imitação progressiva permite-lhe realmente tocar de uma vez apenas um único lado, uma única qualidade dos seus objetos corpóreos. Mas se a feliz organização de sua língua dá-lhe permissão de fazer isso com uma única palavra, por que não poderia ele também, de vez em quando, acrescentar uma segunda palavra assim? Por que não, se vale a pena, também uma terceira? Ou talvez mesmo uma quarta? Eu disse, por exemplo, que para Homero um navio é ou apenas o navio negro, ou o navio côncavo, ou o navio veloz, quando muito o navio negro bem guarnecido de remos. Isso para se entender sua maneira em geral. Aqui e ali se encontra uma passagem onde ele acrescenta o terceiro epíteto pictórico: καμπύλα κύκλα, χάλκεα, ὀκτάκνημα[b], "rodas redondas, de bronze, com oito raios". Também o quarto: ἀσπίδα πάντοσε ἴσην, καλὴν, χαλκείην, ἐξήλατον[c], "um escudo com polimento uniforme, bonito, de bronze, forjado". Quem irá censurá-lo por isso? Quem não preferirá, ao contrário, agradecer-lhe por essa pequena exuberância, se ele sente que bom efeito ela pode ter em algumas poucas passagens adequadas?

Eu não quero, porém, deduzir a própria justificativa sobre este ponto, tanto do poeta quanto do pintor, a partir da comparação entre dois vizinhos amigos acima mencionada. Uma simples comparação não prova nem justifica nada. Mas o que deve justificá-los é o seguinte: assim como lá, no pintor, os dois diferentes momentos confinam-se tão de perto e de um modo tão imediato um do outro que eles podem, sem choque, valer por um único; do mesmo modo, também aqui, no poeta, os vários traços para as diferentes partes e propriedades no espaço seguem-se tão rápido um após o outro, numa brevidade tão concisa, que acreditamos ouvi-los todos de uma só vez.

E aqui, eu digo, Homero é extremamente bem servido por sua primorosa língua. Ela não apenas lhe deixa toda a liberdade possível para acumular e compor os epítetos, mas dispõe também para esses epítetos acumulados uma ordem tão feliz que ela remedeia a suspensão desvantajosa da composição entre eles. As línguas modernas carecem em geral de uma ou mais dessas facilidades. Aquelas que, como a francesa, por exemplo, devem reescrever ἀσπίδα πάντοσε ἴσην, καλὴν, χαλκείην, ἐξήλατον, por: "rodas redondas, de bronze, com oito raios", expressam o sentido, mas destroem a pintura. Não obstante, o sentido aqui não é nada e a pintura, tudo; e aquele sem esta faz do poeta mais vivaz o falastrão mais maçante; um destino que

LAOCOONTE

frequentemente atingiu o bom Homero sob a pena da escrupulosa senhora Dacier. Nossa língua alemã, porém, pode na verdade transformar na maioria das vezes os adjetivos homéricos em adjetivos equivalentes e igualmente breves, mas ela não pode imitar a ordem vantajosa que apresentam em grego. Nós dizemos, é verdade: *die runden, ehernen, achtspeichigten*, "redondas, de bronze, com oito aros" – mas *Räder*, "rodas", se arrasta atrás deles. Quem não sente que os três predicados diferentes, antes de apreendermos o sujeito, só podem produzir uma imagem oscilante, confusa? O grego une imediatamente o sujeito com o primeiro predicado e dispõe os outros em seguimento; ele diz: *runden, ehernen, achtspeichigten*, "redondas rodas, de bronze, com oito raios". Então, sabemos desde logo do que ele fala e somos inteirados, segundo a ordem natural do pensamento, primeiro da coisa e depois de suas contingências. Nossa língua não tem essa vantagem. Ou devo eu dizer que ela a tem e só pode raramente utilizá-la sem ambiguidade? É a mesma coisa. Pois quando queremos pôr os adjetivos depois, então devem estar *in statu absoluto*; devemos dizer: *runde Räder, ehern und achtspeichts*, "redondas rodas, de bronze e com oito raios". Contudo, nesse *statu* nossos adjetivos concordam inteiramente com os advérbios e se, como tais, são aproximados do próximo verbo que é predicado da coisa, não raro podem produzir um sentido inteiramente falso e sempre muito incerto.

Mas estou me detendo em pormenores e parece que eu quis esquecer o escudo, o escudo de Aquiles, essa famosa pintura, em vista da qual Homero especialmente era considerado na Antiguidade um professor de pintura[d]. Um escudo, dir-se-á, é sem dúvida um objeto corpóreo singular, cuja descrição, segundo suas partes adjacentes, não deveria ser permitida ao poeta? E esse escudo Homero descreveu em mais de cem esplêndidos versos, quanto à sua matéria, quanto à sua forma e quanto a todas as figuras que preenchem a vasta superfície do mesmo, de modo tão detalhado, tão preciso que não foi difícil para os artistas modernos fazerem um desenho coincidente em todas as partes.

Eu respondo, a essa objeção particular, que eu já a respondi. Homero mesmo não pinta o escudo como um todo feito, mas como um escudo sendo feito. Ele se serviu, portanto, também aqui, do louvado artifício de transformar o coexistente de seu objeto em um consecutivo e, por esse meio, fazer da pintura fastidiosa de um corpo o quadro vivo de uma ação. Nós não vemos o escudo, mas, sim, o divino mestre, como ele produziu o escudo. Ele avança com martelo e tenazes para a sua bigorna e, após haver forjado em lâminas o metal bruto, sob seus golpes mais delicados brotam do bronze, diante de nossos olhos, uma após outra, as imagens que ele destinara para a sua ornamentação. Nós não tornamos a perdê-lo de vista antes de tudo estar pronto. Agora está pronto e nós nos pasmamos com a obra, mas com o pasmo confiante de uma testemunha ocular, que a viu ser feita.

O mesmo não se pode dizer do escudo de Eneias em Virgílio. Ou o poeta romano não sentiu aqui a fineza de seu modelo ou as coisas que ele desejava apresentar no seu escudo pareciam-lhe ser do tipo que não permite possivelmente a execução diante dos nossos olhos. Eram profecias, razão pela qual seria por certo impróprio se o deus em nossa presença as tivesse externado tão claramente quanto o poeta mais tarde iria expô-las. Profecias enquanto profecias exigem uma linguagem obscura, em que não cabem os nomes próprios de personagens do futuro às quais elas dizem respeito. No entanto, residia aí, nesses nomes verdadeiros, segundo tudo indica, o mais importante para o poeta e para o cortesão[e]. Mas se isso o desculpa, mesmo assim não suspende também o mau efeito que o seu desvio do caminho homérico produziu. Leitores de um gosto mais refinado me darão razão. Os preparativos feitos por Vulcano para seu trabalho são, em Virgílio, mais ou menos os mesmos que Homero o leva a fazer. Mas enquanto em Homero chegamos a ver não meramente os preparativos para o trabalho, porém o próprio trabalho, Virgílio, depois de ter nos mostrado apenas o deus ocupado sobretudo com seu ciclope

Ingentem clipeum informant [...]
[...] Alii ventosis follibus auras
Accipiunt redduntque, allii stridentia tingunt
Aera lacu. Gemit impositis incudibus antrum.
Illi inter sese multa vi bracchia tollunt
In numerum versantque tenaci forcipe massam.[f]

[O imenso escudo eles forjam... /... Outros prendem nos foles inflados o ar e tornam a expeli-lo/ outros mergulham nas águas de um lago / o metal sibilante. Geme o antro com os golpes na bigorna. / Alguns entre eles (os Ciclopes) levantam os braços compassadamente e viram com firme tenaz a massa informe para cá e para lá.]

deixa cair, de uma vez, a cortina e nos transporta para uma cena completamente diferente, a partir da qual ele nos leva pouco a pouco ao vale onde Vênus, com as armas nesse ínterim terminadas, vai ao encontro de Eneias. Ela as encosta no tronco de um carvalho e depois de o herói tê-las contemplado e admirado e apalpado e experimentado o suficiente, começa a descrição ou a pintura do escudo que, graças ao eterno – aqui está, e ali há, perto disso há, e não muito longe dali vê-se –, torna-se tão fria e enfadonha, que todo o ornamento poético que um Virgílio poderia ter lhe dado foi necessário para não permitir que nos parecesse insuportável. Ademais, visto que essa pintura não é feita por Eneias, o qual se deleita com as simples figuras e não sabe nada do significado das mesmas,

rerumque ignarus imagine gaudet

[insciente ele exulta com a imagem das coisas]

nem sequer Vênus sabe, embora ela devesse provavelmente saber tanto sobre o destino futuro do seu querido neto quanto de seu dócil esposo; mas, uma vez que ela vem da própria boca do poeta, a ação permanece evidentemente parada durante a descrição da mesma. Nenhuma de suas personagens toma parte nela; tampouco tem a menor influência sobre o que se segue, se isso ou outra coisa qualquer é representado no escudo; o espirituoso cortesão transluz por toda parte, e apoia a sua matéria com todos os tipos de alusões lisonjeiras, mas não o grande gênio, que se fia na própria força interna de sua obra e despreza todos os meios externos para se tornar interessante. O escudo de Eneias é, por consequência, uma verdadeira interpolação destinada única e somente a adular o orgulho nacional dos romanos; um regato estrangeiro que o poeta conduz para a sua caudal, a fim de torná-la um pouco mais vivaz. O escudo de Aquiles, ao contrário, é o produto do próprio solo fértil; pois um escudo precisava ser feito e, visto que o necessário nunca vem das mãos da divindade sem a devida graça, então o escudo deveria possuir também ornamentos. Mas a arte era tratar esses ornatos como simples ornatos, entrelaçá-los na matéria para no-los mostrar apenas por ocasião dessa matéria; e isso só poderia ser feito pela maneira de Homero. Homero faz com que Vulcano lavre adornos, porque ao mesmo tempo ele deve moldar um escudo que seja digno dele. Virgílio, ao contrário, parece levá-lo a fazer o escudo por causa dos ornatos, uma vez que considerava os ornatos bastante importantes para descrevê-los em separado, depois de o escudo já estar de há muito pronto.

XIX

As objeções que o velho Escalígero*, Perrault*, Terrasson* e outros fizeram contra o escudo de Homero são conhecidas. Do mesmo modo são conhecidas as respostas de Dacier, Boivin* e Pope*. Parece-me, porém, que estes últimos, muitas vezes, foram longe demais e, confiando em sua boa causa, afirmam coisas que são tão incorretas quanto pouco contribuem para a justificação do poeta.

Para enfrentar a principal objeção, segundo a qual Homero encheu o escudo com uma multidão de figuras para as quais seria impossível haver espaço naquela superfície, Boivin propôs-se a fazer com que o desenhassem, observando-se a medida requerida. A sua ideia dos vários círculos concêntricos é muito engenhosa, muito embora as palavras do poeta não deem o menor motivo para isso e tampouco se encontre nenhum vestígio que os antigos tenham tido escudos divididos dessa forma. Visto que o próprio Homero o denomina de σάκοζ πάντοσε δεδαιδαλμένον, "um escudo artisticamente trabalhado por todos os lados", eu preferiria, para poupar mais espaço, recorrer à ajuda da superfície côncava; pois é fato conhecido que os artistas antigos não a deixavam vazia, como prova o escudo de Minerva por Fídias*ª. Mas não apenas Boivin não quis servir-se dessa vantagem, como ele também aumentou sem necessidade as próprias representações, para as quais teve de arrumar lugar no espaço assim reduzido à metade, visto que ele dividiu em duas ou até três imagens específicas o que no poeta é evidentemente apenas uma única imagem. Eu sei por certo o que o levou a isso, mas não deveria tê-lo levado; ao contrário, em vez de esforçar-se em satisfazer as exigências de seus oponentes, ele deveria mostrar-lhes que suas exigências eram injustas.

Eu poderei me explicar com um exemplo compreensível. Quando Homero diz de uma das cidades[b],

λαοὶ δ' εἰν ἀγορῇ ἔσαν ἀθρόοι· ἔνθα δὲ νεῖκος
ὠρώρει, δύο δ' ἄνδρες ἐνείκεον εἵνεκα ποινῆς

ἀνδρὸς ἀποφθιμένου: ὃ μὲν εὔχετο πάντ᾽ ἀποδοῦναι
δήμῳ πιφαύσκων, ὃ δ᾽ ἀναίνετο μηδὲν ἑλέσθαι:
ἄμφω δ᾽ ἱέσθην ἐπὶ ἴστορι πεῖραρ ἑλέσθαι.
λαοὶ δ᾽ ἀμφοτέροισιν ἐπήπυον ἀμφὶς ἀρωγοί:
κήρυκες δ᾽ ἄρα λαὸν ἐρήτυον: οἳ δὲ γέροντες
εἵατ᾽ ἐπὶ ξεστοῖσι λίθοις ἱερῷ ἐνὶ κύκλῳ,
σκῆπτρα δὲ κηρύκων ἐν χέρσ᾽ ἔχον ἠεροφώνων:
τοῖσιν ἔπειτ᾽ ἤϊσσον, ἀμοιβηδὶς δὲ δίκαζον.
κεῖτο δ᾽ ἄρ᾽ ἐν μέσσοισι δύω χρυσοῖο τάλαντα [...]

[Mais além, perante / o povo na ágora, dois homens litigando / em
torno de um delito; a lide: a morte de outrem / e o resgate a ser
pago em reparo do dano; / um jurava ter pago o débito; afirmava /
o outro que nada recebera; um árbitro, ambos / pediram, que julgasse o pleito; divididos / os cidadãos, aos gritos, tomavam partido;
/ os arautos continham o povo; gerontes sentavam-se nas sedes de
pedra polida, / sacro círculo; arautos portavam seus cetros, / voz –
sonora; tomando-os, erguiam-se e ditavam / suas sentenças: dois
áureos talentos, no solo / postos, prêmio ao melhor juiz... – H.C.,
v. 2, XVIII, v. 496-509]

creio, então, que ele não quis indicar mais do que uma única
pintura: a pintura de um pleito público sobre o pagamento con-
testado de uma multa considerável por um homicídio cometido.
O artista, que deve executar esse projeto, não pode se utilizar
mais do que um único momento do mesmo; ou o momento da
acusação, ou o da audição das testemunhas, ou o do pronun-
ciamento da sentença, ou outro qualquer, antes, depois ou em
meio desses momentos, que ele considere o mais conveniente.
Esse momento único ele o faz tão expressivo quanto possível e
o executa com todas as ilusões que a arte tem a mais do que a
poesia na representação de objetos visíveis. Mas, abandonado
infinitamente por este lado, o que pode fazer o poeta que deve
justamente pintar essa acusação com palavras e não quer malograr inteiramente, se não se servir de igual modo de suas van-
tagens próprias? E quais são elas? A liberdade de estender-se
tanto sobre o precedente como sobre o sequente ao momento

único na obra de arte, e a capacidade de nos mostrar não só o que o artista nos mostra, mas também o que este só pode nos fazer adivinhar. Através dessa liberdade, através dessa capacidade somente, o poeta chega de novo até o artista, e suas obras tornam-se o mais parecido possível umas com as outras quando o efeito de ambas é igualmente vivo; mas não quando uma traz para a alma através do ouvido nada mais ou nada menos do que a outra pode apresentar aos olhos. Segundo esse princípio, Boivin deveria ter julgado essa passagem de Homero e ele não teria efetuado tantas pinturas separadas quantos diferentes momentos ele acreditou notar aí. É verdade que não se pode reunir numa única pintura tudo o que Homero disse; a acusação e a negação, a exposição das testemunhas e os brados do povo dividido, os esforços dos arautos em acalmar o tumulto e as declarações do árbitro são coisas que seguem uma à outra e não podem existir uma ao lado da outra. Mas aquilo que, para me expressar com a *schola*, não estava incluído *in actu* na pintura, estava aí *in virtute*, e o único modo verdadeiro de exprimir com palavras uma pintura material é associar esta última com o realmente visível e não se manter nos limites da arte, dentro dos quais o poeta, é verdade, enumera os dados para uma pintura, mas não pode gerar uma pintura mesma.

Da mesma forma, Boivin divide a pintura da cidade sitiada[c] em três diferentes quadros. Ele poderia, do mesmo modo, tê-la dividido tanto em doze como em três. Pois, uma vez que não compreendeu o espírito do poeta e exige que este deveria submeter-se às unidades da pintura material, ele poderia ter encontrado muito mais transgressões dessas unidades, de modo que seria quase necessário determinar para cada traço particular do poeta um campo particular sobre o escudo. A meu ver, no entanto, Homero tem, em geral, não mais do que dez diferentes pinturas em todo o escudo, cada uma das quais começa[d] com um ἐν μὲν ἔτευξε [aí, representou] ou ἐν δὲ ποίησε [aí, criou] ou ἐν δ' ἐτίθει [aí, colocou] ou ἐν δὲ ποίκιλλε Ἀμφιγυήεις [aí, Hefesto gravou]. Onde essas palavras introdutórias não se encontram, não se tem nenhum direito de supor uma pintura separada; ao contrário, tudo que as une deve ser considerado como uma única pintura, à qual falta apenas a concentração arbitrária em um único momento, que não cabia ao poeta de maneira alguma indicar. Bem mais, se ele o tivesse indicado, se ele tivesse se mantido nisso à risca, se ele não tivesse deixado instilar-se em seu íntimo o menor traço que não pudesse ser conectado com isso na execução efetiva; com uma palavra, se ele tivesse procedido como os seus criticastros o exigem: é verdade, então, que esses senhores não teriam nada a lhe criticar, mas, de fato, nenhuma pessoa de gosto teria encontrado algo para admirar.

Pope não só aprovou a divisão e o desenho de Boivin, como julgava ainda estar fazendo algo de todo especial ao também mostrar agora que cada um desses quadros assim desmembrados é apresentado segundo as mais rigorosas regras da pintura habitual dos dias de hoje. Contraste, perspectiva, as três unidades, tudo isso ele encontrou ali observado da melhor maneira. E, no entanto, ele sabia muito bem que, conforme boas e fidedignas testemunhas, a pintura no tempo da guerra de Troia ainda estava no berço; por isso, ou Homero deveria, em virtude do seu gênio divino, prender-se não tanto no que a pintura então ou no seu tempo podia fazer, como ter, muito mais, adivinhado o que em geral ela era capaz de realizar; ou, também, aquelas mesmas testemunhas não deveriam ser tão dignas de fé que merecessem a preferência ao testemunho evidente do escudo artístico. Àquela suposição, quem quiser pode aceitá-la; quanto a esta, ao menos ninguém que saiba algo mais da história da arte além dos meros dados dos historiógrafos, se deixará persuadir. Pois ele acreditava que a pintura na época de Homero ainda estava em sua infância, não só porque Plínio ou alguém assim o diz, mas sobretudo porque, a partir das obras de arte que os antigos rememoram, ele julga que muitos séculos depois elas ainda não tinham ido muito mais longe e, por exemplo, as pinturas de um Polignoto* não suportariam por longo tempo ainda a prova que, a juízo de Pope, as pinturas do escudo de Homero poderiam sustentar. As duas grandes obras desse mestre de Delfos*, das quais Pausânias nos legou uma descrição tão detalhada[e], eram evidentemente despidas de qualquer perspectiva. Essa parte da arte é completamente negada aos antigos, e o que Pope apresenta para provar que Homero já possuía uma noção a seu respeito, não prova nada mais senão que ele próprio compartia apenas de uma ideia muito incompleta dela[f]. Homero, diz ele, "não pode ter sido nenhum estranho à perspectiva, pois ele indica expressamente a distância entre um objeto e outro. Ele nota, por exemplo, que os espiões estão postados um pouco mais longe do que as demais figuras e que o carvalho, sob o qual estava sendo preparado o repasto dos segadores, erguia-se ao lado. O que ele diz do vale semeado de rebanhos, cabanas e estábulos é evidentemente a descrição de um grande rincão em perspectiva. Um argumento mais geral para isso pode também ser retirado da multidão de figuras sobre o escudo, as quais não poderiam ser expressas em toda sua grandeza; daí ser em certa medida indiscutível que a arte de diminuí-las por meio da perspectiva já era conhecida naquele tempo". A simples observação da experiência óptica, segundo a qual uma coisa à distância aparece menor do que na proximidade, ainda está longe de tornar uma pintura perspectívica. A perspectiva exige um único ponto de vista, um determinado horizonte natural, e isso é o que falta nas pinturas antigas. A superfície de base nas pinturas de Polignoto não era horizontal, porém puxada por trás tão fortemente para cima que as figuras, que deveriam parecer estar uma atrás da outra, pareciam estar uma sobre a outra. E, se essa disposição das diferentes figuras e seus grupos era generalizada, como se pode concluir a partir dos antigos baixos-relevos, onde os mais recuados estão sempre mais alto que os da frente e desviam o olhar por cima deles: então, é natural também que se aceite isso na descrição de Homero e não se separe desnecessariamente aquelas dentre suas imagens que se deixam juntar assim em *uma* pintura. A cena dupla da cidade pacífica por cujas ruas passa o alegre cortejo de uma festa de casamento, ao mesmo tempo que um importante processo é decidido no mercado, não exige, em consequência disso, nenhuma pintura dupla, e Homero pode muito bem tê-la pensado como uma única, na medida em que representou a cidade inteira a partir de um ponto de vista tão alto que obteve, por esse meio, a livre visão simultânea das ruas e do mercado.

Eu sou da opinião de que se chegou à verdadeira perspectiva nas pinturas apenas ocasionalmente pela cenografia; e mesmo quando esta já havia alcançado sua perfeição, não deve ter sido também tão fácil aplicar suas regras sobre uma única superfície plana, visto que ainda se encontra nas pinturas tardias, entre as antiguidades de Herculano*, tão frequentes e múltiplos erros contra a perspectiva que mal se perdoaria hoje a um aprendiz[g].

Mas eu me dispenso do trabalho de reunir aqui as minhas dispersas anotações acerca de um ponto sobre o qual devo esperar receber a mais completa satisfação na prometida história da arte do senhor Winckelmann[h].

XX

É melhor eu retomar o meu caminho, se é que um passeante tem um caminho.

O que eu disse em geral dos objetos corpóreos, vale para os objetos corpóreos dotados de beleza, e tanto mais.

A beleza corpórea brota do efeito harmonioso de diversas partes que podem ser vistas de uma vez. Ela exige, portanto, que essas partes devam estar uma ao lado da outra; e já que coisas, cujas partes estão uma ao lado da outra, são o verdadeiro objeto da pintura, então ela e somente ela pode imitar a beleza corpórea.

O poeta, que pode mostrar os elementos da beleza apenas um após o outro, se absterá, por isso, inteiramente da pintura da beleza corpórea como beleza. Ele sente que seria impossível que elementos ordenados um após o outro pudessem ter o efeito que têm aqueles ordenados um ao lado do outro; que o olhar concentrado que nós queremos lançar imediatamente após sua enumeração não nos concede nenhuma imagem harmoniosa; que vai além da imaginação humana representar-se que efeito têm, juntos, essa boca, esse nariz e esses olhos, se não podemos lembrar-nos de tal composição de semelhantes partes na natureza ou na arte.

E aqui, também, Homero é o modelo de todos os modelos. Ele diz: Nireu* era belo; Aquiles era ainda mais belo; Helena* possuía uma beleza divina. Mas em parte alguma ele se entrega à descrição pormenorizada dessas belezas. Não obstante o poema todo é construído sobre a beleza de Helena. Quão mais não teria um poeta moderno luxuriado num caso semelhante!

Já um Constantino Manasses* quis ornamentar sua crônica árida com uma pintura de Helena. Eu devo agradecer-lhe por sua tentativa. Pois eu não saberia realmente onde mais deveria desencavar um exemplo que aclarasse com evidência quão insensato é atrever-se a algo que Homero tão sabiamente deixou de fazer. Quando leio nele[a]:

ἦν ἡ γυνὴ περικαλλής, εὔοφρυς, εὐχρουστάτη,
εὐπάρειος, εὐπρόσωπος, βοῶπις, χιονόχρους,
ἑλικοβλέφαρος, ἁβρά, χαρίτων γέμον ἄλσος,
λευκοβραχίων, τρυφερά, κάλλος ἄντικρυς ἔμπνουν,
τὸ πρόσωπον κατάλευκον, ἡ παρειὰ ῥοδόχρους,
τὸ πρόσωπον ἐπίχαρι, τὸ βλέφαροι ὡραῖον,
κάλλος ἀνεπιτήδευτον, ἀβάπτιστον, αὐτόχρουν.
ἔβαπτε τὴν λευκότητα ῥοδόχρια πυρίνη.
ὡς εἴ τις τὸν ἐλέφαντα βάψει λαμπρᾷ πορφύρᾳ.
δειρὴ ηακρά, κατάλευκος, ὅθεν ἐμυθουργήθη
Κυκνογενῆ τὴν εὔοπτον Ἑλένην χρηματίζειν. [...]

[Ela era uma mulher belíssima, fronte lisa, bem torneada, face delicada, / de rosto atraente, com grandes olhos, de pele cor de neve, / com sobrancelhas arredondadas, o peito morada das graças, / braços alvos, tenros, beleza exalante, / o semblante de todo branco, faces róseas, / rosto encantador, olhos faiscantes, / de uma graça sem artifício; sem disfarce ...]

parece que vejo pedras tombar sobre uma montanha, das quais, no seu cume, deveria ser erigido um suntuoso edifício, mas todas, do outro lado, por si próprias, tornam a rolar encosta abaixo. Que imagem deixa atrás de si essa torrente de palavras? Qual era agora a aparência de Helena? Se mil pessoas lessem isso, não fariam dela todas as mil uma representação própria?

No entanto, é verdade que versos políticos de um monge não são poesia. Escutemos, então, Ariosto*, quando ele descreve a sua encantadora Alcina[b*]:

Di persona era tanto bem formata,
Quanto mai finger san pittori industri:
Com bionda chioma, lunga e annodata,
Oro non è, che piu risplenda, e lustri,
Spargeasi per la guancia delicata
Misto color di rose e di ligustri.
Di terso avorio era la fonte lieta,
Che lo spazio finia com giusta meta.

Sotto due negri e sottilissimi archi
Son due negri occhi, anzi due chiari soli,
Pietosi a riguardar, a mover parchi,
Intorno a cui par ch'Amor scherzi e voli,
E ch'indi tutta la faretta scarchi,
E che visibilmente i cori involi.
Quindi il naso per mezzo il viso scende,
Che non trova l'invidia ove l'emende.

Sotto quel sta, quase fra due vallette,
La bocca sparsa di natio cinabro,
Quivi due filze son di perle elette,
Che chiude, ed apre un bello e dolce labro;
Quindi escon le cortesi parolette,
Da render molle ogni cor rozzo e scabro;
Quivi si forma quel soave riso,
Ch'apre a sua posta in terra il paradiso.

Bianca neve è il bell collo, e l'petto latte,
Il collo è tondo, il petto colmo e largo;
Due pome acerbe e pur d'avorio fatte,
Vengono e van, come onda al primo margo,
Quando piacevole aura il mar combatte.
Non potria l'altre parti veder Argo,
Ben si può giudicar, che corrisponde,
A quel ch'appar di fuor, quel che s'asconde.

Monstran le braccia sua misura giusta,
E la candida man spesso si vede,
Lunghetta alquanto e di larghezza angusta,
Dove nè nodo appar, nè vena eccede.
Si vede al fin de la persona augusta
Il breve, asciuto e ritondetto piede.
Gli angelici sembianti nati in cielo
Non si ponno celar sotto alcun velo.

[Sua pessoa era tão bem formada / Quanto as que fingem magistrais pintores; / A loira cabeleira ia trançada / Ouro não há que a vença em resplendores; / Avivavam-lhe a face delicada / De rosas, lírio congraçadas cores / E a fronte alegre e linda, de marfim, / ao rosto dava inigualável fim.

Sob dois finíssimos e negros arcos / De dois olhos, ou sóis, a luz brilhava, / Que mansos fitam e se fecham parcos; / O Amor, sem poupar setas de sua aljava, / Brincava e revoava entre esses marcos, / Teria os corações, e inda os roubava. / Tão belo era o nariz, que em vão forceja / por fazer-lhe reparo a mesma Inveja.

Duas covinhas veem-se abaixo, estreitas, / Na boca ostenta natural cinabre; / Duas fieiras de pérolas eleitas / Mostra, se os doces lábios entreabre, / Dos quais palavras meigas vão direitas / Aos corações, e aos mais impérvios abre. / Forma-se em lábios tais o suave riso / Que dá a entrever na terra o paraíso.

É o colo branca neve; leite, o peito; / Roliço é o colo; o peito ancho se espraia; / As pomas miúdas, de marfim perfeito, / Vêm e vão, como à brisa ondas da praia. / Das outras partes, divisar o aspeito / Não lograra nem Argos, de atalaia; / Mas deixa-se entender que corresponde / Ao que se avista aquilo que se esconde.

Mostram seus braços a medida justa; / Muito amiúde a mão cândida se vê / Algo alongada, de largura angusta, / Sem veia ou ruga que desar lhe dê. / Vê-se, afinal, de sua pessoa augusta / O miudinho e pequenino pé. / Feições angelicais vindas do céu, / Não alcança encobri-las nenhum véu. – VII, v. 11-15][5]

Milton diz a propósito do "Pandemonium": Alguns elogiavam a obra, outros, o mestre da obra. O elogio de um nem sempre é o elogio do outro. Uma obra de arte pode merecer todos os aplausos sem que se possa dizer muito para a glória do artista. Por outro lado, um artista pode exigir com direito nossa admiração, mesmo quando sua obra não nos satisfaça plenamente. Se nunca se esquece disso, ter-se-á com mais frequência de comparar juízos inteiramente contraditórios. Como justamente aqui. Dolce*, nos seus *Diálogos Sobre a Pintura*, leva Aretino* a fazer um alarido extraordinário a respeito das estâncias de Ariosto citadas[c]; eu, ao contrário, as elejo como o exemplo de uma pintura sem pintura. Nós dois temos razão. Dolce admira aí os conhecimentos que o poeta mostra ter das belezas corpóreas; eu, porém, vejo somente o efeito que esses conhecimentos expressos em palavras

---

5 *Orlando Furioso*, Trad. Pedro Garcez Ghirardi, Cotia: Ateliê, 2002.

podem ter sobre a minha imaginação. Dolce conclui a partir daqueles conhecimentos que bons poetas são igualmente bons pintores; e eu, a partir desse efeito, que aquilo que os pintores podem expressar melhor por meio de linhas e cores, pode justamente ser expresso de pior modo por meio de palavras. Dolce recomenda a todos os pintores a descrição de Ariosto como o modelo mais perfeito de uma linda mulher; e eu a recomendo a todos os poetas como a mais instrutiva advertência: não tentar de maneira ainda mais infeliz o que tinha de malograr num Ariosto. Pode ser que, quando Ariosto diz:

> *Di persona era tanto ben formata,*
> *Quanto mai finger san pittori industri,*

> [Era uma pessoa tão bem formada, / Quanto as que fingem geniais pintores; – ibidem]

ele prova com isso haver entendido perfeitamente a doutrina das proporções, tal como sempre apenas os artistas mais diligentes a estudaram na natureza e a partir dos antigos[d]. Ele pode, em todo caso, com as simples palavras:

> *Spargeasi per la guancia delicata*
> *Misto color di rose e di ligustri,*

> [Avivam-lhe a face delicada / De rosas, lírios congraçadas cores – ibidem]

mostrar-se como o mais perfeito colorista, como um Ticiano[e]. É possível, por ele comparar o cabelo de Alcina somente ao ouro, mas não denominá-lo de cabelo dourado, concluir ainda assim não menos claramente que desaprovava o emprego de ouro verdadeiro na coloração[f]. Pode-se até encontrar no seu nariz descendente,

> *Quindi il naso per mezzo il viso scende,*

> [Tão belo era o nariz, que em vão forceja – Ibidem, VII, 12.]

o perfil dos narizes daqueles gregos antigos e também dos romanos emprestados dos artistas gregos[g]. De que serve toda essa erudição e conhecimento a nós leitores que queremos acreditar estar vendo uma linda mulher, que queremos sentir algo da suave efervescência do sangue que acompanha a efetiva visão da beleza? Se o poeta sabe de quais proporções brota uma bela figura, nós por isso o sabemos também? E se nós o soubéssemos, ele nos deixa ver aqui essas proporções? Ou ele nos facilita apenas no mínimo o trabalho de nos recordar delas de um modo vivaz e intuitivo? Uma testa encerrada nos devidos limites, *la fronte*,

> *Che lo spazio finia com giusta meta;*

> [Ao rosto dava inigualável fim. – Ibidem, VII, v. 11]

um nariz, no qual a própria inveja não encontra nada para melhorar,

> *Che non trova l'invidia ove l'emende;*

> [Por fazer-lhe reparo a mesma Inveja. – Ibidem, VII, v. 12.]

uma mão, algo alongada e estreita na sua largura,

> *Lunghetta alquanto e di larghezza angusta;*

> [Algo alongada, de largura angusta, – Ibidem, VII, v. 15.]

que imagem proporcionam essas fórmulas gerais? Na boca de um mestre de desenho que quer chamar a atenção de seus alunos para a beleza do modelo acadêmico, elas poderiam ainda dizer alguma coisa; pois um olhar sobre esse modelo e eles veem os devidos limites da fronte radiosa, eles veem o mais belo talhe do nariz, a estreita largura da mão graciosa. Mas no poeta eu não vejo nada disso e sinto com desgosto a inutilidade do meu melhor esforço em querer ver algo.

Neste ponto, em que Virgílio poderia imitar Homero pela inação, Virgílio foi também bastante feliz. Também sua Dido é para ele nada mais senão a "pulcherrima Dido" ["pulquérrima

Dido"]. Quando ele descreve, sim, algo mais circunstanciado nela, então é o seu rico atavio, sua suntuosa vestimenta:

Tandem progreditur [...]
Sidoniam picto chlamydem circumdata limbo;
Cui pharetra ex auro, crines nodantur in aurum,
Aurea purpuream subnectit fibula vestem.[h]

[Assoma alfim da corte ladeada: ... / A clâmide sidônia lhe circunda / Multicor franja; à banda aljava de ouro, / Trança em ouro a madeixa, e lhe conchega / Fivela de ouro a purpurina veste. – Manuel Odorico Mendes, IV, v. 150-154.][6]

Se, por isso, se quisesse aplicar a ele o que aquele antigo artista disse a um aprendiz que havia pintado uma Helena muito paramentada: "Já que você não pôde pintá-la bela, você a pintou rica"; então, Virgílio responderia: "Não dependeu de mim se não pude pintá-la bela; a censura incide sobre os limites da minha arte; meu mérito é ter me mantido dentro desses limites."

Eu não posso esquecer aqui das duas odes de Anacreonte, nas quais ele disseca para nós a beleza de sua jovem amada e de seu Batilo[i·]. O encaminhamento que adota aqui põe tudo em boa ordem. Ele supõe ter um pintor diante de si e deixa-o trabalhar sob seus olhos. "Faça-me", diz ele, "o cabelo assim, assim a fronte, assim os olhos, assim a boca, assim o pescoço e peitos, assim o quadril e mãos!" O que o artista pode conjuntar apenas por partes, o poeta também só podia prescrever por partes. O seu propósito não é o de fazer com que reconheçamos e sintamos nessa instrução oral ao pintor toda a beleza dos objetos amados; ele próprio sente a incapacidade da expressão verbal e, justamente por isso, recorre à ajuda da expressão da arte, cuja ilusão ele exalta tanto que toda a ode parece ser mais um poema de louvor à arte do que à sua jovem querida. Ele não vê a imagem, ele vê a ela mesma e acredita que justamente agora a boca abrir-se-á para falar:

6 *Eneida Brasileira ou Traducção Poética da Epopea de Públio Virgílio Maro*. Paris: Rignoux, 1854.

ἀπέχει βλέπω γὰρ αὐτήν,
Τάχα, κηρέ καὶ λαλήσεις.

[Basta! Pois a vejo realmente: / Em breve, cera, também falarás.]

Também na carecterização de Batilo, o elogio do belo rapaz se entrelaça de tal modo com o elogio da arte e do artista que se torna duvidoso a quem Anacreonte teria pretendido honrar propriamente com a ode. Ele reúne as partes mais belas de diferentes pinturas, cuja característica residia precisamente na beleza primorosa dessas partes; o pescoço, ele o toma de um Adônis*, o peito e as mãos, de um Mercúrio, os quadris, de um Pólux*, o ventre, de um Baco; até ele vislumbrar todo Batilo em um Apolo perfeito do artista.

Μετὰ δὲ πρόσωπον ἔστω,
Τὸν Ἀδώνιδος παρελθών,
Ἐλεφάντινος τράχηλος·
Μεταμάζιον δὲ ποίει
Διδύμας τε χεῖρας Ἑρμοῦ,
Πολυδεύκεος δὲ μηρούς,
Διονυσίην δὲ νηδὺν...
Τὸν Ἀπόλλωνα δὲ τοῦτον
Καθελὼν, ποίει Βάθυλλον.

[Abaixo da face encontra-se um pescoço de marfim a superar o de Adônis, / o peito e as duas mãos como as de Hermes, / as coxas de Polideuces, / e o ventre de Dionísio... / Desse Apolo inteiramente concluído, ele cria então um Batilo!]

Assim, também, Luciano não sabe formar da beleza de Panteia* nenhuma outra ideia senão por referência às mais belas estátuas femininas de artistas antigos[j]. Mas o que significa isso, exceto reconhecer que a linguagem por si mesma não tem aqui força alguma, que a poesia balbucia e a eloquência emudece se a arte não lhes servir em certa medida como intérprete?

XXI

Mas a poesia não perde muito quando se quer tirar-lhe todas as imagens da beleza corpórea? Quem quer tirar isso dela? Quando se procura tirar-lhe o prazer por um único caminho sobre o qual ela pensa chegar a tais imagens enquanto procura seguir as pegadas de uma arte irmã, na qual vagueia timidamente sem jamais atingir com ela o mesmo objetivo, fecham-lhe por isso também todo outro caminho em que a arte, por sua vez, deve acompanhá-la só com os olhos?

Justamente Homero, que se abstém com tanto cuidado de toda descrição detalhada da beleza corpórea, de quem mal ficamos sabendo, de passagem, que Helena tinha braços brancos[a] e belos cabelos[b], justamente esse poeta sabe, não obstante, nos dar uma ideia de sua beleza que ultrapassa em muito tudo o que a arte, nesse intuito, é capaz de realizar. Lembremos da passagem em que Helena entra na assembleia dos anciões do povo de Troia. Os veneráveis velhos a veem e um diz ao outro[c]:

> οὐ νέμεσις Τρῶας καὶ ἐϋκνήμιδας Ἀχαιοὺς
> τοιῆδ᾽ ἀμφὶ γυναικὶ πολὺν χρόνον ἄλγεα πάσχειν·
> αἰνῶς ἀθανάτῃσι θεῇς εἰς ὦπα ἔοικεν.

[Ninguém de nós se indigne se Troianos e Aqueus, / belas-cnêmides tantos (tanto tempo!) males sofrem por uma tal mulher! Diva imortal / assemelha, terrível de beleza! – H.C., ibidem.]

O que pode proporcionar uma ideia mais viva da beleza do que levar a fria velhice a reconhecê-la como uma causa bem digna da guerra que custa tanto sangue e tantas lágrimas?

O que Homero não podia descrever conforme suas partes componentes, ele nos dá a conhecer em seu efeito. Pintem para nós, poetas, o prazer, a atração, o amor, o enlevo que a beleza provoca e terão pintado a própria beleza. Quem pode pensar como sendo feio o objeto do amor de Safo*, quando ela confessa perder os sentidos e os pensamentos ao avistá-lo? Quem não acredita ver a mais bela e perfeita figura, tão logo simpatize com os sentimentos que somente uma figura assim pode despertar? Não porque Ovídio nos mostre parte por parte o belo corpo de sua Lésbia*,

> *Quos humeros, quales vidi tetigique lacertos!*
> *Forma papillarum quam fuit apta premi!*
> *Quam castigato planus sub pectore venter!*
> *Quantum et quale latus! quam iuvenile femur!*

> [Que ombros eu vi, que braços toquei! / A forma dos seios quão apropriada ao desejo de apertá-los! / Quão liso e rijo o ventre sob o peito! / E quanto e quão largo quadril. E quão juvenis as coxas!]

mas, antes, porque ele o faz com a voluptuosa embriaguez, pela qual o nosso desejo ardente é tão facilmente desperto, nós acreditamos desfrutar justamente da visão que ele desfrutou.

Outro caminho no qual a poesia de novo supera a arte na descrição da beleza corporal é este em que ela transforma a beleza em graça. Graça é beleza em movimento e por isso mesmo menos conveniente ao pintor do que ao poeta. O pintor pode apenas fazer adivinhar o movimento, mas, de fato, as suas figuras não têm movimento. Consequentemente, a graça torna-se nele careta. Mas, na poesia, ela permanece o que ela é: um belo transitório que desejamos ver repetidas vezes. Ele vem e vai; e uma vez que nós, de um modo geral, podemos nos lembrar mais fácil e mais vivamente de um movimento do que de simples formas ou cores, logo a graça deve exercer um efeito sobre nós, na mesma condição, mais forte do que o belo. Tudo o que ainda agrada e comove na pintura de Alcina é graça. A impressão que os seus olhos causam não provérn do fato de eles serem pretos e fogosos, mas, sim, porque eles

> *Pietosi a riguardar, a mover parchi,*

> [Piedosos no olhar, parcos no mover-se,]

olham com afabilidade em torno de si e movem-se lentamente, visto que Amor adeja à sua volta e por eles dispara todas as flechas de sua aljava. Sua boca enleva, não porque lábios cobertos de especial cinabre encerram duas fileiras de pérolas selecionadas, mas, sim, porque aqui se forma o gracioso sorriso que, por si só, abre um paraíso na terra; porque é a partir dessa boca que soam as palavras afetuosas que amolecem todo coração, até o mais rude. Seus seios nos encantam, bem menos porque leite e marfim e maçãs modelam sua alva e graciosa forma, mas bem mais porque nós os vemos ondular suavemente para cima e para baixo, como as vagas na borda mais externa da margem, quando um zéfiro brincalhão luta com o mar:

> *Due pome acerbe e pur d'avorio fatte,*
> *Vengono e van, come onda al primo margo,*
> *Quando piacevole aura il mar combatte.*

[Dois pomos acerbos e feitos de puro marfim, / Vêm e vão, como ondas contra a margem, / Quando uma prazerosa brisa combate o mar.]

Estou seguro de que apenas tais traços da graça, concentrados em uma ou duas estâncias, fariam muito mais do que todas as cinco, em que Ariosto a espalhou e enlaçou com frios traços da bela forma, demasiado estudada para os nossos sentimentos.

O próprio Anacreonte preferia cair na aparente impropriedade de exigir do pintor algo infactível, a não vivificar a imagem da sua jovem amada com a graça:

> Τρυφεροῦ δ' ἔσω γενείου,
> Περὶ λυγδίνωι τραχήλωι
> Χάριτες πέτοιντο πασᾶι.

[Do seu suave queixo, / em torno de seu pescoço marmóreo, / que todas as graças adejem.]

Ele ordena ao artista: faça com que todas as Graças volteiem o seu suave queixo e marmóreo pescoço. Como assim? No sentido mais exato e literal? Nenhuma execução pictórica seria capaz disso. O pintor poderia dar ao queixo a mais bela curvatura, a mais bela covinha, *Amoris digitulo impressum* [Apertados pelos dedinhos do Amor] (pois o ἔσω parece querer indicar uma covinha) – ele poderia dar ao pescoço a mais bela carnação; mas não poderia nada mais. Os volteios desse belo pescoço, o jogo dos músculos por meio do qual aquela covinha ora é mais ora é menos visível, a verdadeira graça estava acima das suas forças. O poeta diz o mais elevado, por cujo intermédio a sua arte consegue fazer a beleza sensível para nós, a fim de que também o pintor possa buscar a expressão mais elevada em sua arte. Um novo exemplo para a observação acima: o poeta, mesmo quando fala de obras de arte, ainda assim não é obrigado a manter-se, nas suas descrições, nos limites da arte.

XXII

Zêuxis* pintou uma Helena e teve a coragem de pôr embaixo aquelas famosas linhas de Homero nas quais os anciãos encantados confessam seu sentimento. Jamais a pintura e a poesia foram atraídas a semelhante certame. A vitória permanece incerta e ambas mereceram ser coroadas.

Pois então, assim como o sábio poeta nos mostra a beleza apenas no seu efeito, por sentir que não podia descrevê-la conforme suas partes integrantes; do mesmo modo, o não menos sábio pintor nos mostra a beleza conforme nada mais além dos seus componentes e considera como indecoroso para a sua arte adotar qualquer outro expediente. A sua pintura consistia na figura exclusiva de Helena, que está de pé, nua. Pois é provável que era justamente essa Helena que ele pintou para os de Crotona*a.

Compara-se com isso, por curiosidade, a pintura que Caylus consigna aos artistas modernos a partir daquelas linhas de Homero: "Helena, coberta com um véu branco, aparece no meio de diferentes velhos, dentre os quais se encontra também Príamo, que pode ser reconhecido pelos símbolos da sua dignidade real. O artista deve estar particularmente empenhado em fazer-nos sentir o triunfo da beleza nos olhares ávidos e em todas as manifestações de uma admiração estupefata nos semblantes desses frios anciões. A cena se passa sobre um dos portões da cidade. O fundo do quadro pode perder-se no céu aberto ou contra os edifícios mais altos da cidade; o primeiro poderia ser mais ousado, mas tanto um como o outro são adequados."

Imaginemos essa pintura executada pelo maior mestre de nossa época e comparemo-la à obra de Zêuxis. Qual mostrará o verdadeiro triunfo da beleza? Esta, em que eu mesmo sinto esse efeito, ou aquela, em que devo deduzi-lo a partir das caretas dos impressionados barbas-grisalhas? *Turpe senilis amor* [o amor senil é torpe]; um olhar ávido torna ridículo o rosto mais respeitável e um velho que trai anseios juvenis é até mesmo um objeto repugnante. Essa censura não pode ser feita aos velhos de Homero;

pois o afeto que eles sentem é uma faísca momentânea que a sua sabedoria imediatamente sufoca; destinada apenas a honrar Helena, mas não a desonrá-los. Eles confessam seu sentimento e acrescentam imediatamente:

> ἀλλὰ καὶ ὣς τοίη περ ἐοῦσ᾽ ἐν νηυσὶ νεέσθω,
> μηδ᾽ ἡμῖν τεκέεσσί τ᾽ ὀπίσσω πῆμα λίποιτο.

> [Volte, / não obstante, aos seus, poupando-nos da ruína! – H.C., v. 1, III, v. 159-160.]

Sem essa resolução os velhos seriam tolos, eles seriam o que parecem ser na pintura de Caylus. E a quem dirigem eles seus olhares ávidos? A uma figura disfarçada, coberta com véu. É Helena? É incompreensível para mim como Caylus pode deixar-lhe aqui o véu. É bem verdade que Homero o dá expressamente a ela:

> αὐτίκα δ᾽ ἀργεννῇσι καλυψαμένη ὀθόνῃσιν
> ὁρμᾶτ᾽ ἐκ θαλάμοιο […]

> [Envolta em véus argênteos, sai com ternas lágrimas / do aposento nupcial … – H.C., v. 1, III, v. 141-142.]

mas é para andar com isso pelas ruas; e também quando nele os velhos já mostram sua admiração, antes ainda de parecer que ela havia de novo tirado ou jogado o véu para trás, essa não era a primeira vez que os velhos a viam; a confissão deles não precisava, portanto, surgir da presente visão momentânea, mas é possível que já houvessem sentido amiúde aquilo que apenas nessa ocasião confessavam sentir pela primeira vez. Na pintura, algo semelhante não encontra lugar. Se aqui eu vejo velhos encantados, então eu quero ver também, ao mesmo tempo, o que os leva ao encantamento; e fico extremamente surpreso se, como disse, não percebo mais do que uma figura disfarçada, velada, que eles fitam com embasbacado ardor. O que isso tem da Helena? Seu véu branco e algo de seus bem proporcionados contornos, na medida em que o contorno pode ser visível sob as vestes. Mas talvez também fosse a opinião do conde que o rosto dela devesse estar encoberto, e ele nomeie o véu apenas como uma peça de seu traje. Se for isso (suas palavras não se prestam certamente a tal interpretação: "*Hélène couverte d'un voile blanc*"), então surge em mim outra admiração: ele recomenda aos artistas tão cuidadosamente a expressão nos semblantes dos anciões, enquanto sobre a beleza no rosto de Helena ele não gasta uma só palavra. Essa casta beleza, nos olhos o úmido brilho de uma lágrima de arrependimento, aproximando-se timidamente... Como? Será a suprema beleza algo tão familiar aos nossos artistas que eles não precisam ser lembrados disso? Ou será que a expressão é mais do que a beleza? E que nós também já estamos acostumados nas pinturas, assim como no palco, a tomar a atriz mais feia por uma princesa encantadora, contanto que o seu príncipe exprima sentir por ela um amor realmente caloroso?

Na verdade, a pintura de Caylus estaria contraposta à pintura de Zêuxis como a pantomima à poesia mais sublime.

Homero foi, sem dúvida, lido com mais diligência pelos antigos do que agora. No entanto, não se encontra menção a tantas pinturas assim que os artistas antigos teriam extraído dele[b]. Apenas indicações do poeta a belezas corpóreas particulares parecem ter sido cuidadosamente usadas; estas eles pintaram, e somente nesses objetos sentiram eles de fato que lhes era permitido querer competir com o poeta. Além de Helena, Zêuxis havia pintado também a Penélope, e a Diana* de Apeles era a de Homero em companhia de suas ninfas. Eu quero lembrar nessa oportunidade que a passagem de Plínio, na qual se fala desta última, requer uma correção[c]. Mas pintar ações a partir de Homero apenas porque elas oferecem uma rica composição, excelentes contrastes, iluminação artística, parece não ser e não podia ser do gosto dos artistas antigos, enquanto a arte se manteve nas fronteiras estritas de sua mais elevada destinação. Eles se nutriam para isso do espírito do poeta; eles preenchiam a imaginação com os seus traços mais sublimes; o fogo do seu entusiasmo inflamava o deles; eles viam e sentiam como ele: e assim suas obras tornaram-se reproduções das de Homero, não na relação de um retrato com o seu original, mas, sim, na relação de um filho com o seu pai: parecidos, mas diferentes. A parecença reside muitas vezes somente em um único traço; todos os restantes não têm entre si nada de igual, exceto o fato de se harmonizarem com o traço similar, tanto num caso como no outro.

De resto, as obras-primas poéticas de Homero eram mais antigas do que qualquer obra-prima da arte; visto que Homero tinha observado a natureza com um olhar pinturesco antes de um Fídias e um Apeles: assim, não é de admirar que os artistas hajam encontrado prontas já em Homero diversas observações particularmente úteis, antes de terem tido tempo de efetuá-las na própria natureza, observações das quais se apossaram com avidez a fim de, através de Homero, imitar a natureza. Fídias admite que os versos[d]

ἦ καὶ κυανέῃσιν ἐπ᾽ ὀφρύσι νεῦσε Κρονίων:
ἀμβρόσιαι δ᾽ ἄρα χαῖται ἐπερρώσαντο ἄνακτος
κρατὸς ἀπ᾽ ἀθανάτοιο: μέγαν δ᾽ ἐλέλιξεν Ὄλυμπον.

[Zeus falou e fransiu as sobrancelhas azuis, / Os ambrósios cabelos do senhor celeste / agitam-se, revoltos. Treme todo o Olimpo. – H.C., v. 1, I, v. 528-530.]

serviram-lhe de modelo para o seu Júpiter olímpico e que somente devido à ajuda deles conseguira um semblante divino *propemodum ex ipso coelo petitum* [quase arrebatado do próprio céu]. Aquele para quem isso nada mais significa senão que a fantasia do artista foi inflamada pela imagem sublime do poeta e tornou-se assim capaz de representações igualmente sublimes, este, me parece, passa por cima do essencial e contenta-se com algo muito geral, em que, para uma satisfação bem mais profunda, é dado indicar algo de muito especial. Na medida em que posso julgar, Fídias confessa, ao mesmo tempo, que ele notou pela primeira vez nessa passagem quanta expressão há nas sobrancelhas, *quanta pars animi*[e] [o quanto da alma] mostra-se nelas. Talvez elas o tenham movido também a dispensar mais cuidado ao cabelo, a fim de expressar em certa medida o que Homero chamou de "cabelo de ambrosia". Pois é certo que os artistas antigos antes de Fídias compreendiam menos o eloquente e o importante da fisionomia e descuravam muito, particularmente, do cabelo. Mesmo Míron[*] era repreensível em ambos os aspectos, como nota Plínio[f], e de acordo com este mesmo autor, Pitágoras Leontino foi o primeiro que se destacou pela elegância do cabelo[g]. O que Fídias aprendeu com Homero, os outros artistas aprenderam com as obras de Fídias.

Eu quero citar ainda um exemplo dessa espécie que sempre me deu muito prazer. Lembremo-nos do que Hogarth[*] observou sobre o Apolo do Belvedere[h*]. "Esse Apolo", diz ele, "e o Antínoo[*] podem ser vistos ambos no mesmo palácio em Roma. Mas se o Antínoo enche o espectador de admiração, o Apolo lança-o no assombro, e, na verdade, como se exprimem os viajantes, por um aspecto que mostra algo mais além do humano que eles comumente não estão sequer em condições de descrever. E esse efeito, dizem eles, é tanto mais admirável se se considera que, quando examinada, a sua falta de proporção torna-se evidente até mesmo para um olho comum. Um dos melhores escultores que nós temos na Inglaterra, que viajou recentemente até lá para ver essa estátua, me confirmou o que foi dito agora, em especial que os pés e as pernas são muito compridos e muito largos em relação às partes superiores. E Andrea Sacchi[*], um dos maiores pintores italianos, parece ter sido dessa mesma opinião, pois, do contrário, dificilmente (num quadro famoso que está agora na Inglaterra) ele teria dado a seu Apolo, ao coroar o músico Pasqualini[*], todas as proporções do Antínoo, que de resto parece ser realmente uma cópia do Apolo. Se justo em obras muito grandes vemos amiúde que uma parte menor foi descurada, ainda assim este não pode ter sido aqui o caso. Pois, numa bela estátua, a proporção correta é uma das suas belezas essenciais.

Daí cumpre concluir que esses membros foram alongados de propósito, uma vez que, de outro modo, isso poderia ter sido facilmente evitado. Portanto, se examinarmos de ponta a ponta as belezas dessa figura, então julgaremos com razão que aquilo que até agora era considerado de indescritível excelência no seu aspecto geral, provinha daquilo que pareceu ser um erro numa parte." Tudo isso é muito evidente, e já Homero, eu acrescento, havia sentido e sugerido que há uma visão sublime que brota simplesmente desse acréscimo de tamanho nas dimensões dos pés e pernas. Pois, quando Antenor* quer comparar a figura de Ulisses com a de Menelau, ele o leva a dizer[i]:

στάντων μὲν Μενέλαος ὑπείρεχεν εὐρέας ὤμους,
ἄμφω δ᾽ ἑζομένω γεραρώτερος ἦεν Ὀδυσσεύς.

[Menelau, ombros largos, se impunha. Sentados, / o divino Odisseu era o mais majestoso. – H.C., v. 1, III, v. 209-211.]

"Quando ambos estavam de pé, Menelau sobressaia com os seus ombros largos; quando ambos, porém, estavam sentados, Ulisses era o mais vistoso." Visto que Ulisses ganhava na aparência quando sentado e que Menelau sentado perdia na aparência, então é fácil determinar a relação que havia entre ambas as partes superiores do corpo com os pés e as pernas. Ulisses apresentava um aumento de tamanho nas proporções das primeiras e Menelau nas proporções das últimas.

XXIII

Uma única parte inconveniente pode perturbar o efeito harmonizante de muitas outras para produzir a beleza. No entanto, o objeto ainda não se torna feio por isso. Também a feiura exige muitas partes inconvenientes que devemos, do mesmo modo, poder de repente abarcar com o nosso olhar, se quisermos então sentir o oposto do que a beleza nos faz sentir.

Por conseguinte, também a fealdade não poderia ser, por sua própria natureza, um objeto da poesia; e, ainda assim, Homero caracterizou a feiura extrema no Tersites* e a descreveu segundo as suas partes, uma ao lado da outra. Por que lhe foi permitido no tocante à feiura o que tão sabiamente ele próprio se proibira quanto à beleza? Não será o efeito da feiura tão estorvante devido à enumeração sucessiva de seus elementos, quanto o efeito da beleza é frustrado pela similar enumeração de seus elementos?

Certamente ele o será; mas também aí, nisso, reside a justificativa de Homero. Justamente porque nas descrições do poeta a feiura torna-se uma aparição corpórea de imperfeições menos repugnantes e, por assim dizer, vista pelo lado de seu efeito, deixa de ser fealdade e se torna utilizável para o poeta; e o que ele não pode utilizar por si mesmo, utiliza como um ingrediente para gerar e reforçar certos sentimentos mistos, com os quais ele deve nos entreter na ausência de sentimentos puramente agradáveis.

Esses sentimentos mistos são o ridículo e o terrível.

Homero faz Tersites feio para torná-lo ridículo. Mas ele não se torna ridículo apenas por sua mera feiura; pois feiura é imperfeição, e para o ridículo exige-se um contraste entre perfeições e imperfeições[a]. Essa é a explicação do meu amigo, à qual eu gostaria de acrescentar que esse contraste não deve ser muito chocante e cortante, e que os *opposita*, para prosseguir na linguagem dos pintores, devem ser de um tipo que os deixem fundir-se um no outro. O sábio e honrado Esopo* não se torna ridículo por se lhe ter atribuída a feiura de Tersites. Foi uma tola caricatura de monge querer transferir também para a sua pessoa [a de Esopo] o γελοῖον [ridículo] de suas instrutivas fábulas mediante a deformação. Pois um corpo malformado e uma bela alma são como óleo e vinagre que, mesmo quando batidos um com o outro, permanecem sempre separados para o gosto. Eles não facultam um terceiro; o corpo desperta desprazer, a alma comprazimento, cada um por si. Apenas quando o corpo malformado é ao mesmo tempo frágil e doentio, quando ele estorva a alma nas suas funções, quando ele se torna a fonte de preconceitos desfavoráveis contra ela: só então desprazer e comprazimento confluem; mas o novo fenômeno daí proveniente não é o riso, porém a compaixão; e o objeto que, sem isso, teríamos apenas estimado muito, torna-se interessante. Pope, deformado e frágil, deve ter sido muito mais interessante para os seus amigos do que o belo e saudável Wicherley* para os seus. Mas, por menos que Tersites se torne ridículo pela simples feiura, tampouco ele o seria sem ela. A feiura, a concordância dessa feiura com o seu caráter, a contradição que ambos fazem com a ideia que ele nutre de sua própria importância, o efeito inofensivo e só para ele humilhante da sua tagarelice maldosa: tudo junto deve atuar para esse fim. A última condição é o οὔ φθαρτικόν [não perigoso] que Aristóteles[b] exige como indispensável para o ridículo; assim como o meu amigo toma também como uma condição necessária que aquele contraste não seja de nenhuma importância e não nos deva interessar muito. Pois, mesmo supondo-se apenas que houvesse custado caro ao próprio Tersites suas sorrateiras difamações contra Agamênon, que ele as tivesse de pagar com a vida, em vez de algumas contusões sangrentas: nós cessaríamos de rir dele. Pois esse monstro de homem é também afinal um homem cujo aniquilamento sempre nos parece um mal maior do que todos os seus defeitos e vícios. Para comprová-lo, leia-se o seu fim em Quinto Calaber[c]. Aquiles lamenta ter matado Pentesileia*: a beleza banhada em seu sangue, derramado tão bravamente, demanda a alta consideração e a compaixão do herói, e a alta consideração e a compaixão tornam-se amor. Mas o maledicente Tersites faz desse amor um crime. E ele brada contra a volúpia que "induz mesmo o homem mais bravo à loucura" (τ' ἄφρονα φῶτα τίθησι καὶ πινυτόν περ ἐόντα). Aquiles irrita-se e sem replicar uma palavra golpeia-o tão violentamente entre a bochecha e a orelha que seus dentes, sangue e alma saem de uma vez pela garganta. Demasiado cruel! O iracundo e homicida Aquiles torna-se para mim mais odioso do que o pérfido e resmungão Tersites; o grito de alegria que os gregos elevam por esse ato me ofende; eu me coloco ao lado de Diomedes que já saca a espada para se vingar do assassino de seu parente; pois eu sinto que Tersites também é meu parente, um ser humano.

Mas supondo que as incitações de Tersites tivessem eclodido em motim, que o povo rebelado tivesse ido de fato para os navios e houvesse traiçoeiramente deixado para trás seus chefes, que seus chefes tivessem aqui caído nas mãos de um inimigo ávido de vingança e que lá uma condenação divina houvesse decretado a destruição total da frota e do povo: como nos pareceria então a feiura de Tersites? Se a fealdade inofensiva pode tornar-se ridícula, então a feiura nociva é sempre terrível. Eu não sei esclarecer isso melhor do que com algumas excelentes passagens de Shakespeare*. Edmund*, o bastardo do conde de Gloucester, no *Rei Lear** não é menos malvado do que Richard*, duque de Gloucester que, por meio de crimes dos mais abomináveis, abre caminho para o trono, ao qual ascende sob o nome de Ricardo III*. Mas como se explica que nem de longe aquele não desperte tanto horror e espanto quanto este? Quando eu ouço o bastardo dizer[d]:

> *Thou, Nature, art my Goddess, to thy Law*
> *My services are bound; wherefore should I*
> *Stand in the Plage of Custom, and permit*
> *The curtesie of nations to deprive me*
> *For that I am some twelve or fourteen Moonshines*
> *Lag of a Brother? Why Bastard? wherefore base?*
> *When my dimensions are as well compact,*
> *My mind as gen'rous and my shape as true,*
> *As honest Madam's Issue? Why brand they thus*
> *With base? with baseness? bastardy, base? base?*

454 LESSING: LAOCOONTE

Who, in the lusty stealth of Nature, take
More composition and fierce quality,
Than doth, within a dull, stale, tired Bed,
Go to creating a whole tribe of Fops,
Got'tween a-sleep and wake?

[Tu, Natureza, és minha deusa; meus serviços estão ligados à tua lei. Por que me submeter ao açoite do costume e permitir que as nações impertinentes me despojem, com o pretexto de que vim ao mundo umas doze ou quatorze luas depois de meu irmão? Por que bastardo? Por que vil, quando minhas proporções estão de tal modo conformadas, minha alma tão generosa e meu corpo tão exato quanto possam ser os descendentes de uma honesta senhora? Por que estigmatizar-nos com a infâmia, com a vileza, com a bastardia? Vis, vis? Nós que, no ardor clandestino da natureza, extraímos mais robustez e força impetuosa que não são gastas num leito fatigado, insípido e cediço, para procriar uma tribo inteira de peralvilhos, concebidos entre o sono e a vigília?][7]

então eu ouço um diabo, mas eu o vejo na figura de um anjo de luz. Mas, ao contrário, se eu ouço o conde de Gloucester dizer[e]:

But I, that am not shap'd for sportive Tricks,
Nor made to court an am'rous looking-glass,
I, that am rudely stampt, and want Love's Majesty,
To strut before an wanton ambling Nymph;
I, that am curtail'd of this fair proportion,
Cheated of feature by dissembling nature,
Deform'd, unfinish'd, sent before my time
Into this breathing world, scarce half made up,
And that so lamely and unfashionably,
That dogs bark at me, as I halt by them:
Why I (in this weak piping time of Peace)
Have no delight to pass away the time;
Unless to spy my shadow in the sun
And descant on mine own deformity.

7 Shakespeare, *Obra Completa, Rei Lear*, ato 1, cena 2, tradução de F. Carlos de Almeida Cunha Medeiros e Oscar Mendes, Rio de Janeiro: Nova Aguilar, 1988, v. 1, p. 634.

LAOCOONTE

And therefore, since I cannot prove a lover,
To entertain these fair well-spoken days,
I am determined, to prove a Villain!

[Eu, no entanto, /que não nasci para essas travessuras / desportivas, nem para declarar-me / a um espelho amoroso; eu, que me vejo / cunhado por maneira tão grosseira, / carecente de dotes insinuantes / para me pavonear ante uma ninfa / de frívolos requebros; eu, que me acho / falto de proporção, logrado em tudo / por uma natureza enganadora, / deformado, incompleto, antes do tempo / lançado ao mundo vivo, apenas feito / pela metade, tão monstruoso e feio / que os cães me ladram, se por eles passo / eu, em suma, nesta época abatida / de paz amolentada, não conheço / outra maneira de passar o tempo, / a não ser contemplando a própria sombra, / quando o sol a projeta , ou comentando / minha deformidade. Se não posso / tornar-me o amante que divirta os dias / eloquentes e alegres, determino / conduzir-me qual biltre rematado / e odiar os vãos prazeres de nossa época.][8]

então eu ouço um diabo e vejo um diabo, sob uma figura que somente o diabo deveria ter.

---

8 Shakespeare, *Obras Completas, A Tragédia do Rei Ricardo III*, ato 1, cena 1, tradução de Carlos Alberto Nunes, São Paulo: Melhoramentos, 1956, v. xx, p. 18.

XXIV

É assim que o poeta se serve da feiura das formas. Que uso dela é permitido ao pintor fazer?

A pintura, como habilidade imitadora, pode expressar a feiura: a pintura, como bela arte, não quer expressá-la. No primeiro caso, pertencem-lhe todos os objetos visíveis; no segundo, ela se restringe apenas aos objetos visíveis que despertam sensações agradáveis.

Mas as sensações desagradáveis não agradam também na imitação? Nem todas. Um perspicaz crítico de arte[a] já observou isso com respeito ao asco: "As representações do medo", diz ele, "da tristeza, do terror, da compaixão etc. podem despertar somente desprazer, na medida em que consideramos o mal como algo real. Elas podem, portanto, ser dissolvidas em sensações agradáveis por meio da lembrança de que se trata de um embuste de arte. Mas a sensação adversa de asco, em virtude das leis da imaginação, resulta da simples representação na alma, por mais que o objeto possa ser considerado real ou não. Portanto, no que ajuda ao ânimo ofendido se a arte da imitação ainda assim se trai tanto? Seu desprazer não brota da pressuposição de que o mal seja real, mas, sim, da simples representação do mesmo, e esta se encontra efetivamente aí. As sensações de asco são, por conseguinte, sempre da natureza, nunca da imitação."

Isso mesmo vale para a feiura das formas. Essa feiura ofende a nossa visão, ela se opõe ao nosso gosto pela ordem e harmonia e desperta aversão, sem levar em conta a efetiva existência do objeto no qual nós a percebemos. Nós não queremos ver Tersites nem na natureza nem em imagem, e se a sua imagem desagrada menos, isso não acontece assim porque na imitação a feiura da sua forma deixa de ser feiura, mas, sim, porque nós possuímos a faculdade de abstrair essa feiura e de nos aprazer simplesmente com a arte do pintor. Mas também esse prazer será interrompido a todo o momento pela reflexão de como a arte foi mal empregada, e essa reflexão raramente deixará de trazer atrás de si o desprezo pelo artista.

Aristóteles dá outra razão[b] pela qual coisas que vemos a contragosto na natureza proporcionam prazer mesmo na reprodução mais fiel: a sede universal de saber do ser humano. Nós nos alegramos quando podemos aprender por uma reprodução, τί ἔκαστον, o que é cada coisa, ou quando podemos concluir a partir dela, ὅτι οὗτος ἐκεῖνος, que é isto ou aquilo. Porém, mesmo daí nada se segue em favor da feiura na imitação. O prazer que nasce da satisfação de nossa sede de saber é momentâneo e apenas ocasional em relação ao objeto acerca do qual ela é satisfeita; em contrapartida, o desprazer que acompanha a visão da fealdade é permanente e essencial para o objeto que o desperta. Como pode, então, aquele equilibrar este? Ainda menos pode a pequena ocupação agradável, que a percepção da semelhança produz em nós, vencer o efeito desagradável da feiura. Quanto mais precisamente eu comparo a cópia feia com o original feio, tanto mais eu me exponho a esse efeito, de modo que logo desaparece o prazer da comparação e não me resta nada mais além da impressão desagradável da feiura duplicada. A julgar pelos exemplos dados por Aristóteles, parece que ele tampouco quis incluir a própria feiura das formas entre os objetos desagradáveis que poderiam agradar na imitação. Esses exemplos são animais ferozes e cadáveres. Animais ferozes provocam o pavor mesmo quando eles não são feios; e esse pavor e não sua feiura é o que, pela imitação, é dissolvido em sensação agradável. Assim também acontece com os cadáveres; o sentimento mais agudo de compaixão, a pavorosa lembrança da nossa própria aniquilação é o que faz de um cadáver na natureza um objeto de repulsa; na imitação, porém, essa compaixão perde o seu fio cortante pela convicção do engano, e uma adjunção de circunstâncias lisonjeiras pode ou nos desviar completamente dessa lembrança fatal ou unir-se-lhe de modo tão inseparável, que nós acreditamos perceber aí motivos mais dignos de desejo do que de horror.

Considerando, pois, que a feiura das formas, porque provoca uma sensação que é desagradável e, no entanto, não é daquela espécie de sensação desagradável que a imitação transforma em agradável, não pode ser em si e por si só objeto da pintura, como bela arte: ainda assim importa saber se ela não lhe poderia ser útil, como para a poesia, enquanto ingrediente, a fim de reforçar outras sensações.

Pode a pintura servir-se das formas feias para alcançar o ridículo e o terrível?

Eu não quero atrever-me a responder a isso diretamente com um não. É inegável que a feiura inofensiva pode tornar-se ridícula também na pintura, sobretudo quando é aliada a uma afetação de graça e de consideração. É igualmente incontestável que a feiura prejudicial, assim como na natureza, também na pintura desperta pavor, e que aquele ridículo e esse pavor, os quais já por si são sentimentos mistos, alcançam pela imitação um novo grau de mordacidade e comprazimento.

Eu devo, porém, levar em consideração que, não obstante, a pintura não se encontra aqui inteiramente no mesmo caso da poesia. Na poesia, como eu observei, a feiura das formas perde seu efeito repulsivo quase por completo pela transformação das suas partes coexistentes em sucessivas; por esse lado, ela como que deixa de ser feiura e pode unir-se mais intimamente com outras manifestações para produzir um novo efeito particular. Na pintura, ao contrário, a feiura mantém todas as suas forças reunidas e não atua de modo muito mais fraco do que na própria natureza. A feiura inofensiva não pode, em consequência, permanecer, por muito tempo, ridícula; a sensação desagradável predomina e o que em um primeiro momento era engraçado torna-se, na sequência, apenas repugnante. Não se passa de outro modo com a feiura prejudicial; o terrível perde-se mais e mais, e o informe remanesce só e imutável.

Isso ponderado, o conde Caylus teve todo o direito de deixar de fora o episódio de Tersites da sua série de suas pinturas homéricas. Mas ter-se-ia por isso direito de desejar excluí-lo do próprio Homero? Fico incomodado que um erudito, aliás, de gosto muito correto e refinado, seja dessa opinião[c]. Eu reservo a outro lugar explicar-me mais extensamente sobre isso.

XXV

Também a segunda diferença que o citado crítico de arte encontra entre o asco e as outras paixões desagradáveis de nossa alma, manifesta-se no desprazer que a fealdade das formas desperta em nós.

"Outras paixões desagradáveis", diz ele[a], "podem também, afora a imitação, na própria natureza, agradar amiúde o espírito, na medida em que nunca provocam puro desprazer, mas, sim, misturam sempre sua amargura com a volúpia. O nosso medo raramente é despido de toda esperança; o pavor reanima todas as nossas forças para escapar ao perigo; a cólera está ligada ao desejo de vingar-se, a tristeza à representação agradável da bem-aventurança passada, e a compaixão é inseparável dos mais ternos sentimentos de amor e afeição. A alma tem a liberdade de deter-se ora na parte prazenteira, ora na parte desagradável de uma paixão e de criar uma mistura de prazer e de desprazer, que é mais encantadora do que o mais puro contentamento. É preciso apenas muito pouca atenção sobre si mesmo para ter observado isso diversas vezes; e de onde mais viria, pois, do contrário, que o irado prefira a sua ira, o triste a sua desolação, a todas as representações alegres com as quais se pensa tranquilizá-lo? Completamente diferente, porém, é o que acontece com o asco e os sentimentos a ele aparentados. A alma não reconhece neles nenhuma mistura perceptível de prazer. O desprazer prevalece e daí não ser possível imaginar nenhum estado nem na natureza nem na imitação em que o espírito não deva recuar com aversão diante dessas representações."

Inteiramente correto; mas, visto que o próprio crítico de arte reconhece outros sentimentos aparentados ao asco que igualmente nada proporcionam além de desprazer, qual poderia ser-lhe mais aparentado do que o sentimento da feiura nas formas? Este também existe na natureza sem a menor mistura de prazer, e uma vez que ele tampouco pela imitação se torna capaz desta, assim também não se pode imaginar nenhum estado em que o espírito não devesse recuar com aversão diante de suas representações.

Sim, essa aversão, se eu tiver examinado o meu sentimento com cuidado suficiente, é totalmente da natureza do asco. O sentimento que acompanha a feiura da forma é o asco, apenas num grau menor. Na verdade, isso conflita com outra observação do crítico de arte, na qual ele acredita que somente os sentidos mais obscuros, o paladar, o olfato e o tato, estariam expostos ao asco. "Aqueles dois", diz ele, "através de uma doçura excessiva e este através de uma moleza demasiado grande dos corpos que não resistem o bastante às fibras que os tocam. Esses objetos, em seguida, tornam-se insuportáveis também para a visão, mas apenas pela associação das ideias, na medida em que nós nos recordemos da repulsa que eles provocam ao paladar, ao olfato ou ao tato. Pois, falando propriamente, não existe nenhum objeto repugnante para a visão." Contudo, parece-me que se pode de fato nomeá-los. Um nervo na face, um lábio leporino, um nariz achatado com narinas protuberantes, uma ausência total de sobrancelhas são feiuras que não podem ser repugnantes nem ao olfato, nem ao paladar nem ao tato. Não obstante, é certo que nós sentimos algo aí que está muito mais próximo ao asco do que aquilo que outras deformidades do corpo nos fazem sentir, como um pé torto, uma corcunda; quanto mais delicado for o temperamento, tanto mais sentiremos os movimentos do corpo que precedem ao vômito. Só que esses movimentos logo tornam a perder-se e dificilmente pode seguir-se um efetivo vômito; a causa disso tem de ser procurada, por certo, no fato de que se trata de objetos para a visão, a qual percebe neles e com eles, ao mesmo tempo, certa porção de realidades, por meio de cuja representação agradável a desagradável é tão enfraquecida e obscurecida que não pode exercer nenhuma influência marcante sobre o corpo. Os sentidos obscuros, ao contrário, o paladar, o olfato, o tato, na medida em que são atingidos por algo repulsivo, não podem notar semelhantes realidades; o repulsivo opera, consequentemente, sozinho, com sua força total, e não pode ser acompanhado senão por um abalo muito violento no corpo.

De resto, o repugnante relaciona-se também com a imitação exatamente como a feiura. De fato, uma vez que o seu efeito

LAOCOONTE 461

desagradável é o mais violento, então ele pode, ainda menos do que a feiura, em si e por si mesmo, tornar-se um objeto tanto da poesia quanto da pintura. Só porque ele é igualmente muito abrandado pela expressão verbal, aventuro-me a afirmar que o poeta pode empregar ao menos alguns traços asquerosos como um ingrediente para aqueles mesmos sentimentos misturados que ele reforça com tanto êxito através do feio.

O repugnante pode aumentar o ridículo, ou representações da dignidade, do decoro tornam-se ridículas quando postas em contraste com o asqueroso. Pode-se encontrar em Aristófanes[*] grande quantidade de exemplos disso. Ocorre-me o caso da doninha[9] que interrompeu o bom Sócrates em suas observações astronômicas[b]:

> Μαθητής.
> πρώην δέ γε γνώμην μεγάλην ἀφῃρέθη
> ὑπ' ἀσκαλαβώτου.
> Στρεψιάδης.
> τίνα τρόπον; κάτειπέ μοι.
> Μαθητής.
> ζητοῦντος αὐτοῦ τῆς σελήνης τὰς ὁδοὺς
> καὶ τὰς περιφορὰς εἶτ' ἄνω κεχηνότος
> ἀπὸ τῆς ὀροφῆς νύκτωρ γαλεώτης κατέχεσεν.
> Στρεψιάδης.
> ἥσθην γαλεώτῃ καταχέσαντι Σωκράτους.

[Discípulo: Sim, mas há pouco ele foi despojado de um grande pensamento por uma lagartixa... / Estrepsíades: De que maneira? Conte-me. / Discípulo: Ele investigava os caminhos da lua e suas revoluções. Então, como estava de boca aberta, de noite, olhando para cima, uma lagartixa defecou lá do alto do teto / Estrepsíades: Gozado que uma lagartixa tivesse cagado em Sócrates!][10]

Se não se deixar que seja asqueroso o que lhe cai na boca aberta, o ridículo desaparece. Os traços mais engraçados desse gênero são

9 Lessing comete um equívoco, trata-se de uma lagartixa e não de uma doninha.
10 Aristófanes, As Nuvens, tradução de Gilda Maria Reale Starzynsky.

os da narrativa hotentote "Tquassouw e Knonmquaiha", inserido no *The Connoisseur*, um semanário inglês cheio de humor, atribuído ao lorde Chesterfield*. Sabe-se como são sujos os hotentotes, e como muitos deles tomam por belo, elegante e sagrado o que desperta em nós asco e repugnância. Uma cartilagem amassada do nariz, seios flácidos, pendentes até o umbigo, o corpo inteiro besuntado ao sol com uma pasta de gordura de cabra e fuligem, os cachos de cabelo pingando gordura, pés e braços envolvidos em tripas frescas: que se imagine isso como o objeto de um amor ardente, respeitoso e carinhoso; que se ouça isso na nobre linguagem da seriedade e da admiração e contenha-se o riso!ᶜ

O asqueroso parece poder misturar-se ainda mais intimamente com o terrível. O que nós chamamos de horrendo nada mais é do que um terrível asqueroso. A Longinoᵈ*, é verdade, desagrada, na imagem da tristeza em Hesíodoᵉ*, o τῆς ἐκ μὲν ῥινῶν μύξαι ῥέον [corria catarro de suas narinas]; mas eu penso que não tanto porque é um traço repugnante como porque é apenas um traço repugnante que não contribui em nada para o terrível. Pois ele parece não querer censurar muito as unhas compridas que ultrapassam os dedos (μακροὶ δ᾽ ὄνυχες χείρεσσιν ὑπῆσαν). No entanto, unhas compridas não são muito menos asquerosas do que um nariz escorrendo. Mas as unhas compridas são ao mesmo tempo terríveis; pois são elas que dilaceram as faces de tal modo que o sangue delas escorra até a terra:

> [...] ἐκ δὲ παρειῶν
> αἷμ᾽ ἀπελείβετ᾽ ἔραζ᾽
>
> [... das faces escorre o sangue para a terra]

Ao contrário, um nariz escorrendo não é mais do que um nariz escorrendo, e eu apenas aconselho à Tristeza que feche a boca. Leia-se em Sófocles a descrição da caverna deserta do infeliz Filoctetes. Ali não se veem quaisquer alimentos, nem quaisquer comodidades, além de uma palha pisada de folhas secas, uma caneca de madeira disforme, um fogareiro. Toda

LAOCOONTE 463

a riqueza do homem enfermo e abandonado! Como o poeta termina essa triste e assustadora pintura? Com um naco de repugnância. "Ah!", sobressalta-se Neoptólemo de repente, "aqui secam trapos rasgados cheios de sangue e pus!"[f]

Νεοπτόλεμος.
ὁρῶ κενὴν οἴκησιν ἀνθρώπων δίχα.
Ὀδυσσεύς.
οὐδ᾽ ἔνδον οἰκοποιός ἐστί τις τροφή;
Νεοπτόλεμος.
στιπτή γε φυλλὰς ὡς ἐναυλίζοντί τῳ.
Ὀδυσσεύς.
τὰ δ᾽ ἄλλ᾽ ἔρημα, κοὐδέν ἐσθ᾽ ὑπόστεγον;
Νεοπτόλεμος.
αὐτόξυλόν γ᾽ ἔκπωμα, φλαυρουργοῦ τινος
τεχνήματ᾽ ἀνδρός, καὶ πυρεῖ᾽ ὁμοῦ τάδε.
Ὀδυσσεύς.
κείνου τὸ θησαύρισμα σημαίνεις τόδε.
Νεοπτόλεμος.
ἰοὺ ἰού: καὶ ταῦτά γ᾽ ἄλλα θάλπεται
ῥάκη, βαρείας του νοσηλείας πλέα.

[*Neoptólemo*: Homem nenhum se encontra na morada. – *Odisseu*: Há, no interior, sinais de que é um lar? – *Neoptólemo*: Será um leito o tufo de folhagem? – *Odisseu*: Mas isso é tudo sob o teto? E o resto? – *Neoptólemo*: Há uma copa de pau, que um pobre artífice / fabricou, mais uns trochos para o fogo. – *Odisseu*: Pareces indicar-me seu tesouro. *Neoptólemo*: Oh, céus! Que nojo! Uns panos rotos cheios / de purulento pus secam ali!][11]

Assim também, em Homero, Heitor arrastado, torna-se, com o rosto desfigurado e o cabelo colado pelo sangue e pelo pó,

Squallentem barbam et concretos sanguine crines

[a barba esquálida, o sangue a empastar os cabelos – C.A.N., p. 36.]

11 Sófocles, *Filoctetes*, tradução Trajano Vieira, São Paulo: Editora 34, 2009, v. 31-39, p. 16-17.

(como Virgílio o expressa[g]) um objeto asqueroso, mas precisamente por isso tanto mais terrível e tanto mais comovente. Quem pode imaginar o castigo de Mársias*, em Ovídio, sem a sensação de repugnância?[h]

> *Clamanti cutis est summos derepta per artus,*
> *Nec quidquam nisi vulnus erat; cruor undique manat,*
> *Detectique patent nervi, trepidaeque sine ulla*
> *Pelle micant venae, salientia viscera possis*
> *Et perlucentes numerate in pectore fibras.*

[Assim bradando, a pele lhe despiam, / E era seu corpo todo uma só chaga,/ Manando em toda a parte vivo sangue. / Já patentes os nervos aparecem, / E trêmulas sem pele as veias pulam; / Os intestinos já contar podias, / E as fibras, reluzindo em todo o peito.][12]

Mas quem não sente também que o asqueroso aqui está em seu lugar? Ele torna o terrível horrendo; e o horrendo, mesmo na natureza, quando a nossa compaixão se interessa por isso, não é inteiramente desagradável; e quão menos na imitação? Eu não quero acumular os exemplos. Mas, apesar disso, devo ainda observar que existe uma espécie de terrível, cujo caminho está aberto ao poeta quase exclusivamente e apenas pelo asqueroso. É o terrível da fome. Até na vida comum nós não exprimimos a fome mais extrema de outra maneira senão por relatos de todas as coisas não comestíveis, não saudáveis e particularmente repugnantes com as quais o estômago deve ser contentado. Visto que a imitação não pode provocar em nós algo do sentimento da própria fome, então ela recorre a outro sentimento desagradável que nós reconhecemos como um mal menor no caso da fome mais torturante. Ela procura suscitá--la em nós para que sejamos levados a partir desse desprazer a inferir quão forte deve ser aquele desprazer diante do qual nós

---

12 Tradução de Cândido Lusitano. Cf. Aristóteles Predebon, *Edição do Manuscrito e Estudo Crítico das Metamorfoses de Ovídio Traduzidas por Francisco José Freire (1770)*, dissertação de mestrado, FFLCH, São Paulo, Universidade de São Paulo, 2007.

desviaríamos de bom grado a nossa atenção do presente desprazer. Ovídio diz de Oréade* que Ceres* enviara para a Fome[i]:

> Hanc [Famem] procul ut vidit [...]
> [...] refert mandata deae; paulumque morata,
> Quanquam aberat longe, quanquam modo venerat illuc,
> Visa tamen senisse famen [...]

> [... De longe a viu, de lá lhe intima a ordem, ... /... Não ousando
> chegar-se ao Monstro horrível: / Mas inda assim distante, porqu'um
> pouco / Parou para falar-lhe, e a viu, efeitos/ Da Fome em si sentiu
> ... – trad. Cândido Lusitano]

Um exagero não natural! A visão de um faminto, e mesmo
que fosse da própria Fome, não tem essa força contagiante; ele
pode fazer com que a gente sinta misericórdia e horror e asco,
mas nenhuma fome. Esse horror, Ovídio não economizou na
pintura da Fome, e na fome de Erisícton*, tanto nele como em
Calímaco[j]*, os traços asquerosos são os mais fortes. Depois que
Erisícton devorou tudo e não poupou nem sequer a vaca sacrificial que a sua mãe criava para Vesta, Calímaco faz com que ele
se lance sobre cavalos e gatos e mendigue nas ruas as migalhas
e as sobras sujas de mesas alheias:

> καὶ τὰν βῶν ἔφαγεν, τὰν Ἑστίᾳ ἔτρεφε μάτηρ,
> καὶ τὰν ἀεθλοφόρον καὶ τὸν πολεμήιον ἵππον,
> καὶ τὰν αἴλουρον, τὰν ἔτρεμε θηρία μικκά.
> [...]
> καὶ τόχ᾽ ὁ τῶ βασιλῆος ἐνὶ τριόδοισι καθῆστο
> αἰτίζων ἀκόλως τε καὶ ἔκβολα λύματα δαιτός.

> [E ele comeu a vaca que sua mãe criara para Héstia, / e o cavalo de
> corrida e o de batalha, / e o gato, diante do qual os animais peque-
> nos tremem de medo... / e as migalhas das mesas, que nas encru-
> zilhadas o filho de rei mendigou, / e os restos imundos de comida
> jogados fora. (Calímaco, Him. In Cererem, v. 108-110 e 114-115.)]

E Ovídio leva-o por fim a cravar os dentes em seus próprios
membros, para alimentar o seu corpo com o seu corpo:

Vis tamen illa mali postquam consumpserat omnem
Materiam [...]
Ipse suos artus lacerans divellere morsu
Coepit, et infelix minuendo corpus alebat.

[Esta [a Fome]de todo / Consumiu-lhe a substância, e o miserável... / A extremas indigências reduzido, / Começou a si mesmo a devorar-se, / E os membros arrancar com feros dentes, / Tirando a vida, por manter a vida. (trad. Cândido Lusitano)]

As feias harpias eram tão fétidas, tão imundas, apenas para tornar tanto mais terrível a fome produzida por elas pelo sequestro da comida. Ouçam os lamentos de Fineu* em Apolônio de Rodes[k]:

τυτθὸν δ᾽ ἦν ἄρα δήποτ᾽ ἐδητύος ἄμμι λίπωσιν,
πνεῖ τόδε μυδαλέον τε καὶ οὐ τλητὸν μένος ὀδμῆς:
οὔ κέ τις οὐδὲ μίνυνθα βροτῶν ἄνσχοιτο πελάσσας,
οὐδ᾽ εἴ οἱ ἀδάμαντος ἐληλάμενον κέαρ εἴη.
ἀλλά με πικρὴ δῆτα καὶ ἄατος ἴσχει ἀνάγκη
μίμνειν καὶ μίμνοντα κακῇ ἐνὶ γαστέρι θέσθαι.

[Se algumas vezes nos deixam um pouco de comida, / daí exala um pútrido e insuportável fedor. / Nenhum mortal que se aproximasse poderia aguentá-lo por um momento sequer, / nem mesmo se o seu coração fosse feito de ferro. / Mas, a mim, apenas o mais amargo imperativo da fome obriga-me a ficar / e a encher o meu miserável estômago. (Apolônio de Rodes, *Argonáuticas*, ii, v. 228-233.)]

Eu gostaria de pedir desculpas, desse ponto de vista, pela introdução repugnante das harpias em Virgílio; contudo, não é nenhuma fome efetivamente presente que elas ocasionam, mas, sim, uma vindoura que elas apenas profetizam; e, além do mais, toda a profecia dissolve-se finalmente num jogo de palavras. Dante* também nos prepara não apenas para a história da inanição de Ugolino* por meio da mais repugnante e horrenda situação em que ele o coloca com seu antigo perseguidor no inferno; mas também a própria inanição não deixa

LAOCOONTE

de apresentar traços do asco que aqui em especial nos assalta de modo muito sensível quando os próprios filhos se oferecem ao pai como alimento. Em nota eu quero citar ainda uma passagem de uma peça de Beaumont* e Fletcher* que poderia ter servido, em vez de todos os outros exemplos, se eu não fosse obrigado a reconhecer que ela é um pouco exagerada[1].

Eu chego aos objetos asquerosos na pintura. Se também já fosse inteiramente incontestável que na verdade não há propriamente objetos repugnantes para a visão, aos quais se compreende por si só que a pintura, como bela arte, haveria de renunciar a eles; ainda assim ela deveria evitar em geral os objetos asquerosos, pois a combinação dos conceitos os torna asquerosos também para a visão. Pordenone*, numa pintura do sepultamento de Cristo, faz com que um dos presentes tape o nariz. Richardson a desaprova por esse motivo[m], pois Cristo ainda não estava morto há tanto tempo para que seu corpo pudesse entrar em decomposição. Ao contrário, ele acredita que na ressurreição de Lázaro é permitido ao pintor mostrar alguns dos presentes nessa atitude, porque a história diz expressamente que o seu corpo já exalava. A mim, essa representação me parece, mesmo aqui, insuportável; pois não apenas o fedor efetivo, mas também a ideia do fedor já desperta asco. Nós fugimos de lugares fétidos mesmo quando estamos resfriados. Mas a pintura quer o repugnante não devido ao repugnante; ela o quer, assim como a poesia, para reforçar por meio dele o ridículo e o terrível. Por conta e risco próprio! Mas o que eu observei nesse caso sobre o feio vale tanto mais para o asqueroso. Ele perde incomparavelmente menos do seu efeito na sua imitação visual do que na auditiva; ele pode, portanto, também ali misturar-se menos intimamente com as partes integrantes do ridículo e do terrível do que aqui; tão logo a surpresa passou, tão logo o primeiro olhar ávido foi saciado, ele se separa de novo totalmente e permanece aí na sua própria figura crua.

XXVI

A *História da Arte Antiga* do senhor Winckelmann foi publicada. Eu não me arrisco a dar um passo adiante sem ter lido essa obra. Raciocionar sobre a arte apenas a partir de conceitos gerais pode induzir a quimeras que, cedo ou tarde, para a sua vergonha, são refutadas pelas obras de arte. Também os antigos conheciam os vínculos que ligam a pintura e a poesia, e eles não os estreitaram muito mais do que é proveitoso a ambas. O que seus artistas fizeram me ensinará o que os artistas em geral devem fazer; e onde um homem assim leva à frente o facho da história, a especulação pode seguir com ousadia.

Costuma-se folhear uma obra importante antes de começar a lê-la seriamente. Minha curiosidade era saber antes de tudo a opinião do autor sobre o Laocoonte; não quanto à arte da obra, sobre a qual ele já havia se explicado noutra parte, mas apenas sobre a antiguidade da mesma. A quem ele se filia a esse respeito? Àqueles a quem parece que Virgílio teve o grupo diante dos olhos? Ou àqueles que pretendem que os artistas trabalharam a partir do poeta?

É muito de meu gosto que ele se cale completamente quanto a uma imitação recíproca. Onde reside a necessidade absoluta disso? Não é de modo algum impossível que as semelhanças entre a pintura poética e a obra de arte que eu, acima, tomei em consideração, sejam semelhanças casuais e não propositais; e que uma delas tenha sido tão pouco o modelo da outra que elas também não precisam nem sequer ter tido ambas um mesmo modelo. Porém, se uma aparência dessa imitação o tivesse também deslumbrado, então ele deveria ter-se declarado em favor das primeiras. Pois ele aceita que o Laocoonte seja do tempo em que a arte entre os gregos se encontrava no cimo mais alto da sua perfeição: do tempo de Alexandre, o Grande.

"O destino bondoso", diz ele[a], "que velava também pelas artes ainda na sua destruição, conservou, para a admiração do mundo inteiro, uma obra desse período da arte como prova da verdade da história da magnificência de tantas obras-primas destruídas. Laocoonte juntamente com seus dois filhos, trabalho de Agesandro*, Apolodoro*b e Atenodoro de Rodes* é, segundo toda a probabilidade, dessa época, embora não se possa determiná-la e não se possa especificar, como alguns o fizeram, em qual Olimpíada esses artistas floresceram."

Em uma nota ele acrescenta: "Plínio não diz uma palavra acerca da época em que Agesandro e os assistentes na sua obra viveram; Maffei*, porém, na explicação sobre as estátuas antigas, professa saber que esses artistas floresceram na octogésima oitava Olimpíada, e outros, como Richardson, copiaram essas palavras. Eu acredito que ele tomou um certo Atenodoro, dentre os alunos de Policleto*, por um de nossos artistas, e uma vez que Policleto floresceu na octogésima sétima Olimpíada, colocou-se então seu suposto aluno uma Olimpíada mais tarde; Maffei não pode ter tido outras razões."

Ele não podia por certo ter tido outras. Mas por que o senhor Winckelmann se contenta em ficar aí e apenas citar esse pretenso motivo de Maffei? Ele se refuta por si mesmo? Não de todo. Pois, mesmo quando não é apoiado por nenhum outro motivo, ainda assim forja por si próprio uma pequena probabilidade, já que, de outro modo, não há como provar que Atenodoro, o aluno de Policleto, e Atenodoro, o assistente de Agesandro, e Polidoro* não poderiam absolutamente ter sido uma e mesma pessoa. Por sorte pode-se prová-lo, e isso, pela diferença de seus países de nascimento. O primeiro Atenodoro era de Clitor* na Arcádia, segundo o testemunho expresso de Pausâniasc, o outro, ao contrário, segundo o testemunho de Plínio, era natural de Rodes.

O senhor Winckelmann pode não ter tido nisso nenhum propósito que o levasse a não querer refutar de maneira incontestável a alegação de Maffei pela inclusão dessa circunstância. Ao contrário, os motivos que ele derivou da arte da obra, segundo seu indubitável conhecimento, devem ter-lhe parecido de tal importância que não se preocupou em saber se a opinião de Maffei ainda guardava alguma probabilidade ou não. Sem dúvida, ele reconheceu no Laocoonte muitos dos "argutiis"[d] [finuras] que eram tão próprios de Lisipo*, e com os quais esse mestre foi quem primeiro enriqueceu a arte, para tomá-la por uma obra anterior ao seu tempo.

Mas, se está provado que o Laocoonte não pode ser mais antigo do que Lisipo, comprova-se também por isso que ele tenha de ser aproximadamente da mesma época? Seria impossível que pudesse ser uma obra muito mais tardia? Deixando de lado as épocas até o início da monarquia romana, nas quais a arte na Grécia ora levantou de novo, ora abaixou de novo a sua cabeça: por que o Laocoonte não poderia ser o fruto feliz da emulação que o suntuoso esplendor dos primeiros imperadores deveria acender entre os artistas? Por que Agesandro e os seus assistentes não poderiam ter sido os contemporâneos de um Strongilion*, de um Arcésilas*, de um Pasíteles, de um Possidônio*, de um Diógenes*? Não foram também as obras desses mestres, em parte igualmente valorizadas como o melhor que a arte jamais produzira? E se ainda existissem peças inegavelmente deles, mas a época dos seus autores fosse desconhecida e não pudesse ser inferida senão de sua arte, que inspiração divina teria de guardar o entendido para que ele não acreditasse dever referi-las precisamente àquela época em que o senhor Winckelmann julgou ser digna apenas do Laocoonte?

É verdade que Plínio não indica expressamente a época em que os artistas do Laocoonte viveram. Todavia, se eu devesse concluir a partir do contexto dessa passagem toda se ele quis incluí-los entre os artistas antigos ou entre os mais novos, então eu admito que acredito notar uma probabilidade maior no último caso. Julgue-se.

Depois de Plínio ter falado de um modo um tanto mais extenso dos mais antigos e maiores mestres da escultura, de Fídias, de Praxíteles*, de Scopas* e, em seguida, sem nenhuma ordem cronológica, ter nomeado os demais, em especial aqueles cujas obras estavam em parte disponíveis em Roma, ele prossegue então da seguinte maneira[e]:

Nec deinde multo plurium fama est, quorundam claritati in operibus eximiis obstante numero artificum, quoniam nec unus occupat gloriam nec plures pariter nuncupari possunt, sicut in Laocoonte, qui est in Titi imperatoris domo, opus omnibus et picturae et statuariae artis praeponendum. Ex uno lapide eum et liberos draconumque mirabiles nexus de consilii sententia fecere summi artifices, Agesander et Polydorus et Athenodorus Rhodi. Similiter Palatinas domos Caesarum replevere probatissimis signis Craterus cum Pythodoro, Polydeuces cum Hermolao, Pythodorus alius cum Artemone et singularis Aphrodisius Trallianus. Agrippae Pantheum decoravit Diogenes Atheniensis, et Caryatides in columnis templi ejus probantur inter pauca operum: sicut in fastigio posita signa, sed propter altitudinem loci minus celebrata.

[Nem há muitos artistas célebres; pois no caso de obras exímias, a pluralidade dos artistas obscurece a fama de alguns, uma vez que um sozinho não poderia ter toda a glória e não se poderia citar todos os nomes a mesmo título, como no caso do Laocoonte que está no palácio do imperador Tito, obra de arte que ultrapassa todas as produções de pintura e estatuária. De um só bloco de mármore, ele e os filhos e os maravilhosos enlaces das serpentes foram esculpidos com um projeto de comum acordo por eminentes artistas: Agesandro, Polidoro e Atenodoro, todos de Rodes. Da mesma maneira, os palácios palatinos dos Césares estavam repletos de excelentes estátuas de Crátero com Pitodoro*, Polideuces* com Hermolau*, um outro Pitodoro com Artemon* e Afrodísio de Tralles*, que trabalhou sozinho. Diógenes de Atenas decorou o Panteão de Agripa*, e as suas Cariátides das colunas do templo estão entre as poucas obras famosas, assim como as estátuas dispostas na cumeeira, porém menos celebradas, devido à sua posição no alto.]

De todos os artistas mencionados nessa passagem, Diógenes de Atenas é aquele cuja época está determinada de modo mais incontestável. Ele decorou o Panteão de Agripa; portanto, ele viveu sob Augusto. No entanto, ponderando-se algo de modo mais preciso as palavras de Plínio, encontraremos também, penso eu, de forma não menos determinada, a época de Crátero e de Pitodoro, de Polideuces e Hermolau, do segundo Pitodoro e de Artemon, bem como a de Afrodísio de Tralles. Destes, ele diz: *Palatinas domos Caesarum replevere probatissimis signis*

[Os palácios palatinos dos Césares estão repletos de excelentes estátuas]. Eu pergunto: isso pode significar apenas que os palácios dos imperadores estavam repletos de suas primorosas obras? Ou seja, no sentido de que os imperadores mandaram procurá-las por toda parte e transportá-las para suas moradas em Roma? Certamente não. Mas, antes, eles devem ter executado as suas obras expressamente para esses palácios dos imperadores, eles devem ter vivido na época desses imperadores. Que eram artistas tardios, que trabalharam somente na Itália, isso pode-se também concluir, já porque não se acha menção a eles em nenhum outro lugar. Houvessem eles trabalhado na Grécia em épocas anteriores, então Pausânias teria visto uma ou outra de suas obras e teria guardado para nós a sua memória. É verdade que nele aparece um Pitodoro[f], mas Hardouin* está muito errado ao considerá-lo como sendo o Pitodoro da passagem de Plínio. Pois Pausânias nomeia a estátua de Juno, obra do primeiro, que ele viu em Coroneia*, na Beócia, de ἄγαλμα ἀρχαῖον [estátua arcaica], denominação essa que ele dá apenas às obras daqueles mestres que viveram nas primeiras e rudes épocas da arte, muito anteriores a um Fídias e Praxíteles. E com obras desse tipo os imperadores certamente não teriam adornado seus palácios. Deve-se ainda atentar muito menos a outra suposição de Hardouin, de que Ártemon talvez fosse o pintor de mesmo nome que Plínio refere em outra passagem. Nomes proporcionam apenas uma probabilidade muito ligeira, razão pela qual se está ainda muito longe de sentir-se autorizado a violentar a interpretação natural de uma passagem não corrompida.

Mas, se é fora de qualquer dúvida que Crátero e Pitodoro, que Polideuces e Hermolau com os demais viveram sob os imperadores cujos palácios eles preencheram com suas excelentes obras, então, penso eu, que não se pode também atribuir nenhuma outra época àqueles artistas que Plínio passa a tratar mediante a palavra *similiter* [do mesmo modo]. E esses são os mestres-autores do Laocoonte. Reflitamos um pouco: se Agesandro, Polidoro e Atenodoro fossem mestres tão antigos como sustenta o senhor Winckelmann, quão inconveniente seria para um escritor, a quem a precisão da expressão não é nenhuma insignificância, se precisasse saltar de repente a partir desses mestres para os mestres mais modernos e efetuasse esse salto com um "do mesmo modo"?

Todavia, pode-se objetar que esse *similiter* não diz respeito a um parentesco quanto à época, mas se refere a outra circunstância que esses mestres, tão diferentes um do outro em termos de tempo, teriam tido em comum. Plínio fala, a bem dizer, de semelhantes artistas, que teriam trabalhado em comum e por causa dessa comunidade permaneceram mais desconhecidos do que mereciam. Pois, uma vez que nenhum deles podia atribuir-se a si sozinho a honra da obra comum e, como teria sido muito extenso nomear cada vez todos os que tomaram parte nela (*quoniam nec unus occupat gloriam nec plures pariter nuncupari possunt*) [já que um não pode ter sozinho a glória, nem muitos em conjunto podem tê-la igualmente], todos os seus nomes em conjunto foram por isso descurados. Isso aconteceu com os artistas do Laocoonte e com muitos outros artistas que os imperadores teriam empregado para decorar os seus palácios.

Eu admito isso. Mas, ainda assim, é altamente provável que Plínio quisesse falar apenas dos artistas novos que trabalhavam em conjunto. Pois, se ele também desejasse falar dos antigos, por que teria mencionado somente os artistas do Laocoonte? Por que não também outros? Um Onatas* e Calíteles*, um Timocles e Timárquides ou o filho desse Timárquides, de quem havia em Roma um Júpiter trabalhado em conjunto[g]. O próprio senhor Winckelmann diz que se poderia fazer uma longa lista de semelhantes obras antigas que tiveram mais de um pai[h]. E teria Plínio pensado unicamente em Agesandro, Polidoro e Atenodoro, se não quisesse restringir-se expressamente apenas às épocas mais recentes?

De resto, se uma suposição se torna tanto mais provável quanto mais e maiores fatos incompreensíveis podem ser por ela aclarados, então a de que os artistas do Laocoonte floresceram sob os primeiros imperadores certamente possui um grau muito alto de probabilidade. Pois, se eles tivessem trabalhado na Grécia na época que o senhor Winckelmann lhes imputa, o Laocoonte mesmo teria estado outrora na Grécia, de modo que seria muito estranho o profundo silêncio que os gregos observaram sobre semelhante obra (*opere omnibus et picturae et statuariae artis praeponendo*) [obra superior a qualquer outra da arte da pintura e da estatuária]. Seria muito estranho se tão grandes mestres não houvessem elaborado mais nada ou se Pausânias não tivesse conseguido ver em toda a Grécia das restantes obras desses artistas mais do que o Laocoonte. Em Roma, em contrapartida, a maior obra-prima podia permanecer por muito tempo escondida e, mesmo se o Laocoonte tivesse sido executado sob Augusto, ainda assim não deveria parecer nada estranho que Plínio tenha sido o primeiro a mencioná-lo, o primeiro e o último. Pois basta lembrar apenas o que ele diz de uma Vênus de Scopas, que estava num templo de Marte, em Roma[i]:

quemcunque alium locum nobilitatura. Romae quidem multitudo operum eam obliterat, ac magni officiorum negotiorumque acervi omnes a contemplatione talium abducunt: quoniam otiosorum et in magno loci silentio apta admiratio talis est.

[que poderia ter glorificado qualquer outro lugar. Mas em Roma o grande número de outras obras-primas a obliterava, e o acúmulo de deveres e negócios afastam todos da apreciação de tais obras de arte, visto que somente o ocioso e em local de grande silêncio está preparado para admirar tais coisas.]

Aqueles que, com tanto gosto, querem ver no grupo do Laocoonte uma imitação do Laocoonte de Virgílio, captarão com prazer o que eu disse até agora. Ocorre-me ainda outra conjectura que eles, igualmente, não poderiam desaprovar. Talvez pudessem pensar que foi Asínio Polião* quem fez os artistas gregos executarem o Laocoonte de Virgílio. Polião era um amigo particular do poeta, sobreviveu a ele e parece até mesmo haver escrito uma obra especial sobre a *Eneida*. Pois, onde mais senão em uma obra especial sobre esse poema poder-se-ia encontrar tão facilmente as observações singulares que Sérvio* menciona a partir dele[j]? Ao mesmo tempo, Polião era um amante e conhecedor de arte, possuía uma rica coleção de excelentes obras de arte antigas, encomendou novas obras aos artistas da sua época e o gosto, que demonstrou em sua escolha, era perfeitamente apropriado a uma peça tão ousada quanto o Laocoonte[k]: *ut fuit acris vehementiae, sic quoque spectari monumenta sua voluit* [sendo de temperamento forte e fogoso, queria também que suas obras de arte fossem vistas do mesmo modo]. No entanto, uma vez que o gabinete de Polião à época de Plínio, quando o Laocoonte se achava no palácio de Tito*, ainda estava, parece, com os objetos de sua coleção inteiramente reunidos em um lugar separado, então essa conjectura poderia perder de novo algo de sua probabilidade. E por que o próprio Tito não poderia ter feito o que nós queremos atribuir a Polião?

XXVII

A minha opinião de que os artistas do Laocoonte viveram sob os primeiros imperadores e de que ao menos eles não podem ter sido, com certeza, tão antigos quanto o senhor Winckelmann afirma, é fortalecida por uma pequena informação que ele próprio foi o primeiro a dar a conhecer. É a seguinte[a]:

"Em Nettuno*, outrora Antium*, o senhor cardeal Alessandro Albani* descobriu, em 1717, numa grande caverna submersa no mar, uma base de mármore preto acinzentado que agora é chamada de Bigio, em que uma figura estava inserida; sobre a mesma se encontra a seguinte inscrição:

ΑΘΑΝΟΔΩΡΟΣ ΑΓΗΣΑΝΔΡΟΥ
ΡΟΔΙΟΣ ΕΠΟΙΗΣΕ

'Atanodoro, filho de Agesandro de Rodes, o fez.' Nós aprendemos por essa inscrição que pai e filho trabalharam no Laocoonte e, provavelmente, também Apolodoro (Polidoro), filho de Agesandro; pois esse Atanodoro não pode ser outro senão o mencionado por Plínio. Essa inscrição também comprova que existiram mais do que apenas três obras de arte, como quer Plínio, nas quais os artistas inscreveram a palavra 'feito' no tempo verbal do passado perfeito e definido, a saber, ἐποίησε, fecit; ele informa que os demais artistas, por modéstia, expressaram-se em um tempo verbal indefinido, ἐποίει, faciebat."

Aí o senhor Winckelmann encontrará pouca contradição no fato de que o Atenodoro dessa inscrição não pode ser outro senão o Atanodoro que Plínio mencionou entre os artistas do Laocoonte. Atenodoro e Atanodoro são também *um* e o mesmo nome; pois os habitantes de Rhodes se serviam do dialeto dórico. Apesar disso, preciso fazer algumas observações sobre as consequências que ele pretende inferir daí.

A primeira, que Atenodoro era um filho de Agesandro, pode ser admitida. É muito provável, mas não incontestável. Pois é

LAOCOONTE

sabido que havia artistas antigos que preferiam ser chamados pelo nome dos seus mestres, em vez do nome de seus pais. O que Plínio disse dos irmãos Apolônio* e Taurisco* não padece possivelmente de outra interpretação[b].

Mas como? Essa inscrição deveria refutar ao mesmo tempo a alegação de Plínio de que não se encontraria mais do que três obras de arte para as quais seus autores se dessem a conhecer no tempo verbal do perfeito (pondo em vez de ἐποίησε, ἐποίει)? Essa inscrição? Por que deveríamos aprender primeiro com essa inscrição aquilo que de há muito poderíamos ter apreendido com muitas outras? Já não se havia encontrado na estátua de Germânico* a inscrição: Κλεομένης – ἐποίησε [Cleomenes o fez]? Na assim denominada apoteose de Homero, Ἀρχέλαος ἐποίησε [Arquelau o fez]? No conhecido Vaso de Gaeta*: Σαλπίων ἐποίησε[c] [Salpion o fez]? etc.

O senhor Winckelmann pode dizer: "Quem sabe isso melhor do que eu?" Mas ele acrescentará, "tanto pior para Plínio. Quanto mais frequentemente sua alegação é contradita, tanto mais seguramente é refutada".

Ainda não. Pois, e se o senhor Winckelmann fez com que Plínio dissesse mais do que efetivamente ele quis dizer? E se, por consequência, os exemplos aventados refutassem não a alegação de Plínio, mas apenas o excesso que o senhor Winckelmann introduziu nessa alegação? E isso é assim realmente. Eu preciso citar toda a passagem. Plínio, na sua dedicatória a Tito, quer falar de sua obra com a modéstia de um homem que sabe ele próprio, melhor do que ninguém, quanto falta ainda para que ela chegue à perfeição. Ele encontra um exemplo notável de tal modéstia entre os gregos, sobre cujos pretensiosos e prometedores títulos de livros (*inscriptiones, propter quas vadimonium deseri possit*) [títulos que poderiam dispensar uma obrigação posterior], ele se demorou um pouco e disse[d]:

Et ne in totum videar Graecos insectari, ex illis nos velim intellegi pingendi fingendique conditoribus, quos in libellis his invenies, absoluta opera, et

478 LESSING: LAOCOONTE

illa quoque, quae mirando non satiamur, pendenti titulo inscripsisse, ut APELLES FACIEBAT, *aut* POLYCLETUS, *tanquam inchoata semper arte et imperfecta, ut contra judiciorum varietates superesset artifici regressus ad veniam, velut emendaturo quidquid desideraretur, si non esset interceptus. Quare plenum verecundiae illud est, quod omnia opera tanquam novissima inscripsere, et tamquam singulis fato adempti. Tria non amplius, ut opinor, absolute traduntur inscripta* ILLE FECIT, *quae suis locis reddam: quo apparuit summam artis securitatem auctori placuisse, et ob id magna invidia fuere omnia ea.*

[E para que não pareça que em tudo eu critico os gregos, gostaria que, a partir dos títulos das obras perfeitas daqueles criadores das artes imitativas, cujos nomes encontras aqui, se reconhecesse também todas aquelas obras, em cuja admiração somos insaciáveis, que seriam assinadas com o seguinte título suspensivo: *Apeles fazia* ou *Policleto fazia*, como a indicar que a arte sempre estava iniciada e inacabada, de modo que diante daquela variedade de julgamento restasse ao artista a possibilidade de voltar atrás e se desculpar, corrigindo tudo o que fosse imperfeito, se não viesse a ser arrebatado pela morte. Era um sinal de absoluta modéstia que todas as suas obras fossem assinadas como novíssimas, e como se eles próprios tivessem sido arrebatados pelo destino. Não mais do que três, na minha opinião, traduzem o acabamento definitivo na inscrição, *Aquele tal fez*; às obras voltarei no devido lugar: isso evidenciava a satisfação do autor com o sumo domínio de sua arte, e por esse motivo todas elas causaram grande inveja.]

Eu peço que se preste atenção às palavras de Plínio: *pingendi fingendique conditoribus* [lit. "os fundadores do pintar e do esculpir", os criadores das artes imitativas]. Plínio não diz que o costume de se dar a conhecer na obra com o tempo verbal no imperfeito era geral, que este foi observado por todos os artistas em todas as épocas; ele diz expressamente que apenas os primeiros dos mestres antigos, aqueles "criadores das artes imitativas" (*pingendi fingendique conditoribus*), um Apeles, um Policleto e os seus contemporâneos teriam tido essa inteligente modéstia; e visto que nomeia apenas esses, ele dá a entender de maneira tácita, porém muito clara, que seus sucessores, sobretudo em tempos mais tardios, se exprimiram com mais confiança sobre si próprios.

Mas, aceito isso, como cumpre aceitá-lo, então a inscrição descoberta de um dos três artistas do Laocoonte pode ser tida como inteiramente correta e, apesar disso, pode ser verdade, como Plínio o diz, que houvesse somente três obras disponíveis em cujas inscrições seus autores se serviram do pretérito perfeito; a saber, entre as obras antigas dos tempos de Apeles, de Policleto, de Nícias e de Lisipo. Mas, então, não pode estar correto afirmar que Atenodoro e seus assistentes foram contemporâneos de Apeles e Lisipo, como o senhor Winckelmann quer torná-los. Deve-se, bem mais, concluir assim: se é verdade que entre as obras dos artistas antigos, de um Apeles, de um Policleto e dos demais dessa classe, não mais do que três em cujas inscrições o pretérito perfeito foi utilizado; se é verdade que o próprio Plínio nomeou essas três obras[e], logo, Atenodoro, que não é autor de nenhuma dessas três obras e, não obstante, serve-se do pretérito perfeito em suas obras, não pertencer ao número daqueles artistas antigos; ele não pode ser contemporâneo de Apeles e de Lisipo, porém deve ser incluído em épocas mais tardias.

Em resumo, creio que se pode tomar como um critério muito confiável que todos os artistas que empregaram o ἐποίησε floresceram muito depois da época de Alexandre o Grande, pouco antes ou sob os imperadores. Quanto a Cleomenes, isso é indiscutível, quanto a Arquelau, é muito provável, e quanto a Salpion, ao menos não se pode demonstrar o contrário de nenhum modo. E assim para os demais, não excluindo Atenodoro.

Que o próprio senhor Winckelmann seja o juiz a esse respeito! Contudo, eu já protesto de antemão contra a proposição inversa. Se todos os artistas que utilizaram o ἐποίησε [feito] pertencem ao número dos mais tardios, nem por isso todos que utilizaram o ἐποίει pertencem aos antigos. Também entre os artistas mais tardios alguns deles podiam realmente ter possuído essa modéstia, que fica tão bem em um grande homem, e outros ter fingido possuí-la.

XXVIII

Depois do Laocoonte nada me deixou mais curioso do que saber o que o senhor Winckelmann diria do assim chamado Gladiador Borghese*. Creio ter feito uma descoberta sobre essa estátua da qual me vanglorio tanto quanto é possível vangloriar-se com semelhantes descobertas.

Eu já temia que o senhor Winckelmann se antecipasse a mim nisso. Mas eu não encontro nele nada de semelhante; e se agora algo poderia me deixar desconfiado da correção de minha descoberta, seria precisamente o fato de que o meu temor não se confirmou.

"Alguns", diz o senhor Winckelmann[a], "fazem dessa estátua um discóbolo, isto é, aquele que lança um disco ou um prato de metal; e essa era a opinião do famoso senhor Von Stosch* em uma carta endereçada a mim, mas sem um exame suficiente da postura em que semelhante figura deseja ser colocada. Pois, aquele que quer lançar algo deve inclinar o corpo para trás e, no momento em que o lançamento deve acontecer, a força estará aplicada na coxa mais à frente, enquanto a perna esquerda permanece inativa; aqui, porém, ocorre o oposto. A figura inteira está projetada para frente e se apoia na perna esquerda, e a perna direita está totalmente esticada para trás. O braço direito é novo e lhe puseram na mão um pedaço de uma lança; no braço esquerdo vê-se a correia de um escudo que ele portava. Se se considera que a cabeça e os olhos estão voltados para cima e que a figura parece guardar-se com o escudo de algo que vem do alto, poder-se-á tomar essa estátua, com mais razão, por uma representação de um soldado que, numa situação perigosa, se fez em especial merecedor de louvor; pois, a honra de uma estátua provavelmente nunca, entre os gregos, foi tributada a gladiadores em espetáculos de combate e essa obra parece ser anterior à introdução dos gladiadores entre os gregos."

Não se pode julgar mais corretamente. Essa estátua não é nem um gladiador nem tampouco um discóbolo; é realmente a representação de um guerreiro que se distinguiu em semelhante postura numa situação perigosa. Mas, visto que o senhor Winckelmann adivinhou isso de maneira tão feliz, como pôde ficar aí parado? Como pôde o guerreiro deixar de lembrá-lo que exatamente nessa mesma posição impediu a derrota completa de um exército e a quem a sua pátria reconhecida mandou erigir uma estátua exatamente na mesma posição?

Em uma palavra: a estátua é Cábrias[*].

A prova é a seguinte passagem de Nepos[*] na vida deste general[b]:

Hic quoque in summis habitus est ducibus resque multas memoria dignas gessit. Sed ex his elucet maxime inventum eius in proelio, quod apud Thebas fecit, quum Boeotiis subsidio venisset. Namque in eo victoriae fidente summo duce Agesilao, fugatis iam ab eo conductitiis catervis, reliquam phalangem loco vetuit cedere, obnixoque genu scuto proiectaque hasta impetum excipere hostium docuit. Id novum Agesilaus contuens, progredi non est ausus, suosque iam incurrentes tuba revocavit. Hoc usque eo tota Graecia fama celebratum est, ut illo statu Chabrias sibi statuam fieri voluerit, quae publice ei ab Atheniensibus in foro constituta est. Ex quo factum est, ut postea athletae ceterique artifices his statibus in statuis ponendis uterentur, in quibus victoriam essent adepti.

[Também este foi incluído entre os maiores capitães e fez muitas coisas dignas de memória. Porém, o seu mais brilhante invento foi o que utilizou na batalha próxima a Tebas, quando veio em auxílio dos beócios. De fato, quando o grande capitão Agesilau já estava confiante na vitória, pois ele pusera em fuga as tropas mercenárias, Cábrias proibiu ao resto da falange ceder terreno, e com um joelho no chão, apoiado no escudo, e com a lança projetada para frente, ensinou-lhes a sustar o ataque do inimigo. Vendo essa inovação, Agesilau não ousou prosseguir no avanço e, pela trombeta chamou de volta os seus homens que já começavam a avançar. Este feito foi tão celebrado por toda a Grécia que Cábrias quis que se erguesse nessa posição uma estátua dele, visto que os atenienses haviam decidido erigir-lhe uma em praça pública à custa do Estado. A partir daí o fato é que, em seguida, atletas e artistas de outros gêneros fizeram com que se desse, nas estátuas a ele erigidas, a postura na qual haviam obtido a vitória.]

Eu sei que se hesitará ainda por um momento antes de me dar aprovação; mas espero realmente que seja apenas por um momento. A postura de Cábrias não parece ser exatamente a mesma que vemos na estátua do palácio Borghese. A lança projetada para frente "projecta hasta" é comum a ambas, mas o "obnixo genu scuto" [o joelho no chão apoiado no escudo] é esclarecido pelos intérpretes por "obnixo in scutum, obfirmato genu ad scutum" [o joelho no chão apoiado contra o escudo]; Cábrias instrui os seus soldados como apoiar-se com o joelho no chão contra o escudo e como deveriam aguardar o inimigo atrás do escudo; a estátua, no entanto, segura o escudo no alto. Mas como, e se os intérpretes se enganaram? E se as palavras "onixo genu scuto" não pertencessem ao mesmo conjunto e se devêssemos ler "obnixo genu" em separado e "scuto" em separado ou junto com "projectaque hasta" que se segue? Ponha-se uma única vírgula e a equivalência é agora tão perfeita quanto possível. A estátua é um soldado "qui obnixo genu^c, scuto projectaque hasta impetum hostis excipit" [que, com o joelho no chão, susta o ataque do inimigo, com o escudo e a lança projetada para frente]; ela mostra o que Cábrias fez e é a estátua de Cábrias. Que a vírgula realmente falta é provado pelo "que" ligado ao "projecta", o qual seria supérfluo se "obnixo genu scuto" pertencessem ao mesmo contexto, como efetivamente algumas edições o omitem por isso.

Com a Alta Antiguidade, na qual cabe, portanto, incluir essa estátua, concorda perfeitamente a forma das letras aí encontradas na inscrição do artista; e o próprio senhor Winckelmann concluiu que ela era a mais antiga das atuais estátuas em Roma nas quais o artista se deu a conhecer. De resto, deixo ao seu olhar mais penetrante decidir se observou em geral algo com respeito à arte que poderia conflitar com a minha opinião. Mas se ela for digna da sua aprovação, então eu poderia me lisonjear de haver dado um exemplo melhor do que todos aqueles que é possível encontrar no in-fólio inteiro de Spence, de quão afortunadamente os autores clássicos podem ser esclarecidos por meio das obras de arte antigas e estas, por sua vez, através daqueles.

XXIX

Em razão da imensurável erudição e dos mais amplos e refinados conhecimentos da arte com os quais o senhor Winckelmann preparou sua obra, ele trabalhou com a nobre confiança dos artistas antigos que aplicavam todo o seu esforço na coisa principal e tratavam o que era secundário ou com uma negligência, por assim dizer, intencional, ou o abandonavam inteiramente à primeira e melhor mão estranha que aparecesse.

Não é pequeno louvor ter cometido apenas faltas que qualquer um poderia ter evitado. Elas saltam aos olhos à primeira leitura superficial; e se é preciso notá-las, então isso deve ocorrer somente com o propósito de lembrar a certas pessoas, que julgam ser as únicas a ter olhos, que elas não merecem ser notadas.

Já nos seus escritos sobre a imitação das obras de arte gregas, o senhor Winckelmann foi algumas vezes desencaminhado pelo Junius*. Junius é um autor muito capcioso; toda a sua obra é um centão e, visto que sempre quer falar com as palavras dos antigos, então ele não raro aplica passagens extraídas desses autores à pintura, as quais, no seu lugar de origem, não tratam nem um pouco de pintura. Quando, por exemplo, o senhor Winckelmann quer ensinar que, pela simples imitação da natureza, não se pode alcançar a mais alta expressão na arte e não menos na poesia, que tanto o poeta quanto o pintor devem escolher de preferência o impossível, que seja verossímil, do que o mero possível, aí ele acrescenta: "A possibilidade e a verdade que Longino exige de um pintor em oposição ao inacreditável no poeta podem, com isso, subsistir muito bem." Mas esse aditamento seria melhor se ficasse de fora; pois ele mostra os dois maiores críticos de arte em uma contradição completamente destituída de base. É falso que Longino tenha dito alguma vez algo assim. Algo semelhante ele diz acerca da eloquência e da poesia, mas de modo algum da arte da poesia e da pintura: ὡς δ ἕτερόν τι ἡ ῥητορικὴ φαντασία βούλεται καὶ ἕτερον ἡ παρὰ ποιηταῖς, οὐκ ἂν λάθοι σε [escreve ele em seu *Terenciano*^{•a}], οὐδ ὅτι τῆς μὲν ἐν ποιήσει τέλος ἐστὶν ἔκπληξις, τῆς δ ἐν λόγοις ἐνάργεια [Que a imaginação na retórica se propõe outra coisa do que na poesia, tu não podes ignorar; a saber, que a meta da poesia é a comoção e a da retórica é a clareza]. E de novo: οὐ μὴν ἀλλὰ τὰ μὲν παρὰ τοῖς ποιηταῖς μυθικωτέραν ἔχει τὴν ὑπερέκπτωσιν, ὡς ἔφην, καὶ πάντη τὸ πιστὸν ὑπεραίρουσαν, τῆς δὲ ῥητορικῆς φαντασίας κάλλιστον ἀεὶ τὸ ἔμπρακτον καὶ ἐνάληθες. [Com efeito, as ficções da poesia são de um exagero fantasioso, enquanto o mais belo nas figuras de retórica é sempre a pintura fiel das coisas e a verdade.] Só que Junius substituiu aqui pintura à eloquência, e foi nos seus escritos, e não nos de Longino, que o senhor Winckelmann leu[b]: "*Praesertim cum poeticae phantasiae finis sit* ἔκπληξις, *pictoriae vero* ἐναργεία. Καὶ τὰ μὲν παρὰ τοῖς ποιηταῖς, ut loquitur, idem Longinus" etc. [Sobretudo porque a meta da fantasia poética é a "comoção" (ἔκπληξις), a da pintura, porém, é a "clareza" (ἐναργεία)]. Muito bem: palavras de Longino, mas não o sentido de Longino!

Com a seguinte nota deve ter ocorrido o mesmo com ele: "Todas as ações", diz ele[c], "e posturas das figuras gregas que não estavam marcadas pela sabedoria, mas eram, ao contrário, demasiado fogosas e selvagens, caíam num erro que os artistas antigos chamavam de parentirso". Os artistas antigos? Isso só poderia ser provado a partir de Junius. O parentirso era um termo próprio da retórica e, talvez, como a passagem de Longino parece dar a entender, também era próprio somente de Teodoro[d]: τούτῳ παράκειται τρίτον τι κακίας εἶδος ἐν τοῖς παθητικοῖς, ὅπερ ὁ Θεόδωρος παρένθυρσον ἐκάλει. ἔστι δὲ πάθος ἄκαιρον καὶ κενὸν ἔνθα μὴ δεῖ πάθους, ἢ ἄμετρον ἔνθα μετρίου δεῖ. [Além disso, há uma terceira forma de falta na postura patética que Teodoro denomina parentirso. Esta é uma emoção (*pathos*) intempestiva e vazia, em que nenhuma emoção é necessária, ou desmedida, onde deve haver medida.] Sim, eu duvido até mesmo que se possa em geral transpor essa palavra para a pintura. Pois, existe um *pathos* na eloquência e na poesia que pode ser levado a um grau tão alto quanto possível sem que se torne parentirso e apenas o *pathos* do mais alto grau no lugar errado é parentirso. Na pintura, porém, o *pathos* extremo seria sempre parentirso, por mais que pudesse ainda ser desculpado pelas condições da personagem que o manifesta.

Em conformidade com esse ponto de vista, também surgiram diversas inexatidões na *História da Arte* simplesmente porque o senhor Winckelmann, na pressa, quis consultar apenas o Junius e não as fontes mesmas. Assim, quando ele quer mostrar por meio de exemplos que entre os gregos era especialmente apreciado tudo o que fosse excelente em todo tipo de arte e trabalho, e o melhor trabalhador na menor coisa conseguiria mais eternizar o seu nome, então ele cita, entre outros, também este exemplo[e]: "Nós conhecemos o nome de um trabalhador que fazia balanças ou pratos de balança muito precisos; ele se chamava Partênio." O senhor Winckelmann deve ter lido as palavras de Juvenal, *lances Parthenio factas* [pratos de balança feitos por Partênio], as quais ele cita nesse caso referidas apenas ao catálogo de Junius. Pois, se tivesse consultado o próprio Juvenal, ele não se deixaria seduzir pela ambiguidade da palavra "*lanx*", mas antes teria reconhecido prontamente a partir do contexto que o poeta não fala de balanças ou pratos de balança, mas, sim, de pratos e travessas. Juvenal elogia de fato Catulo*, por ele ter procedido durante uma tempestade terrível no mar como o castor, que corta com os dentes os testículos para salvar a sua vida: ele mandou atirar nas águas do mar os seus objetos mais preciosos para não afundar junto com o navio. Ele descreve esses objetos preciosos e diz entre outras coisas:

> *Ille Nec argentum dubitabat mittere, lances*
> *Parthenio factas, urnae cratera capacem*
> *Et dignum sitiente Pholo vel conjuge Fusci.*
> *Adde et bascaudas et mille escaria, multum*
> *Caelati, biberet quo callidus emtor Olynthi.*

[Ele não hesitou em lançar sua prataria ao mar, / pratos feitos por Partênio, um jarro com capacidade de uma urna, / digno do sedento Folo ou da esposa de Fusco. / Além disso, bacias e mil espécies de pratos e taças / cinzeladas, nas quais bebera o inteligente comprador em Olinto.]

O que mais poderia ser "*lances*", que se encontram aqui em meio a taças e jarros senão pratos e travessas? E o que mais pretende Juvenal dizer senão que Catulo mandou atirar ao mar toda a sua baixela de prata, na qual se achavam também pratos lavrados por Partênio. "*Parthenius*", diz o velho escoliasta, "*caelatoris nomen*" [Partênio, nome de um gravador]. Mas quando Grangäus*, nas suas observações, acrescenta a esse nome: *sculptor, quo Plinius* [um escultor mencionado por Plínio], ele deve ter escrito isso provavelmente por acaso, pois Plínio não faz menção a nenhum artista com esse nome.

"Sim", prossegue o senhor Winckelmann, "foi mantido o nome do seleiro, como nós o denominaríamos, que fez o escudo de couro de Ájax." Mas também isso ele não pôde ter tomado da fonte que ele indica a seus leitores: da vida de Homero por Heródoto*. Pois aqui, na verdade, são citados os versos da *Ilíada* em que o poeta atribuiu o nome de Tíquio a esse coureiro; mas também, ao mesmo tempo, é dito expressamente que, sem dúvida, um desses trabalhadores de couro, conhecido de Homero, chamava-se assim e que o poeta, pela inserção de seu nome, quis demonstrar-lhe sua amizade e gratidão[f]: Ἀπέδωκε δὲ χάριν καὶ Τυχίῳ τῷ σκύτει, ὅς ἐδέξατο αὐτὸν ἐν τῷ Νέῳ τείχει, προσελθόντα πρὸς τὸ σκυτεῖον, ἐν τοῖς ἔπεσι καταζεύξας ἐν τῇ Ἰλιάδι τοῖς δε [Ele manifestou também seu agradecimento ao correeiro Tíquio que o havia acolhido em Neontico, quando ia para a sua oficina, com os seguintes versos da *Ilíada*]:

> Αἴας δ᾽ ἐγγύθεν ἦλθε φέρων σάκος ἠΰτε πύργον
> χάλκεον ἑπταβόειον, ὅ οἱ Τυχίος κάμε τεύχων
> σκυτοτόμων ὄχ᾽ ἄριστος Ὕλῃ ἔνι οἰκία ναίων

[E Ájax aproximou-se, portando um escudo semelhante a uma torre, / de bronze, recoberto de sete peles de bois feito para ele por Tíquio / o mais celebrado dos correeiros, habitante em Hile.]

É, portanto, exatamente o oposto do que o senhor Winckelmann quer nos assegurar: o nome do seleiro que fez o escudo de Ájax já estava tão esquecido na época de Homero que o poeta teve a liberdade de substituí-lo por um nome completamente diferente.

Diversos outros pequenos erros são simples erros de memória ou referem-se a coisas que ele apresenta apenas como esclarecimentos incidentais. Por exemplo:

Era Hércules e não Baco que Parrásio* se vangloriava de ter-lhe aparecido na forma como ele o havia pintado[g].

Taurisco não era de Rodes, mas sim de Tralles* na Lídia[h].

A *Antígona* não é a primeira tragédia de Sófocles[i].

No entanto, eu me abstenho de acumular numa pilha tais bagatelas. Isso não poderia, é verdade, parecer mania de criticar; mas quem conhece a minha alta estima pelo senhor Winckelmann poderia tomá-lo por um *krokylegmus* [ninharias pedantes].

FIM DA PRIMEIRA PARTE

NOTAS[1]

Capítulo I

a. *Von der Nachahmung der griechischen Werke in der Malerei und Bildhauerkunst* [*Da Imitação nas Obras Gregas de Pintura e de Escultura*], p. 21-22.

b. Brumoy, *Théâtre dês Grecs*, t. II, p. 89.

c. *Ilíada*, V, v. 343; ἦ δὲ μέγα ἰάχουσα [ela, porém, gritando alto].

d. *Ilíada*, V, v. 859.

e. Th. Bartholinus, *De Causis Contemptæ a Danis adhuc Gentilibus Mortis* [*Das Causas do Destemor à Morte Entre os Antigos Dinamarqueses Pagãos*], cap. I.

f. *Ilíada*, VII, v. 421.

g. *Odisseia*, IV, v. 195.

h. Chateaubrun.

Capítulo II

a. Antiochus (*Antholog.*, lib. II, cap. 43). Hardouin em Plínio (lib. XXXV, sect. 36, p. m. 698.) atribui esse epigrama a certo Pison. Mas entre todos os epigramatistas gregos não se encontra nenhum com esse nome.

b. Aristóteles recomendava que não se mostrassem aos jovens as suas pinturas a fim de manter a imaginação deles, tanto quanto possível, pura de todas as imagens do feio (*Polit.*, lib. VIII, cap. V, p. 526, Ed. Conring). O senhor Boden quer, é verdade, que se leia nessa passagem Pausânias, em vez de Pauson, porque, como se sabe, este último

---

1 Tradução de J. Guinsburg e Gita K. Guinsburg. Revisão do grego e latim: Aristóteles Angheben Predebon.

490 LESSING: LAOCOONTE

pintou figuras obscenas. (*De Umbra Poetica*, comentário I, p. XIII.), como se precisasse aprender primeiro de um legislador filosófico para afastar a juventude de semelhantes excitações da volúpia! Para embargar a sua conjectura, ele devia apenas comparar com a conhecida passagem da *Poética* (cap. II). Há comentadores (por exemplo, Kuhn, *Über den Älien, Var. Hist.*, lib. IV, cap. III), que colocam a diferença indicada por Aristóteles entre Polignoto, Dionísio e Pauson, no fato de que Polignoto pintou deuses e heróis, Dionísio pintou homens e Pauson, animais. Todos eles pintavam figuras humanas, e o fato de Pauson haver pintado uma vez um cavalo não prova que ele tenha sido um pintor de animais, como pretende o senhor Boden. A categoria deles é determinada pelo grau do belo que davam às suas figuras humanas, e Dionísio não podia por essa razão pintar nada mais senão pessoas e só por isso foi, antes de todos os outros, denominado o Antropógrafo, porque seguia demasiado servilmente a natureza e não podia elevar-se até o ideal, sob o qual pintar deuses e heróis teria sido um sacrilégio.

    c. Aristófanes, *Plut.*, v. 602, e *Acharnes*, v. 854.

    d. Plínio, lib. XXXV, sect. 37. Edit. Hard.

    e. *De Pictura vet.*, lib. II, cap. IV, $ 1.

    f. Plínio, lib. XXXIV, sect. 9.

    g. A gente se engana quando se considera a serpente apenas como o símbolo de uma divindade médica. Justinus Martyr (*Apolog.*, II, p. 55, Edt. Sylburg), diz expressamente: παρὰ παντὶ τῶν νομιζομένων παρ᾽ ὑμῖν θεῷ, ὄφις σύμβολον μέγα καὶ μυστήριον ἀναγράφεται [junto a todos os deuses por vós venerados a serpente é dada como grande símbolo e mistério]; e seria fácil fornecer uma série de monumentos em que serpentes acompanham divindades que não têm a menor relação com a saúde.

    h. Se repassarmos todas as obras de arte que Plínio, Pausânias e outros recordaram, se revirmos as antigas estátuas, os baixos-relevos e as pinturas ainda existentes hoje, não encontraremos em nenhuma parte uma Fúria. Eu retiro aquelas figuras que pertencem mais à linguagem simbólica do que à arte, como as que podem ser vistas principalmente sobre as moedas. Ainda que Spence, por precisar dispor de Fúrias, deveria de preferência tomá-las de empréstimo das moedas (Seguini, *Numis.*, p. 178. Spanheim, *De Praest. Numisn.*, Dissert., XIII, p. 639; *Les Césars de Julien*, por Spanheim, p. 48), em vez de querer por meio de um chiste espirituoso introduzi-las em um obra na qual, com toda certeza, não se acham. Ele afirma em seu *Polymetis* (Dial. XV, p. 272): "Embora as Fúrias sejam algo de mui raro nas obras dos artistas antigos, ainda assim encontra-se, no entanto, uma história na qual elas são em geral por eles utilizadas. Refiro-me à morte de Meleagro, quando na representação desse fato em baixo-relevo, elas amiúde encorajam e animam Alteia a atirar ao fogo o infeliz tição do qual depende a vida de seu filho único. Pois, mesmo uma mulher não teria ido tão longe na sua vingança se o diabo não houvesse atiçado um pouco o fogo. Sobre um desses baixos-relevos, no Bellori (no *Admiranda*) veem-se duas mulheres de pé junto a Alteia e que, por toda a aparência, devem ser as Fúrias. Pois, quem se não as Fúrias haveriam de querer assistir a semelhante ação? Que elas não sejam bastante pavorosas para ter esse caráter é, sem dúvida, culpa do desenho. O que há, porém, de mais digno de nota nessa obra, é, embaixo, o disco redondo próximo ao centro, no qual se apresenta visivelmente a cabeça de uma Fúria. Talvez fosse essa a Fúria à qual Alteia endereçava a sua prece todas as vezes que cometia uma má ação e que especialmente agora tinha todas as razões de invocar etc." Com semelhantes voltas é possível fazer de tudo. Quem mais, pergunta Spence, senão as Fúrias teriam querido assistir a semelhante ação? Eu responderei: as servidoras de Alteia encarregadas de acender e cuidar do fogo. Ovídio diz (*Metamorfoses*, VIII, v. 460-461):

Protulit hunc [stipitem] genetrix, taedasque in fragmina poni
Imperat, et positis inimicos admovet ignes.

NOTAS 491

[Mas furibunda agora o Lenho infausto / Vai buscar, e fendê-lo em partes manda, / Para o lançar às chamas fatal pasto. (trad. Cândido Lusitano)]

Tais *taedas*, longas de peças de madeira que os antigos empregavam como tochas, ambas as personagens seguram-nas realmente em suas mãos, e uma delas de fato quebrou semelhante pedaço, como sua postura indica. Sobre o disco, na direção do centro da obra, eu tampouco reconheço uma Fúria. Trata-se de um semblante que exprime uma dor intensa. Sem dúvida, deve ser o rosto do próprio Meleagro (*Metamorfoses*, VIII, v. 515-517.)

Inscius atque absens flamma Meleagros in illa
Uritur: et caecis torreri viscera sentit
Ignibus: et magnos superat virtute dolores.

[Meleagro ausente, e que ignorava o fato, / Sentiu no mesmo ponto em chama oculta / Acesas as entranhas, as sofria / Com ânimo constante a dor acerba. (trad. Cândido Lusitano)]

O artista precisou dele, por assim dizer, como uma transição para o momento seguinte da mesma história que, logo ao lado, mostra Meleagro morrendo. As Fúrias de Spence são as Parcas de Montfaucon (*Antiq. Expl.*, t. I, p. 162), com exceção da cabeça no disco, que ele faz passar igualmente por uma Fúria. O próprio Bellori (*Admirand.*, tab. 77) deixa indecisa a questão de saber se são Parcas ou Fúrias. Uma hesitação que mostra suficientemente que elas não são nem uma coisa nem outra. A sequência da explicação de Montfaucon devia ser mais precisa. A personagem feminina que, junto à cama, se apoia nos cotovelos, ele deveria chamá-la de Cassandra e não de Atalanta. Atalanta é aquela figura que, com as costas voltadas contra a cama, está sentada com uma atitude triste. O artista, com grande compreensão, a separou da família, porque ela era apenas a amante e não a esposa de Meleagro, e sua aflição pelo infortúnio, que ele mesma inocentemente provocara, deveria amargurar os parentes.

i. Plínio, lib. XXXV, sect. 36: *Cum moestos pinxisset omnes, praecipue patruum, et tristitiae omnem imaginem consumpsisset, patris ipsius vultum velavit, quem digne non poterat ostendere.* [Depois de ter pintado a dor de todos os presentes, sobretudo a do tio, e esgotado todos os traços da tristeza, ele velou a figura do pai porque ele não conseguia representá-la condignamente.]

j. *Summi moeroris acerbitatem arte exprimi non posse confessus est.* [Ele confessou que a arte não pode exprimir a violência de uma dor extrema.] Valério Máximo, lib. VIII, cap. 11.

k. *Antiquit. expl.*, t. I, p. 50.

l. Ele indica, pois, o grau efetivo de tristeza expresso por Timantes desse modo: *Calchantem tristem, moestum Ulyssem, clamantem Ajacem, lamentantem Menelaum.* [Calcas triste, Ulisses doloroso, Ájax clamando, Menelau lamentando-se.] O Ájax gritando deve ter sido uma figura feia; e, como nem Cícero, nem Quintiliano o mencionam nas suas descrições desse quadro, eu deveria considerá-lo como um acréscimo com o qual Valério quis enriquecê-lo a partir de sua cabeça.

m. Bellori, *Admiranda*, tab. 11,12.

n. Plínio, lib. XXXIV, sect. 19.

o. *Eudem*, a saber, Míron lê-se em Plínio (lib. XXXIV, sect. 19), *vicit et Pythagoras Leontinus, qui fecit stadiodromon Astylon, qui Olympiae ostenditur; et Libyn puerum tenentem tabulam, eodem loco, et mala ferentem nudum. Syracusis autem claudicantem: cujus hulceris dolorem sentire etiam spectantes videntur.* [Este (Míron) foi superado por Pitágoras de Leontino, que representou o corredor Astilo, que se vê em Olímpia; e um

492   LESSING: LAOCOONTE

rapaz líbio segurando uma tábula e, no mesmo lugar, um rapaz nu portando maçãs. Em Siracusa, porém, ele modela um coxo, cuja dor por causa de sua úlcera também os espectadores parecem sentir.] Pondere-se estas últimas palavras de um modo um pouco mais preciso. Não se fala aí evidentemente de uma personagem que é conhecida em toda parte devido a uma úlcera dolorosa? *Cujus ulceris* etc. E esse *cujus* deveria referir-se ao mero *claudicantem* e o *claudicantem* talvez ao ainda mais longínquo *puerum*? Ninguém tem mais direito a ser conhecido por causa de semelhante chaga do que Filoctetes. Eu leio, portanto, em vez de *claudicantem*, *Philoctetem* ou, ao menos, sou de opinião que esta última palavra foi deslocada pela primeira que soa do mesmo modo, e que se deveria ler as duas juntas: *Phiiloctetem claudicantem*. Sófocles o deixa στίβον κατ' ἀνάγκαν ἕρπειν [arrastar-se penosamente pelo caminho]; e isso devia causar um manquejar, de maneira que ele pisa com menos força com o pé doente.

Capítulo III

a. Phillippus (*Anthol.*, lib. IV, cap. 9, ep. 10):

Αἰεὶ γὰρ διψᾷς βρεφέων φόνον· ἤ τις Ἰήσων
Δεύτερος, ἤ Γλαύκη τις πάλι σοι πρόφασις;
Ἔρρε καὶ ἐν κηρῷ, παιδοκτόνε –

b. *Vita Apoll.*, lib. II, cap. 22.

Capítulo IV

a. Quando o coro considera a desgraça de Filoctetes nessa conexão, o seu desamparado isolamento parece tocá-lo de um modo muito particular. Em cada palavra ouvimos o grego social. Eu tenho, no entanto, minhas dúvidas acerca de uma das passagens aqui pertinentes. É a seguinte (v. 691 até 695):

Ἵν' αὐτὸς ἦν πρόσουρος, οὐκ ἔχων βάσιν,
Οὐδέ τιν' ἐγχώρων
Κακογείτονα, παρ' ᾧ στόνον ἀντίτυπον
Βαρυβρῶτ' ἀποκλαύ-
σειεν αἱματηρόν.
[Onde ele, o aleijado, era o seu próprio vizinho e não tinha nenhum habitante nativo que se avizinhasse de seus males, junto ao qual pudesse lamentar-se em meio a gemidos cambiantes da devoradora e sangrenta chaga.]

A tradução corrente de Winshem dá isso assim:

Ventis expositus et pedibus captus
Nullum cohabitatorum
Nec vicinum ullum saltem malum habens, apud quem gemitum mutuum
Gravemque ac cruentum
Ederet.

NOTAS 493

[Exposto ao vento e os pés presos, sem nenhum coabitante, nem ao menos algum mau vizinho, com quem trocar um gemido grave e cruel.]

Desta, a tradução interpolada de Th. Johnson se desvia apenas em palavras:

Ubi ipse ventis erat expositus, firmum gradum non habens,
Nec quenquam indigenarum,
Nec malum vicinum, apud quem ploraret
Vehementer edacem
Sanguineum morbum, mutuo gemitu.

[Quando estava exposto aos ventos, não tinha passos firmes, nem alguém nativo da região, nem um mau vizinho com quem chorar seu mal terrivelmente devorador e cruel e um gemido trocar.]

Seria de crer que ele tomou de empréstimo essas palavras modificadas da tradução em verso de Thomas Naogeorgus. Pois (sua obra é muito rara e Fabricius mesmo a conheceu apenas pelo catálogo de livros de Oporin) exprime-se assim:

ubi expositus fuit
Ventis ipse, gradum firmum haud habens,
Nec quenquam indigenam, nec vel malum
Vicinum, ploraret apud quem
Vehementer edacem atque cruentum
Morbum mutuo.

[… quando ele próprio foi exposto aos ventos, sem qualquer nativo, nem mesmo um mau vizinho com quem chorar seu mal terrivelmente devorador e cruel e um gemido trocar.]

Se essas traduções são fiéis, o coro diz o que de mais forte se pode sempre dizer em louvor da sociedade humana: o desgraçado não tem uma só pessoa à sua volta, ele não conhece nenhum vizinho amigável; ele ficaria demasiado feliz se tivesse ao menos um vizinho maldoso! Thomson teve talvez essa passagem sob os olhos, quando levou Melisandro, igualmente exposto a celerados numa ilha deserta, a dizer:

Cast on the wildest of the Cyclad Isles
Where never human foot had market the shore,
These ruffians left me – yet believe mw, Arcas,
Such is the rooted love we bear mankind,
All ruffians as they were, I never heard
A sound so dismal as their parting oars.

[Jogado, na mais selvagem das ilhas Cíclades, onde nenhum pé humano jamais marcou sua praia, os rufiões me abandonaram – no entanto, creia-me, Arcos, tal é o arraigado amor que dedicamos à humanidade, todos rufiões como eram, eu nunca ouvi som tão lúgubre como o de seus remos quando partiram.]

Também para ele a companhia de celerados era preferível a não ter nenhuma. Grande e excelente pensamento! Se apenas fosse certo que Sófocles também tivesse efetivamente dito algo assim. Mas devo de mau grado reconhecer que não encontro nada de similar nele; seria, pois, como se eu quisesse ver de preferência com os olhos do velho

494   LESSING: LAOCOONTE

escoliasta do que com os meus próprios, o qual transcreve assim as palavras do poeta: Ὁυ μόνον ὅπου καλὸν οὐκ εἶχε τινα τῶν ἐγχωρίων γείτονα, ἀλλὰ οὐδὲ κακόν παρ' οὐ ἀμοιβαῖον λόγον στενάζων ἀκούσειε [Não só onde ele não tinha um bom vizinho entre os habitantes nativos, como nem mesmo um mau com quem pudesse, ao gemer, trocar palavras em diálogo]. Assim como os tradutores citados seguiram esse comentário, do mesmo modo tanto Brumoy como os nossos novos tradutores alemães se mantiveram nisso. Aquele diz: "sans société, même importune"; e estes: "jeder Gesellschaft, auch die beschwerlichsten, beraubet" [despojado de toda sociedade, inclusive a mais molesta]. Minhas razões pelas quais devo me afastar de todos eles são as seguintes: primeiro é evidente que se κακογείτονα [mau vizinho] é separado de τιν' ἐγχώριων [um habitante nativo] e deve formar um membro particular da sentença, a partícula οὐδε [nem] teria de ser necessariamente repetida antes de κακογείτονα. Visto, porém, que ela não o é, portanto é igualmente manifesto que κακογείτονα pertence a τινα e que a vírgula depois de ἐγχώριων deve ser suprimida. Essa vírgula inseriu-se furtivamente nas traduções, como de fato verifiquei que, algumas edições inteiramente gregas (como, por exemplo, a de Wittenberg, de 1585 in 8º, que permaneceu de todo desconhecida para Fabricius) não a possuem em absoluto e a colocam, como é devido, após κακογείτονα. Segundo, é de fato um mau vizinho, do qual podemos esperar στόνον ἀντίτυπον, ἀμοιβαῖον, [ao gemer, trocar palavras em diálogo], como explica o escoliasta? Suspirar alternadamente conosco é a qualidade própria de um amigo e não de um inimigo. Em suma, compreendeu-se de maneira indevida o vocábulo κακογείτονα; aceitou-se que ele fosse composto pelo adjetivo κακός [mau], e ele o é a partir do substantivo το κακόν; isso foi interpretado como vizinho malvado, em lugar de vizinho do malvado. Assim como κακόμαντις [profeta de males] não significa um mau, isto é, falso, inautêntico profeta, mas um profeta do mal, κακότεχνος [artífice de males] não quer dizer um mau artista, imperito, porém um artista de coisas más. Por vizinho do mal o poeta compreende aquele que é afetado ou por iguais desventuras que nós ou que por amizade toma parte de nossas desventuras, de modo que o conjunto das palavras οὐδ' ἔχων τιν' ἐγχώρων κακογείτονα [nem tendo um vizinho de males entre os habitantes nativos] são traduzidas simplesmente por "neque quenquam indigenarum mali socium habens" [não tendo nenhum companheiro de males entre os nativos]. O novo tradutor inglês de Sófocles, Thomas Franklin, não poderia ter sido outro, em minha opinião, pelo fato de não ter encontrado também o mau vizinho em κακογείτων, porém tendo-a traduzido simplesmente por "fellow-mourner" [companheiro de infortúnio]:

> Expos'd to the inclement skyes,
> Deserted and forlorn he lyes,
> No friend nor fellow-mourner there,
> To sooth his sorrow, and divide his car.

[Exposto ao céu inclemente, / abandonado e perdido ele jaz, / sem amigo nem companheiro de infortúnio lá, / para confortar sua tristeza, e partilhar de sua aflição.]
b. Mercure de France, abril 1775, p. 177.
c. The Theory of Moral Sentiments, by Adam Smith, Part I, sect. 2, chap. 1, p. 41 (London, 1761).
d. Act. II, Sc. III. De mes déguisement que penserait Sophie? (O que pensaria Sofia dos meus disfarces?), diz o filho de Aquiles.
e. Trach. v. 1088-1089:

> [...] ὅστις ὥστε παρθένος
> Βέβρυχα κλαίων.

[eu qual uma moça / chorando uivo.]

NOTAS   495

Capítulo v

a. *Topographiae Urbis Romae*, libr, IV, cap. 14: *Et quanquam hi (Agesander et Polydo-rus et Athenodorus Rhodii) ex Virgilii descriptione statuam hanc formavisse videntur* etc. [E conquanto estes (os rodianos Agesandro, Polidoro e Atenodoro) pareçam ter modelado essa estátua segundo a descrição de Virgílio etc.]

b. *Supl. aux Ant. Expliq.*, t. I, p. 242: *Il semble qu'Agésandre, Polydore, qui en furent les ouvriers, eyent travaillé comme à l'envie, pour laisser um monument, qui répondait à l'incomparable description qu'a fait Virgile de Laocoon* etc. [Parece que Agesandro, Polidoro e Atenodoro, que foram os seus artistas, tenham trabalhado como à porfia, para deixar um monumento que correspondesse à incomparável descrição que Virgílio faz de Laocoonte etc.]

c. *Saturnal.*, lib. V, cap. 2: *Quae Virgilius traxit a Graecis, dicturumne me putattis quae vulgo nota sunt? quod Theocritum sibi fecerit pastoralis operis autorem, ruralis Hesiodum? et quod in ipsis Georgicis tempestatis serenitatisque signa ab Arati Phaenomenis traxerit? vel quod eversionem Troiae cum Sinone suo et equo ligneo caeterisque omnibus, quae librum secundum faciunt, a Pisandro paene ad verbum transcripserit? qui inter Graecos poetas eminet opere, qod nuptiis Iovis et Iunonis incipiens universas historias, quae mediis omnibus saeculis usque ad aetatem ipsius Pisandri contigerunt, in unam seriem coactas redegerit et unem ex diversis hiatbus temporum corpus effecerit? in quo opere inter historias caeteras interitus Troiae in hunc modum relatus est. Quae fideliter Maro intepretando, fabricatus est sibi Iliacae urbis ruinam. Sed et haec et talia ut pueris decantata praetereo.* [Quanto aos empréstimos que Virgílio parece ter feito dos gregos, não pensai que irei vos dizer o que é conhecido por todo mundo; que ele tomou Teócrito e Hesíodo como modelos, o primeiro para as suas pastorais, e o segundo para as suas poesias rurais, e que, mesmo nas *Geórgicas*, ele tomou os prognósticos da tempestade e da calmaria dos *Fenômenos* de Arato; ou que a ruína de Troia, os episódios de Sinon e do cavalo de madeira e os transpôs quase palavra por palavra de Pisandro, autor que se distinguia entre todos os poetas gregos por uma obra que, começando com as núpcias de Júpiter e de Juno, contém toda a série de acontecimentos que ocorreu desde essa época até o próprio tempo de Pisandro, e reuniu assim em um único corpo esses diversos episódios históricos. Entre esses eventos encontra-se também o relato da queda de Troia, e Virgílio, traduzindo fielmente essa narração, fez a sua descrição da ruína de Ílion. Eu deixo, porém, de lado essas coisas, e outras semelhantes, por se tratar de algo que os meninos de escola declamam.]

d. *Paralip.*, lib. XII, v. 398-408 e v. 439-474.

e. Ou muito mais serpentes; pois Licofronte parece ter admitido apenas uma: καὶ παιδοβρῶτος πορκέως νήσους διπλᾶς. [E as duas ilhas de Pórcis, o devorador de crianças.]

f. Lembro-me que se poderia alegar contra isso a pintura que Eumolpo expõe em Petrônio. Ela apresenta a destruição de Troia e, em especial, a história de Laocoonte inteiramente como Virgílio relata; e visto que na mesma galeria de Nápoles, em que se encontrava, havia outros quadros antigos de Zêuxis, Protógenes, Apeles, então é dado supor que esta tenha sido igualmente uma pintura grega antiga. Porém, que me permitam não ser obrigado a tomar um poeta de romance por um historiador. Esta galeria, esse quadro e este Eumolpo não existiram em parte alguma, exceto na imaginação de Petrônio. Nada trai de maneira mais evidente sua completa ficção do que os vestígios de uma imitação em modo escolar da descrição de Virgílio. Vale a pena o esforço de fazer a comparação. Assim Virgílio diz (*Eneida*, lib. II, v. 199-224):

Hic aliud maius miseris multoque tremendum
Obicitur magis, atque improvida pectora turbat.

496   LESSING: LAOCOONTE

Laocoon, ductus Neptuno sorte sacerdos,
Sollemnis taurum ingentem mactabat ad aras.
Ecce autem gemini a Tenedo tranquilla per alta
(Horresco referens) immensis orbibus angues
Incumbunt pelago, pariterque ad litora tendunt:
Pectora quorum inter fluctus arrecta, iubaeque
Sanguineae exsuperant undas: pars cetera pontum
Pone legit, sinuatque immensa volumine terga.
Fit sonitus spumante salo: iamque arva tenebant,
Ardentisque oculos suffecti sanguine et igni
Sibila lambebant linguis vibrantibus ora.
Diffugimus visu exsangues. Illi agmine certo
Laocoonta petunt, et primum parva duorum
Corpora natorum serpens amplexus uterque
Implicat, et miseros morsu depascitur artus.
Post ipsum, auxiilio subeuntem ac tela ferentem,
Corripiunt, spirisque ligant ingentibus: et iam
Bis medium amplexi, bis collo squamea circum
Terga dati, superant capite et cervicibus altis.
Ille simul manibus tendit divellere nodus,
Perfusos sanie vittas atroque veneno:
Clamores simul horrendus ad sidera tollit.
Quales mugitus, fugit cum saucius aram
Taurus et incertam excussit cervice securim.

[Nisto, o monstro maior, mais formidável, / Impróvidos nos turba. À sorte eleito, /
O antiste, Laocoon com sacra pompa / A Netuno imolava um touro ingente. / De
Tênedos (refiro horrorizado) / Juntas, direito à praia, eis duas serpes / De espiras
cento ao pélago se deitam: / Acima os peitos e sanguíneas cristas / Entonam; sulca o
resto o mar tranquilo, / E encurva-se engrossando o imenso tergo. / Soa espumoso o
páramo salgado: / Já tomam terra; e, em brasa e cruor tintos / Fulmíneos olhos, com
vibradas línguas / Vinham lambendo as sibilantes bocas. / Tubo exangue se espalha.
O par medonho / Marchando a Laocoon, primeiro os corpos / Dos dois filhinhos
seus abrange e enreda, / Morde-os e come as descosidas carnes: / E ao pai que armado
ocorre, ei-las saltando, / Atam-no em largas voltas; e enroscadas / Duas vezes à cin-
tura, ao colo duas, / O enlaçam todo os escamosos dorsos, / E por cima os pescoços
lhe sobejam. / De baba e atro veneno untada a faixa, / Ele em trincar os nós co'as mãos
forceja. / E de horrendo bramido aturde os ares: / Qual muge a rês ferida ao fugir
d'ara, / Da cerviz sacudindo o golpe incerto. – Trad. Odorico Mendes, II, v. 203-230)]

E assim Eumolpo (de quem se poderia dizer que aconteceu com ele o mesmo que
se passa com os poetas que improvisam; a memória deles tem sempre nos seus versos
tanta participação quanta imaginação):

Ecce alia monstra. Celsa qua Tenedos mare
Dorso replevit, tumida consurgunt freta,
Undaque resultat scissa tranquillo minans.
Qualis silenti nocte remorum sonus.
Longe refertur, cum premunt classes mare,
Pulsumque marmor abiete imposita gemit.
Respicimus, angues orbibus geminis ferunt
Ad saxa fluctus: tumida quorum pectora

NOTAS   497

Rates ut altae, lateribus spumas agunt:
Dat caudae sonitum; liberae ponto jubae
Coruscant luminibus, fulmineum jubar
Incendit aequor, sibilisque undae tremunt.
Stupuere mentes. Infulis stabant sacri
Phrygioque cultu gemina nati pignora
Laocoonte, quos repente tergoribus ligant
Angues corusci: parvulas illi manus
Ad ora referunt: neuter auxilio sibi
Uterque fratri transtulit pias vices,
Morsque ipsa miseros mutuo perdit metu.
Accumulat ecce liberum funus parens,
Infirmus auxiliator; invadunt virum
Jam morte pasti, membraque ad terram trahunt.
Jacet sacerdos inter aras victima.

[Eis que surgem outros prodígios: no lugar onde a elevada Tênedos / encheu o mar com sua encosta, braços de mar intumescidos, / e as onda mais fraca retumba tranquilamente, / tal como na noite silenciosa o som dos remos se reproduz ao longe, / quando as armadas comprimem o mar / e a arrebentação por elas impelida lamenta seus enganos desesperançosamente. / Volvemos nossos olhos: as ondas lançam nas pedras / serpentes de duas cabeças, cujos peitos intumescidos, / tal como as grandes embarcações, removem as espumas para o lado. / Sua cauda produz um som, suas cristas, livres do mar, / harmonizam-se com as luzes, seu brilho fulminante / abrasa a superfície do mar e as águas tremem com seu sibilo. / Ficaram entorpecidas as mentes. Com as ínfulas mantinham-se / os dois filhos do Laocoonte, em vestes frígias sagradas. / De repente, as agitadas serpentes os amarram / pelas costas. Eles levam as pequeninas mãos / aos rostos, nenhum socorre a si próprio, / um irmão tenta salvar o outro; o amor alterou os papéis / e a própria morte destrói os infelizes com seu medo recíproco. / Eis que se junta ao funeral dos filhos o pai, / débil auxiliar. Atacam esse homem, / já alimentadas pela morte, e arrastam seus membros para a terra. / O sacerdote-vítima jaz entre os altares [...]. Trad. Sandra Braga Bianchet, cap. LXXXIX, v. 29-52.]

Os traços principais são nas duas passagens exatamente os mesmos, e o diverso é expresso com as mesmas palavras. Isso, porém, são ninharias que saltam aos olhos. Há outros sinais de imitação que, por serem delicados, nem por isso são menos certos. Se o imitador é um homem que confia um pouco em si mesmo, ele imita raramente sem querer embelezar; e, quando esse embelezamento, em sua opinião, foi bem-sucedido, então ele é raposa o suficiente para apagar com a própria cauda suas pegadas, que denunciariam pelo qual ele veio. Mas justamente esse vão anseio de embelezar e esse de parecer original o denunciam. Pois sua ação de embelezar não é nada senão exagero e refinamento não natural. Virgílio diz *"sanguinae jubae"* [cristas sanguíneas]; Petrônio: *liberae jubae luminibus coruscant* [suas cristas erguidas brilham coruscantes]; Virgílio: *ardentes oculos suffecti sanguine et igni* [os olhos ardentes, rubros de sangue e de fogo]; Petrônio: *fulmineum jubar incendit aequor* [clarões fulgurantes incendiam a superfície do mar]. Virgílio: *fit sonitus spumante salo* [troa o mar bravo e espumoso]; Petrônio: *sibilis undae* [sibilam as ondas]. Assim segue o imitador, indo do grande ao monstruoso, do maravilhoso ao impossível. Os meninos enlaçados pelas serpentes são para Virgílio um acessório, que ele introduz com alguns poucos traços significativos, nos quais se reconhece apenas sua impotência e seus lamentos. Petrônio pinta essa obra secundária e faz dos meninos um par de almas heroicas:

498 LESSING: LAOCOONTE

[...] *neuter auxilio sibi,*
Uterque fratri transtulit pias vices,
Morsque ipsa miseros mutuo perdit metu.

[... nenhum cuida de si próprio, mas cada um quer reciprocamente libertar o irmão, e em mútua angústia a própria morte os infelizes perde.]

Quem espera tal abnegação da parte de seres humanos, de crianças? Quão melhor conhecia natureza esse grego (Quintus Calaber, lib. xii, v. 459-461) que, ante a aparição das terríveis serpentes, faz com que as mães esqueçam até mesmo seus filhos, a tal ponto cada uma pensa somente em sua própria preservação:

[...] ἔνθα γυναῖκες
Ὀιμωζον, καί πού τις ἑῶν ἐπελήσατο τέκνων,
Ἀυτὴ ἀλευομένη στυγερὸν μόρον [...]

[... então as mulheres / se lamentavam, e havia mesmo as que esqueciam seus próprios filhos, / buscando escapar do funesto destino...]

O imitador busca comumente disfarçar-se por esse meio, de modo a dar outra iluminação aos objetos, a fim de ressaltar as sombras e rebater as luzes. Virgílio esforça-se para tornar bem visível o tamanho das serpentes, pois desse tamanho depende a verossimilhança do que vai suceder; o ruído que elas produzem é uma ideia acessória e destinada também a tornar mais viva a ideia de grandeza. Petrônio, ao contrário, faz dessa ideia acessória a coisa principal, descreve o ruído com toda exuberância possível e se esquece da descrição da grandeza a tal ponto que devemos deduzi-la quase unicamente do ruído. É difícil crer que ele houvesse incorrido nessa inconveniência, se tivesse descrito simplesmente a partir de sua imaginação e não tivesse diante si nenhum modelo, que ele copiava, mas que não quisesse trair o fato de tê-lo copiado. Assim podemos considerar com certeza imitação infeliz toda pintura poética que pequenos traços sobrecarregam e que é defeituosa nos grandes, ainda que tenha mesmo tantas pequenas belezas quantas quiser e que o original possa denunciar-se ou não.

g. *Suppl. aux Antiq. Expl.*, t. i, p. 243: *Il y a quelque petite différence entre ce que dit Virgile, et ce que le marbre représente. Il semble, selon ce que dit le poète, que les serpents quittèrent les deux enfants pour venir entortiller le père, au lieu que dans ce marbre ils lient en même temps les enfants et leur père.* [Há alguma pequena diferença entre o que diz Virgílio e o que o mármore representa. Parece, segundo o que diz o poeta, que as serpentes largaram as duas crianças para vir envolver o pai, ao passo que nesse mármore elas enlaçam ao mesmo tempo os filhos e o pai.]

h. Donatus, ad. v. 227, lib. ii, *Aeneid: Mirandum non est, clipeo et simulacri vestigiis tegi potuisse, quos supra longos et validos dixit et multiplici ambito circumdedisse Laocoontis corpus ac liberorum et fuisse superfluam partem.* [Não é espantoso que elas pudessem se ocultar sob o escudo e os pés da deusa, elas que Virgílio diz serem tão longas e tão fortes que teriam enlaçado os corpos de Laocoonte e seus filhos com muitas voltas e que ainda assim sobrasse uma parte livre delas (as serpentes).] Parece-me que nessa passagem ou se deve deixar de fora o *"non"* da sentença *"Mirandum non est"*, ou então, no final, falta a conclusão toda. Pois, visto que as serpentes eram tão extraordinariamente grandes é de se espantar que tenham podido se esconder sob o escudo da deusa, se esse escudo não fosse ele próprio muito grande e não pertencesse a uma figura colossal. A afirmação desse fato deveria fazer parte da conclusão que falta, ou então o *"non"* carece de sentido.

i. Na esplêndida edição do Virgílio inglês de Dryden (London 1697, em grande in-fólio). E, no entanto, também este envolveu com uma simples volta das serpentes

NOTAS

o corpo (de Laocoonte) e quase sem passar em torno do pescoço. Se um artista tão medíocre merece algo mais do que uma desculpa, então só poderia vir em seu favor que as gravuras de um livro devem ser consideradas apenas como esclarecimentos, mas não como obras de arte subsistentes por si.

j. Assim o julga o próprio De Piles nas suas observações sobre Du Fresnoy, v. 210: *Remarquez, s'il vous plaît que les draperies tendres et légères n'etant données qu'au sexe féminin, les ancienss sculpteurs ont evite au temps qu'ils ont pu d'habiller les figures, d'hommes, parce qu'ils ont pensé, comme nous l'avons déjà dit, qu'em sculpture on ne pouvait imiter les étoffes et que les gros plis faisaient um mauvais effet. Il y a presque autant d'exemples de cette vérité, qu'il y a parmi les antiques de figures d'hommes nus. Je rapporterai seulement celui du Laocoon, lequel selon la vraisemblance devrait être vêtu. En effet, quelle apparence y a-t-il qu'un fils de roi, qu'un prêtre d'Apollon se trouvât tout nu dans la cérémonie actuelle d'un sacrifice; car les serpents passérent de l'île de Ténédos au rivage de Troie, et surprirent Laocoon et ses fils dans le temps même qu'il sacrifiait à Neptune sur le bord de la mer, comme le marque Virgile dans le second livre de son Eneide. Cependant les artistes, qui sont les auteurs de ce bel ouvrage ont bien vu qu'ils ne pouvaient pas leur donner de vêtements convenables à leur qualité, sans faire comme un amas de pierres, dont la masse ressemblerait à um rocher, au lieu des trois admirables figures, qui ont été et qui sont toujours l'admiration des siècles. C'est pour cela que de deux inconvénients, ils ont jugé celui des draperies baucoup plus fâcheux, que celui d'aller contre la vérité même.* [Observai, se vos apraz, que sendo os tecidos macios e ligeiros dados apenas ao sexo feminino, os antigos escultores evitaram tanto quanto puderam vestir as figuras de homens, porque pensavam, como nós já havíamos dito, que em escultura não se podia imitar os tecidos e que as grandes pregas causavam um mau efeito. Há quase tantos exemplos dessa verdade, quantas figuras de homens nus há entre os antigos. Citarei apenas o de Laocoonte, o qual segundo a verossimilhança devia estar vestido. Com efeito, será plausível que um filho de rei, que um sacerdote de Apolo se encontre inteiramente nu na cerimônia efetiva de um sacrifício? Pois as serpentes passaram da ilha de Tênedos à costa de Troia, e surpreenderam Laocoonte e seus filhos exatamente quando eles sacrificavam a Netuno na borda do mar, como indica Virgílio no segundo livro de sua *Eneida*. Entretanto os artistas que são os autores dessa bela obra viram de fato que não podiam lhes dar vestimentas convenientes à sua qualidade, sem fazer como que um amontoado de pedras cuja massa pareceria um rochedo, em vez de três admiráveis figuras que foram e que são sempre objeto da admiração dos séculos. É por isso que de dois inconvenientes, eles julgaram o dos tecidos muito mais desagradável do que o de ir contra a própria verdade.]

Capítulo VI

a. Maffei, Richardson e ainda mais recentemente o senhor de Hadergorn (*Betrachtungen über der die Malerei*, p. 37. Richardson, *Traité de la peinture*, tomo III, p. 513). De Fontaine não merece por certo que eu o junte a esses homens. Nas notas à sua tradução de Virgílio, ele mantém igualmente, como eles, que o poeta teve o grupo diante dos olhos; mas ele é tão ignorante que o apresenta como sendo uma obra de Fídias.

b. Eu não posso, nesse ponto, referir-me a nada mais decisivo do que ao poema de Sadolet. Ele é digno de um poeta da antiguidade e, visto que a passagem pode muito bem substituir uma gravura, creio que devo inseri-lo aqui por inteiro:

DE LAOCOONTIS STATUA
JACOBI SADOLETI CARMEN

Ecce alto terrae e cumulo, ingentisque ruinae
Visceribus, iterum reducem longinqua reduxit
Laocoonta dies: aulis regalibus olim
Qui stetit, atque tuos ornabat, Tite, penates,
Divinae simulacrum artis, nec docta vetustas
Nobilius spectabat opus, nunc celsa revisit
Exemptum tenebris redivivae moenia Romae
Quid primum summumve loquar? miserumne parentem
Et prolem geminam? an sinuatos flexibus angues
Terribili aspectu? Caldasque irasque draconum
Vulneraque et verus, saxo moriente, dolores?
Horret ad haec animus, mutaque ab imagine pulsat
Pectora, non parvo pietas commixta tremori.
Ardentes colubris, et sinuosis erbibus errant,
Ternaque multiplici constringunt corpora nexu.
Vix oculi sufferre valent, crudele tuendo
Exitium casusque feros: micat alter, et ipsum
Laocoonta petit, totumque infraque supraque
Implicat et rabido tendem ferit ilia morsu.
Conexum refugit corpus torquentia sese
Membra, latusque retro sinuatum a vulnere cernas.
Ille, dolore acre et laniatu impulsus acerbo,
Dat gemitum ingentem, crudosque evellere dentes
Connixus, laevam impatiens ad terga Chelydri
Objicit: intendunt nervi, collectaque ab omni
Corpore vis frustra summis conatibus instat.
Ferre nequit rabiem, et de vulnere murmur anhelum est.
At serpens lapsu crebro redeunte subintrat
Lubricus intortoque ligat genua infima nodo.
Absistunt surae, spirisque prementibus arctum
Crus tumet, obsepto turgent vitalia pulsu
Liventesque atro distendunt sanguine venas.
Nec minus in natos eadem vis effera saevit
Implexuque angit rapido miserandaque membra
Dilacerat: iamque alterius depasta cruentum
Pactus suprema genitorem voce cientis
Circumjectu orbis validoque volumine fulcit.
Alter adhuc nullo violatus corpora morsu,
Dum parat adducta caudam divellere planta,
Horret ad adspectum miseri patris, haeret in illo,
Et jam jam ingentes flatus lachrymasque cadentes
Anceps in dubio retinet timor. Ergo perenni
Qui tantum statuistis opus jam laude nitentes,
Artifices magni (quamquam et melioribus actis
Quaeritur aeternum nomen, multoque licebit
Clarius ingenium venturae tradere famae:
Attamen ad laudem quaecunque oblata facultas
Egregium hanc rapere et summis ad fastigia niti) –
Vos rigidum lapidem vivis animare figuris
Eximii et vivos spiranti in marmore sensus
Inserere aspicimus motumque iramque doloremque,
Et paene audimus gemitus: vos extulit olim

NOTAS 501

Clara Rhodos, vestrae jacuerent artis honores
Tempore ab immenso, quos rursum in luce secunda
Roma videt celebratque frequens, operisque vetusti
Gratia parta recens. Quanto praestantius ergo est
Ingenio, aut quovis extendere fata labore,
Quam fastus et opes et inanem extendere luxum.

[A ESTÁTUA DE LAOCOONTE – *Poema de Jacques Sadolet*. – Eis que das profundezas
da terra, das entranhas de uma ruína imensa, onde ficou sepultada durante tantos
séculos, volta à luz do dia esse Laocoonte que outrora esteve em palácios reais e
ornava, ó Tito, teus penates. Essa obra-prima de uma arte divina, a mais bela que
a douta antiguidade admirou, foi agora arrancada das trevas e habita as soberbas
muralhas da Roma rediviva. Por onde começar ou acabar? Pelo infeliz pai e seus
filhos gêmeos? Ou pelas serpentes de volteios sinuosos e aspecto terrível? Ou pelas
furiosas caudas chicoteantes dos dragões, pelas feridas e pelas verdadeiras dores
do mármore expirante? O espírito tomado pelo horror recua diante dessa imagem
muda e a compaixão, misturada a um grande medo, agita o peito. Os dois monstros de olhos faiscantes desenrolam espirais em vasto círculo, serpejam em dobras
sinuosas e constringem os três corpos em múltiplos enlaces. Os olhos mal podem
suportar o espetáculo de um fim tão medonho e de um destino tão horrível: aí um
deles salta com a rapidez de um raio, ataca o próprio Laocoonte, enlaça-o de alto a
baixo e fere por fim sua ilharga com raivosa mordida. O corpo encadeado refoge,
os membros se contorcem e vê-se o flanco ferido retrair-se. Torturado por dor violenta e dilacerado por acerbas mordidas, ele dá um imenso gemido, esforça-se para
arrancar da chaga aqueles dentes ferozes, e agarra com a mão esquerda impaciente
o pescoço do Chelidro [serpente venenosa]: os músculos se entesam e as força reunidas do corpo inteiro se concentram em vão no esforço supremo. Ele não pode
suportar esse ataque furioso, e em surdo gemido arqueja na dor do ferimento. Por
outro lado, a serpente escorregadia em repetidas voltas desliza para baixo, pren-
dendo com o enlace apertado de seus anéis os joelhos das vítimas. As panturri-
lhas enfraquecem, e as apertadas espirais intumescem as coxas, o coração opresso
deixa de pulsar e as veias lívidas se intumescem de sangue negro. Com fúria não
menos feroz, enlaça os infelizes meninos, constringe seus membros e dilacera-os:
e já devora o peito ensanguentado de um deles, enquanto o mantém fortemente
cingido, o qual com a voz do último alento invoca o pai, enquanto o segundo, cujo
corpo ainda não fora ferido por nenhuma mordida, procura desprender seu pé da
cauda que o enrosca, horroriza-se à vista de seu desventurado pai, que ele fixa com
o olhar, e já o redobrado medo repleto de incertezas lhe impede o choro compadecido e torrentes de lágrimas. Logo, ó vós ilustres artistas que erigistes tão brilhante
obra merecedora de louvor imperecível (ainda que se possa ter alcançado um nome
imortal por atos melhores e ter-se confiado a um gênio mais afamado futura glória
duradoura, no entanto cada ensejo oportuno do excelente pode arrebatar para esta
fama e conduzir ao mais alto cimo), vós animastes de maneira grandiosa a pedra
rígida com exímias figuras, e vivos a respirar em mármore sentimentos inseristes,
que vemos, e também os movimentos, a ira, as dores, e quase ouvimos os gemidos: a ilustre Rodes outrora vos deu nascimento, durante um tempo imensurável
dormitou a fama de vossa arte, até que de novo em radiosa luz Roma a vê, celebra
e contempla a graça da velha obra rejuvenescida. E quão mais notável, portanto, é
estender a permanência do nome pelo exercício do gênio laborante, do que esten-
dê-lo pela soberba, riqueza e luxo vazios. (Ver Leodegarii a Quercu *Farrago Poe-
matum*, t. II, p. 64.) Gruter também incorporou esse poema, acompanhado de
outros de Sadolet, em sua conhecida coletânea (*Delic. Poet. Italorum*, parte alt.,

502 LESSING: LAOCOONTE

p. 582), mas de maneira muito defeituosa. Ele lê em vez de *bini* (v. 14), *vivi*; em vez de *errant* (v. 15), *oram* etc.

c. *De la Peinture*, tomo III, p. 516: *C'est l'horreur que les Troiens ont concue contre Laocoon, qui était nécessaire à Virgile pour la conduite de son poème; et cela le mêne à cette description pathétique de la destruction de la patrie de son héros. Aussi Virgile n'avait garde de diviser l'attention sur la dernière nuit, pour une grande ville entière, par la peinture d'un petit malheur d'un particulier.*

[É o horror que os troianos sentiram contra Laocoonte que era necessário a Virgílio para a condução de seu poema; e isso o leva a essa descrição patética da destruição da pátria de seu herói. Por isso Virgílio toma o cuidado de não dividir a atenção sobre a última noite, para uma grande cidade inteira, pela pintura de uma pequena desgraça de um particular.]

Capítulo VII

a. A primeira edição é de 1747, a segunda de 1755 e traz o título: *Polymetis, or an Enquiry concerning the Agreement Between the Works of the Roman Poets and the Remains of the Ancient Artists, Being an Attempt to Illustrate Them Mutually from One Another. In Ten Books, by the Revd. Mr. Spence. London, Printed for Dodsley, fol.* Um excerto dessa obra, feito por M. Tindal, também já foi impresso mais de uma vez.

b. Val. Flaco, lib. VI, v. 55-56. *Polymetis*, dial. VI, p. 50.

c. Eu digo: pode ser. Contudo. Eu apostaria dez contra um que não é. Juvenal fala dos primeiros tempos da República, quando anda não se conhecia nenhuma pompa e opulência e o soldado o ouro a prata pilhados somente para os arreios de seu cavalo e para as armas (*Sat.* XI, v. 100-107):

> *Tunc rudis et Grajas mirari nescius artes*
> *Urbibus eversis praedarum in parte reperta*
> *Magnorum artificum frangebat pocula miles,*
> *Ut phaleris gauderet equus, caelataque cassis*
> *Romuleae simulacra ferae mansuescere jussae*
> *Imperii fato, geminus sub rupe Quirinos,*
> *Ac nudam effigiem clipeo fulgentis et hasta*
> *Pendentisque dei perituro ostenderet hosti.*

[Grosseiro então o soldado, / Sem saber admirar as artes gregas, / Quando tomavam uma cidade, quebrava / Os ricos vasos que em botim ganhava / Lavrados por artífices insignes, / Para que seu cavalo se ufanasse / Com ricos paramentos, ou seu capacete / Cinzelado mostrasse ao inimigo, / Ao receber a morte, a figura / Da romulaena fera, já amansada / Pelo fado do Império, e sustentando / Os quirinos gêmeos da rocha, / Ou no broquel pendente brilhar visse, / Do fero Marte a desnuda imagem / Resplandecente com escudo e lanças. – Tradução da versão espanhola de *Sátiras de Juvenal e Pérsio*, realizada por Francisco Diaz Carmona e José M. Vigil, Madrid, 1892.]

O soldado quebrava os vasos mais preciosos, as obras-primas dos maiores artistas, para transformá-los numa loba, num pequeno Rômulo e Remo, com os quais ele ornamentava seu elmo. Tudo é compreensível até os dois últimos versos, em que o poeta continua a descrever ainda semelhante imagem gravada nos capacetes dos soldados antigos. Vê-se muito bem que essa imagem deve ser a do deus Marte; mas o que deve

NOTAS . 503

significar o adjetivo *pendentis* [pendente] que ele lhe dá? Rigault encontrou uma antiga glosa que explica isso pelo *quasi ad ictum se inclinantis* [como que se inclina para o lance]. Lubinus pensa que a imagem estava sobre o escudo e, dado que o escudo pendia do braço, então o poeta também pôde dar à imagem o epíteto de *pendente*. Mas isso é contrário à construção; pois o sujeito a que *ostenderet* diz respeito não é *milles*, porém *cassis*. Britannicus pretende que se ergue alto no ar pode ser denominado de pendente e, portanto, também essa imagem sobre ou no capacete. Alguns querem por isso ler *perdentis*, a fim de fazer uma oposição com o subsequente *perituro*, o que, no entanto, só eles podem achar bela. O que diz agora Addison a propósito dessa incerteza? Os comentadores, afirma ele, enganam-se todos, e a verdadeira opinião é com certeza a seguinte (veja a tradução alemã das suas *Viagens*, p. 249): "Visto que os soldados romanos não se vangloriavam do espírito fundador e guerreiro de sua República, por isso costumavam trazer nos seus capacetes a primeira história de Rômulo, como ele foi gerado por um deus e nutrido por uma loba. A figura do deus era representada pelo episódio em que ele desce sobre a sacerdotisa Ília ou, como outros a chamam, Rhea Sylvia, e nessa descida ele parece pairar no ar sobre a jovem, o que é, portanto, expresso mui propriamente e mui poeticamente pelo termo *pendentis*. Além do velho baixo-relevo reproduzido em Bellori, que me levou primeiro a essa interpretação, eu encontrei a mesma figura em uma moeda que havia sido estampada no tempo de Antonino Pio." Visto que Spence acha essa descoberta de Addison tão extraordinariamente feliz que ele a apresenta como um modelo em seu gênero de arte e como o mais forte exemplo de quão utilmente se poderia empregar as obras dos artistas antigos para explicar o poeta romano clássico, eu não posso me sofrear no desejo de examiná-la de um modo um pouco mais preciso (*Polymetis*, dial. VII, p. 77). Antes de tudo, devo observar que dificilmente apenas o baixo-relevo e a moeda teriam trazido aos pensamentos de Addison a passagem de Juvenal, se ele não tivesse se lembrado, ao mesmo tempo, que num antigo escoliasta que, na penúltima linha, lera *venientis* em vez de *fulgentis*, havia encontrado a glosa: *Martis ad Illiam venientis ut concumberet* [Marte vindo sobre Ília para dormir com ela]. Agora, e se não se aceita esse modo de leitura do escoliasta, mas se toma aquela que o próprio Addison aceita, e digamos, se em seguida não se encontra o mais ligeiro vestígio de que o poeta tinha Reia em mente? Diga-se então se não seria de sua parte um verdadeiro hísteron-próteron [inversão da ordem cronológica dos eventos] o fato de que ele fale primeiro da loba e dos meninos e, depois, somente, da aventura à qual deviam agradecer sua existência! Reia ainda não é mãe e os filhos já se encontram sob a rocha. Diga-se também se uma "hora do pastor" [do amor] teria sido um emblema conveniente sobre o capacete de um soldado romano! Que o soldado tinha orgulho da origem divina de seus patronos é o que mostra suficientemente a loba e as crianças; precisaria também Marte mostrá-lo no momento de uma ação em que ele era nada menos do que o temível Marte? Ainda que sua ação de surpreender Reia possa estar representada em tantos mais antigos mármores e moedas quantos se encontrem, ela ficaria bem por isso sobre uma peça da armadura? E quais são, portanto, os mármores e as moedas sobre os quais Addison a encontrou, e onde foi que ele viu Marte nessa postura adejante? O antigo baixo-relevo sobre o qual ele se apoia, deveria estar em Bellori. Mas em vão folhear-se-ia a *Admiranda*, sua recolha dos mais belos baixos-relevos antigos. Eu não a encontrei, e Spence não deve tampouco tê-la encontrado, nem lá nem alhures, pois passa por ela em completo silêncio. Tudo, portanto, fica na dependência da moeda. Pois bem, que se examine isso no próprio Addison. Eu vejo uma Reia deitada; e uma vez que o espaço não permitia ao gravador dispor a figura de Marte e a dela no mesmo plano, ele está em uma posição um pouco mais alta. Isso é tudo; de adejante, afora isto, a figura não tem o mais leve traço. É verdade, na reprodução que Spence nos dá, o adejar está fortemente expresso; a figura cai com a parte superior muito para frente, e vê-se nitidamente que não é um corpo em pé, mas que, se não deve ser um corpo em queda, é necessariamente adejante. Spence diz que ele próprio possui essa moeda. Seria difícil, mesmo em se tratando de uma ninharia, pôr em dúvida a boa-fé de um homem. Entretanto, um preconceito arraigado pode ter influência também sobre os nossos olhos; em acréscimo, para o bem de seus leitores, ele pode considerar que lhe é permitido, por meio de seu artista, fortalecer tanto a expressão que ele julga ver, a ponto de nos restar tão pouca dúvida a esse respeito quanto a ele mesmo. O certo é que Spence e Addison têm em vista a mesma moeda e que ela, por conseguinte, deve estar muito disfarçada neste ou muito embelezada naquele. No entanto, tenho ainda outra observação a fazer acerca desse pretenso adejar de Marte. É a seguinte: a de que um corpo adejante sem uma causa aparente que impeça a ação de seu peso é um absurdo, do que não se encontra nenhum exemplo entre as obras de arte antigas. Também a pintura moderna nunca se permite tal coisa, ao contrário, se um corpo deve ficar suspenso no ar, então ele há de estar sustentado por asas, ou deve parecer que repousa sobre ele, e mesmo que seja apenas uma simples nuvem. Quando Homero faz com que Tétis se eleve a pé da praia até o Olimpo: Τὴν μὲν ἄρ᾽ Οὔλυμπον δὲ πόδες φέρον [Levam-na os pés ao Olimpo – C.A.N.] (*Ilíada*, xviii, v. 148), o conde Caylus compreende bem demais as necessidades da arte para que aconselhe o pintor a deixar a deusa atravessar tão livremente o ar. Ela toma seu caminho sobre uma nuvem (*Tableaux tirés de l'Iliade*, p. 91), assim como em outra ocasião ele a coloca em um carro (p. 131), embora o poeta diga o contrário a respeito dela. E como pode de fato ser de outro modo? Se já o poeta nos faz pensar a deusa igualmente sob uma figura humana, quer dizer então que ele afastou dela todos os conceitos de matéria grosseira e pesada e vivificou seu corpo antropomórfico com uma força que o exclui de todas as leis de nosso movimento. Por que outro meio, porém, poderia a pintura diferenciar tão perfeitamente a figura corporal de uma deusa da figura corporal de um homem, para que nosso olho não ficasse ofendido quando observasse em uma delas regras de movimento, gravidade e equilíbrio completamente diversas do que as da outra? Por que outro meio senão por signos convencionais? Com efeito, um par de asas, uma nuvem não são também outra coisa senão signos semelhantes. Contudo, falaremos mais disso em outro lugar. Aqui basta pedir aos defensores da opinião de Addison que me mostrem outra figura similar em monumentos antigos que esteja assim suspensa, livre e simplesmente no ar. Deveria ser esse Marte o único em seu gênero? E por quê? Teria talvez a tradição transmitido uma circunstância que torne, nesse caso, um adejar assim necessário? Em Ovídio (*Fast.*, lib. iii) não se pode encontrar o menor traço disso. Pode-se mostrar, bem mais, que tal circunstância jamais poderia ter existido. Pois existem outras obras de arte antigas que representam a mesma história, e nas quais Marte evidentemente não adeja, porém anda. Examine-se o baixo-relevo em Montfaucon (*Suppl.*, t. i, p. 183), que se encontra, se não me engano, em Roma, no palácio Mellini. Reia adormecida está deitada sob uma árvore e Marte aproxima-se dela a passos leves, e com a mão direita significativamente estendida para trás, com a qual ordenamos aos que estão atrás de nós ou a permanecer ali ou a seguir devagar. É exatamente a mesma postura na qual ele aparece na moeda, exceto o fato de que aqui ele carrega a lança na mão direita e lá na esquerda. Encontram-se com frequência famosas estátuas e baixo-relevos copiados em moedas antigas, de modo que não há por que isso também não poderia ter ocorrido aqui nesse caso em que o gravador não sentiu talvez a expressão da mão direita voltada para trás e acreditou por isso poder senti-la melhor com a lança. Considerando-se agora tudo isso em conjunto, quanta verossimilhança resta ainda a Addison? Dificilmente mais do que a mera possibilidade tem. Contudo, de onde tirar melhor explicação, se esta não presta? Pode ser que já se tenha encontrado uma melhor entre as rejeitadas por Addison. Mas, se não se encontrar nenhuma, o que mais fazer? A passagem do poeta foi corrompida; ela pode permanecer assim. E ela permanecerá, mesmo que se desembalem ainda vinte novas

NOTAS 505

conjecturas a seu respeito. Entre outras poderia ser, por exemplo, a seguinte: se o termo *pendentis* deve ser tomado no seu sentido figurado, pelo qual significa "incerto, irresoluto, indeciso", *Mars pendens* equivaleria então a *Mars incertus* ou *Mars communis*. *Dii communes* [os deuses comuns], diz Sérvio (ad v. 118, lib. xii, *Aenid*.), *sunt Mars, Bellona, Victoria, quia hi in bello utrique parti favere possunt* [são Marte, Belona, Vitória, porque na guerra eles podem favorecer um ou outro partido]. E toda essa linha:

Pendentisque Dei (effigiem) perituro ostenderet hosti

[e mostra a imagem do Deus adejante ao inimigo que perece]

significaria que o antigo soldado romano estaria habituado a pôr sob os olhos dos inimigos que esperavam logo derrotar a imagem do seu deus comum. Um traço muito fino que faz das vitórias dos antigos romanos mais um efeito de sua própria bravura do que o fruto da ajuda partidária dos pais de seu povo. Como quer que seja: *Non liquet* [Não está claro].

d. "Antes de conhecer", diz Spence (*Polymetis*, Dial. xiii, p. 208), "essas *Aurae*, ninfas do ar, eu não sabia de nenhum modo como me encontrar na história de Céfalo e Prócris em Ovídio. Eu não conseguia de maneira alguma compreender como Céfalo, com a sua exclamação *Aura venias*, ainda que fosse pronunciada em um tom tanto mais terno e lânguido, poderia levar alguém à suspeita de que ele estaria sendo infiel a sua Prócris. Uma vez que eu estava acostumado a compreender sob a palavra *Aura* nenhuma outra coisa senão o ar em geral ou, em particular, um vento suave, o ciúme de Prócris me parecia ainda bem mais infundado agora do que costumava ser também o mais extravagante ciúme comum. Mas quando eu descobri que *Aura* poderia designar tanto uma bela jovem quanto o ar, então a coisa adquiriu um aspecto inteiramente outro, e a história me pareceu tomar um rumo bastante razoável." Eu não quero nesta nota retirar a aprovação que dou no texto a essa descoberta com a qual Spence tanto se lisonjeia. Não posso, no entanto, deixar despercebido que a passagem do poeta também seria sem ela inteiramente natural e compreensível. É preciso apenas saber que, entre os antigos, *Aura* era um nome de mulher muito comum. Assim, por exemplo, em Nonnus (*Dyonis*., lib. xlviii), a ninfa do séquito de Diana, que se gabava de possuir uma beleza mais viril do que a da própria deusa, foi entregue, durante o sono, aos abraços de Baco, como castigo por seu atrevimento.

e. Juvenal, *Satyr*., viii, v. 52-55.

[...] *At tu*
Nil nisi Cecropides; truncoque simillimus Hermae:
Nullo quippe alio vincis discrimine, quam quod
Illi marmoreum caput est, tua vivit imago.

[Tu nada mais és do que uma Cécrope e te assemelhas em tudo a uma coluna de Hermes: com a única diferença que a cabeça deste é de mármore, tu, porém, representas uma estátua viva.]

Se Spence houvesse incluído em seu plano os escritores gregos, ter-lhe-ia ocorrido, talvez sim, mas talvez não, uma antiga fábula de Esopo que, da moldagem de semelhante coluna de Hermes, recebe uma luz ainda muito mais bela e, para a sua compreensão, mais indispensável do que essa passagem de Juvenal. "Mercúrio", conta Esopo, "gostaria de saber em que pé se encontrava a sua reputação entre os homens. Ele ocultou sua divindade e procurou um escultor. Ali viu a estátua de Júpiter e perguntou ao artista quanto queria por ela. Um dracma, respondeu ele. Mercúrio sorriu: – E esta Juno? – perguntou a seguir. Quase o mesmo. Nisso ele avistou a sua própria imagem e pensou consigo próprio: eu sou o mensageiro dos deuses; de mim vem o ganho em tudo; as pessoas devem necessariamente me apreciar muito mais. – Mas, e este deus aqui? (Ele apontou para a sua estátua.) Quanto poderia custar? – Este? – respondeu o artista. – Ah, se você comprar aqueles dois, você poderá ter este a mais." Mercúrio ficou atônito. O escultor, porém, não o conhecia e não podia ter o propósito de melindrá-lo em seu amor-próprio, mas, antes, devia estar fundado na própria qualidade da estátua o motivo pelo qual ele a tinha em tão pouca valia que a destinou a servir de regalo. A menor dignidade do deus que ela representava não podia ter nada com isso, pois o artista valoriza suas obras conforme a habilidade, o empenho e o trabalho que elas exigem, e não conforme a posição e o mérito do ser que elas expressam. A estátua de Mercúrio devia exigir menos habilidade, menos empenho e trabalho, se havia de custar menos do que uma estátua de Júpiter ou de Juno. E assim foi aqui efetivamente. As estátuas de Júpiter e de Juno mostravam a pessoa inteira desses deuses; a estátua de Mercúrio, ao contrário, era um mau pilar quadrangular com apenas o busto dele. O que há de espantoso, portanto, que ela pudesse entrar no negócio? Mercúrio passou por cima dessa circunstância porque só tinha diante dos olhos o seu suposto mérito sobrepujante, e assim a sua humilhação era igualmente tão natural quanto merecida. Procurar-se-á em vão, entre os intérpretes, os tradutores e os imitadores das fábulas de Esopo o mais ligeiro traço dessa explicação; eu poderia aqui apresentar toda uma lista, se valesse a pena o trabalho dos que compreenderam literalmente as fábulas, isto é, não compreenderam absolutamente nada. Eles não sentiram ou de fato ainda exageraram o absurdo aí contido, quando se aceita que todas essas estátuas como obras de igual execução. A única coisa que, do contrário, poderia ser chocante nessa fábula seria o preço que o artista atribuía a seu Júpiter. Por um dracma nenhum oleiro tampouco pode sequer fazer uma boneca. Um dracama deve estar aqui no lugar de algo de muito valor (*Fab. Aesop.*, edit. Haupt., p. 70).

f. Tibulo, *Eleg.* 4, lib. III. – *Polymetis*, dial. VIII, p. 84.

g. Estácio, lib. I, *Silv.* 5, v. 8. – *Polymetis*, dial. VII, p. 81.

h. Lucrécio, *De R.N.*, lib. V, v. 736-747:

It Ver et Venus, et Veneris praenuntius ante
Pinnatus graditur Zephyrus; vestigia propter
Flora quibus mater praespargens ante viai
Cuncta coloribus egregiis et odoribus opplet.
Inde loci sequitur Calor aridus et comes una
Pulverulenta Ceres,et Eresia flabra Aquilonum.
Inde Autumnus adit; graditur simul Evius Evan;
Inde aliae tempestates ventique sequuntur,
Altitonans Volturnus et Auster fulmine pollens.
Tandem Bruma nives adfert pigrumque rigorem
Reddit, Hiems sequitur crepitans ac dentibus Algus.

[Vão juntamente a primavera e Vênus, e logo antes o alado arauto de Vênus, enquanto junto dos passos de Zéfiro, Flora, sua mãe, cobre todos os caminhos de cores egrégias e de perfumes. Seguem-se o árido Calor e sua companheira Ceres e os sopros etésios dos Aquilões. Vem depois o outono e juntamente Évio Evan. Seguem-se outros tempos, outros ventos, o Vulturno de altos trovões e o Austro com a força de seus relâmpagos. Finalmente, o frio traz as neves e o inverno, a gelada preguiça; logo depois, castanholando os dentes, vem os arrepios. – Trad. Agostinho da Silva.]

Spence distingue essa passagem como uma das mais belas de todo o poema de Lucrécio. No mínimo, ela é uma daquelas sobre as quais se fundamenta a glória de

NOTAS 507

Lucrécio como poeta. Na verdade, porém, isso significa diminuir-lhe essa honra, querer despojá-lo inteiramente dela, quando se diz: Toda essa descrição parece ter sido feita segundo uma antiga procissão das estações divinizadas na sequência de sua ordem. E por que isso? "Porque", diz o inglês, "outrora entre os romanos semelhantes procissões com seus deuses eram em geral tão costumeiras quanto são ainda hoje em certos países as procissões que se realizam em honra dos santos; e porque, além disso, todas as expressões que o poeta emprega aqui convêm perfeitamente a uma procissão (*come in very aptly, if applied to a procession*)". Excelentes razões! E quanto não se poderia objetar contra a última delas! Já os adjetivos que o poeta dá às abstrações personificadas, *Calor aridus, Ceres pulverulenta, Volturnus altitonans, fulmine pollens Auster, Algus dentibus crepitans*, mostram que eles devem o seu ser a ele, e não ao artista que teria de caracterizá-lo de um modo completamente diverso. Spence parece, de resto, ter chegado a essa ideia por intermédio de Abraham Preigern que, nas suas observações sobre essa passagem do poeta, diz: *Ordo est quase pompae cujusdam; Ver et Venus, Zephyrus et Flora etc.* [A ordem é como aquela de uma procissão: Primavera e Vênus, Zéfiro e Flora etc.]. Mas Spence devia ter-se detido por aí. O poeta representa as estações do ano, por assim dizer, em uma procissão: isso é bom. Mas ele aprendeu de uma procissão a representá-las assim; mas isso é de mau gosto.

i. *Eneida*, lib. VIII, v. 725; *Polymetis*, dial. XIV, p. 230.

j. Nas diversas passagens de suas "viagens" e de suas "conversas" sobre as antigas moedas.

Capítulo VIII

a. *Polymetis*, dial. IX, p. 129.

b. *Metamorph.*, lib. IV, p. 19, 20.

c. Begeri, *Thes. Brandenb.*, v. III, p. 240.

d. *Polymetis*, dial. VI, p. 63.

e. *Polymetis*, diálogo XX, p. 311: *Scarce any thing can be good in a poetical description, which would appear absurd, if represented in a statue or picture.* [Raramente alguma coisa pode ser boa em uma descrição poética, que parecia absurda, se representada em uma estátua ou pintura.]

f. *Polymetis*, dial. VII, p. 74.

g. *Argonaut.*, lib. II, v. 102-106.

h. *Thebaid.*, lib. V, v. 61-69.

Capítulo IX

a. Valerius Flaccus, lib. II, *Argonaut.*, v. 265-273:

Serta patri, juvenisque comam vestesque Lyaei
Induit, et medium curru locat aeraque circum
Tympanaque et plenas tacita formidine cistas.
Ipsa sinus hederisque ligat famularibus artus
Pampinaem quatit ventosis ictibus hastam,
Respiciens; teneat virides velatus habenas
Ut pater, et nivea tumeant ut cornua mitra,
Et sacer ut Bacchum referat scyphus.

508 LESSING: LAOCOONTE

[Ela cobre de guirlandas a cabeça de seu pai, lhe dá a cabeleira e as vestes do jovem Lieu (Baco), coloca-o no meio do carro, entre os címbalos, os tambores e os cestos misteriosos ao redor. Ela mesma envolve com hera seu vestido e seus braços, brande o tirso de videira nos ares, e atenta para o modo como o pai, velado, segura as rédeas verdejantes, e se seus chifres despontam sob a nívea mitra e como a sacra taça reflete Baco.]

O termo *tumeant* no penúltimo verso parece indicar, ademais, que os chifres de Baco não foram feitos em tamanho tão pequeno quanto Spence imaginou.

b. O assim chamado Baco no jardim dos Médicis em Roma (em Montfaucon, *Suppl. aux Ant.*, t. I, p. 154) tem pequenos chifres que despontam da fronte; mas há conhecedores que, exatamente por isso, querem de preferência tomá-lo por um fauno. De fato, tais cornos constituem uma profanação da figura humana e só podem convir a seres aos quais se atribui uma espécie de figura média entre o homem e o animal. Também a postura e o olhar de cobiça pelas uvas suspensas acima dele são mais de um companheiro do deus do vinho do que do próprio deus. Recordo-me a esse propósito o que Clemente de Alexandria diz de Alexandre, o Grande (*Protrep.*, p. 48, Edit. Pott):Ἐβούλετο δε καὶ Ἀλέξανδρος Ἄμμωνος υἱὸς εἶναι δοκεῖν, καὶ κερασφόρος ἀναπλάττεσθαι πρὸς τῶν ἀγαλματοποιῶν, τὸ καλὸν ἀνθρώπου πρόσωπον ὑβρίσαι σπεύδων κέρατι [Era vontade expressa de Alexandre que o tomassem por filho de Amon e os escultores o representassem com chifres; ele ficava muito satisfeito que a beleza humana fosse, nele com os chifres, injuriada, desde que acreditassem que ele era de origem divina].

c. Quando afirmei que os artistas antigos não haviam moldado Fúrias, não me escapara o fato de que as Fúrias tinham mais de um templo, os quais sem as suas estátuas decerto não existiam. No de Cerineia, Pausânias encontrou semelhantes estátuas feitas de madeira; não eram nem grandes nem, em geral, especialmente notáveis; parece que a arte, que não podia se mostrar nelas, quis introduzir isso nas estátuas de suas sacerdotisas, dispostas no átrio do templo, algumas das quais eram de pedra e de um trabalho mui belo (Pausânias, *Achaic.*, cap. xxv, p. 589. Ed. Kuhn). Tampouco eu havia me esquecido que se acreditava ter visto cabeças de Fúrias em um Abraxa, que Chiffletius deu a conhecer, e sobre uma lâmpada em Liceto (*Dissertat. sur les Furies*, por Bannier, *Mémoires de l'Academie des Inscript.*, t. v, p. 48). Também não me era desconhecida nem sequer a urna de trabalho etrusco em Gori (Tabl. 151, *Musei Etrusci*), e sobre a qual aparecem Orestes e Pílades, ao serem assediados por duas Fúrias com tochas. Mas eu falava de obras de arte das quais julgava poder excluir todas essas peças. E mesmo se também esta última, tanto como as demais, não deva ser daí excluída, então, de outro lado, isso serve para fortalecer ainda mais minha opinião. Pois, por menos que os artistas etruscos em geral tenham trabalhado sobre o belo, ainda assim parecem, no entanto, haver expressado também as Fúrias, não tanto por traços faciais hediondos, quanto, bem mais, por seu traje e atributos. Elas brandem com semblantes tão tranquilos suas tochas sob os olhos de Orestes e Pílades, que parecem quase querer assustar apenas de brincadeira. Quão temível elas se afiguraram a Orestes e Pílades só é possível apreender a partir do medo que exprimem, mas nunca da configuração das próprias Fúrias. Elas são, portanto, Fúrias e não são Fúrias; elas cumprem a função de Fúrias, mas não na simulação do furor e da raiva, como estamos habituados a ligar a seu nome; não com a fronte, a qual, como diz Catulo, *expirantis praeportat pectoris iras* [anunciam a ira que elas exalam de seu peito]. Há pouco tempo ainda, o senhor Winckelmann acreditou ter encontrado sobre uma cornalina do gabinete de Stosch uma Fúria correndo com saia e cabelos esvoaçantes e um punhal na mão (*Bibliothek der sch. Wiss.*, v. v, p. 30). O sr. Von Hagedorn, a esse propósito, já aconselhou também aos artistas a utilizar essa indicação em proveito próprio e representar as Fúrias desse modo nas suas pinturas

NOTAS 509

(*Betrachtungen über die Malerei*, p. 222). Mas o próprio senhor Winckelmann mais tarde tornou essa sua descoberta de novo incerta, porque não encontrou que as Fúrias, em vez de tochas, fossem armadas pelos antigos também com punhais (*Descript. des pierres gravées*, p. 84). Sem dúvida ele reconhece igualmente as figuras das moedas das cidades de Lyrba e Mastaura, que Spanheim dá para as Fúrias (*Les Césars de Julien*, p. 44), não como tais, porém como uma Hécate *triformis*; pois, de outro, encontrar-se-ia aqui uma Fúria portando um punhal em cada mão, e, aliás, é estranho que justamente esta também apareça com os cabelos simplesmente soltos, os quais em outras estão cobertos com um véu. Supondo, no entanto, que fosse de fato assim, como de início parecera ao senhor Winckelmann, o caso com essa pedra gravada será o mesmo que o da urna etrusca, a não ser que, devido à pequenez do trabalho, não se pudesse reconhecer nenhum traço facial. De resto, as pedras gravadas já pertencem em geral, devido ao seu emprego como selo, ao domínio da linguagem imagética, e as suas figuras podem ser mais amiúde símbolos peculiares do proprietário do que obras espontâneas do artista.

d. *Polymetis*, dial. vii, p. 81.

e. *Fast.*, lib. vi, v. 295-298:

Esse diu stultus Vestae simulacra putavi:
Mox didici curvo nulla subesse tholo.
Ignis inexstinctus templo celator in illo,
Effigiem nullam Vesta, Nec ignis, habet.

[Eu, insensatamente, acreditei, durante muito tempo, na existência de estátuas de Vesta: mas logo soube que não havia nenhuma sob essa abóbada curva. Um fogo inextinguível é guardado naquele templo. Vesta e o fogo não possuem nenhuma imagem.] Ovídio fala do culto de Vesta em Roma somente em relação ao templo que Numa edificou para ela, a cujo respeito ele diz pouco antes (v. 259-260):

Regis opus placidi, quo non metuentius ullum
Numinis ingenium terra Sabina tulit.

[Obra de um rei pacífico, o mais temente à divindade como a terra sabina jamais teve.]

f. *Fast.*, lib. iii, v. 45-46:

Sylvia fit mater: Vestae simulacra ferantur
Virgineas oculis opposuisse manus.

[Sílvia torna-se mãe: diz-se que as estátuas de Vesta cobriram os olhos com suas mãos virginais.]

Eis como Spence deveria ter comparado Ovídio com si próprio. O poeta fala de épocas diferentes. Aqui, dos tempos anteriores a Numa, lá, nos posteriores. Nos primeiros, ela era venerada na Itália sob imagens pessoais, como fora em Troia, de onde Eneias trouxera consigo o seu culto.

[…] *Manibus vittas, Vestamque potentem,*
Aeternumque adytis effert penetralibus ignem

[… Traz nas mãos as fitas a poderosa Vesta e o fogo eterno das profundezas do santuário], diz Virgílio ao espectro de Heitor, depois que ele aconselha Eneias a fugir. Aqui o fogo eterno é expressamente distinguido de Vesta mesma ou de sua

510 LESSING: LAOCOONTE

estátua. Spence não deve ter lido os poetas romanos com bastante atenção para o seu proveito, porque essa passagem lhe escapou.

g. Lipsius, *De Vesta et Vestalibus*, cap. 13.
h. Pausânias, *Corinth.*, cap. XXXV, p. 194. Edit. Kuhn.
i. Idem, *Attic.*, cap. XVIII, p. 41.
j. Polybe, *Hist.*, lib. XVI, § 11, t. II, p. 443. Edit. Ernest.
k. Plínio, lib. XXXVI, sect. 4, p. 727. Edit. Hard: *Scopas fecit – Vestam sedentem laudatam in Servilianis hortis* [Scopas fez a famosa Vesta sentada nos jardins de Serviliano]. Lípsio deve ter tido em mente essa passagem quando escreveu (*de Vesta*, cap. 3): *Plinius Vestam sedentem effingi solitam ostendit, a stabilitate* [Plínio nos mostra que havia o costume de representar Vesta sentada por causa de sua estabilidade]. Mas o que Plínio diz de uma única peça de Scopas, ele não deveria ter aceitado como sendo de um caráter geral. Ele próprio observa que sobre as moedas Vesta aparece tão amiúde sentada quanto em pé. Com isso, porém, ele não corrige Plínio, mas a sua própria presunção.
l. Georg. Codinus, *De Origin. Constant.*, Edit. Venet., p. 12: Ὅτι γυναῖκα λέγουσι τὴν Ἑστίαν, καὶ πλάττουσι αὐτὴν γυναῖκα, τύμπανον βαστάζουσαν, ἐπειδὴ τοὺς ἀνέμους ἡ γῆ ὑφ᾽ ἑαυτὴν συγκλείει. [A terra é sob o nome de Héstia moldada como uma mulher, que porta um tímpano, porque ela encerra em si os ventos.] Suidas, a partir dele – ou ambos a partir de um mais antigo –, diz da palavra Ἑστίαν, [Héstia, Vesta]: "A terra é sob o nome de Héstia moldada como uma mulher, que porta um tímpano, porque ela encerra em si os ventos." O motivo é um tanto absurdo. Soaria melhor aos ouvidos se ele dissesse que lhe fora dado por isso um tímpano, porque os antigos acreditavam em parte que sua figura combinava com ele, σχῆμα αὐτῆς τυμπανοειδὲς εἶναι [que sua postura é em forma de tímpano]. (Plutarco, *de placitis Philos.*, cap. 10; idem, *de facie in orbe Lunae.*) Onde, porém, Codinus se enganou não apenas em relação à figura ou ao nome ou em ambos! Talvez ele não soubesse dar um nome melhor do que o de tímpano àquilo que ele via Vesta segurar ou não conseguia a esse respeito se lembrar de outra coisa senão do instrumento que denominamos timbale. Mas *tympana* eram também uma espécie de rodas:

> *Hinc radios triveri rotis, hinc tympana plaustris*
> *Agricolae* […]

[Daqui os camponeses torneiam os raios para as rodas, daqui torneiam as rodas cheias para as suas carroças]. (Virgílio, *Geo.*, lib. II.v. 444.) E parece-me que semelhante roda, que se apresenta na Vesta de Fabretti (*Ad tabulam Iliades*, p. 334) e este erudito toma por um moinho manual, é muito parecida.

Capítulo X

a. Polymetis, dial. VIII, p. 91.
b. Statius, *Theb.*, VIII, v. 551.
c. *Polym.*, dial. X, p. 137.
d. Ibidem, p. 139.
e. Na pintura que Horácio faz da Necessidade, e que é talvez o quadro mais rico em atributos que se possa encontrar entre os poetas antigos (Lib. I, od. 35):

> *Te semper anteit saeva Necessitas:*
> *Clavos trabales et cuneos manu*
> *Gestans ahenea; nec severus*

NOTAS

511

Uncus abest liquidumque plumbum [...]

[Diante de ti caminha sempre a inexorável Necessidade, trazendo na mão de bronze enormes pregos e cunhas, e não faltam o gancho duro e o chumbo fundido...]; e nessa pintura, digo eu, os pregos, os ganchos e o chumbo derretido podem ser tomados como meios de aprisionamento e de suplício, de modo que sempre pertencem mais aos atributos poéticos do que aos alegóricos. Porém, mesmo como tais, estão ainda por demais amontoados, e essa passagem é uma das mais gélidas em Horácio. Sanadon diz: *J'ose dire que ce tableau pris dans le détail serait plus beau sur la toile que dans une ode héroïque. Je ne puis souffrir cet attirail patibulaire de clous, de coins, de crocs, et de plomb fondu. J'ai cru en devoir dechargée la traduction, en substituant les idées générales aux idées sigulières. C'est dommage que le poète ait eu besoin de ce correctif* [Ouso dizer que esse quadro tomado em detalhe seria mais belo na tela do que em uma ode heroica. Não posso suportar esse aparato patibular de pregos, de cunhas, de ganchos e de chumbo derretido. Creio dever descarregar deles a tradução, substituindo as ideias singulares pelas ideias gerais. É pena que o poeta tenha tido necessidade desse corretivo]. Sanadon tinha um sentimento fino e correto, apenas o motivo em que se baseou para comprová-lo não era o justo. Não é porque os atributos empregados são um *attirail patibulaire*; pois dependia apenas dele mesmo adotar outra interpretação e transformar os instrumentos de suplício nos mais firmes meios de ligação da arte de construir: mas porque todos os atributos são feitos propriamente para o olho e não para o ouvido, e todos os conteúdos conceituais, que deveríamos receber através da vista, quando se quer trazê-los através da audição exigem um grande esforço e são suscetíveis de um menor grau de clareza. A sequência da mencionada estrofe de Horácio lembra-me, de resto, um par de equívocos de Spence que não despertam a ideia mais vantajosa da exatidão com que ele pretende ter ponderado as citadas passagens dos poetas antigos. Ele fala da imagem sob a qual os romanos representavam a Fidelidade e a Lealdade (dial. X, p. 145). "Os romanos", diz ele, "denominavam-na *Fides*, e quando a chamavam de *Sola Fides* parece que entendiam com isso o alto grau dessa qualidade que nós exprimimos por fundamentalmente honesta (em inglês, *downright honesty*). Ela é representada com um rosto livre e aberto e apenas com um vestido leve, tão fino que podia passar por transparente. Horácio a qualifica, por isso, em uma de suas odes: em veste ligeira; e na outra: transparente. Nessa pequena passagem não há mais do que três erros assaz grosseiros. Primeiramente, é falso que *sola* seja um adjetivo específico que os romanos deram à deusa *Fides*. Nessas duas passagens de Tito Lívio que ele cita, nesse caso, como prova (lib. I, §. 21, lib. II, § III), essa palavra não significa nada mais do que ela significa em toda parte: a exclusão de tudo o mais. Nessa passagem, parece aos críticos que até a palavra *soli* é suspeita e que, por um erro de escrita causado pelo termo imediatamente vizinho, *solenne*, ela teria entrado no texto. Na outra, porém, a questão não é da Fidelidade, mas, sim, da Inculpabilidade, da Impunibilidade, da *Innocentia*. Segundo: em uma de suas odes, Horácio teria dado à Fidelidade o adjetivo "ligeiramente vestido", a saber, na acima citada de número trinta e cinco do primeiro livro:

Te spes, et albo rara fides colit
Velata panno.

[A ti cuidam a esperança e a rara Fidelidade coberta de pano branco.] É verdade, *rarus* também significa "ligeiro"; mas aqui significa simplesmente "raro", algo que ocorre poucas vezes e é o adjetivo da própria Fidelidade e não o sua vestimenta. Spence teria razão se o poeta houvesse dito: *Fides raro velata panno*. [A Fidelidade encoberta no pano leve.]. Terceiro, em outro lugar, Horácio teria qualificado a Fidelidade ou a Retidão de "transparente"; e justamente com isso dá a entender o que nós costumávamos

512 LESSING: LAOCOONTE

dizer em nossos corriqueiros protestos de amizade: "Eu desejaria que você pudesse ver o meu coração." E esse lugar devia ser os versos da décima oitava ode do primeiro livro:

Arcanique Fides prodiga, pellucidior vitro.

[E a Fides (Fidelidade) entregadora de segredos é mais transparente do que o vidro.] Como se pode, porém, deixar-se enganar assim por uma simples palavra? *Fides arcani prodiga* significa a Fidelidade? Ou, bem mais, a Infidelidade? Desta, e não da Fidelidade, Horácio diz que é transparente como vidro, porque expõe a todo olhar os segredos de alguém que lhe são confiados.

Capítulo XI

a. Apolo confia o cadáver de Sarpédon purificado e embalsamado à Morte e ao Sono, para levá-lo à sua pátria (*Ilíada*, XVI, v. 681-682):

Πέμπε δέ μιν πομποῖσιν ἅμα κραιπνοῖσι φέρεσθαι
Ὕπνῳ καὶ Θανάτῳ διδυμάοσιν.

[Ele o confia a dois rápidos condutores, aos dois gêmeos, o Sono e a Morte, para que o levassem.] Caylus recomenda essa ficção ao pintor, mas acrescenta: *Il est facheux qu'Homère ne nous ait rien laissé sur les attributs qu'on donnait de son temps au Sommeil; nous ne connaissons, pour caractériser ce dieu, que son action même, et nous le couronnons de pavots. Ces idées sont modernes; la première est d'un médiocre service, mais elle ne peut être employée dans le cas présent, où même les fleurs me paraissent deplacées, surtout pour une figure qui groupe avec la Mort.* (Vide *Tableaux tirées de l'Illiade, de l'Odyssée d'Homère et de l'Enéide de Virgile, avec des observations générales sur le costume*, à Paris, 1757, p. 8). [É lamentável que Homero não nos tenha deixado nada sobre os atributos que se dava em seu tempo ao Sono; nós conhecemos, para caracterizar esse deus, apenas sua ação mesma, e nós o coroamos de papoulas. Essas ideias são modernas; a primeira é de uma serventia medíocre, mas ela não pode ser empregada no caso presente, em que mesmo as flores me parecem deslocadas, sobretudo para uma figura que se agrupa com a Morte.] Isso significa exigir de Homero um dos pequenos adornos que conflitam na maioria das vezes com a grande maneira de seu estilo. Os atributos mais significativos que ele poderia ter dado ao Sono, não o caracterizariam, nem de longe, de um modo tão perfeito, não teriam, nem de longe, provocado em nós uma imagem tão viva quanto esse traço único, pelo qual ele o torna irmão gêmeo da Morte. Que o artista procure expressar esse traço e ele poderá dispensar todos os atributos. Os artistas antigos também efetivamente representaram a Morte e o Sono com a semelhança entre si que esperamos naturalmente encontrar entre gêmeos. Sobre uma caixa de cedro, no templo de Juno, em Élis, ambos repousam como crianças nos braços da Noite. Mas um era branco e o outro, negro; aquele dormia, este parecia dormir, todos os dois com os pés cruzados um sobre o outro. Por isso, eu preferiria traduzir as palavras de Pausânias (*Eliac.*, cap. XVIII, p. 422. Edit. Kuhn.): αμφοτέρυς διεστραμμένυς τους πόδας, [ambos os pés tortos], como "com os pés tortos", ou como Gédoyn havia traduzido no seu idioma: *les pieds contrefaits*. O que deveriam exprimir aqui os "pés tortos"? Pés cruzados um sobre o outro são, ao contrário, a posição habitual dos adormecidos, e não é de outro modo que o Sono em Maffei (*Raccol.*, pl. 151) está deitado. Os artistas modernos afastaram-se completamente desta semelhança que o Sono e Morte tinham um com o outro entre os Antigos, e tornou-se de uso comum

NOTAS   513

representar a Morte como um esqueleto, no máximo como um esqueleto vestido de pele. Antes de qualquer outra coisa, Caylus precisaria, portanto, aconselhar aqui ao artista, dizendo-lhe se ele deveria na representação da Morte seguir o uso antigo ou moderno. No entanto, ele parece ter-se decidido pelos modernos, pois considerava a Morte como uma figura com a qual não desejaria de fato agrupar outra, coroada de flores. Mas será que ele também considerou nisso quão inconveniente deveria ser, numa pintura homérica, essa ideia moderna? E como poderia não lhe ser chocante o que ela tinha de repugnante? Não consigo me convencer de que a pequena imagem metálica na galeria ducal de Florença, que representa um esqueleto com o braço apoiado em uma urna cinerária (Spence, *Polymetis*, tab. 41), seja uma efetiva antiguidade. À Morte, aos menos, ela não pode representar em geral, porque os Antigos a representavam de outro modo. Mesmo os seus poetas nunca pensaram nela sob essa imagem repulsiva.

b. Cf. Hagedorn, *Betrachtungen über die Malerei*, p. 159 ss.

c. *Ad Pisones*, v. 128-130.

d. Lib. xxxv, sect. 36, p. 700. Edit. Hard.

e. Richardson indica essa obra quando quer esclarecer a regra segundo a qual, em uma pintura, a atenção do espectador não deve ser desviada da figura principal por nenhum outro objeto, por mais excelente que seja. "Protógenes", diz ele, "introduziu, na sua famosa pintura de Jaliso, uma perdiz, e a pintou com tanta arte que ela parecia viva e foi admirada por toda a Grécia; mas, por ela atrair a tal ponto todos os olhares, em detrimento da figura principal, ele a apagou completamente." (*Traité de la Peinture*, t. i, p. 46.) Richardson enganou-se. Esta perdiz não estava na pintura de Jaliso, porém em outro quadro de Protógenes, que se chamava *O Sátiro Ocioso*, Σάτυρος ἀναπαυόμενος. Eu mal teria assinalado este erro, que proveio de uma passagem mal compreendida de Plínio, se não a tivesse encontrado em Meursius (*Rhodi*, lib. i, cap. 14, p. 38): *In eadem, tabula, in qua Ialysus, Satyrus erat, quem dicebant Anapauomenon, tibia tenens*. [Nesse mesmo quadro, em que estava Jaliso, encontrava-se um Sátiro, que era denominado de Anapauomenos, o Repousante, que segurava uma flauta.] O mesmo acontece com o senhor Winckelmann (*Von Nachahm. der Gr. W. in der Mal. und Bildh.*, p. 56). Estrabão é o verdadeiro garante desta historieta com a perdiz, e ele distingue expressamente Jaliso e o Sátiro que se apoia em uma coluna, sobre a qual estava a perdiz (Lib. xiv, p. 750. Edit. Xyl). A passagem de Plínio (Lib. xxxv, sect. 36, p. 699) foi por isso compreendida de modo errôneo por Meursius, Richardson e Winckelmann, porque eles não atentaram ao fato de que se tratava de dois quadros diferentes: um, porque Demétrio não tomou a cidade, por não querer atacar o local onde ela se erguia; e a outra, que Protógenes pintou durante o assédio da cidade. O primeiro era Jaliso, e o outro, o Sátiro.

Capítulo xii

a. *Ilíada*, xxi, v. 385 ss.

b. Esse combate invisível dos deuses foi imitado por Quinto Calaber em seu livro xii (v. 158-185) com o propósito não impreciso de melhorar seu modelo. Parece, entre outras coisas, que o gramático julgou desrespeitoso que um deus fosse jogado ao chão por uma pedra. É verdade que ele também faz com que os deuses arremessassem uns aos outros grandes pedaços de rocha, que eles arrancam do Ido; mas essas rochas despedaçam--se contra os imortais membros dos deuses e dispersam-se como areia ao redor deles:

[…] οἱ δὲ κολώνας
Χερσὶν ἀπορρήξαντες ἀπ' οὔρεος Ἰδαίοιο
Βάλλον ἐπ' ἀλλήλους: αἱ δὲ ψαμάθοισιν ὁμοῖαι

514 LESSING: LAOCOONTE

Ῥεῖα διεσκίδναντο θεῶν ἀμφ' ἄσχετα γυῖα
Ῥηγνύμεναι διὰ τυτθά [...]

[Eles arrancam pedras do pé do monte Ida, e as atiram uns contra os outros; mas, leve como areia, elas se pulverizam e se dispersam ao encontro dos invencíveis membros dos deuses.]

Um artifício que arruína o principal. Ele aumenta a nossa ideia sobre o corpo dos deuses, e torna ridículas as armas que eles empregam uns contra os outros. Quando deuses jogam pedras uns nos outros, essas pedras devem também poder ferir os deuses, ou então cremos estar vendo garotos travessos jogando punhados de terra uns nos outros. Assim, o velho Homero permanece sempre o mais sábio, e toda censura que o frio crítico de arte lhe reserva, toda disputa em que a rivalidade de gênios menores se engaja com ele, não servem para nada, salvo para expor a sua sabedoria em sua melhor luz. Entretanto, eu não quero negar que na imitação de Quinto não ocorram também traços excelentes, e que lhe são próprios. Todavia, são traços que não convêm tanto à grandeza discreta de Homero quanto ao fogo tempestuoso de um poeta moderno. Que o grito dos deuses, que ressoa alto até o céu e fundo até o abismo, que abala a montanha, a cidade e a frota, não seja ouvido pelos homens, parece-me uma saída muito significativa. Esse grito era demasiado grande para que o aparelho da audição humana pudesse captá-lo.

c. Em relação à força e velocidade que haja percorrido Homero mesmo se apenas uma só vez apressadamente, contestará essa asserção. Apenas, talvez, não consiga se recordar logo dos exemplos a partir dos quais ele esclareceu que o poeta também atribuiu a seus deuses uma grandeza corporal que ultrapassa de muito toda medida natural. Eu lhe indico, portanto, além da passagem citada acerca do corpo de Marte jogado no chão, que cobria sete jeiras, o elmo de Minerva (Κυνέην, ἑκατὸν πολίων πρυλέεσσ' ἀραρυῖαν [O elmo... que os homens de cem fortalezas cobrir poderia; – Trad. C.A.N.] Ilíada, v, v. 744), sob o qual podiam abrigar-se tantos combatentes quanto cem cidades conseguem levar ao campo de batalha; os passos de Netuno (Ilíada, xiii, v. 20); e sobretudo a descrição do escudo, aonde Marte e Minerva conduzem as tropas da cidade sitiada (Ilíada, xviii, v. 516-519):

[...] ἦρχε δ' ἄρά σφιν Ἄρης καὶ Παλλὰς Ἀθήνη
Ἄμφω χρυσείω, χρύσεια δὲ εἵματα ἕσθην,
Καλὼ καὶ μεγάλω σὺν τεύχεσιν, ὥς τε θεὼ περ
Ἀμφὶς ἀριζήλω· λαοὶ δ' ὑπολίζονες ἦσαν.

[... seguem os homens guiados por Ares e Palas Atena. / Altos e belos, armados tal como convém aos eternos / e facilmente distintos da turbas de homens pequenos, / de ouro ambos eram e de ouro, também, os luzentes vestidos. – Trad. C.A.N., p. 295]

Mesmo os comentadores de Homero, tanto antigos quanto modernos, parecem não ter se lembrado suficientemente sempre dessa prodigiosa estatura de seus deuses; o que se pode depreender das explicações atenuantes que creem dever dar acerca do grande elmo de Minerva. (Vide a edição de Clark-Ernesti de Homero nas passagens citadas.) Perde-se, porém, uma imensidão do ponto de vista da majestade quando se pensa sempre nos deuses homéricos apenas em termos da grandeza comum em que se está acostumado a vê-los na tela em companhia dos mortais. Se, todavia, não é permitido à pintura representá-los nessas dimensões excessivas, então cabe, em certa medida, à escultura fazê-lo; e eu estou persuadido de que os antigos mestres tomaram emprestado de Homero tanto a conformação dos deuses em geral, como também o caráter colossal que eles proporcionaram amiúde às suas estátuas. (Heródoto, lib. ii, p. 130. Edit.

NOTAS 515

Wessel.) Reservo para outro lugar diversas observações acerca desse aspecto colossal em particular, e por que ele tem um efeito tão grande na escultura e nenhum na pintura.

d. *Ilíada*, III, v. 381.
e. *Ilíada*, V, v. 23.
f. *Ilíada*, XX, v. 444.
g. *Ilíada*, XX, v. 446.
h. *Ilíada*, XX, v. 321.
i. É verdade que Homero encobre de vez em quando suas divindades em uma nuvem, mas somente quando elas não querem ser vistas por outras divindades. Por exemplo, na *Ilíada*, XIX, v. 282, em que Juno e o Sono ἠέρα ἐσσαμένω [envolvidos em uma nuvem] se dirigem para o Ida, pois era a máxima preocupação da astuta deusa não ser descoberta por Vênus, que lhe emprestara o cinto a pretexto de uma viagem completamente diferente. No mesmo livro (v. 344), uma nuvem dourada deve envolver Júpiter, ébrio de volúpia, com sua esposa, a fim de remediar os escrúpulos de suas castas recusas:

πῶς κ᾽ ἔοι εἴ τις νῶϊ θεῶν αἰειγενετάων
εὕδοντ᾽ ἀθρήσειε [...]

[Como seria, portanto, se alguma divindade de eterna existência / nos visse juntos no leito...]

Ela não teme ser vista pelos homens, mas pelos deuses. E quando Homero faz com que, algumas linhas adiante, os deuses digam:

Ἥρη μήτε θεῶν τό γε δείδιθι μήτέ τιν᾽ ἀνδρῶν
Ὄψεσθαι· τοῖόν τοι ἐγὼ νέφος ἀμφικαλύψω
Χρύσεον [...]

[Aqui, não temas que nem os deuses, nem os homens te vejam; pois te envolverei em uma nuvem de ouro radiante...],

não se segue daí que agora essa nuvem a ocultaria aos olhos dos homens; mas apenas significa que nessa nuvem ela deverá tornar-se tão invisível aos deuses quanto sempre é aos homens. Assim também, quando Minerva se cobre com o elmo de Plutão (*Ilíada*, V, v. 845), que tem o mesmo efeito que o encobrir-se com uma nuvem, não é para não ser vista pelos troianos, que não a viam inteiramente ou a viam sob a figura de Estênelo, mas unicamente para que, com isso, Marte não possa reconhecê-la.

Capítulo XIII

a. *Ilíada*, I, v. 44-53. Tableaux tirés de l'*Iliade*, p. 70.
b. *Ilíada*, IV, v. 1-4. Tableaux tirés de l'*Iliade*, p. 30.

Capítulo XIV

a. Tableaux tirés de l'*Iliade*, Avert, p. V: *On est toujours convenu, que plus un poème fournissait d'images et d'actions, plus il avoit de superiorité en poésie. Cette réflexion m'avoit conduit à penser que le calcul des differents tableaux, qu'offrent les poèmes, pouvait servir à comparer le mérite respectif des poèmes et des poètes. Le nombre et le genre des tableaux que presentent ces grands ouvrages, auraient été une espèce de pierre de touche, ou plutôt une balance certaine du mérite de ces poèmes et du génie de leurs auteurs.* [Estamos sempre convencidos de que quanto mais um poema fornecia imagens e ações mais superioridade ele tinha em poesia. Esta reflexão me levou a pensar que o cálculo dos diferentes quadros, que os poemas oferecem, podia servir para comparar o respectivo mérito dos poemas e dos poetas. O número e o gênero dos quadros que apresentam essas grandes obras seriam uma espécie de pedra de toque, ou antes, um balanço certo do mérito desses poemas e do gênio de seus autores.]

b. O que nós denominamos de pinturas poéticas os antigos denominavam de fantasias, como podemos nos lembrar com Longino. Do que chamamos de ilusão o ilusório dessas pinturas, chamava-se entre eles a *enárgeia* [evidência]. Por isso alguém disse, como Plutarco informa (*Erot.*, t. II. Edit. Henr. Steph., p. 1351): As fantasias poéticas seriam, por sua *enárgeia*, sonhos dos acordados; αἱ ποιητικαὶ φαντασίαι διὰ τὴν ἐνάργειαν ἐγρηγορότων ἐνύπνιά εἰσίν [As fantasias poéticas são, pela *enárgeia* (evidência), sonhos dos que estão acordados.] Eu desejaria muito que os modernos compêndios de arte poética se utilizassem dessa designação e se abstivessem inteiramente da palavra pintura. Elas teriam nos poupado de uma multidão de regras meio verdadeiras, cujo principal fundamento é a concordância com um nome arbitrário. Nenhuma pessoa teria submetido tão ligeiramente fantasias poéticas aos limites de uma pintura material; porém, tão logo se chamou as fantasias de pinturas poéticas, estava lançada a base do transvio.

Capítulo XV

a. *Ilíada*, IV, v. 105-126:

αὐτίκ' ἐσύλα τόξον ἐΰξοον [...]
καὶ τὸ μὲν εὖ κατέθηκε τανυσσάμενος ποτὶ γαίῃ
ἀγκλίνας [...]
αὐτὰρ ὁ σύλα πῶμα φαρέτρης, ἐκ δ' ἕλετ' ἰὸν
ἀβλῆτα πτερόεντα μελαινέων ἕρμ' ὀδυνάων:
αἶψα δ' ἐπὶ νευρῇ κατεκόσμει πικρὸν ὀϊστόν,
[...]
ἕλκε δ' ὁμοῦ γλυφίδας τε λαβὼν καὶ νεῦρα βόεια:
νευρὴν μὲν μαζῷ πέλασεν, τόξῳ δὲ σίδηρον.
αὐτὰρ ἐπεὶ δὴ κυκλοτερὲς μέγα τόξον ἔτεινε,
λίγξε βιός, νευρὴ δὲ μέγ' ἴαχεν, ἄλτο δ' ὀϊστὸς
ὀξυβελὴς καθ' ὅμιλον ἐπιπτέσθαι μενεαίνων.

[Sem demora o arco forte tomou... / O arco, com muito cuidado, no solo depôs o guerreiro, para entesá-lo... / Tira, depois, do carcás, por o haver destapado, uma seta / nova e provida de pena, fautora de dores atrozes. / Sem mais demora esse dardo amargoso na corda ele adapta... / Puxa a um só tempo da corda e da parte chanfrada da seta; no peito a corda encostou, no arco a ponta aguçada do ferro. / Quando o grande arco adquiriu o feitio de um círculo grande, / forte vibrou, zune a corda possante, a silvar disparando / a flecha aguda, sedenta de voar para a turba inimiga. – Trad. C.A.N., p. 90.]

NOTAS 517

Capítulo XVI

a. *Ilíada*, v, v. 722-731.
b. *Ilíada*, ii, v. 42-47.
c. *Ilíada*, ii, v. 101-108.
d. *Ilíada*, i, v. 234-239.
e. *Ilíada*, iv, v. 105-111.

Capítulo XVII

a. Ver *Die Alpen*, do sr. von Haller.
b. Breitinger, *Kritische Dichtkunst*, t. ii, p. 807.
c. *Georg.*, lib. iii, v. 51 e 79.
d. *De Ars Poética*, v. 16.
e. *Prologue to the Satires*, v. 340:

That not in Fancy's maze he wander'd long
But stop'd to Truth, and moraliz'd his song.

[Ele não vagueou muito no labirinto da imaginação, / mas deteve-se diante da verdade e moralizou sua canção.]

Ibid., v. 148.

[...] *who could take offence,*
While pure Description held the place of Sense?

[... quem podia ofender-se, / quando a pura descrição ocupou o lugar do sentido?]

A observação que Warburton faz sobre a última passagem pode valer como uma declaração autêntica do próprio poeta: *He uses* PURE *equivocally, to signify either chaste or empty; and has given in this line what he esteemed the true Character of descriptive Poetry, as it his called. A composition, in his opinion, as absurd as a feast made up of sauces. The use of a pictoresque imagination is to brighten and adorn good sense; so that to employ it only in Description, is like childrens delighting in a prism for the sake of its gaudy colours; which when frugally managed, and artfully disposed, might be made to represent and illustrate the noblest objects in nature.* [Ele emprega a palavra PURO equivocadamente, para significar ou casto ou vazio; e ele deu nesse verso o que julgava ser o verdadeiro caráter da poesia descritiva, como é chamada. É uma composição, em sua opinião, tão absurda como um banquete composto de molhos. O uso de uma imaginação pitoresca é para iluminar e adornar o bom senso; de modo que empregá-la unicamente na descrição é como crianças a deliciarem-se com um prisma por causa de suas cores vistosas; ao passo que se tratadas frugalmente e dispostas com arte, poderiam servir para representar e ilustrar os mais nobres objetos da natureza.] tanto o poeta como o comentador parecem, na verdade, ter considerado a questão mais do ponto de vista moral do que artístico. Tanto melhor, pois, que ela se afigure tão nula tanto de um lado como do outro.

f. *Poétique Française*, t. ii, p. 501: *J'écrivais ces réflexions avant que les essais des Allemands dans ce genre (l'Eglogue) fussent connus parmi nous. Ils ont exécuté ce que j'avais conçu; et s'ils parviennent à donner plus au moral et moins au détail des peintures*

518   LESSING: LAOCOONTE

physiques, ils excelleront dans ce genre plus riche, plus vaste, plus fécond et infiniment plus naturel et plus moral que celui de la galanterie champêtre. [Eu escrevia essas reflexões antes que os ensaios dos alemães nesse gênero (a égloga) fossem conhecidos entre nós. Eles executaram aquilo que eu havia concebido; e eles chegam a dar mais à moral e menos ao pormenor das pinturas físicas, eles primarão nesse gênero, mais rico, mais vasto, mais fecundo e infinitamente mais natural e mais moral que o da galanteria campestre.]

Capítulo xviii

a. *Gedanken über die Schönheit und über dem Geschmack in der Malerei* [Pensamentos Sobre a Beleza e Sobre o Gosto na Pintura], p. 69.

b. *Ilíada*, v, v. 722.

c. *Ilíada*, xii, v. 294.

d. Dionísio de Halicarnasso, in *Vita Homeri*, apud Th. Galé, in *Opusc. Mythol.*, p. 401.

e. Eu acho que Sérvio tomou emprestado de Virgílio outra desculpa. Pois Sérvio observou também a diferença existente entre os dois escudos: *Sane interest inter hunc et Homeri clipeum: illic enim singula dum fiunt narrantur; hic vero perfecto opere noscuntur: nam et hic arma prius accipit Aeneas, quam spectaret; ibi postquam omnia narrata sunt, sic a Thetide deferentur ad Achillem* (Ad v. 625, lib. viii, *Eneida*.). [Certamente há uma diferença entre esse escudo e o de Homero: a saber, aqui a coisa individual é narrada enquanto se constitui, lá, porém, é descrita depois de acabada; lá Eneias recebe as armas antes de elas serem vistas; aqui, no entanto, Tétis leva as armas para Aquiles depois que sua confecção é contada.] E por que isso? Porque, como pensa Sérvio, sobre o escudo de Eneias estão representados não apenas os poucos fatos citados pelo poeta, mas também

> [...] *genus omne futurae*
> *Stirpis ab Ascanio, pugnataque in ordine bella*

[... toda a linhagem futura que deverá partir da estirpe de Ascânio e as guerras sucessivas que ela deverá lutar]. Como seria, pois, possível que, mesmo com a rapidez que Vulcano deveria trabalhar o escudo, o poeta pudesse ao mesmo tempo nomear toda a longa série de descendentes e mencionar na ordem todas as guerras por eles travadas? Tal é o sentido um tanto obscuro das palavras de Sérvio: *Opportune ergo Virgilius, quia non videtur simul et narrationis celeritas potuisse connecti, et opus tam velociter expedire, ut ad verbum posset occurrere.* [Foi, portanto, oportuno o modo como Virgílio tratou o caso, pois não lhe pareceu possível conectar um com outro, em um tempo tão rápido, a celeridade da narração e a confecção das armas, de modo a poder representá-lo com a palavra.] Uma vez que Virgílio podia apresentar muito pouco do *non enarrabile texto Clypei* [escudo coberto de estranhas pinturas], não lhe era dado fazê-lo durante o trabalho mesmo de Vulcano, porém precisou reservá-lo até que tudo estivesse pronto. Eu desejaria, por Virgílio, que esse raciocínio de Sérvio não tivesse fundamento; minha desculpa seria muito mais honrosa para ele. Pois quem o mandou colocar toda a história romana sobre um escudo? Com poucas pinturas Homero fez em seu escudo um resumo de tudo o que se passa no mundo. Não parece que Virgílio, por não poder superar o poeta grego na escolha dos temas e na execução da pintura, quisesse ao menos superá-lo pelo número dos mesmos? E o que seria mais pueril?

f. *Eneida*, lib. viii, v. 447-454.

NOTAS

Capítulo XIX

a. [...] *Scuto ejus, in quo Amazonum praelium caelavit intumescente ambitu parmae; ejusdem concava parte Deorum et Gigantum dimicationem.* Plínio, lib. xxxvi, sect. 4, p. 726. Edit. Hard. [Na parte saliente do escudo dela (Minerva), ele representou a batalha das Amazonas; e na côncava, as lutas entre Deuses e Gigantes.]

b. *Ilíada*, xviii, v. 497-508.

c. *Ilíada*, xviii, v. 509-540

d. O primeiro começa com o verso 483 e vai até o verso 489; o segundo, do verso 490 ao 509; o terceiro, do 510 ao 540; o quarto, do 541 ao 549; o quinto, do 550 ao 560; o sexto, do 561 ao 572; o sétimo, do 573 ao 586; o oitavo, do 587 ao 589; o nono, do 590 ao 605, e o décimo, do 606 ao 608. Apenas a terceira pintura não possui palavras introdutórias; mas fica bastante claro pela segunda, ἐν δὲ δύω ποίησε πόλεις [nele duas cidades criou], e pela natureza da própria coisa, que ela deve ser um quadro separado.

e. *Phocic.*, cap. xxv-xxxi.

f. Para mostrar que com isso não é dizer demais a respeito de Pope, quero citar na sua língua original o início da seguinte passagem por ele apresentada (*Ilíada*, v. v, obs., p. 61): *That he was no stranger to aerial perspective, appears in his expressly marking the distance of object from object: he tells us* etc. [Que ele não era estranho à perspectiva aérea, aparece no seu modo expresso de marcar a distância de um objeto a outro: ele nos diz...] Eu digo que Pope empregou aqui uma expressão totalmente incorreta "*aerial perspective*", *Luftperspectiv* (*perspective aérienne*), que nada tem a ver com a diminuição do tamanho a partir da medida da distância, porém, pelo que se compreende exclusivamente pelo enfraquecimento e modificação das cores devido à natureza do ar ou do meio através do qual nós as vemos. Aquele que pode cometer esse erro, a ele era permitido não saber nada da coisa toda.

g. *Betranchtungen über die Malerei*, p. 185.

h. Escrito no ano de 1763.

Capítulo XX

a. Constantino Manasses, *Compend. Chron.*, p. 20. Edit. Venet. A sra. Dacier ficou muito contente com esse retrato de Manasses, exceto pelas tautologias: *De Helene pulchritudine omnium optime Constantinus Manasses, nisi in eo tautologiam reprehendas.* [Sobre a beleza de Helena, Constantino Manasses foi quem melhor a tratou, apenas se poderia reprender-lhe as tautologias] (*Ad. Dictyn Cretensem*, lib. i, cap. iii, p. 5). Ela cita, segundo Mézériac (*Comment. sur les Épitres d'Ovide*, t. ii, p. 361), as descrições que Dares, o Frígio, e Cedreno dão da beleza de Helena. No primeiro, há um traço que soa um bocado estranho. Dares diz de Helena que ela tinha um sinal entre as sobrancelhas: *notam inter duo supercilia habentem.* Isso não seria, de fato, bonito? Eu desejaria que a Francesa tivesse dado seu parecer a esse respeito. De minha parte, considera que a palavra *nota* foi aqui adulterada e creio que Dares quis referir aquilo que entre os gregos se denominava μεσόφρυον e *glabela*, entre os latinos. As sobrancelhas de Helena, ele quis dizer, não se juntavam, mas eram separadas por um pequeno intervalo. O gosto dos antigos diferia nesse ponto. Tal intervalo agradava a uns e não a outros (Junius, *de Pictura Vet.*, lib. iii, cap. 9, p. 245). Anacreonte manteve o caminho do meio; as sobrancelhas de suas jovens amadas não eram nem marcadamente separadas, nem completamente juntas, elas se perdiam suavemente em um único ponto. Ele diz ao artista que deveria pintá-las (od. 28):

LESSING: LAOCOONTE

Τὸ μεσόφρυον δὲ μή μοι
Διάκοπτε μήτε μίογε,
Ἐχέτω δ’ ὅπως ἐκείνη,
Τὸ λεληθότως σύνοφρυν
Βλεφάρων ἴτυν κελαινήν.

[Não me separe as sobrancelhas ao meio, nem tampouco as junte. / Mas ambas devem formar, imperceptivelmente, um arco negro sobre os olhos.] Conforme a leitura de Pauw, ainda que sem ela, também, o entendimento seja o mesmo e não escapou a Henricus Stephanus:

Supercilii nigrantes
Discrimina nec arcus,
Confundito nec illos;
Sed junge sic ut anceps
Divortium relinquas,
Quale esse cernis ipsi.

[O arco das sobrancelhas negras não se separam, nem se confundem lá; porém, antes, se perdem uma na outra, como se passassem pelo próprio crivo.]

Mas se eu tivesse encontrado o sentido de Dares, que palavra se deveria ler no lugar de *notam*? Talvez *moram*? Pois é certo que *mora* significa não só o transcurso do tempo antes que algo acontece, mas também a separação, o intervalo entre um objeto e o outro.

Ego inquieta montium jaceam mora,

[Eu gostaria de estar deitado aqui como incômodo obstáculo para as montanhas,] é o que deseja para si mesmo o Hércules furioso em Sêneca (v. 1215), passagem que é muito bem explicada por Gronovius: *Optat se medium jacere inter duas Symplegades illarum velut moram, impedimentum, obicem; qui eas moretur, vetet aut satis arcte conjungi, aut rursus distrahi.* [Ele deseja deitar-se entre as duas rochas de Simplégades, como seu entrave, impedimento e barreira; para obstar que elas se unam próximas demais ou se separem de novo.] Assim, no mesmo poeta, *lacertorum morae* [o espaçamento de músculos] significa o mesmo que *juncturae* [juntas] (Schroederus ad. v. 762. Thyest).

b. *Orlando Furioso*, canto VII, st. 11-15.

c. *Dialogo della Pittura, intitolato l'Aretino*, Firenze, 1735, p. 178: *Se vogliono i pittori senza fatica trovare un perfetto esempio di bella donna, leggano quelle stanze dell'Ariosto, nelle quali discrive mirabilmente le bellezze della Fata Alcina, e vedranno parimente, quanto i buoni poeti siano ancora essi pittori.* [Se os pintores querem encontrar sem esforço um perfeito exemplo de uma bela mulher, que leiam aquelas estâncias de Ariosto, nas quais descreve admiravelmente a beleza da Fada Alcina, e verão igualmente o quanto bons poetas são ainda bons pintores.]

d. Ibidem: *Ecco, che, quanto alla proportione, l'ingeniosissimo Ariosto assegna la migliore, che sappiano formar le mani de' più eccellenti Pittore, usando questa voce industri, per dinotar la diligenza, che conviene al buono artefice.* [Eis, quanto à proporção, como o engenhosíssimo Ariosto indica a melhor que as mãos dos mais excelentes pintores sabiam formar, usando esse vocábulo *industri* (habilidade), para denotar a diligência que convém ao bom artífice.]

e. Ibidem, p. 182: *Qui l'Ariosto colorisce, e in questo suo colorire dimostra essere um Titiano.* [Aqui Ariosto coloriza, e neste seu colorir demonstra ser um Ticiano.]

f. Ibidem, p. 180: *Poteva l'Ariosto nella guisa, che ha detto chioma bionda, dir chioma d'oro: ma gli parve forse, che avrebbe avuto troppo del poético. Da che si può ritrar, che'l*

NOTAS   521

pittore dee imitar l'oro, e non metterlo (come fanno i miniatori) nelle sue pitture, in modo, che si possa dire, que' capelli non sono d'oro, ma par che risplendano, come l'oro. [Podia Ariosto, desta maneira, quando disse cabeleira loira, dizer cabeleira de ouro: mas lhe pareceu talvez que isso teria pouco de poético. Do que se pode concluir que o pintor deve imitar o ouro, e não metê-lo (como fazem os miniaturistas) na sua pintura. De modo que se possa dizer que os cabelos não são de ouro, mas que parecem resplender como ouro.] O que Dolce cita, de Ateneu, na sequência, é digno de nota, apenas com a diferença de que não se encontra inteiramente assim no texto. Falo disso em outro lugar.

g. Ibidem, p. 182: *Il naso, che discende giù, avendo peraventura la considerazione a quelle forme de' nasi, che si veggono ne' ritratti delle belle Romane antiche.* [O nariz descendente tinha provavelmente alguma relação com as formas dos narizes que se vê nos retratos das belas damas romanas da antiguidade.]

h. *Eneida*, IV, v. 136

i. *Od.*, XXVIII, XXIX.

j. Εἰϰόνες, § 3, t. II, p. 461. Edit. Reitz.

Capítulo XXI

a. *Ilíada*, III, v. 121.

b. *Ilíada*, III, v. 319.

c. *Ilíada*, III, v. 156-158.

Capítulo XXII

a. Val. Máximo, lib. III, cap. 7. Dionísio de Halicarnasso, *Art. Rhet.*, cap. 12, Περὶ λόγων ἐξετάσεως.

b. *Fabricii Bioblioth. Graec.*, lib. II, cap. 6, p. 345.

c. Plínio diz de Apeles (lib. XXXV, sect. 36, p, 698. Edit. Hard): *Fecit et Dianam sacrificantium virginum choro mixtam: quibus vicisse Homeri versus videtur id ipsum describentis.* [Ele também fez uma Diana em meio a um coro de virgens sacrificantes; com isso parece ter superado os versos em que Homero descreveu isso.] Nada poderia ser mais verdadeiro do que esse elogio. Belas ninfas em volta de uma bela deusa que, do alto, as domina com toda a majestade de sua fronte, constituem certamente um tema mais adequado à pintura do que à poesia. O termo *sacrificantium* me é altamente suspeito. O que faz a deusa em meio a virgens ofertantes de sacrifícios? E é esta a ocupação que Homero dá às companheiras de Diana? De modo algum; elas percorrem com ela as montanhas e os bosques, elas caçam, elas jogam, elas dançam (*Odyss.* VI, v. 102-106):

οἵη δ᾽ Ἄρτεμις εἶσι κατ᾽ οὔρεα ἰοχέαιρα,
ἢ κατὰ Τηΰγετον περιμήκετον ἢ Ἐρύμανθον,
τερπομένη κάπροισι καὶ ὠκείῃς ἐλάφοισι·
τῇ δέ θ᾽ ἅμα νύμφαι, κοῦραι Διὸς αἰγιόχοιο,
ἀγρονόμοι παίζουσι [...]

[Ártemis sagitária adentra o monte, acima / do Taígeto plenivasto ou Erimanto, / feliz com javalis e ariscos cervos córneos, / a quem as ninfas seguem, filhas do Crônida, / na diversão campestre... – Trad. Trajano Vieira, Ed. 34).

522   LESSING: LAOCOONTE

Plínio não teria, portanto, escrito *sacrificantium* [sacrificantes], mas, antes, *venantium* [caçantes], ou algo semelhante; talvez *silvis vagantium* [errantes nos bosques], uma correção que teria mais ou menos o mesmo número de letras. *Saltantium* [dançante] corresponderia melhor ao termo παίζουσι de Homero, e Virgílio, em sua imitação dessa passagem, fez Diana dançar com as ninfas (*Eneida*, I, v. 497-498):

> *Qualis in Eurotae ripis, aut per juga Cynthi*
> *Exercet Diana choros* [...]

[Sobre nas margens do Eurotas ou cume do Cinto vistoso / os coros Diana dirige na dança... – C.A.N.]

Spence, a esse propósito, tem uma ideia singular (*Polymetis*, dial. VIII, p. 102): *This Diana, diz ele, bouth in the Picture and in the descriptions, was the Diana Venatrix, tho' she was not represented either by Virgil, or Apelles, or Homer, as hunting with her nynphs; but as employed with them in that sort of dances, which of old where regarded as very solemn acts of devotion.* [Esta Diana, tanto na pintura como nas descrições, era a Diana Caçadora, se bem que nem Virgílio nem Apeles nem Homero a tenham representado caçando com as ninfas, mas ocupada com elas naquele gênero de danças que eram consideradas outrora como atos solenes de devoção.] Em nota ele acrescenta: *The expression of* παίζειν, *used by Homer on this occasion, is scarce proper for hunting; as that of* Choros exercere, *in Virgil, should be undestood of the religious dances of old, because dancing, in the old Roman idea of it, was indecent even for men, in public; unless it were the sort of dances used in honour of Mars, or Bacchus, or some other of their gods.* [A expressão παίζειν, empregada por Homero, nesta ocasião, é dificilmente apropriada à caça; como a de *Choros exercere*, em Virgílio, deveria ser entendida a das danças religiosas da antiguidade, porque dançar, na antiga ideia romana desta, era indecente para os homens, em público; a menos que fosse do gênero de danças utilizado em honra a Marte ou a Baco ou a algum outro de seus deuses.] Spence pretende saber, em uma palavra, como entender aquelas danças que entre os antigos eram postas na conta das ações do culto aos deuses. E, por isso, pensa ele, Plínio precisou, pois, também, da palavra *sacrificare*: *It is in consequence of this that Pliny, in speaking of Diana's Nymphs on this very occasion, uses the word,* sacrificare, *of them; which quite determines these dances of theirs to have been of the religious kind.* [Em consequência disso que Plínio, ao falar das ninfas de Diana nesta ocasião mesma, usa a palavra *sacrificare*, que determina inteiramente essas danças delas como tendo sido de gênero religioso.] Ele esquece que em Virgílio a própria Diana também dança: *exercet Diana choros.* Se agora esta dança era uma dança do culto divino, para a veneração de quem Diana dança? Dela mesma? Ou para veneração de outra divindade? Ambas, tanto uma como outra, são absurdas. E se os antigos romanos consideravam, em geral, o dançar como algo não muito decente para uma pessoa séria, deveriam por isso os seus poetas transpor a gravidade de seu povo para os costumes dos deuses, que haviam sido firmados de um modo muito diferente pelos poetas gregos mais antigos? Quando Horácio afirma a respeito de Vênus (*Od.*, IV, lib. 1):

> *Jam Cytherea choros ducit Venus imminente luna:*
> *Junctaeque Nymphis Gratiae decentes.*
> *Alterno terram quatiunt pede* [...]

[Já Vênus de Citera conduz seus coros sob a lua alta: E as formosas Graças junto com as Ninfas batem os pés na terra em passos alternados...], eram também essas danças sagradas e do culto divino? Estou gastando palavras demais por semelhante capricho.
d. *Ilíada*, I, v. 528. Valério Máximo, lib. III, cap. 7.

NOTAS   523

e. Plínio, lib. xi, sect. 51, p. 616. Edit. Hard.

f. Ibidem, lib. xxxiv, sect. 19, p. 651: *Ipse tamen corporum tenus curiosus, animi sensus non expressisse videtur, capillem quoque et pubem non emendatius fecisse, quam rudis antiquitas instituisset.* [Ele, todavia, preocupado somente com o corpo, não parece ter expressado os sentimentos da alma, do mesmo modo não reproduziu cabelos e pelos com mais exatidão do que na rude antiguidade.]

g. Ibidem: *Hic primus nervos et venas expressit capillumque diligentius.*[Foi o primeiro a expressar as veias e tendões e a ter mais cuidado com os cabelos.]

h. *Zergliederung der Schönheit*, p. 47. Edit. Berl. Ausg.

i. *Ilíada*, iii, v. 210-211.

Capítulo xxiii

a. *Philos. Schriften des Hrn. Moses Mendelssohn*, t. ii, p. 23.

b. *De Poetica*, cap. 5.

c. *Paralipon.*, lib. i, v. 720-775.

d. *King Lear*, ato i, cena 2.

e. *The Life and Death of Richard iii*, ato i, cena i.

Capítulo xxiv

a. *Briefe die neueste Litteratur betreffend*, t. v, p. 102.

b. *De Poetica*, cap. iv.

c. Klotzii, *Epistolae Homericae*, p. 33 e s.

Capítulo xxv

a. Klotzii, *Epistolae Homericae*, p. 103.

b. *Nubes (Nuvens)*, v. 170-174.

c. *The Connoisseur*, v. i, n. 21. Quanto à beleza de Knonmquaiha, diz-se: *He was struck with the glossy hue of her complexion, which shone like the jetty down on the black hogs of Hessaque; he was radished with the prest gristel of her nose; and his eyes dwelt with admiration on the flaccid beauties of her breasts, which descendent to her navel.* [Ele ficou impressionado com a luzidia coloração de sua tez que brilhava como a penugem azevichada dos porcos pretos de Hessaqua; ele ficou extasiado com a cartilagem achatada de seu nariz, e seus olhos pousavam com admiração sobre as belezas flácidas de seus seios, que desciam até o umbigo.] E o que contribuiu a arte para expor tantas atrações à luz mais vantajosa? *She made varnish of the fat of goats mixed with soot, with which she anointed her whole body, as she stood beneath the rays of the sun; her locks were clotted e with melted grease and powdered with the yellow dust of Buchu; her face, which shone like the polished ebony, was beautifully varied with spots of red earth and appeared like de sable curtain of the night bespangled with stars; she sprinkled her limbs with wood-ashes and perfumed them with entrails of an heifer; from her neck there hung the dung of Stinkbingsem. Her arms and legs were entwined with the shining stomach of a kid; the wings of an ostrich overshadowed the fleshy promontories behind; and before she wore an*

524 LESSING: LAOCOONTE

apron formed of the shaggy ears of a lion. [Ela fez um verniz de gordura de cabras misturada com fuligem, com a qual untou o corpo inteiro, enquanto permanecia exposta aos
raios do sol; as mechas de seus cabelos estavam empastadas de sebo e empoadas com a
poeira amarela de Buchu. Seu rosto, que brilhava como ébano polido, mostrava-se lin-
damente variado com pintas de barro vermelho e parecia a cortina da noite pontilhada
de estrelas; ela salpicou seus membros de cinzas de lenha e os perfumou com as vísceras de um bezerro; de seu pescoço pendia o excremento de Stingbingsem. Seus braços
e pernas estavam entrelaçados com os intestinos brilhantes do estômago de um cabrito;
as asas de um avestruz sombreavam os carnudos promontórios do traseiro; e na frente
ela usava um avental formado pelas orelhas hirsutas de um leão.] Acrescento ainda a
cerimônia do enlace do par apaixonado: *The Surri of Chief Priest approached them, and
in a deep voice chanted the nuptial rites to the melodius grumbling of the Gom-Gom; and
at the same time (according to the manners of the Cafraria) bedewed them plentifully with
urinary benediction. The bride and bridegroom rubbed in the precious stream with extasy,
while de briny drops trickled from their bodies, like the oozy surge from the rocks of Chirigriqua.* [O Surri ou grão sacerdote aproximou-se deles, e com uma voz profunda cantou
os ritos nupciais para o melodioso murmurejar do Gom-Gom; e ao mesmo tempo (de
acordo com as maneiras da Cafraria) ele os aspergiu copiosamente com bênção uriná-
ria. A noiva e o noivo esfregaram-se no precioso líquido com êxtase, enquanto as salga-
das gotas escorriam de seus corpos, como a onda lodosa dos rochedos de Chirigriqua.]

d. Περὶ Ὕψους, τμήμα ἡ, p. 15. Edit. T. Fabri.

e. *Scut. Hercul.*, v. 266.

f. *Philoct.*, v. 31-39.

g. *Aeneid.*, lib. II, v. 277.

h. *Metamorph.*, VI, v. 387.

i. Ibidem, VIII, v. 809.

j. *Hym. In Cererem*, v. 111-116.

k. *Argonaut.*, lib. II, v. 228-233.

l. *The Sea-Voyage*, act. III, sc. I. Um pirata francês é lançado com a sua embarcação
numa ilha deserta. Cupidez e inveja dividem sua gente, e criam, para um par de infelizes que, durante muito tempo, ficara exposto na ilha à mais extrema necessidade, a
oportunidade de fazer-se ao largo com o navio. Roubados de repente de toda provisão
de víveres, aqueles miseráveis veem diante dos olhos a mais ignominiosa morte, e um
expressa para o outro sua fome e seu desespero da seguinte maneira:

LAMURE:

Oh, what a tempest have I in my stomach
[Oh, que tempestade eu tenho no estômago!]
How my empty guts cry out! My wounds ache;
[Como gritam minhas tripas vazias! Minhas feridas doem;]
Would they would bleed again, that I might get
[Tomara que sangrassem de novo, para que eu pudesse]
Something to quench my thirst.
[Obter algo para estancar minha sede.]

FRANVILLE:

O Lamure, the happiness my dogs had
[Ó Lamure, como eram felizes os meus cães]
When I kept house at home! They had a storehouse,
[Quando eu tinha casa em minha terra!]
A storehouse of most blessed bones and crusts,
[Um depósito dos mais benditos ossos e cascas de pão,]

NOTAS

Happy crusts. Oh, how shark hunger pinches me!
[Deliciosas cascas! Oh, que fome cruel me devora!]

LAMURE:
How now, what news?
[Pois bem, quais são as novas?]

MORILLAR:
Hast any meat yet?
[Você tem algum pedaço de carne?]

FRANVILLE:
Nota bit tha I can see;
[Nem um naco que eu possa ver;]
Here be goodly quarries, but they be cruel hard
[Aqui há boas pedreiras, mas são tão duras de roer:]
To gnaw: I ha' got some mud, we'll eat it with spoons
[Tenho um pouco de lodo, vamos comê-lo com colheres,]
Very good thick mud; but it stinks damnably,
[Um lodo muito bom; mas fede danadamente,]
There's old rotten trunks of trees too,
[Há também velhos troncos podres de árvores,]
But not a leaf nor blossom in al the island.
[Mas nem uma só folha nem flor em toda a ilha.]

LAMURE:
How it looks!
[Que cara tem isso!]

MORILLAR:
It stinks too.
[E como fede.]

LAMURE:
It may be poison.
[Talvez seja veneno.]

FRANVILLE:
Let it be any thing;
[Seja o que for;]
So I can get it down. Why, man,
[Contanto que eu possa engoli-lo. Ora essa, homem,]
Poison's a princely dish.
[Veneno é um prato de príncipe.]

MORILLAR:
Hast thou bisket?
[Você tem algum biscoito?]
No crumbs left in thy pocket? Here is my doublet,
[Não ficou migalha em seu bolso? Eis o meu gibão,]
Give me but three small crumbs!
[Dê-me apenas três pequenas migalhas!]

FRANVILLE:
Not for three kingdom,
[Nem por três reinos.]
If I were master of 'em. Oh, Lamure,
[Se eu fosse senhor deles. Oh, Lamure,]
But one poor joint of mutton, we ha' scorn'd, man.
[Tivéssemos apenas um mísero toco de carneiro
Que nós havíamos desprezado, homem.]

LAMURE:

> *Thou speak'st of paradise;*
> [Você fala do paraíso;]
> *Or but the snuffs of those healths,*
> [Ou tivéssemos apenas os restos daquelas garrafas]
> *We have lewdly at midnight flang away.*
> [Que à meia-noite, na orgia, atirávamos fora.]

MORILLAR:

> *Ah! but to lick the glasses.*
> [Ah! Pudéssemos apenas lamber os copos.]
> *Hast thou discover'd? Smile, smile and comfort us.*
> [Você descobriu? Sorria, sorria e nos conforte.]

Tudo isso, no entanto, não é nada diante da cena seguinte com a entrada do cirurgião do barco:

SURGEON:

> *I am expiring;*
> [Estou morrendo. Sorriam os que podem.]
> *Smile they that can. I can find nothing, gentlemen,*
> [Não consigo encontrar nada, cavalheiros,]
> *Here's nothing can be meat, without a miracle.*
> [Aqui nada pode ser carne, só se for por milagre.]
> *Oh that I had my boxes and my lints now,*
> [Oh, tivesse minhas caixas e minhas ataduras,]
> *My stupes, my tents, and those sweet helps of nature,*
> [Minhas compressas, minhas tendas, e aquelas]
> *What dainty dishes could I make of 'em.*
> [doces ajudas da natureza,
> Que saborosos pratos eu poderia fazer deles.]

MORILLAR:

> *Hast thou ne'er old suppository?*
> [Você tem aí algum supositório velho?]

SURGEON:

> *Oh would I had, sir.*
> [Tomara que eu tivesse, senhor.]

LAMURE:

> *Or but the paper where such a cordial*
> [Ou apenas o papel em que essa cordial]
> *Potion or pills hath been entomb'd*
> [Poção ou pílula foi envolvida.]*

FRANVILLE:

> *Or the best bladder where a cooling-glister.*
> [Ou a melhor bexiga com um clister refrescante.]

MORILLAR;

> *Hast thou no searcloths left?*
> [Você não tem nenhum emplastro de sobra?]
> *Nor any old pulteness?*
> [Nem qualquer velho cataplasma?]

FRANVILLE:

> *We care not to what it hath been ministred*
> [Pouco nos importa para que serviu.]

NOTAS 527

SURGEON:
Sure I have none of these dainties, gentlemen.
[Eu não tenho nenhum desses petiscos, cavalheiros.]

FRANVILLE:
Where's the great wen
[Onde está o grande quisto / que você]
Thou cut'st from Hugh the sailors shoulder?
[cortou do ombro do marinheiro Hugh?]
That would serve now for a most princely banquet.
[Isso serviria agora para um banquete dos mais principescos.]

SURGEON:
Ay, if we had it, gentlemen.
[Ai, se o tivéssemos, cavalheiros.]
I flung it over-board, slave that I was.
[Eu o lancei borda afora, idiota que fui.]

LAMURE:
A most improvident villain.
[Um patife dos mais imprevidentes.]

m. Richardson, *De la Peinture*, t. I, v. 74.

Capítulo XXVI

a. *Geschichte der Kunst*, p. 347.

b. Não de Apolodoro, mas, sim, de Polidoro; Plínio é o único que nomeia esses artistas, e eu não sabia que os manuscritos não divergem um do outro com relação a esse nome. Hardouin teria, com certeza, observado isso. Também as edições mais antigas, todas elas, leem "Polidoro". O senhor Winckelmann deve ter simplesmente se enganado nessa miudeza.

c. Ἀθηνόδωρος δὲ καὶ Δαμέας [...] οὗτοι δὲ Ἀρκαδές εἰσὶν ἐκ Κλείτορος [Atenodoro e Damias... eles eram árcades de Clitore]. *Phoc.*, cap. IX, p. 819. Edit. Kuhn.

d. Plínio, lib. XXXIV, sect. 19, p. 653. Edit. Hard.

e. Ibidem, lib. XXXVI, sect. 4, p. 730.

f. *Boeotic.*, cap. XXXIV, p. 778. Edit. Kuhn.

g. Plínio, lib. XXXVI, sect. 4, p. 730.

h. *Geschichte der Kunst*, t. II, p. 332.

i. Plínio, passagem já citada, p. 727.

j. Sobre o verso 7, do livro II, *Eneida* e, especialmente, sobre o verso 183 do livro XI. Não seria, portanto, desacertado se a lista dos escritos perdidos desse homem fosse aumentada com tal obra.

k. Plínio, lib. XXXVI, sect. 4, p. 729.

Capítulo XXVII

a. *Geschichte der Kunst*, t. II, p. 347.

b. Lib. XXXVI, sect. 4, p. 730.

c. Veja-se o catálogo das inscrições em obras da Antiguidade em Mar. Gudius (ad *Phaedri*, fab. I, lib. v) e consulte também deste catálogo por Gronov (*Praef. ad.* t. IX, *Thesauri Antiqu. Graec.*).

528 LESSING: LAOCOONTE

d. Plínio, lib. I, p. 5. Edit. Hard.

e. Ao menos, ele promete expressamente fazê-lo: *quae suis locis reddam* [voltarei a ela em outro lugar]. Se ele, porém, não se esqueceu disso completamente, ainda assim ele o fez de passagem e de maneira alguma do modo que seria de se esperar após tal promessa. Quando, por exemplo, escreveu: *Lysippus quoque Aeginae picturae suae inscripsit, ἐνέϰαυσεν: quod profecto non fecisset, nisi encaustica inventa* [Lisipo de Egina escreveu em sua pintura ἐνέϰαυσεν (fez a encáustica), o que seguramente não teria feito se a encáustica não tivesse sido inventada] (Lib. XXXV, sect. 39); é, pois, evidente que ele utiliza esse ἐνέϰαυσεν como prova de uma coisa bem diferente. Tivesse ele, porém, desejado por esse meio, como crê Hardouin, citar ao mesmo tempo uma das obras cuja inscrição foi redigida em aoristo, então teria valido a pena introduzir uma palavra a esse respeito. As duas outras obras desse tipo, Hardouin encontra na seguinte passagem: *Idem* (*Divus Augustus*) *in curia quoque, quam in comitio consecrabat, duas tabulas impressit parieti: Nemeam sedentem supra leonem, palmigeram ipsam, adstante cum baculo sene, cujus supra caput tabula bigae dependet. Nicias scripsit se inussisse: tali enim usus est verbo. Alterius tabulae admiratio est, puberem filium seni patri similem esse, salva aetatis differentia, supervolante aquila draconem complexa. Philochares hoc suum opus esse testatus est.* [O mesmo (o divino Augusto) mandou pendurar dois quadros na parede da Cúria que ele consagrou no Comício: em um deles, uma Nemeia está sentada sobre um leão, com uma palma na mão, ao lado dela um velho em pé com um báculo, sobre cuja cabeça pende um pequeno quadro no qual há uma biga pintada. Nícias escreveu que ele o "queimou", tal é a expressão que usou [isto é, gravou a fogo]. No outro quadro é de admirar a semelhança do filho púbere com o velho pai, malgrado a diferença de idade; em cima, sobrevoa uma águia com um dragão nas garras. Filócares afirma que é o autor deste quadro. (Lib. XXXV, sect. 10). Aqui estão descritas duas pinturas diferentes que Augusto mandou colocar na sede do conselho recém-construída. A segunda é de Filócares, a primeira é de Nícias. O que é dito do segundo quadro é claro e preciso. Mas quanto ao primeiro, há dificuldades. Ele representa Nemeia sentada sobre um leão com uma palma na mão e, ao seu lado, um velho com um báculo, *cujus supra caput tabula bigae est dependet.* O que significa isso? Essa coisa acima de cuja cabeça pende um quadro no qual foi pintado um carro com dois cavalos? Este é ainda o único sentido que se pode dar a tais palavras. Quer dizer, sobre a pintura principal estava outra pintura menor? E eram as duas de Nícias? Foi assim que Hardouin deve ter tomado a coisa. Pois, onde estariam aqui as duas pinturas de Nícias, já que a outra era expressamente atribuída a Filócares? *Inscripsit Nicias igitur geminae huic tabulae suum nomen in hunc modum: Ο ΝΙΚΙΑΣ ΕΝΕΚΑΥΣΕΝ: atque adeo e tribus operibus, quae absolute fuisse inscripta,* ILLE FECIT, *indicavit praefatio ad Titum, duo haec sunt Niciae.* [Nícias, portanto, assinou esses dois quadros do seguinte modo: NÍCIAS FEZ A ENCÁUSTICA: assim, das três obras que Plínio mencionou no seu prefácio a Tito, como assinadas simplesmente com as palavras (em aoristo, "ele tendo feito"): ELE FEZ, duas são de Nícias.] Eu poderia perguntar a Hardouin: se Nícias não tivesse empregado o aoristo, mas, sim, efetivamente o imperfeito, e se Plínio quisesse apenas observar que o mestre havia utilizado "fazer a encáustica", ἐνέϰαυσεν, em vez de "pintar", γράφειν, ele não deve ter dito na sua língua: *Nicias scripsit se inussisse* [Nícias escreveu que o queimou (isto é, que o gravou a fogo)]. Mas eu não quero insistir nisso; pode realmente ser que Plínio quisesse indicar desse modo uma das obras em questão. Mas quem se deixará convencer quanto à pintura dupla, pendurada uma sobre a outra? Eu certamente nunca. As palavras, *cujus supra caput tabula bigae dependet,* só podiam estar alteradas. *Tabula bigae,* uma quadro, pintado com um carro atrelado a dois cavalos, não soa como pliniano, ainda que Plínio em geral já use o singular de *bigae.* E que gênero de carro com dois cavalos? Seria algo parecido aos utilizados nas corridas dos jogos nemeaneses, de tal modo que esse quadro menor, em vista do que ele representa,

NOTAS 529

pertenceria ao quadro principal? Isso não pode ser, pois costumeiramente, nos Jogos Nemeaneses, os carros não eram atrelados a dois cavalos, porém a quatro (Schmidius, *in Prol. ad Nemeonicas*, p, 2). Um dia veio-me a ideia de que Plínio, em lugar de *bigae*, talvez tenha escrito uma palavra grega, que o copista não compreendeu; quero dizer πτύχιον. Sabemos expressamente a partir de uma passagem de Antigonus Carystius em Zenóbio (cf. Gronovius, t. ix, *Antiquit. Graec. Praef.*, p. 7), que os artistas antigos nem sempre escreviam seus nomes nas suas próprias obras, mas às vezes também em pequenos tabletes separados, que eram pendurados na pintura ou na estátua. E tal tablete chamava-se πτύχιον. Esse termo grego talvez se encontrasse explicado em um manuscrito pela glosa: *tabula, tabella*; e a palavra *tabula* acabou por entrar no texto. Πτύχιον tornou-se *bigae* e assim surgiu o *tabula bigae*. Nada pode assentar melhor ao que segue do que esse πτύχιον, pois justamente o que segue é o que está escrito nele. Dever-se-ia, pois, ler a passagem inteira assim: *cujus supra caput πτύχιον dependet, quo Nicias scripsit se inussisse* [sobre cuja cabeça está suspensa πτύχιον, em que Nícias escreveu que havia pintado a fogo]. Contudo, reconheço que essa correção é pouco ousada. No entanto, será que se é obrigado a corrigir tudo aquilo que se pode provar que está alterado? Eu me contento em ter realizado esta última parte, e deixo a primeira para mãos mais hábeis. Agora, para voltar à nossa questão: se Plínio, portanto, fala apenas de uma pintura de Nícias cuja inscrição estava redigida em aoristo, e a segunda pintura, mencionada mais acima, é de Lisipo, qual é então a terceira? Isso eu não sei. Se eu pudesse encontrá-la em outro escritor antigo, que não Plínio, eu não ficaria muito constrangido. Mas é em Plínio somente que é preciso encontrá-la; e, ainda mais uma vez, nele não sei como encontrar isso.

Capítulo xxviii

a. *Geschichte der Kunst*, t. ii, p. 394.
b. Capítulo i.
c. Assim diz Estácio: *obnixa pectora* [os peitos fortemente contrapostos] (*Thebaid.*, lib. vi, v. 863):

> [...] *rumpunt obnixa furent*
> *Pectora*

[com fúria romperam os peitos fortemente contrapostos].

que o antigo glosador de Barth explica por *summa vi contra nitentia* [com máxima força contra o que se opunha]. Assim diz Ovídio (*Halieut.*, v. 11) *obnixa fronte* [com a fronte fortemente contraposta], quando fala do escaro que procura abrir caminho através da nassa, não com a cabeça, porém com a cauda:

> *Non audet radiis obnixa occurrere fronte.*

[Ele não ousa romper as varetas da nassa com a fronte contraposta.]

Capítulo xxix

a. Περὶ Ὕψους, τμήμα ή [*Do Sublime*]. Edit. T. Fabri, p. 36-39.
b. *De Pictura Vet.*, lib. i, cap. iv, p. 33.

530   LESSING: LAOCOONTE

c. *Von der Nachahmung der griech. Werke* etc., p. 23.

d. Τμῆμα β' [Sect. ii].

e. *Geschichte der Kunst*, t. i, p. 136.

f. Heródoto, *De Vita Homeri*, p. 756. Edit. Wessel.

g. *Geschichte der Kunst*, t. i, p. 167. Plínio, lib. xxxv, sect. 36. *Athenaeus*, lib. xii, p. 543.

h. *Geschichte der Kunst*, t. ii, p. 353. Plínio, lib. xxxvi, sect. 4, p. 729. i. 17.

i. *Geschichte der Kunst*, t. ii, p. 328: *Ele encenou a sua* Antígona, *a sua primeira tragédia, no terceiro ano da septuagésima sétima Olimpíada.* A época da representação é mais ou menos correta, mas que essa primeira tragédia tenha sido *Antígona*, isso é inteiramente incorreto. Samuel Petit, que o senhor Winckelmann menciona na nota, tampouco disse isso, porém situou explicitamente a *Antígona* no terceiro ano da octogésima quarta Olimpíada. Sófocles foi, no ano seguinte, para Samos com Péricles, e o ano dessa expedição pode ser determinado com precisão. Em minha *Vida de Sófocles*, eu mostro, a partir de uma passagem de Plínio, o Velho, que a primeira tragédia desse poeta foi provavelmente *Triptólemo*. Plínio fala (Lib. xviii, sect. 12, p. 107. Edit. Hard) das diferentes qualidades dos cereais nos diferentes países, e conclui: *Haec fuere sententiae, Alexandro magno regnante, cum clarissima fuit Graecia, atque in toto terrarum orbe potentissima; ita tamen ut ante mortem eius annis fere* cxlv *Sophocles poeta in fabula Triptolemo frumentum italicum ante cuncta laodaverit, ad verbum translata sententia: Et fortunatam Italiam frumento canere candido.*

[Foram essas as opiniões sob o reinado de Alexandre, o Grande, quando a Grécia era a mais célebre e a mais poderosa em todo o mundo; entretanto, cento e quarenta e cinco anos antes da morte deste, o poeta Sófocles louvou na tragédia *Triptólemo* o trigo itálico com a sentença que se traduz nas seguintes palavras: A afortunada Itália branqueja com o cândido trigo.]

É verdade que não se fala aqui expressamente da primeira tragédia de Sófocles; contudo, coincidem aqui a época desta tragédia, que Plutarco, o escoliasta e os monumentos de Arundel situam unanimemente na septuagésima sétima Olimpíada, e a época em que Plínio localiza o *Triptólemo*, a tal ponto que é impossível não reconhecer nesse *Triptólemo* mesmo a primeira tragédia de Sófocles. O cálculo foi logo feito. Alexandre morreu na centésima décima quarta Olimpíada; cento e quarenta e cinco anos abarcam trinta e seis Olimpíadas e um ano, e esse número subtraído ao primeiro é igual a setenta e sete. Portanto, o *Triptólemo* de Sófocles é da septuagésima sétima Olimpíada e, na verdade, como eu demonstro, é também do último ano dessa Olimpíada a primeira tragédia do poeta; logo, a conclusão é muito natural: ambas as tragédias são uma só. Eu demonstro, ao mesmo tempo, que Petit poderia ter economizado a metade do capítulo de sua *Miscellaneorum* (xviii, lib. iii, justamente o mesmo citado pelo senhor Winckelmann). É inútil, na passagem de Plutarco que ele pretende corrigir, mudar o Arconte Afepsion por Demotion ou ἀνεψιός. Ele deveria apenas ter ido do terceiro ano da septuagésima Olimpíada para o quarto ano desta, e teria visto que o Arconte daquele ano era chamado pelos escritores antigos de Afepsion tanto quanto, senão mais ainda, do que de Fédon. Diodoro Sículo, Dionísio de Halicarnasso e o autor desconhecido da lista das Olimpíadas chamam-no de Fédon. Afepsion é, ao contrário, como o chamam os mármores de Arundel, Apolodoro e Diógenes Laércio, que cita este último. Plutarco, porém, denomina-o das duas maneiras; na vida de Teseu, Fédon, e na vida de Cimon, Afepsion. É, portanto, provável, como conjectura Palmerius: *Aphepsionem et Phaedonem archontas fuisse eponymos; scilicet uno in magistratu mortuo, suffectus fuit alter.* [Afepsion e Fédon foram arcontes epônimos; isto é, morto um deles durante a magistratura, foi substituído pelo outro.] (*Exercit*, p. 452.) Acerca

NOTAS 531

de Sófocles, lembro ainda oportunamente que o senhor Winckelmann, também já em seu primeiro escrito *Von der Nachahmung der griechischen Kunstwerke* [Da Imitação nas Obras de Arte Gregas] (p. 8), permitiu que se infiltrasse uma incorreção: *Os mais belos jovens dançam nus no teatro, e Sófocles, o grande Sófocles foi o primeiro que, na sua juventude, deu esse espetáculo aos seus concidadãos.* Também no teatro, Sófocles nunca dançou nu, a não ser em torno dos troféus após a vitória de Salamina, e nu apenas segundo alguns, segundo outros, vestido (*Athen.*, lib. I, p. 20). Sófocles estava entre os rapazes que foram levados a Salamina para resguardá-los; e aí, nessa ilha, aprouve então à musa trágica reunir todos os seus três favoritos em uma gradação simbólica. O intrépido Ésquilo ajudou a vencer; Sófocles em flor dançou em volta dos troféus, e Eurípides nasceu nessa feliz ilha precisamente no dia da vitória.

GLOSSÁRIO[1]

ADDISON, Joseph (1672-1719), poeta e publicista inglês. Estudou em Oxford, tornando-se professor de filologia dessa universidade. Foi também secretário de Estado. Suas mais de trezentas colaborações publicadas nas páginas da revista *The Spectator*, além de outras que apareceram no *The Guardian* e no *Tatler*, figuram, em conjunto com os textos de seu amigo Steele, no rol das articulações críticas que singularizam alguns dos principais traços do jornalismo e da ensaística literária inglesa, afastando-os do didatismo e da pomposidade erudita graças a uma linguagem leve, direta e com laivos humorísticos. Addison também escreveu para o teatro, *Catão*, uma tragédia clássica, além de trabalhos sobre as Antiguidades romanas.

ADÔNIS, na mitologia grega, formoso jovem caçador, fruto incestuoso do amor de Mirra ou Smirna por seu pai Cinira, rei de Chipre. Amado por Afrodite, que o aconselha a não caçar animais selvagens, provavelmente por temer a ira do enciumado marido enganado, Adônis não resiste à tentação da caça e de fato cai vítima do chifre vingador de um javali, enviado por Vulcano, cuja intangível esposa derrama copiosas lágrimas por tão dolorosa e irreparável perda e, com o divino poder de seu sexo, transforma o belo mancebo em anêmona. Disseram também no Olimpo que Prosérpina o devolveu à vida, com a condição de que ele passasse seis meses com ela e outros seis com Vênus, na alternância do inverno e do verão.

AFRODÍSIO DE TRALLES. Ver *escultores romanos*.

AGAMÊNON, rei de Micenas e Argos; chefe supremo dos gregos na guerra contra Troia. Na *Ilíada*, sua figura é apresentada como a de um guerreiro destemido, altivo e impulsivo, mas, ao mesmo tempo, vacilante e facilmente desanimado. No seu retorno, após a queda de Troia, traz como despojo Cassandra, porém Clitemnestra o mata, com a ajuda de seu amante Egito, por não lhe perdoar o sacrifício da

---

1 Elaboração de J. Guinsburg e Gita K. Guinsburg.

534   LESSING: LAOCOONTE

filha. Mais tarde, cumpre-se mais uma vez a maldição sobre a casa de Pélops, quando os filhos de Agamênon, Orestes e Electra, abatem Clitemnestra e seu consorte.

AGESANDRO (I a.C.?), um dos três escultores de Rodes a quem Plínio, o Velho, atribuiu a autoria do grupo escultórico que representa a morte de Laocoonte.

ÁJAX, filho de Telamon, rei de Salamina. Homero o descreve como o mais bravo dos gregos na guerra contra Ílion. Perdeu a disputa com Ulisses pelas armas de Aquiles que fora morto por Páris. Conta-se também que, enraivecido, estrangulou o rebanho de ovelhas da hoste grega, crendo que matava adversários, os filhos de Atreu. Em seguida, teria se suicidado, segundo uma versão, ou morto pelo próprio Ulisses, no dizer de outra.

ALBANI, Alessandro cardeal (1692-1779), prelado, diplomata e antiquário italiano. Pretendia seguir carreira militar, mas, devido a sua deficiência visual, foi aconselhado por seu tio, papa Clemente XI, a optar pela eclesiástica. Elevado em 1721 ao cardinalato, teve importante atuação em questões religiosas e diplomáticas da Igreja e em seus conclaves. Mas a sua biografia ficou marcada por seu gosto pelas antiguidades e, em especial, pelas esculturas romanas, que o levaram a formar a maior coleção de arte antiga de seu tempo e a abrigá-la na Vila Albani, museu cuja catalogação esteve a cargo de Winckelmann, amigo e secretário de Albani. Astuto negociador desses valiosos objetos, também patrocinou e incentivou a sua busca arqueológica.

ALCINA, personagem do *Orlando Furioso* que Ariosto encontra em Boiardo. Irmã da fada Morgana, sua paixão por Roger dá lugar a uma das passagens mais admiráveis do poema, ao contrapor um sentimento de dor que não encontra eco a um amor que se apaga de súbito sem deixar arrependimento.

ALEXANDRE, O GRANDE (355-323 a.C.), filho de Filipe e Olímpia. Levando à frente os projetos políticos e militares de seu pai, quando o sucedeu como rei da Macedônia, tornou-se a personificação máxima do gênio estratégico grego pela brilhante campanha com que venceu e dominou o maior império asiático de seu tempo, a Pérsia aquemênida. Levando a termo o longo processo histórico da relação greco-persa, Alexandre demonstrou não menos visão, estabelecendo os fundamentos do universo político e cultural helenístico, que prevaleceu nas regiões por ele conquistadas, até o ascenso do poder romano.

ANACREONTE (séc. VI a.C.), poeta lírico, nasceu em Teos, na Jônia, viveu em vários lugares, inclusive em Atenas. De sua criação poética, restam apenas fragmentos que celebram o amor e o vinho, em versos ligeiros e prazerosos, às vezes de inflexão satírica, com ritmo e limpidez de expressão. Escreveu também poesias jâmbicas, elegias e epigramas, que foram imitadas nos séculos seguintes e reunidas em uma *Anacreôntica*.

ANTENOR, príncipe de Troia, parente de Príamo, e considerado como o mais sábio entre os anciões de Ílion. Recebeu Menelau e Ulisses quando eles vieram como embaixadores. Durante o cerco, aconselhou seus compatriotas a devolver Helena ao seu esposo, visto que ela fora trazida de maneira insidiosa. Como reconhecimento de sua imparcialidade, ele e sua família foram poupados pelos gregos após a conquista da cidade, mas por isso mesmo também uma versão da lenda julga-o traidor dos troianos. A ele é atribuída a fundação de Patavium, hoje Pádua, na costa do Adriático, para onde teria emigrado.

ANTÍNOO, um dos pretendentes que assediaram Penélope na ausência de Odisseu e o primeiro a ser morto por ele. – Nome do jovem bitínio de grande beleza que foi favorito do imperador Adriano e morreu afogado no Nilo em 130 d.C. Em sua memória, o imperial amante fundou a cidade de Antinoópolis, consagrou-lhe um templo e esculpiram-se estátuas que o representavam. Em 1523, encontrou-se uma

GLOSSÁRIO 535

estátua de mármore em perfeito estado de conservação. Supôs-se na época que se tratava de Antínoo e a obra ficou exposta no Belvedere do Vaticano. No entanto, mais tarde, comparações com as efígies de moedas adrianinas evidenciaram que a atribuição era equivocada, mas a denominação *Antínoo do Belvedere* se manteve até o fim do século XVIII.

ANTIUM, nome antigo de Anzio, comuna na região do Lácio, faz fronteira com Nettuno.

APELES, considerado o nome mais importante da pintura grega da Antiguidade, nasceu em Colofon ou Éfeso, na Jônia. Foi amigo e pintor predileto de Alexandre, o Grande. Distinguiu-se particularmente por seus retratos e um de seus quadros mais famosos é a *Afrodite Anadiômene.*

APOLO DO BELVEDERE, estátua de mármore pertencente ao acervo do Vaticano. Trata-se de uma cópia romana de um original grego que se perdeu. Redescoberta no Renascimento, ficou em exposição no Cortile del Belvedere do Vaticano, a partir de 1511. Vista durante muito tempo como o ideal da perfeição física masculina e como obra exemplar da estatuária da antiguidade clássica, sua autoria foi atribuída a um escultor ateniense do IV século a.C., Leocares, com bases em referências imprecisas de Plínio, o Velho, e Pausânias, e por afinidade estilística com a Diana de Versalhes.

APOLO, filho de Zeus e Leto. Deus helênico da luz, das artes, da medicina e da profecia. Seu santuário localizava-se em Delfos, em que a pítia proferia seus oráculos.

APOLODORO, menção equivocada de Winckelmann; trata-se de Polidoro, também de Rodes.

APOLÔNIO DE TRALLES. Ver *escultores gregos.*

APOLÔNIO DE RODES (c. 295-215 a.C.), poeta e gramático grego, natural de Alexandria, viveu parte de sua vida em Rodes, depois retornou à sua cidade natal, sucedeu a Eratóstenes na direção da famosa Biblioteca. Sua obra mais conhecida é o poema épico, em quatro cantos, *Argonáuticas*, em que narra as aventuras de Jasão e dos Argonautas.

AQUILES, filho de Peleu, rei dos mirmidões, e de Tétis, é o mais bravo dos heróis gregos na epopeia troiana. Ao nascer, sua mãe quis torná-lo invulnerável e o emergiu nas águas do rio Stix que lhe cobriram o corpo todo, exceto o calcanhar pelo qual ela o segurava. Foi educado pelo centauro Quíron, que lhe ensinou a arte da guerra e da música, e o alimentou com o mel de abelha, com a medula de urso e javali e vísceras de leão para torná-lo ativo e vigoroso. Também Fênix, filho do rei de Argos, foi seu preceptor, iniciando-o na eloquência. Apesar da tentativa materna para evitar que Aquiles participasse da guerra de Troia, seu travestimento em roupas de mulher na corte de Licomedes, para onde fora enviado, não o impediu de escolher nas ofertas de Ulisses as armas e não as joias. Em consequência, sua identidade e sua condição viram-se reveladas e ele foi à guerra, com uma couraça à prova de armas forjada por Vulcano a pedido de Tétis. Em 50 naus, conduziu sua hoste de mirmidões, helenos e aqueus contra Troia, fazendo-se notar, no longo assédio a esta cidade e nas lutas que então se travaram, por seu temperamento e por seus feitos de guerra. Se Heitor e Pentisileia, a rainha das Amazonas e aliada de Ílion, tombaram sob os seus golpes, Aquiles tampouco escapou ao seu destino predeterminado, pois caiu sob uma seta de Páris atirada contra o seu calcanhar, quando pedia a mão da formosa Polixena, no templo de Atena.

ARCÉSILAS (sec. I a.C.), escultor grego da época helenística, pouco se sabe a respeito de sua vida, mas Plínio, O Velho, atribui-lhe alguns trabalhos, como o de um centauro carregando ninfas, uma Afrodite do tipo Vênus Genetrix e uma leoa de mármore com amores brincando à sua volta. Consta também que esse artista vendia suas obras acabadas por um preço mais barato do que o dos modelos em gesso.

536 LESSING: LAOCOONTE

ARETINO, Pietro (1492-1556), escritor, poeta e dramaturgo italiano. Filho de um sapateiro e de uma prostituta, estudou pintura em Perúgia e fez o aprendizado em encadernação, ofício a que se dedicou e que o aproximou de autores literários a cujo exemplo começou a produzir seus próprios versos. Ao período de juventude pertencem os *Sonetos Luxuriosos* e a sua comédia mais famosa, *A Cortesã*. Em Roma, onde gozou da proteção de Leão x, que assegurou ao "filho da cortesã uma vida de rei", envolveu-se no insidioso e perigoso jogo da corte papal e desenvolveu uma turbulenta carreira de panfletário temido por seus escritos e por sua influência. Mas, por isso mesmo, a temporada romana não durou muito e Aretino, obrigado a sair da cidade após sofrer um grave atentado, retirou-se para Veneza. Aí permaneceu até o fim de seus dias e escreveu o restante de sua obra, cercado de amigos escritores e pintores (Ticiano e Sebastiano del Piombo eram seus amigos) e correspondendo-se com personalidades da época. As suas *Cartas* (1537-1557) são registros valiosos da vida política e cultural de então, e nos *Juízos* (1534) analisa a instituição cortesã, com seus vícios, como produto típico de uma sociedade em crise. A estes escritos, somaram-se comédias, diálogos, tragédias e, paradoxalmente, textos religiosos. A sua pena mordaz e licenciosa à disposição de quem melhor lhe pagasse, o seu gosto pela intriga e pelo escândalo que não se detinha diante de qualquer brasão de linhagem principesca ou de hierarquia religiosa, converteu o nome desse libelista terrível e polemista desabrido quase em sinônimo do literato "libertino". No entanto, também é sob esta licença que trava uma luta feroz contra o petrarquismo, as regras aristotélicas, o pedantismo escolástico e o humanismo maneirista. É a outra face de um homem que, encarnando as contradições do renascentismo tardio, morreu, dizem, de um ataque de riso e com um milhão de florins debaixo da cama.

ARGOS, nome de uma antiga cidade e da grande planície triangular do Peloponeso. Nesse território reinou Agamênon, tendo Micenas como capital, função que, após a invasão dória, passou a ser exercida pela cidade Argos.

ARIOSTO, Ludovico (1474-1533), poeta italiano, teve formação jurídica e humanística, mas a necessidade de subsistência da família, deixada ao desamparo devido à morte do pai, o obrigou bem cedo a pôr-se a serviço dos Estes de Ferrara, primeiro do cardeal Ippolito e depois do duque Alfonso. Mas sua dedicação permanente, ao lado e acima das demais ocupações, foi à musa poética e teatral. Compôs, a partir de 1504 até 1532, as *Poesias Latinas*, as *Sátiras*, as comédias *A Cassaria, I Suppositi, Il Nigromante, Lena,* peças destinadas às festas da corte, e sua obra-prima, *Orlando Furioso,* de início com 40 cantos em oitava rima, acrescidos posteriormente de mais seis. Inspirado na epopeia carolíngia de Rolando e no patrimônio da tradição cavalheiresca dos romances bretões celebrados por Boiardo, o poema de Ariosto retoma, num clima de encantamento mágico e maravilhoso, a narração dos feitos d'arma dos paladinos medievais, do espírito e dos valores que os movem, no fluxo das andanças e amores dos cavaleiros errantes e, sobretudo, do herói desta saga romanesca, Orlando, levado à loucura por sua paixão pela desdenhosa Angélica. É de salientar que, justamente com base na representação épico-poética, o desenho da personagem na sua dramática busca obsessiva, baixa seus traços da altitude do *epos*, humaniza-os nas sombras e nas contradições de caráter, aproximando-os da futura forma da novela burguesa, o que também se prenuncia nos riscos irônicos que sulcam o conjunto como uma crítica aos costumes feudais e à sociedade da época, trazendo à tona uma sugestão de escritura tragicômica.

ARISTODEMO (c. 700 a.C.), rei de Messênia, famoso por haver derrotado os lacedemônios na segunda guerra contra Esparta.

ARISTÓFANES (aprox. 444-380 a.C.), grande poeta cômico ateniense, escreveu cerca de quarenta comédias, das quais onze chegaram até nós, constituindo os únicos

GLOSSÁRIO 537

exemplos existentes da Comédia Antiga que por isso mesmo também é chamada Comédia Aristofanesca: *Os Acarnianos, Os Cavaleiros, As Vespas, A Paz, As Nuvens, Os Pássaros, Lisístrata, As Rãs, Assembleia de Mulheres, Tesmofariantes* ("Celebrantes da Temosforia", um festival de mulheres), *Pluto*. Fundindo elementos da velha farsa de heróis travestidos e tipos característicos com a peça satírica de animais mascarados, rituais fálicos, danças e cantos, a Comédia Antiga estruturou-se paralelamente à tragédia clássica, mas Aristófanes a tratou de um modo bem mais aberto em séries de cenas frouxamente tramadas entre si e em metros variados. O núcleo temático a partir do qual ele desenvolvia seus enredos prendia-se sempre a uma situação política do momento ou a uma momentosa questão social que levavam com frequência o conflito ao confronto entre o herói e o coro. Mistura de fantasia e agudeza de espírito, mas também de facciosismo implacável e sarcasmo rude, agressivo e obsceno, suas peças são palco de uma crítica dos homens, das instituições e das ideias da pólis ateniense de seu tempo à luz abrasadora da paixão polêmica. Sob este ângulo, elas transmitiram à posteridade não apenas uma série admirável de caricaturas de grande interesse histórico, mas o fizeram como que ao vivo, graças à vitalidade teatral de sua *vis comica*, inclusive na parcialidade dos traços representativos.

ARISTOMENE (c. 650 a.C.), da casa real de Messênia, liderou a revolta contra o domínio espartano.

ARISTÓTELES (384-322 a. C.) nasceu em Estagira, na Macedônia. Foi discípulo de Platão e preceptor de Alexandre Magno. Sua vasta obra é uma das principais expressões da filosofia e da ciência da Antiguidade clássica. Marcado pelo tratamento metódico, seu pensamento qualifica-se pela análise cuidadosa de seus objetos e temas, pelo rigor lógico da argumentação e pelo princípio, inovador na época, segundo o qual a experiência da realidade e a pesquisa sistemática devem embasar a validade da especulação filosófica.

ARTEMON. Ver *escultores romanos*.

ASÍNIO POLIÃO, Gaio (76 a.C. – 4 d.C.), político, poeta e historiador, lutou ao lado de César na guerra civil e, após a morte deste, uniu-se ao triunvirato de Otaviano, Marco Antônio e Lépido. Couberam-lhe, nesse conturbado período, as funções de legado na Gália Transpadana e, a seguir, de cônsul da república. Nesse cargo comandou as tropas que derrotaram os dalmacianos. A partir de então, retirou-se da atividade política e entregou-se ao cultivo das letras. Patrono de Virgílio, Horácio, entre outros, escreveu, além de uma história das guerras de César e Pompeu em 17 volumes, nenhum dos quais chegou até nós, poemas e tragédias. Amigo de Augusto, extremamente conceituado como escritor e orador, foi o primeiro a criar uma biblioteca pública em Roma. A capital do império deveu-lhe também a reunião em forma de um museu das melhores estátuas de todos os países então conhecidos.

ATENAS, cidade da Ática fundada pelo mítico Cécrops, inicialmente como uma colônia egípcia sob o nome de Cecrópia, passando mais tarde a chamar-se Atenas em honra a Atena-Minerva. A história fabulosa de seus primórdios abrange doze dos dezessete reis, seus primeiros governantes. A seguir, a monarquia foi substituída por um regime encabeçado por treze dos assim chamados arcontes perpétuos e, três séculos depois, por sete arcontes decenais, isto é, cada um deles detinha o poder durante dez anos e, finalmente, em 684 a.C., após um período de três anos de anarquia, o governo da pólis passou às mãos de arcontes anuais, que eram magistrados em número de nove em cada exercício supervisionados por um conselho que também desempenhava a função de tribunal de justiça. Sob tal organização político-administrativa dos demos, a democracia, a cidade ganhou impulso em sua atividade econômica, no seu poder naval e militar, floresceu no campo das artes e do

538   LESSING: LAOCOONTE

conhecimento e conquistou a primazia entre as cidades-Estado gregas, converten-do-se, após a segunda guerra médica, no centro de um império ateniense. É quando brilham o gênio de Ésquilo, Sófocles e Eurípides, no drama trágico, de Fídias e de Polignoto na escultura, arquitetura e pintura, e de Péricles, na oratória e na política. Mas a hegemonia ática viu-se confrontada e minada pelas sucessivas revoltas e guerras que resultaram das rivalidades com Esparta, Corinto e Tebas, chegando o ocaso sob o domínio macedônio e posterior protetorado romano. Seu declínio, porém, que foi igualmente o de sua forma de governo, substituída por mesclas de democracia e oligarquia, não empanou o seu *status* cultural, nem sua condição de academia, ágora e centro de formação intelectual do mundo greco-romano.

ATENODORO (I a.C.?), de Rodes, estatuário que, em conjunto com Agesandro e Polidoro, esculpiu o grupo do Laocoonte, segundo Plínio, o Velho, na *História Natural*. A mesma fonte refere-se, a propósito de outra obra de escultura, a Atenodoro filho de Agesandro.

ATREU, rei de Micenas, um dos filhos de Pélope e pai de Agamênon e Menelau. A trama mitológica que move o relato de suas ações e compõe a sua face lendária, é urdida com o ódio que nutre por Tiestes, seu irmão, e a terrível vingança que exerce contra ele: Atreu mata os filhos de Tiestes, Tântalo e Plistene, e os serve ao pai em repasto. Mas a punição por este crime também estava escrita, pois é, por sua vez, morto por Egisto, outro filho do irmão, e cumpre-se a sorte maldita da progênie de Pélope.

AUGUSTO, título honorífico concedido a Caio Júlio Cesar Otaviano, sobrinho e herdeiro de Júlio Cesar (36 a.C.-14 d.C.). Com ele, após as lutas e os triunviratos que marcaram o período final da República Romana, inicia-se a série dos imperadores. Seu reinado foi um dos mais bem-sucedidos, pelas vitórias militares, pela organização administrativa do Estado e pelo florescimento particular das letras e das artes. Horácio, Virgílio, Tito Lívio, Salústio e Ovídio são algumas das figuras que receberam a sua proteção, sendo Augusto, ele próprio, homem de cultura e mestre na língua grega.

AURORA, entre os gregos, Eos, filha de Hipérion e Thia ou de Titã e Terra, deusa do amanhecer. Ao fim de cada noite, ela se ergue do leito de seu esposo, Titono, e em uma carruagem puxada por velozes cavalos brancos, sobe ao céu do rio Oceano, para anunciar a luz vindoura do sol, fazendo desaparecer as constelações. O mito fala também de seu gosto especial pela formosura masculina, pois lhe consigna o rapto de vários jovens que se distinguiam por sua beleza, como Órion, Céfalo e Titono.

BACO, designação romana de Dionísio, filho de Zeus e Sêmele, deus do vinho cujas celebrações e peripécias mitológicas foram incorporadas pela versão latina.

BARTH, Gaspard de (1587-1658), filólogo alemão, de memória e erudição celebradas, escreveu em sessenta livros, os *Adversariorum Commentariolum*, uma miscelânea de tópicos sobre autores clássicos, medievais e da época, aos quais se somaram comentários sobre Claudiano, Estácio, Juvenal e um poema latino em doze cantos.

BATILO, belo jovem de Samos, amado pelo tirano Polícrates e por Anacreonte.

BAUMGARTEN, Alexander Gottlieb (1714-1762), filósofo alemão, discípulo de Leibniz Wolf. Foi o primeiro a definir o termo *estética* no seu trabalho *Meditações Filosóficas Sobre as Questões da Obra Poética*, firmando assim, conceitualmente, o âmbito autônomo desse campo e da reflexão sobre o belo.

BEAUMONT, Francis (1584-1616), poeta e dramaturgo inglês, da pequena nobreza rural; após duas obras em poesia, dedicou-se ao teatro e escreveu, em 1606, sua primeira peça, *The Woman Hater*, uma bem-humorada comédia de lances misogênicos, e um ano mais tarde, *The Knight of the Burning Pestle* (O Cavaleiro do Pilão em Fogo), farsa satírica em que caçoa do gosto burguês pelo romance de cavalaria. Essa

GLOSSÁRIO   539

peça é também atribuída à colaboração com Fletcher, uma parceria que ficará na história do teatro renascentista inglês pelo extraordinário êxito de suas peças em cena, que chegou a igualar ou eclipsar o de Shakespeare na época. Da meia dúzia de "fantasias romanescas", tragicomédias que compuseram tal repertório de dupla paternidade, *Philaster, A King and no King* e *The Maid's Tragedys* mereceram o maior apreço da crítica.

BOIVIN DE VILLENEUVE, Jean (1663-1726), conservador da Biblioteca Real, professor de grego do Colégio Real, membro da Academia das Inscrições e das Belas-Letras e da Academia Francesa, publicou em latim os textos dos grandes matemáticos da Antiguidade, a *Apologia de Homero* e o *Escudo de Aquiles* (1715), traduziu em versos franceses a *Batraquiomaquia* de Homero ou *Combate dos Ratos e das Rãs*, o *Édipo* de Sófocles e *As Aves* de Aristófanes (1719).

CÁBRIAS (IV. a.C.), general ateniense, combateu na guerra de Corinto contra Esparta (388 a.C.), distinguiu-se em batalhas navais e, a serviço de faraós egípcios, lutou contra os persas. Designado para as funções de estratego, isto é, de comandante das forças de Atenas, a partir de 375 a.C., venceu os espartanos em terra, com inovações táticas, bem como no mar, enfrentando com êxito outros exércitos, inclusive os tebanos de Epaminondas. Ainda assim, em uma questão ligada à entrega da cidade de Oropos a Tebas, ele foi acusado, com Calístrato, de traidor da pátria e condenado à morte, sentença da qual teria sido salvo, segundo o historiador Diógenes Laércio, pela defesa feita por Platão diante da assembleia dos cidadãos. Cábrias recebeu de novo a chefia da frota e participou de operações de guerra e punitivas de que foi incumbido. Morreu em um assalto à ilha de Quios, relata Plutarco.

CADMO, filho de Agenor, rei da Fenícia, e de Telefassa, e irmão de Europa. Quando esta foi raptada por Zeus e levada para Creta, Cadmo recebeu do pai a incumbência de trazê-la de volta, sem a qual ele tampouco deveria retornar. Não conseguindo encontrá-la, estabeleceu-se na Trácia e, por sugestão do oráculo délfico, deveria seguir uma vaca e fundar uma cidade no local em que ela se deitasse. E foi assim que construiu a Cadmeia, cidadela da futura Tebas. Sucederam várias peripécias em que o herói mata um dragão, guardião das águas sagradas de Marte, e logra, com a ajuda de Atena, vencer os guerreiros que brotaram dos dentes do monstro. Depois, casou-se com Harmonia, filha de Ares e Afrodite, com quem, numa união feliz, teve um filho e quatro filhas. Com a idade e com a tristeza pela sorte dos filhos, retirou-se para a Ilíria e civilizou os beócios, ensinando-lhes o uso das letras. Esta referência e o mito inteiro parecem aludir ao fato histórico da introdução do alfabeto fenício entre os gregos.

CALÍMACO (c. 305-250 a.C.), gramático, crítico literário, mitógrafo e poeta grego, nasceu em Cirene, foi educado em Atenas e viveu em Alexandria, onde dirigiu uma escola. Entre seus discípulos figuraram, além de Eratóstenes e Aristófanes de Bizâncio, Apolônio de Rodes (ver *Apolônio Ródio*), cuja ingratidão para com o mestre, em disputa literária entre ambos, deu origem ao poema fortemente satírico *Contra Íbis*, imitado por Ovídio. De sua vasta produção, composta por cerca de 800 obras de vários gêneros, subsistem seis hinos, 64 epigramas, fragmentos dos poemas *Áitia* e *Hécale*. Teria sido diretor da Biblioteca de Alexandria, na época de Ptolomeu Filadélfio. Antiaristotélico, Calímaco contestava o primado da unidade, perfeição e extensão na poética literária, propugnando pelas formas breves na poesia, que cultivou com particular habilidade nos seus versos epigramáticos, que inspiraram a musa latina de Catulo e Propércio.

CALÍTELES, TIMOCLES, TIMÁRQUIDES, escultores gregos do século V. a.C., ou aproximadamente da mesma época, referidos por Plínio, o Velho.

540 LESSING: LAOCOONTE

CATULO, Gaius Valerius Catullus (c. 84 a.C.-c. 54 a.C.), nasceu em Verona, de família abastada. Foi para Roma, onde frequentou a sociedade refinada e dissoluta em que conheceu Clódia, a dama casada e infiel pela qual nutriu abrasadora paixão, eternizada na lasciva Lésbia dos versos de amor, ciúmes e sofrimento que lhe dedicou. Este é um dos temas de sua obra lírica; a ele acresce uma variedade de outros motivos: epigramas, anedotas, sátiras, poesias dirigidas a amigos e inimigos, bem como poemas autorreflexivos e narrativos, dentre os 116 que chegaram até nós. Tem-se aí uma amostragem significativa de uma nova forma estilística de fazer poesia na literatura romana, a do abandono da épica de tradição homérica em favor da composição breve e sutil dos estados de alma, de casos de amor e assuntos menores.

CAYLUS, Anne-Claude de Tubières, conde de (1692-1755), filho da marquesa de Caylus, a memorialista que deixou Souvenirs sobre a vida na corte de Luís XIV, foi destinado à carreira militar, como era de tradição na nobreza francesa, e distinguiu-se na guerra da sucessão na Espanha, retirando-se em seguida para seus domínios, a fim de entregar-se ao que lhe dava prazer. Apaixonado pelas artes, visitou a Itália, a Grécia e diferentes lugares em que elas floresceram, colhendo o material que o distinguiu como erudito, arqueólogo, gravador e colecionador e que alimentou a sua reflexão e o teor de suas numerosas publicações, entre as quais tem particular relevo o Recueil d'antiquités égyptiennes, étrusques, grecques, romaines et gauloises (1752).

CÉFALO, na mitologia grega, casou-se com Prócris, filha de Erecteu, rei de Atenas. Eos, a Aurora, apaixona-se por ele, gerando a desavença entre o casal. Rejeitada por seu amor, a deusa aconselha-o a pôr à prova, disfarçado em mercador, a fidelidade de sua esposa. Prócris resiste a esta e a outras investidas do esposo e busca refúgio na ilha de Eubeia, onde Ártemis ou Minos dão-lhe, a fim de protegê-la, uma lança que atingia todos os alvos, voltando em seguida às mãos de quem a arremessava e um cão que não deixa escapar nenhuma presa. Céfalo tentara obtê-los sem sucesso para reconquistar o amor de sua mulher, mas, ao fim, ambos lhe são dados por ela, depois que o par se reconcilia. A paz doméstica não estanca os ciúmes de Prócris que, narra a lenda, se esconde em uma sebe para vigiar o marido durante uma caçada e, ao ouvi-lo chamar por Aurora, ela se mexe e agita as folhas. O caçador percebe esse movimento, que lhe parece ser de um animal selvagem e lança o seu dardo na direção da presa, ferindo de morte a sua esposa, que expira nos seus braços.

CERES, deusa do trigo e da colheita, filha de Saturno e Vesta, identificada com a Deméter grega. Em Roma, celebrava-se um festival em sua honra, a Cerealia, consagrado ao crescimento dos cereais.

CHATEAUBRUN, Jean Baptiste Vivien (1686-1775), dramaturgo, ocupou a cadeira n. 5 da Academia Francesa. Autor das tragédias em verso Mahomet second, Les Troyennes (1751), Philoctète (1755), Astyanax (1756). Consta que teria escrito mais duas peças, Ajax e Antigone, que sua empregada, tomando-as por papel de embrulho, ter-lhes-ia dado a correspondente destinação.

CHESTERFIELD, Phillip Dormer Stanhope, conde de (1694-1773), político e escritor inglês, figura proeminente da ala liberal, whig, do parlamento britânico, orador brilhante, era um homem culto, cético, conhecido por sua franqueza e por sua lealdade com seus amigos, entre os quais constavam Montesquieu, Fontenelle e Crebillon, o Jovem. Interessado em história, geografia, cultura clássica, nos temas políticos e no debate de ideias da Ilustração, sua produção de ensaísta agudo e epigramista culminou no extraordinário estilo de sua pena de missivista, que o consagrou postumamente nas letras e o inscreveu entre os observadores mais perspicazes e que melhor captaram o espírito e os modos de ser da sociedade de seu tempo. Cartas a Seu Filho Sobre a Arte de Tornar-se um Homem e um Gentleman (1774) e Cartas ao Seu Afilhado (publicadas em 1890) revelaram o manejo magistral de uma prosa

GLOSSÁRIO   541

irônica e meditativa, crepitante em seus achados e serena na sua sabedoria, cínica e afetiva nos seus conselhos de como vencer na vida.

CÍCERO, Marcus Tulius (106-43 a.C.), grande orador e estadista romano. Estudou filosofia e retórica com o epicureu Filo e o estoico Diodoto, direito com Múcio Cévola e adquiriu conhecimentos na arte militar, sob Sula, na guerra marsiana. Além do largo conjunto de discursos que enfeixam sua retórica política desenvolvida ao longo de sua ativa participação no senado romano, dedicou-se também à filosofia e ao labor literário. Se o seu pensamento é eclético e dominado pelas formulações das escolas gregas, o magistral estilo de sua oratória e de sua pena de escritor imprimiu-se na literatura latina como uma contribuição indelével da tradição e dos estudos clássicos.

CÍDIPE, na mitologia grega este nome designa várias figuras femininas, entre as quais uma formosa ninfa da ilha de Delos, filha de um nobre ateniense, por quem Acôncio, um jovem de Cea, apaixonou-se, quando foi ao santuário para os rituais consagrados a Ártemis-Diana.

CIPIÃO, nome de uma família romana em que Públio Cornélio Cipião Africano (235-183 a.C.) se distinguiu como cônsul e por sua vitória sobre Cartago, na batalha de Zama; e seu filho, Cipião Emiliano (c. 185-128 a.C.), cognominado Africano, o menor, cônsul também, que sitiou e destruiu Cartago, na terceira guerra púnica.

CLEYN, Franz (1590-1658), pintor e gravurista dinamarquês. Chamado à corte de Jaime I da Inglaterra, sua arte teve especial relevo nas gravuras que ilustram a bela edição de Virgílio traduzida e publicada por Dryden em 1697.

CLITOR, antiga cidade da Arcádia, cujo fundador seria o mítico rei do mesmo nome. Até o seu desaparecimento no século I a.C., assinalou-se a ativa participação dessa cidade em vários eventos da história grega. Sua presença também se fez notar no culto dos deuses helênicos, pelos santuários consagrados a Deméter, a Asclépio, Ceres, entre outros.

CORINTO, antiga cidade grega, situada no istmo do mesmo nome, entre o Peloponeso e a Grécia Central. Esta posição, que lhe dava também acesso a dois mares, foi de grande vantagem mercantil, naval e política. A primeira trirreme foi construída em Corinto. Sua atividade econômica, que a tornou durante largo período o empório do comércio entre a Europa e a Ásia, proporcionou-lhe muita prosperidade e influência sobre os Estados gregos. Cabe assinalar ainda as numerosas colônias, como Siracusa, Córcira, Potideia, que desde cedo semeou pelas rotas de suas frotas. Corinto foi incendiada e destruída pelo cônsul romano, L. Múmio, em 146 a.C., e reconstruída por Júlio César em 46 a.C., como colônia para seus veteranos.

CORONEIA, cidade da Beócia, cenário de duas batalhas, a primeira em 449 a.C., em que os atenienses foram derrotados pelos beócios, e a segunda, em 394 a.C., em que os espartanos comandados por Agesilau venceram os beócios e os atenienses.

CREUSA, filha de Creonte, rei de Corinto, que a deu em casamento a Jasão, já separado de Medeia. Mas a pretendida união não se efetiva, porquanto a jovem noiva se torna vítima da esposa abandonada que lhe enviou como presente de núpcias um vestido envenenado.

CRÁTERO. Ver escultores romanos.

CROTONA, cidade do sul da Itália que surgiu por volta de 700 a.C. como colônia grega fundada por aqueus. Muito próspera, conquistou grande renome com a escola filosófica aí estabelecida por Pitágoras no final do século VI a.C., e com os feitos de Milo, um discípulo da escola que venceu seis vezes os Jogos Olímpicos e sete os Jogos Píticos, graças a sua excepcional força física, e também se distinguiu como comandante do exército de Crotona que derrotou os sibaritas e destruiu sua cidade.

542 LESSING: LAOCOONTE

CTÉSIAS de Cnidos, na Ásia Menor, médico e historiador grego, integrou a expedição de Xenofonte. Feito prisioneiro por Artaxerxes Mnemon, tornou-se seu médico e permaneceu durante dezessete anos na sua corte. Escreveu, em dialeto jônico, a *Pérsica*, uma história dos persas em 23 volumes, dos quais existe um resumo, e fragmentos de outra obra. A referência a esse nome parece constituir um engano de Lessing. Julga-se que, na verdade, a menção talvez fosse a Cresila, escultor grego do século V a.C., contemporâneo de Fídias, de cujas obras subsistem algumas cópias romanas.

DACIER, Anne Lefebvre (1654-1720), esposa do filólogo francês André Dacier e, a título próprio, helenista e latinista. Traduziu para o francês, em prosa, a *Ilíada* e a *Odisseia*, Anacreonte, Safo e Terêncio, peças de Plauto e Aristófanes, que lhe granjearam renome na literatura francesa.

DANTE Alighieri, "sumo poeta" italiano e um dos mais influentes em toda literatura ocidental, nasceu em Florença em 1265 e morreu em Ravena em 1321. Oriundo de uma família de pequena nobreza, vinculada aos guelfos brancos, sua educação correu pelas vias normais para jovens de sua extração e pelos cânones da época: estudou na escola da catedral e, a seguir, foi para Bolonha, onde frequentou a universidade como aluno de direito ou de filosofia ou ainda de medicina, supõe-se. Já em sua juventude, graças a seu professor Brunetto Latini, envolveu-se com a poesia dos menestréis, dos provençais e da antiguidade clássica. Os versos de Virgílio, Ovídio, Horácio, e a prosa de Cícero, Tito Lívio, Sêneca e Plínio, o Velho, guiaram os seus passos iniciais nas letras, na filosofia e na política. Mas a primeira floração de seu estro – que culmina na *Vita Nuova*, uma racolta de poesia lírica e prosa trovadoresca – surge sob a égide do grupo de seus jovens amigos, Guido Cavalcanti, Lapo Gianni e Cino da Pistoia, promotores intelectuais e literários de uma, por assim dizer, vanguarda poética da época expressa no "Dolce Stil Nuovo". No coração deste Dante de "vida nova", porém, não batem apenas opções estilísticas para dar forma aos sentimentos, pois ali já está, com toda potência inspiradora da paixão, Beatriz, a fonte irradiante do amor que ilumina agora como iluminará toda a vida futura do poeta. Cavaleiro andante em busca, nas terras e céus, de seus ideais, do filtro do encantamento eterno da feição amada, a trajetória do vate florentino não se resume nessa andança. Ela inclui, não apenas como incursão passageira, uma atividade partidária e institucional que, em sua cidade natal, o levará a ocupar cargos públicos, funções executivas e diplomáticas enquanto os guelfos negros não tomam o poder, e que, depois da condenação ao exílio, realimentará sua obstinada militância com o fito de derrotar seus inimigos e de reverter a situação. Tentativas sucessivas malogradas cuja renovação o impelem a procurar apoio de principado em principado, mas que não o impedem, nessa errância, de empenhar-se em febril labor intelectual e poético. Se as *Rime Petrose* antecedem esse longo desterro de quase vinte anos, o "banquete" de sabedoria no *Convívio* em língua vulgar marca o seu início, seguindo-se em latim o tratado doutrinário de defesa da *Monarchia*, os libelos políticos de As *Epístolas* contra a alta hierarquia da Igreja, as *Éclogas* pastoris em hexâmetros de inspiração virgiliana e, por fim, a *Divina Comédia*. Suma poética, revisão crítica e exposição filosófica de tudo o que Dante pensou e escreveu, avaliação e visão dos homens e do mundo à luz teocêntrica das concepções aristotélico-teológicas, viagem do negro inferno da degradação humana ao translúcido paraíso da beatífica salvação, o peregrino ascenso pelo condão do amor por Beatriz e pela lição de Virgílio transmuta-se em arcobotante de toda a obra do poeta a sustentar uma autêntica catedral gótica da literatura italiana e da expirante ordem medieval.

DELFOS, santuário e oráculo dedicado a Apolo; localizava-se na antiga cidade de Delfos, perto do monte Parnaso. Originalmente consagrado à serpente Píton, morta por Apolo, o sacrário recebeu depois o nome de Delfos em honra ao filho dessa divindade

GLOSSÁRIO 543

tutelar. Os serviços estavam a cargo de sacerdotisas, pitonisas, que em transe proferiam profecias, quase sempre em versos, e respondiam a consultas que lhes eram feitas. Suas réplicas e vaticínios eram considerados verdades absolutas, porquanto constituíam palavras do próprio deus que se expressava por seu intermédio. O antigo templo construído pelo arquiteto lendário Trofônio incendiou-se em 578 a.C., sendo em seguida reconstruído. Mais uma vez destruído no início do IV século a.C. e de novo reerguido, foi saqueado pelos aliados bárbaros de Mitridates em 84 a.C. Depois, Nero o despojou de mais de quinhentas estátuas de bronze e Constantino, o Grande, transferiu seus mais belos ornamentos para a nova capital. Tido como o "umbigo do mundo", a reputação desse templo se difundiu de tal modo que a seu culto e em busca de seu oráculo acorriam, de todo o mundo greco-romano, crentes e consultantes cujas ricas e generosas oferendas nutriram o fabuloso tesouro de Delfos.

DEMÓCRITO, dito de Abdera, onde nasceu por volta de 460 a.C. Viajou pela Europa, Ásia e África e dominava um largo espectro de conhecimentos das ciências naturais, da matemática, da música e de outros mais. Seguidor de Leucipo, levou à frente sua doutrina atomística em termos que, por alguns aspectos, sugerem modernas conceituações científicas. Afora a sua física, sustentou também uma ética, pela qual a busca da felicidade deve processar-se por um atendimento moderado dos desejos, em função da primazia do espírito sobre o corpo.

DIANA, deusa latina da lua e da caça, identificada pelos romanos a Ártemis grega. Filha de Júpiter e Latona ou Prosérpina, obteve do pai a permissão de preservar a castidade pelo eterno celibato, assim como a de ter por atendentes a seu serviço, para escapar ao sexo masculino, sessenta oceânidas e vinte ninfas, todas elas obrigadas à virgindade pelo mesmo voto. Cultuada especialmente pelas mulheres, protetora das parturientes, era representada sempre com uma aljava e um arco, acompanhada por um cão de caça.

DIDO, também chamada Elisa, lendária fundadora de Cartago. Filha de Belo, rei de Tiro, e irmã de Pigmalião, que sucedeu ao pai no trono real e assassinou o tio e cunhado, Siqueu, cuja riqueza cobiçava. Para escapar-lhe e desconsolada com a morte do marido a quem amava e por quem era amada, ela fugiu, com seus tesouros e alguns nobres, para o norte da África, onde o rei da Mauritânia, Iarbas, lhe concedeu toda a extensão de terra abarcada por um couro de boi, mas Dido teria ordenado que a pele fosse cortada em tiras tão finas quanto possível, cercando com elas um espaço em que construiu uma cidadela.

DIÓGENES. Ver *escultores romanos*.

DIOMEDES, na mitologia grega, filho de Tideu e Deifile. Rei da Etólia e um dos mais valentes chefes gregos na guerra de Troia, segundo a *Ilíada*. Lutou contra Heitor e Eneias. Ao regressar do cerco de Troia, após a longa ausência, ressente-se da infidelidade da esposa, abandona o lar e parte para a Itália, onde fundou várias cidades e morreu idoso, como canta Virgílio na *Eneida*.

DOLCE, Lodovico (1508-1566), poeta, comediógrafo, ensaísta, biógrafo, tradutor e editor. Destacou-se no panorama quinhentista da Renascença italiana por sua erudição e ativa participação intelectual e criativa na literatura, na filosofia, na história e na arte. No seu *Dialogo della Pittura intitulato l'Aretino*, publicado em Veneza em 1557, cria, pelo debate de dois interlocutores reais, Aretino (a voz do próprio Dolce) e Florentino, o discurso de um método de avaliação da obra artística, comparando, à luz de um exame teórico e crítico, os afrescos da Capela Sistina de Michelangelo com as pinturas de Ticiano. Os referenciais daí resultantes para a arte pictórica são a invenção, o desenho e o colorido, que devem se aproximar o mais possível da natureza, a criação do supremo Mestre.

544 LESSING: LAOCOONTE

DONATO, Tiberius Claudius Donatus século IV d.C., filólogo, escreveu uma vida de Virgílio em 25 capítulos e as *Interpretationes* à Eneida.

DRYDEN, John (1634-1704), poeta, dramaturgo e crítico, sua obra tem o selo estilístico de um mestre do verso branco e da dicção satírica na poesia e no teatro, da precisão e da nitidez de pensamento na escritura crítica e no ensaísmo literário. A estas vertentes e gêneros que sua pena de escritor explorou nas peças heroicas, nas tragicomédias e comédias aliam-se a erudição e a qualidade de suas adaptações e traduções, em que reescreve ou transpõe textos de Homero, Teócrito, Virgílio, Horácio, Lucrécio, Ovídio, Juvenal, Boccacio, Chaucer, Shakespeare e Milton. No extenso rol de suas produções, cabe destacar as peças: *Mariage à la mode*; *Tudo pelo Amor*; *A Medalha*; o *Ensaio Sobre a Poesia Dramática*; o poema alegórico *A Corça e a Pantera*; poemas breves e notáveis como *Canção Para o Dia de Santa Cecília*, *A Festa de Alexandre*; o panegírico *A Coroação de Carlos II*. Essa criativa presença na literatura inglesa deu a Dryden, ainda em vida, o galardão de "poeta laureado", a posteridade o julgou de um bem mais contido, mas reconheceu na sua versificação e na linguagem de sua poética uma figuração emblemática do espírito da Restauração.

EDMUND, personagem da tragédia *Rei Lear* (1608), de Shakespeare. Trata-se de um bastardo que trai o irmão Edgar, arruína o pai e manipula o amor de duas mulheres. Para atingir os seus fins, não teme lançar mão de quaisquer meios. É a resposta agressiva que dá ao sentimento de inferiorizado pelo nascimento em uma hierarquia estática de valores.

EKSION, ou Etion, pintor e escultor grego; supõe-se que viveu em meados do século IV a.C., pois um de seus quadros mais famosos representa Alexandre nas núpcias com Roxana e esta obra teria sido exposta ao público dos Jogos Olímpicos, que a apreciou e aplaudiu tão vivamente que o presidente do certame deu a filha em casamento ao pintor, diz Luciano, a única fonte disponível a respeito do pintor e de sua obra. Mas, para alguns estudiosos, as palavras desse autor deixam transparecer que o artista, na verdade, floresceu no período de Adriano e dos Antoninos.

ENEIAS, filho de Anquises e Afrodite, membro da família real de Troia. Na *Ilíada* é uma personagem secundária. Timásio, historiador grego do século III a.C., teria sido o primeiro a vincular Eneias à criação do Estado romano, atribuição esta que será, mais tarde, plenamente desenvolvida por Virgílio, na *Eneida*.

ERISÍCTON filho do rei tessálio Triopas, que abateu as árvores de um boque consagrado à deusa Deméter e foi por ela punido com uma fome tão terrível que o levou a devorar a carne de seu próprio corpo.

ESCALÍGERO, Giulio Cesare Scaligero (1484-1558), médico, botânico, filósofo, crítico e filólogo. Em seu relato autobiográfico apresenta-se como um militar de origem nobre, que teria lutado em inúmeras campanhas da época sob Maximiliano I e o duque de Ferrara, tendo sido condecorado por sua bravura e se retirado da vida militar para estudar na universidade de Bolonha em 1514. Mas essa versão é posta em dúvida por alguns de seus biógrafos que o filiam a certo Bordoni miniaturista e pintor de iluminuras, e remetem a sua formação acadêmica à universidade de Pádua. Seja como for, o fato é que era conhecido como um dos grandes eruditos renascentistas, dotado de assombroso domínio do latim, de grande brilho retórico. Autor de *De Comicis Dimensionibus* (1539), *De Causis Linguae Latinae* (1540), *Poetices libri VII* (1561), em que retoma e reinterpreta em novos termos a *Arte Poética* de Aristóteles, *Esotericarum Exercitationis* (1554). Foi um polemista desabrido, que investiu violentamente contra Erasmo e Cardan, mas, ao mesmo tempo, um pensador original que, a seu modo, influenciou, entre outros, Bacon, Kepler, Shakespeare e Leibniz. Em sua folha de serviços ao espírito e ao saber do Renascimento,

GLOSSÁRIO   545

cabe inscrevê-lo como um expoente moderno, no seu tempo, da física e da metafísica aristotélicas e, mais ainda, como um precursor do método científico realista e indutivo, dada sua maneira de pesquisar e reformular o legado de seus mestres tutelares, Aristóteles e Galeno.

ESCULTORES GREGOS DO PERÍODO HELENÍSTICO, Apolônio de Tralles e Taurisco (II a.C.?). A respeito deles não há outros dados senão os que Plínio, o Velho, apresentou na *História Natural*: eles seriam irmãos e teriam moldado, num conjunto monumental, *A Punição de Dirce*, cuja posterior cópia romana, retrabalhada, constituiria o original do magnífico *Touro de Farnese*, do Museu Arqueológico de Nápoles.

ESCULTORES ROMANOS, Afrodísio de Tralles, Artemon, Crátero, Diógenes, Hermolau, Pitodoro, Polideuces, Possidônio, Strongilion, escultores da época dos imperadores. São citados juntamente com Arcésilas e Praxíteles, por Plínio, o Velho, mas não há outras referências a respeito de suas vidas e obras.

ESOPO, nome a que se atribui tradicionalmente a autoria de uma série de fábulas de animais nos papéis de personagens dos enredos. A principal fonte da historicidade desse fabulista é Heródoto, que o situa no século VI a.C., na pessoa de um escravo do trácio Iádmon. Este, impressionado pelo gênio de seu servidor, tê-lo-ia libertado e Esopo, nesta nova condição, teria viajado por grande parte da Grécia e do Egito, vindo a residir, sobretudo, na corte de Creso, rei da Lídia, que o enviou para uma consulta ao oráculo de Delfos. Embora levasse a cabo a sua missão com rigor, entrou em conflito com os habitantes locais, por ironizá-los comparando-os com pedaços de pau que, boiando, ao longe parecem grandes, mas de perto se tornam pequenos. Ofendidos, imputaram-lhe a ocultação de um vaso sagrado do templo de Apolo e, como punição, o precipitaram do alto de um penhasco. Se de fato foi assim é impossível afiançar, mas é certo que uma série de relatos esópicos sobre animais, com fins edificantes ou satíricos, continuaram a circular e, ao que se diz, Sócrates, na prisão, versejou alguns deles. Bábrios também o fez e Fedro publicou em cinco livros uma coletânea latina dessas fábulas, que mantêm a sua atração até hoje, recontadas por escritores em quase todas as línguas do mundo.

ESTÁCIO, Publius Papinius Statius (c. 40-96 d.C.), nasceu em Nápoles, filho de um gramático que lhe incutiu o gosto pelas letras. Jovem ainda, foi premiado em concursos poéticos e conquistou renome em Roma declamando suas poesias para o público. Sua principal obra é a *Tebaida*, um poema épico em 12 livros. De igual veia é a *Aquileida*, uma epopeia inacabada. Cumpre ainda mencionar a miscelânea, em cinco livros, de versos em boa parte ocasionais, como os dedicados às Saturnálias e a outros ensejos ou pessoas, que, sob o título de *Silvae*, deixam entrever um poeta cordial e erudito, amante do belo na arte e na natureza.

EUBEIA, ilha no mar de Egeu.

FÍDIAS, o mais notável escultor da antiguidade grega, nasceu em Atenas e morreu por volta de 432 a.C. Seu protetor, Péricles, confiou-lhe a direção dos trabalhos artísticos em Atenas, principalmente na Acrópole, onde entronizou a sua majestosa estátua de *Atena* em mármore e ouro. Presunçoso, granjeou inimigos e foi acusado de gravar o seu próprio retrato e o de Péricles no escudo da deusa. Por isso foi banido para Élis e, a fim de vingar-se do tratamento recebido, diz a lenda, esculpiu um *Zeus Olímpico*, que teria superado em beleza todas as suas outras obras, doando-o ao povo de Élis. Cumpre notar, no entanto, que nenhuma de suas criações chegou até nós, salvo possíveis partes das esculturas do Parthenon e possíveis cópias romanas da arte de Fídias.

FILOCTETES, um dos chefes gregos no cerco de Troia, celebrado por sua perícia como arqueiro a quem Hércules legou suas setas envenenadas. Abandonado na ilha de

546 LESSING: LAOCOONTE

Lemnos, lá permaneceu durante dez anos, quando Ulisses e Diomedes vieram resgatá-lo porque Troia só seria vencida com essas flechas. É assim que a *Ilíada* o apresenta, e a sua história serviu de tema a Sófocles para a tragédia do mesmo nome.

FILÓSTRATO, Flavius, natural de Lemnos, um sofista que viveu em Roma na primeira metade do século III d. C. e escreveu uma obra na qual descreve, em prosa poética, uma coleção de pinturas que ele teria visto em Nápoles.

FINEU, filho de Agenor, rei lendário de Salmidessos, na Trácia. Por ter, à instância de Idea, sua segunda mulher, condenado à cegueira os dois filhos que tivera com a primeira, Cleópatra, filha de Bóreas, Zeus o castigou com a perda da visão e ordenou às Harpias que, em sua forma de aves vorazes, o privassem de todo alimento. Outra versão do mito liga a punição ao fato de ele haver abusado de seu poder profético e revelado um oráculo divino que Apolo lhe confiara. Os Argonautas, a quem ensinou a rota que deviam seguir, livraram-no da presença das Harpias.

FLACO, Valério, Valerius Flaccus, poeta latino que floresceu no reinado de Vespasiano. Compôs um poema sobre a busca do Tosão de Ouro que, embora contando com oito cantos, não foi concluído, por causa da morte prematura do autor. Sua narrativa não se restringe apenas às peripécias mitológicas, uma vez que introduz episódios de sua própria criação.

FLETCHER, John (1579-1625), poeta e dramaturgo inglês. Suas melhores peças foram escritas em colaboração com Francis Beaumont e constituem, no teatro elisabetano, exemplos representativos da tragicomédia romântica. Nessa produção conjunta figuram *Philaster, A King and no King, The Maid's Tragedys* e a comédia *The Scornful Lady*. Após a morte de seu primeiro parceiro, Fletcher escreve outras peças em coautoria com vários dramaturgos. Philip Massinger é um deles e, inclusive, acredita-se, com Shakespeare em *Henrique VIII* e *The Two Noble Kinsmen*. Além disso, como produção pessoal exclusiva, sua obra teatral também apresenta os textos de diversas comédias, um drama pastoril e uma tragédia histórica. Engenho e facilidade de expressão distinguem o estilo desse poeta versátil que dialogou com o público de seu tempo nas intrigas do cômico e nos enredos do trágico.

GALÉRIO, Maximiano, natural da Dácia. Por sua força física e coragem, recebeu a púrpura imperial de Diocleciano, que lhe deu a filha em casamento. Numa batalha contra os persas, foi vencido e o imperador, para humilhá-lo ainda mais, obrigou-o a seguir a pé o carro imperial. Mais tarde, porém, Galério vingou-se, ao reunir outro exército e impor aos persas uma derrota completa. Após a abdicação de Diocleciano, tornou-se Augusto. Porém, sua crueldade e o exercício tirânico do poder fizeram-no odioso ao povo de Roma. Morreu em 311, com grande sofrimento, segundo fontes cristãs.

GARRICK, David (1716-1779), famoso ator, dramaturgo e produtor inglês. Primou nos papéis shakespearianos. Seu estilo de interpretação influenciou profundamente a cena britânica, tendo conquistado a admiração de Diderot na França e os aplausos das plateias continentais europeias. Mas a sua folha de méritos registra também o trabalho de restauração e recuperação textual de várias peças do teatro de Shakespeare, deturpadas no curso dos anos e cuja íntegra Garrick se empenhou em oferecer ao seu público.

GÉDOYN, Nicolas (1667-1744), membro da Academia Francesa e tradutor para o francês de Pausânias.

GERMÂNICO, Nero Claudius Germanicus Julius Caesar (15 a.C.-19 d.C.), neto de Augusto, sobrinho e filho adotivo de Tibério. À frente das legiões romanas nas campanhas da Panônia, Dalmácia e contra as tribos germânicas, infligiu-lhes grandes derrotas, como a que impôs a Armínio, o valente general dos germanos. Muito querido

GLOSSÁRIO

por suas tropas pelo trato que lhes dispensava, as suas vitórias e o desfile que as consagrou na capital do império tornaram-no muito popular entre os cidadãos de Roma, despertando o ciúme e as suspeitas de seu tio, que lhe confiou o mando do Oriente e despachou no seu encalço um homem de confiança com a secreta missão de envenená-lo. Foi o que Piso fez.

GESSNER, Conrad von (1516-1565), naturalista e filósofo suíço, nasceu em Zurique, escreveu numerosos livros sobre história natural, bem como um léxico greco-latino. Sua *Historia Animalum*, em quatros volumes publicados de 1551 a 1558, com o acréscimo de um quinto livro póstumo, foi um ponto de partida da zoologia moderna, e sua *Bibliotheca Universalis*, 1574, o qualifica como o pai da bibliografia.

GHEZZI'S, alusão a Píer Leone Ghezzi (1674-1755), pintor italiano que se fez valer pela arte da caricatura.

GLADIADOR BORGHESE, estátua de um guerreiro em posição de combate, dizem os peritos, e não de um gladiador, como o título pelo qual é conhecida faz erroneamente supor. Ela traz no pedestal uma inscrição com o nome de Agacias, filho de Dositeu, um escultor grego do século I a.C., a juízo de uns, e do século IV a.C., segundo outros. Encontrada em 1611 nas ruínas de um palácio de imperadores romanos, em Nettuno, a obra passou a integrar o acervo da Vila Borghese, até que Napoleão comprou a coleção toda e levou a escultura para o museu do Louvre, onde está exposta.

GRAÇAS ou Cárites, dentre as Musas, nas diferentes versões, três são as que recebem propriamente o nome de Graças ou Cárites: Aglaia, Tália e Eufrosina. Esta última preside a poesia, a dança e a todas as artes liberais.

GRANGÄUS, Isaac de la Grange, poeta e filólogo francês, publicou uma edição de Juvenal em 1614.

HARDOUIN, Jean (1646-1729), teólogo, antiquário, cronologista, historiador e editor francês, de formação clássica, foi bibliotecário do Liceu Louis-le-Grand. Ao lado da numismática, um de seus campos de estudo, suas publicações versam sobre temas do saber clássico, entre os quais se fizeram notar pela edição da *História Natural* de Plínio para uso do Delfim e da obra de Temístio. Mas Hardouin marcou presença no cenário erudito pela teoria que defendeu sobre a autoria das obras clássicas. A seu ver, e com base em análises de contradições e superposições textuais, com exceções de Homero, Heródoto, Cícero, Plínio, Virgílio e Horácio, todo o restante do legado literário da antiguidade greco-romana era espúrio e formas falsificadas por monges do século XIII, sob a direção de certo Severo Archontius. Esse ponto de vista polêmico encontra ressonância até hoje.

HEBE, filha de Zeus e de Hera, era a copeira dos deuses e lhes servia o néctar, antes que Ganimedes ocupasse essa função. Casou-se com Héracles e teve dois filhos. A tradição mais antiga lhe atribuía o poder de rejuvenescer as pessoas mais velhas. Os templos de Juventas, a sua homônima romana, eram a ela dedicados.

HEITOR, primogênito de Príamo e Hécuba, esposo de Andrômaca e pai de Astianax. Comandante das forças de Troia, enfrentou os mais valorosos guerreiros de Agamênon e matou em combate Pátroclo, o que provocou a amargura de Aquiles e o levou a campo para vingar a morte do amigo. Na peleja, os troianos fogem diante da fúria do herói grego e o próprio Heitor, que permaneceu fora das muralhas, mas põe-se em fuga em sua biga, é trespassado pela lança de seu invulnerável adversário, que leva em triunfo até as naus helênicas o corpo do campeão de Ílion, entregando-o, porém, depois, a Príamo a fim de receber um sepultamento condigno. A personagem de Heitor, na *Ilíada*, reúne o pressentimento da queda de sua pátria à determinação da resistência heroica; reúne também, quanto às virtudes do guerreiro, e ao homem, a abertura de coração aos melhores sentimentos de filho, marido e pai.

548 LESSING: LAOCOONTE

HELANODICES, comissão de dez magistrados, entre os helenos, que organizavam e arbitravam os jogos olímpicos.

HELENA, filha de Zeus e Leda, irmã de Castor e Pólux, a mais formosa das mulheres. Ainda criança, foi raptada por Teseu, mas, resgatada pelos irmãos, voltou sã e salva para Esparta, sua terra natal. Os mais ilustres príncipes da Hélade, entre os quais Ulisses, a cortejaram, mas seu número era tão grande que, por sugestão de Odisseu, todos eles concordaram em respeitar e defender a escolha que ela fizesse. Helena escolheu Menelau e Hermíone foi o primeiro fruto dessa união, porém, na ausência do marido, a bela esposa é seduzida pelo filho de Príamo, Páris, que a leva para o Egito ou diretamente para Troia, conforme as versões. De toda maneira, os relatos concordam que esta foi a causa da guerra de dez anos de feitos heroicos que os chefes gregos, para reparar os direitos e a honra de Menelau e devolver-lhe a cônjuge infiel à força ou por vontade própria, promoveram contra o reino, a cidade e a real estirpe da afronta – objetivo militar e nupcial que foi alcançado, graças às artes heroicas de um cavalo de pau, levando ao reparo dos males cometidos pela total destruição dos perpetradores e à remissão dos eventuais desvios dos juramentos matrimoniais da formosa Helena.

HERCULANO, cidade da Campânia, entre Pompeia e Nápoles, fundada pelos oscanos, tomada pelos romanos em 88, 89 a.C., era muito próspera, mas foi soterrada juntamente com Pompeia, na erupção do Vesúvio em 79 d.C. As escavações arqueológicas, que ali se sucederam a partir de 1738, trouxeram à luz dados de grande valia para as pesquisas históricas sobre as formas de vida material, técnica, social e cultural reinantes naquela cidade itálica e do que elas revelam sobre a antiguidade clássica sob a égide romana.

HÉRCULES, Héracles em grego, um dos mais afamados e populares semideuses do panteão helênico, que se salientava pela força física, coragem, compaixão, apetite e lascívia. Seu *epos* compõe-se de numerosos feitos e lutas, cuja síntese se consubstanciou nos chamados Doze Trabalhos de Hércules.

HERMES, Mercúrio para os romanos, filho de Zeus e Maia, divindade da boa sorte e da riqueza, patrono dos mercadores e mensageiros, arauto dos deuses, principalmente de Zeus, bem como condutor das almas para o Hades. A invenção da lira de sete cordas foi atribuída a ele, instrumento que ofereceu a Apolo, recebendo em troca o caduceu.

HERMOLAU. Ver *escultores romanos*.

HERÓDOTO (c. 484-c. 420), historiador e geógrafo grego, cognominado "pai da História", nasceu em Halicarnasso, de família nobre. Jovem, a fim de escapar ao ditador que matara o seu tio, o poeta épico Paníasis, saiu de sua terra natal e estabeleceu-se, ao que parece, em Samos, onde se familiarizou com o dialeto jônico. Pouco depois, viajou pelo Egito, Líbia, pelo mundo grego da Ásia e da Europa, tendo visitado Atenas, onde conheceu Péricles. Encerrado esse périplo, voltou a Halicarnasso e participou ativamente da expulsão do tirano Ligdamis. Entretanto, por ter entrado em conflito com seus concidadãos, foi para Turoi, na Magna Grécia, onde escreveu sua *História*. Conta a tradição que, em 445 a.C., Heródoto teria recitado o texto de sua obra em Olímpia e Atenas, sendo vivamente aplaudido pelo público e levado às lágrimas Tucídides, que estaria presente. É Luciano quem o narra. Ele informa também que nessa ocasião o historiador recebeu uma recompensa de dez talentos dos atenienses e sua *História* foi dividida em nove livros honrados com os nomes das nove Musas. É provável, porém, que a partição tenha ocorrido em época posterior por editores alexandrinos. Seja como for, nesse conjunto há um tema central: o embate da Ásia com a Grécia no período que vai de Ciro a Xerxes, fio condutor que

GLOSSÁRIO 549

é desenvolvido no quadro descritivo das grandes nações então existentes. Nota-se aí, desde logo, a delimitação espacial e temporal do trabalho, em contraposição à logografia antiga que se perdia nos tempos imemoriais e espaços míticos. Cingindo-se em linhas gerais ao seu próprio século, é o primeiro a submeter em certa medida os acontecimentos historiados a crivos de averiguação e de comprovação racional e crítica, a fim de chegar à "verdade" dos fatos relatados e de seu encadeamento. É certo que, a despeito da descrição bastante realista das guerras e das vicissitudes, a interpretação não ia fundo na análise das causas políticas e sociais, nem do pensamento de seus agentes. Sua narrativa, em estilo escorreito e fácil, todo erivado de expressões épicas e poéticas, trazia a marca da oralidade, pois tinha em vista encantar um público de ouvintes. Contendo uma grande massa de informações mitológicas, geográficas, biográficas e políticas, além de anedotas e prodígios, seu alvo principal era o de perpetuar nos fastos da História a memória e os feitos que haviam forjado, no combate heroico com forças bárbaras, a Hélade de seu tempo.

HESÍODO, o mais antigo poeta grego, afora Homero, viveu no século VIII a.C. Enquanto o autor da *Ilíada* cultivava uma poesia heroica, nutrida pela mitologia e pelas sagas dos reis e de seus feitos da Hélade micênica cantados pelos rapsodos, o poeta de *Os Trabalhos e os Dias*, usando o mesmo dialeto e a mesma métrica no que escreveu ou ditou, encontrou as motivações de seu estro na vida do homem do campo de seu tempo. Primeiro a abordá-lo nos termos objetivos e utilitários da agricultura, dispensou-lhe em estrofes sapienciais preceitos éticos e morais, conselhos econômicos e ensinamentos práticos. Com igual arte e precisão, escolha e ajuizamento, Hesíodo compôs, na sua *Teogonia*, uma narrativa sobre a origem do mundo, dos pássaros e dos deuses. Restaram ainda muitos fragmentos de sua produção e de um poema maior. Embora a autoria de *O Escudo de Héracles* não seja atribuída ao mesmo poeta, uma parte lhe cabe indubitavelmente. Dedicado às heroínas da antiguidade, reencontra-se aí a dicção suave e elegante que caracterizam os seus versos e os colocam, em sua serena objetividade, no extremo oposto à sublime altitude homérica. Para as poéticas antigas, o extremo oposto da sublimidade homérica seria algum poema baixo, como, por exemplo, os poemas priapeus. Hesíodo tem o estilo mediano.

HIPSÍPILE, filha de Toas e Mirine, rainha de Lemnos. Durante seu reinado, Vênus, ofendida pelo pouco caso tributado aos altares que a cultuavam, fez com que as bocas das mulheres da ilha exalassem um mau hálito tão terrível que seus maridos as abandonaram e elas, ressentidas, resolveram por vingança matá-los. Hipsípile, porém, salvou o seu pai, transportando-o secretamente em um navio que os ventos levaram à Táurida. Conta a lenda que, depois, os Argonautas desembarcaram em Lemnos e ela conheceu Jasão com quem se casou, tendo com ele dois filhos gêmeos, mas a felicidade não a bafejou, uma vez que uma sucessão de infortúnios continuou a persegui-la.

HOGARTH, William (1697-1764), pintor, gravador e ilustrador inglês. Deteve-se, com forte senso crítico e incisão satírica, na ilustração da vida popular da Inglaterra de seu tempo, captada em retratos individuais e, principalmente, em séries de imagens de "assuntos morais modernos", definição temática que o próprio artista fez. Em pinturas, gravuras e desenhos, satirizou a política, a moda, a loteria, as loucuras das mascaradas, as cantoras de ópera italiana, os atores de *The Beggar's Opera* de John Gau, *O Progresso de uma Prostituta* e, num conjunto de seis quadros, a *Marriage à-la mode*. Este e outros motivos da mesma natureza sobre os quais exerceu a sua arte atraíram, por certo, acusações de pouca elevação e pobreza estética que Hogarth não deixou de rebater com a publicação de seu livro *Análise da Beleza*.

HOMERO, o mais antigo e celebrado dos poetas gregos do século IX a.C., contemporâneo de Hesíodo, autor da *Ilíada* e da *Odisseia*. A tradição o representa como bardo

550 LESSING: LAOCOONTE

errante, velho e cego, a vagar de cidade em cidade, recitando seus versos. A poesia desse vate foi tão universalmente admirada que, na Antiguidade, todo homem de cultura sabia repetir com facilidade alguma passagem de suas epopeias. Para Aristóteles, Homero reunia a excelência estilística com a elocução e o pensamento em uma unidade de enredo e de estrutura poética.

HORÁCIO, Quintus H. Flaccus (65 a.C.-8 d. C.), um dos maiores poetas latinos, nasceu em Venúsia, sul da Itália, filho de um liberto, teve educação primorosa em Atenas e Roma. Seu talento chama a atenção de Virgílio e Vário Rufo, que o apresentam ao círculo de Mecenas e de Augusto. Seguidor de Epicuro, sua obra se notabiliza pela perfeição da forma e pela franqueza e bom humor com que retrata a sociedade de sua época. Afora as *Odes*, as *Sátiras* e as *Epístolas*, compôs uma *Ars Poética* que serviu de padrão e guia ao classicismo literário do Ocidente, em seus vários desdobramentos históricos.

IASOS, cidade e ilha do mesmo nome, situada na Cária, fundada pelos argivos e mais tarde colonizada pelos milesianos.

IDEOS, Ideu, filho de Páris e Helena. No texto, que remete ao canto V, verso 23 da *Ilíada*, Lessing atribui a intervenção divina a Posseidon-Netuno e não a Efesto-Vulcano, como consta do poema.

IFIGÊNIA, na mitologia grega, filha de Agamênon e Clitemnestra. Ela seria sacrificada pelo pai, segundo o relato homérico, por exigência de Ártemis, a fim de permitir que a frota grega pudesse zarpar para Troia. Mas a deusa apiedou-se da vítima e a levou como sacerdotisa para Táuris (Crimeia), substituindo-a na ara da imolação por um cervo. Esse episódio deu origem às duas tragédias de Eurípides, *Ifigênia em Áuris* e *Ifigênia em Tauris*.

ÍLIO, Ilium, a cidadela de Troia, construída por Ílo, um dos primeiros reis troianos. Designa também, em geral, a própria cidade de Troia.

JALISO, herói tutelar, construtor lendário da cidade do mesmo nome, na ilha de Rodes, tendo servido de tema à pintura de Protógenes. Pretende-se que o artista despendeu sete anos e refez quatro vezes a obra em que o representava seja caçando, seja voltando da caça.

JASÃO, filho do rei Aison de Iolco, na Tessália, que fora destronado pelo meio-irmão Pélias. Aceitando uma proposta do tio, que pretendia eliminá-lo, reuniu cinquenta dos principais heróis gregos, a fim de recuperar o tosão de ouro, condição para que o pai reavesse o trono. Partiu com a nau Argos na celebrada expedição dos Argonautas. No regresso, após as vicissitudes que cercaram a façanha, foi recebido triunfalmente. Mas seu pai, devido à idade, não dispunha mais de condições de reinar. Medeia então o rejuvenesceu por meio de um mágico banho de ervas e, para vingar-se de Pélias, convenceu suas filhas a fazer o mesmo com seu pai. Era um ardil que o levou à morte, pois na água fervente Medeia colocara ervas malsãs. Apupada pelo povo e expulsa por Acastos, filho de Pélias, ela e o marido fugiram para Corinto e lá viveram felizes por dez anos, até que Jasão a abandonou por Gláucia (ou Creusa). O mito de Jasão, após essas venturas e desventuras, tem o seu final contado em duas versões: a de uma errância melancólica e a de um reinado seguro na Cólquida, como termo de vida do herói.

JUNIUS, famoso pseudônimo de um escritor inglês de cartas, cuja identidade é desconhecida até hoje. Uma das suposições é de que se trata de Sir Philip Francis (1740-1818), político inglês. O missivista, inspirado nas *Sátiras* de Juvenal e nas *Catilinárias* de Cícero, envolvia, ao gosto da época, na prosa clássica do estilo latino, embora em caligrafia disfarçada, a sua polêmica contra o ministério do terceiro Duque de Graffon e a corrupção grassante. Seu propósito era não só o de alertar o público

GLOSSÁRIO

inglês, como convocá-lo para a defesa de seus direitos constitucionais, e ele logrou o seu objetivo, tanto com os seus leitores do *Publico Advertiser*, de 11 de janeiro de 1769 a 21 de janeiro de 1772, quando da coletânea em livro intitulado *Letters of Junius* (1772), que recebeu grande acolhida em muitas edições.

JUNO, no panteão romano, correspondente a Hera grega. Filha de Saturno e Ops, irmã de Plutão, Netuno, Vesta, Ceres, casou-se com seu irmão Júpiter-Zeus e, como sua consorte, tornou-se a rainha do Olimpo. Suprema divindade feminina, ela era a deusa das mulheres, cuja vida tutelava desde o nascimento até a morte. Além do sexo e da virtude matronal, a limpeza e todo poder sobre as coisas estavam sob a sua égide, que protegia também os ricos. Seu culto, praticado sob grande variedade de nomes, era muito difundido.

JÚPITER, Zeus para os gregos e, entre os antigos, a mais poderosa divindade; deus do céu, da luz diurna, do tempo, do raio e do trovão.

JUVENAL, Decimus Junius Juvenalis (60 ou 70-140 a.C., datação conjectural), poeta satírico romano. Pouco se sabe de sua vida. É provável, porém, que uma ofensa a um ator favorito de Domiciano haja levado o imperador a bani-lo para o Egito, onde teria servido no exército. Suas dezesseis *Sátiras* investem causticamente contra a sociedade romana, no quadro em que ela se lhe apresentava nas suas deformações, insanidades e perversões. Ele o pinta com os traços de um humor sarcástico que decompõe os modos de vida e de ser dos ricos, das mulheres e da própria existência humana em amarga contrafação. De seu pessimismo salva-se apenas a simpatia pelos pobres. A força de seu estilo e de sua mordacidade não se esvaiu na leitura dos pósteros, na medida em que continuou a inspirar o intelecto crítico dos escritores satíricos nas literaturas do Ocidente.

KLEIST, Christian Ewald von (1715-1759), poeta alemão, seu renome deveu-se ao poema anacreôntico, com tinturas pré-românticas, *Der Frühling* (A Primavera). Major do exército de Frederico, o Grande, sua morte prematura na batalha de Kunersdorf causou grande tristeza a Lessing, de quem era amigo devotado.

LA METTRIE, Julien Offroy de (1709-1751), médico e filósofo materialista francês. Estudou também teologia e mais tarde medicina. Observando o próprio corpo durante um acesso de febre, concluiu que havia uma relação causal dos fenômenos da psique com o cérebro e o sistema nervoso. A análise e a reflexão sobre os dados colhidos neste e em outros casos, bem como o estímulo que lhe vinha do cartesianismo geraram uma de suas primeiras obras filosóficas, a *História Natural da Alma* (1745). Este foi o ponto de partida para o desenvolvimento, ainda mais heterodoxo para a época, enfeixado em *L'Homme-machine*, que, calcada declaradamente em princípios materialistas, concebe o funcionamento do corpo humano como o de uma máquina. O interessante é que nessa concepção ele supera a proposta dualista de Descartes por uma visão unitária, determinista, de corpo e alma. Esse modo de ver o levou também a uma ética alicerçada em valores hedonísticos e na crença de que os seres humanos não apresentam um senso de moralidade superior ao dos animais, na medida em que as máquinas humanas são conduzidas pelas leis naturais e, nesta condição, colocam o primado egocêntrico de seus próprios interesses acima de tudo o mais. Em 1751, Frederico II da Prússia escreveu para a sua irmã, comunicando-lhe que: "Perdemos o pobre La Mettrie; morreu por um gracejo comendo uma torta inteira de faisão. Ele é lamentado por todos os que o conheceram. Era alegre, bom sujeito, bom médico e péssimo autor, mas, por não ler os seus próprios livros, tinha um meio de sentir-se muito contente com eles."

LEAR, figura central da peça de Shakespeare, *Rei Lear*. Mais do que quaisquer outras, ela parece polarizar e desencadear o dramático embate da ambição, do egoísmo e da traição que traçam o destino humano no plano das relações do indivíduo consigo mesmo, com o seu universo pessoal e social, sob a óptica dos valores reinantes e da consciência de sua prática.

LEMNOS, uma das maiores ilhas do mar Egeu, entre o monte Atos e o Helesponto. Era o lugar onde Hefesto-Vulcano teria caído, quando o jogaram do Olimpo, e que, por isso mesmo, passou a ser o principal centro do culto a ele consagrado.

LÉSBIA, personagem de poemas de Catulo. Encarnação da mulher dissoluta e infiel, cuja relação com o amante é uma conturbada sucessão de inconstâncias, ela não constitui pura invenção literária, pois sua identidade real, na sociedade romana, é a de Clódia, esposa de Quinto Metelo Céler, cônsul em 60 a.c., que teve uma efetiva ligação com o poeta e lhe inspirou alguns dos mais belos versos líricos.

LEUCO, na *Ilíada*, um companheiro de Odisseu que é ferido por um dardo arremessado por Antifo.

LICAS, servo de Hércules, portador da túnica envenenada que Deianira, segunda mulher do semideus, recebeu do centauro Nesso e inadvertidamente enviou ao marido. Na sua cólera, o amo atirou Licas ao mar e, por compaixão dos deuses, foi transformado em um rochedo.

LICOFRON, de Cálcis, século II a.C., gramático, poeta trágico e erudito, viveu na corte de Ptolomeu Filadelfo, escreveu um monólogo dramático, com 1474 versos, *Alexandra* ou *Cassandra*, no qual esta prevê a queda de Troia, o destino dos heróis, as conquistas de Alexandre Magno e o advento do poderoso romano. Escreveu vinte tragédias, perdidas, certo número de dramas satíricos e um estudo sobre a comédia, do qual há fragmentos. Alguns críticos têm dúvidas se o autor de *Alexandra* e das tragédias são a mesma pessoa.

LISIPO (c. 370-300 a.C.), célebre escultor grego, favorito de Alexandre, o Grande. Começou por trabalhos em metal e pela pintura, mas foi na estatuária que suas criações atingiram excelência. Ele teria moldado, informa Plínio, o Velho, não menos de 1500 estátuas em bronze, das quais a do imperador macedônio era uma das mais admiradas. Sua arte para figurar a harmonia do corpo masculino, bem como para representar personalidades de seu tempo, deu-lhe especial notoriedade, a tal ponto que, na época de Augusto – dizia-se –, suas obras valiam o peso em ouro, gerando numerosas cópias em mármore.

LÓCRIDA, região da Grécia ao norte da bacia de Corinto.

LONGINO, Dionisius Cassius Longinus (c. 223-273 d.C), professor de filosofia e de retórica em Atenas. No fim da vida, tornou-se preceptor e conselheiro de Zenóbia, rainha de Palmira, a quem devotou um zelo tão ardente que lhe acabou sendo fatal, pois este neoplatônico enfrentou com coragem e firmeza inauditas os soldados romanos que o mataram, diz a crônica histórica, por ordem do imperador Aureliano, quando ele conquistou a cidade. Da autoria de Longino, conservou-se uma *Arte da Retórica*, mas não se deve confundi-lo com o suposto Dionísio Longino do tratado *Do Sublime*. Escrita, ao que parece, no século I ou II de nossa era, esta obra discorre sobre a natureza do sublime na literatura e, pela clareza de expressão, propriedade dos exemplos e acerto dos reparos críticos, mereceu leitura interessada de intérpretes da arte literária, como Lessing.

LUCIANO (c. 115-200 d.C.), escritor grego, nasceu em Samósata, foi aprendiz de escultor, mas não se encantou com essa arte e, induzido por um sonho, cultivou a da pena e da palavra, tornando-se escritor e retórico. Nessa qualidade, viajou pela Grécia, Itália e Gália, ministrando aulas e apresentando seus escritos para ganhar a subsistência. O imperador Marco Aurélio, sensível à sua eloquência e aos seus méritos, o nomeou para o cargo de procurador no Egito. Suas obras, em dialeto ático e em

GLOSSÁRIO 553

estilo terso e simples, são numerosas. Compostas de peças, epigramas em versos e livros em prosa, compreendem textos de exercícios de retórica, ensaios de literatura, biografias de sofistas e filósofos, romances e diálogos, gênero este em que seu talento melhor se exprimiu.

LUCRÉCIO, Titus Lucretius Carus (c. 94-55 a.C.), poeta romano, epicurista. Em seu *De rerum natura*, um poema didático em seis livros, num latim intencionalmente arcaizante, e uma das obras-primas da Antiguidade, combate a superstição religiosa e defende as teorias de Demócrito e Epicuro, abordando cosmogonia, sexo, antropologia, os átomos, a pluralidade dos mundos e os fenômenos naturais, descrevendo de forma realista e compassiva o sofrimento dos seres vivos.

MACRÓBIO, Macrobius Theodosius, gramático, escritor e filósofo latino (c. 400 d. C.), Sua fama literária adveio das *Saturnalia*, um diálogo fictício, em sete livros, dedicado ao filho e travado, durante a celebração da festividade do mesmo nome, entre algumas personagens eruditas e ilustres da vida romana. Além dessa coletânea de antiguidades históricas e reflexões críticas, escreveu um comentário sobre o *Somnium Scipionis*, o sexto livro da *República* de Cícero, em que discorre sobre o destino da alma à luz do neoplatonismo e repassa os conhecimentos de astronomia e matemática da época.

MAFFEI, Francesco Scipione, marquês de (1675-1755), crítico de arte, poeta, dramaturgo e antiquário italiano de formação humanista. Publicou trabalhos de pesquisa histórico-cultural sobre a antiguidade, especialmente etrusca, e escreveu, para o teatro, comédias e um melodroma musicado por Vivaldi, *La Fida Ninfa*, além de *Mérope*, sua obra principal e mais conhecida. Tragédia, sem prólogo nem coro, com diálogos curtos e vivos, menos presa aos ditames da poética clássica, mereceu por isso mesmo a atenção de Voltaire, a ponto de imitá-la, e granjeou ao autor grande popularidade em toda a Europa setecentista.

MANASSES, Constantin (c. 1130-c. 1187), arcebispo ortodoxo (metropolitano) de Naupactus, floresceu na época de Manoel I de Bizâncio, sob o patrocínio de Irene Comena, cunhada deste imperador. São de autoria de Manasses a *Synopsis historike*, uma crônica de quase sete mil linhas em que historia em forma dos assim chamados versos políticos bizantinos os acontecimentos no mundo desde a Criação, segundo a *Bíblia*, até o reinado de Nicéforo III (1081); o romance poético, *Os Amores de Aristander e Caliteia*, da qual restam fragmentos; e alguns outros textos.

MARLIANI, Bartholomeo (1488-1566), erudito e historiador italiano, autor de obras de referência sobre a arqueologia das antiguidades romanas, às quais consagrou toda a sua vida de pesquisador.

MARMONTEL, Jean-François (1723-1799), historiador, gramático, filósofo, poeta, autor de romances épicos, de contos morais, de peças de teatro e de memórias, foi redator do *Mercure de France*, participou da *Encyclopédie* e pertenceu à Academia Francesa. Amigo de Voltaire e inimigo de Rousseau, Marmontel alcançou grande notoriedade no cenário da França das Luzes por sua multifacetada produção literária e por sua intervenção no debate intelectual. Em ambos os terrenos, defendeu a tolerância religiosa e a livre manifestação das ideias. Alguns de seus escritos, como os *Eléments de Littérature*, ultrapassaram o seu tempo e tiveram leitores como John Stuart Mill, John Ruskin e Saint-Beuve.

MÁRSIAS, um sátiro da Frígia que encontrou a flauta inventada por Atena e que ela havia jogado fora porque, ao soprá-la, ficava com o rosto desfigurado. Mársias se encantou de tal modo com a beleza dos sons emitidos por esse instrumento que aprendeu a tocá-lo com perfeição. Orgulhoso de sua mestria, desafiou Apolo para uma competição musical, flauta contra cítara, em que o vencedor poderia fazer o que aprouvesse com o perdedor. As Musas deram o prêmio a Apolo que esfolou vivo o desafiante.

MARTE, o grego Ares, deus da guerra entre os antigos, filho de Júpiter e Juno, de acordo com Hesíodo, Homero e todos os poetas gregos. Os romanos atribuíam-lhe a paternidade de Rômulo.

MAZZUOLI, Francesco, o Parmigianino, (1503-1540), pintor italiano, maneirista. Da relação de suas pinturas não consta nenhuma sobre *O Rapto das Sabinas* que Lessing menciona.

MEDEIA, filha de Aietes, rei da Cólquida. A lenda grega atribuía-lhe poderes mágicos e de bruxaria. Seu nome está associado à aventura dos Argonautas, pois quando Jasão veio à Cólquida em busca do velocino de ouro, ela não só o ajudou a obtê-lo, como se apaixonou por ele e os dois se casaram, trocando votos de eterna fidelidade. Seguem-se, no relato mítico, as peripécias da fuga do casal para a Grécia, viagem esta que chega a bom porto, graças aos trabalhos de Medeia que, com suas artes, remove os obstáculos com que seu pai tenta impedi-la. Isso, porém, não impediu, mais tarde, que Jasão a trocasse por Gláucia, filha do rei de Corinto, provocando a fúria da esposa repudiada que, na sua ira, vinga-se matando, além da rival, dois de seus próprios filhos, na frente do pai – ação que servira de motivo à tragédia de Eurípides, de mesmo nome, e à peça homônima de Sêneca.

MELEAGRO, filho de Eneu, rei de Calidon, e de sua mulher Altaia, participou da expedição dos Argonautas, liderou os heróis que mataram o javali monstruoso que devastava os campos calidonianos e, reza uma tradição, ofertou a pele (e/ou a cabeça) da fera a Atalanta, a caçadora, por ter sido ela a primeira a ferir o animal e por ter se apaixonado por ela. Esta oferta irritou seus dois tios que, tendo participado da caçada, pretendiam ficar com o troféu e, ao fim da disputa, o sobrinho matou os irmãos de sua mãe. Enfurecida com o fato, ela lançou ao fogo a acha fatal que conservava desde o nascimento do filho, pois nesta ocasião uma das Parcas vaticinara que o recém-nascido viveria enquanto o fogo não consumisse aquela acha. O vaticínio se cumpriu e Meleagro morreu. Altaia, arrependida de seu impulsivo ato, suicidou-se e suas filhas desfizeram-se a tal ponto em pranto e desolação pela morte do irmão que Diana as metamorfoseou em aves, com exceção de duas, por serem casadas.

MENELAU, rei de Esparta, irmão de Agamênon e marido de Helena, *casus belli* da guerra de Troia, pois tanto pelo ultraje sofrido quanto desejoso de reaver a sua bela mulher, Menelau conseguiu convencer os chefes gregos que a ofensa cometida por Páris e a casa de Príamo feriam os juramentos e solenes compromissos assumidos por todos eles. Reconhecendo a justiça de seu pleito, os príncipes puseram-se em armas e organizaram a expedição para defender sua causa e trazer Helena de volta. Na dura lida com que se defrontaram os comandados de Agamênon, Menelau fez jus a sua têmpera de guerreiro, fazendo com que muitos troianos pagassem com suas vidas a injúria perpetrada contra ele, inclusive o próprio Páris só lhe escapou pela divina intervenção de Afrodite. Nada, porém, pôde proteger Deífobo, quando, no décimo ano da guerra, enquanto Troia estava sendo arrasada, Helena introduziu Menelau e Ulisses na câmara onde se achava o seu segundo marido troiano. A justa recompensa desse ato de fidelidade conjugal foi o perdão à virtuosa dama e a volta, após uma viagem de oito anos pelo Mediterrâneo, à doce paz doméstica em leito espartano.

MENGS, Anton Raphael (1728-1779), pintor alemão, filho de um pintor que lhe deu o nome em homenagem a Antonio Aleggro (Corrégio) e a Rafael, trabalhou na corte de Dresden, depois partiu para Roma, onde se fixou e se tornou professor da escola de pintura do Vaticano. Célebre como retratista e por suas pinturas sacras e de inspiração clássica, amigo de Winckelman e Casanova, escreveu em alemão, italiano

GLOSSÁRIO 555

e espanhol, com grande erudição, sobre a pintura, defendendo a teoria de que era possível atingir a perfeição nessa arte, desde que se obedecesse a um esquema bem harmonizado da excelência do desenho grego, da expressão em Rafael, do claro--escuro de Corrégio e da cor em Ticiano.

MERCÚRIO, denominado Hermes pelos gregos. Deus da boa sorte, da riqueza, patrono dos comerciantes e dos ladrões. Era o mensageiro dos deuses.

METRODORO de Atenas (séc. II a.C.), filósofo e pintor. Paulo Emílio, o cônsul romano que derrotou o rei Perseu da Macedônia, pediu aos atenienses, após a sua vitória em 168 a.C., que indicassem o melhor filósofo para educar os filhos e o melhor pintor para representar seu triunfo. Eles lhe enviaram Metrodoro, que unia as duas condições, como narra a história.

MILTON, John (1608-1674), um dos maiores nomes da literatura inglesa ao lado de Shakespeare. Poeta, político e teólogo, polemista a serviço da revolução puritana na Inglaterra e partidário de Cromwell, republicano convicto e humanista militante, versado em latim, grego, francês, italiano e hebraico, prosador de pulso que escreveu numerosos panfletos, entre os quais a *Aeropagítica* sobre a liberdade de expressão da palavra e da imprensa e *On Education* em prol da educação popular, marcou época na poesia como autor de elegias, de versos líricos e de poemas filosóficos e pastorais, e seu soneto em que medita sobre a desgraça da cegueira, mal que o acometeu por volta de 1650, é tido como um dos mais belos da língua inglesa. Mas é nas estrofes épicas do *Paraíso Perdido* que Milton realiza a sua obra-prima. Concluída em 1664 e seguida pelo *Paraíso Reconquistado*, 1671, e pela tragédia de *Sansão Agonista*, 1674, cristaliza-se aí, em versos livres da rigidez neoclássica, uma transcendente reflexão moralista, que a morte de Cromwell, a Restauração do regime monárquico e a frustração dos anseios de uma república ideal inspiraram ao estro desse poeta e pensador cuja obra se constituiu numa das produções mais elevadas do seiscentismo literário na Europa.

MINERVA, Palas Atena para os gregos, deusa da sabedoria, da guerra e de todas as artes liberais. Filha de Júpiter, de cujo cérebro nasceu, pois o deus dos deuses, temeroso de que fosse suplantado por filhos mais valentes e inteligentes, como fora vaticinado, engolira Métis, sua esposa, que estava grávida. Vindo à luz já inteiramente formada, graças a Vulcano que, a pedido de Zeus, a fim de aliviá-lo de insuportáveis dores, abrira-lhe a cabeça, Atena foi imediatamente admitida na assembleia dos deuses e se tornou a conselheira mais fiel de seu pai. Com grandes poderes no céu e na terra, dotada do dom da profecia e votada à eterna castidade, foi uma das mais adoradas divindades do panteão greco-romano. Era representada com um capacete, uma armadura, um escudo e uma lança, mas também era tida como a inventora dos instrumentos musicais, especialmente os de sopro e, por isso, consagravam-lhe preito religioso ao som de flautas.

MÍRON, escultor grego que viveu em Atenas no V século a.C. Seus trabalhos, na maioria executados em bronze, eram estátuas de deuses, heróis e atletas cuja postura corporal, subordinando as partes ao todo, constituiu uma revolução na estatuária grega. Embora sua obra tenha chegado até nós somente em cópias, prova-o o famoso *Discóbulo*, ao qual Plínio acrescenta outras moldagens de igual valor, como o cão, Perseu, o sátiro com uma flauta, Minerva, Hércules e Apolo de Éfeso.

MONTFAUCON, Bernard de (1655-1741), erudito beneditino, autor de numerosas obras acerca de monumentos da Antiguidade. Deve-se a ele o termo paleografia, ciência que desenvolveu nos estudos sobre a escrita grega.

NEOPTÓLEMO, rei de Epiro, filho de Aquiles e Deidâmia, também cognominado Pirro, devido à cor amarela de seus cabelos. Após a morte de seu pai, é convocado para

556 LESSING: LAOCOONTE

as hostes gregas no cerco de Troia onde recebe o nome de Neoptólemo, ou seja, "soldado novo". Com Ulisses vai a Lemnos buscar Filoctetes. Na queda de Ílion, é o primeiro a entrar no Cavalo de Troia e é ele quem mata Príamo e parte de sua família com extrema ferocidade.

NEPOS, Cornélio (c. 100-25 a.c.), historiador e escritor, cujas qualidades estilísticas foram louvadas por Catulo, de quem foi amigo. Como muitos outros poetas, artistas e literatos latinos desse período de ouro da história romana, beneficiou-se do mecenato de Augusto. Compôs diversos livros de teor histórico, entre os quais três de crônicas, além de biografias de Cícero e Catão, poemas e um tratado de geografia que se perderam. Dos 16 volumes originais dedicados à vida dos mais ilustres generais gregos e romanos, sob o título *De Viris Illustribus*, restaram apenas 24 relatos, conjunto este atribuído a Emílio Probo, um desconhecido autor da época de Teodósio, no fim do século IV d.C., que teria abreviado o número de textos desta obra de Nepos.

NESTOR, filho de Neleu e Clóris, neto de Netuno e rei de Pilos. Personagem da *Ilíada* e da *Odisseia*, Homero o apresenta como um príncipe indulgente e sábio cuja voz eloquente da moderação se sobressaía entre os rixosos chefes gregos.

NETTUNO, comuna italiana na região do Lácio, faz fronteira com Anzio.

NETUNO, filho de Saturno e Cibele (Rhéa), deus romano, originalmente das águas vivas e das fontes foi posteriormente associado a Poseidon, deus grego dos mares conhecidos.

NIREU, rei de Naxos, filho de Charops e Aglaia, um dos chefes gregos durante a guerra de Troia, celebrado por sua beleza.

NUMA POMPÍLIO, semilendário sucessor de Rômulo, o fundador de Roma. A tradição romana marcou o seu reinado com a aura de uma idade de ouro em que um sábio governo, longo e pacífico, se notabilizou pelo exemplo pessoal do rei, pelas instituições e leis que criou, pela reforma religiosa que promoveu e pelos templos que edificou. Os fastos atribuem-lhe a introdução de festas, sacrifícios, dos pontífices, das vestais, do conselho de sálios e, mesmo, a reforma do calendário vigente.

OLIMPO, montanha no maciço ao norte da Tessália, onde os antigos gregos localizavam a morada da estirpe de deuses encabeçados por Zeus-Júpiter.

ONATAS DE EGINA, escultor grego do século V a.C. Seus trabalhos, descritos por Pausânias, denotam conhecimento do corpo humano e certa rigidez de representação plástica, como se observa no torso de Apolo lavrado para um frontão de Egina, cujos restos arqueológicos se acham atualmente em Munique.

OPS, Reia na mitologia grega, deusa da riqueza e da colheita, conhecida também como Cibele e Magna Mater. Filha de Urano e Terra, casou-se com Saturno e gerou, entre outras divindades, Júpiter, Netuno e Plutão, filhos do sexo masculino que seriam devorados pelo pai e que ela salvou. Ops era representada pela figura de uma matrona com a mão direita estendida, oferecendo assistência aos necessitados.

ORÉADE, uma das Oréades, ninfas das montanhas, das cavernas e das grutas, sempre jovens, mas não imortais; possuíam o dom da cura, da profecia e da nutrição, e acompanhavam Diana na caça.

OVÍDIO, Publius Ovidius Naso (43 a.C.-18 d.C.), nasceu em Sulmona, no vale dos Apeninos, de antiga família romana. Estudou leis e oratória em Roma e completou sua formação em Atenas. Mas, em vez de encaminhar-se aos trabalhos jurídicos, começou com crescente paixão a dedicar-se aos torneios da poesia, para o desgosto paterno. Como poeta, conquistou desde logo admiradores de seu estro, entre os quais Virgílio, Horácio, Tibulo e Propércio, que se tornaram seus amigos, e ganhou

GLOSSÁRIO 557

pela mesma razão o generoso patrocínio de Augusto; mas este favor não durou muito, pois, no ano 8, foi desterrado pelo imperador, por razões não muito claras. A maior parte de sua produção chegou até nós e consiste das seguintes obras: *Amores, Heroides, Tristes, Metamorfoses, Fastos, Remédios do Amor, Arte de Amar, Epístolas do Ponto, Contra Íbis.* Nesta vasta obra flui, com igual virtuosismo, uma arte poética espirituosa e engenhosa, imaginativa e pitoresca, de um contador de histórias e de mitos gregos e latinos em versos elegíacos e hexâmetros. De sua aclamada tragédia *Medeia* restou-nos apenas um verso.

PALNATOKO, lendário herói dinamarquês do século X. Fundou na ilha de Wollen a irmandade de piratas Jomsvikings e uma semilendária fortaleza de corsários vikings na costa sul do Báltico, no fim do décimo século de nossa era, denominada Jomsborg.

PÂNDARO, filho de Licaon, apoiou Troia e comandou habitantes do sopé do monte Ida na luta contra as hostes gregas. Na *Ilíada*, ele rompe a trégua estabelecida entre troianos e gregos e fere Menelau e Diomedes, mas, por fim, é morto por Diomedes.

PANTEÃO DE AGRIPA, templo circular consagrado aos deuses romanos. Situado na atual Piazza della Rotonda em Roma, foi construído em 27 a.C. pelo cônsul Marcos Vipsiano Agripa. Destruído por um incêndio em 80 a.C., o imperador Adriano o reconstruiu em 125.

PANTEIA, sua beleza era tão irresistível que, aprisionada por Ciro, rei dos persas, este teria deixado de visitá-la para não ser seduzido. Mas Panteia foi celebrada mais ainda por sua fidelidade conjugal, pois ela se matou sobre o corpo de seu marido, Abradate, rei de Susa, que morreu numa batalha.

PÁRIS, filho de Príamo, rei de Troia, e de Hécuba. O papel central que vai exercer na guerra e destruição de Troia, por ter raptado Helena, esposa do rei Menelau de Esparta, constituía, segundo a narrativa homérica, a realização de um fado augurado no primeiro mês de gravidez de sua mãe, pois ela teria sonhado que de seu ventre sairia uma tocha que incendiaria o seu palácio. A fim de evitar essa futura tragédia, Príamo ordenou a Arquelau, seu escravo, que eliminasse a criança tão logo ela nascesse. Mas, condoído, o servo abandonou Páris no monte Ida, sendo recolhido por pastores que o criaram como filho e lhe confiaram, no devido tempo, o pastoreio de rebanhos, em cuja guarda demonstrou a intrepidez e a coragem que seriam a marca de seu caráter. Após uma sequência de acontecimentos, retornou à casa paterna e graças a Cassandra, sua irmã, foi reconhecido por Príamo e se envolveu nas peripécias que, por intervenção dos deuses e dos homens, o conduziram à praia espartana e à paixão adúltera. Nas lutas travadas com as forças gregas diante de Troia, demonstrou mais uma vez o seu valor, mas tombou ferido por uma flecha envenenada por Filoctetes.

PARRÁSIO (c. 400 a.C), famoso pintor grego, nasceu em Éfeso, exerceu sua arte em Atenas, rivalizava com Zêuxis. Sua pintura valorizava, em delicada combinação de cores, o fundo, o volume e o movimento dos corpos, tanto quanto a expressividade das faces e as linhas de contorno. Nada restou de sua obra, exceto os comentários elogiosos de Xenofonte, Sêneca, Plínio, o Velho, e Pausânias. Personalidade exótica eególatra, apresentava-se como o Príncipe dos Pintores e representou-se como o deus Hermes.

PASQUALINI, Marc'Antonio (1614-1691), cantor de ópera italiano, *castrato*, soprano masculino do coro da Capela Sistina, compositor de grande número de árias e cantatas, contou com a proteção da família Barberini. Andrea Sacchi o representou no quadro *Marc'Antonio Coroado por Apolo* (1641), que pertence atualmente ao acervo do Metropolitan Museum.

558 LESSING: LAOCOONTE

PAUSON, pintor grego do IV século a.c. Sabe-se pouco a seu respeito, com exceção da referência de Aristóteles na *Arte Poética*, que o menciona ao lado de Polignoto e Dionísio, afirmando que o primeiro pintava os modelos melhor do que eles eram, o segundo, tais quais eram, e Pauson, pior do que eram.

PÉLOPE, ou Pélops, na mitologia grega, neto de Zeus, filho de Tântalo, rei da Frígia. A história lendária a respeito dessa personagem gira em torno de três episódios. No primeiro, quando criança o pai o matou e, em um banquete oferecido aos deuses que visitavam o reino, serviu-lhes as partes do corpo a fim de pôr à prova a divindade de seus convivas. À exceção de Demeter-Ceres, que, desatenta e triste pela perda de uma filha, comeu parte do ombro, os demais deuses não se deixaram enganar sobre a natureza da iguaria e não tocaram na carne. Além disso, penalizados com o cruel destino do pequeno príncipe, ressuscitaram-no e implantaram um ombro de marfim, em lugar do devorado, e Tântalo foi severamente punido no Hades. No segundo desdobramento da narrativa, Pélope, atingindo a idade adulta, pede em casamento Hipodâmia, filha do rei de Élis, Enômao. Este impõe como condição uma corrida de carros e se, na disputa, o rei alcançasse o pretendente, ele o mataria com sua lança. A proposta não surpreendeu Pélope por estar ciente de que trinta candidatos anteriores já haviam pago o preço da derrota no desafio. Por isso mesmo cogitou de um expediente clássico, mesmo na idade clássica: subornou o auriga do rei, Mirtilos, para tirar uma cavilha do eixo do carro de seu amo, conquistando assim o concurso e a prenda, a noiva e o reino. Pélope, porém, foi mais longe e, como recompensa ao bom serviço prestado, atirou ao mar o condutor da biga real, o qual não afundou na eternidade sem lançar uma maldição para todo o sempre sobre Pélope e seus filhos, Pitéu, Crisipo, Troezen, Atreu, Tiestes e outros, gerando o *leitmotiv* do terceiro episódio: a sucessão de crimes e desgraças a tecer a rede de fatalidades que acometeram os Pelópidas e que a tragédia grega registra nos dramas de Agamênon, Clitemnestra, Ifigênia, Orestes e Electra.

PENTESILEIA, filha de Ares-Marte e Otrera, rainha das Amazonas. Após a morte de Heitor, ela veio ajudar os troianos e lutou contra Aquiles, que a matou. Ao despojá-la de suas armas, o herói grego ficou tão impressionado com a sua beleza que chorou por tê-la golpeado tão violentamente. A esse pranto liga-se a zombaria e a morte de Tersites, ou a suposição de que ele estava apaixonado por Pentesileia e até que tivera um filho com ela.

PERRAULT, Charles (1628-1703), advogado, assistente do ministro Colbert e superintendente de obras públicas no reinado de Luís XIV, foi eleito, em 1671, para a Academia Francesa. Conhecido no mundo inteiro pelas histórias publicadas sob o título de *Contos do Tempo Passado com Moralidades*, em 1697, esta coletânea, também intitulada popularmente "Contos da Velha", "Contos da Cegonha" e "Contos da Mamãe Gansa" e na qual figuravam "Chapeuzinho Vermelho", "A Bela Adormecida", "O Gato de Botas", "Cinderela", "Barba Azul" e "O Pequeno Polegar", deu origem a um novo gênero literário: o conto de fadas, que iria alimentar através das gerações o imaginário das crianças. Mas este autor, que pode ser considerado o pai da literatura infantil, cultivou também a poesia – o *Poema da Pintura* é uma de suas composições –, bem como a crítica literária, tendo liderado na Academia Francesa o grupo dos Modernos que sustentava, na famosa querela, a superioridade das letras francesas da época sobre a herança clássica greco-romana, isto é, a Antiga, e escrito nesse contexto *Le Siècle de Louis, le Grand* (1687) e o *Parallèle des Anciens e des Modernes* (1688-1689).

PIRAICO ou Pireico, pintor grego de gênero do século III a.C., durante o período helenístico. Seu pincel voltava-se para a natureza e a vida cotidiana, de onde proveio o seu cognome de Riparógrafo, que significa pintor de coisas "baixas".

GLOSSÁRIO 559

PISANDRO, de Rodes (c. 640 a.C.), poeta grego, de cuja obra nada resta, mas a quem a tradição literária helênica atribuía a autoria de várias epopeias antes de Homero, entre as quais a *Heraclea*, sobre os trabalhos e os feitos de Hércules, e que teria sido o primeiro a representá-lo armado de uma clava.

PITÁGORAS LEONTINO, ou de Leôncio, não se sabe quase nada a respeito dessa personagem. Todavia, Diógenes Laércio e Plínio falam de dois Pitágoras, um de Regium e outro de Samos. Ambos eram escultores que viveram durante a septuagésima segunda Olimpíada (480-430 a.C.).

PITODORO. Ver *escultores romanos*.

PLÍNIO, O JOVEM, Gaius Plinius Caecilius Secundus (61-c. 113), filho da irmã mais velha de Plínio, o Velho, nasceu em Como e foi adotado pelo tio, cujo nome assumiu. Recebeu educação primorosa de Quintiliano. Ainda adolescente, devotou-se às letras e, no fórum, desde os 19 anos, distinguiu-se pela eloquência de sua oratória. Amigo do historiador Tácito, chegou a ser cônsul e também exerceu a função de pretor e outros altos cargos imperiais. Suas obras principais são o *Panegírico*, dedicado a Trajano, e as *Epístolas*, reunidas em dez livros, nove dos quais publicados por Plínio mesmo, e o décimo, após a sua morte. O teor dessa correspondência é muito diversificado e abrange assuntos como questões de governo, descrições de paisagens, histórias de fantasmas, temas de literatura e retórica, aquisição de obras de arte ou de uma propriedade, elogios a amigos ou queixas a respeito deles, o relato da morte de Plínio, o Velho, e uma bibliografia de seus trabalhos. Escritos em estilo sério ou jovial, às vezes com certa pompa, os numerosos fatos curiosos e pitorescos compõem um quadro valioso do modo de vida, da sociedade e da cultura de um romano rico, da elite dirigente do império, e lançam uma luz testemunhal sobre a época e sua história.

PLÍNIO, O VELHO, Gaius Plinius Secundus (23 ou 24-79 d.C.), escritor, historiador, naturalista, administrador e oficial romano. De origem nobre, nasceu em Como (outros dizem Verona) e morreu durante a erupção do Vesúvio, quando, incitado pela curiosidade científica, tentava investigar o fenômeno. Foi o remate da vida de um homem ativo e sedento de conhecimento que, em meio de uma agitada carreira política, administrativa (foi procurador na África, na Gália e na Espanha) e militar, jamais deixou de estudar e encontrou tempo para escrever sobre gramática, retórica, arte da guerra, história das guerras germânicas em vinte livros e do período mais recente de Roma em 31 volumes e mais de quinhentas biografias de personalidades gregas e romanas. Todo esse cabedal está perdido. A mesma sorte não atingiu, felizmente, a sua *Historia Naturalis*, publicada postumamente, na maior parte, em 37 tomos, e dedicada a Tito, filho de Vespasiano, com quem Plínio servira o exército e de quem era protegido. Essa obra é notável pelo imenso trabalho que implica e, mais ainda, pela amplitude de assuntos que aborda. É uma vasta compilação de dados, com muitas informações valiosas sobre minerais e pedras preciosas, plantas, animais e descrições geográficas que, de outro modo, estariam perdidos para nós. Embora nem sempre com grande rigor, mas com muita imaginação, a obra percorre os campos da física, da biologia, da geografia, das artes e das ciências do céu, do comércio e da navegação. Têm-se aí copiosas informações sobre os conhecimentos e a civilização da época e nelas reponta, sob os auspícios de um espírito benfazejo entranhado no universo, um admirador fervoroso da natureza e um crítico severo de seus contemporâneos.

POLICLETO (entre 460 e 410 a.C.), um dos mais importantes escultores da antiguidade clássica, mais jovem do que Fídias e seu único rival no tocante à maestria artística. A sua obra mais famosa, a Hera em marfim e ouro, nos é conhecida apenas por descrição. Preservaram-se, porém, muitas cópias romanas de sua Amazona,

560 LESSING: LAOCOONTE

do Diadomeno e do Doríforo, obra esta de proporções tão perfeitas que se tornou cânone da escultura. Se Fídias foi insuperável na representação dos deuses, Policleto foi insuperável na dos homens, ao ver dos antigos e dos modernos.

POLIDEUCES. Ver *escultores romanos.*

POLIDORO (I a.C.?), um dos três escultores do grupo do Laocoonte, provavelmente filho de Agesandro.

POLIGNOTO (475-447 a.C.), pintor grego, nasceu na ilha de Tasos e trabalhou em Atenas, Plateia e Delfos. Na capital ática, contou com a proteção de Címon e sua irmã, e chegou a ser pintor oficial da cidade. Pausânias descreve os afrescos da Tomada de Troia no Stoa Peikile (Pórtico Pintado), junto à ágora ateniense, e da descida de Odisseu ao Hades, em Delfos. Grades composições, com numerosos figurantes não apenas nas cenas mitológicas, conjugam-se em sua pintura ao cuidado especial com a vida e a expressividade fisionômica que alguns atribuem a um interesse moral na exposição do caráter e da consideração social, havendo até quem mencione um verismo naturalista. Este enquadramento moderno é discutível, mas Aristóteles e Luciano, que elogiam muito o pintor, falam em força de *ethos* e *pathos*, respectivamente.

PÓLUX, ou Polideuces, filho de Leda, Tíndaro e Zeus, irmão gêmeo de Castor, um dos Dióscuros, Helena e Clitemnestra são suas irmãs. O pai de Pólux é Zeus, por isso ele é imortal, enquanto Castor é do sêmen de Tíndaro e, portanto, mortal. Ambos são igualmente dotados dos atributos que as proezas míticas demandam para vencer monstros e feras enfurecidas. Convidados a uma festa de casamento dos gêmeos messênios Linceu e Idas com Febe e Talaira, apaixonam-se pelas noivas e raptam-nas. O ultraje desencadeia uma feroz contenda em que Castor mata Linceu e é morto por Idas, que, por sua vez, sucumbe à vingança de Pólux. Desconsolado pela morte de seu inseparável par, Pólux solicita a Zeus que o ressuscite e o supremo deus olímpico dispõe-se a satisfazè-lo, desde que compartilhe a sua imortalidade com o irmão – um dia de vida e um dia de morte para cada um, segundo uma versão e, segundo outra, a cada seis meses. Pólux aceita a condição e Zeus, para recompensar essa prova de amor fraterno, transforma os Dióscuros na constelação Gêmeos, cujas estrelas aparecem alternadamente.

POPE, Alexander (1688-1744), poeta e ensaísta inglês. Obras como *Ensaio Sobre a Crítica, Ensaio Sobre o Homem, O Rapto da Madeixa,* unem a sapiência e a medida do verso neoclássico na elocução de um poeta que tem inteiro domínio de sua linguagem e o transfunde em nitidez escultórica da forma, com a penetrante observação de um crítico das grandezas e misérias da sociedade humana em geral e da inglesa em particular. O filósofo ajuizador e o satirista denunciador compuseram, no verbo do escritor, tanto uma representação quanto um estilo de época tão congeniais que tributaram a algumas das convicções de Pope, em seu tempo, uma reconhecida supremacia literária.

PORDENONE, alcunha de Giovanni Antonio de Corticellis (1483-1540), pintor italiano de obras sacras em afrescos que realizou em Pordenone, sua cidade natal, e em Mântua, Treviso, Cremona e Veneza. Sua arte sofreu influência de Giorgione e Ticiano, com quem competia. Consta que morreu envenenado por artistas de Ferrara.

POSSIDÔNIO. Ver *escultores romanos.*

PRAXÍTELES (c. 390 a.C.), um dos mais famosos escultores gregos, cidadão ou natural de Atenas. Com Scopas, representa na estatuária ática o período ulterior ao de Fídias, cujo estilo majestoso, envolto na aura do sublime, Praxíteles abandona em favor da plasmação suave e sensível, quase tátil, das belezas da forma humana, especialmente da mulher. A Afrodite de Cnidos, erigida por critérios antigos e modernos como o modelo clássico do corpo feminino, é um exemplo convincente para o visitante do

GLOSSÁRIO 561

Louvre. Da mesma ordem é a impressão que transmitem, na sua especificidade, as esculturas de Hermes, de Apolo e de Eros.

PRAXÍTELES (século I a.C.), escultor, nasceu na Magna Grécia, trabalhou em Roma no tempo de Júlio Cesar. A chamada escola neoatica da escultura clássica teve nele um de seus principais expoentes, como se pode ver na Atalanta em mármore do Museu do Vaticano. Da obra desse artista que, com seus discípulos, elaborou grande número de cópias da estatuária helênica do período clássico, atendendo à demanda romana de então, restam ainda um grupo de Castor e Pólux também em mármore, um Júpiter em ouro e marfim e muitas peças em bronze.

PRÍAMO, na mitologia grega, último rei de Troia, pai de numerosa prole. Na *Ilíada*, sua figura adquire grande força dramática após a queda da cidade e a sua captura.

PRIAPO, filho de Afrodite e Dionísio (ou Mercúrio ou Adônis), nasceu tão deformado que a mãe mandou abandoná-lo nas montanhas próximas a Lâmpsaco, sendo recolhido por pastores e, pela magnitude de seu membro viril, cultuado pelos habitantes da cidade. Deus das hortas, dos rebanhos, da potência sexual e da fecundidade em geral, era representado com traços grotescos e exibindo o símbolo fálico.

PRITANEU, nome dado ao edifício público das cidades gregas e onde se reuniam, em Atenas, os prítanes, os representantes de cada tribo do Conselho dos Quinhentos e figuras ilustres da pólis.

PRÓCRIS, vide *Céfalo*.

PROTÓGENES, pintor grego do século IV a.C., natural de Kaunos, Cária. Passou em Rodes a maior parte de sua existência, vivendo em grande pobreza e relativa obscuridade, até que sua arte despertou a atenção de Apeles, que a promoveu junto aos atenienses. Segundo Plínio e outros, ela se caracterizava por uma busca da perfeição nas representações dos seres humanos e da natureza.

QUINTILIANO, Marcus Fabius Quintilianus (c. 35-95 d.C.). Célebre retor, natural da Espanha. Abriu uma escola de retórica em Roma e foi o primeiro a obter seu salário do Estado romano como professor público. Na última fase de sua vida, formulou em doze livros as *Institutiones oratoriae*, um completo sistema de oratória em que se vale da observação, da experiência e do juízo sensato para a formação de um orador perfeito na sua comunicação pela clareza de ideias e da elocução verbal, princípios em favor dos quais reage com a crítica ao rebuscamento retórico vigente entre seus pares e no estilo de Sêneca. Plínio, o Jovem, foi seu aluno e o apoiou nos anos de sua velhice desamparada.

QUINTUS CALABER, Quintus Smyrnaeus, ou Quinto de Esmirna, poeta grego do quinto século d.C. Escreveu um poema em 14 cantos, em hexâmetros, *Posthomerica*, dando continuidade à *Ilíada* e conduzindo a narração desde a morte de Heitor até o retorno das forças gregas às suas terras.

RAFAEL, Santi ou Sanzio (1483-1520), pintor, arquiteto e arqueólogo da escola romana, iniciou-se na arte do pincel com seu pai, poeta e também pintor, foi aluno de Perugino e, a seguir, trabalhou em Perúgia, Florença e Roma. Na corte dos papas Júlio I e Leão X, tornou-se, após a morte de Bramante, em 1514, arquiteto-chefe e superintendente dos edifícios, tendo projetado a nova basílica de S. Pedro. Na qualidade também de encarregado geral e pesquisador das antiguidades romanas, estabeleceu o mapa arqueológico da Cidade Eterna. Seu trabalho inclui ainda a decoração de altares, cartões para tapeçarias (chamados Cartões de Rafael), cenários teatrais e projetos arquitetônicos. O Príncipe dos Pintores, como chegou a ser cognominado, foi uma das figuras mais significativas da Renascença e sua produção pictórica, dos retratos aos afrescos, ocupou um lugar permanente através dos séculos na galeria das obras-primas que inspiram e enlevam o olhar e a sensibilidade de quem as contempla nas paredes e tetos das igrejas ou nas telas de *O Casamento da Virgem*, *A Escola de Atenas*, *A Sagrada Família*, *A Ressurreição de Cristo*, *As Três Graças*, *A Bela Jardineira*, *A Fornarina*, para mencionar algumas.

REIA, antiga deusa grega, filho de Urano e Gea e esposa de Cronos (Saturno), um dos Titãs. Teve muitos filhos e os de sexo masculino eram devorados pelo próprio pai, com exceção de Zeus, que Reia salvou mediante um subterfúgio e que posteriormente destronou o pai, conforme fora vaticinado.

RICARDO III (1452-1485), rei da Inglaterra, último da casa de York, coroado em 1483. Irmão de Eduardo IV. Quando este morreu, tornou-se Lorde Protetor de seus dois sobrinhos, que eram menores de idade, mas um dos quais era o legítimo herdeiro da coroa como Eduardo V. Espalhando o rumor de que eram bastardos, conseguiu desqualificá-los e, depois de subir ao trono, mandou assassiná-los na Torre de Londres. Sua usurpação e seus crimes acabaram por suscitar uma revolta comandada por Henrique Tudor, que o matou na batalha de Bosworth e o sucedeu na coroa, dando início à casa de Tudor. (A história de Ricardo III serviu de tema à peça de Shakespeare de mesmo nome; ver abaixo *Richard*, conde de Gloucester.)

RICHARD, conde de Gloucester, personagem maquiavélica em busca obsessiva de poder, cuja primeira aparição em peça de Shakespeare ocorre em *Henrique VI*, mas é em *Ricardo III* que seu caráter é desenvolvido com plena potência dramática, na relação com suas vítimas e na consecução de seus fins. Desprezando os fracos e os vencidos, ironiza-os e humilha-os, compensando a sua deformidade física e exaltando a sua própria astúcia diabólica, numa espécie de fria ebriedade do mal, de que nem a sua coragem final pôde resgatá-lo.

RICHARDSON (1665-1745), pintor inglês, autor de um *Tratado Sobre a Pintura e a Escultura*, editado em Londres em 1719.

ROBINSON CRUSOÉ, personagem e título de um marcante romance inglês escrito por Daniel Defoe (1660-1731), em que é narrada a história de um náufrago em uma ilha distante e de seu obstinado e bem-sucedido empenho em adaptar-se e sobreviver em tão adversas condições.

SACCHI, Andrea (1596-1661), pintor romano clássico, estudou com Rafael e com Pietro da Cortona, de quem dissentiu posteriormente em uma significativa controvérsia na qual afloravam as diferenças entre os estilos do classicismo e do barroco. Sacchi acentuava o imperativo da concentração do gesto e do movimento para obter, com simplicidade e unidade, a expressividade individualizada em um número reduzido de figuras na tela, fugindo à dispersão decorativa e aproximando a pintura da síntese representativa na poesia trágica; Cortona, por seu lado, defendia a multiplicidade das personagens e dos elementos compositivos como vias para chegar a uma narratividade épica, plena de focos. O ponto de vista de Sacchi caracteriza a sua obra pictórica e é visível em *O Milagre de São Gregório, o Grande* e *A Visão de São Romualdo*, na Pinacoteca do Vaticano, no afresco *Alegoria da Divina Sabedoria* no Palazzo Barberini, e nas diversas peças de altares em igrejas italianas.

SADOLETO, Jacopo (1477-1547), natural de Modena. Considerado um dos autores do século XVI que melhor escreveu em latim, foi cardeal e serviu o papado sob três pontífices, destacando-se como hábil negociador com os protestantes. De seus escritos, o mais conhecido é o que dedicou ao grupo do Laocoonte.

SAFO, poetisa grega, uma das mais notáveis do verso lírico na Hélade, nasceu em Mitilene, na ilha de Lesbos, por volta de 600 a.C. Sobre a sua vida, sabe-se muito pouco, mas uma tradição reporta que ela reunia à sua volta um grupo ou uma confraria de jovens interessadas na arte musical e poética, na dança e no culto de Afrodite. Desse círculo, chegaram até nós os nomes de Anactória, Átis e Megara, cujas relações com

GLOSSÁRIO 563

Safo, ao que nos é transmitido, iam além do *eros* da poesia literária ou do ritual da comunhão religiosa. De todo modo, consta que escreveu nove livros de odes, epitalâmios, elegias e hinos, dos quais restaram apenas a ode completa da invocação de Afrodite, as estrofes de outra dedicada a Anactória e os fragmentos provenientes de citações de gramáticos como exemplos ou de descobertas modernas de papiros no Egito. Em seus poemas, a linguagem límpida e simples, em modulações que vão da delicada ternura amorosa à paixão ardente, é escandida em variadas métricas que os revestem de um halo diáfano e encantam desde a antiguidade.

SAMOTRÁCIA, nesta ilha grega do mar Egeu situava-se um dos principais santuários pan-helênicos, onde eram celebrados cultos abertos a quem desejasse venerar os deuses e mistérios reservados aos iniciados. Quase tão reputados quanto os de Elêusis, abrigavam um panteão com grande número de divindades telúricas, originárias do período anterior à chegada dos gregos à ilha, e que foram mais tarde agrupadas em torno de A Grande Mãe. Representadas nas moedas locais por uma mulher acompanhada de um leão, ela estava associada à Grande Mãe da Anatólia, à Cibele e à deusa mãe de Troia.

SATURNO, identificado ao deus grego Cronos, filho de Urano e Terra, marido de Ops. Segundo a tradição latina, seria um antigo rei de Roma, introdutor e patrono da agricultura, que estabeleceu em seu reinado uma idade de ouro. As Saturnálias eram a festividade que o celebrava.

SCOPAS (395-350 a.C.), escultor e arquiteto grego, nasceu em Paros de uma família de artistas. Foi o arquiteto do templo de Atena Alea, em Tegea, na Arcádia, trabalhou na execução dos baixos-relevos no friso do Mausoléu em Halicarnasso e na sua estatuária, arte em que era comparado a Praxíteles e a Lisipo e na qual se distingue por seu talento em expressar o patético. Sua obra mais conhecida é o grupo que representa Níobe em dor pelos filhos e filhas, os nióbidas, mortos por Apolo e Ártemis a mando de sua mãe, Latona, ofendida por Níobe.

SÊNECA, Lucius Annaeus (c. 4. a.C.-65 d.C.), filósofo e dramaturgo, nasceu em córdoba, Espanha. Levado ainda criança para Roma, estudou retórica e filosofia, sendo atraído especialmente pelo estoicismo, que seria mais tarde objeto de sua reflexão. Participou da vida política romana como questor e senador. Banido para a Córsega por um envolvimento amoroso na corte de Cláudio, foi chamado de volta, devido à sua grande reputação, para ser preceptor de Nero, e quando este sucedeu a Cláudio como imperador, viu-se guindado a uma posição de grande projeção. Mas, em seguida, não podendo concordar com os desmandos de seu pupilo, retirou-se da corte e viveu isolado, entregue à produção literária e dramática, o que não impediu Nero de acusá-lo de tramar contra ele e ordenar que se matasse. A ordem foi obedecida. Da vasta obra de Sêneca perderam-se tratados de geografia, história natural e ética, mas subsistem os doze *Diálogos*, os sete livros das *Questões Naturais* e as nove tragédias, sem dúvida de sua autoria, calcadas em temas do teatro grego, que são: *Hércules Furioso, As Troianas, As Fenícias, Medeia, Fedra, Édipo, Agamênon, Tiestes, Hércules no Eta*, legado dramático que constituiu um dos substratos da lição clássica do Ocidente na Renascença e na Ilustração, sendo lido, ensinado e encenado até os dias de hoje.

SÉRVIO, Marius Honoratus Servius (entre o quarto e o quinto séculos d.C.), célebre gramático latino, autor de um conjunto de comentários sobre a obra poética de Virgílio e de vários tratados de métrica e versificação.

SHAKESPEARE, William (1564-1616), dramaturgo inglês, sem dúvida o mais notável autor e homem de teatro dos tempos modernos. Sabe-se muito pouco sobre sua vida, exceto que nasceu em Stradford-upon-Avon, filho do luveiro e comerciante John

Shakespeare e que na mesma cidade casou-se com Anne Hathaway em 1582 e teve uma filha e um casal de gêmeos com ela. A sua participação na vida teatral londrina é assinalada em vários registros que se referem a ele como membro de companhias, ator em várias peças e um dos *households*, "donos da casa", do Globe Theatre. De suas 37 peças, além dos poemas, apenas dezesseis foram publicadas durante a vida do autor. Escritas no decurso de 25 anos, para serem levadas imediatamente à cena, destinavam-se a um público amplo. Durante algum tempo, subestimadas pelos cânones da dramaturgia clássica, foram levadas em adaptações e reescrituras que, se não lhe faziam jus, mantiveram-nas no palco do teatro popular. Já no século XVIII, inclusive com Lessing, que encontrava aí o verdadeiro modelo do drama e, mormente, com Stendhal, Victor Hugo no romantismo, a apreciação do repertório shakespeariano começou a alçar voo e a conquistar o reconhecimento poético e cênico de leitores e plateias não só do continente europeu ou do chamado Ocidente, como crescentemente dos quatro cantos do mundo, em quase todas as línguas que os homens falam e tentam entender os desentendimentos do seu modo de ser. Shakaespere e sua obra chegavam assim à esfera em que seu gênio pôde revelar-se na plenitude de seu sentido e de sua vocação, a da universalidade de sua representação do que pulsa no coração do homem e faz a sua face nos conflitos da paixão e na risada da compreensão, na tragédia e na comédia, no drama da existência.

SIMÔNIDES, de Amorgos, nasceu em Samos, no começo do século VII a.C. Ao lado de Arquíloco e Hiponax, foi um dos três nomes mais representativos do verso iâmbico no período antigo da literatura grega. – De Ceos, c. 556; poeta lírico e elegíaco, seus poemas foram celebrados nas várias cortes da época. É autor também da introdução de duas novas letras no alfabeto grego, da distinção entre vogais curtas e longas e da primeira citação conhecida de Homero. Lessing viu nele um Voltaire helênico. De sua obra quase nada subsiste, apenas umas poucas elegias, alguns epigramas e fragmentos líricos, num dos quais se inscreve o seu dito: "A poesia é pintura vocal, assim como a pintura é poesia silenciosa."

SÓFOCLES (496-406 a.C.), um dos três grandes poetas trágicos da Hélade clássica. Nasceu em Colono, perto de Atenas, venceu o concurso para as Grandes Dionísias aos 27 anos, deixando Ésquilo em segundo lugar. Desempenhou também as funções de estratego e arconte. Autor de cerca de 120 peças, triunfou com dezoito tetralogias, mas de sua obra restam apenas sete textos, que são: *Antígona*, *Édipo Rei*, *Electra*, *Ájax*, *Traquínias*, *Filoctetes* e *Édipo em Colono*. Não só pela qualidade poético-dramática de sua escritura trágica, como pelas inovações estruturais – em termos de cenário teatral, do número de participantes do coro, da autonomia das peças das tetralogias e da simplificação do estilo – tornou-se o paradigma da arte da tragédia para Aristóteles, na *Arte Poética*.

SPENCE, Joseph (1699-1768), historiador e estudioso de literatura, famoso pelo anedotário que foi publicado em 1820 e que inclui anedotas como as de Pope e Isaac Newton. Dentre seus escritos, *Polymetis* (1747), que é objeto da crítica de Lessing, desenvolve em forma de diálogo uma ampla análise sobre as relações entre as obras dos artistas antigos e os poetas romanos, a partir de materiais recolhidos em sua primeira visita à Itália. São ainda de sua lavra um ensaio sobre a *Odisseia* de Pope, afora um largo conjunto de escritos não editados, em que figuram cartas de viagens, anotações para um tratado de jardinagem e para uma história biográfica da poesia inglesa.

STRONGILION. Ver *escultores romanos*.

TAURISCO. Ver *escultores gregos*.

TEODORO, de Gádara (c. 70 a.C.), célebre retor da época de Augusto, professor de Tibério, viveu em Rodes e ensinou em Roma. A retórica, na escola que fundou,

GLOSSÁRIO 565

era vista como uma arte e não como uma ciência. Escreveu também sobre gramática, política e historiografia.

TERENCIANO, Póstumio, romano a quem Longino dedicou seu tratado sobre o sublime.

TERRASSON, Jean, *abbé* (1670-1750), erudito, literato, membro da Academia Francesa, tomou o partido dos Modernos na *Dissertation critique sur l'Illiade de Homère* (1715). Sua obra mais conhecida é o romance fantástico *Séthos: histoire ou vie, tirée des monumens anecdotes de l'ancienne Égypte, traduite d'un manuscrit grec*. Escreveu também sobre finanças e sobre *La Philosophie applicable à tous les objets de l'esprit et de la raison*, um ensaio em que submete a exame questões filosóficas e teológicas.

TERSITES, na *Ilíada*, o mais disforme e mesquinho dos guerreiros gregos da guerra de Troia. Gostava de ridicularizar Agamênon, Aquiles e Ulisses. Aquiles o matou com um soco porque ele rira de seu pranto por ter matado Pentesileia, a bela e brava rainha das Amazonas.

THOMSON, James (1700-1748), poeta lírico escocês, autor do poema *As Estações* (1730).

TIBULO, Aulus Albius Tibullus (c. 60 a.C.-19 d.C.?), poeta elegíaco romano, fez parte do grupo cujo patrono era M. Valério Messala Corvino, a quem acompanhou nas missões políticas e militares na Gália e na Ásia Menor. Abandonou as labutas da guerra para dedicar-se, em Roma, à poesia e às ternas paixões que a inspiravam. Dos livros de poemas a ele atribuídos, dois, conhecidos pelos nomes de Délia e Nêmesis, foram publicados em vida; o terceiro veio a lume postumamente e inclui também peças de outros autores. Com elegância e serena beleza, os temas deste amigo de Horácio são o amor, o enlevo e a singeleza da existência campestre.

TICIANO, Vecello Tiziano (1477-1576), pintor italiano, aluno de Giorgone e Bellini, foi um mestre em que a escola veneziana de pintura plasmou um de seus momentos mais criativos e singulares no âmbito do renascentismo em sua passagem do classicismo para o barroco e o maneirismo. Grande domínio da cor e audácia técnica, sua arte do observador realista do retrato cortês é tão exímia quanto a do imaginativo cenógrafo bíblico e mitológico ou a do pincel sensual da feminilidade, dos quadros quase grotescos dos horrores da vida ou do lirismo das emoções amorosas. Sua carreira e sua influência extrapolaram os limites de Veneza e fizeram-se sentir em Velásquez, Rubens, Van Dyck, Watteau, Renoir.

TIMANTES (c. 400 a.C.), pintor de Sicion, no reinado de Filipe da Macedônia. Seu quadro mais famoso, *O Sacrifício de Ifigênia*, que se via ainda em Roma no tempo de Augusto, fazia-se notar pela força com que representava a profunda tristeza de Agamênon causada pela imolação de sua filha.

TIMÔMACO, pintor grego, nasceu em Bizâncio no I^o século a.C.. Dentre os seus quadros, os dois mais reputados são *Ájax* e *Medeia*, que César adquiriu e colocou no templo de Vênus Geradora em Roma. Há menção também a outras pinturas, em que tematiza Orestes e Ifigênia em Táuris, uma Górgona e motivos prosaicos.

TITO, Titus Flavius Sabinus Vespasianus (40-81 d.C.), primogênito de Vespasiano. Quando este, proclamado imperador, voltou para Roma, seu filho assumiu o comando das tropas na campanha contra a rebelião judaica e, após um longo cerco, conquistou Jerusalém, destruindo o Segundo Templo. Este fato testemunhado e historiado por Flávio Josefo – o sacerdote judeu capturado por Vespasiano e protegido por Tito – foi celebrado no desfile triunfal do vencedor e no Arco que o relembra na Cidade Eterna. Este é um dos monumentos e das construções, como as termas e o palácio, que marcaram o breve exercício do poder por Tito (79-81 d.C.), um dos mais populares e justos governantes romanos do período imperial.

TRALLES, uma florescente cidade comercial da Lídia, na Ásia Menor.

566 LESSING: LAOCOONTE

TUSCULANAE DISPUTATIONIS, Disputas Tusculanas, série de cinco livros que Cícero escreveu no ano 95 a.c. em sua vila em Túsculo, com o propósito de divulgar na Roma antiga os ensinamentos da filosofia estoica.

UGOLINO, personagem de episódio focalizado na *Divina Comédia* que tem fundamento histórico na vida do conde Ugolino della Gherardesca (1220-1289). Esse nobre italiano, ao fim de agitada carreira política e militar marcada pelos conflitos contínuos e lutas incessantes entre as cidades e os partidos e as facções dos guelfos e gibelinos na Itália medieval, foi preso com seus filhos e, juntamente com eles, condenado a morrer de fome na masmorra, suplício terrível cujo desenrolar Dante descreve em seu poema.

URÂNIA, filha de Júpiter e Mnemosine, uma das Musas, patrona da astronomia. É em geral representada como uma jovem virgem, com uma vestimenta azul-celeste, encimada por uma coroa de estrelas, segurando uma esfera e com instrumentos matemáticos à sua volta.

VALÉRIO MÁXIMO, viveu na época do imperador Tibério; conhecido como compilador de uma ampla coletânea de nove livros de anedotas históricas denominada *Facta et Dicta Memorabilia*, editada em 310.

VASO DE GAETA, vaso antigo de mármore, decorado com baixo-relevo, em que aparece Hermes entregando o pequeno Dionísio aos cuidados das ninfas. Encontrado nas proximidades de Gaeta, serviu de pia batismal da catedral da cidade antes de ser removido para Nápoles em 1805. Salpion, escultor ateniense, assina como autor dessa obra.

VÊNUS, deusa romana da beleza, mãe do amor, rainha do riso e patrona das graças e dos prazeres, identificada com a Afrodite grega.

VESTA, equivalente a Héstia grega. Deusa do coração e dos lares. No seu santuário ardia permanentemente um fogo sagrado aos cuidados de um grupo de virgens, as vestais. Elas eram punidas com severidade se deixassem as chamas extinguir-se e eram enterradas vivas, se faltassem ao voto de castidade.

VIRGÍLIO, Publius Vergilius Maro (70-19 a.C.), intitulado "príncipe dos poetas latinos", nasceu perto de Mântua e deve ter recebido uma educação de qualidade. Em Cremona, Nápoles e Roma iniciou-se na língua grega, na retórica e na filosofia, tendo sido aluno de Síron, um adepto das concepções de Epicuro. Protegido de Augusto e Mecenas, sua escritura desdobrou-se em largo alento nas *Bucólicas*, nas *Geórgicas* e na *Eneida*, que não chegou a concluir. A obra poética assim construída atravessou os séculos como uma das expressões mais acabadas da perfeição técnica de versos que celebram a grandeza imperial de Roma, pintam com exatidão os costumes e as cerimônias religiosas, fazendo, ao mesmo tempo, sentir a ternura e o amor à natureza de sua inspiração.

VOLTAIRE, François-Marie Arouet (1694-1778). Nasceu em Paris. Tido como um dos principais luminares do Século das Luzes, a agudeza de seu espírito crítico e o brilho de sua escritura de poeta, dramaturgo, romancista e ensaísta converteram-no em figura icônica de seu tempo e um dos marcos franceses da cultura do Ocidente.

VON STOSCH, Phillip barão (1691-1757), arqueólogo, colecionador de manuscritos, livros, gravuras, desenhos, pedras preciosas gravadas, medalhas e antiguidades, autor de um alentado volume sobre *Gemas Antigas Gravadas* (1714), importante obra de consulta especializada. Viveu principalmente na Itália, mas suas buscas e interesses relacionaram-no com os principais centros da Europa setecentista, tornando-o uma personalidade conhecida internacionalmente e um exemplo marcante do aristocrata ilustrado, protetor das artes e dos artistas. Amigo do cardeal Alessandro Albani, essa e outras ligações com altos membros da Igreja não o impediram de ser

GLOSSÁRIO   567

o fundador de uma loja maçônica em Florença, assim como os meios pouco lícitos de que lançou mão por vezes no comércio de peças de arte a fim de financiar a posse dos objetos de sua paixão tampouco o obstaram de dedicar ao seu conhecimento sérios trabalhos de pesquisa e erudição, como revelam seu estreito laço de amizade e de relação museológica com Winckelmann. Por isso mesmo as coleções legadas por Von Stosch foram devidamente avaliadas e acolhidas por bibliotecas universitárias, pela do Vaticano, e por museus como o de Berlim.

VULCANO, corresponde a Hefesto ou Hefaisto grego. Divindade do fogo, patrono dos ferreiros e de todos os artistas que trabalham com ferro e metais, era filho de Júpiter e Juno ou, segundo alguns, apenas de Juno. Envergonhada com sua feiura, a mãe o jogou ao mar, mas as filhas de Oceano o recolheram; ou então, em outra narrativa, pelo mesmo motivo, Júpiter o atirou do alto do monte Olimpo, o que lhe afetou a perna, deixando-o coxo. De suas forjas, situadas sob o monte Etna, na Sicília, e onde quer que houvesse um vulcão, das chispas do poderoso martelo de Vulcano se fizeram não só os raios das tempestades, como cinzelaram as artes com que moldou as armas de Aquiles, o escudo de Hércules, o colar de Harmonia, esposa de Cadmo, e o cetro de Agamênon. Foi casado com Vênus, que não primou por excesso de fidelidade ao seu raivoso cônjuge.

WICHERLEY, William (1640-1715), dramaturgo inglês da época da Restauração. Enviado à França como parte de sua educação, no retorno à Inglaterra estudou leis. Autor de comédias com vezo satírico, sua primeira peça, *Love in a Wood* (1671), trouxe-lhe reputação literária confirmada, após *The Gentleman Dancing Master*, por duas peças nas quais o brilho satírico de sua crítica de costumes chegou ao ápice. São elas *The Country Wife* (1675), particularmente notável pela audácia licenciosa, e *The Plain Dealer* (1676). Esta é a sua última produção dramatúrgica, pois, na sequência, a sua biografia se torna uma emaranhada série de desventuras tragicômicas: casa-se contra a vontade do rei com uma condessa supostamente rica herdeira que, na realidade, só tem dívidas, com o que perde o favor da corte e, após a morte da esposa, é preso pelas dívidas que ela deixara de pagar. Resgatado da masmorra por Jaime II, seu admirador, que saldou os débitos e lhe concedeu uma pensão, Wicherley compôs um livro de poemas pouco inspirados e, no convívio de um café de letrados e artistas, travou amizade com Congrave e Pope, a quem introduziu no meio literário. Porém, as situações de embaraço não o deixaram sequer no leito de morte, visto que, enganado e pressionado por um parente distante, tornou a casar-se a contragosto com a amante desse bom samaritano que, ao unir-se com a jovem viúva, veio a ser herdeiro dos direitos e bens do comediógrafo em detrimento de um sobrinho, numa cena digna das próprias peças de Wicherley.

WINCKELMANN, Johann Joachim (1716-1768), nasceu na Alemanha. Fundador da arqueologia moderna e autor da basilar *História da Arte Entre os Antigos*, foi o primeiro a abordar de modo científico os monumentos da Antiguidade e a estabelecer a distinção entre arte grega, greco-romana e romana, bem como a introduzir o critério dos estilos no estudo da arte.

ZÊUXIS, pintor grego do século V a.C., nasceu em Heracleia, na Sicília, supõe-se. Discípulo de Apolodoro e contemporâneo de Parrásio, foi um dos mestres dessa arte na antiguidade, assim considerado não só por autores clássicos, como Cícero, Plutarco, Plínio, o Velho, mas também por ele próprio, a crer no que tais fontes registram, pois a obra pictórica perdeu-se. Assim, segundo os mesmos referentes, seu pincel primava na figuração das formas femininas e suas representações da natureza a reproduziam com tanta perfeição que iludiram até o olhar experimentado de seu rival na pintura, não menos celebrado pela excelência de seu trato com a realidade. É o que nos relata a história da disputa de Zêuxis e Parrásio. Como quer que seja, o fato é que Zeus sentado no trono, Héracles estrangulando a serpente, o retrato de Helena para o templo de Hera na Magna Grécia e da mulher-centauro e seu filho, para nomear alguns dos mais citados, são pinturas que foram fixadas na memória histórica como trabalhos do gênio mimético de um artista que teria morrido de rir diante de um quadro cômico de uma velha feito por ele mesmo.

DRAMATURGIA DE HAMBURGO

A AVENTURA DE HAMBURGO

Em 1767, Lessing recebeu um convite para participar, em Hamburgo, de uma nova empresa teatral, como "poeta da casa" (função que não aceitou) ou então como comentarista e crítico, com ordenado decente, sem dúvida com o propósito, por parte dos fundadores, de aproveitar o famoso nome de Lessing para fins de publicidade e propaganda, mas também na esperança de que a sua colaboração pudesse, de fato, ser útil ao desenvolvimento artístico dos atores e do teatro. Lessing aceitou de bom grado, não só por se sentir, como crítico e autor teatral, profundamente ligado à vida e às aspirações cênicas, mas também por se encontrar então "desempregado", depois de Frederico ii ter preferido, para diretor da Biblioteca Real de Berlim, um francês desconhecido (que confundira com outro, mais conhecido) ao maior homem de letras alemão da época. Este mesmo fato deveria impedir Lessing – a quem decerto não se pode imputar qualquer tipo de chauvinismo – de aceitar uma função que possivelmente iria permitir-lhe empenhar-se em prol de um teatro nacional, de um teatro que fosse alemão e não francês; que fosse um teatro da burguesia ascendente e não da corte decadente.

Já o fato de se tratar de um teatro permanente, com prédio e "ensemble" fixos, e não de uma companhia ambulante, era um progresso extraordinário.

Fundado por um grupo de capitalistas (não muito sólido) e inaugurado em abril de 1767, o empreendimento teve um desenvolvimento pouco glorioso. A falta de apoio do público, rivalidades de atrizes e intrigas mesquinhas deram cabo do teatro. Já um mês depois da estreia, Lessing escreveu numa carta: "Com o nosso teatro (isso fica entre nós!) ocorre muita coisa que não me agrada. Há discórdia entre os 'entrepreneurs' e ninguém sabe quem é cozinheiro ou garção." E na *Dramaturgia* Lessing iria escrever com amargura: "Ai da generosa ideia de dar aos alemães um teatro nacional, quando, por enquanto, nem somos uma nação!" Já em dezembro de 1767 o teatro fechou provisoriamente as suas portas, a companhia representou durante o inverno em Hannover, voltou em maio de 1768 a Hamburgo e dissolveu-se definitivamente em março de 1769: nem mesmo interlúdios circenses para atrair o público conseguiram salvar a empresa.

Quanto a Lessing, deveria manter uma espécie de folha teatral, a aparecer nas terças e sextas-feiras de cada semana, para acompanhar, com seus comentários, as representações. Tal ritmo foi observado por Lessing só durante três meses; depois espaçava as críticas, embora as folhas continuassem a ostentar as datas corretas. As últimas vinte partes já não as publicou separadamente e, sim, em conjunto, na coletânea intitulada *Dramaturgia de Hamburgo*, que apareceu em 1769, perfazendo ao todo 104 partes. No decurso de sua atividade de crítico, deixou também de acompanhar as representações; estas se tornaram, cada vez mais, pretexto para longos ensaios teóricos. Ao fim, nem sequer se incomodava com o programa do teatro, seguindo as suas próprias pesquisas.

Muito cedo desistiu também de comentar propriamente o desempenho dos atores, problema pelo qual nutria grande interesse. Já na parte 25 renunciou a tais comentários, ante a "vaidosa susceptibilidade" das atrizes, entre as quais uma, Madame

A AVENTURA DE HAMBURGO

Hensel, amante de um dos capitalistas, que se enfurecera por achar uma das críticas não integralmente positiva.

A vida teatral na Alemanha do século XVIII era sustentada, essencialmente, por companhias ambulantes, imbuídas do espírito do mimo popular que já na Antiguidade se opunha ao teatro literário. Os comediantes do teatro ambulante eram, no fundo, sucessores dos "histriones", "joculatores", "saltatores" da Idade Média; amavam a improvisação, à semelhança da *Commedia dell'Arte*, mas num nível bem inferior. Os seus papéis não eram objeto de estudo e ensaio; orientavam-se por esquemas de diálogos atribuídos a determinados tipos fixos. A rotina e o improviso se encarregavam do resto. O Arlequim desempenhava papel decisivo. O teatro literário sem dúvida deve, de tempos a tempos, retornar a esse mimo de raízes primitivas, aliar-se a ele para nele haurir novo impulso e novas forças. A separação total entre mimo e literatura é nociva. O que se verificava nos séculos XVII e XVIII na Alemanha era a emancipação desenfreada do mimo ambulante, com a eliminação quase total da literatura.

Em tal situação, era de grande importância histórica a chamada Reforma de Gottsched. Com Johann Christoph Gottsched (1700-1766), entrava o professor da literatura (Universidade de Leipzig) em contato pessoal com o mimo, na figura da grande Karoline Neuber (1697-1760), atriz e dirigente de uma companhia ambulante. A aspiração de Gottsched era o teatro literário. Orientado por este ideal, estabeleceu um programa cuja base era o racionalismo da filosofia de Wolff, a *Arte Poética* de Opitz (1597-1639), adepto de regras rigorosas e de ordem formal severa, e, principalmente, a *Arte Poética* de Boileau.

Seu modelo era, antes de tudo, o classicismo francês. Bom senso, decoro, imitação da *bela* natureza, fantasia contida pela "raison", verossimilhança, as três unidades dramáticas (de lugar, tempo e ação), regularidade, estrutura arquitetônica simétrica e fechada etc. eram para ele leis de validade absoluta para a tragédia. Segundo esta linha, traduz Corneille, Racine, Voltaire, Molière e escreve peças próprias (de pouco valor). Usa o alexandrino que, de modo nenhum, se adapta ao espírito da língua alemã (mesmo as tentativas recentes neste sentido resultaram bem pouco convincentes).

Foi, sem dúvida, meritória essa tentativa de criar, com a ajuda da atriz Karoline, um palco literário. Gottsched desejava impor aos atores disciplina, a aprendizagem rigorosa de textos de bom nível, em detrimento do improviso, da palhaçada, da farsa de baixo nível e do melodrama pomposo e sangrento. Na execução da Reforma tornava-se necessário banir o Arlequim, o que ocorreu em 1737, em plena praça pública de Leipzip – certamente um ato assaz ridículo, como Lessing muito bem viu. O fato é que a boa Karoline tinha lá as suas razões de atriz e dirigente de companhia: queria acabar de vez com um concorrente, o então famoso arlequim Müller.

Seja como for, a Reforma de Gottsched contribuiu para a elevação do nível cênico na Alemanha. A violenta crítica de Lessing, que o leitor encontra nos textos, parte de um estágio posterior, já beneficiado pela Reforma; sua polêmica é injusta por não tomar em conta a necessidade relativa da Reforma; todavia, há nessa polêmica a justiça superior do desenvolvimento e da militância que, em pleno embate, não pode ater-se a cogitações de justiça histórica, já que tem de destruir para construir. Gottsched é apenas um bode expiatório ocasional. O peso do ataque visa ao classicismo francês.

A polêmica de Lessing contra a "tragédie classique", particularmente contra Corneille e Racine (não contra Molière), aos quais opunha o "gênio" de Shakespeare, não poderia ser explicada apenas por razões estético-literárias e cênicas. É impossível que escapassem a Lessing as elevadas qualidades estéticas das obras de Corneille e Racine. A sua crítica é a de um homem "engagé". Debatendo, em alto nível, problemas dramatúrgicos, recorrendo a todas as sutilezas da interpretação e análise filológicas, visa, ainda assim, antes de tudo, a fins imediatos, exigidos pela hora histórica. O fulcro e a meta da *Dramaturgia de Hamburgo* é a luta por um teatro nacional e um teatro burguês, por

A AVENTURA DE HAMBURGO 575

um teatro que participasse dos problemas da burguesia a que se ligava, então, indissoluvelmente, o progresso da nação; luta pela emancipação que, na situação concreta, forçosamente tinha de dirigir-se contra o classicismo francês (e contra Gottsched, seu expoente alemão), por este representar então um teatro alheio, que impedia a eclosão das virtualidades nacionais, e simbolizar, sobretudo, o espírito do absolutismo. O pouco que havia de teatro literário na época de Lessing na Alemanha – graças aos esforços de Gottsched – vivia quase exclusivamente de traduções; tão raros eram os originais alemães que Lessing nunca deixa de mencioná-los especialmente na sua *Dramaturgia*. E, ao criticar as peças de autores alemães, faz um esforço quase sobre-humano para não arrasá-los e desencorajar novas tentativas, embora não possa deixar de reconhecer: "Quando mancos apostam uma corrida, aquele que chega primeiro à meta ainda assim não deixa de ser um manco."

A *Dramaturgia* é, portanto, obra de um homem comprometido com determinada política cultural; homem que, através da crítica literária, exercida ainda assim em elevado nível, se tornou pedagogo nacional, contribuindo literalmente para lançar as bases de uma grande literatura nacional num país que ainda sofria as consequências devastadoras da Guerra dos Trinta Anos. Daí a frequente injustiça contra um homem de mérito como Gottsched que, afinal, se sentia imbuído do mesmo espírito burguês de Lessing, ao empenhar-se pelas ideias rebeldes de Bayle e Voltaire.

Contudo, no esforço de impor ordem no reino da literatura e do teatro, Gottsched não via que não se pode separar forma e fundo. Adotou as formas, por assim dizer o ritual e a coreografia, de um teatro essencialmente absolutista, destinado, com suas rígidas regras, com seu cerimonial solene e decoro da corte, com sua depuração e delicado requinte, seu esplendor e pompa que penetram até o âmago do verso e vocabulário, a glorificar o mundo rarefeito dos reis e da aristocracia. A transplantação das regras abstratas da "tragédie classique" era particularmente nociva porque, estabelecidas como leis absolutas e universais, de modo algum se amoldavam à situação histórica e aos problemas particulares da Alemanha. Uma dramaturgia que tinha razões históricas na França, não as tinha na Alemanha, pelo menos naquela fase. O absolutismo na França fora uma força centralizadora que dela fizera uma grande nação, ao passo que nos inúmeros principados da Alemanha era uma força desagregadora que impedia a unificação nacional. Na França, estimulava o desenvolvimento da burguesia, ao passo que na Alemanha o paralisava, pelo estabelecimento de inúmeras divisas.

Entende-se, a partir daí, que até a "cortesia" da tragédia clássica irritava Lessing, porque na raiz dessa palavra está a corte: não sei "o que pode ser mais ofensivo e mais indecente para um homem livre do que essa cortesia francesa". Era impossível colocar burgueses dentro da estilização refinada da tragédia francesa. "Há muito já sei que a corte não é precisamente o lugar onde um poeta pode estudar a natureza." Mas o fim de Lessing era justamente criar uma tragédia burguesa nacional, que retratasse a vida real de uma classe em que depositava a sua esperança de um futuro nacional da Alemanha.

Que na polêmica de Lessing não há nem sequer resquício de qualquer chauvinismo ou etnocentrismo, vê-se pela grande estima que nutria por Diderot (e outros franceses). E na parte 81, perguntando se os franceses não seriam capazes de criar uma grande obra trágica, responde de imediato: "Ficaria envergonhado se sequer me viesse tal ideia." Um dos expoentes mais lúcidos da ilustração (a quem, infelizmente, certa ala professoral alemã pretende hoje envolver em brumas místicas por achar a ilustração "totalmente superada"), Lessing estava convencido de que não há diferenças essenciais entre as nações: "Pois estou completamente convencido de que nenhum povo no mundo recebeu qualquer dote espiritual de preferência a outros povos."

A tragédia francesa era considerada modelar porque parecia corresponder, de um modo exemplar, às regras estabelecidas por Aristóteles na sua *Arte Poética*. Para destruir a função de modelo da tragédia francesa, era impositivo mostrar que as peças de Corneille e Racine de modo algum correspondiam nem ao espírito, nem à letra do pensamento aristotélico. O ataque de Lessing concentra-se, por isso, na demonstração de que a tragédia francesa deforma ideias essenciais do drama antigo. As partes dedicadas à análise das concepções aristotélicas e às suas interpretações erradas, aqui reproduzidas, são um grande exemplo de acuidade crítica. Embora as proposições de Lessing pareçam em partes superadas pelas interpretações atuais, representam um progresso quando comparadas com as de Corneille e o classicismo francês. À imitação exterior e mecânica de regras ligadas a determinadas circunstâncias históricas e não transferíveis para outras épocas e condições, Lessing procura sobrepor a meta essencial da tragédia, sua função fundamental, que reside, segundo Aristóteles (seguido por Lessing), na catarse.

Esta, por sua vez, é reinterpretada. A tragédia deve suscitar "compaixão e medo", não compaixão e "terror". Lessing dirige-se contra o "terreur" que se baseia no excesso, no hediondo, transformando o infortúnio das personagens em uma sensação momentânea que, no fundo, pouco afeta o público. Nada de terror "ante" o desastre e sim medo "com" as personagens. O medo nasce da empatia com o sofrimento de personagens semelhantes a nós, burgueses como nós; é, em essência, nada senão "a compaixão referida a nós mesmos". Mas "o infortúnio daqueles cujas circunstâncias mais se aproximam das nossas penetrará naturalmente com mais profundeza na nossa alma". E ainda: "Os nomes de príncipes e heróis podem dar a uma peça pompa e majestade, mas nada contribuem para a emoção." O "terreur" estabelece um abismo entre palco e plateia, mostrando-nos destinos horripilantes de reis com que não podemos identificar-nos. O medo, ao contrário, é suscitado pelo sofrimento de nossos semelhantes, sofrimentos que podem atingir a nós mesmos a qualquer momento. Cada espectador sente: "tua res agitur".

Atualmente, alguns tendem a preferir, de novo, a tradução de "terror". "Fobos", o termo usado por Aristóteles, é um demônio que os gregos costumavam pintar no escudo, a fim de paralisar pelo terror o inimigo. Admite-se que o termo visa a exprimir o pavor e arrepio ante o aparecimento do "totalmente diverso". "Fobos" talvez pertença ainda à experiência primitiva do sagrado. Seria o que sentiam os patriarcas bíblicos em face da manifestação da divindade: tremor, amolecimento de joelhos, de modo que o cair de joelhos não era símbolo, mas sintoma. Apesar de tudo isso, a interpretação de Lessing supera a anterior; o termo "terreur", no classicismo francês, nada tinha das conotações atualmente sugeridas.

No que se refere à purgação, Lessing teve o mérito de estabelecer, de vez e para sempre, que não se trata da purificação das paixões apresentadas (ciúmes, ódios, amores, ambições das personagens), como ainda supunha Corneille, mas exclusivamente da purificação da compaixão e do medo (terror) suscitados pelos sofrimentos das personagens – sofrimentos por sua vez resultantes dos ciúmes, ambições, ódios das mesmas. Com humor, Lessing mostra que, pela concepção então reinante, se deveria receitar ao curioso outras tragédias do que ao ambicioso ou colérico.

Quanto ao mecanismo da purgação, Lessing e sua época não sabiam que Aristóteles, ao usar o termo "catarse", tinha em mira uma "descarga" segundo concepções da medicina. O filósofo atribuía não só à tragédia, e sim também à música (e, em extensão, às artes), efeitos excitantes, capazes de abrandarem tais excitações pela própria excitação, ou seja, por um mecanismo de descarga. As tensões psíquicas acumuladas pela vida emocional são levadas até à sua purgação pacífica (não violenta), graças à arte.

A interpretação de Lessing, que fala de uma "transformação das paixões em aptidões virtuosas", embora tenha um cunho moralizante, de conformidade com a *Ética* de Aristóteles – que exalta o termo médio entre os comportamentos extremos (por exemplo, a coragem entre a covardia e a temeridade) –, visa até certo ponto a uma espécie de sublimação: as paixões (compaixão e medo) são sublimadas, são adaptadas ao mundo civilizado, mas não suspensas ou eliminadas. A comoção produzida pela tragédia, a profunda compaixão pelo outro, reflui sobre nós mesmos como medo ante a humana condição e suas vicissitudes. Esse medo é, ao mesmo tempo, suscitado e moderado. Assim, a tragédia amplia, aprofunda e elucida a compreensão da nossa existência de seres morais e faz com que, ao mesmo tempo, vivamos emocionalmente a nossa própria condição. Produzindo em nós a ilusão (da realidade) e concomitante identificação com o mundo representado – conforme as teses fundamentais de Aristóteles –, a tragédia contribui para o nosso amadurecimento e libertação moral.

É impossível resumir, nesse contexto, toda a riqueza das concepções desenvolvidas na *Dramaturgia de Hamburgo*, que, nesta edição, é reproduzida em algumas das suas partes mais importantes. De relevo, é a discussão dos gêneros, cujas regras fundamentais se afiguram a Lessing de alta importância. Ainda assim, interpreta-as com flexibilidade. O que importa é o efeito da obra sobre o apreciador. O "gênio" – e Lessing pensa sempre em Shakespeare, que opõe aos franceses – não precisa ater-se às regras (já que, no fundo, é a origem das mesmas). "O que, afinal, se pretende com a mistura dos gêneros? Que se os separe nos manuais, com a máxima exatidão possível: mas quando um gênio, em virtude de intuitos mais altos, faz confluir vários gêneros em uma e mesma obra, que então se esqueça o manual e se examine apenas se atingiu a esses intuitos mais altos." Uma vez atingidos, é indiferente se uma peça "nem é totalmente narração, nem totalmente drama". E concluindo com a característica rudeza quase luterana: "Por ser a mula nem cavalo nem asno, será ela, por isso, em menor grau, um dos animais... mais úteis?"

Tais concepções e a proclamação do gênio superior de Shakespeare tiveram enorme influência sobre a geração dos rebeldes de *Sturm und Drang* (Tempestade e Ímpeto), movimento pré-romântico, que deflagrou precisamente nos lustros posteriores (1770-1785) à publicação da *Dramaturgia* e do qual fizeram parte o jovem Goethe e o jovem Schiller. Se Schiller iria dizer que Shakespeare corresponde muito melhor às exigências de Aristóteles do que toda a "tragédie classique", ele se mostra tributário de Lessing. Este, contudo, estava longe de concordar com os excessos que os jovens rebeldes supunham ser permitidos e estimulados pela *Dramaturgia*. Já na própria *Dramaturgia*, nas partes finais, Lessing teve oportunidade de dirigir-se contra uma revolta que ameaçava toda a tradição. Se no início dissera: "O gênio ri-se de todas as divisões da crítica", dirige-se, no fim, ante os primeiros sintomas da anarquia poética, contra a pretensão de se querer pôr de lado, arbitrariamente, "todas as experiências do tempo passado" e contra os manifestos que exigiam que "cada original" se esforçasse por "inventar a arte de novo e por si mesmo". Negar as regras e a crítica, afirma, significa negar os exemplos e o exercício, significa "limitar o gênio não só a si mesmo, mas até à sua primeira tentativa". A arte, enfim, é um "métier" cuja função dentro da sociedade não lhe permite ser reduzida, pelo gênio, à mera autoexpressão.

A *Dramaturgia de Hamburgo* comprova, exemplarmente, que a grande crítica não pode limitar-se à análise e interpretação de textos isolados, mas que lhe cabe elevar-se, quando necessário, aos princípios mais gerais da teoria literária e da estética, para, através destes, fundamentar a análise individual, a qual, por sua vez, explicita e concretiza os princípios. Assim, medeia entre o geral e o individual.

A crítica de Lessing mostra, ao mesmo tempo, que a literatura não é um compartimento estanque; ela faz parte da vida da nação. Através da crítica literária, Lessing exerceu a função de educador e político cultural. Sua atividade, nesse sentido, revestiu-se de importância muito maior, no desenvolvimento da Alemanha, do que se acreditaria estar ao alcance de um dramaturgo e crítico literário.

Anatol Rosenfeld

DRAMATURGIA DE HAMBURGO[1]
Versão reduzida

Advertência

E fácil adivinhar que a nova administração do teatro desta cidade constitui a razão de ser das presentes páginas.

A finalidade delas há de corresponder aos bons propósitos que não se pode deixar de atribuir aos que pretendem dedicar-se a esta administração. Eles próprios se manifestaram suficientemente a esse respeito e suas declarações foram, aqui como alhures, acolhidas pela parte mais fina do público com o aplauso que todo estímulo espontâneo ao bem geral merece e pode esperar em nossos dias.

Se até agora nada mais houvesse acontecido aqui, exceto o fato de uma sociedade de amigos do palco ter posto mãos à obra, congregando-se para atuar segundo um plano de utilidade coletiva, só com isso já se ganharia muito. Pois, a partir desta primeira modificação, podem, mesmo com o favor apenas moderado do público, medrar fácil e rapidamente todas as demais melhorias de que necessita o nosso teatro.

---

1 Tradução de J. Guinsburg. Revisão de Ingrid Koudela. As notas introduzidas por letras são da edição original.

Esforço e dinheiro certamente não serão poupados, mas só o tempo dirá se não houve falta de gosto e discernimento. E não estará na dependência do público fazer com que seja eliminado e aperfeiçoado o que aí houver de deficiente? Que ele apenas compareça, que veja e ouça, que examine e julgue. Sua voz jamais será menosprezada e seu juízo nunca deixará de ser acatado.

Mas cumpre que nem todo e qualquer criticastro se tome pelo público, e que aquele, cujas expectativas forem desenganadas, também se ponha a matutar sobre o que foram as suas expectativas. Nem todo amador é conhecedor, nem todo aquele que percebe as belezas de *uma* peça, o desempenho justo de *um* ator, é capaz, já por isso, de reputar o valor de todos os outros. Não se tem gosto algum quando se tem somente um gosto unilateral; muitas vezes, porém, é-se tanto mais sectário. O verdadeiro gosto é geral, abrange belezas de toda espécie, mas não espera de nenhum maior prazer e enlevo do que ela lhe pode conceder segundo a sua modalidade.

Muitos são os degraus que um teatro em formação deve galgar, até chegar ao ápice da perfeição; mas um teatro adulterado acha-se naturalmente ainda mais distante de tal eminência e receio muito que a cena alemã esteja mais neste caso do que naquele.

Nem tudo pode acontecer de uma só vez. Mas o que não se vê crescer, a gente encontra, após algum tempo, crescido. O mais vagaroso, que não perde de vista o seu objetivo, caminha ainda mais depressa do que aquele que vaga sem objetivo.

Esta dramaturgia deve manter um registro crítico de todas as peças a representar e seguir cada passo que a arte, tanto dos autores como dos atores, der em nossa cidade. A escolha do repertório não é ninharia, mas a escolha pressupõe quantidade; e, se nem sempre forem encenadas obras-primas, ver-se-á logo onde está a culpa. Contudo, é bom que não se apresente o medíocre como algo melhor do que realmente é e que o espectador insatisfeito ao menos aprenda com isso a julgar. Quando se quer ensinar bom gosto a uma pessoa de sadia compreensão, basta expor a razão pela qual algo não lhe agradou. Certas peças medianas precisam ser conservadas, isso porque contêm certos papéis excelentes em que este ou aquele ator pode mostrar toda a sua força. Assim, não se rejeita de pronto uma composição musical pelo fato de ser o seu texto lamentável.

O maior requinte de um árbitro dramático manifesta-se na sua capacidade de, em cada caso de prazer ou desprazer, saber discernir infalivelmente o que e quanto cumpre lançar à conta do autor, ou do ator. Censurar um pela falha do outro significa estragar ambos. Aquele é desencorajado e este se torna audacioso.

O ator, particularmente, deve exigir que se observe no caso o máximo rigor e imparcialidade. A justificação do autor pode ser encetada em qualquer tempo; sua obra perdura e é sempre possível volver a ela. Mas a arte do comediante é transitória em suas realizações. Nele, o que há de bom e mau passa tumultuoso e rápido; e, não raro, o capricho momentâneo do espectador é, mais do que o próprio ator, a razão pela qual isto ou aquilo causou nele uma impressão mais viva.

Uma bela figura, um semblante sedutor, uns olhos eloquentes, um andar gracioso, um tom agradável, uma voz melodiosa são coisas que não se deixam expressar plenamente com palavras. Contudo, não constituem as únicas nem as maiores perfeições do ator. São apreciáveis dons naturais, muito necessários à sua profissão, mas estão longe de preenchê-la! O ator deve sempre pensar com o autor; deve, onde ocorreu ao autor alguma falha humana, pensar por ele.

Temos todos os motivos para esperar de nossos atores numerosos exemplos disso. Contudo, não quero elevar demasiado a expectativa do público. Ambos são danosos a si próprios: quem muito promete e quem muito espera.

Hoje, verifica-se a inauguração do teatro. Ela decidirá muita coisa; mas não deveria decidir tudo. Nos primeiros dias, os juízos hão de se entrecruzar bastante. Custaria muito conseguir leitores serenos. – A primeira folha desta publicação não deve, por isso, aparecer antes do início do mês vindouro.

Hamburgo, 22 de abril de 1767

Terceira Parte

8 de maio de 1767

E como é que esse ator (sr. Ekhof) consegue que o escutem recitar, com tanto agrado, a máxima mais banal.

O que, afinal, deverá aprender dele outro comediante, para que nos entretenha do mesmo modo?[2]

Toda máxima moral deve provir dessa plenitude do coração que transborda pela boca; o ator precisa evitar tanto a impressão de estar longamente refletindo sobre ela, como a de estar jactando-se com ela.

É evidente, pois, que as sentenças morais devem ser muito bem decoradas; cumpre pronunciá-las sem hesitações, sem o mínimo tropeço, num fluxo ininterrupto de vocábulos, com tal ligeireza que não se afigurem um penoso desembrulhar da memória e, sim, prontas inspirações da situação atual. É claro, igualmente, que nenhuma falsa entonação deverá induzir-nos à suspeita de que o ator esteja papagueando o que não entende. Ele tem de nos convencer, mediante a mais correta e mais segura inflexão, de que penetrou inteiramente o sentido das palavras.

Mas a acentuação correta também poderia, quando necessário, ser ensinada a um papagaio. Quão distante está o ator que apenas mente daquele que, ao mesmo tempo, sente! Palavras cujo sentido alguma vez aprendemos, que alguma vez se imprimiram em nossa memória, deixam-se declamar com muita justeza, ainda que a alma se ocupe de coisas totalmente diferentes. Mas então nenhum sentimento é possível. A alma precisa estar totalmente presente dirigindo sua atenção tão somente ao seu discurso, e apenas então...

---

2 Konrad Ekhof (1720-1778), um dos pioneiros da arte de representar na Alemanha. A sua importância reside não só na grande arte, mas também na atitude moral, na vontade de conquistar para o ator – então ainda um pária – uma posição digna na sociedade. Foi, ademais, fundador de uma Academia de Atores (1753), ligada ao primeiro teatro permanente da Alemanha. Nela, liam-se peças, analisavam-se os papéis e o seu desempenho, e discutiam-se problemas da profissão. Ekhof já imaginava, também, a criação de um instituto de assistência e aposentadoria para atores.

Mas ainda assim o ator pode realmente ter muito sentimento parecendo não ter nenhum. O sentimento constitui o mais discutível entre os talentos do ator. Pode encontrar-se onde não é reconhecido; e pode-se julgar reconhecê-lo onde não se encontra. Pois o sentimento é algo íntimo, que só nos é dado ajuizar segundo sinais externos. Ora, é possível que certas peculiaridades no físico do ator ou não admitam estes sinais ou, pelo menos, os debilitem e os tornem ambíguos. O ator pode apresentar certa conformação facial, certo jogo fisionômico, certo tom, que nos habituamos a vincular a capacidades bem diversas, a paixões bem diversas e a disposições espirituais muito diversas daquelas que presentemente lhe incumbe externar e expressar. Assim, por mais que ele tenha sentimentos, não lhe daremos fé, pois está em contradição consigo próprio. Outro, ao contrário, pode apresentar uma compleição tão feliz, possuir traços tão incisivos, ter os músculos tão fácil e rapidamente às suas ordens, ter a seu alcance tão sutis e múltiplas modulações de voz, estar cumulado em tão alto grau de todos os dons necessários à pantomima que, mesmo nos papéis que desempenha não de modo original, mas segundo algum modelo, ele parece animado pelo mais fervoroso sentimento, embora tudo quanto diga e faça não passe de contrafação mecânica.

Sem dúvida é este, apesar de sua indiferença e frieza, bem mais proveitoso ao teatro, do que aquele outro. Se durante longo tempo nada mais houver feito exceto macaquear, ainda assim terá reunido uma porção de regras menores, segundo as quais ele próprio começará a atuar. Através da observância destas regras (conforme a lei pela qual as modificações da alma são suscitadas por mudanças corporais) chegará a certo sentimento, o qual não poderá ter a verdade, duração ou fogo daquele cuja origem provém da alma. Mas no momento da representação é assaz vigoroso para trazer à tona algo das alterações involuntárias no corpo. Esta presença – e graças a ela – nos faz acreditar na autenticidade do sentimento interno.

Tal ator deverá, por exemplo, exprimir a mais violenta emoção da ira. Pressuponho que nem sequer entenda bem o seu papel, que tampouco seja capaz de imaginar com bastante vivacidade as razões desta ira para levar a sua própria alma ao estado de cólera. E eu digo: se apenas houver aprendido de um ator de sentimento espontâneo as mais grosseiras exteriorizações da ira e souber imitá-las fielmente – o andar impetuoso, estrepitante, a voz áspera, ora estridente, ora sufocada, o jogo dos sobrolhos, o tremor dos lábios, o rilhar dos dentes etc. – se ele apenas, digo eu, imitar bem algo que é inimitável, sua alma será infalivelmente assaltada por um obscuro sentimento de raiva que, a seu turno, retroage sobre o corpo, engendrando nele também aquelas modificações que não dependem apenas de nossa vontade. A sua face arderá, os seus olhos hão de faiscar, os seus músculos se retesarão; em suma, parecerá um autêntico encolerizado, sem que o seja e sem que compreenda, nem de longe, por que deveria sê-lo[3].

De acordo com estes princípios do sentimento em geral, tentei determinar quais características externas acompanhariam aquele sentimento com que cumpriria pronunciar reflexões morais e quais se encontram ao nosso alcance, de tal forma que qualquer ator possa representá-las, alimente ou não o sentimento em apreço. Quero crer que sejam as seguintes:

Cada máxima é uma sentença geral que, como tal, exige certo grau de concentração de alma e de tranquila reflexão. Será mister proferi-la com serenidade e certa frieza.

Entretanto, esta sentença geral é, ao mesmo tempo, o resultado de impressões causadas por certas circunstâncias individuais às personagens atuantes. Não se trata apenas de uma

---

3 Lessing estudou o problema do desempenho com interesse e desejava mesmo escrever uma obra sobre a "eloquência corporal" baseado no livro de Rémond de Saint-Albine (1699-1778) sobre o ator (*Le Comédien*), do qual traduziu e publicou trechos na sua *Biblioteca Teatral* (1754-1758). Também Stanislávski, particularmente na sua última fase, atribuiu grande importância às chamadas "ações físicas" para a construção conveniente do papel. Mas não admitiu a possibilidade de um desempenho genuíno sem o entendimento profundo do papel.

conclusão simbólica, mas, sim, de um sentimento generalizado. Sendo a expressão deste, a sentença deve ser enunciada com fogo e certo entusiasmo.

Por conseguinte, com entusiasmo e serenidade, com fogo e frieza?

Exatamente assim, com uma mistura de ambos, na qual, todavia, conforme a situação prevalecerá ora um, ora outro.

Se a situação for calma, a alma deveria como que pretender imprimir-se, pela moral, um novo impulso. Para tanto, é suficiente efetuar reflexões gerais a respeito de sua felicidade ou de seus deveres, para, mercê desta própria generalidade, gozar com tanto mais vivacidade da primeira e observar os segundos com tanto mais docilidade e bravura.

Entretanto, se a situação for violenta, será através da moral (palavra pela qual entendo toda reflexão geral) que a alma, por assim dizer, se recomporá de seu voo. Ela deverá infundir às suas paixões o aspecto de razão e, às tempestuosas irrupções, a aparência de decisões premeditadas.

O primeiro requer tom sublime e entusiástico; o segundo, tom moderado e solene. Pois ali o *raisonnement* deverá inflamar--se em afeto e aqui o afeto deverá esfriar-se em *raisonnement*.

A maioria dos atores incide precisamente no inverso. Em situações violentas, expelem as reflexões gerais com a mesma fúria que o restante e, em situações tranquilas, murmuram-nas com a mesma serenidade que o restante. Daí decorre que, num como noutro caso, a moral não se sobressai destas situações e que as primeiras se nos afiguram tão desnaturais, quanto enfadonhas e frias as segundas. Tais atores nunca ponderaram que a superfície precisa salientar-se do fundo e que bordar ouro sobre ouro constitui um gosto miserável.

Ao fim, acabam estragando tudo com seus gestos. Não sabem sequer quando devem gesticular nem de que forma. Em geral, fazem gestos em excesso e insignificantes.

Quando uma situação violenta a alma de repente, esta parece concentrar-se, a fim de lançar um olhar ponderado sobre si mesma ou sobre aquilo que a cerca. É natural então que passe a dominar todos os movimentos do corpo que dependerem de sua mera vontade. Não apenas a voz se tornará mais serena como todos os membros logram um estado de calma para exprimir a calma interior, sem a qual o olho da razão não pode enxergar bem em seu derredor. De súbito, o pé que se adianta pisa firme, os braços caem, o corpo inteiro tende à justa posição. Uma pausa – e então, a reflexão. O homem queda-se aí, num silêncio solene, como se não quisesse ser perturbado na escuta de si próprio. A reflexão findou – nova pausa – e ele, assim como a reflexão visou moderar ou inflamar suas paixões, torna a prorromper inopinadamente ou a encetar paulatinamente o jogo de seus membros. Só no rosto perduram, durante a reflexão, os sinais das emoções; semblante e olhos continuam em movimento e em fogo, pois não temos o semblante e os olhos tão prontamente em nosso poder como os pés e as mãos. E precisamente nisso, neste semblante expressivo, nestes olhos ardentes e nesta atitude tranquila do resto do corpo é que consiste a mescla de fogo e frieza com a qual, creio, cumpre pronunciar a moral em situações violentas.

Com igual mescla há de ser também proferida em situações calmas, apenas com a diferença de que aquela parte da ação que lá era veemente será aqui mais fria e a que fora lá mais fria deverá ser aqui mais fogosa. Em outros termos: visto que a alma, quando nada tem exceto sentimentos brandos, procura infundir, por meio de reflexões gerais, um grau mais alto de vivacidade a esses sentimentos, ela fará também contribuir para tanto os membros do corpo, os quais se acham imediatamente a seu dispor. As mãos estarão em pleno movimento. Só que a expressão da face não pode acompanhar tão prontamente, devendo reinar ainda no semblante e nos olhos a serenidade da qual gostaria de tirá-la o resto do corpo.

Décima Primeira Parte

5 de junho de 1767

A aparição de um espectro constituiu, numa tragédia francesa, tão audaciosa novidade e o autor, que a ela se abalançou, justifica-a com razões tão peculiares, que vale a pena lançar sobre o caso um olhar mais demorado[4].

"Bradou-se e escreveu-se de todos os lados", diz o Senhor de Voltaire, "que ninguém mais acredita em fantasmas e que a aparição dos mortos, aos olhos de uma nação esclarecida, só pode parecer infantil." "Como assim" – replica ele a isso; "a Antiguidade toda acreditou neste milagre e não seria agora permitido guiar-se pela Antiguidade? Como assim? Nossa religião santificou essas vias extraordinárias da Providência e seria ridículo renová-las?"

Tais exclamações são, a meu ver, mais retóricas do que corretas. Antes de tudo, gostaria de deixar a religião fora do jogo. Em matéria de gosto e crítica, as razões dela extraídas são muito boas para calar o adversário, mas não se prestam tanto para convencê-lo. A religião, como religião, nada deverá decidir neste particular; se é apenas uma espécie de legado da Antiguidade, o seu testemunho não vale mais nem menos do que valem outros testemunhos da Antiguidade. E, de qualquer modo, ainda aqui teremos de tratar somente com a Antiguidade.

Muito bem; a Antiguidade inteira acreditava em espectros. Portanto, os autores dramáticos da Antiguidade tinham o direito de utilizar esta crença; se nos depararmos, na peça de um deles, com mortos ressuscitados, será injusto acusá-lo segundo os nossos conhecimentos mais adiantados. Mas terá por isso o

---

4 Na parte anterior, aqui omitida, Lessing iniciara a crítica da peça *Semíramis*, de Voltaire. O espectro é o espírito do rei assírio Nino, assassinado por sua esposa Semíramis e o favorito dela, Assur. O espírito exorta o chefe militar Arcases (que, na verdade, sem o saber, é filho do assassinado e da assassina) a vingá-lo. Semíramis tampouco sabe que Arcases é seu filho Nínias e oferece ao jovem herói a sua mão. Ao fim é morta por Assur, que sofre o justo castigo. Lessing rejeitara, na parte anterior, com mordacidade, a pretensão de Voltaire de que os dramaturgos gregos poderiam ter aprendido bastante com os autores franceses.

dramaturgo moderno, que participa de nossos conhecimentos mais avançados, o mesmo direito? Certamente não. E se fizer retroceder o seu enredo para aqueles tempos mais crédulos? Nem mesmo assim. Pois o dramaturgo não é um historiador; ele não relata o que outrora se acreditava haver acontecido, mas faz com que aconteça novamente perante os nossos olhos; e o faz acontecer de novo, não pela mera verdade histórica, porém com um intuito bem diverso e bem mais elevado; a verdade histórica não constitui o seu objetivo, mas apenas um meio para alcançar este objetivo; ele quer iludir-nos e comover-nos através da ilusão. Se, portanto, é verdade que hoje não mais cremos em espectros, se esta incredulidade devesse necessariamente impedir a ilusão, se na falta de ilusão é impossível participar com intensidade, então o autor dramático age hoje contra si mesmo. Se, apesar disso, nos impinge estes incríveis contos da carochinha, toda arte, que para tanto emprega, é perdida.

E daí? Por conseguinte, não será permitido de modo algum levar ao palco fantasmas e aparições? Por conseguinte, estará exaurida para nós esta fonte do pavoroso e do patético? Não; seria uma perda demasiado grande para a poesia e não disporá ela de exemplos, em que o gênio desafia toda a nossa filosofia e sabe tornar horripilantes à nossa imaginação certas coisas que se afiguram extremamente ridículas à fria razão? A conclusão, portanto, há de ser outra; e terá sido falsa apenas a premissa. Não mais acreditamos em fantasmas? Quem o diz? Ou melhor, o que significa isso? Significará que afinal chegamos tão longe em nossa compreensão que podemos demonstrar a impossibilidade deste fato; que certas verdades irrefutáveis, que contradizem a crença nos espectros, se tornaram tão geralmente conhecidas e estão sempre e constantemente tão presentes até ao homem mais comum, que tudo quanto as conteste deva parecer-lhe necessariamente risível e insípido? Eis o que certamente não pode significar. O fato de não crermos mais em fantasmas só pode significar o seguinte: nessa matéria, sobre a qual se pode dizer quase tanto a favor como contra, que não está

DRAMATURGIA DE HAMBURGO

resolvida nem pode ser resolvida, a atual forma dominante de pensar concedeu preponderância aos argumentos contrários; alguns poucos adotam essa forma de pensar e muitos querem parecer adotá-la; estes fazem a gritaria e dão a nota; a grande maioria cala-se e mantém-se indiferente, pensando, ora de um jeito, ora de outro; ouve com agrado, à luz do dia, escarnecer dos espectros e, na noite escura, ouve com um frêmito de horror o que se conta a respeito deles.

Mas não acreditar neste sentido em espectros não deve de modo algum impedir que o autor dramático os utilize. O germe de neles acreditarmos reside em todos nós e, mais frequentemente, naqueles para os quais, sobretudo, o autor escreve. Só depende de sua arte a germinação dessa semente; só depende de certas manipulações o rápido desenvolvimento das bases de sua realidade. Se estiverem em seu alcance, podemos crer o que quisermos na vida comum; no teatro devemos crer no que ele quiser.

Um autor assim é Shakespeare e quase tão somente Shakespeare. Perante o seu fantasma, em *Hamlet*, os cabelos põem-se em pé, cubram eles um cérebro crédulo ou incrédulo. O Senhor de Voltaire não procede nada bem ao invocar tal espectro. Este torna a ele e a seu fantasma Nino ridículos.

O espectro de Shakespeare vem realmente do outro mundo; assim nos parece. Pois ele surge na hora solene, em meio ao tenebroso silêncio da noite, acompanhado pelo séquito completo dos lúgubres e misteriosos acidentes, quando com os quais estamos acostumados, desde o berço, a conceber e esperar espíritos. Mas o espectro voltairiano não serve sequer de bicho-papão para assustar crianças; é o simples comediante travestido que nada tem, nada diz e nada faz que possa tornar verossímil que ele seja aquilo pelo qual se apresenta; bem ao contrário, todas as circunstâncias em que aparece perturbam a ilusão e traem a criação de um dramaturgo frio, que de bom grado gostaria de nos iludir e nos amedrontar, mas não sabe como começar. Basta considerar o seguinte: em pleno dia, em meio da assembleia dos Estados do

Império, anunciado pelo estrondo de um trovão, o espectro voltairiano sai de sua tumba. Onde já ouviu Voltaire que fantasmas sejam tão audazes? Qual a velha que não lhe poderia contar que os espectros temem a luz do sol e não apreciam nem um pouco grandes assembleias? Voltaire sem dúvida sabia disso; mas conteve-se, demasiado receoso, com luxo em demasia, para utilizar essas circunstâncias ordinárias; pretendeu mostrar-nos um espectro, mas de uma espécie mais refinada, e estragou tudo. O fantasma que se permite coisas que são contra toda a tradição, contra todos os bons costumes reinantes entre os fantasmas parece-me não ser um fantasma direito. E tudo o que a ilusão, no caso, não favorece a ilusão, atrapalha a ilusão.

Houvesse Voltaire prestado um pouco de atenção à pantomima, sentiria também, a partir de outra perspectiva, a inconveniência de suscitar um fantasma perante os olhos de uma grande multidão. Todos precisam, ao percebê-lo, manifestar, de uma só vez, medo e terror; todos devem manifestá-lo de diferentes maneiras para que o espetáculo não apresente a fria simetria de um balé. Ora, tentemos amestrar para esse fim uma manada de tolos comparsas; e quando já conseguimos amestrá-los da forma mais feliz, lembremo-nos de como essa múltipla expressão do mesmo aspecto há de dividir a atenção e subtraí-la das personagens principais. Se essas personagens devem nos causar a devida impressão cumpre não apenas que as possamos ver, mas convém, igualmente, que não vejamos nada mais, exceto elas. Na peça de Shakespeare, o espectro dirige-se unicamente a Hamlet. Na cena em que a mãe está presente, ela não o vê nem o ouve. Assim, toda a nossa atenção encaminha-se para Hamlet e, quanto mais indícios descobrimos de uma alma conturbada pelo horror e medo, tanto mais propensos ficamos a tomar a aparição, que lhe ocasiona essa perturbação, precisamente pelo que o próprio Hamlet a toma. O fantasma atua sobre nós mais através de Hamlet do que através de si mesmo. A impressão que lhe provoca se nos transmite e o efeito é demasiado evidente e forte para que possamos duvidar de sua causa extraordinária. Quão pouco entendeu

DRAMATURGIA DE HAMBURGO

Voltaire esse artifício! Seu espectro assusta a muitos, mas não muito. Semíramis exclama, uma vez: "Céu! Estou morrendo!" e os outros não fazem mais cerimônias com o fantasma do que faríamos, talvez, com um amigo, de que julgávamos estar muito longe e que de súbito entra em nosso quarto.

Décima Segunda Parte

9 de junho de 1767

Observo mais uma diferença entre os fantasmas dos autores ingleses e franceses. O espectro de Voltaire nada é senão uma máquina poética, surgindo apenas para favorecer a intriga; em si, não nos oferece o menor interesse. O espectro de Shakespeare, em compensação, é uma personagem realmente atuante, de cujo destino somos partícipes; desperta pavor, mas também compaixão.

Essa diferença resulta, sem dúvida, da diversidade com que os dois autores encaram os fantasmas em geral. Voltaire considera um milagre a aparição de um morto; Shakespeare, um evento inteiramente natural. Qual dos dois pensa de maneira mais filosófica seria uma questão a propor; Shakespeare, porém, pensa de maneira mais poética.

Trigésima Sexta Parte[5]

1 de setembro de 1767

Corneille era recebido no teatro como em sua casa; e, quando aparece o dono da casa, haverá algo mais justo do que seus convidados lhe manifestarem cortesia? Mas com Voltaire ocorria

---

5 Através de várias partes, Lessing analisa a peça *Soliman II*, de Charles Simon Favart (1710-1792), extraída de uma narração de J.F. Marmontel (1723-1799), concluindo o estudo na 36ª parte, para iniciar a crítica da peça *Mérope* (1736), de Voltaire, cópia da peça do mesmo título de Francesco Scipione Maffei (1675-1755), escritor e arqueólogo italiano. Nesta oportunidade menciona as grandes homenagens rendidas a Voltaire, por ocasião da estreia da peça, em 1743.

algo totalmente diverso; a plateia ansiava por conhecer pessoalmente o homem que tanto admirava; quando a representação, portanto, chegava ao fim, exigia a sua presença, chamava, clamava e tumultuava, até que o Senhor de Voltaire se via obrigado a apresentar-se e a deixar que ela se embasbacasse e o aplaudisse. Não sei qual das duas coisas mais me surpreendeu, se a curiosidade infantil do público ou a vaidosa complacência do autor. Afinal, como é que se pensa que há de parecer um autor dramático? Não como outras pessoas? E como deve ser fraca a impressão causada pela obra, se exatamente nesse momento nada mais se deseja exceto contrapor-lhe a figura do mestre? A verdadeira obra-prima, parece-me, empolga tão plenamente por si própria, que esquecemos o seu autor, que a consideramos como produto não de um único ser, mas da natureza em geral. Young diz, com respeito ao sol, que entre os pagãos constituía pecado não adorá-lo. Se algum sentido há nessa hipérbole é que o brilho, o esplendor do sol é tão grande, tão avassalador, que era de se perdoar ao homem mais rústico, o que lhe era natural, que não pudesse imaginar maior brilho, maior esplendor, do qual este fosse apenas o reflexo e que, portanto, a tal ponto se perdesse na admiração do sol que deixasse de pensar no criador do sol. Suponho que o verdadeiro motivo pelo qual sabemos tão pouco de autêntico sobre a pessoa e as condições de vida de Homero é a excelência de sua poesia mesma. Quedamo-nos inteiramente pasmados diante do largo e rumorejante caudal, sem nos lembrarmos de suas nascentes na montanha. Não queremos saber disso, ficamos satisfeitos em esquecer que Homero, o mestre-escola de Esmirna, Homero, o mendigo cego, é o mesmo Homero cujas obras tanto nos deslumbram. Ele nos conduz ao convívio de deuses e heróis; deveríamos enfastiar-nos demasiado nessa companhia, para nos informarmos tão precisamente sobre o porteiro que nos permitiu entrar? A ilusão há de ser muito fraca, é preciso sentir pouca natureza, porém tanto mais artifício, quando se alimente tanta curiosidade pelo autor. Por menos lisonjeira que, no fundo, deva ser para o homem

DRAMATURGIA DE HAMBURGO

de gênio a exigência do público no sentido de conhecê-lo pessoalmente (e que vantagem levará neste caso sobre qualquer marmota que o populacho deseja ver com a mesma sofreguidão?), ainda assim parece que a vaidade dos autores franceses encontrou aí a sua satisfação. Pois, ao verificar como era fácil engodar um Voltaire, como era possível tornar dócil e flexível um homem assim, por meio de semelhantes carícias dúbias, a plateia parisiense começou a oferecer-se com mais frequência o referido prazer. Em seguida, raramente se encenou uma nova peça sem que o autor não precisasse do mesmo modo apresentar-se e, inclusive, sem que se apresentasse de bom grado. De Voltaire a Marmontel e de Marmontel, descendo bem baixo, até Cordier, quase todos tiveram de se expor nesse pelourinho[6]. Quantas caras de pobres condenados não passaram por aí! A farsa chegou afinal tão longe que as pessoas mais sérias da própria nação começaram a irritar-se com o fato. É conhecido o sensato expediente do sábio Polichinelo[7]. E ainda recentemente um jovem autor mostrou-se bastante audaz para deixar que o público o chamasse em vão. Não apareceu, de jeito algum; por isso mesmo, tanto mais correto e digno de aplauso. Preferiria, por meu exemplo, ter abolido essa situação embaraçosa a tê-la ocasionado por dez *Mérope*[8].

6 Edmond Cordier de St. Firmin (1730-1816), dramaturgo francês.

7 O sensato expediente do sábio Polichinelo: provavelmente alusão a uma paródia de *Mérope*, apresentada por um teatro de fantoches, e na qual Polichinelo, "faisant la révérence a posteriori, [...] lâche une pétarade au parterre; et tout de suite on entend crier: L'auteur, l'auteur, l'auteur!"

8 Vê-se, pela exposição, que Lessing considera a obra de arte como um produto objetivo, feito por um homem de "métier", não por um criador que se exprime e confessa na sua obra. Não é o poeta que interessa e sim a obra. Lessing insere-se, com essa concepção, numa tradição que vem da Antiguidade. É só com os românticos que se começava a considerar as obras de arte como confissões e expressões dos artistas, e com isso se iniciava o que Nietzsche iria chamar a "peste biográfica".

Quadragésima Sexta Parte[9]

6 de outubro de 1767

Uma coisa é acomodar-se às regras e outra é realmente observá-las. A primeira é o que fazem os franceses; a segunda, só os Antigos parecem haver compreendido.

A unidade de ação constituía a primeira lei dramática dos Antigos. A unidade de tempo e a unidade de lugar eram, por assim dizer, apenas consequência daquela e dificilmente tê-las-iam observado com maior rigor do que o exigido necessariamente pela unidade de ação, se não se tivesse acrescentado o vínculo do coro. Visto que suas peças requeriam a exibição a uma massa de povo e que essa massa permanecia sempre a mesma, não podendo distanciar-se mais de suas moradas nem ficar longe delas por mais tempo do que habitualmente se fazia por mera curiosidade, não lhes restava alternativa senão restringir o lugar da ação a um e mesmo sítio individual, e o tempo, a um e mesmo dia. E a essa restrição submeteram-se de *bona fide*; mas com uma flexibilidade e com uma inteligência tal que, sete em nove vezes, lucraram com isso muito mais do que perderam. Pois converteram essa necessidade em ocasião de simplificar de tal maneira a própria ação, de eliminar com tamanho cuidado todo o supérfluo que, reduzida às suas componentes mais essenciais, nada restou, exceto um ideal dessa ação, o qual se desenvolveu com particular felicidade, precisamente naquela forma que requeria o menor acréscimo de circunstâncias de tempo e lugar[10].

---

9 Detendo-se ainda na peça *Mérope* e comparando-a com a *Mérope* de outros autores, Lessing analisa a crítica que Voltaire fez à peça de Maffei. Na ocasião é ressaltada, com ênfase, a necessidade de manter a "ilusão trágica". Lessing é adepto intransigente da teoria da "ilusão", sem a qual seria impossível a identificação do espectador com as personagens e, consequentemente, tampouco, a compaixão e a catarse. A teoria da ilusão – difundida particularmente a partir do Renascimento – não foi acatada pelo romantismo alemão e está, atualmente, em crise ("teatro anti-ilusionista"; distanciamento de Brecht etc.). Em seguida, Lessing discute as unidades de lugar e tempo, julgando-as completamente supérfluas. Ao mesmo tempo, tenta mostrar que Voltaire não as observou ou o fez de modo tão forçado que uma lei dramática mais alta, a verossimilhança da peça, fica abalada.

10 É preciso constatar, contudo, que o coro possibilitava também a mudança do lugar e a transmissão em caso de saltos temporais.

Os franceses, em contrapartida, que não encontravam nenhum gosto na verdadeira unidade de ação, estragados que já estavam pelas intrigas selvagens das peças espanholas, antes que chegassem a conhecer a simplicidade grega, consideravam as unidades de tempo e lugar não como consequências da primeira unidade, mas como requisitos por si mesmos indispensáveis à representação de uma ação. Deveriam adaptar-se aos requisitos com as mais ricas e mais enredadas de suas peças com o mesmo rigor que só poderia exigir o uso do coro, a cujo emprego, no entanto, haviam renunciado inteiramente. Verificando, porém, o quanto é difícil e, muitas vezes, quase impossível, entraram em acordo com as regras tirânicas, às quais não se atreviam a desobedecer por completo. Em vez de um único lugar, introduziram um lugar indeterminado, pelo que era possível imaginar ora um, ora outro sítio; bastava que tais lugares no conjunto não distassem em demasia entre si e que nenhum deles necessitasse de cenário especial, que o mesmo cenário pudesse de certa forma servir tão bem a um como a outro lugar. Em vez da unidade do dia introduziram a unidade de duração. E se não houvesse nenhum levantar e pôr do sol, sem que ninguém se deitasse, ou ao menos em que não se deitasse mais de uma vez, teria para eles o valor de um dia, por mais numerosas e diferentes que fossem as ocorrências nele sobrevindas.

Ninguém lhes levaria isso a mal, pois não resta dúvida de que assim também é possível compor excelentes peças; e o provérbio diz: perfura a tábua onde ela é mais fina. Mas devo permitir que também meu vizinho perfure no mesmo lugar. Não devo apresentar-lhe sempre tão só a face mais grossa, a parte mais nodosa da tábua, e gritar: "Faça aí o furo! É aí que eu costumo perfurar!" Todavia, os críticos de arte franceses costumam todos gritar assim, particularmente quando se deparam com peças dramáticas inglesas. Que barulho fazem então sobre a regularidade, que eles próprios tanto se facilitaram! – No entanto, repugna-me demorar mais tempo na discussão desses elementos.

Por mim, a *Mérope* de Voltaire e a de Maffei poderiam durar oito dias e se passar em sete lugares da Grécia! Mas que possuíssem ao mesmo tempo as belezas que me fizessem esquecer tais pedanterias!

A mais severa regularidade não pode contrabalançar a mínima falha nos caracteres.

Septuagésima Terceira Parte[11]

12 de janeiro de 1768

Na quadragésima oitava noite (quarta-feira, 22 de julho) foi representado *Ricardo III*, tragédia da autoria do Senhor Weisse e, para completar, o *Duque Miguel*.

Essa peça constitui sem dúvida um dos nossos originais de maior importância; rica em grandes belezas, as quais demonstram, à saciedade, que não estivera nada aquém da força do autor evitar os defeitos nelas entremeados, se ele próprio quisera fiar-se nessas forças.

Já Shakespeare pusera em cena a vida e a morte do terceiro Ricardo; mas o Senhor Weisse não se lembrou disso antes de sua obra estar concluída. "Mesmo que", diz ele, "eu perca muito na comparação, julgar-se-á ao menos que não cometi plágio; mas talvez representasse mérito plagiar Shakespeare."

Pressuposto que seja possível plagiá-lo. Mas o que se disse de Homero, que é mais fácil arrebatar a maça de Hércules do que um verso dele, também se pode dizer plenamente de Shakespeare. Na mais leve de suas belezas há um selo impresso, que grita imediatamente a todo mundo: eu sou Shakespeare! E ai da beleza alheia que tenha a audácia de postar-se ao seu lado!

Shakespeare quer ser estudado e não saqueado. Se tivermos gênio Shakespeare há de ser para nós o que a câmara escura é

---

11 Após concluir um estudo de Terêncio para rebater comentários de Voltaire, Lessing passa a criticar a peça *Ricardo III*, de Christian Felix Weisse (1726-1804), poeta dramaturgo alemão da época.

para o paisagista: que a usa com afinco a fim de saber como a natureza, em todos os casos, se projeta em *um* plano; mas que não lhe toma nada de empréstimo.

Não saberia tampouco, nessa peça toda de Shakespeare, de uma só cena, ou mesmo de uma só tirada, que o Senhor Weisse pudesse utilizar tal como lá se encontra. Todas as partes, até as menores, são em Shakespeare confeccionadas segundo as grandes medidas da peça histórica, a qual está, para a tragédia de gosto francês, quase como um amplo afresco para uma miniatura de anel. O que mais se poderá tirar daquele para usar neste, exceto, talvez, um rosto, uma figura isolada, no máximo um pequeno grupo, que cumpre realizar em seguida qual um todo próprio? Do mesmo modo, alguns pensamentos isolados em Shakespeare converter-se-iam em cenas inteiras e algumas cenas em atos completos. Pois, quando se quer aproveitar convenientemente, para um anão, a manga da roupa de um gigante, é preciso fazer dela não outra manga, porém um casaco inteiro.

Mas, ainda que se faça tal coisa, pode-se ficar tranquilo quanto à acusação de plágio. A maioria não reconhecerá no fio o floco de que foi urdido. Os poucos que entendem da arte não traem o mestre e sabem que é possível lavorar uma pepita de ouro de modo tão artístico que o valor da forma exceda de longe o da matéria.

Eu, de minha parte, lamento realmente que o nosso autor tenha se lembrado tão tarde do Ricardo de Shakespeare. Ele poderia tê-lo conhecido e, no entanto, permanecer tão original como o é agora. Poderia tê-lo utilizado, sem que disso testemunhasse um único pensamento transposto.

Se precisamente o mesmo acontecesse comigo, usaria ao menos a obra de Shakespeare como um espelho a fim de apagar, de meu trabalho, todas as manchas que o meu olhar não foi capaz de reconhecer de imediato. Mas como sei eu que o Senhor Weisse não fez isso? E por que deixaria de fazê-lo?

Não poderia também ocorrer que exatamente aquilo que eu considere manchas ele não considere? E não é bastante provável que ele tenha mais razão do que eu? Estou convicto de que o olho do artista é, em geral, muito mais penetrante do que o mais penetrante de seus apreciadores. Em vinte objeções que estes lhe opuserem, o artista lembrar-se-á certamente de dezenove que, no curso do trabalho, ele próprio já se opusera e também a si próprio respondera.

No entanto, não ficará descontente por ouvi-las igualmente de outrem; pois gosta que se ajuíze a sua obra; banal ou meticuloso, destro ou canhestro, benigno ou maligno, tudo tem para ele o mesmo valor; e o mais banal, canhestro e maligno juízo lhe é preferível à fria admiração. Aquele, saberá como transformar de uma ou de outra maneira em seu proveito próprio, mas o que fará desta? Não desejaria, talvez, menosprezar a boa e honesta gente que o considera algo tão extraordinário; e, não obstante, vê-se obrigado a encolher os ombros e, por orgulho, preferiria dez vezes mais ser objeto de uma censura imerecida do que de um louvor imerecido.

Septuagésima Quarta Parte

15 de janeiro de 1768

Vejamos os fatos. Principalmente sobre o caráter de Ricardo, eu gostaria de obter esclarecimentos do poeta.

Aristóteles tê-lo-ia simplesmente desaprovado; é verdade que eu me haveria logo com o prestígio de Aristóteles, se apenas soubesse haver-me também com os seus argumentos.

A tragédia, considera ele, deve suscitar compaixão e terror: e daí deduz que o herói não pode ser nem um homem totalmente virtuoso, nem um completo celerado. Pois, nem com a desventura de um, nem com a de outro, poder-se-ia alcançar tal objetivo.

Se admito isso, *Ricardo III* é uma tragédia que falhou em seu escopo. Se não o admito, já não sei o que é uma tragédia.

Isso porque Ricardo III, assim como o sr. Weisse o pintou, é incontestavelmente o maior, o mais horrendo monstro que o palco jamais suportou. Digo o palco; que a terra o tenha realmente suportado, disso eu duvido.

Que espécie de compaixão poderá despertar a destruição desse monstro? Contudo, isso de fato não lhe incumbe; não foi a intenção do poeta; em sua obra há outras personagens que ele criou para objeto de nossa compaixão.

Mas o terror? Não deveria esse monstro, que encheu o abismo existente entre ele e o trono exclusivamente com os cadáveres dos entes que lhe deveriam ser os mais queridos do mundo; não deveria esse demônio sanguinário, que se vangloria de sua sede de sangue e se compraz em seus crimes, suscitar o terror na mais alta medida?

Ele certamente suscita terror, se por terror cumpre entender o estarrecimento diante de crimes inconcebíveis, o horror em face de monstruosidades que ultrapassam nossa compreensão, se cumpre entender o arrepio de pavor que nos acomete ao percebermos atrocidades deliberadas perpetradas com prazer. Desse terror *Ricardo iii* encheu-me as medidas.

Mas semelhante terror é tão pouco um dos desígnios da tragédia, que os poetas antigos procuravam antes minorá-lo de todas as maneiras sempre que as suas personagens deviam cometer um grande crime. Preferiam lançar a culpa sobre o destino, converter o crime no decreto de vingativa divindade, transformar o homem livre em máquina, a permitir que se nos comunicasse a horrível ideia de que o ser humano é, por natureza, capaz de tamanha perversão.

Entre os franceses, Crebillon traz o apodo de "o Terrível". Receio que seja bem mais por causa desse terror inadequado à tragédia do que por causa do autêntico, que o Filósofo consigna à essência da tragédia.

E a este último não se deveria sequer chamar de terror. O termo empregado por Aristóteles significa medo: a tragédia, diz ele, deve excitar compaixão e medo; e não compaixão e terror. É verdade que o terror constitui uma espécie de medo. É um medo súbito, surpreendente. Mas exatamente esse caráter subitâneo, surpreendente, que o seu conceito encerra, mostra claramente que aqueles aos quais é atribuída aqui a introdução da palavra "terror", em vez da palavra "medo", não perceberam a que medo se referia Aristóteles. Talvez não volte tão logo ao assunto. Seja-me, pois, permitida uma pequena digressão[12].

"A compaixão", diz Aristóteles, "requer alguém que sofre imerecidamente; o medo requer um nosso semelhante. O perverso não é nem um nem outro; por conseguinte, a sua desgraça tampouco pode suscitar uma ou outra coisa"[a].

Esse medo, digo eu, é que os comentadores e tradutores mais recentes denominam terror e, graças a semelhante troca de vocábulos, logram imputar ao filósofo os mais estranhos negócios do mundo.

"Não foi possível", declara um entre muitos[b,13], "chegar à unanimidade sobre a interpretação do terror; e, de fato, ela contém em algum sentido um elo a mais, que lhe contraria a generalidade e a restringe em demasia. Se Aristóteles entendia pelo adjunto 'nosso semelhante' tão só a semelhança da humanidade, porque o espectador e a personagem são ambos seres humanos, ainda que entre o caráter, a dignidade e a posição deles haja infinita diferença, então o adjunto era supérfluo, pois era evidente por si. Mas se era de opinião de que só personagens virtuosas ou as que arcavam tão somente com uma falta perdoável podiam provocar terror, nesse caso não estava certo, pois a razão e a experiência se lhe opõem. O terror nos advém, sem dúvida, de um sentimento de humanidade, pois todo homem lhe está sujeito e todo homem se abala, em virtude dessa emoção, com o infortúnio de outro homem. É bem possível que ocorra a alguém negar tal fato quanto a si próprio; isso, entretanto, em vez de uma objeção, redundaria sempre em uma denegação de seus sentimentos naturais e, portanto, em pura fanfarrice, à base de princípios pervertidos. Se

---

12 Ver A Aventura de Hamburgo, supra, p. 577.

a No capítulo 13, da Arte Poética (L.).

b O sr. S., no prefácio ao seu Teatro Cômico, p. 35 (L.).

13 A obra citada por Lessing apareceu anônima, em 1759. O autor é Christian Ernst Schenk.

DRAMATURGIA DE HAMBURGO 603

acontece, portanto, que mesmo uma pessoa viciosa, para a qual precisamente voltamos nossa atenção, é atingida inopinadamente por um acaso adverso, perdemos então de vista o vicioso e vemos apenas o homem. O espetáculo da miséria humana em geral nos entristece e o repentino triste sentimento, que então experimentamos, constitui o terror."

Inteiramente justo: apenas não no justo lugar! Pois o que diz isso contra Aristóteles? Nada. Aristóteles não pensa neste terror, quando fala do medo, no qual só o infortúnio de nosso semelhante nos poderia colocar. Este terror, que nos assalta pela imprevista percepção de um sofrimento em vias de acontecer a outrem, é um terror compassivo e já compreendido na compaixão. Aristóteles não diria compaixão e medo se, por medo, não entendesse nada mais que uma simples modificação de compaixão.

"A compaixão", escreve o autor da *Carta Sobre os Sentimentos*[c,14], "é um sentimento mesclado, composto do amor a um objeto e do desgosto por sua desventura. Os movimentos pelos quais a compaixão se dá a conhecer diferenciam-se tanto dos simples sintomas do amor quanto do desgosto, dos quais a compaixão constitui uma manifestação. Mas quão variada pode ser essa manifestação! Basta mudar, na desgraça deplorada, só a determinação do tempo e a compaixão apresentar-se-á através de características inteiramente diversas. Com Electra, que chora sobre a urna do irmão, experimentamos compassiva aflição, pois ela considera a infelicidade como acontecida e lamenta a perda já ocorrida. O que sentimos diante das dores de Filoctetes é igualmente compaixão, mas de natureza algo diferente; pois o tormento que esse homem virtuoso deve padecer é atual e o assalta perante os nossos olhos. Quando, porém, Édipo se enche de horror, ao se desfazer o grande segredo; quando Monima se assusta, ao ver o enciumado Mitridates empalidecer; quando

c *Escritos Filosóficos do Senhor Moisés Mendelssohn*, segunda parte, p. 4 (L.).

14 Moisés Mendelssohn, filósofo da Ilustração, amigo de Lessing. Viveu de 1729 a 1786. A correspondência entre os dois é de grande importância.

a virtuosa Desdêmona sente receio, ao ouvir Otelo, em geral tão terno, falar-lhe ameaçadoramente, o que experimentamos então[15]? Ainda sempre compaixão! Mas compassivo pavor, compassivo medo, compassivo terror. Os movimentos são variados, apenas a essência dos sentimentos é, em todos esses casos, da mesma espécie. Pois, estando cada amor unido à disposição de nos colocar no lugar do amado, devemos partilhar com a pessoa amada todas as espécies de sofrimentos, o que é denominado muito enfaticamente de compaixão. Por que não podem nascer da compaixão também o medo, o terror, a ira, o ciúme, a vingança e, em geral, todas as espécies de sentimentos desagradáveis, sem exceção mesmo da inveja? Vemos por aí como é inepta a maioria dos críticos, ao dividir as paixões trágicas em terror e compaixão! Terror e compaixão! Então o terror teatral não seria compadecimento? Por quem se assusta o espectador, quando Mérope ergue o punhal contra o próprio filho? Certamente não por si, mas por Egisto, cuja sobrevivência ele tanto deseja, e pela rainha traída, que o considera o assassino do filho dela. Contudo, se quisermos chamar de compaixão apenas o desgosto pelo infortúnio presente de outrem, precisamos distinguir da compaixão propriamente dita não só o terror, porém todas as demais paixões que nos são comunicadas por outrem."

Septuagésima Quinta Parte

19 de janeiro de 1768

Esses pensamentos são tão justos, tão claros, tão evidentes que, segundo nos parece, qualquer pessoa poderia e deveria tê-los tido. Entretanto, não quero atribuir falsamente as agudas observações do filósofo moderno ao antigo; conheço muito bem os méritos daquele na doutrina dos sentimentos mistos; a ele somente devemos a verdadeira teoria sobre esses sentimentos.

---

15 Electra, Filoctetes, Édipo – personagens de Sófocles; Monima – personagem de *Mithridates*, de Racine; Desdêmona, Otelo – personagens de Shakespeare.

DRAMATURGIA DE HAMBURGO

Mas o que ele expôs tão acertadamente, Aristóteles, por sua vez, pode ter percebido mais ou menos no todo: pelo menos é incontestável que Aristóteles ou deve ter acreditado que a tragédia não pode nem deve despertar nada senão a compaixão propriamente dita, nada senão o desprazer pela desventura atual de outrem, o que dificilmente se lhe pode imputar; ou compreendia sob o termo compaixão todas as paixões em geral que nos são comunicadas por outrem.

Isso porque ele, Aristóteles, não foi por certo quem efetuou a divisão, justamente censurada, das paixões trágicas em compaixão e terror. Ele foi mal entendido, mal traduzido. Fala de compaixão e medo, e não de compaixão e terror; o medo, nele, não é de modo algum o medo que o mal iminente de outrem desperta por esse outrem, porém o medo por nós próprios, que brota de nossa semelhança com a personagem sofredora; é o medo de que as calamidades a ela destinadas nos possam atingir a nós mesmos; é o medo de que nós próprios possamos tornar-nos o objeto compadecido. Numa palavra: esse medo é a compaixão referida a nós mesmos.

Aristóteles quer sempre ser explicado a partir de si mesmo. A quem pretenda fornecer-nos sobre a sua *Arte Poética* um novo comentário, que ultrapasse de muito o de Dacier, a este aconselho, antes de mais nada, ler as obras do filósofo do começo ao fim[16]. Ele encontrará esclarecimentos para a *Arte Poética* em passagens onde menos espera; em especial, cumpre-lhe estudar os livros de retórica e moral. Dever-se-ia pensar, na verdade, que os Escolásticos, que conheciam os escritos aristotélicos na ponta dos dedos, haveriam de ter descoberto, há muito, tais esclarecimentos. Contudo, dentre as obras de Aristóteles, foi exatamente a *Arte Poética* a que menos lhes importou. Ao mesmo tempo, careciam de outros conhecimentos, sem os quais estas explicações não poderiam ao menos fazer-se fecundas; não conheciam o teatro nem as suas obras-primas.

16 André Dacier (1651-1722), filólogo francês, traduziu e comentou a *Arte Poética* de Aristóteles.

A autêntica interpretação desse medo, que Aristóteles acrescenta à compaixão trágica, encontra-se nos quinto e oitavo capítulos do segundo livro de sua *Retórica*. Não era nada difícil lembrar-se desses capítulos. No entanto, nenhum de seus comentadores se lembrou deles, nenhum pelo menos fez deles o uso que era possível fazer. Pois também os que perceberam, sem eles, que esse medo não é o terror compassivo, teriam importante lição a aprender daí: ou seja, a causa pela qual o Estagirita associou aqui à compaixão o medo, e por que o medo, e por que nenhuma outra paixão e por que não várias paixões? Dessa causa, nada sabem, e eu gostaria muito de ouvir o que iriam sacar de suas cabeças para responder, se alguém lhes perguntasse: por que, por exemplo, não pode nem deve a tragédia suscitar compaixão e admiração, tal como suscita compaixão e medo?

Mas tudo se baseia no conceito que Aristóteles formava da compaixão. Com efeito, acredita ele que o mal, que deve tornar-se objeto de nossa compaixão, tem, necessariamente, de ser de tal quantidade que devamos temê-lo igualmente em relação a nós ou a alguém dos nossos. Onde não existe tal medo, tampouco ocorrerá a compaixão. Pois nem aquele a quem a desventura abateu tanto que nada mais receia no tocante a si mesmo, nem aquele que se julga tão completamente feliz que não concebe por onde uma desgraça possa golpeá-lo, nem o desesperado nem o presunçoso costumam sentir compaixão pelo próximo. Por conseguinte, Aristóteles também explica o temível e o compassível um pelo outro. É-nos temível, diz ele, tudo o que, se tivesse acontecido a outro, ou devesse acontecer, despertaria a nossa compaixão[d,17]: e consideramos digno de compaixão tudo o que temeríamos, se nos ameaçasse a nós próprios. Não basta, portanto, que o infeliz, pelo qual devemos sentir compaixão, não

---

d Não sei o que passou pela cabeça de Aemilius Portus (em sua edição da *Retórica*, Spirae, 1598) para traduzir isso por: Denique ut simpliciter loquar, formidabilia sunt, quaecumque simulac in aliorum potestatem venerunt, vel ventura sunt, miseranda sunt. Isso só pode significar: quaecvmque simulac aliis evenerunt, rei eventura sunt (L.).

17 Denique ut...: sentido da tradução de Portus: "Terrível é o que suscita compaixão, quando cai ou ameaça cair no poder de outros."

DRAMATURGIA DE HAMBURGO 607

mereça a sua desventura por mais que a tenha de algum modo atraído por qualquer debilidade; a sua atormentada inocência ou, mais ainda, a sua culpa paga com demasiada dureza ficam perdidas para nós, ficam incapacitadas de excitar nossa compaixão quando não vislumbramos a menor possibilidade de que os seus sofrimentos também a nós possam atingir. Porém, segundo Aristóteles, essa possibilidade surge e pode alcançar grande verossimilhança quando o poeta não torna o infortunado pior do que nós costumamos ser, quando o deixa pensar e agir exatamente como nós, em suas condições, teríamos pensado e agido, ou ao menos julgamos que iríamos pensar e agir; em suma, quando ele no-lo pinta com o nosso feitio e estofo. Dessa similitude, origina-se, segundo Aristóteles, o medo de que o nosso destino possa vir a ser facilmente tão similar ao do infeliz quanto nós mesmos nos sentimos semelhantes a ele: e seria esse o medo que leva à compaixão, por assim dizer, ao amadurecimento.

Assim pensou Aristóteles da compaixão, e só assim se faz compreensível a verdadeira razão pela qual, na explicação da tragédia, ao lado da compaixão, menciona unicamente esse medo. Não como se este fosse aqui uma paixão particular, independente da compaixão, que pode ser suscitada ora com ora sem a compaixão, assim como a compaixão pode sê-lo com ou sem o medo – o que foi a falha interpretação de Corneille –, mas porque, segundo a sua explicação da compaixão, esta encerra necessariamente o medo; porquanto nada provoca a nossa compaixão que não possa ao mesmo tempo provocar o nosso medo.

Corneille já havia escrito todas as suas peças quando se pôs a comentar a *Arte Poética* de Aristóteles[e]. Trabalhara cinquenta anos para o teatro: e, após tal experiência, poderia indiscutivelmente dizer-nos coisas excelentes sobre o velho código dramático se, durante o trabalho, também o consultasse mais assiduamente.

---

e "Je hazarderai quelque chose sur cinquante ans de travail pour la scène", declara ele em sua dissertação sobre o drama. Sua primeira peça, *Mélite*, era de 1625 e a última, *Suréna*, de 1675; o que perfaz exatamente cinquenta anos, sendo certo que, nas interpretações de Aristóteles, ele poderia ter e tinha em mira todas as suas próprias peças.

608 LESSING: DRAMATURGIA DE HAMBURGO

Todavia, só parece tê-lo feito, quando muito, com vistas às regras mecânicas da arte. Nas mais essenciais, não se incomoda com ele e quando por fim verifica tê-lo infringido e, contudo, não o quer admitir, procura safar-se por meio de glosas e faz o seu suposto mestre declarar coisas das quais este, visivelmente, jamais cogitou.

Corneille pôs em cena mártires e os descreveu como pessoas perfeitas e impecáveis; representou os mais abomináveis monstros em Prúsias, em Focas, em Cleópatra[18] e, acerca de ambos os espécimes, Aristóteles declara serem eles inconvenientes para a tragédia, pois ambos não podem despertar nem compaixão nem medo. A isso, o que responde Corneille? Como procede ele com essa contradição, de modo que nem o seu próprio prestígio nem o de Aristóteles sofram dano? "Oh", diz ele, "no que tange a Aristóteles, é fácil dar um jeito[f]. Precisamos apenas admitir que ele não quisesse sustentar que ambos os recursos, tanto o medo como a compaixão, sejam concomitantemente necessários para produzir a purgação das paixões, o que ele constitui na finalidade última da tragédia, porém que, na sua opinião, um só desses recursos bastaria. Podemos corroborar essa explicação, prossegue, com o próprio Aristóteles, quando ponderamos devidamente as razões que apresenta a fim de excluir os eventos que reprova na tragédia. Nunca declara que este ou aquele acontecimento não se presta à tragédia por despertar unicamente compaixão e nenhum medo; ou que este outro é nela intolerável, porque desperta unicamente medo, sem despertar compaixão. Não; mas ele os exclui, porque, como diz, não produzem nem compaixão nem medo, dando-nos destarte a conhecer que não lhe agradaram por carecerem tanto de uma como de outra coisa e que não lhes recusaria o seu aplauso, se suscitassem tão somente uma dentre as duas."

---

18 Prúsias, personagem de *Nicomède*; Focas, de *Heraclius*; Cleópatra, de *Rodogune* – peças de Corneille.

f "Il est aisé de nous accomoder a Aristote etc."

Septuagésima Sexta Parte

22 de janeiro de 1768

Mas isso é inteiramente falso! Não consigo sair de meu espanto, ao ver como Dacier, de outro modo bastante atento para as distorções que Corneille procurava praticar em proveito próprio no texto de Aristóteles, pôde passar por cima desta maior de todas. Na verdade, como poderia deixar de fazê-lo, já que nunca lhe ocorreu consultar a explicação dada pelo filósofo à compaixão? Como foi dito, o que Corneille imagina é absolutamente falso. Aristóteles não poderia pensar tal coisa, ou então se deveria crer que pudesse esquecer sua própria interpretação, se deveria crer que pudesse contradizer-se da maneira mais palpável. Se, conforme o seu ensinamento, nenhum mal de outrem, que não temamos para nós próprios, desperta a nossa compaixão, nesse caso ele não pode satisfazer-se com nenhuma ação na tragédia que só engendre compaixão e nenhum medo; pois considera o próprio fato impossível, semelhantes ações não existem para ele; ao contrário, tão logo sejam capazes de suscitar a nossa compaixão, acredita Aristóteles, também devem suscitar medo em nós, ou, mais ainda, só através desse medo despertam elas compaixão. Menos concebível ainda era-lhe a ação de uma tragédia que fosse capaz de despertar medo em nós, sem despertar, ao mesmo tempo, a nossa compaixão: pois estava convencido de que tudo quanto nos desperta medo, quanto a nós mesmos, deveria, outrossim, despertar nossa compaixão, desde que percebêssemos outros ameaçados ou atingidos por semelhante ação; e é precisamente o caso da tragédia, onde vemos todos os males que receamos acontecer não a nós, mas a outros.

É verdade que, ao falar das ações que não se adéquam à tragédia, Aristóteles serve-se diversas vezes da expressão de que não suscitam *nem* compaixão *nem* medo. Mas tanto pior se Corneille se deixa induzir em erro por esse nem nem. Essas partículas disjuntivas nem sempre implicam o que ele as faz implicar. Pois quando negamos por esse intermédio dois ou mais predicados de uma coisa, importa saber então se estes predicados são separáveis um do outro na natureza, assim como pudemos separá-los na abstração, e através da expressão simbólica, se a coisa, apesar de tudo, há de subsistir, embora lhe falte um desses predicados. Quando, por exemplo, dizemos de uma mulher que ela não é nem bonita nem espirituosa, queremos sem dúvida dizer que ficaríamos satisfeitos se ela fosse apenas uma das duas coisas; pois espírito e beleza são separáveis não só no pensamento, mas estão na realidade separados. Mas quando declaramos: "Este homem não crê nem no céu nem no inferno", queremos dizer, também com isso, que ficaríamos satisfeitos se ele acreditasse em um dos dois, se acreditasse só no céu sem o inferno, ou só no inferno sem o céu? Certamente não. Pois quem acredita em um deve necessariamente crer no outro também; céu e inferno, castigo e recompensa são correlativos; existindo um, o outro também existe. Ou, para colher o meu exemplo em uma arte aparentada, quando dizemos que um quadro não presta, pois não têm nem desenho nem colorido, queremos com isso expressar que um bom quadro pode contentar-se com um dos dois? Isso é claro.

O que sucederia, entretanto, se a explicação dada por Aristóteles acerca do compadecer-se fosse falsa? O que sucederia se também pudéssemos sentir compaixão em relação a males e desditas pelas quais não temos razão nenhuma de nos preocupar quanto a nós próprios?

É verdade, não há necessidade de nosso medo para sentirmos desprazer devido ao mal físico de um objeto que amamos. Este desprazer surge da simples ideia da sua imperfeição, assim como o nosso amor nasce da ideia das suas perfeições; e da confluência deste prazer e desprazer brota o sentimento misto que denominamos compaixão.

Todavia, ainda assim, não creio que se deva necessariamente abandonar a causa de Aristóteles.

Isso porque, embora possamos, sem medo por nós próprios, sentir compaixão por outrem, é incontestável que a nossa compaixão, quando se lhe acrescenta esse medo, torna-se bem mais viva, mais forte e mais aguda do que sem ele. E o que nos impede de supor que o sentimento misto em face do mal físico de um objeto amado, só pela associação do medo por nossa pessoa, atinja o grau de intensidade em que merece denominar-se afeto?

Aristóteles era realmente dessa opinião. Considera a compaixão não conforme aos seus primeiros movimentos, mas somente como afeto. Sem desconhecê-los, recusa à mera fagulha o nome de chama. Aos sentimentos compassivos, despidos de medo por nós mesmos, denomina filantropia: e só aos sentimentos mais intensos dessa espécie, na medida em que se ligam ao medo por nós mesmos, dá ele o nome de compaixão. Assim afirma, na verdade, que o infortúnio de um celerado não desperta nem a nossa compaixão nem o nosso medo, mas, nem por isso, recusa-lhe qualquer enternecimento. Mesmo o celerado continua sendo uma criatura humana, continua sendo um ente que, a despeito de todos os seus defeitos morais, conserva suficientes perfeições para não almejarmos a sua destruição, o seu aniquilamento, e para sentirmos nesse caso algo semelhante à compaixão, ou seja, os elementos desta. Mas, como já foi dito, a esse sentimento parecido à compaixão ele não denomina compaixão, porém filantropia. "Não se deve permitir", diz Aristóteles, "que nenhum celerado chegue, da condição infeliz, à feliz; pois isso é o menos trágico que possa ocorrer; não tem nada do que deveria ter; não desperta nem filantropia, nem compaixão, nem medo. Tampouco deve ser completo celerado quem descamba da condição venturada para a desventurada, pois semelhante evento, conquanto possa suscitar filantropia, de modo algum é capaz de suscitar compaixão ou medo." Não conheço nada mais árido e mais inepto do que as traduções habituais dessa palavra filantropia. Apresentam, cumpre dizer, o seu adjetivo em latim por *hominibus gratum*; em francês por *ce que peut faire quelque plaisir* e, em alemão, por *was Vergnügen machen kann*. Só Goulston, pelo que sei, parece não ter

612 LESSING: DRAMATURGIA DE HAMBURGO

faltado ao sentido do filósofo, traduzindo *philánthropon* por *quod humanitatis sensu tangat*[19]. Pois, sem dúvida, é preciso compreender, por esta filantropia, a que faz jus a desdita mesmo de um celerado, não o júbilo pelo merecido castigo deste, porém a sensação simpática de humanidade, a qual, apesar da ideia de que o sofrimento dele é inteiramente merecido, brota dentro de nós, em seu favor, à vista dos tormentos. O Senhor Curtius quer na verdade restringir estas emoções compassivas em prol de um infeliz celerado a determinada espécie dos males que lhe sobrevêm[20]. "Tais incidentes do vicioso", diz ele, "que não provocam em nós nem terror nem compaixão, devem decorrer de seu vício, pois se o atingem acidentalmente, ou mesmo sem culpa alguma de sua parte, então ele conserva no coração do espectador as prerrogativas da humanidade, a qual não nega a sua compaixão sequer a um ímpio que sofre inocentemente." Mas, ao que parece, ele não ponderou esse fato de modo suficiente. Pois, ainda quando a desgraça que assalta o perverso é uma consequência imediata de seu crime, não podemos impedir-nos, à vista dessa desgraça, de com ele sofrer.

"Vede esta multidão", diz o autor da *Carta Sobre os Sentimentos*, "que se comprime em compacta massa ao redor de um condenado. Todos vieram a saber de todos os horrores perpetrados pelo vicioso; execraram a sua conduta e talvez a ele próprio. Agora, é arrastado, desfigurado e inane, ao atroz cadafalso. A gente abre passagem pelo torvelinho, põe-se na ponta dos pés, sobre os telhados, a fim de observar a expressão da morte desfigurando-lhe a face. O veredicto está pronunciado; o carrasco se aproxima; num instante o seu destino ficará selado. Quão ardentemente almejam agora todos os corações que se lhe perdoe! A ele? o objeto da abominação deles, que há pouco eles próprios teriam condenado à morte? Por que agora torna a irromper neles

19 Theodor Goulston (1572-1632), médico inglês; publicou, em 1623, *Aristotelis de Poetica liber Latine conversos et analytico methodo illustratus*.

20 Michael Conrad Curtius (1724-1802), teólogo alemão; traduziu e comentou a *Arte Poética* de Aristóteles.

um raio de amor aos homens? Não será a aproximação do castigo, a visão do mais terrível mal físico, que nos reconciliam até com um perverso e lhe granjeiam o nosso amor? Sem amor seria impossível que nos compadecêssemos com o seu destino."

É exatamente esse amor, digo eu, que em nenhuma circunstância podemos perder inteiramente para com o nosso próximo, que, sob a cinza, com a qual outros sentimentos mais fortes o cobrem, continua a sopitar inextinguível e como se esperasse apenas uma lufada propícia de infortúnio, dor e perdição, para irromper numa labareda de compaixão, exatamente esse amor é que Aristóteles designa sob o nome de filantropia. Temos razão quando a apreendemos também pelo nome de compaixão. Mas a Aristóteles tampouco faltava razão, ao atribuir-lhe uma denominação própria, a fim de, como já foi dito, diferenciá-la do mais alto grau dos sentimentos compassivos, em que estes, através do aditamento de um provável medo por nós próprios, se convertem em afeto.

Septuagésima Sétima Parte

26 de janeiro de 1768

Cumpre ainda antecipar-se a uma objeção. Se Aristóteles esposava semelhante conceito do afeto da compaixão, de que o mesmo havia de estar necessariamente ligado ao medo por nós mesmos, por que precisava mencionar ainda, especificamente, o medo? O vocábulo compaixão já o continha, e bastaria que dissesse apenas: a tragédia deve provocar a purgação de nossa paixão mediante a excitação da compaixão. Pois o medo adicionado já não diz nada e torna, além disso, o que deverá dizer, vacilante e incerto.

Eu respondo: se Aristóteles nos quisesse ensinar tão somente quais paixões a tragédia pode e deve suscitar, poderia, sem dúvida, poupar-se esse medo acrescentado e por certo se teria realmente poupado; pois nunca houve filósofo que mais poupasse palavras do que ele. Mas Aristóteles nos queria ensinar ao mesmo tempo quais as paixões, através daquelas excitadas na tragédia, deviam ser em nós purificadas; e com esse intuito precisou lembrar o medo, em particular. Pois, embora, segundo ele, o afeto da compaixão não possa existir, nem dentro nem fora do teatro, sem o medo por nós próprios, embora seja ingrediente indispensável da compaixão, isso, todavia, não vale inversamente, e a compaixão por outrem não é ingrediente do medo por nós próprios. Tão logo termina a tragédia, cessa também a nossa compaixão, nada restando em nós de todas as emoções experimentadas, exceto o provável medo que a desventura provocou para com nós mesmos. Este medo nós o levamos conosco; e como ele, na qualidade de ingrediente da compaixão, ajudou a purificá-la, assim ajuda também, na qualidade de uma paixão por si subsistente, a purificar-se a si própria. Consequentemente, para indicar que pode fazê-lo, e realmente o faz, considera Aristóteles necessário lembrar o medo em particular.

É incontestável que Aristóteles não pretendia, em geral, dar uma definição rigorosamente lógica da tragédia. Pois, sem se limitar às propriedades essenciais desta, introduziu diversas meramente contingentes, porque o uso de então as requeria. Entretanto, estas deduzidas, e reduzidas às outras características umas às outras, resta uma explicação perfeitamente exata: a de que a tragédia é, em suma, um poema que excita compaixão. De conformidade com a sua classe, é imitação de uma ação, da mesma forma como a epopeia e a comédia; mas, de conformidade com o seu gênero, é imitação de uma ação digna de compaixão. Destes dois conceitos, é possível derivar inteiramente todas as suas regras e mesmo a sua forma dramática pode ser daí determinada.

Deste último ponto, caberia talvez duvidar. Pelo menos não sei nomear um só crítico de arte a quem ocorresse tentá-lo. Todos aceitam a forma dramática da tragédia como algo tradicional, que é assim porque é assim e que se deixa assim porque se considera bom. Só Aristóteles elucidou-lhe a causa, mas em sua explicação

DRAMATURGIA DE HAMBURGO

esta se apresenta mais subentendida do que claramente indicada. "A tragédia", afirma ele, "é a imitação de uma ação, a qual, não por meio da narração, mas da 'compaixão' e do 'medo', produz a purgação dessas e semelhantes paixões"[21]. É assim que ele se expressa palavra por palavra. A quem não desconcertaria aqui a estranha antítese, "não por meio da narração, mas por meio da compaixão e do medo"? Compaixão e medo constituem os meios a que a tragédia recorre a fim de alcançar o seu intento; e a narração só pode referir-se ao modo de alguém servir-se ou não destes meios. Aristóteles não parece efetuar aqui um salto? Não parece faltar aqui manifestamente a verdadeira antítese da narrativa, que é precisamente a forma dramática? Mas como procedem os tradutores em face dessa lacuna? Um contorna-a com grande cautela, e outro a preenche, mas apenas com palavras. Todos veem aí somente uma negligente construção verbal, à qual não se julgam obrigados a ater-se, desde que forneçam o sentido dado pelo filósofo. Dacier traduz: *d'une action – qui, sans le secours de la narration, par le moyen de la compassion et de la terreur* etc.; e Curtius: "uma ação que, não por meio da narração do poeta, mas (pela representação da própria ação) por meio do terror e da compaixão, nos purifica das falhas das paixões representadas". Oh, muito certo! Ambos dizem o que Aristóteles pretende dizer, só não o dizem como ele o diz. Todavia, esse "como" também importa, pois, na realidade, não se trata apenas de uma construção verbal negligente. Em resumo, a coisa é a seguinte: Aristóteles observava que a compaixão exige necessariamente um mal presente, e que, por um mal há muito decorrido ou que se anuncia em futuro longínquo, ou não podemos compadecer-nos absolutamente, ou então o fazemos muito menos fortemente do que pelo mal presente; que, portanto, é mister imitar a ação, através da qual desejamos despertar compaixão, não como passada, isto é, não na

---

21 Lessing segue aqui uma versão então habitual. Segundo versões mais recentes, o texto reza o seguinte: "não de forma narrativa e sim mediante personagens atuantes" Lessing viu perfeitamente a incoerência da versão de então, mas ele a interpreta como abreviação de Aristóteles.

forma narrada, porém como atual, isto é, na forma dramática. E só o fato de a nossa compaixão ser pouco ou nada desperta pela narração, mas quase tão somente pela visão presente, só isso o autorizou a colocar na explicação, em vez da forma da coisa, a própria coisa, pois esta coisa só é suscitada por esta única forma. Se julgasse possível que também a narração pudesse despertar a nossa compaixão, nesse caso, constituiria um salto muito falho, se ele houvesse dito "não pela narração, mas pela compaixão e pelo medo". Visto, porém, estar convencido de que só à forma dramática é dado produzir compaixão e medo na imitação, podia permitir-se semelhante salto, em prol da concisão.

No que concerne, por último, ao fim moral que Aristóteles atribui à tragédia, e que acredita dever incluir na explicação da mesma, é conhecido o quanto se discutiu sobre isso, particularmente nos tempos mais modernos. Ouso, entretanto, apontar que todos aqueles que se declararam contra esse fim não entenderam Aristóteles. Todos eles lhe interpolaram os seus próprios pensamentos antes que soubessem quais eram os dele. Denegam quimeras que eles próprios elaboraram e imaginam refutar incontestavelmente o Filósofo só porque desfazem as próprias elucubrações. Não posso me abandonar aqui a uma discussão mais pormenorizada do assunto. Para que não dê a impressão, no entanto, de estar falando inteiramente sem prova, desejo fazer duas observações.

1. Eles fazem Aristóteles dizer "que a tragédia deve purificar-nos, por meio do terror e da compaixão, dos defeitos das paixões representadas". Das representadas? Quando o herói, por curiosidade, ou ambição, ou amor, ou ira, se torna infeliz, é então a nossa curiosidade, a nossa ambição, o nosso amor, ou a nossa ira que a tragédia deve purificar? Isso jamais ocorreu a Aristóteles. E assim esses senhores podem querelar à vontade; a imaginação deles transforma moinhos de vento em gigantes; precipitam-se sobre estes, na esperança certa de vitória, e não prestam ouvidos a nenhum Sancho, que nada tem exceto bom senso e que, seguindo-os com seu cavalo mais prudente, adverte-os

no sentido de que abram bem os olhos: *tôn toiúton pathemáton*, diz Aristóteles, e isso não significa "das paixões representadas", mas deviam traduzi-lo por "dessas e semelhantes" ou "das paixões despertadas". O *toiúton* relaciona-se apenas à compaixão e ao medo antes mencionado; a tragédia deve suscitar nossa compaixão e nosso medo, tão somente a fim de purgar essas e semelhantes paixões, mas não todas as paixões indistintamente. Ele diz, porém, *toiúton* e não *túton*; ele diz "dessas e semelhantes"; e não apenas "dessas", para indicar que entende por compaixão não só a compaixão propriamente dita, como em geral todos os sentimentos filantrópicos, do mesmo modo que por medo entende não só a aversão a um mal iminente em relação a nós, mas também todo o desprazer a ele vinculado, tanto o desprazer do tormento presente quanto o desprazer do mal, da aflição e dos tormentos passados. Em todo esse âmbito, cumpre à compaixão e ao medo, que a tragédia engendra, purgar nossa compaixão e nosso medo, mas purgar só essas e nenhuma outra paixão. Na verdade, é possível encontrar na tragédia também lições e exemplos úteis para a purificação de outras paixões; mas estes não constituem a sua meta peculiar; estes, ela os tem em comum com a epopeia, na medida em que é um poema a imitação de uma ação em geral, não, porém, na medida em que é tragédia a imitação de uma ação compassível em particular. Todos os gêneros de poesia nos devem melhorar; é deplorável quando se faz mister demonstrá-lo; todavia, mais deplorável ainda é quando há poetas que até disso duvidam. Mas todos os gêneros não podem melhorar tudo; pelo menos não uma coisa tão bem quanto a outra; mas o que cada um pode fazer, da forma mais perfeita, sem que aí nenhum outro gênero se lhe possa equiparar, isso somente constitui sua meta essencial[22].

---

22 Que a poesia deva melhorar-nos era manifesto para a maioria dos expoentes da Ilustração. Para Lessing, era inconcebível uma arte que não tivesse uma função moral e social, por mais mediana que fosse. Embora atribuísse à arte função mesmo didática, não pensava propriamente numa meta "moralizante", mas num efeito mais indireto: na intensificação da consciência da realidade própria do apreciador. Numa carta expõe que as excitações estéticas fazem com que nos tornemos conscientes "de um grau maior ▶

618 LESSING: DRAMATURGIA DE HAMBURGO

Septuagésima Oitava Parte

29 de janeiro de 1768

2. Como os adversários de Aristóteles não levaram em conta quais realmente as paixões que ele desejava ver purificadas em nós através da compaixão e do medo trágicos, era natural que também tivessem de se enganar com respeito à própria purificação. Aristóteles promete, ao fim de sua *Política*, onde fala da purgação das paixões pela música, tratar mais circunstanciadamente desta purgação em sua *Arte Poética*. "Mas visto que", diz Corneille, "aí nada se encontra desta matéria, ocorreu à maioria de seus comentadores que ela não nos chegou completa." Nada se encontra? De minha parte, já no que restou de sua *Arte Poética*, seja muito ou pouco, creio encontrar tudo quanto o Estagirita poderia julgar necessário dizer sobre o assunto a alguém que não ignora totalmente a sua filosofia. O próprio Corneille notou uma passagem que, a seu ver, pode proporcionar-nos luz suficiente para desvendar o modo pelo qual se processa, na tragédia, a purificação das paixões: aquela em que Aristóteles declara que "a compaixão requer alguém que sofra imerecidamente e o medo de alguém que seja nosso semelhante". Tal passagem é, de fato, muito importante, só que Corneille faz dela um falso uso, e não poderia proceder de outro modo, porque tem em mente a purgação das paixões em geral. "A compaixão pelo infortúnio", afirma ele, "que vemos assaltar o nosso próximo, desperta em nós o medo de que uma desgraça similar possa atingir-nos; esse medo suscita o anseio de evitá-la; e esse anseio, a aspiração de purificar, conter, melhorar ou até erradicar a paixão pela qual a pessoa, por nós lamentada, atraiu à nossa vista

▷ de nossa realidade". Mesmo Goethe, muito mais propenso a emancipar a arte de toda função exterior a ela, disse: "Uma boa obra de arte pode ter e terá, sem dúvidas, consequências morais, mas exigir fins morais do artista significa estragar-lhe o ofício." Tanto Lessing como Schiller, embora não atribuíssem à obra de arte fins morais imediatos, estavam convencidos de que a obra de arte, em particular o teatro, tem a faculdade de predispor o apreciador a uma forma de vida mais elevada (veja Schiller, *Cartas Sobre a Educação Estética e Escritos Sobre o Teatro*).

o infortúnio; isso porque a razão diz a cada um de nós que é preciso extirpar a causa quando se quer evitar o efeito." Mas esse *raisonnement*, que converte o medo tão somente no instrumento pelo qual a compaixão opera a purificação das paixões, é falso, e é impossível que seja esta a opinião de Aristóteles; pois, consoante isso, a tragédia poderia purgar precisamente todas as paixões, à exceção das duas que Aristóteles quer ver expressamente purgadas por meio dela. Poderia purgar a nossa cólera, a nossa curiosidade, a nossa inveja, a nossa ambição, o nosso ódio e o nosso amor, na medida em que seja esta ou aquela a paixão pela qual a pessoa compadecida atraiu o infortúnio. Só a nossa compaixão e o nosso medo deveria ela deixar não depurados. Pois compaixão e medo são as paixões que, na tragédia, nós sentimos, mas não as personagens atuantes; são as paixões mediante as quais as personagens nos comovem, mas não aquelas mediante as quais atraem sobre si as suas desventuras. Pode haver uma peça em que ambas as coisas sucedam; disso sei muito bem. No entanto, não conheço semelhante peça: isto é, uma peça em que a personagem compadecida caia na desgraça por causa de uma compaixão mal compreendida ou de um medo mal compreendido. Todavia, ainda que essa peça fosse a única na qual, como entende Corneille, ocorresse o que Aristóteles desejaria que ocorresse em todas as tragédias, ainda nessa única peça isso não ocorreria da maneira como ele exige. Essa única peça seria como que o ponto onde duas linhas retas convergentes coincidem, para, em toda a infinidade, nunca mais se encontrar. Em tal medida o próprio Dacier não podia faltar ao sentido de Aristóteles. Tinha a obrigação de ficar mais atento às palavras do autor, e estas enunciam, de forma demasiado positiva, que a nossa compaixão e o nosso medo devem ser purificados pela compaixão e pelo medo trágicos. Mas por acreditar, sem dúvida, que seria muito restrita a utilidade da tragédia, caso se limitasse apenas a tanto, é levado, de acordo com a interpretação de Corneille, a atribuir-lhe outrossim a purificação equânime de todas as demais paixões. Ora, como Corneille, de sua parte, negava estas

620 LESSING: DRAMATURGIA DE HAMBURGO

e mostrava em exemplos que constituíam antes um belo pensamento do que algo que habitualmente chega a ser realidade, teve ele de comprometer-se com Dacier nestes próprios exemplos, pelo que se viu metido em tamanho apuro que precisou efetuar as mais violentas distorções e rodeios para sair dele juntamente com o seu Aristóteles. Digo o *seu* Aristóteles, pois o autêntico está muito longe de precisar de tais distorções e rodeios. Este, para repeti-lo mais uma e mais outra vez, não cogitou de quaisquer outras paixões a serem purgadas através da compaixão e do medo trágicos, salvo o nosso próprio medo e compaixão. É-lhe assaz indiferente que a tragédia contribua muito ou pouco para a purgação das demais paixões. Só àquela purificação deveria, pois, ater-se Dacier, mas então teria certamente de vincular-lhe um conceito mais completo. "Não é difícil explicar", diz ele, "como a tragédia desperta compaixão e medo a fim de purificar a compaixão e o medo. Ela os provoca, ao colocar diante dos nossos olhos a infelicidade em que tombaram nossos semelhantes por faltas não deliberadas; e os depura, pondo-nos em contato com essa mesma infelicidade, ensinando-nos por tal meio a não temê-la em demasia, nem a nos comovermos em demasia com ela, caso venha realmente a nos atingir. A tragédia prepara os homens para suportar corajosamente os azares mais adversos e torna os mais miseráveis propensos a se considerarem felizes, ao compararem as suas desditas a outras bem maiores, que ela lhes representa. Pois em que circunstâncias deveria uma pessoa encontrar-se, sem que reconhecesse, à vista de um Édipo, de um Filocteto e de um Orestes, que todos os males que sofre nada são comparativamente com os que estes homens precisam suportar?" Isso, de fato, é verdade; essa interpretação não deve ter causado a Dacier muita dor de cabeça. Ele a encontrou, quase com as mesmas palavras, em certo estoico, que mantinha sempre um olho na apatia[23]. Sem, todavia, objetar-lhe que a sensação de nossa própria miséria não tolera muita compaixão junto

---

23 Dacier cita Marco Aurélio, *Meditação* XI, 6.

DRAMATURGIA DE HAMBURGO

de si, e que, consequentemente, no miserável, cuja compaixão não é suscitável, a purificação ou a minoração de suas aflições mediante a compaixão não poderá lograr êxito, quero aceitar como válido tudo quanto diz. Devo, porém, perguntar: quanto, afinal, disse ele com isso? Terá dito um pouquinho mais do que isso: que a compaixão purga o nosso medo? Certamente não; no entanto, isso mal representaria a quarta parte da exigência de Aristóteles. Pois quando Aristóteles sustenta que a tragédia provoca compaixão e medo a fim de depurar a compaixão e o medo, quem não vê que isso diz mais do que tudo quanto Dacier julgou de bom alvitre explicar? Pois, de acordo com as diversas combinações dos conceitos que aqui se apresentam, quem pretender esgotar inteiramente a ideia de Aristóteles deve mostrar passo a passo: 1. como pode a compaixão trágica purificar, e realmente purificar, a nossa compaixão; 2. o medo trágico, o nosso medo; 3. a compaixão trágica, o nosso medo; e 4. o medo trágico, a nossa compaixão. Dacier, porém, apegou-se apenas ao terceiro ponto, e mesmo este esclareceu muito mal e só pela metade. Pois quem se esforçar por obter verdadeira e completa noção da purgação aristotélica, verificará que cada um desses quatro pontos encerra um duplo caso. Visto que, para dizê-lo concisamente, essa purificação não consiste em nada mais do que na transformação das paixões em qualidades virtuosas, havendo, porém, em cada virtude, segundo o nosso filósofo, de um lado e de outro, um extremo entre o qual essa virtude se situa; a tragédia, se é que deve transformar a nossa compaixão em virtude, precisa ser capaz de nos depurar de ambos os extremos da compaixão, o que também se refere ao medo. A compaixão trágica não deve, com respeito à compaixão, purificar apenas a alma daquele que sente compaixão demais, mas também daquele que a sente de menos. O medo trágico não deve, com respeito ao medo, purificar apenas a alma daquele que não teme nenhum infortúnio, mas também a daquele ao qual todo infortúnio, até o mais remoto, até o mais improvável, deixa a alma angustiada. Do mesmo modo, a compaixão trágica, relativamente ao medo, deve remediar o que é demais e o que é de menos; assim como, por sua vez, o medo trágico no atinente à compaixão. Dacier, porém, como já foi dito, só mostrou como a compaixão trágica modera o nosso medo excessivo e não mostrou sequer como ela remedia a falta total desse medo ou como, em quem o sente de maneira muito escassa, ela aumenta esse medo a um grau mais salutar; isso sem mencionar que tampouco mostrou todo o resto. Os que se lhe seguiram também não completaram no mínimo o que Dacier omitira; ademais, a fim de colocar, na opinião deles, a utilidade da tragédia inteiramente fora de disputa, aduziram coisas que cabem ao poema em geral, mas de modo algum particularmente à tragédia como tragédia. Por exemplo, que ela nutre e fortalece os impulsos humanitários; que ela engendraria o amor à virtude e o ódio ao vício[g] etc. Meu caro!, que poema não deveria surtir tal efeito? Entretanto, se cada poema deve fazê-lo, então isso não constitui a marca distintiva da tragédia, então isso não pode ser o que procuramos[24].

Septuagésima Nona Parte

2 de fevereiro de 1768

E agora para tornar ao nosso Ricardo. Ricardo desperta, portanto, tão pouco terror quanto compaixão: nem terror na acepção mal empregada, para a subitânea surpresa da compaixão; nem na acepção autêntica de Aristóteles, para o medo lenitivo de que uma desgraça parecida possa atingir-nos. Isso porque, se provocasse esse medo, provocaria também compaixão; tão

g Sr. Curtius em seu *Tratado da Finalidade da Tragédia*, após a *Arte Poética* aristotélica.

24 É um tanto escolástica a interpretação dos quatro ou oito modos de como a tragédia transforma compaixão e medo em *"tugendhafte Fertigkeiten"*, ou seja, em aptidões ou qualidades virtuosas. Por mais que se possa divergir dessa interpretação – hoje tida como superada –, trata-se de um grande trecho de crítica e, ao mesmo tempo, de uma polêmica fecunda. A concepção de Lessing, de resto, tem predecessores, por exemplo: Daniel Heinsius (*De tragoediae constitutione*, 1611) ou René Rapin (*Réflexions sur la poétique d'Aristote*, 1671).

certamente como provocaria também medo, se o achássemos, por menos que fosse digno de nossa compaixão. Mas Ricardo é um sujeito tão hediondo, um diabo tão incorrigível, em quem não descobrimos tão absolutamente um único traço semelhante a nós, que poderíamos, creio eu, vê-lo à nossa frente entregue aos suplícios do inferno sem sentir a menor coisa por ele, sem temer nem um pouco que, se tal castigo decorresse somente de tais crimes, o mesmo castigo também aguardaria os nossos. E o que é afinal a desgraça, o castigo que lhe sobrevém? Após tantas maldades que temos de presenciar, somos informados de que ele morreu de espada em punho. Quando o fato é contado à rainha, o poeta a faz dizer:

"Isso já é algo!"

Nunca pude impedir-me de murmurar com os meus botões: não, isso não é nada! Quanto bom rei não findou assim, por desejar defender a coroa contra algum poderoso rebelde? No fim de contas, Ricardo morre como um homem no campo de honra. E uma morte assim seria capaz de me compensar pela indignação que experimentei durante a peça inteira, devido ao triunfo de suas iniquidades? (Creio que o idioma grego é o único a dispor de um vocábulo que pode exprimir esta indignação pela sorte de um perverso: *némesis, nemesân*)[h]. A sua morte mesma, que deveria ao menos satisfazer o meu amor à justiça, sustenta ainda a minha Nêmesis. Tu te saíste às maravilhas! pensei: ainda bem que há outra justiça, além da poética!

Dir-se-á talvez: está certo! vamos pôr Ricardo de lado; é verdade que a peça traz o seu nome; mas nem por isso é ele o seu herói, nem a personagem por cujo intermédio é alcançado o escopo da tragédia; compete-lhe apenas constituir o meio a fim de suscitar a nossa compaixão por outrem. A rainha, Isabel, os príncipes, não suscitam estes compaixão?

Para evitar qualquer discussão: sim, suscitam. Mas que estranha, que acre sensação se mescla à minha compaixão por essas

h Aristóteles, *Retórica*, II, 9.

personagens, que me leva a desejar que eu possa poupar-me dessa compaixão? Não é o que desejo comumente ao sentir a compaixão trágica; de bom grado me detenho nela e agradeço ao poeta por mágoa tão doce.

Aristóteles o exprimiu muito bem, e há de ser isso com toda certeza. Ele fala de um *miarón*, de algo monstruoso que se acha na desgraça de pessoas absolutamente boas, absolutamente inocentes. E não são a rainha, Isabel e os príncipes personagens inteiramente assim? O que fizeram eles? Como é que chegaram a atrair sobre si a desgraça de estar nas garras de tal fera? Será culpa deles o fato de terem sobre o trono um direito mais próximo do que o dele? Especialmente as pequenas vítimas gementes, que mal podem distinguir o lado direito do esquerdo! Quem negará que merecem toda a nossa desolação? Mas essa desolação, que me leva a pensar com um frêmito de horror no destino dos homens, à qual se une um rosnar contra a Providência e que o desespero segue de longe, essa desolação será, não quero perguntar, compaixão? Chamem-na como queiram. Mas é isso que uma arte mimética deveria despertar?

Que não se diga: é a própria história que a desperta; pois ela se fundamenta em algo que realmente aconteceu. Que aconteceu realmente? Seja; assim terá sua boa razão na sempiterna conexão de todas as coisas. Nela, é sabedoria e bondade o que, nos poucos elos que o poeta retira, se afigura cega fatalidade e crueldade. À base desses poucos elos, deveria formar-se um todo que se completasse plenamente, em que um se esclarecesse plenamente pelo outro, em que nenhuma dificuldade surgisse pela qual não obtivéssemos satisfação no plano do poeta, mas tivéssemos de procurá-la fora dele, no plano geral das coisas; o todo desse criador mortal deveria ser uma silhueta do todo do criador eterno; deveria acostumar-nos ao pensamento de que, assim como neste tudo se resolve pelo melhor, o mesmo acontecerá naquele. E esquecerá ele essa sua mais nobre missão, a ponto de traçar dentro de seu pequeno círculo os caminhos incompreensíveis da Providência, suscitando intencionalmente o nosso horror a esse respeito? Oh, poupai-nos disso, vós que tendes em vosso poder o nosso coração! Para que serve essa triste sensação? Para nos ensinar sujeição? Esta só a fria razão nos pode ensinar; e para que o ensinamento da razão se arraigue em nós, para que em nossa sujeição possamos ainda conservar confiança e ânimo risonho, é indispensável, então, que sejamos lembrados o menos possível dos exemplos perturbadores de tão imerecidas e aterradoras fatalidades. Fora com eles do palco! Fora com eles, se possível, de todos os livros!

Ora, se nenhuma das personagens de *Ricardo* tem uma só das características requeridas para que a obra pudesse ser realmente o que seu nome indica, por que se tornou ela assim mesmo uma peça tão interessante, como o nosso público a considera? Se não provoca compaixão e medo, qual é, propriamente, o seu efeito? Pois efeito há de exercer e exerce. E se exerce efeito, não é indiferente que seja este ou aquele? Se absorve os espectadores, se os distrai, o que mais se quer? É forçoso que sejam distraídos e absorvidos exclusivamente segundo as regras de Aristóteles?

Isso não soa tão injustificado assim: mas há o que responder. Em geral, mesmo que *Ricardo* não fosse uma tragédia, continuaria sendo um poema dramático; mesmo que lhe faltassem as belezas da tragédia, poderia, ainda assim, conter outras belezas. Poesia da expressão; imagens; tiradas; pendores audazes; um diálogo inflamado e arrebatador; deixas felizes ao ator, que lhe permitem percorrer toda a amplitude de sua voz com a multiplicidade das variações, mostrar toda a sua força na pantomima etc.

Dessas belezas, Ricardo possui muitas, e possui outras também que mais se aproximam das belezas propriamente ditas da tragédia.

Ricardo é um monstro horrendo, mas também o empenho de nosso horror não é de todo desprovido de prazer; mormente na imitação.

O monstruoso nos crimes também participa das sensações que a grandeza e a intrepidez em nós engendram.

Tudo o que Ricardo faz é abominação; mas todas essas abominações ocorrem com algum propósito; Ricardo tem um plano; e, em toda parte em que percebemos um plano, a nossa curiosidade fica alerta. Esperamos de bom grado para verificar se ele será executado e de que forma o será; gostamos tanto do que é conforme a um fim que isso nos proporciona, mesmo independentemente da moralidade do fim, prazer.

Desejaríamos que Ricardo alcançasse o seu fim e desejaríamos também que não o alcançasse. Alcançando-o, poupa-nos o desprazer em face de meios empregados em vão; caso não logre o seu objetivo, tanto sangue terá sido debalde derramado; uma vez que já foi derramado, não gostaríamos de vê-lo inutilmente derramado por mero desfastio. De outro lado, a consecução desse fim seria o triunfo da maldade; nada ouvimos tão contrafeitos; o propósito nos interessava como propósito a lograr; mas, fosse ele logrado, nada mais notaríamos, exceto o que há de monstruoso nesse propósito, e desejaríamos que não tivesse sido logrado. Prevemos esse desejo e ficamos horrorizados ante o conseguimento.

Amamos as boas personagens da peça; uma mãe tão terna e ardente, irmãos que vivem tão unidos entre si; semelhantes temas sempre agradam, sempre originam os mais doces sentimentos de simpatia, onde quer que os encontremos. Vê-los sofrer sem a menor culpa é na verdade algo rude, é na verdade para o nosso sossego, para o nosso aperfeiçoamento, uma emoção não muito fecunda; mas é sempre uma emoção.

E assim a peça nos ocupa, sem dúvida, e nos compraz através dessa ocupação de nossa energia espiritual. Isso é verdade; apenas a consequência que se pretende daí tirar não é verdadeira: de que podemos de fato contentar-nos com isso.

Um poeta pode ter feito muito e, no entanto, não ter feito o bastante. Não é suficiente que sua obra tenha efeito sobre nós: deve ter outrossim aqueles efeitos que, de conformidade com o gênero, lhe competem de direito; deve ter esses em particular, e todos os outros não podem compensar de modo algum a sua falta; especialmente quando o gênero é de tal importância, dificuldade e valor que todo trabalho e todo empenho seriam baldados se nada mais produzissem salvo efeitos tais que poderiam ser igualmente obtidos por um gênero mais fácil e que não demandasse tantos esforços. A fim de suspender um feixe de palha, não é mister acionar nenhuma máquina; quando posso derrubar algo com o pé, não preciso de uma mina para fazê--lo saltar, não preciso acender uma fogueira para queimar um mosquito.

Octagésima Parte

5 de fevereiro de 1768

Para que o penoso labor da forma dramática? Para que construir um teatro, disfarçar homens e mulheres, martirizar a memória, convidar a cidade inteira a um local? Se eu, com a minha obra e com a minha representação, nada mais quero produzir senão algumas das emoções que uma boa narrativa, que cada um lê em sua casa, no seu canto, poderia produzir mais ou menos da mesma forma.

A forma dramática é a única em que se faz possível suscitar a compaixão e o medo; pelo menos em nenhuma outra forma podem essas paixões serem suscitadas em um grau tão elevado: no entanto, querem suscitar de preferência quaisquer outras exceto essas; no entanto, querem de preferência utilizá--la em tudo o mais exceto naquilo para o qual ela é tão excelentemente apropriada.

O público contenta-se com isso. O que é bom e também não é. Pois a gente não sente muita saudade da mesa em que é sempre preciso contentar-se.

É conhecido quão aficionados eram o povo grego e o romano pelos espetáculos; particularmente o primeiro, no que se refere ao trágico. Como é indiferente e frio, em contrapartida, o nosso povo em relação ao teatro! De onde provirá essa diferença, se não do fato de que os gregos se sentiam exaltados ante sua cena por sentimentos tão fortes e extraordinários que mal conseguiam aguardar o momento de senti-los mais e mais vezes, ao passo que nós, diante de nosso palco, temos consciência de sentir impressões tão fracas que raramente julgamos que valha o tempo e o dinheiro para no-las proporcionar? Nós vamos ao teatro, quase sempre, por curiosidade, por moda, por tédio, por sociabilidade, por desejo de ficar embasbacado e deixar os outros embasbacados; e só poucos, e estes poucos só avaramente, vão com outro intuito.

Eu digo nós, nosso povo, nosso palco; penso, porém, não apenas em nós, alemães. Nós, alemães, reconhecemos com bastante sinceridade que ainda não possuímos um teatro. O que muitos de nossos críticos de arte, que concordam com essa confissão e são grandes admiradores do teatro francês, pensam ao dizer tal coisa eis algo que não posso realmente saber. Mas sei bem o que eu penso disso. Penso efetivamente que não só nós, alemães, mas os que se gabam de ter há cem anos um teatro, que se jactam até de ter o melhor teatro de toda Europa, que também os franceses ainda não têm um teatro.

Teatro trágico, certamente não! Pois as impressões que a tragédia francesa causa também são não menos rasas, não menos frias! Basta ouvir um francês mesmo falar a respeito.

"Ao lado das salientes belezas de nosso teatro", diz o senhor de Voltaire, "havia um defeito secreto, no qual não se reparara porque o público não podia ter, por si próprio, ideias mais elevadas do que as transmitidas pelos grandes mestres em seus exemplos. Somente Saint-Evremont pegou esse defeito: ele afirma, na verdade, que nossas peças não ocasionam suficiente impressão, de modo que aquilo que deveria provocar compaixão provoca no máximo ternura, que o enternecimento toma o lugar da comoção e a surpresa o do terror; em suma, que os nossos sentimentos não são assaz profundos. É inegável: Saint-Evremont acertou com o dedo exatamente na ferida secreta do teatro. Diga-se quanto se queira que Saint-Evremont é o autor da miserável comédia *Sir Politic Wouldbe* e de mais outra, igualmente miserável,

denominada *As Óperas*, que as suas pequenas poesias munda-
nas são das mais pobres e mais ordinárias existentes no gênero,
que ele não passava de um torneador de frases ocas: é possível
não contar a menor fagulha de gênio e, ao mesmo tempo, possuir muito espírito e gosto. E seu gosto era incontestavelmente
muito fino, para que ele acertasse de maneira tão precisa com o
motivo pelo qual a maioria de nossas peças são tão fracas e tão
frias. Faltou-nos sempre certo grau de calor, tudo o mais tivemos."

Isto é: tivemos tudo, exceto o que devíamos ter; nossas tragédias eram excelentes, apenas não eram tragédias. E como
aconteceu que não o fossem?

"Mas esta frieza", prossegue ele, "esta uniforme frouxidão, brota
em parte do espírito mesquinho da galantaria que tanto reinava,
nesta época, entre os nossos cortesãos e damas e que transformou
a tragédia em uma sucessão de colóquios amorosos, segundo
o gosto do *Cyrus* e da *Clélie*. Qualquer peça que, por ventura,
disso se excetuasse um tanto, consistia em longos *raisonnements*
políticos, tais como os que tornaram o *Sertorius* tão estragado,
o *Othon* tão frio, o *Suréna* e o *Attila* tão miseráveis[25]. Além disso,
havia ainda outra causa que sofreava a altitude patética de nossa
cena e impedia a ação de tornar-se realmente trágica: era o exíguo e mau teatro, com a sua pobre decoração. O que se poderia fazer sobre um par de dúzias de tábuas, que permaneciam,
ademais, repletas de espectadores[26]? Com que pompa, com que
aprestos, seria possível seduzir, fascinar, criar ilusão aos olhos do
espectador? Que grande ação trágica poderia ser aí encenada?
De que liberdade poderia dispor aí a imaginação do poeta? As
peças tinham de consistir em longas narrativas e assim se fazia
mais conversação do que desempenho. Cada ator queria brilhar

25 Segundo o gosto de Cyrus: refere-se certamente ao romance de Madelaine de
Scudéry (1607-1701), *Artamène ou le grand Cyrus*. É também dela *Clélie, histoire romaine*.
Sertorius, Othon, Suréna, général des Parthes, Attila, roi des Huns: tragédias de Corneille.

26 Ainda na época de Voltaire era costume, tanto na França como na Alemanha, que espectadores privilegiados permanecessem no palco em plena representação.
Quando da estreia de *Semíramis*, de Voltaire, a cena estava de tal modo superlotada
que foi necessário abrir espaço ao próprio fantasma, com o apelo *"Place à l'ombre!"* Só
em 1759 a cena da Comédie Française ficou livre de espectadores.

em um comprido monólogo e a peça que não o contivesse era menosprezada. Nessa forma, toda ação teatral ficou eliminada; ficaram eliminadas, também, todas as grandes expressões das paixões, todos os vigorosos quadros das desventuras humanas, todos os terríveis traços que penetram no fundo da alma; mal se tocava o coração, em vez de dilacerá-lo."

Quanto à primeira causa, ela é correta. Galantaria e política sempre nos deixam frios; e nenhum poeta no mundo logrou ainda aliar-lhes a excitação da compaixão e do medo. Aquelas só nos permitem ouvir o *fat* ou o pedante; e estas exigem que nada ouçamos exceto o homem.

Mas a segunda causa? Será possível que a carência de um teatro espaçoso e de boa decoração exerceu tamanha influência no gênio dos dramaturgos? Será verdade que toda ação trágica exige pompa e amplos preparos cênicos? Ou não deverá antes o poeta estruturar a sua peça de tal modo que também sem estas coisas ela surta o seu pleno efeito?

Segundo Aristóteles, é o que o poeta deve fazer, sem a menor dúvida. "Medo e compaixão", declara o filósofo, "podem na verdade ser provocados pela visão; mas podem outrossim brotar do próprio encadeamento dos eventos, sendo este último recurso superior e constituindo ele a maneira dos melhores poetas. Pois a fábula precisa ser disposta de tal forma que suscite, mesmo sem ser vista, ao se ouvir apenas o curso dos acontecimentos, compaixão e medo por tais acontecimentos; tal como a fábula de Édipo, que bastava alguém ouvir para ser conduzido a semelhante efeito. Mas querer alcançar este propósito pela vista requer menos arte e é tarefa dos que se incumbirem da representação da peça."

De como são em geral supérfluos os cenários teatrais, disso acredito ter-se estranha experiência com as peças de Shakespeare. Que peças, mais do que estas, precisariam, devido às constantes interrupções e modificações de lugar, da assistência dos cenários e de toda a arte dos decoradores? No entanto, houve tempo em que o palco onde eram encenadas consistia apenas de uma cortina de tecido barato e grosseiro, a qual,

DRAMATURGIA DE HAMBURGO

quando suspensa, mostrava só paredes nuas ou, no máximo, recobertas de esteiras ou tapeçarias; ali nada havia exceto a imaginação para acudir ao entendimento do espectador e à interpretação do ator. Não obstante, dizem, as peças de Shakespeare eram então, sem todos os cenários, mais compreensíveis do que vieram a ser posteriormente, com eles[i].

Se, portanto, o poeta não deve incomodar-se o mínimo com a decoração, se a decoração, mesmo onde parece necessária, pode faltar sem maior prejuízo para a peça, por que há de residir no exíguo e mau teatro o motivo pelo qual os dramaturgos franceses não nos proporcionaram nenhuma peça mais comovedora? Não é isso, pois: a razão estava neles mesmos.

E a experiência o demonstra. Pois agora os franceses dispõem de um palco mais belo e mais amplo; nenhum espectador é aí admitido; os bastidores permanecem vazios: o cenógrafo tem campo livre: pinta e constrói para o autor tudo quanto este lhe pede; mas onde se encontram as peças mais vibrantes que desde então receberam? Afaga o Senhor de Voltaire a esperança de que a sua *Semíramis* seja uma peça assim? Nela, há bastante pompa e decoração; um fantasma, por cima; no entanto, não conheço nada mais frio do que esta *Semíramis*.

Octagésima Primeira Parte

9 de fevereiro de 1768

Pretendo eu, porém, dizer com isso que nenhum francês está capacitado a produzir uma obra trágica realmente comovedora?

i (Cibbers's *Lives of the Poets of Great. Britain and Ireland*, v. ii, p. 78, 79) "Some have insinuated, that fine scenes proved the ruin of acting. In the reign of Charles i there was nothing more than a curtain of very coarse stuff, upon drawing up of which, the stage appeared either with bare walls on the sides, coarsly matted, or covered with tapestry; so that for the place originally represented, and all the successive changes, in which the poets of those times freely indulged themselves, there was nothing to help the spectator's understanding, or to assist the actor's performance, but bare imagination. The spirit and judgment of the actors supplied all deficiencies, and made as some would insinuate, plays more intelligible without scenes, than they afterwards were with them."

632 LESSING: DRAMATURGIA DE HAMBURGO

que o volátil espírito dessa nação não esteja à altura de semelhante labor? Envergonhar-me-ia se essa ideia apenas me
ocorresse. A Alemanha ainda não se fez ridícula por nenhum
Bouhours[27]. E eu, de minha parte, não tenho a menor disposição nesse sentido. Pois estou inteiramente convencido de que
nenhum povo do mundo recebeu qualquer dom de espírito de
preferência a outro povo. Diz-se, é verdade: o grave inglês, o
espirituoso francês. Mas quem efetuou essa divisão? A natureza
certamente não, pois esta divide tudo igualmente entre todos.
Há tantos ingleses espirituosos quantos franceses espirituosos e
tantos franceses profundos quantos ingleses profundos; a massa
do povo, todavia, não é nenhuma das duas coisas.

O que pretendo então? Apenas dizer o que os franceses poderiam muito bem ter, mas que ainda não têm: a verdadeira tragédia. E por que não a têm? Para isso, o próprio Senhor de Voltaire
deveria conhecer-nos melhor se quisesse adivinhá-lo. Quero
dizer; eles ainda não a têm, porque creem tê-la de há muito. E,
nessa crença, são evidentemente fortalecidos por algo que têm
mais do que todos os povos, mas que não é um dom da natureza: por sua vaidade.

Com as nações acontece o mesmo que com os homens indi-
vidualmente. Gottsched (será fácil perceber por que me lembro
precisamente dele) era, na juventude, considerado poeta, porque então não se sabia ainda distinguir o versejador do poeta.
A filosofia e a crítica trouxeram paulatinamente à luz essa diferença. E se Gottsched apenas tivesse querido progredir com o
século, se a sua compreensão e o seu gosto somente tivessem
querido ampliar-se e decantar-se juntamente com a compreensão e o gosto de sua época, teria talvez podido transformar-se
realmente de versejador em poeta. Mas, como se visse chamado
com tanta frequência o maior dos poetas, como a sua vaidade o
persuadisse de que de fato o era, isso não se produziu. Não lhe
seria possível obter o que já acreditava possuir: e, quanto mais

27 Dominique Bouhours (1628-1702), crítico francês, negara, num escrito, que os
alemães pudessem ter espírito.

DRAMATURGIA DE HAMBURGO · 633

velho, mais obstinado e impudente ficava, a fim de se manter nessa posse quimérica.

Foi exatamente o que sucedeu, parece-me, aos franceses. Mal Corneille lhes arrancou o teatro um pouco da barbárie, este já se lhes afigurou próximo da perfeição. Racine pareceu-lhes haver dado a última demão e daí por diante não mais se propôs a questão (que na verdade nunca se propusera) se o poeta trágico não pudesse ser mais patético, mais comovedor do que Corneille e Racine, mas isso era tido como impossível, e todos os zelos dos poetas posteriores restringir-se-iam a que se tornassem tão parecidos quanto pudessem a um ou a outro. Por cem anos embaíram os franceses a si próprios e, em parte, a seus vizinhos; agora, vá alguém dizer-lhes isso e ouça o que hão de lhe responder!

Dos dois foi Corneille, todavia, quem infligiu maior dano e que exerceu influência mais corruptora nos poetas trágicos franceses. Pois Racine transviou apenas por seu exemplo; ao passo que Corneille o fez pelo exemplo e pelo ensinamento, ao mesmo tempo.

Esse ensinamento, em particular, aceito pela nação inteira (exceto um ou dois pedantes, um Hédélin[28], um Dacier, que, entretanto, com frequência não sabiam, por sua vez, o que queriam) como autêntico oráculo e obedecido por todos os poetas ulteriores, não podia produzir – atrevo-me a demonstrá-lo, peça por peça – senão as coisas mais parcas, mais aguadas e menos trágicas.

As regras de Aristóteles são todas calculadas para suscitar o mais alto efeito da tragédia. Mas o que faz com elas Corneille? Ele as expõe de maneira falsa e vesga; e, visto que, ainda assim, as considera demasiado rigorosas, procura, em uma após outra, *quelque modération, quelque favorable interprétation*; debilita e estropia, tergiversa e anula todas – e por quê? *pour n'être pas*

---

28 François Hédélin (1604-1676), crítico, dramaturgo. Sua *Pratique du théâtre* é frequentemente citada por Lessing. Hédélin exigiu a observação das unidades com um rigor muito maior do que Corneille.

obligé de condamner beaucoup de poémes que nous avons vus réussir sur nos théâtres; para não ser obrigado a condenar muitos poemas que vimos lograr êxito em nossos teatros. Bela causa! Quero aflorar rapidamente os pontos principais. Alguns já aflorei. No entanto, por motivo de continuidade, preciso enumerá-los de novo.

1. Aristóteles diz: a tragédia deve suscitar compaixão e medo. Corneille diz: oh, sim, mas segundo convenha; ambos, a um só tempo, nem sempre é necessário; contentamo-nos com um só, também; uma vez, compaixão sem medo; outra vez, medo sem compaixão. Pois, do contrário, onde fico eu, o grande Corneille, com meu Rodrigo e minha Chimène? Os bons filhos despertam compaixão, e imensa compaixão, mas dificilmente medo. E novamente: onde fico eu com a minha Cleópatra, o meu Prúsias, o meu Focas? Quem pode sentir compaixão por essas criaturas vis? Medo, porém, elas provocam. Assim julga Corneille, e os franceses com ele.

2. Aristóteles diz: a tragédia deve engendrar compaixão e medo; ambos, compreende-se, por meio de uma e mesma personagem. Corneille diz: se isso ocorrer, muito bem. Mas não é absurdamente indispensável; pode-se muito bem utilizar diversas personagens a fim de produzir essas duas emoções; tal como fiz em minha *Rodogune*. Foi o que Corneille fez, e os franceses com ele.

3. Aristóteles diz: através da compaixão e do medo, gerados pela tragédia, serão purgados a nossa compaixão e o nosso medo, e o que a isso está ligado. Corneille nada sabe a este respeito e põe-se na cabeça que Aristóteles quisera dizer: a tragédia desperta nossa compaixão para despertar nosso medo, para através deste medo, purificar em nós as paixões pelas quais o objeto compadecido atraiu a sua desventura. Não quero falar do valor desse intuito: basta dizer que não é o aristotélico; e pelo fato de Corneille atribuir à sua tragédia um propósito inteiramente diverso, suas tragédias deveriam também tornar-se necessariamente em obras inteiramente diferentes daquelas de onde Aristóteles abstraiu o seu propósito; deveriam converter-se em

DRAMATURGIA DE HAMBURGO   635

tragédias que não eram verdadeiras tragédias. E foi no que se converteram não só as de Corneille, mas todas as tragédias francesas, porque todos os seus autores não se propuseram o propósito de Aristóteles, porém o de Corneille. Já mencionei que Dacier pretendia que se unissem ambas as finalidades, mas também por essa mera reunião a primeira é enfraquecida e a tragédia remanescerá forçosamente abaixo de seu efeito supremo. Além disso, Dacier tinha, como demonstrei, uma ideia assaz incompleta da primeira e não é de admirar que por isso estivesse convicto de que a tragédia francesa de seu tempo atingia mais a primeira do que a segunda finalidade. "Nossa tragédia", declara ele, "conforme aquele intuito, ainda é bastante feliz para suscitar e purgar compaixão e medo. Mas o segundo propósito ela só consegue em raras ocasiões, embora seja o mais importante, e ela depura muito pouco as demais paixões, ou, como comumente nada contém salvo intrigas de amor, se chegasse a purgar uma delas seria tão somente o amor, decorrendo daí claramente que a sua utilidade é muito restrita"[j]. É justamente o contrário! Existem tragédias francesas que satisfazem mais o segundo do que o primeiro intuito. Conheço várias peças francesas que põem convenientemente à luz as consequências infelizes de alguma paixão, peças de que se podem tirar, no atinente a essa paixão, muitos bons ensinamentos; mas não conheço nenhuma que excite a minha compaixão naquele grau em que a tragédia deve excitá-la e em que eu sei, com certeza, por diferentes peças gregas e inglesas, que é capaz de excitá-la. Diversas tragédias francesas são obras muito sutis, muito instrutivas, que considero dignas de todo louvor, exceto que não são tragédias. Os seus autores só podiam ser espíritos inteligentes; merecem, em parte, entre os poetas, uma categoria nada inferior, só que não são

---

j *Poétique d'Aristote*, Chap. vi, Rem. 8). "Notre Tragédie peut réussir assez dans la première partie, c'est-à-dire, qu'elle peut exciter et purger la terreur et la compassion. Mais elle parvient rarement à la dernière, que est pourtant la plus utile, elle purge peu les autres passions, ou comme elle roule ordinairement sur des intrigues d'amour, si elle en purgeait quelqu'une, ce serait celle-là seule, et par là il est alsé de voir qu'elle ne fait que peu de fruit."

poetas trágicos; só que o seu Corneille e Racine, o seu Crébillon e Voltaire apresentam muito pouco ou nada daquilo que converte Sófocles em Sófocles, Eurípides em Eurípides e Shakespeare em Shakespeare. Estes raramente se encontram em contradição com as exigências essenciais de Aristóteles; aqueles, porém, com tanto mais frequência. Senão vejamos...

Octagésima Segunda Parte

12 de fevereiro de 1768

4. Aristóteles diz: não se deve consentir que nenhum homem totalmente bom, sem a menor culpa, se torne infeliz na tragédia, pois isso seria hediondo. "Muito justo", diz Corneille, "um desfecho assim provoca mais indignação e ódio contra quem ocasione o sofrimento do que compaixão por quem este atinge. Aquele sentimento, portanto, que não deve ser o verdadeiro efeito da tragédia, se não for tratado com o devido requinte, sufocará esse efeito que ela, afinal de contas, deveria verdadeiramente produzir. O espectador sairia aborrecido por ter-se misturado demasiada ira à compaixão, a qual lhe agradaria, caso pudesse partir só com ela." "Mas", prossegue Corneille, pois sem o "mas" ele nunca pode prosseguir, "mas, se essa causa cai por terra, se o poeta arruma a coisa de tal modo que o virtuoso, que sofre, desperte mais compaixão em seu favor do que antipatia contra quem o faz sofrer, então? Oh então", diz Corneille, "tenho por mim que não se deve titubear em expor no teatro mesmo o homem mais virtuoso, em desgraça."[k] Não concebo como se pode palrar contra um filósofo de forma tão irresponsável; como se pode assumir ares de compreendê-lo, fazendo-o dizer coisas que jamais cogitou. O infortúnio absolutamente imerecido de um homem probo, diz Aristóteles, não é material para a tragédia, pois é algo hediondo. Desse "pois", dessa causa, Corneille

---

k J'estime qu'il ne faut point faire de difficulté d'exposer sur la scène des hommes très vertueux.

DRAMATURGIA DE HAMBURGO 637

faz uso "na medida em que" uma mera condição sob a qual o trágico cessa de existir. Aristóteles diz: é inteiramente monstruoso e, por isso mesmo, não trágico. Corneille diz: não é trágico na medida em que é monstruoso. Aristóteles encontra este horrendo na própria espécie de infelicidade; Corneille, porém, o coloca na indignação que suscita contra o autor da infelicidade. Não vê ou não quer ver que aquele hediondo é coisa totalmente diversa dessa indignação; que mesmo quando esta não ocorre, aquele pode ainda estar presente em sua plena dimensão: basta-lhe que, antes de tudo, pareçam justificadas com esse quiproquó diversas de suas peças, que ele pretende ter elaborado de modo tão pouco contrário às regras aristotélicas que chega a ser bastante atrevido para imaginar que a Aristóteles apenas teriam faltado peças semelhantes para adaptar-lhes mais de perto a sua doutrina e abstrair daí diversas maneiras de como, a despeito de tudo, a desdita do homem totalmente íntegro pode tornar-se até objeto trágico. *En voici*, diz ele, *deux ou trois manières que peut-être Aristote na su prevoir, parce qu'on n'en voyait pas d'exemples sur les théâtres de son temps*. E de quem são esses exemplos? De quem mais senão dele próprio? E quais são essas duas ou três maneiras? Veremos rapidamente. "A primeira", diz ele, "é quando um homem muito virtuoso se vê perseguido por outro muito perverso, mas escapa ao perigo, e de tal modo que o próprio perverso aí se enreda, como sucede na *Rodogune* e no *Héraclius*, onde seria absolutamente insuportável se, na primeira peça, tivessem perecido Antíoco e Rodoguna e, na outra, Heráclito, Pulquéria e Márcia, enquanto Cleópatra e Focas viessem a triunfar. A desventura dos primeiros desperta uma compaixão a qual não é sufocada pela aversão que sentimos contra os seus perseguidores, porque se espera constantemente a superveniência de algum acaso feliz que os impedirá de sucumbir". Isso Corneille pode contar a outro, que Aristóteles não teria conhecido essa maneira! Ele a conhecia tão bem que, se não a rejeitou inteiramente, pelo menos a declarou em termos taxativos mais adequada à comédia do que à tragédia. Como foi possível que

Corneille se esquecesse disso? Mas é o que acontece a todos que convertem de antemão a causa própria na causa da verdade. Em essência, essa maneira tampouco cabe ao caso presente. Pois, segundo ela, o virtuoso não se torna infeliz, apenas se encontra no caminho da infidelidade; o que, sem dúvida, pode provocar em seu favor preocupação compassiva, sem que seja algo hediondo. Agora, a segunda maneira: "Também pode ocorrer", diz Corneille, "que um homem muito virtuoso seja perseguido e morto por ordem de outro que não é suficientemente vicioso para merecer a nossa indignação, pelo fato de mostrar na perseguição que move contra o virtuoso mais fraqueza do que perversidade. Quando Félix deixa perecer o seu genro Polieucto, não é por zelo furioso contra os cristãos, o qual no-lo tornaria execrável, mas tão somente por rastejante covardia que não ousa salvá-lo na presença de Severo, cujo ódio e ira o amedrontam. A gente sente, em consequência, certa aversão por ele e condena o seu procedimento; contudo, tal indignação não prepondera sobre a compaixão que experimentamos por Polieucto e não impede, também, que sua milagrosa conversão, ao término da peça, possa tornar a reconciliá-lo plenamente com seus ouvintes." Trágicos canhestros, creio eu, existiram indubitavelmente em todos os tempos, e até em Atenas. Por que então faltaria a Aristóteles uma peça de semelhante arranjo, que o iluminasse como Corneille o foi? Tolice! Caracteres medrosos, vacilantes, irresolutos, como Félix, constituem um defeito a mais em peças assim e tornam-nas, além de tudo, frias e fastidiosas, de um lado, sem torná-las, de outro, nada menos hediondas. Pois, como já foi dito, o hediondo não reside na indignação ou aversão que suscitam, mas na própria desgraça que imerecidamente atinge aqueles caracteres, que os atinge imerecidamente tanto uma como outra vez, quer sejam os seus perseguidores maus ou fracos, quer os façam sofrer tanto, conquanto sem deliberação. É em si e por si mesma horrenda a ideia de que possam existir pessoas que, sem a menor culpa, sejam infelizes. Os pagãos teriam procurado afastar tanto quanto possível essa ideia

DRAMATURGIA DE HAMBURGO   639

monstruosa: e desejaríamos nós alimentá-la? Quereríamos nós divertir-nos com espetáculos que a confirmem? Nós? Que a religião e a razão deveriam ter persuadido de que ela é tão incorreta como blasfema? Isso também valeria, seguramente, contra a terceira maneira, se o próprio Corneille não houvesse esquecido de indicá-la em seguida[29].

5. Corneille também traz os seus esclarecimentos acerca do que Aristóteles afirma quanto à inconveniência de apresentar um completo vicioso como herói trágico, já que seu infortúnio não poderia engendrar compaixão nem medo. Compaixão na verdade, confessa ele, não poderia engendrar; mas medo, isso sim. Pois ainda que nenhum dos espectadores se julgasse capaz dos vícios do perverso e, consequentemente, não devesse temer toda a sua desventura, ainda assim, cada um poderia abrigar em seu íntimo uma imperfeição similar àqueles vícios e, devido ao medo das consequências, é certo que proporcionais, mas assim mesmo bastante calamitosas, aprender a ficar em guarda contra eles. Isso, todavia, se baseia na falsa noção que Corneille tem do medo e da purificação das paixões suscitadas na tragédia, e contradiz-se a si mesmo. Pois já mostrei que a excitação da compaixão é inseparável da excitação do medo e que o perverso, ainda que pudesse provocar nosso medo, teria, outrossim, de provocar necessariamente nossa compaixão. Visto, porém, que não lhe é dado fazer uma coisa, como o próprio Corneille reconhece, e tampouco pode fazer a outra, fica totalmente inapto para ajudar na consecução do desígnio da tragédia. Sim, Aristóteles o considera para esse fito ainda mais inapto do que o homem inteiramente virtuoso; pois é seu desejo expresso, caso não se possa dispor do herói do gênero intermediário, que o escolham antes melhor do que pior. A razão é clara: um homem pode ser boníssimo e possuir, não obstante, mais de uma fraqueza, cometer mais de uma falta, pelo que pode precipitar-se

29 Em todo o capítulo, Lessing se refere ao Segundo Discurso Sobre a Tragédia de Corneille, em "Discours sur l'art dramatique", *Théâtre de P. Corneille, avec les commentaires de Voltaire* (1795).

640 LESSING: DRAMATURGIA DE HAMBURGO

em imensa desdita que nos enche de compaixão e melancolia, sem que seja em nada hedionda, por constituir a consequência natural de seu erro. O que Dubos fala sobre o emprego das personagens iníquas na tragédia, não é o que Corneille pretende[30]. Dubos quer permiti-las apenas nos papéis coadjuvantes; apenas como instrumento, a fim de tornar menos culpadas as personagens principais, apenas para balizamento. Corneille, porém, quer pousar nelas o interesse central, tal como na *Rodogune*: e é isso propriamente e não aquilo que se choca com a finalidade da tragédia. Dubos também observa, a propósito, de maneira muito acertada, que o infortúnio desses malvados subalternos não nos causa nenhuma impressão. "Mal", diz ele, "se nota a morte de Narciso em *Britannicus.*" Mas já por isso deveria o dramaturgo abster-se, na medida do possível, de utilizá-los. Pois, se a desgraça deles não favorece imediatamente o objetivo da tragédia, se constituem meros expedientes através dos quais o dramaturgo procura alcançá-lo tanto melhor com as outras personagens, é incontestável então que a peça seria tanto melhor se lograsse sem elas o mesmo efeito. Quanto mais simples uma máquina, quanto menor o número de suas molas e pesos, tanto mais perfeita será.

Octagésima Terceira Parte

16 de fevereiro de 1768

6. E, finalmente, a falsa interpretação da primeira e principal qualidade que Aristóteles demanda quanto aos costumes das personagens trágicas! Que sejam bons os costumes. "Bons?", diz Corneille. "Se bom significasse aqui o mesmo que virtuoso, seria péssima, neste caso, a situação com respeito à maioria das novas e antigas tragédias, onde ocorrem amiúde personagens más e viciosas, ou pelo menos carregadas de uma fraqueza que não pode subsistir convenientemente ao lado da virtude." Ele

---

30 Jean Baptiste Dubos (1670-1742), esteticista francês, cuja obra *Réflexions critiques sur la poésie et peinture* (1719) foi muito discutida no círculo de Lessing.

DRAMATURGIA DE HAMBURGO

teme em particular por Cleópatra na *Rodogune*. Assim, não quer admitir de modo algum como bondade moral a bondade que Aristóteles exige; deve ser outra espécie de bondade, compatível tanto com a bondade moral quanto com a maldade moral. Entretanto, Aristóteles se refere simplesmente a uma bondade moral, só que as personagens virtuosas e as personagens que, em certas circunstâncias, exibem costumes virtuosos, não significam para ele a mesma coisa. Em suma, Corneille liga uma ideia totalmente falsa à palavra costumes, e do que é a *proeresis*[31], pela qual somente, segundo o nosso famoso sábio, os atos livres podem tornar-se bons ou maus costumes, disso nada entendeu. Não posso empenhar-me agora numa extensa demonstração; só é possível conduzi-la de maneira bastante clara pela conexão, pela sequência silogística de todas as ideias do juiz de arte grego. Reservo-a, portanto, para outra ocasião, porquanto nesta importa apenas mostrar quão infeliz foi a saída adotada por Corneille, ao falhar o rumo certo[32]. Esta saída conduz ao seguinte: que Aristóteles entenderia por bondade de costumes o caráter brilhante e sublime de algum pendor virtuoso ou condenável, conforme fosse este peculiar à personagem introduzida ou lhe pudesse ser convenientemente atribuído: *le caractère brillant et élevé d'une habitude vertueuse ou criminelle, selon qu'elle est propre et convenable à la personne qu'on introduit*. "Cleópatra na *Rodogune*", diz ele, "é extremamente perversa: não há assassínio traiçoeiro diante do qual recue, desde que lhe permita manter-se no trono, o qual prefere a tudo no mundo; tão violenta é a sua paixão pelo poder. Mas todos os seus crimes se vinculam a certa grandeza d'alma, a qual tem algo de tão elevado que, embora lhe condenemos os procedimentos, somos obrigados a admirar a fonte de onde brotam[33]. O mesmo atrevo-me

---

31 Propósito, intenção.

32 "Reservo-a para outra ocasião": Lessing planejava escrever um comentário à *Arte Poética* de Aristóteles.

33 Schiller expõe nos seus escritos sobre o teatro uma concepção semelhante. Apreciava – para fins estéticos – o criminoso enquanto grande e dotado de poderosa forma de vontade.

a dizer do *Mentiroso*: a mentira é indiscutivelmente um hábito vicioso; no entanto, Dorant apresenta suas mentiras com tanta presença de espírito, com tanta vivacidade, que esse defeito o torna bastante aceitável e os espectadores devem convir que o dom de mentir de tal modo constitui um vício de que um imbecil não é capaz." Na verdade, Corneille não poderia ter concebido ideia mais perniciosa! Sigam-no na execução e estarão eliminados toda verdade, toda ilusão, todo proveito moral da tragédia! Pois a virtude, que é sempre moderada e cândida, faz-se, através desse caráter brilhante, vã e romântica[34], ao passo que o vício se recobre de um verniz que nos ofusca por completo, qualquer que seja o ângulo de onde queiramos encará-lo. É tolice pretender inspirar medo ao vício tão somente por suas consequências desastrosas, escondendo-se a sua feiura íntima! As consequências são casuais e a experiência ensina que elas sobrevêm tão frequentemente felizes quanto infelizes. Isso também se refere à purgação das paixões, conforme Corneille a concebia. Segundo eu imagino que Aristóteles a tenha ensinado, de modo algum poderá ser ligada àquele brilho enganador. A falsa aparência, que assim é sorrateiramente inserida no vício, leva-me a reconhecer perfeições onde não as há, leva-me a sentir compaixão onde não deveria senti-la. Na verdade, já Dacier contestara essa interpretação, porém a partir de bases assaz inconcludentes; e pouco falta para que a explicação adotada por ele, com o Padre Le Bossu[35], não seja igualmente prejudicial, podendo pelo menos tornar-se igualmente prejudicial às perfeições poéticas da peça. Com efeito, Dacier julga que a oração: "os costumes deverão ser bons" significa apenas que devem ser bem expressos, *qu'elles soient bien marquées*. Trata-se, sem dúvida, de uma regra que,

---

34 O termo "romântico", que aparece aqui muito precocemente, pelo menos em língua alemã, tem ainda um sentido inteiramente negativo, enquanto, ao mesmo tempo, já começava a ser usado num sentido mais positivo, para designar paisagens agrestes e selvagens etc.

35 René Le Bossu (1631-1680), padre e bibliotecário, autor de um *Traité du poème epique*, baseado em Aristóteles.

DRAMATURGIA DE HAMBURGO

corretamente compreendida, merece no devido lugar toda a atenção do dramaturgo. Isso se os modelos franceses não houvessem demonstrado que se confundiu "exprimir bem" com *exprimir com força*. Sobrecarregou-se a expressão, imprimiu-se acento sobre acento, até que as personagens caracterizadas se converteram em caracteres personificados, os homens viciosos e virtuosos em esquálidos esqueletos de vícios e virtudes.

Quero interromper aqui este assunto. Quem puder enfrentá-lo, que faça sozinho a aplicação ao nosso Ricardo.

[o original alemão salta para 96]

Nonagésima Sexta Parte

Primeiro de abril de 1768

Na quinquagésima segunda noite (terça-feira, no dia 28 de julho), os *Irmãos Romanus* foram reapresentados.

No principal, o que nós alemães ainda temos das belas-letras são tentativas de gente jovem. Sim, o preconceito é entre nós quase geral, de modo que somente os jovens chegam a trabalhar nesse campo. Homens feitos, dizem, têm estudos ou negócios muito mais sérios, para os quais a Igreja ou o Estado os convida. Versos e comédias são considerados brinquedos, no melhor dos casos exercícios preliminares não inúteis, com os quais só se deve estar ocupado no máximo até os vinte e cinco anos. Tão logo nos aproximamos da idade madura, devemos dedicar bem todas as nossas forças a um emprego mais útil; e, caso esse emprego nos deixe algum tempo para escrever algo, não se deve escrever de outra forma senão com o que pode suportar a gravidade e a condição burguesa: um belo compêndio das faculdades mais elevadas, uma boa crônica sobre a querida cidade natal, uma prédica construtiva e algo desse gênero.

Daí decorre também que nossas belas-letras tenham uma aparência tão juvenil, sim, infantil, e ainda a terão por muito tempo, não quero dizer apenas se comparadas com as belas--letras dos Antigos, mas até mesmo com quase todos os novos povos educados. Não lhes falta no fim de conta sangue e vida, cor e fogo, mas forças, nervos e ossos lhes faltam muito. Elas ainda têm pouquíssimas obras que um homem, cultivado no pensamento, pega de bom grado na mão, quando, para seu descanso e fortalecimento, quer alguma vez pensar além do círculo tedioso de suas ocupações cotidianas. Que alimento um homem como esse encontrará em nossas comédias altamente triviais? Jogos de palavras, provérbios, piadinhas como aquelas que se ouvem todos os dias nas ruas. Coisas como essas provocam a risada do *parterre*, que se diverte como pode. Mas aquele que deseja mais do que sacudir a barriga, aquele que pretende rir também com a sua inteligência, este virá uma vez e não voltará.

Aquele que nada tem, nada pode dar. É impossível que um jovem que acaba de entrar no mundo possa conhecer o mundo e descrevê-lo. Mesmo o maior gênio cômico mostra-se vazio e oco em suas obras juvenis; até mesmo das primeiras peças de Menandro, diz Plutarco que elas não são comparáveis às suas mais tardias e últimas peças. Daí pode-se concluir, acrescenta, o que não teria produzido se tivesse vivido mais tempo. E quão jovem, julga-se de fato que Menandro tenha morrido? Quantas comédias julga-se de fato que ele tenha escrito? Não menos do que cento e cinco e ele não era mais jovem do que cinquenta e dois.

Nenhum de todos os poetas cômicos já falecidos, dos quais ainda vale a pena falar, envelheceu tanto; nenhum dos que ainda estão vivos atingiram essa idade ou produziu um quarto desse número de peças. E a crítica não deveria dizer deles justamente o que ela achou para dizer de Menandro? Ela que o ouse e diga!

E não são os escritores somente que a ouvem a contragosto. Temos, graças aos céus, uma geração de críticos cuja melhor crítica consiste em tornar suspeita toda a crítica. "Gênio! Gênio!" gritam eles. "O gênio se sobrepõe a todas as regras! O gênio faz a regra!" Assim adulam o gênio: para que com isso, creio eu, os consideremos também gênios, creio eu. Mas eles traem demasiado o fato de que não sentem em seu íntimo nem uma centelha disso quando acrescentam, no mesmo hausto, "A regra sufoca o gênio!" Como se o gênio se deixasse subjugar por alguma coisa no mundo! E ainda por cima por algo que, como eles próprios confessam, deriva dele. Nem todo juiz artístico é gênio, mas todo gênio é um juiz artístico. Ele tem a prova de todas as regras dentro de si. Esta só compreende, conserva e segue aquelas que a sua sensibilidade expressa em palavras. E poderia esta sua sensibilidade expressa em palavras diminuir a sua atividade? Podeis elucubrar com ele o quanto quiserem; ele os entenderá apenas na medida em que vossas frases genéricas o façam reconhecer um único momento em um único caso avistado; e somente deste único caso restar-lhe-á a memória que, durante o trabalho, poderá atuar sobre suas forças, nem mais e nem menos, como a lembrança de um exemplo feliz, a lembrança de uma experiência feliz capaz de exercer sobre elas a sua influência. Afirmar, portanto, que as regras e a crítica podem subjugar o gênio significa, com outras palavras, afirmar que os exemplos e o exercício têm justamente este poder; significa que o gênio não repousa sobre si mesmo e significa ainda reduzi-lo exclusivamente à sua primeira tentativa.

Tampouco sabem estes senhores o que querem, quando choramingam tão alegremente sobre as impressões desfavoráveis que a crítica causa no público apreciador! Eles desejariam nos convencer de que nenhum homem mais julga uma borboleta colorida e bela desde que o malvado microscópio leva a reconhecer que as suas cores são apenas pó.

"Nosso teatro", dizem eles, "ainda se encontra em uma idade demasiado tenra para que possa portar o cetro monárquico da crítica. É muito mais necessário mostrar os meios como o ideal pode ser atingido do que demonstrar o quanto nós ainda estamos distantes desse ideal. O palco deve ser reformado por meio de exemplos, não de regras. Arrazoar é mais fácil do que inventar sozinho."

Isso significa vestir palavras em pensamentos ou não significa, muito mais, procurar pensamentos para palavras e não apanhar nenhuma? E então quem são eles que tanto falam de exemplos e invenção própria? Quais exemplos eles deram? O que eles mesmos inventaram? Cabeças espertas! Quando se lhes apresentam exemplos para julgar, preferem regras; e quando devem julgar as regras, preferem ter exemplos. Em vez de provar a respeito de uma crítica que ela está errada, provam que é demasiado severa; e acreditam ter-se ela enganado! Em vez de refutar um arrazoado, observam que inventar é mais difícil do que raciocinar; e acreditam ter refutado!

Quem raciocina corretamente, também inventa: e quem deseja inventar, precisa saber raciocinar. Só acreditam que um pode ser separado do outro aqueles que não estão dispostos a nenhum dos dois.

Mas por que me detenho com esses faladores? Quero seguir o meu caminho e não me incomodar com o que os grilos zunem pelo caminho. Até mesmo um passo fora do caminho para pisoteá-los já é demais. Seu verão é tão breve!

Centésima Primeira, Segunda,
Terceira e Quarta Partes

Dia 19 de abril 1768

Centésima primeira até centésima quarta peça? Eu me propusera publicar destas páginas no ano em curso apenas cem partes. Cinquenta e duas semanas e duas por semana somam na verdade cento e quatro. Mas por que, entre todos os que trabalham por jornada, apenas o articulista de textos semanais não faria jus a um dia de feriado? E no ano inteiro somente quatro: é, sim, muito pouco!

Mas Dodsley und Compagnie (sob esta razão social Schwiekert imprimiu em Lepzig a *Dramaturgia*) prometeram expressamente ao público, em meu nome, cento e quatro peças. Não farei com que essa boa gente passe por mentirosa.

A pergunta é apenas como devo começar? A coisa já está editada, precisarei fazer emendas ou alongar. Mas isso soa tão precário. Ocorre-me aquilo que desde logo deveria ter-me ocorrido, ou seja, o hábito dos atores de dar seguimento a sua apresentação principal com um pequeno epílogo. O epílogo pode tratar do que quiser e não precisa estar em relação com aquilo que o precedeu. Um epílogo assim pode agora preencher as páginas das quais eu pretendia me poupar.

Primeiro uma palavra a respeito de mim mesmo! Por que não poderia um epílogo ter um prólogo que começasse com um *Poeta, cum primum animum ad scribendum appulit*?

Quando há certo tempo algumas boas pessoas tiveram aqui a ideia de efetuar uma tentativa de fazer algo mais pelo teatro alemão do que poderia ocorrer sob a administração de um assim chamado Principal, não sei como nisso sua atenção caiu sobre mim e os fez sonhar que para tal empreendimento bem que eu poderia ser útil. Eu estava justamente no mercado e desocupado; ninguém queria me contratar: sem dúvida, porque ninguém sabia como me empregar, até que surgiram precisamente estes bons amigos! Mais ainda, em toda minha vida todas as ocupações me foram indiferentes: nunca fui impelido ou solicitado por alguma, mas tampouco nunca recusei uma, até a mais insignificante, para a qual eu pudesse me julgar escolhido por uma espécie de predileção.

Se eu queria concorrer para a aceitação do teatro daqui? A isso também era fácil responder. Todas as dúvidas eram apenas estas: poderia eu fazê-lo? E como poderia eu fazê-lo da melhor maneira?

Não sou nem ator nem poeta.

Às vezes me dão a honra, é verdade, de reconhecer em mim este último. Mas apenas porque não me conhecem. A partir de alguns ensaios dramáticos a que me atrevi, não deveriam concluir tão generosamente. Nem todo aquele que pega o pincel na mão e mói cores (ou o poeta quando se prepara para trabalhar) é pintor. Os mais antigos desses ensaios foram escritos nos anos em que se considera com tanto gosto o prazer e a facilidade como gênio. Aquilo que é suportável nos mais novos, disto tenho plena consciência, devo-o somente à crítica. Não sinto a fonte viva dentro de mim, aquela que jorra por força própria, que por força própria se lança para o alto em jatos tão ricos, tão frescos, tão puros: eu, porém, tenho que extrair tudo de mim através de bombas de pressão e de canos. Eu seria de uma natureza muito pobre, muito fria, muito míope, se não tivesse aprendido em certa medida a tomar emprestado modestamente frases estranhas, a me aquecer em fogo estranho e pelas lentes da arte fortalecer meus olhos. Por isso eu me sentia sempre envergonhado ou aborrecido quando lia ou ouvia algo em detrimento da crítica. Ela sufocaria o gênio, e eu me gabava de receber dela algo que chega muito perto do gênio. Eu sou um coxo que um panfleto contra as muletas não pode de forma alguma edificar.

Mas está claro que a muleta ajuda o coxo a mover-se de um lugar para o outro, mas não pode torná-lo um corredor. O mesmo acontece com a crítica. Quando, com a sua ajuda, realizo algo melhor do que aquilo que um de meus talentos faria sem a crítica, isso me custa tanto tempo, preciso estar tão livre de outras ocupações, de distrações forçadas, preciso ter todas as minhas leituras tão presentes e poder a cada passo repassar tão calmamente as observações que fiz alguma vez sobre costumes e paixões, que ninguém poderia ser mais inapto para trabalhar com um teatro que deve ser alimentado com novidades.

Aquilo que Goldoni fez para o teatro italiano, ao qual enriqueceu em um ano com treze novas peças, devo, portanto, deixar de fazer para o alemão. Sim, isso eu deixaria de fazer, mesmo que pudesse fazê-lo. Sou mais desconfiado de todo primeiro pensamento meu do que Della Casa e o velho Shandy sempre foram. Pois, embora não os julgue por inspiração do maligno diabo, nem no sentido literal nem mesmo no alegórico, eu acho, e sempre penso assim, que os primeiros pensamentos são os primeiros e também que o melhor em toda sopa nem sempre sobrenada. Meus primeiros pensamentos não são com certeza

DRAMATURGIA DE HAMBURGO

um fio de cabelo melhores do que os primeiros pensamentos de qualquer pessoa: e com os pensamentos de uma pessoa qualquer, o mais inteligente é ficar em casa.

Por fim chegou-se a isso, precisamente a isso que faz de mim um trabalhador tão vagaroso ou tão preguiçoso, como parece aos meus amigos mais vigorosos, ou seja, a querer aproveitar em mim precisamente isso: a crítica. E assim nasceu a ideia deste folhetim.

Eu gostei dessa ideia. Ela me lembrava as didascálias dos gregos, isto é, as curtas notícias, tais como, similarmente, o próprio Aristóteles julgava valer a pena escrever acerca do palco grego. Ela me lembrava que, certa vez, há um bom tempo, eu rira comigo mesmo do mui sábio Casaubonus, o qual, por verdadeira e elevada estima pelo sólido nas ciências, imaginava que Aristóteles se preocupara especialmente com a correção da cronologia em suas didascálias. De fato, seria uma vergonha eterna para Aristóteles, caso ele se importasse mais com o valor poético das peças, com a sua influência sobre os costumes, com a formação do gosto do que com a Olimpíada, do que com o ano da Olimpíada, do que com os nomes dos arcontes, sob os quais elas foram pela primeira vez encenadas!

Eu já estava querendo chamar o próprio folhetim de *Didascálias de Hamburgo*. Mas o título me soava demasiado estranho e agora fico contente por haver dado preferência a este. O que eu gostaria ou não de trazer numa Dramaturgia era decisão minha: ao menos Lione Allacci não teria nesse caso nada a me prescrever. Mas como deveria parecer uma didascália, isso os eruditos acreditam saber, mesmo que seja apenas a partir das didascálias de Terêncio ainda existentes, que este mesmo Casaubonus declara serem *breviter et eleganter scriptas* (escritas de forma breve e elegante). Eu não tinha vontade de escrever as minhas didascálias nem de forma tão breve, nem tão elegante: e os nossos Casauboni de hoje teriam acertadamente sacudido as cabeças se viessem a descobrir quão raramente eu lembro uma circunstância cronológica qualquer que alguma vez no futuro, quando milhões de outros livros estivessem perdidos, pudesse jogar alguma luz sobre algum fato histórico. Em que ano Luís xiv ou Luís xv, em Paris ou em Versalhes, na presença dos príncipes de sangue ou dos príncipes não de sangue foi encenada pela primeira vez esta ou aquela obra-prima francesa – isso teriam eles procurado em meus escritos e, para sua enorme estupefação, não teriam encontrado.

Em que mais deveriam se converter estas folhas, isto eu já esclareci ao anunciá-las, mas aquilo em que elas realmente se tornaram saberão os meus leitores. Não totalmente o que lhes prometi; algo diferente; ainda assim, creio eu, não pior.

"O Senhor deveria acompanhar cada passo que a arte *aqui* realizaria, tanto do poeta quanto do ator."

A segunda parte logo me aborreceu demasiado. Nós temos atores, mas nenhuma arte da interpretação. Se houve antigamente uma arte como essa, nós não a possuímos mais; ela se perdeu; é preciso reinventá-la inteiramente de novo. Falatórios e generalidade a seu respeito, temos o suficiente em várias línguas; mas regras específicas, reconhecidas por todo mundo, expressas em termos claros e precisos, pelas quais se possa determinar num caso particular a censura ou o elogio ao ator, mal conheço duas ou três. Resulta daí que toda reflexão sobre essa matéria é sempre tão imprecisa e parece tão dúbia que não é nenhum milagre se um ator, que dispõe apenas de uma rotina feliz, sinta-se de todos os modos, por isso, ofendido. Ele nunca se considera suficientemente louvado, enquanto julga as críticas sempre excessivas: muitas vezes mesmo, não sabe sequer se quiseram censurá-lo ou elogiá-lo. Em geral, aliás, já se observou de há muito que a suscetibilidade dos artistas frente à crítica cresce na mesma proporção em que a certeza, a clareza e o número de regras fundamentais de sua arte decrescem. Isso é o bastante para desculpar a mim e àqueles sem os quais eu não teria que me desculpar.

Porém, e a primeira metade de minha promessa? Sobre essa parte, de fato o *aqui* ainda não foi até agora muito considerado – e como poderia? As barreiras mal foram abertas e já se

DRAMATURGIA DE HAMBURGO

quer ver os corredores no ponto de chegada; com uma meta que lhes é recuada a cada momento mais e mais? Quando o público indaga, "O que aconteceu agora?", e responde a si próprio com um irônico "nada", pergunto por minha vez: "E o que fez o público para que algo pudesse acontecer?" Também nada; sim, algo ainda pior do que nada. Não bastando o fato de que não promoveu a obra por si só, não lhe permitiu uma vez sequer seguir seu curso natural. Acima da bondosa ideia de criar para os alemães um Teatro Nacional, quando nós alemães não somos ainda uma nação! Não estou falando da constituição política, mas simplesmente do caráter moral. Poder-se-ia quase dizer que este é o de não querer ter nenhum caráter próprio. Continuamos a ser os imitadores jurados dos franceses, especialmente ainda os sempre submissos admiradores dos nunca suficientemente admirados franceses; tudo o que chega até nós do outro lado do Reno é belo, gracioso e divino; preferimos negar nosso rosto e nosso ouvido do que achar que isso pode ser diferente; preferimos ser convencidos de que mais vale a grosseria à liberdade de maneiras, a insolência à graça, a careta à expressão, uma zoada de rimas à poesia, a choradeira à música, do que duvidar minimamente da superioridade que esse povo amável, esse primeiro povo do mundo – como ele mesmo costuma com muita modéstia qualificar-se em tudo o que é bom e belo e nobre e decente – recebeu em partilha do justo destino.

Mas esse *locus communis* é tão batido e a sua aplicação mais detalhada poderia se tornar tão amarga que prefiro parar por ora.

Vi-me, portanto, obrigado, em lugar de acompanhar os passos que a arte do poeta dramático poderia realmente ter dado aqui, a permanecer naqueles que ela previamente teve de efetuar, para em seguida percorrer o seu curso com outros tanto mais rápidos e maiores. Eram os passos que um viajante extraviado deve dar em retrocesso a fim de alcançar de novo o caminho certo e ter o seu alvo diretamente em vista.

Cada qual pode louvar-se de sua aplicação: acredito ter estudado a arte dramática e tê-la estudado mais do que vinte autores que a praticam. Eu também a pratiquei a ponto de poder me manifestar a seu respeito, quando necessário: pois eu sei que, assim como o pintor não gosta de receber críticas de ninguém que não sabe de maneira alguma guiar o seu pincel, tampouco o poeta. Ao menos tentei o que ele deve produzir e posso julgar, a partir disso, se é possível fazer aquilo que eu próprio não consegui realizar. Peço também ser apenas uma voz entre nós, aqui onde tantos se arrogam a uma que, se a pessoa não tivesse aprendido a papaguear este ou aquele estrangeiro, ficaria mais muda do que um peixe.

Mas pode-se estudar e submergir muito fundo no erro, de tanto estudo. O que me assegura, pois, que não aconteceu algo parecido comigo, que eu não desconheço a essência da poesia dramática, é que a compreendo tão completamente como Aristóteles a abstraiu das inúmeras obras-primas do palco grego. Tenho minhas próprias ideias sobre o surgimento, sobre o fundamento da *Arte Poética* desse filósofo, que eu não poderia externar aqui sem maior alongamento. No entanto, não me nego a reconhecer (ainda que eu seja ridicularizado nestes tempos iluminados) que a considero uma obra tão infalível como os *Elementos* de Euclides. Seus princípios são não menos tão verdadeiros e certos, embora de fato não tão inteligíveis e por isso mais expostos à chicana do que tudo que estes contêm. Em especial, ouso dizê-lo acerca da tragédia, na medida em que a seu respeito o tempo nos fez a graça de conservar quase tudo, para demonstrar de modo incontestável que ela não pode se afastar um passo sequer do fio de prumo de Aristóteles, sem que se afaste não menos de sua perfeição. De acordo com esta convicção eu me propus a julgar especificamente alguns dos mais famosos modelos do palco francês. Pois este teatro teria sido de todo formado segundo as regras de Aristóteles; e em especial tentou-se convencer a nós, alemães, que foi somente através de tais regras que ele alcançou esse grau de perfeição, de onde vê os palcos de todos os outros povos modernos tão abaixo de si. Nós também acreditamos nisso de maneira tão firme durante

DRAMATURGIA DE HAMBURGO

tanto tempo que para os nossos poetas imitar os franceses era o mesmo que trabalhar segundo as regras dos Antigos.

Todavia, o preconceito não podia subsistir eternamente contra o nosso sentimento. Este foi felizmente despertado de seu cochilo por algumas peças inglesas, e tivemos finalmente a experiência de que a tragédia é capaz de produzir um efeito totalmente diferente do que Corneille e Racine lhe conferiram. Mas, ofuscados por este raio súbito da verdade, deparamo-nos com a beira de outro abismo. Às peças inglesas faltavam visivelmente determinadas regras com as quais os franceses nos haviam familiarizado tanto. O que se concluiu daí? O seguinte: que mesmo sem essas regras o alvo da tragédia podia ser alcançado; e até mesmo que essas regras poderiam ser culpadas quando não atingiam tanto.

E ainda isso poderia passar! Mas com *essas* regras começou-se a misturar *todas* as regras e, em geral, a declarar como pedantismo prescrever ao gênio o que ele deve e o que não deve fazer. Em suma, estávamos a ponto de malbaratar todas as experiências do passado e de exigir dos poetas que cada qual tornasse a inventar por si a arte.

Eu seria vaidoso o suficiente para me atribuir algum mérito por serviço prestado ao nosso teatro, se pudesse acreditar haver encontrado o único meio para deter esta fermentação do gosto. Posso ao menos vangloriar-me de ter trabalhado nesse sentido, na medida em que nada tomei mais a peito do que combater a ilusão da regularidade do palco francês. Pois, justamente, nenhuma nação desconheceu mais as regras do velho drama do que os franceses. Algumas observações incidentais que encontraram em Aristóteles sobre a mais conveniente organização externa do drama foram por eles aceitas como essenciais, e o essencial foi por isso tão enfraquecido por toda espécie de reduções e interpretações, que daí necessariamente só poderiam surgir obras que, no seu resultado, ficaram muito abaixo do efeito supremo em vista do qual o filósofo calculara as suas regras.

Ouso fazer aqui uma afirmação: que a entendam como queiram! Deem-me o nome de uma peça do grande Corneille que eu não pudesse fazer melhor. Quanto vale a aposta?

Mas não; eu não gostaria que tomassem essa afirmação como uma presunção. Percebam, portanto, o que acrescento: com certeza, eu a farei melhor – e, no entanto, faltará muito para eu ser um Corneille – e muito para ter feito uma obra-prima. Com certeza, eu a farei melhor – e, no entanto, deverei me vangloriar pouco disso. Eu não terei feito mais do que pode fazer qualquer pessoa – que acredita como eu em Aristóteles.

Um tonel para as nossas baleias críticas! Alegro-me de antemão pela excelente maneira com que irão brincar com isso. Ele foi ali jogado única e exclusivamente para elas; em particular para a pequena baleia na água salgada do Halle! E com esta passagem – não necessita ser mais inventiva – pode o tom sério do prólogo diluir-se no tom do epílogo, para o qual destinei estas últimas folhas. Quem mais poderia me lembrar que é tempo de dar início a este epílogo senão precisamente o sr. Stl., o qual anunciou o seu conteúdo na *Deutschen Bibliothek* do sr. conselheiro Klotz?

Mas o que ganha então esse homem chalaceiro no seu casaquinho colorido, a ponto de ser tão subserviente com o seu tambor? Não me lembro de ter-lhe prometido alguma coisa por isso. Ele que toque o tambor somente para o seu próprio deleite; e o céu sabe de onde tira tudo que a amada juventude nas ruas persegue com um admirado ah! para dele receber tudo em primeira mão. Ele deve possuir um espírito profético, a despeito da criada na história do apóstolo. Pois quem mais poderia ter-lhe dito que o autor da *Dramaturgia* é também o editor da mesma? Quem mais poderia haver-lhe revelado as causas secretas pelas quais eu teria atribuído a uma das atrizes uma voz sonora e teria enaltecido o ensaio de outra? Eu estava então, é verdade, apaixonado por ambas, mas jamais acreditaria, no entanto, que uma alma viva pudesse adivinhá-lo. É impossível tampouco que as senhoras mesmas lho tenham dito: portanto, a veracidade disso tem a ver com o espírito da profecia. Sim, ai de nós escritores quando nossos senhores, os jornalistas e periodistas, querem se enfeitar com as plumas dos outros! Quando para o seu julgamento servem-se, além de sua habitual sabedoria e perspicácia, também destas pecinhas da mais secreta magia: quem pode resistir-lhes?

"Eu poderia anunciar", escreve este sr. Stl., por inspiração de seu diabrete, "também o segundo tomo da *Dramaturgia*, se a negociação com os livreiros não desse demasiado trabalho ao autor, além do necessário para encerrar logo a obra."

Não se deve tampouco querer transformar o diabrete em mentiroso, quando precisamente dessa vez ele não é. Não é de todo sem fundamento o que o Coisa-má soprou aqui ao bom sr. Stl. Eu tinha realmente algo assim em mente. Eu pretendia contar aos meus leitores por que essa obra foi tantas vezes interrompida; por que só em dois anos e com grande esforço consegui concluir grande parte daquilo que estava prometido por um ano. Eu queria reclamar da reimpressão através da qual se enveredou pelo caminho mais direto para sufocá-lo ao nascer. Eu queria fazer algumas observações sobre as consequências nefastas da reimpressão. Eu queria sugerir o único meio de evitá-las. Mas isso não se transformaria, por sua vez, em um artigo contra os livreiros? Ou, ao contrário, em seu favor: ao menos dos homens corretos entre eles; e há os que sejam. Não confie, pois, sempre, meu caro sr. Stl., tão inteiramente em seu diabrete! O senhor está vendo: aquilo que semelhante excreção do maligno inimigo, do diabo, sabe mais ou menos do futuro, ela sabe só pela metade.

Mas agora chega de responder ao tolo segundo a sua tolice, para que ele não se julgue sábio. Pois esta mesma boca diz: não responda ao tolo segundo a sua tolice, para que você não se torne igual a ele! Ou seja: não lhe responda segundo a sua tolice, para que a coisa em si não seja por isso esquecida, senão você lhe seria imediatamente igualado. E assim me dirijo de novo ao meu sério leitor, ao qual peço desculpas por esses gracejos sobre o sério.

A verdade é que a reimpressão, através da qual se pretendia tornar estas folhas accessíveis a todos, é a única causa pela qual sua edição se prolongou tanto até aqui e pela qual ficou agora totalmente esquecida. Antes de dizer uma palavra sobre isso, que me seja permitido afastar a suspeita de interesse pessoal. O próprio teatro forneceu os recursos para tanto, na esperança de reaver da venda ao menos uma boa parte de seus gastos. Não perco nada com o fato dessa esperança malograr. Também não fico nada aborrecido por não poder mais encontrar comprador para o material reunido para a continuação. Retiro minha mão dessa charrua com o mesmo bom grado com o qual a coloquei. Klotz e sócios desejavam que eu nunca a tivesse colocado; e facilmente se encontrará um entre eles que fará um registro diário do empreendimento falido até o seu final e que me apresentará que *proveito periódico* eu poderia e deveria proporcionar a uma *folha periódica* assim.

Pois eu não quero e não posso ocultar que estas últimas páginas foram escritas quase um ano após a data que enunciam. O doce sonho de fundar um teatro nacional aqui em Hamburgo já desapareceu de novo: e, tanto quanto passei a conhecer agora esse lugar, julgo que ele deverá ser também justamente o mais tardio em que tal sonho será realizado.

Mas também isso me pode ser muito indiferente! Não gostaria sobretudo de parecer como se eu considerasse uma grande desgraça que os esforços dos quais participei fossem frustrados. Eles podem não ser de qualquer importância particular, precisamente porque tomei parte deles. Mas, então, se esforços de maior envergadura pudessem malograr por causa dos mesmos desserviços, por quais os meus se frustraram? O mundo nada perde pelo fato de que, em lugar de seis volumes de dramaturgia, eu só consegui trazer à luz dois. Mas poderia perder se algum dia uma obra mais útil de um escritor melhor também ficasse frustrada e houvesse pessoas que arquitetassem expressamente um plano para que, inclusive a mais útil das obras, empreendida em condições parecidas, devesse e precisasse malograr.

Sob este ponto vista, eu não hesito e considero meu dever denunciar ao público um complô. Justamente esses Dosley e Compagnie, que se permitiram reimprimir a *Dramaturgia*, estão há algum tempo fazendo circular entre os livreiros um artigo, escrito e impresso, que palavra por palavra soa assim:

Notícias aos Senhores Livreiros

Decidimos impedir, com a ajuda de diversos senhores livreiros, que no futuro aqueles que se envolverem sem as necessárias qualificações no comércio de livros (como, por exemplo, as casas de negócios nesse ramo recém-instaladas em Hamburgo e outros locais) façam suas próprias edições e as reimprimam sem exame; bem como baixem para a metade os preços por eles estabelecidos. Os senhores livreiros que de pronto aderiram a essa proposta, compreendendo realmente que uma perturbação dessa ordem deve causar o maior prejuízo a todos os livreiros, resolveram organizar, em apoio a essa proposta, uma caixa [conjunta] e colocaram à disposição uma considerável soma de dinheiro, com o pedido de que por enquanto seu nome não fosse divulgado, mas prometeram ao mesmo tempo continuar a apoiá-la. Dos demais senhores livreiros bem intencionados, aguardamos, portanto, igualmente, um aumento de caixa e pedimos também que recomendem do melhor modo a nossa editora.

No que se refere à impressão e à qualidade do papel, não iremos transigir com os primeiros; de resto, porém, vamos esforçar-nos a prestar uma precisa atenção à incontável multidão de comerciantes clandestinos, a fim de que todo mundo não comece a meter-se no comércio de livros e a estorvá-lo. Tanto asseguramos, como ainda comunicamos aos senhores colegas filiados que não iremos reimprimir uma só folha de nenhum livreiro legítimo; mas, ao contrário, estaremos muito atentos, tão logo alguém de nossa sociedade tiver um livro reimpresso, a responsabilizar pelos danos não apenas o reimpressor, como não menos aqueles livreiros que se atrevam a vender as suas reimpressões. Pedimos, pois, a todos os senhores livreiros amavelmente que se desfaçam de toda espécie de reimpressões no espaço de tempo de um ano, depois que tivermos anunciado por impresso os nomes de toda a Sociedade dos Livreiros, ou esperem ver sua melhor edição vendida pela metade do preço ou ainda por muito menos. Àqueles senhores livreiros de nossa Sociedade, porém, aos quais ocorra porventura alguma reimpressão, não deixaremos faltar, proporcionalmente e segundo a receita em caixa, uma respeitável bonificação. E assim esperamos também que as demais desordens no comércio livreiro tenham, com a ajuda de bem intencionados senhores livreiros, um fim em curto tempo.

Se as circunstâncias permitirem, viremos anualmente à feira da páscoa de Leipzig e, quando não, daremos por certo o encargo em comissão. Recomendamo-nos às suas boas disposições e permanecemos seus fiéis colegas

J. Dodsley e Compagnie

Se esse texto não contivesse mais do que o convite para uma ligação mais precisa entre os livreiros a fim de terminar com a invasiva reimpressão, dificilmente um estudioso lhe negaria o aplauso. Mas como poder vir ao espírito de pessoas sensatas e corretas a ideia de dar a esse plano uma dimensão tão condenável? Para impedir a ação de alguns pobres ladrões domésticos querem eles próprios se tornar assaltantes de estrada? "Eles querem reimprimir aquele que os reimprime." Isso é possível, caso as autoridades queiram de outro modo lhes permitir que dessa forma eles próprios se vinguem. Mas eles querem, ao mesmo tempo, *evitar a autoedição*. Quem são eles, os que pretendem evitá-la? Terão eles realmente a coragem de reconhecer sob seus verdadeiros nomes sua disposição para essa vilania? Em algum lugar, alguma vez foi proibida a autoedição? E como pode ser proibida? Qual lei pode reduzir o direito do estudioso de tirar de suas próprias obras todos os proveitos que possa eventualmente dela tirar? "Mas eles se imiscuem sem as necessárias qualificações no comércio de livros." Que qualificações necessárias são essas? Ter aprendido durante cinco anos a embrulhar pacotes com um homem que nada mais sabe além de embrulhar pacotes? E quem não deve imiscuir-se no comércio de livros? Desde quando o comércio de livros é uma corporação? Quais são os seus privilégios exclusivos? Quem lhos concedeu?

Quando Dodsley e Compagnie estiverem concluindo sua reimpressão da *Dramaturgia*, peço-lhes que ao menos não mutilem a minha obra, mas também reimprimam fielmente aquilo

DRAMATURGIA DE HAMBURGO 659

que aí encontrarem contra eles. Não lhes levarei a mal, caso acrescentem a sua defesa – se para eles uma defesa for possível. Podem também redigi-la no devido tom ou pedir a um douto, medíocre o suficiente para lhes emprestar a sua pena, que a redija no tom que eles queiram: inclusive no tão interessante da Escola de Klotz, rica em toda espécie de historietas, anedotinhas e pasquininhas, sem uma palavra sobre a coisa. Apenas declaro de antemão ser mentira a menor insinuação de que é melindrado interesse próprio que me leva a falar tão calorosamente contra eles. Eu nunca mandei imprimir à minha custa e dificilmente o farei durante minha vida. Conheço, como já disse, mais de um homem correto entre os livreiros a cuja mediação eu entrego de bom grado um negócio como esse. Mas nenhum deles pode também me levar a mal quando demonstro meu desprezo e meu ódio contra pessoas, em comparação às quais todos os salteadores de estrada e bandidos de tocaia não são realmente piores. Pois cada um deles faz o seu *coup de main* por si: Dodsley e Compagnie, porém, querem roubar em bando.

O melhor seria que seu convite de fato fosse aceito por pouquíssimos. Do contrário, estaria em tempo de os doutos pensarem seriamente em realizar o conhecido projeto leibnitziano[36].

36 Referência à proposta de Leibniz, em "De vera ratione reformandi rem literariam" (1668), de criar uma sociedade de estudiosos que provesse meios para que publicassem suas obras, se ajudassem mutuamente e garantisse proteção contra editores-piratas. Cf. *Patriotism, Cosmopolitanism, and National Culture: Public Culture in Hamburg, 1700-1933*, ed. Peter Uwe Hohendahl, Amsterdam/New York: Rodopi, 2003.

APÊNDICE

CARTAS[1]

Segunda Carta

4 de janeiro de 1759

Pelo menos a erudição, como profissão, anda entre nós num desenvolvimento bastante tolerável. Os catálogos comerciais não diminuíram e nossos tradutores não têm mãos a medir.

O que já não traduziram e quanto não irão ainda traduzir! Agora mesmo tenho à minha frente um que se atirou sobre um poeta inglês – adivinhai sobre quem?! Oh, não pode adivinhá-lo –, sobre Pope[a].

E ele o traduziu em prosa. Um poeta cujo grande, para não dizer maior, mérito residia no que chamamos de mecânico na poesia, cujo esforço todo consistia em infundir o mais rico e mais pleno significado às mais concisas e melodiosas palavras, para quem a rima não constituía uma bagatela, traduzir um

---

1 Tradução de J. Guinsburg. As notas introduzidas por letras são da edição original.

a *Herrn Alexander Pope Siimmtliche Werke*. Erster Band. Altona bei D. Iversen. 1758, in-8 (L.).

poeta assim em prosa significa deformá-lo mais ainda do que se deformaria Euclides se o traduzissem em versos.

Também se tratava apenas de uma ideia do livreiro, como confessa o próprio tradutor. E o que importa a este com o que o outro lhe permite ganhar dinheiro e pensa ganhar igualmente? Na verdade, um instrumento tão cegamente servil devia empregar uma linguagem mais modesta do que a do nosso tradutor de Pope. Não devia dizer: "Penso haver compreendido inteiramente o meu poeta e confiei em que o meu próprio pequeno talento poético, por menor que seja, me ajudaria a exprimir o compreendido de tal forma que o *élan* e a nitidez não perderiam em demasia."

Isso porque, quanto mais ele mesmo se engrandecer, tanto mais impiedosamente censurar-lhe-á o leitor a sua estulta empresa, com tanto mais escárnio acusa-lo-á de cada erro que contradisser aquele seu autoelogio. Por exemplo:

Pope quer justificar a imitação dos Antigos. Exigimos, declara, e esperamos de um poeta que ele seja um homem versado e erudito (*a scholar*) nas obras dos Antigos, e ficamos, no entanto, irritados quando verificamos que ele é realmente um homem assim. No que julgai de fato que esta sutil observação se converteu sob a pena do tradutor? Ele traduziu *scholar*, como verdadeiro escolar que é, por escolar, e diz[b]: "Na verdade é injusto que os outros queiram que sejamos escolares e que ainda fiquem irritados quando como escolares nos encontram."

Pope compara Virgílio com o seu modelo, Teócrito. O romano, diz ele, supera o grego em regularidade e concisão, nada lhe ficando a dever, a não ser na simplicidade da expressão peculiar (*simplicity and propriety of style*). Pope quer dizer que o estilo nas éclogas virgilianas é menos próprio, mais florido, do que nas teocríticas; e a censura não é infundada. Só que, tal como o tradutor a exprimiu, é inteiramente desarrazoada. Com efeito, ele traslada *propriety* por *Richtigkeit*, por correção; e que

---

b *That people should expect us to be Scholars, and yet be angry to find us so.* No prefácio. (L.)

CARTAS

escritor, sem excetuar qualquer dos Antigos, será preferível a Virgílio na correção (*correctness*) do estilo?[c]

Pope narra a história do seu trabalho de autor. Escrevi, diz ele, porque me ocupava agradavelmente; retoquei porque o retocar me causava tanta satisfação quanto o escrever; mandei imprimir porque me lisonjeavam com que eu pudesse agradar a pessoas cujo aplauso propiciava bom nome[d]. O tradutor, porém, o faz dizer: "para que eu pudesse agradar aos que desejava agradar".

Virgílio, que tomou Teócrito por modelo, diz Pope, e o tradutor diz: Virgílio, que copia Teócrito.

Estes não somam nem de longe todos os defeitos tão somente do prefácio e da dissertação das Pastorais, das primeiras e mais fáceis, isto é, das partes prosaicas do primeiro volume[e]. Julgai por aí o que pode vir mais adiante!

Quais as desculpas que o tradutor apresenta para as suas frequentes construções pouco alemãs, como ele mesmo se enreda nessas desculpas e, imperceptivelmente, se censura a si próprio, é divertido ler-se na página dezessete do prefácio. Ele exige que, para compreendê-lo, se domine a arte da leitura. Mas já que tal arte não é tão comum, deveria ele, antes de tudo, entender da arte de escrever. E ai da infeliz arte da leitura, quando a sua principal preocupação há de ser o de aclarar o sentido literal!

c Dissertação das Pastorais 6, 7, da tradução alemã (L.).

d *Such as it was a credit to please.* No prefácio (L.).

e O prefácio promete dar os nove volumes ingleses in-octavo em seis volumes alemães e reunir ao primeiro tomo alemão também a metade do segundo inglês. No fim, porém, resolveram de outro modo; e os leitores não receberam sequer o primeiro volume inglês completo nesse primeiro volume alemão, pois lhe falta o epílogo do "Rowe's Jane Shome" (L.).

666   LESSING: APÊNDICE

Décima Sétima Carta[f]

16 de fevereiro de 1759

"Ninguém", dizem os autores da *Biblioteca*[2], "negará que a cena teatral alemã tem de agradecer grande parte de suas melhorias ao sr. prof. Gottsched."

Eu sou esse ninguém; eu o nego redondamente. Seria de desejar que o sr. Gottsched nunca se houvesse imiscuído no teatro. As suas melhorias concernem ou a pormenores dispensáveis ou são verdadeiras pioras.

Quando a sra. Neuber florescia e alguns sentiam a vocação de se tornarem dignos dela e do palco, a situação de nossa poesia dramática era, sem dúvida, muito lamentável. Não se conheciam quaisquer regras; ninguém se incomodava com quaisquer modelos. Nossas "ações grandiosas e heroicas" eram totalmente absurdas, bombásticas, cheias de imundície e de piadas chulas. Nossas "comédias" consistiam de mascaradas e mágicas; as pancadas constituíam suas ideias mais engenhosas. Para constatar essa degradação não era necessário ser, na realidade, o mais extraordinário e o mais sutil dos espíritos. Tampouco foi o sr. Gottsched o primeiro a constatá-la; foi apenas o primeiro a confiar suficientemente em suas forças para remediar tal estado de coisas. E como é que ele pôs mãos à obra? Compreendia um pouco de francês e começou a traduzir; incitou a traduzir igualmente a todos que soubessem rimar e compreender *Oui Monsieur*; fabricou, como afirma um crítico suíço, o seu *Catão* com "tesoura e cola"; mandou fazer sem cola e tesoura o *Dario* e as *Ostras*, a *Elisa* e o *Bode em Litígio*; o *Aurélio* e o *Gracejador, a Banise* e o *Hipocondríaco*; lançou a sua maldição sobre a improvisação no palco; ordenou expulsar solenemente o Arlequim do teatro, o que constituía, por sua vez, a maior arlequinada jamais representada; em suma, ele não desejava

---

f Do 3º volume, Primeira parte, p. 85 (L.).

2 Referência ao periódico *Biblioteca das Belas Ciências e Artes Livres*, editado por Christoph Friedrich Nicolai.

CARTAS 667

tanto melhorar o nosso velho teatro, como ser o fundador de um totalmente novo. E novo em que sentido? No sentido de um teatro afrancesado; sem examinar se este teatro afrancesado se ajustava ou não à mentalidade alemã. Ele poderia ter verificado suficientemente pelas nossas velhas peças dramáticas, às quais expulsou, que nos inclinamos mais para o gosto dos ingleses do que para o dos franceses; que desejamos ver e pensar mais em nossas tragédias do que nos dá a ver e a pensar a tímida tragédia francesa; que o grandioso, o terrível e o melancólico atuam melhor sobre nós do que o gentil, o terno, o amoroso; que a excessiva simplicidade nos cansa mais do que a excessiva complicação etc. Deveria, portanto, ter ficado nesta trilha e ela o teria conduzido diretamente ao teatro inglês. Não digais que também procurou utilizá-lo, como demonstra o *Catão* de sua autoria. Pois precisamente o fato de ele considerar o *Catão* de Addison a melhor tragédia inglesa patenteia com nitidez que enxergava aqui tão somente com os olhos dos franceses, e que não conhecia, nessa época, um Shakespeare, um Johnson, um Beaumont e um Flechter, dos quais tampouco quis mais tarde, por orgulho, tomar conhecimento[3].

Caso se tivessem traduzido, para o nosso público alemão, as obras-primas de Shakespeare com algumas discretas modificações, estou certo de que isso teria dado melhores resultados do que tê-lo familiarizado tanto com Corneille e Racine. Em primeiro lugar, o povo sentiria muito mais prazer naquele do que é capaz de sentir nestes; além disso, aquele teria despertado entre nós espíritos bem diferentes do que é possível gabarse destes. Pois um gênio só pode ser inflamado por outro gênio e com maior facilidade por um que pareça dever tudo apenas à natureza e que não se intimide pelas árduas perfeições da arte[4].

3 Joseph Addison (1672-1719), escritor inglês, editor de periódicos como *Spectator*, *Tatler*, *Guardian* que influenciaram muito as publicações periódicas na Alemanha. O drama-modelo classicista *Cato* (1713) fez escola na Alemanha da Ilustração e influiu em Gottsched.

4 Essa frase exerceu grande influência sobre o "Sturm und Drang", o movimento dos "gênios originais". Lessing, contudo, estava longe de admitir qualquer excesso irracional e de identificar-se com o culto dos "gênios". Ver Aventura de Hamburgo, supra, p. 579-580.

668 LESSING: APÊNDICE

E, mesmo a decidir a questão segundo o modelo dos Antigos, é Shakespeare um poeta trágico infinitamente superior a Corneille, embora este conhecesse muito bem os Antigos e aquele não os conhecesse em quase nada. Corneille se lhes aproxima pelo arranjo mecânico e Shakespeare pelo essencial. O inglês alcança quase sempre a meta da tragédia, por mais estranhos e peculiares que sejam os caminhos por ele escolhidos, e o francês quase nunca atinge esse fim, ainda que palmilhe os mais aplainados caminhos dos Antigos. Após o *Édipo* de Sófocles, nenhuma peça no mundo pôde exercer maior impacto sobre as nossas paixões do que o *Otelo*, do que o *Rei Lear*, do que o *Hamlet* etc. Contará Corneille uma única tragédia que vos haja comovido a metade, ao menos, do que a *Zaïre* de Voltaire? E a *Zaïre* de Voltaire! quão abaixo está do *Ouro de Veneza*, do qual é débil cópia, e de quem foi emprestado o caráter todo de *Orosmans*?

Com pouco esforço, entretanto, eu poderia demonstrar-vos amplamente que nossas velhas peças, ao invés, tinham muito de inglês. Só para citar a mais conhecida de todas: o *Doutor Fausto* tem uma porção de cenas que tão somente um gênio shakespeariano seria capaz de conceber. E como se encontrava, e ainda se encontra em parte, a Alemanha enamorada do seu Doutor Fausto! Um amigo conserva um antigo rascunho dessa tragédia e compartilhou comigo uma cena na qual há com certeza algo de extraordinariamente grande. Anseiam por lê-la?Ei-la!

Fausto exige como seu criado o espírito mais rápido do inferno; faz seus exorcismos ; surgem sete deles; inicia-se, então, a terceira cena do segundo ato:

Fausto e os Sete Espíritos

FAUSTO: Vocês são os espíritos mais rápidos do inferno?
OS ESPÍRITOS TODOS: Nós.
FAUSTO: E vocês são todos os sete igualmente rápidos?
OS ESPÍRITOS TODOS: Não.
FAUSTO: E qual de vocês é o mais rápido?

OS ESPÍRITOS TODOS: Sou eu!

FAUSTO: Um milagre! Que entre sete diabos só seis são mentirosos. Eu preciso conhecê-los melhor.

O PRIMEIRO ESPÍRITO: Você irá! Um dia!

FAUSTO: Um dia ? O que você quer dizer com isso? Os diabos também pregam penitência?

O PRIMEIRO ESPÍRITO: Sim, por certo, aos renitentes. Mas não nos detenha.

FAUSTO: Como você se chama? E quão rápido você é?

O PRIMEIRO ESPÍRITO: Você poderia ter uma prova antes de ter uma resposta.

FAUSTO: Pois bem, olhe aqui; o que estou fazendo?

O PRIMEIRO ESPÍRITO: Você está passando rapidamente com seu dedo pela chama da luz.

FAUSTO: E não me queimo. Então, vá você também e passe sete vezes mais rápido pelas chamas do inferno e não se queime. – Você se cala? Está ai? Assim também se gabam os diabos? Sim, sim, nenhum pecado é tão pequeno para que vocês deixem passá-lo. – Segundo, como você se chama?

O SEGUNDO ESPÍRITO: Chil, isso significa na enfadonha língua de vocês "flecha da peste".

FAUSTO: O quão rápido você é?

O SEGUNDO ESPÍRITO: Você pensa que carrego meu nome em vão? –Como a flecha da peste.

FAUSTO: Então, ande e vá servir a um médico! Para mim, você é muito vagaroso. –Você, terceiro, como você se chama?

O TERCEIRO ESPÍRITO: Eu me chamo Dilla, pois a mim carregam as asas do vento.

FAUSTO: E você, o quarto?

O QUARTO ESPÍRITO: Meu nome é Jutta, pois eu viajo nos raios de luz

FAUSTO: Ó, vocês, cuja rápidez em números finitos serve para exprimir suas misérias.

O QUINTO ESPÍRITO: Não os honre com seu mau-humor. Eles são apenas mensageiros de Satanás no mundo corpóreo. Nós o somos no mundo dos espíritos: você nos achará mais rápidos.

FAUSTO: E quão rápido você é?

O QUINTO ESPÍRITO: Tão rápido quanto o pensamento do homem.

FAUSTO: Isso já é algo! – Mas nem sempre os pensamentos do homem são rápidos. Não quando exigem verdade e virtude. Como são lerdos, então! –Você pode ser rápido quando quer ser rápido, mas quem me assegura que você quer isso sempre? Não, em você eu confiaria tão pouco quanto eu mesmo devo confiar em mim. Ah! (Para o Sexto Espírito) –Diga você, quão rápido você é?

O SEXTO ESPÍRITO: Tão rápido quanto a vingança do vingador.

FAUSTO: Do vingador? Qual vingador?

O SEXTO ESPÍRITO: Do violento, do terrível, aquele que reserva a vingança para si só, porque a vingança lhe compraz.

FAUSTO: Diabo! Você blasfema, pois eu vejo que está tremendo. –Rápido, diz você, como a vingança do –logo eu o teria nomeado! Não, ele não é nomeado entre nós! –Rápida seria sua vingança? Rápida? –E eu ainda estou vivo? E eu ainda peco?

O SEXTO ESPÍRITO: Que ele ainda o deixe pecar já é vingança!

FAUSTO: E que um Diabo deva me ensinar isso! – Mas só hoje! Não, sua vingança não é rápida, e se você não é mais rápido que sua vingança então vá embora. –(*Para o Sétimo Espírito*) –Quão rápido você é?

O SÉTIMO ESPÍRITO: Desprazeirosamente mortal mesmo lá quando não sou bastante rápido para você.

FAUSTO: Então diga, quão rápido?

O SÉTIMO ESPÍRITO: Nem mais nem menos do que a passagem do bem para o mal.

FAUSTO: Ah! Você é o meu Diabo! Tão rápido como a passagem do bem para o mal! Sim, este é rápido: nada é mais rápido do que este! –Fora daqui suas lesmas de Orco[5]! Fora! Como o é a passagem do bem para o mal! Eu descobri o quanto ele é rápido! Eu descobri! Etc.

O que vocês dizem dessa cena? Vocês queriam uma peça alemã que tivesse somente tais cenas? Eu também!

---

5 Orcus, deus romano que punia a quebra de juramentos e promessas.

Nova Carta[6]

Ao sr. G.

Li o laureado discurso do Senhor Rousseau. Encontrei nele muitas disposições morais sublimes e uma eloquência viril. As armas, com as quais ele assalta as artes e as ciências, nem sempre são, na verdade, das mais fortes; no entanto, não sei que íntimo e profundo respeito a gente sente por um homem que fala em prol da virtude, contra todos os preconceitos aprovados, mesmo quando chega a exceder-se. Poder-se-ia objetar-lhe diferentes coisas. Poder-se-ia dizer que a acolhida das ciências e a decadência dos costumes e dos Estados são duas coisas que se acompanham mutuamente, sem que uma seja a causa e o efeito da outra. Tudo, neste mundo, tem o seu momento determinado. Um estado cresce até alcançá-lo e, enquanto o faz, também crescem com ele as artes e as ciências. Se se desmorona, pois, não se desmorona porque estas o minaram, mas porque nada é capaz de crescimento perpétuo e porque precisamente neste instante chegou ao cimo do qual deve recair com rapidez incomparavelmente maior do que aquela com que o escalou. Todas as grandes edificações se esboroam com o tempo, sejam elas construídas com ou sem arte e ornamentos. É verdade, a espirituosa Atenas se foi; mas a virtuosa Esparta não se foi, também? Ademais, poder-se-ia alegar que, se as qualidades guerreiras desaparecem com a divulgação das ciências, ainda resta saber se deveríamos considerar o fato uma felicidade ou uma infelicidade? Será que estamos no mundo com o fito de nos assassinarmos uns aos outros? E mesmo que a arte e a ciência sejam danosas aos costumes severos, elas não o são por si próprias, mas por

---

6 Esta carta não é das *Cartas Tratando da Literatura Mais Recente*. Pertence a uma série anterior de cartas fictícias, que saiu numa primeira edição das suas obras até então reunidas (1753-1755). O conteúdo desta carta refere-se ao *Discours sur le sciences et les arts*, que ganhou o prêmio da Academia de Dijon (1749) e no qual Rousseau respondeu negativamente à questão proposta: o progresso das ciências e artes terá contribuído para a corrupção ou purificação dos costumes?

meio daqueles que fazem delas mau uso. Será a pintura reprovável por este ou aquele mestre empregá-la em objetos sedutores? Deixará a poesia de ser em alto grau estimável só porque alguns poetas lhe profanam as harmonias através de impudicícias? As artes são o que delas queremos fazer. Depende inteiramente de nós que elas não sejam lesivas. Em suma, o Senhor Rousseau não tem razão, mas não sei de ninguém que não tenha tido razão com mais razão do que ele. Eu sou...

O TEATRO DO SENHOR DIDEROT[1]

Prefácio à edição de 1760

Este *Teatro do Senhor Diderot*, um dos mais eminentes autores da célebre *Enciclopédia*, consiste de duas peças, que ele elaborou como exemplos de um novo gênero e acompanhou de suas ideias, tanto sobre o novo gênero como sobre outros pontos importantes da poesia dramática e de todas as suas artes subordinadas: a declamação, a pantomima, a dança.

Os conhecedores não hão de notar nessas peças ausência nem de gênio nem de gosto, e no demais hão de sentir em toda parte a cabeça pensante, que continua estendendo os velhos caminhos e, ao mesmo tempo, traça novas veredas por regiões desconhecidas.

Eu poderia perfeitamente dizer que, depois de Aristóteles, nenhum espírito mais filosófico do que ele se ocupou com o teatro.

Daí por que também está longe de ver a cena de sua nação no grau de perfeição em que a vislumbram, entre nós, os cérebros

---

1 Tradução de J. Guinsburg.

674 LESSING: APÊNDICE

superficiais, à cuja testa se encontra o professor Gottsche. Dide-rot confessa que os dramaturgos e atores franceses ainda se acham muito distantes da natureza e da verdade e que os talentos de ambos não passam, em boa parte, de pequenas habilidades, de imposição artesanal, de fria etiqueta etc.

Raramente nos curamos da abjeta imitação de certos padrões franceses antes que os próprios franceses comecem a repudiá--los. Muitas vezes, porém, mesmo então os repudiamos.

Assim, será de primordial importância se o homem que nada mais deseja além de restabelecer o gênio em seus antigos direitos, dos quais a arte inautêntica o expulsou, se este homem, que confessa ser o teatro capaz de produzir impressões bem mais fortes do que é possível gabar-se com respeito às mais famosas obras--primas de Corneille e Racine, se este homem encontrar entre nós maior aceitação do que encontrou entre os seus compatriotas.

Isso pelo menos deve acontecer, se nós também quisermos pertencer um dia ao rol dos povos civilizados, cada um dos quais tem o *seu* teatro.

E não pretendo ocultar que foi unicamente nessa expectativa que empreendi a tradução da presente obra.

Prefácio do tradutor à segunda edição, 1781

Fui instado a dar abertamente o meu nome a esta tradução.

E como já de há muito deixou de ser desconhecido que sou de fato o seu autor e como ainda me recordo com prazer do esforço que nela apliquei e do proveito que dela auferi, não vejo por que deva eximir-me de uma solicitação que me dá ensejo de testemunhar minha gratidão a um homem que teve parte tão considerável na educação do meu gosto. Pois, seja este o que for, possuo plena consciência de que, sem o exemplo e o ensinamento de Diderot, teria ele tomado um rumo totalmente diferente. Quiçá, um mais peculiar; mas dificilmente um rumo com o qual, ao fim, minha razão ficasse mais satisfeita.

Diderot parece ter exercido muito maior influência sobre o teatro alemão do que sobre o de seu próprio povo. Outrossim, a transformação que desejava suscitar no teatro francês era, na prática, muito mais árdua de produzir do que o bem que proporcionou de passagem ao teatro alemão. As peças francesas, que eram encenadas em nosso teatro, representavam exclusivamente costumes estranhos; e costumes estranhos, em que não reconhecemos nem a natureza humana em geral nem a nossa natureza de povo em particular, veem-se logo eliminados. Porém, quanto mais os franceses realmente encontram nas suas peças o que nós apenas imaginamos encontrar nelas, tanto mais obstinada há de ser a resistência que as suas antigas impressões opõem a todo esforço, julgado desnecessário, no sentido de riscá-las ou de regravá-las.

Nós, ao contrário, estávamos, há muito, fartos de ver apenas um velho bonifrate de manto curto ou um jovem peralvilho de calças cheias de fitas agitar-se e vociferar no palco entre meia dúzia de personagens banais; aspirávamos, há muito, a algo melhor, sem que soubéssemos onde havia de surgir, quando apareceu "O Pai de Família". Nele, o homem probo reconheceu de pronto aquilo que o teatro deveria tornar-lhe duplamente caro. Admitamos que, desde então, o teatro ressoa menos do clangor de uma gargalhada sem sentido! O verdadeiramente ridículo não é o que faz rir com maior estrépito; e inépcias não devem pôr em movimento apenas os pulmões.

POSFÁCIO
ILUMINISMO E SPINOZISMO:
LESSING, UM BURGUÊS CLÁSSICO

Gotthold Ephraim Lessing constitui sem dúvida um dos primeiros e mais importantes intelectuais burgueses da Alemanha.

A razão inicial para que se lhe atribua esse qualificativo (que ainda hoje poderia parecer desprezível a muitos adeptos de certas tendências políticas) foi o fato de, na qualidade de escritor, preferir viver "às custas do público" (até quando lhe foi possível), de preferência ao "favor dos príncipes". Tendo passado por uma esmerada educação humanista, na qual se incluíram as culturas greco-romana, a hebraica e a francesa, foi enviado por seu pai, pastor luterano, a cursar teologia em Leipzig. E, embora se tenha dedicado como ensaísta aos assuntos teológicos, preferiu não seguir a profissão paterna, decidindo-se corajosamente pela crítica artística e o teatro. Já em 1748, com apenas dezenove anos, fez sua estreia com *Der junge Gelehrte* (O Jovem Erudito), seguido de *Der Freigeist* (O Livre Pensador) no ano seguinte. Sobreviveu economicamente de suas colaborações em revistas, ainda que seu público (leitor ou espectador) fosse o crescente mas pequeno contingente de homens esclarecidos e de mulheres instruídas, aos quais tentava convencer da necessidade de uma Alemanha "guiada pela filosofia das Luzes", racionalista, cultivadora de aspectos e de tendências nacionais, mas disposta aos desafios do subjetivismo moderno e do cosmopolitismo. Não por outro motivo, Lessing fracassou financeiramente por duas vezes – com o projeto coletivo do Teatro Nacional e sua livraria particular em Hamburgo –, ao mesmo tempo que sua personalidade intelectual se consolidava nos países de língua alemã por meio de suas análises, posteriormente reunidas na *Dramaturgia de Hamburgo*.

A segunda razão para o atributo burguês é consequência de sua produção como dramaturgo, ou seja, das características de suas peças, tanto sob o aspecto formal (o do verso livre) quanto de conteúdo, passando a incluir, além de personagens aristocráticas, os representantes das classes ou estratos menos privilegiados da sociedade, pertencentes ao "terceiro Estado". Mas, apesar de suas reprovações ao teatro clássico francês, que lhe parecia cheio de artifícios e de preciosismos nobiliárquicos, não pôde esquivar-se às influências da cultura vizinha. Por isso mesmo, escreveu Otto Maria Carpeaux: "A tragédia burguesa *Miss Sara Sampson* se parece, apesar dos nomes ingleses, mais com os dramas burgueses de Diderot do que qualquer modelo inglês. A excelente comédia *Minna von Barnhelm*, embora se desenrolando em ambiente prussiano, é uma comédia à moda francesa, muito aprofundada. A grande tragédia *Emília Galotti*, obra-prima do teatro lessinguiano, pela qual pretendeu o autor exemplificar as suas teorias dramatúrgicas, tragédia de composição magistral, apesar de certas fraquezas da motivação psicológica, revelaram que Lessing foi mais crítico do que criador – está muito mais perto dos franceses do que de Shakespeare. Lessing é classicista, mais à maneira de Voltaire do que à de Goethe."[1]

Na qualidade de ensaísta, Lessing ofereceu uma enorme contribuição para que se aprofundasse o entendimento do

---

1 *História da Literatura Ocidental*, Rio de Janeiro: Alhambra, 1981, p. 1026-1029.

ILUMINISMO E SPINOZISMO: LESSING, UM BURGUÊS CLÁSSICO 679

fenômeno artístico, consolidando a Alemanha como o mais fértil país na construção da filosofia da arte nos séculos XVIII e XIX. Depois da *Aesthetica* (Estética de Baumgarten) e da *Geschichte der Kunst des Altertums* (História da Arte Antiga) de Winckelmann, seu *Laoköon, oder Über die Grenze der Malerei und Poesie* (Laocoonte) teve por finalidade destacar as características de cada expressão artística. Se o poeta está livre para nos fazer escutar os gritos de dor ou de alegria, assim como as lamentações de seus heróis, o escultor (ou genericamente o artista plástico), se pudesse talhar um grito, cometeria um crime ou um grande erro. Em todas as artes subsistem, é claro, leis gerais ou comuns, mas cada uma delas possui regras particulares, uma eloquência própria que decorre de seus processos de criação. As artes do desenho, por exemplo, são expressas por linhas e cores, cuja combinação gera um determinado efeito imediato e permanente. Elas dispõem de um só momento, e ocupam um só espaço. Já a poesia, assim como a música, reproduz uma série de signos sucessivos e, portanto, de pensamentos e de sentimentos: são artes do tempo. Na esteira de Lessing, a Alemanha ainda nos daria outros pensadores dos mais influentes no âmbito da estética e da crítica da cultura: Hegel, Nietzsche, Spengler.

Um aspecto controvertido, e provavelmente inconclusivo a respeito das ideias de Lessing, foi desencadeado logo após sua morte. Na ocasião, o filósofo e teólogo Moses Mendelssohn, posteriormente considerado "o pai do iluminismo judaico", se dispôs a escrever "algo sobre a personalidade" de seu amigo, na verdade uma apologia dissimulada do crítico, poeta, dramaturgo e pensador alemão. Ao saber dessas intenções de Mendelssohn, Friedrich Jacobi, por intermédio de uma amiga comum, Margarete Elisabeth (Elise) Reimarus, e imaginando que Mendelssohn acabasse por não expor, com a devida fidelidade, as últimas concepções de Lessing, decidiu revelar a Elise algumas conversas que tivera com Lessing pouco antes de seu falecimento. Em carta datada de 21 de julho de 1783, Jacobi escreveu

680 LESSING – OBRAS

à sua amiga: "Talvez você saiba, e se não souber eu lhe confidencio, que Lessing, em seus dias finais, era um convicto spinozista. É concebível que tenha expressado esse ponto de vista a outras pessoas; nesse caso, seria necessário que Mendelssohn, no memorial que lhe pretende dedicar, evite certos assuntos, ou ao menos os trate com extrema cautela."[2]

Segundo Jacobi, a concordância de Lessing com o spinozismo lhe foi revelada desde o primeiro encontro que tiveram em 1780, em Wolfenbüttel, e girou em torno de apreciações sobre um poema de Goethe, "Ode de Prometeu", texto em que o titã pronuncia um monólogo contra a autocracia de Zeus ("Eu, honrar-te? Por quê? Quem me fez crescer até a dimensão do homem? O tempo todo-poderoso e o eterno Destino, meu senhor e o teu. Eis-me aqui, eu que dou forma aos homens à minha imagem, raça a mim semelhante, feita para sofrer, para chorar, para gozar e regozijar-se, e para esquecer-te, como eu!"). Lessing, após ter confessado já não sustentar qualquer visão ortodoxa da divindade, acrescentou:

– Hen kai Pan (O Um e o Todo) é tudo o que sei. Essa é, inclusive, a tendência desse poema. E, por esse motivo, gosto muito dele.

– Então você estaria mais ou menos de acordo com Spinoza.

– Se eu tivesse que me chamar por outro nome, não saberia de outro melhor.

Na sequência da conversa, disse Jacobi:

– Você me surpreende, e provavelmente eu tenha mudado de cor por me sentir confuso. Desanimador não foi, mas certamente eu não esperava encontrar em você um spinozista ou panteísta. E você diz isso muito francamente. Eu tinha vindo principalmente com a esperança de receber sua ajuda contra Spinoza.

– Então você realmente o conhece?

– Acredito piamente que ninguém o conheceu melhor do que eu.

2 Gérard Vallée, *The Spinoza Conversations Between Lessing and Jacobi*, New York: University Press of America, 1988, p. 7s. As demais citações são do mesmo ensaio.

ILUMINISMO E SPINOZISMO: LESSING, UM BURGUÊS CLÁSSICO   681

– Então não existe socorro para você. Por que, ao contrário, você não se faz seu amigo? Não há outra filosofia, a não ser a filosofia de Spinoza.

Em outra ocasião, referindo-se ao tema da liberdade humana, Lessing lhe teria dito: "Quanto a mim, sou um bom luterano; mantenho-me apegado a essa doutrina qualificada de blasfema e de erro mais bestial do que humano, a saber, que não há vontade livre, doutrina à qual se acomoda o lúcido Spinoza." Essa declaração de luteranismo é condizente com as pesquisas que houvera feito quando bibliotecário de Wolfenbüttel, recuperando textos de Béranger de Tours (Turonensis Berengarius), que negava a ocorrência de uma verdadeira transubstanciação ao afirmar que o pão e o vinho serviam apenas como símbolos pregnantes, sem que isso modificasse a natureza dos objetos. O interesse de Lessing por uma disputa medieval parecia estar vinculado à elaboração de uma teologia racionalista, característica que atribuía ao protestantismo.

Jacobi assegura que Lessing tinha como representação de Deus a alma de um grande Todo e concebia o universo como um gigantesco organismo animado por um princípio infinito de vida e de movimento. Mas se assim fosse, Lessing estaria muito mais próximo de Giordano Bruno do que de Spinoza.

A principal fonte dessas declarações peremptórias de spinozismo por parte de Lessing encontra-se apenas nas cartas de Jacobi a Mendelssohn. É possível se perceber aqui e ali traços dessa influência, como em sua última peça, *Natã, o Sábio*, na qual, por meio da parábola dos três anéis, o autor prega a tolerância religiosa por razões teológico-históricas. Mas esse espírito já pode ser encontrado numa de suas obras iniciais, *Die Juden* (Os Judeus). É mais perceptível em Lessing uma fé no progressivo aperfeiçoamento da humanidade (sentimento que não se pode atribuir a Spinoza), típica do Iluminismo e da maçonaria da época, instituição da qual Lessing fazia parte, assim como vários outros intelectuais e artistas (Mozart, para citar um só dentre muitos). Se tudo muda incessantemente, então tudo melhora continuamente e o progresso é uma certeza na transformação do universo e da sociedade. Assim, por exemplo, quando advoga a prática do bem por ser ele útil e desejável em si, como se pode ler nos parágrafos 85 e 86 de *Die Erziehung des Menchengeschlechtes* (A Educação do Gênero Humano): "Não, o tempo da última perfeição virá, certamente virá, no qual o homem, quanto mais esteja sua razão convencida de um futuro sempre melhor, não necessitará extrair desse futuro motivos para suas ações; em que haverá o bem por que é o bem, e não por que esteja envolvido em supostas recompensas"; "Seguramente ele virá, o tempo de um novo e eterno Evangelho que nos é prometido, mesmo nos livros elementares da Nova Aliança." Ou também no diálogo maçônico *Ernst und Falk*: "Os Estados reúnem os homens para que, por meio dessa união, cada um possa desfrutar de sua parte de felicidade melhor e com mais segurança do que isoladamente. O conjunto total das felicidades parciais de todos os membros é a felicidade do Estado... Qualquer outra felicidade do Estado, por poucos que nele sofram, é apenas dissimulação de tirania."[3]

Ainda em novembro de 1783, Jacobi enviaria a Mendelssohn um relato sucinto de suas conversações, dando origem então ao grande debate sobre o panteísmo (ou, ainda, sobre o panenteísmo), o materialismo e o antifinalismo presentes na obra de Spinoza, o que marcou visivelmente a filosofia alemã a partir dos finais do século XVIII. São frutos dessa discussão, entre outras obras, as *Cartas a Moses Mendelssohn Sobre a Filosofia de Spinoza*, de Jacobi, *Lições Sobre a Existência de Deus*, de Mendelssohn, *Espinozismo*, de Schleiermacher, *O Que Chamamos Orientar-se no Pensamento?*, de Kant, *Deus, Alguns Diálogos Sobre o Sistema de Spinoza*, de Herder, ou ainda Hegel que, em *Lições Sobre a História da Filosofia*, afirma ser Spinoza "o momento crucial da filosofia moderna".

---

3 Disponível em: <http://www.internetloge.de/arst/ernsufal.htm>. Acesso em: 30 out. 2015.

ILUMINISMO E SPINOZISMO: LESSING, UM BURGUÊS CLÁSSICO   683

Enfim, a figura e as contribuições de Lessing podem ser agora recuperadas entre nós com as traduções sempre impecáveis do professor Guinsburg, cujo esforço já não pode ser medido em sua idade nonagenária. São pérolas e, justamente por isso, cabe a nós mesmos não completarmos o velho aforismo.

Newton Cunha

BIBLIOGRAFIA USADA NESTA EDIÇÃO

Gesammelte Werke. Herausgegeben von Wolfgang Stammler. München: Carl Hanser, 1959. 2 v.

Nathan the Wise: With Related Documents. Translated, edited, and with a Introduction by Ronald Schechter. Boston / New York: Bedford/St. Martin's, 2004. (Bedford Series in History & Culture)

Nathan the Wise, Minna von Barnhelm and Other Plays and Writhings. Edited by Peter Demetz. Foreword by Hannah Arendt. New York: Continuum, 2004.

Laocoonte ou Sobre as Fronteiras da Pintura e da Poesia. Introdução, tradução e notas de Márcio Seligmann-Silva. São Paulo: Iluminuras, 1998.

Nathan the Wise: A Dramatic Poem in Five Acts. Translated into English verse by Bayard Quincy Morgan. New York: Frederick Ungar, 1978.

Minna von Barnhelm. Introduction, traduction, notes par H Simondet. Paris: Aubier-Montaigne, 1965. (Edição bilíngue.)

De Teatro e Literatura. Trad. de J. Guinsburg. Introd. e notas de Anatol Rosenfeld. São Paulo: Herder, 1964.

Du Laocoon, ou des limites respectives de la peinture et de la poésie / trad. par A. Courtin. Paris: Hachette, 1866. (Edição bilíngue.)

*Retrato de Lessing, por Anton Graff. Óleo sobre tela, 1771.
Kunstsammlung der Universität Leipzig.*

Este livro foi impresso na cidade de São Bernardo do Campo,
nas oficinas da Bartira Gráfica e Editora, em agosto de 2016,
para a Editora Perspectiva.